Argumentação Constitucional

Argumentação Constitucional

UM ESTUDO SOBRE A DELIBERAÇÃO NOS TRIBUNAIS CONSTITUCIONAIS

2019

André Rufino do Vale

ARGUMENTAÇÃO CONSTITUCIONAL
UM ESTUDO SOBRE A DELIBERAÇÃO NOS TRIBUNAIS CONSTITUCIONAIS
© Almedina, 2019
AUTOR: André Rufino do Vale
DIAGRAMAÇÃO: Almedina
DESIGN DE CAPA: FBA
ISBN: 9788584934751

Dados Internacionais de Catalogação na Publicação (CIP)
(Câmara Brasileira do Livro, SP, Brasil)

Vale, André Rufino do
Argumentação constitucional : um estudo sobre a
deliberação nos tribunais constitucionais / André
Rufino do Vale. -- São Paulo : Almedina, 2019.

Bibliografia.
ISBN 978-85-8493-475-1

1. Argumentação jurídica 2. Democracia
deliberativa 3. Direito constitucional 4. Jurisdição
constitucional 5. Legitimação (Direito) 6. Tribunais
constitucionais I. Título.

19-24581   CDU-342.565.2:16

Índices para catálogo sistemático:

1. Argumentação jurídica praticada nos tribunais constitucionais : Direito 342.565.2:16

Maria Paula C. Riyuzo - Bibliotecária - CRB-8/7639

Este livro segue as regras do novo Acordo Ortográfico da Língua Portuguesa (1990).

Todos os direitos reservados. Nenhuma parte deste livro, protegido por copyright, pode ser reproduzida, armazenada ou transmitida de alguma forma ou por algum meio, seja eletrônico ou mecânico, inclusive fotocópia, gravação ou qualquer sistema de armazenagem de informações, sem a permissão expressa e por escrito da editora.

Março, 2019

EDITORA: Almedina Brasil
Rua José Maria Lisboa, 860, Conj.131 e 132, Jardim Paulista | 01423-001 São Paulo | Brasil
editora@almedina.com.br
www.almedina.com.br

Para Amanda, Olivia e Álvaro.

APRESENTAÇÃO

Uma investigação que se destina a elucidar os mecanismos da argumentação constitucional toca em um dos pontos fulcrais do debate contemporâneo na teoria do direito, na teoria constitucional e na teoria política. Ancorado em praticamente todos os aspectos relevantes da discussão sobre os limites entre a política e o direito, os mecanismos da democracia deliberativa e o papel das cortes constitucionais na construção de delicados equilíbrios institucionais, esse é um debate que ganha novos contornos quando a ele se agregam as preocupações com o controle público das decisões judiciais e, consequentemente, é necessário avaliar se os instrumentos de análise construídos são suficientemente apurados para captar nuances de práticas concretas.

Apresentar ao público brasileiro o livro que André Rufino do Vale escreveu é motivo de grande satisfação. Tendo acompanhado a trajetória do autor e coorientado a pesquisa que originou o trabalho, realizado como doutoramento nas Universidades de Brasília e de Alicante, Espanha, muitas são as razões para tanto, confirmadas, ademais, pelo fato de a tese ter recebido o Prêmio UnB de Teses (Edital Prêmio UnB de Dissertação e Tese n. 03/2016) e também o *Premio Iberoamericano de Ensayo en Derecho Constitucional, do Centro de Estudios Políticos y Constitucionales (CEPC)*, órgão vinculado ao *Ministerio de la Presidencia* do governo da Espanha. A parte empírica dos trabalhos, como o leitor verá, plena de interesse e apta a instigar novos desenvolvimentos para a pesquisa, foi publicada em livro em língua espanhola, sob o título *"La deliberación en los Tribunales Constitucionales"*, com prólogo do Professor Manuel Atienza, Catedrático de Filosofía del Derecho de la Universidade de Alicante (Espanha) e seu coorientador.

O leitor brasileiro, especializado em direito ou não, certamente encontrará um texto que agrega, de modo ordenado e eficiente, um conjunto importante de referências teóricas sobre a argumentação constitucional mas não se esgota nisso. Dispondo-se a preencher uma lacuna dos estudos teóricos e empíricos sobre a forma como deliberam e argumentam os tribunais constitucionais, Rufino do Vale combina aportes bibliográficos da teoria do direito, da teoria constitucional e da teoria da argumentação jurídica, sempre transitando por eles com clareza e sem perder o fio condutor que o move: oferecer uma teoria da argumentação constitucional empírica e pragmática, capaz de compreender como os tribunais de fato argumentam e decidem e de oferecer propostas de aperfeiçoamento institucional das práticas argumentativas observadas.

Preocupado com as dimensões retóricas e pragmáticas da deliberação nos tribunais constitucionais, o autor elege uma abordagem que dá menor importância ao texto publicado após a deliberação e concentra a sua atenção nas práticas deliberativas propriamente ditas, recorrendo, assim, a um conjunto significativo de estratégias metodológicamente orientadas a capturar a prática dos julgadores quando decidem em colegiado.

Uma pesquisa cujo centro gira em torno de uma prática argumentativa não pode, por motivos teóricos e metodológicos, deixar de indicar, com a maior clareza possível, o seu universo de pesquisa. Como o leitor certamente tem em mente, observar e descrever uma prática argumentativa significa lidar com as suas determinações institucionais, sócio-políticas e históricas. Realizar essa tarefa em um contexto abstrato pode ser imensamente útil e, de fato, há tentativas bastante relevantes nessa direção. Mas fazê-lo em abstrato não necessariamente nos auxilia a compreender uma prática em especial, já que o percurso de abstração certamente nos impedirá de tomar em conta as idiossincrasias do local e do irrepetível, muitas vezes envolto nas brumas da repetição de padrões culturalmente assumidos sem reflexão.

Consciente de que essa escolha tem de ser feita, Rufino do Vale elege como campo de sua pesquisa empírica os tribunais constitucionais do Brasil e da Espanha. A determinação mais concreta permite discutir e mostrar as diferenças existentes entre deliberação fechada/secreta e deliberação aberta, assim como explorar as consequencias que decorrem da adoção do modelo *per curiam* ou *seriatim* para a fixação e publicação das decisões. Em um jogo no qual a observação da prática de cada tribunal funciona também para iluminar o que o outro faz e não faz, a comparação entre o modo de funcionamento espanhol e o brasileiro acresce ao trabalho muito interesse, inclusive para aqueles que não necessariamente tem em vista um estudo jurídico aprofundado, mas olham o fenômeno do *judicial review* a partir dos campos contíguos de conhecimento, como o da ciência política, da administração pública (sobretudo a da administração da justiça) e da sociologia.

A novidade da abordagem de André Rufino do Vale neste livro vai, no entanto, além. Assumindo que a teoria do direito deve ter uma preocupação em melhorar a prática jurídica, o autor oferece, ao final, um decálogo que serve para orientar o que poderíamos chamar de "boas práticas" de deliberação. Esse propósito, aliás, é articulado com a percepção de que uma boa investigação acadêmica precisa justificar a sua relevância ao entregar à opinião pública, especializada ou não, resultados capazes de orientar os esforços para a construção de instituições públicas – no presente caso, judiciais – que funcionem adequadamente nos marcos dos estados democráticos em que vivemos.

Por essas razões, aqui abordadas deliberadamente de modo sintético, de modo a convidar o leitor a passar rapidamente para o texto de André Rufino do Vale, a satisfação que eu enunciava em parágrafo anterior dessa apresentação pode ser mensurada. É um imenso prazer acadêmico poder compreender e discutir uma temática tão crucial para a prática judicial brasileira, com o auxílio de um livro tão claro, ordenado e propositivo. Desejo que as leitoras e os leitores possam ter esse mesmo sentimento ao final do percurso de descoberta que se abre com essas páginas.

Brasília.

Claudia Roesler
Professora da Faculdade de Direito da Universidade de Brasília – UnB
Bolsista de Produtividade em Pesquisa do CNPq
Coordenadora do Grupo de Pesquisa Retórica, Argumentação e Juridicidades – GPRAJ.

PREFÁCIO

Este livro de André Rufino do Vale é o resultado de uma história de sucesso, originada no curso de Doctorado en Derecho de la Universidad de Alicante, entre os anos de 2011 e 2014, onde foi produzida a tese com o título "Argumentação Constitucional: um estudo sobre a deliberação nos Tribunais Constitucionais", sob minha orientação, em regime de cotutela internacional com a Universidade de Brasília, onde André Rufino também realizou o doutoramento, com a supervisão da Professora Dra. Claudia Roesler.

O trabalho foi aprovado nas duas universidades com a máxima qualificação acadêmica (*summa cum laude*) e, no ano de 2016, recebeu o Prêmio UnB de Teses, concedido aos melhores trabalhos de doutoramento daquela universidade. No mesmo ano, o Centro de Estudios Políticos y Constitucionales de España concedeu a André Rufino do Vale o prestigiado *Premio Iberoamericano de Ensayo en Derecho Constitucional*, pelo estudo empírico e comparativo da deliberação no Tribunal Constitucional da Espanha e no Supremo Tribunal Federal do Brasil.

Esse estudo, que agora se apresenta ao público também em português, na Parte II deste livro, foi originalmente publicado em livro na língua espanhola, pela Editora do Centro de Estudios Políticos y Constitucionales, com o título "La deliberación en los Tribunales Constitucionales"[1], e apresentado por mim e pelos Professores D. Manuel Aragón Reyes e Dª. María Ángeles Ahumada Ruiz, em conjunto com o autor, em sessão solene realizada em junho de 2017

---

[1] VALE, André Rufino do. *La deliberación en los Tribunales Constitucionales*. Madrid: Centro de Estudios Políticos y Constitucionales; 2017.

no *Salón de Tapices* do edifício histórico do referido Centro, em Madri, com a presença de Magistrados do Tribunal Constitucional espanhol.

Essa história de sucesso começou com a escolha do tema da tese de doutorado, em uma decisão tomada em conjunto pelos orientadores e pelo então doutorando, com a qual se pretendia, por um lado, suprir o que pode ser considerada como uma das principais lacunas da teoria da argumentação jurídica e, por outro lado, aproveitar a circunstância de que André Rufino, como então Assessor de Ministro do STF, conhecia profundamente todo o funcionamento do tribunal brasileiro e também possuía a formação teórica adequada para levar a cabo com desenvoltura esse trabalho. O intuito era o de estudar o "contexto de descobrimento", isto é, os aspectos sociológicos, psicológicos, institucionais etc., das decisões judiciais, comumente deixados de lado pelos atuais estudos sobre o raciocínio judicial (o que costumamos denominar de "teoria estândar da argumentação jurídica"), nos quais apenas se considera o "contexto de justificação", ou seja, as razões que os juízes tem que dar para que suas decisões possam ser consideradas como motivadas. *Explicar* uma decisão (ressaltar quais foram suas causas) é, portanto, algo distinto de justificá-la (mostrar que existem boas razões para que a decisão possa – deva – ser aceita); porém, nos demais aspectos, essas duas dimensões podem ir – e de fato vão – unidas em determinadas ocasiões ou para certos propósitos. E essa é a razão pela qual o conhecimento sobre como de fato decidem (e deliberam) os juízes é de interesse não apenas para os cientistas sociais, mas também para os juristas, teóricos e práticos.

A limitação do objeto do estudo aos tribunais constitucionais da Espanha e do Brasil decorreu de circunstâncias de tipo pessoal, institucional e prático mais ou menos óbvias, pois, como se disse, a tese foi desenvolvida concomitantemente nas universidades de Alicante e de Brasília. Em um primeiro momento, havíamos pensado em ampliar a investigação a outros tribunais constitucionais (como o português, o italiano, o mexicano – a Suprema Corte de Justicia – e o colombiano); mas em seguida nos demos conta de que isso ultrapassaria os limites razoáveis de uma tese de doutorado. De toda forma, quiçá seja essa uma tarefa que o próprio autor – ou algum outro investigador – decida empreender em um futuro mais ou menos próximo, como sugerido nas conclusões deste livro. Em minha opinião, trata-se de um projeto de grande interesse e que deveria ser executado com a mesma metodologia empregada

PREFÁCIO

neste livro, ou outra muito semelhante. Mas, em qualquer caso, o tribunal espanhol e o brasileiro constituem em muitos aspectos dois modelos opostos de tribunais constitucionais, de maneira que a análise que neste trabalho se faz de cada um deles pode servir não apenas para efeitos comparativos, mas também, como logo se verá, pode ter, até certo ponto, um alcance geral.

Com efeito, desde o ponto de vista de suas práticas deliberativas e de tomada de decisão, o Tribunal Constitucional da Espanha, criado pela Constituição de 1978, caracteriza-se pelo caráter fechado e secreto de suas deliberações, o que vai acompanhado de um procedimento *per curiam*, ou seja, da existência de um magistrado *ponente* que redige um texto que tem que refletir a opinião do tribunal, apesar da possibilidade de que podem ser também elaboradas as opiniões dissidentes, as quais, como se sabe, são publicadas junto com o texto da sentença. O que se conhece (o que o público conhece) da atividade jurisdicional do tribunal é, em princípio, somente isto: o(s) texto(s) escrito(s). E isso, como disse, contrasta de maneira bastante radical com a prática do Supremo Tribunal Federal do Brasil, um órgão judicial que existe desde 1890 e que a Constituição vigente de 1988 redesenhou continuando, e radicalizando, as pautas de funcionamento que constituem a tradição jurisdicional desse país. O aspecto a que me refiro é que as deliberações do tribunal constitucional brasileiro são amplamente abertas e públicas; e não apenas porque o acesso ao lugar onde o tribunal realiza suas sessões seja completamente livre, mas também porque todas as suas sessões (na sua íntegra) são transmitidas pelo rádio e pela televisão, ao vivo, sem nenhum tipo de limitação. A isso se soma o fato de que, mesmo quando exista uma espécie de magistrado ponente (um relator), as decisões são tomadas mediante um procedimento *seriatim*: cada ministro da Corte fundamenta em separado seu voto e todos os textos (ou seja, cada uma das fundamentações dos onze ministros que integram o tribunal) aparecem publicados (no diário oficial) como parte da decisão (do acórdão).

A investigação (empírica e qualitativa) sobre essas duas formas de deliberação se baseia na realização, pelo autor, de entrevistas presenciais a oito magistrados de cada um dos tribunais analisados, alguns dos quais – uma minoria – havia integrado esses tribunais em uma época anterior. Trata-se de dois questionários distintos (não poderia ser de outra forma, dadas as diferenças institucionais acima assinaladas) que contêm perguntas detalhadas referidas às práticas deliberativas e de tomada de decisão, entendidas em um sentido muito amplo, de maneira que se incluem, por exemplo, muitos dados relativos aos aspectos institucionais de cada tribunal. No livro, aparecem transcritas integralmente todas as respostas de cada magistrado, mas mantendo-se o anonimato, isto é, o leitor não conhece quem é o magistrado ou o ministro concreto que responde, apesar de que em certas ocasiões – ao menos em relação a certas perguntas – alguém sim poderia, quiçá, adivinhá-los.

A partir desse material "em estado bruto" retirado das entrevistas, o autor elabora um texto (um comentário) cheio de inteligência, conhecimento e bom juízo. Alguém poderia pensar, como objeção a essa metodologia, que saber como os próprios juízes dizem que deliberam e decidem não é o mesmo que conhecer como, na realidade, eles deliberam e decidem. Mas o grande mérito deste trabalho, o soberbo exercício hermenêutico que nele leva a cabo André Rufino, consiste exatamente em nos oferecer as chaves que permitem passar do primeiro ao segundo nível da linguagem; dos textos em estado bruto aos textos adequadamente interpretados. O autor assume, ademais, o papel de um intermediário, que não impõe um determinado ponto de vista, mas oferece um marco interpretativo para que o leitor, de alguma maneira, opte por algum dos sentidos possíveis, mas com conhecimento de causa e de uma maneira reflexiva.

Em minha opinião, algumas conclusões poderiam ser retiradas dos resultados desse estudo. A primeira, referida ao Tribunal Constitucional espanhol, poderia ser sintetizada no fato de que, em termos gerais, o livro apresenta de maneira favorável o processo de deliberação e de tomada de decisão desse tribunal, a partir das opiniões dos próprios magistrados. É destacado, em particular, o funcionamento muito colegiado do tribunal, o empenho para que o tribunal fale, na medida do possível, "com uma só voz", o que é favorecido por um processo de discussão que inclui elementos estratégicos dirigidos a lograr uma maioria de votos, mas sem deixar espaço a coalizões de magistrados; o que se detecta é uma atitude generalizada por parte dos magistrados no sentido de estarem abertos à discussão e ao "deixar-se convencer" no transcurso da deliberação (que ocorre em momentos distintos; não apenas no plenário), apesar de que todos eles reconhecem que isso (mudar de opinião) não costuma acontecer. E o principal defeito que é enxergado no funcionamento do tribunal é a pouca transparência de suas atuações, a escassa ou nula participação

PREFÁCIO

por parte da sociedade, a extensão excessiva das sentenças ou a falta de um maior diálogo institucional com os outros poderes do Estado.

Seria então de interesse, em relação ao tribunal espanhol, colocar questões como as seguintes, as quais estariam ao menos sugeridas neste estudo: O problema dos vazamentos (*filtraciones*) de informação não estaria relacionado com a falta de abertura do sistema? Por que não introduzir alguns momentos de deliberação aberta ao público? E a instituição do *amicus curiae* que, inclusive, existe também em outros sistemas de deliberação secreta, como na Suprema Corte dos Estados Unidos? E não seria conveniente pensar em modificar o estilo de redação das sentenças para torná-las mais concisas e mais compreensíveis? Por que não fazer citações de doutrina quando, de fato, essa mesma doutrina já é levada em conta nas deliberações prévias à fundamentação? Isso não poderia contribuir para estimular o desenvolvimento da dogmática jurídica?

No que se refere ao Supremo Tribunal Federal do Brasil, é possível concluir que o estudo valora positivamente a transparência, a publicidade e a abertura do Tribunal, mas enxerga em seu funcionamento real uma série de inconvenientes, o que coincide com a opinião de alguns dos juízes brasileiros entrevistados. Aqui, a opinião sobre o funcionamento do tribunal é muito menos homogênea do que a que oferecem os magistrados espanhóis. Sobretudo, o livro ressalta o individualismo que caracteriza o trabalho do tribunal, o que leva à constatação de que no lugar de um tribunal existam na verdade onze "feudos" jurídicos: com cada ministro trabalham uns quarenta funcionários, cinco ou seis dos quais são assessores da confiança do magistrado; cada um dos onze gabinetes atua em sistema fechado e praticamente não existe nenhuma relação, nenhum intercâmbio de informação entre eles. O único momento deliberativo é o que se realiza na sessão plenária (como já disse, em um ambiente de completa publicidade e abertura), mas em lugar de um debate, o que ocorre é uma sucessão de monólogos, ou seja, de discursos que são mais de caráter retórico que dialético: dirigidos mais aos espectadores (e a se criar, quiçá, uma certa imagem pública), do que a buscar uma solução que possa resultar aceitável para os outros membros do tribunal. Nas palavras do autor: são debates mais "agregativos" do que "deliberativos". O resultado pode ser, por isso, muito disfuncional, pois em muitas ocasiões faz-se difícil ou impossível conhecer qual foi a *ratio decidendi* de uma determinada decisão (alcançada por maioria), o que se torna um grande obstáculo para que se possa fazer funcionar uma cultura de precedentes. E daí surge também uma série de outras questões: não seria conveniente introduzir algum momento de deliberação (fechada) anterior à sessão pública, como parece ter existido até a Constituição de 1988? Como fazer para se reduzir a extensão das decisões (acórdãos), que no caso brasileiro são ainda mais longas que no espanhol? E quanto à questão de se o tribunal emite ou não "a última palavra" em relação aos temas sobre os quais decide, isso não teria a ver com os déficits anteriormente relacionados? Enfim, não se assumem muitos riscos quando a deliberação de um tribunal se conforma à maneira dos órgãos políticos?

A última conclusão que pode ser extraída do texto refere-se ao desenho, em geral, dos tribunais constitucionais. Tendo em vista que eles constituem uma peça fundamental da cultura do constitucionalismo (que não abarca unicamente o Direito constitucional em sentido estrito, mas também todo o conjunto do ordenamento jurídico), parece desde logo importante que conheçamos com algum detalhe quais são os processos reais de deliberação e tomada de decisão dessas instituições, e que suscitemos o que caberia fazer, quais mudanças poderiam ser introduzidas, para facilitar, na maior medida possível, o cumprimento das funções que o Direito formal atribui a esses tribunais.

Apesar das muitas diferenças nos aspectos institucionais quanto à competência, ao procedimento, à composição etc. que podem ser identificados no tribunal brasileiro e no tribunal espanhol (e isso poderia ser estendido ao conjunto dos tribunais constitucionais), no essencial eles desempenham as mesmas funções, que é a de garantir a supremacia da Constituição. E é óbvio que todas as nossas Constituições são muito similares quanto aos princípios e valores que protegem. Porém, se isso é assim, então deveria haver certos elementos relativos à forma de deliberar e de alcançar decisões que teriam que ser comuns. Ou seja, deveria ser possível construir algo assim como um modelo ideal – elaborado desde logo em um plano de suficiente abstração –, de maneira que cada um dos tribunais constitucionais realmente existentes pudesse ser considerado como uma realização ou concretização desse modelo. E, em relação a isso, creio que a sugestão que faz o livro é que essa idealidade poderia ser buscada em certa combinação de elementos que se encontram, separadamente, nas práticas do tribunal espanhol e do brasileiro.

Enfim, a quem se interesse em conhecer com mais detalhe e profundidade todas essas questões, ou seja, como deliberam e decidem os tribunais constitucionais e como deveriam fazê-lo, a melhor sugestão que pode ser feita é que leia o livro de André Rufino do Vale.

Manuel Atienza
Catedrático de Filosofía del Derecho de la Universidad de Alicante

SUMÁRIO

INTRODUÇÃO. 25

    1. Hércules e os Argonautas 25
    2. Teoria da Argumentação Constitucional. 28
    3. Perspectivas Empírica e Pragmática. 30
    4. Estrutura do Livro 32

PARTE 1 – Jurisdição Constitucional, Democracia
        e Argumentação Jurídica. 35

CAPÍTULO 1 – Legitimação Através da Argumentação. 37

    1.1. Aprendendo a Lidar com um Fato Incontestável:
         a Onipresença da Jurisdição Constitucional
         nas Democracias Contemporâneas 42
    1.2. Mudando o Foco de Análise: as Práticas Argumentativas
         dos Tribunais Constitucionais. 57
    1.3. Laboratório Constitucional Iberoamericano 59

CAPÍTULO 2 – Representação Argumentativa. 65

    2.1. Repensando a Representação Democrática 67
    2.2. A Representação Argumentativa dos Tribunais Constitucionais 77
    2.3. Tribunais Constitucionais e seus Auditórios 81

ARGUMENTAÇÃO CONSTITUCIONAL

CAPÍTULO 3 – Argumentação Constitucional. 85

3.1. Constitucionalismo e Argumentação Jurídica. 86
3.2. Argumentação Jurídica e Argumentação Constitucional 100
3.3. Aspectos Distintivos da Argumentação Constitucional. 102
   3.3.1. Sujeitos ou Agentes (Institucionais) 103
   3.3.2. Objeto e Problemas 106
   3.3.4. Estruturas ou Métodos 106
   3.3.5. Enfoques ou Concepções 107
3.4. Programa de Investigação 109
3.5. Perspectivas Temáticas 113

CAPÍTULO 4 – Tribunais Constitucionais como Instituições
              Deliberativas 119

4.1. Tribunais Constitucionais nas Democracias Deliberativas 121
   4.1.1. Democracia Deliberativa, Jurisdição Constitucional
     e Argumentação Jurídica 122
   4.1.2. O Papel Institucional dos Tribunais Constitucionais
     em Democracias Deliberativas 126
4.2. Aspectos Institucionais da Deliberação nos Tribunais
     Constitucionais 129
   4.2.1. Os Ambientes Institucionais das Práticas Deliberativas 130
     4.2.1.1. Modelos de Deliberação Fechada ou Secreta 130
     4.2.1.2. Modelos de Deliberação Aberta ou Pública 137
   4.2.2. A Apresentação Institucional dos Resultados da Deliberação
     (Redação, Formatação e Publicação da Decisão). 142
     4.2.2.1. Modelos de Texto Único ou de Decisão Per Curiam 142
     4.2.2.2. Modelos de Texto Composto ou de Decisão Seriatim 149
     4.2.2.3. Alguns Aspectos Controvertidos quanto à Redação,
       Formatação e Publicação das Decisões 151
       4.2.2.3.1. O Permanente Debate sobre a Publicação
         das Opiniões Dissidentes. 151
       4.2.2.3.2. A Polêmica Questão Quanto ao uso
         do Direito Estrangeiro. 161
   4.2.3. A Deliberação Externa Praticada pelos Tribunais
     Constitucionais: as Relações Públicas e Político-Institucionais
     com os Demais Poderes e a Opinião Pública 170

SUMÁRIO

PARTE 2 – A Deliberação nos Tribunais Constitucionais:
um Estudo Empírico e Comparativo entre Brasil e Espanha. . . . 175

CAPÍTULO 5 – A Deliberação no Tribunal Constitucional da Espanha 179

5.1. O Tribunal Constitucional como Instituição Deliberativa 179
5.2. Momentos Deliberativos 200
    5.2.1. A Deliberação em Fase Preliminar 201
        5.2.1.1. O Magistrado Ponente e a Produção do Texto 201
        5.2.1.2. Intercâmbios de Textos 204
        5.2.1.3. Negociações e Coalizões 207
        5.2.1.4. Preparativos para a Deliberação em Plenário 213
    5.2.2. A Deliberação na Sala del Pleno 214
        5.2.2.1. O Rito Procedimental 216
        5.2.2.2. A Dinâmica dos Debates e da Votação 218
        5.2.2.3. Os Votos Particulares 223
        5.2.2.4. Colegialidade 231
        5.2.2.5. O Papel do Presidente 232
    5.2.3. Resquícios de Práticas Deliberativas Posteriores
        à Sessão Plenária 236
5.3. Resultado e Efeitos da Deliberação 237
    5.3.1. A Apresentação do Resultado da Deliberação ao Público
        Externo (Redação, Formatação e Publicação da Decisão). 238
        5.3.1.1. As Práticas de Redação 238
        5.3.1.2. A Formatação da Decisão:
        entre os Modelos Per Curiam e Seriatim 242
        5.3.1.3. O Voto Particular em seu Aspecto Formal:
        Redação, Formatação e Publicação 246
        5.3.1.4. A Prática da não Citação de Doutrina 249
        5.3.1.5. A Divulgação da Decisão: a Política
        de Relações Públicas do Tribunal 250
    5.3.2. A Deliberação em sua Dimensão Externa 251
        5.3.2.1. Tribunal Constitucional e Poder Judicial:
        uma Relação em Permanente Tensão 254
        5.3.2.2. Tribunal Constitucional e Poderes Executivo
        e Legislativo: quem de Fato tem a Última Palavra? 258
        5.3.2.3. Tribunal Constitucional e Opinião Pública
        (em Especial a Imprensa):
        uma Relação de Desinformação 264

ARGUMENTAÇÃO CONSTITUCIONAL

CAPÍTULO 6 – A Deliberação no Supremo Tribunal Federal
do Brasil 271
6.1. O Supremo Tribunal Federal como Instituição Deliberativa 271
6.2. Momentos Deliberativos 290
6.2.1. Momentos que Antecedem a Deliberação Plenária 291
6.2.1.1. Existe Deliberação Prévia? 291
6.2.1.2. As Antigas Sessões do Conselho. 296
6.2.1.3. Agir Estratégico: Negociação Prévia
e Formação de Coalizões?. 300
6.2.1.4. Preparativos para a Sessão Plenária:
as Dificuldades da Agenda de Julgamentos. 303
6.2.2. A deliberação na Sessão Plenária 306
6.2.2.1. O Cenário e sua Publicidade 306
6.2.2.2. A leitura do Relatório e as Sustentações Orais. 312
6.2.2.3. Debates e Votação 315
6.2.2.3.1. Debates? 315
6.2.2.3.2. Votação Seriatim 316
6.2.2.3.3. Discursos Públicos e Retórica 317
6.2.2.3.4. A Prática da Leitura de Textos
Previamente Preparados 320
6.2.2.3.5. Voto-Vista: "Perdido de Vista" 326
6.2.2.3.6. Problemáticas da Aferição de Resultados:
Voto de Qualidade e Voto Médio 334
6.2.2.4. Papel do Presidente 336
6.3. Resultado e Efeitos da Deliberação. 348
6.3.1. A Apresentação do Resultado da Deliberação
ao Público Externo
(Redação, Formatação e Publicação da Decisão) 349
6.3.1.1. O Acórdão e sua Estrutura:
um Peculiar Modelo Seriatim 351
6.3.1.2. O Problema das Ementas 359
6.3.1.3. A Citação de Doutrina e o uso do Direito Estrangeiro. 362
6.3.2. A Deliberação em sua "Dimensão Externa". 365
6.3.2.1. O STF e os Demais Poderes:
quem de Fato tem a "Última Palavra"? 366
6.3.2.2. O STF e a Imprensa: o Tribunal Fragmentado 375
6.3.2.3. O STF e a Opinião Pública: o Tribunal deve
Escutar a "Vontade Popular"? 379

SUMÁRIO

PARTE 3 – A Deliberação nos Tribunais Constitucionais:
Limites e Possibilidades de Uma Teoria
da Argumentação Constitucional 387

CAPÍTULO 7 – Entre a Racionalidade Discursiva e o Pragmatismo
Institucional: os Desafios de uma Teoria
da Argumentação Constitucional 389

7.1. A Inadequação dos Modelos Ideais do Discurso Racional 390
*7.1.1. Tribunais Constitucionais Argumentam
para o Auditório Universal?* 391
*7.1.2. Tribunais Constitucionais podem Reproduzir
Situações Ideais de Diálogo?* 394
*7.1.3. Tribunais Constitucionais podem ser
Foros da Razão Pública?* 396
7.2. A Insuficiência das Regras do Discurso Racional 400
7.3. Hércules em um Tribunal Constitucional:
em Busca de um Modelo Mais Pragmático de Juiz Constitucional . . . 405
7.4. Problemas e Paradoxos da Construção Coletiva de Decisões 408
7.5. Da Racionalidade Discursiva à Racionalidade Estratégica:
Argumentação, Deliberação e Negociação
nos Tribunais Constitucionais 413
7.6. O Papel da Retórica na Deliberação
dos Tribunais Constitucionais 418
7.7. Repensando Alguns Conceitos: a Distinção
"Contexto de Descobrimento v. Contexto de Justificação" 421

CAPÍTULO 8 – Um Decálogo de Diretrizes para o Aperfeiçoamento
Institucional da Capacidade Deliberativa
dos Tribunais Constitucionais 427

8.1. Publicidade *vs.* Segredo 429
8.2. Autonomia do Processo Deliberativo 433
8.3. Independência dos Deliberadores 437
8.4. Unidade Institucional 440
8.5. Colegialidade 442
8.6. Cooperação 445
8.7. Integridade 447

ARGUMENTAÇÃO CONSTITUCIONAL

8.8. Representatividade Discursiva. 449
8.9. Amplitude Informativa e Cognitiva. 452
8.10. Inclusividade e Diversidade das Razões. 454
8.11. O Decálogo Esquematizado 455

CONCLUSÃO. 459

BIBLIOGRAFIA 465

INTRODUÇÃO

1. Hércules e os Argonautas

Como deliberam os tribunais constitucionais? Essa questão esteve por muito tempo ausente nas principais preocupações teóricas sobre a jurisdição constitucional. Uma das razões para isso é que a teoria e a filosofia do direito, que sempre foram indispensáveis para que a teoria constitucional pudesse enfrentar os problemas relacionados à interpretação e aplicação da Constituição, permaneceram concentradas essencialmente no aspecto subjetivo da atividade judicial e na dimensão normativa dos postulados teóricos que devem orientar a tarefa decisória do juiz. Os esforços foram assim fundamentalmente direcionados a saber como o juiz deve decidir nos denominados casos difíceis e não exatamente como os grupos formados por diversos juízes – os órgãos colegiados dos tribunais – na prática deliberam em torno das questões jurídicas que suscitam profunda divergência.

Esse déficit está presente em grande parte nas teorias da interpretação e da argumentação jurídicas, as quais, com seu viés mais normativo, sempre estiveram muito focadas no raciocínio judicial desenvolvido de modo individual. O melhor exemplo pode ser encontrado na amplamente conhecida figura do juiz Hércules[1], que metaforicamente representa o modelo ideal do julgador que possui as capacidades sobre-humanas para levar a efeito todas as exigências normativas que podem propiciar a melhor interpretação possível

---

[1] DWORKIN, Ronald. *Law's Empire*. Cambridge: Belknap-Harvard; 1986.

ARGUMENTAÇÃO CONSTITUCIONAL

do direito de uma comunidade, mas que é um ser solitário, preso ao monólogo que é a sua grandiosa atividade hermenêutica, uma relação entre sujeito e objeto interpretado em que não há diálogo, senão consigo e com seus próprios pensamentos. Dworkin acabou deixando de lado – e do mesmo modo o fizeram as teorias que nele se basearam – aquele que talvez seja o aspecto mais característico da interpretação e da argumentação nos tribunais: as necessárias relações intersubjetivas entre os magistrados que o compõem, com todas as implicações práticas que elas podem suscitar. Permanece uma incógnita como Hércules deveria se comportar em um ambiente em que tivesse que compartilhar seu complexo labor hermenêutico com outros julgadores de qualidades e capacidades interpretativas diferenciadas.

Na mitologia grega, além das vitoriosas aventuras do herói solitário, Hércules também participa de empreitadas coletivas, como a saga dos Argonautas em busca do Velocino de Ouro, um grupo composto por distintos heróis (entre outros: Jasão, o líder do grupo; Iolau; Hilas; Etalides, filho de Hermes; Orfeu; Argos; Teceu; Castor e Pólux), cada qual com sua própria origem divina, vindos de diversas partes da Grécia, detentores de diferentes capacidades sobre-humanas. A viagem da nau Argo é repleta de episódios protagonizados por seus tripulantes, heróis conhecidos por suas façanhas individuais que, uma vez reunidos nessa expedição com um objetivo comum, desenvolvem seu lado mais humano, suas falhas, seus defeitos, suas fraquezas, suas paixões.

O mito dos Argonautas talvez possa configurar uma metáfora com valor de representação mais fidedigno da prática deliberativa dos distintos membros que na realidade compõem os tribunais. Colegiados judiciais não são compostos por uma multiplicidade de juízes Hércules; nem o seu conjunto pode atuar como se fosse um único juiz Hércules. Eles se caracterizam por sua diversidade de formação e suas idiossincrasias. Podem ter Hércules como um de seus componentes, mas também são integrados por juízes com as capacidades judicantes de Hermes, Júpiter[2], Iolau[3], assim como por outros distintos "heróis" judiciais.

---

[2] Uma descrição metafórica de três distintos modelos de juízes "heróis" – Hércules, Hermes e Júpiter – pode ser encontrada em: OST, François. *Júpiter, Hércules, Hermes: tres modelos de juez.* Trad. de Isabel Lifante Vidal. In: Doxa, n. 14, Alicante, 1993, pp. 169-194.

[3] As características do juiz Iolau podem ser encontradas em: NEVES, Marcelo. *Entre Hidra e Hércules: princípios e regras constitucionais.* São Paulo: Martins Fontes; 2013.

INTRODUÇÃO

As teorias sobre o raciocínio judicial não apenas deram pouca atenção a esse caráter necessariamente coletivo dos tribunais, mas também menosprezaram os aspectos institucionais e as diferenças de estilo discursivo que condicionam a argumentação jurídica nesses ambientes jurisdicionais. As preocupações essencialmente normativas e analíticas dessas teorias fizeram com que seu principal objetivo fosse, fundamentalmente, a construção de modelos ideais de regras e procedimentos para a argumentação jurídica e a justificação das decisões judiciais. O enfoque foi dado em relação ao contexto de justificação das decisões, separando e deixando de lado todo o processo de sua formação discursiva (o contexto de descobrimento). E, assim, seu objeto de estudo foram especialmente os raciocínios judiciais revelados nos textos das decisões uma vez publicadas na imprensa oficial, e não os aspectos dialéticos e retóricos dos discursos que qualificam as interações argumentativas entre os juízes nos momentos de deliberação colegiada.

Detalhes desse recorte investigativo e temático das denominadas teorias standard da argumentação jurídica estão revelados, por exemplo, por Neil MacCormick na introdução de uma de suas principais obras[4]. De seu objeto de investigação são excluídos os distintos aspectos institucionais e as variações de estilo argumentativo que podem ser observadas e verificadas, em perspectiva comparada, em diferentes sistemas jurídicos, como a tradição dos tribunais britânicos de permitir que cada um de seus membros possa proferir publicamente um discurso individual com suas próprias razões de decidir, e a prática dos tribunais europeus de deliberar a portas fechadas e divulgar sua decisão em texto único que de modo algum revele qualquer divergência interna entre seus membros. MacCormick opta por estudar especificamente o processo de justificação das decisões (e não o processo de sua descoberta), com enfoque, portanto, no raciocínio judicial tal como apresentado textualmente nas publicações oficiais, e que no estilo argumentativo característico do sistema britânico (na Inglaterra, no País de Gales e na Escócia) é desenvolvido de modo individualizado, seja na sentença do juiz singular de primeira instância ou em forma discursiva por um membro de tribunal. Ele não deixa de mencionar, porém, a importância que podem ter os diferentes modos de argumentação

---

[4] MACCORMICK, Neil. *Argumentação Jurídica e Teoria do Direito*. São Paulo: Martins Fontes; 2006, p. 10 e ss.

presentes em diversos sistemas do direito comparado como campo de estudo de uma teoria da argumentação que pretenda oferecer parâmetros indicadores de mudanças na performance argumentativa de juízes e tribunais.

Os aportes das teorias da interpretação e da argumentação jurídicas foram assim insuficientes e pouco sugestivos para que a teoria constitucional passasse a estudar, analisar e comparar as práticas argumentativas que são desenvolvidas em diferentes sistemas de jurisdição constitucional, especialmente as deliberações entre os juízes que compõem os órgãos colegiados dos tribunais constitucionais. A inexistência de estudos relevantes e difundidos sobre esse tema específico se deve não apenas ao fato de a ciência política também ter se interessado pouco pela investigação dos processos político-jurídicos de decisão nos tribunais constitucionais[5], mas também, além de outros fatores, em razão dessa lacuna teórica.

2. Teoria da Argumentação Constitucional

Este livro propõe uma teoria da *argumentação constitucional* – a argumentação jurídica praticada nos tribunais constitucionais – que seja mais *empírica*, para compreender como os tribunais constitucionais de fato argumentam e decidem, e mais *pragmática*, para oferecer propostas de aperfeiçoamento institucional das práticas argumentativas observadas nesses órgãos de jurisdição constitucional. O foco de análise incide não na fundamentação desenvolvida de forma monológica nos textos das decisões, tal como apresentados nas publicações oficiais, mas nas *práticas* de *deliberação* entre os magistrados, na qualidade de discursos argumentativos de caráter intersubjetivo e interativo no âmbito dos órgãos colegiados dos tribunais constitucionais, nos quais ganham relevo os aspectos *dialéticos* e *retóricos* da argumentação.

---

[5] Essa inexistência ocorre, sobretudo, no ambiente acadêmico ibero-americano. Na realidade norte-americana, por outro lado, existem estudos empíricos importantes, especialmente da área da ciência política, sobre os aspectos político-institucionais do processo decisório na Suprema Corte. Muitos serão citados ao longo do livro e podem ser encontrados na relação bibliográfica citada ao final.

INTRODUÇÃO

O estudo leva em conta a importância que pode ter a análise das práticas argumentativas dos tribunais constitucionais para a teoria constitucional a respeito do desenvolvimento e do aperfeiçoamento institucional da jurisdição constitucional em diferentes sistemas. Com a recente difusão e consolidação de órgãos de jurisdição constitucional na maioria das antigas e novas democracias – especialmente na Europa Oriental, na Ásia e na América Latina –, o debate sobre a legitimidade democrática da *judicial review* tende a ser menos normativo e mais focado nos aspectos político-institucionais que podem ser verificados nos diversos modelos, em diferentes países. A questão crucial nessa (ainda atual) discussão deixa de ser concentrada em qual poder deve possuir toda e qualquer corte constitucional nas democracias contemporâneas e passa a perguntar como e em que medida esse poder de fato tem sido exercido em contextos históricos, políticos e institucionais específicos, com o objetivo de oferecer propostas para o seu aperfeiçoamento dentro dos marcos constitucionais hoje existentes. Em vez de exercer uma crítica sobre a legitimidade do poder da jurisdição constitucional em qualquer democracia e procurar fornecer soluções normativas e universais que em cada contexto exigem radicais reformas na estrutura organizacional dos poderes constitucionais estabelecidos, a teoria constitucional também deve se preocupar com o melhoramento da prática desse poder que a grande maioria das constituições atualmente confere aos órgãos de jurisdição constitucional.

A análise das práticas argumentativas pode realçar o *perfil institucional deliberativo* dos tribunais constitucionais nas democracias (deliberativas) atuais, como órgãos de poder que produzem discursos na esfera pública e, desse modo, fornecem razões no contexto de um debate público mais amplo a respeito de questões constitucionais de interesse da comunidade política. Uma teoria da argumentação constitucional deve assim partir da simbiose que pode existir entre jurisdição constitucional, democracia (deliberativa) e argumentação jurídica e levar em conta, conjuntamente, pressupostos da teoria constitucional, da teoria política e da teoria da argumentação jurídica que podem ser úteis para o estudo de fenômenos importantes nesse contexto, como a possível representatividade discursiva ou argumentativa dos tribunais constitucionais nas democracias.

ARGUMENTAÇÃO CONSTITUCIONAL

3. Perspectivas Empírica e Pragmática

O livro adota uma acentuada perspectiva empírica e assim procede a uma investigação sobre como de fato se desenvolvem as práticas de deliberação entre os magistrados de diferentes tribunais constitucionais de distintos sistemas de jurisdição constitucional. O universo da pesquisa recai sobre dois tribunais: o Tribunal Constitucional da Espanha e o Supremo Tribunal Federal do Brasil. Esses tribunais foram escolhidos especialmente em razão de serem atualmente bastante representativos dos distintos perfis deliberativos que podem ser configurados pelos arranjos institucionais dos diferentes sistemas de jurisdição constitucional em perspectiva comparada. O tribunal espanhol constitui hoje um paradigma de modelo institucional de deliberação fechada ou secreta e de decisão *per curiam* com publicidade de opiniões dissidentes. O tribunal brasileiro é representativo de um peculiar modelo de deliberação amplamente aberta e pública e de decisão *seriatim*. Ambos resultam em modelos institucionais antípodas, que assim oferecem um excelente objeto de investigação e estudo (empírico e comparativo) sobre o tema[6].

Alguns aspectos institucionais mais expressivos do processo decisório nesses tribunais funcionam como variáveis de pesquisa e de análise teórica, como os ambientes nos quais são realizadas as práticas deliberativas e a formatação, redação e publicação do resultado das deliberações. Quanto aos ambientes institucionais, investiga-se se os diversos momentos de deliberação entre os magistrados se desenvolvem primordialmente a portas fechadas e de modo secreto, o que caracteriza o *modelo de deliberação fechada ou secreta*, ou se o desenvolvimento das deliberações, especialmente nas sessões de julgamento, ocorre de modo aberto ao público, configurando um *modelo de deliberação aberta ou pública*. Em relação ao modo de apresentação do produto das deliberações (formatação, redação e publicação), ganha importância o fato de as decisões serem reveladas ao público em formato de texto único como opinião de todo o

---

[6] Não se pode deixar de mencionar também que esses tribunais são pertencentes ao heterogêneo ambiente político-cultural latino e iberoamericano, que cada vez mais tem demonstrado ser um interessante laboratório constitucional para pesquisas desse tipo, revelando perspectivas novas e diferenciadas em relação aos tradicionais referenciais anglo-americanos, franceses e alemães. Esses aspectos serão abordados no Capítulo 1.

INTRODUÇÃO

tribunal (*per curiam*) ou em texto composto pelas decisões ou votos individuais de cada magistrado (*seriatim*).

Outros diversos aspectos institucionais e práticas são considerados na investigação empírica, como os comportamentos e as interações entre os magistrados em momentos que antecedem as reuniões formais do plenário do órgão colegiado, as dinâmicas das sessões de julgamento, como o desenvolvimento dos debates e das votações, a manifestação das divergências em seu interior e a eventual forma de sua exteriorização ao público (publicidade das opiniões dissidentes). Além dessas características da deliberação interna entre os juízes, também são levadas em conta as relações públicas e institucionais entre o tribunal e os Poderes (Executivo, Legislativo e Judicial), a imprensa e a opinião pública em geral, e o impacto que essa espécie de "deliberação externa" pode ter nas práticas de decisão do colegiado.

A pesquisa é essencialmente qualitativa, pois leva em conta as práticas institucionais tal como elas são vivenciadas e consideradas pelos próprios atores. Foram realizadas entrevistas com os magistrados dos tribunais investigados para saber seu ponto de vista sobre as práticas de deliberação. Às entrevistas foram adicionados dados obtidos pela observação *in loco*, por contatos e conversas com servidores e outros magistrados, além da análise documental e bibliográfica. Alguns dados estatísticos são utilizados apenas para ilustrar e corroborar certas afirmações e conclusões. Afasta-se, portanto, da tradição das pesquisas empíricas quantitativas que, a partir de levantamentos estatísticos e seus números, pretendem retirar conclusões sobre comportamentos judiciais e práticas de decisão no interior dos tribunais, com resultados nem sempre fidedignos e representativos da realidade complexa que pode ser a vida interna de um colegiado de juízes[7].

Além dessa perspectiva empírica, a teoria da argumentação constitucional deve envolver, como antes destacado, uma perspectiva pragmática que leve a

---

[7] Desse modo, pode-se dizer que a perspectiva empírica aqui delineada se afasta e supera certas vertentes de pesquisa da academia norte-americana (especialmente na área da ciência política) sobre o *judicial behavior* e seus distintos modelos: *legal model, attitudinal model, strategic model*. Parte da vasta bibliografia norte-americana nessa temática será levada em conta e algumas vezes citada ao longo do livro, mas apenas para fazer menção à importância que esses estudos tiveram e ainda podem ter para alguns aspectos do desenvolvimento das pesquisas nesse campo das práticas judiciais de deliberação e de decisão.

sério os aspectos institucionais dos tribunais e trabalhe com propostas para seu aperfeiçoamento. A adoção de ambas as perspectivas tem em vista oferecer parâmetros teóricos que não se distanciem demasiadamente da realidade que pretendem descrever e analisar. O intuito é o de proporcionar uma teoria da argumentação mais próxima da prática, com modelos crítico-analíticos mais responsáveis e funcionais e projetos exequíveis de melhoramento das instituições.

A teoria aqui trabalhada afasta-se das ambições mais normativas e universais e assim deixa de pretender formular teses abstratas sobre como todos tribunais dos diversos sistemas devem deliberar. Consciente dos limites que a própria prática e suas variações institucionais impõem à sua pretensão de normatividade e de universalidade, a teoria sobre a argumentação nos tribunais constitucionais deve ser mais modesta e se desenvolver com foco na realidade das práticas argumentativas e nas circunstâncias histórico-político-institucionais nas quais elas se desenvolvem. Em vez de construir normas abstratas e universais de deliberação, essa teoria tem o objetivo mais contido de, na perspectiva pragmática, fornecer indicadores específicos para o aperfeiçoamento das práticas investigadas. Portanto, as teses são formuladas com a intenção de serem válidas e aplicáveis somente de modo particular, no âmbito institucional dos tribunais objeto da pesquisa, e apenas serão generalizáveis – aplicáveis analogicamente a outros tribunais – na medida em que tenham a capacidade de eventualmente oferecer idênticos parâmetros de aperfeiçoamento institucional a outras realidades cujas características institucionais sejam semelhantes.

4. Estrutura do Livro

O livro está estruturado em três partes. A Parte 1, composta pelos Capítulos 1 a 4, relaciona as temáticas da jurisdição constitucional, da democracia (deliberativa) e da argumentação jurídica, estabelecendo uma conexão entre os distintos campos de estudo da teoria constitucional, da teoria política e da teoria da argumentação jurídica, e trabalha com algumas premissas que podem servir de base para a construção de uma teoria da argumentação constitucional, isto é, de uma teoria sobre as práticas argumentativas dos tribunais constitucionais, entre as quais sobressai, como aspecto central, a deliberação entre os magistrados.

A Parte 2, que contém os Capítulos 5 e 6, apresenta os resultados da investigação empírica qualitativa realizada no Tribunal Constitucional da Espanha e no Supremo Tribunal Federal do Brasil, especialmente com entrevistas aos magistrados desses tribunais, descrevendo os aspectos mais importantes de suas práticas deliberativas, as quais correspondem a dois modelos distintos no plano do direito comparado: o modelo de deliberação secreta e de decisão *per curiam* e o modelo de deliberação pública e de decisão *seriatim*.

A Parte 3, com os Capítulos 7 e 8, é destinada à reflexão sobre alguns desafios analíticos da teoria da argumentação constitucional em face dos aspectos institucionais da deliberação nos tribunais constitucionais revelados na Parte 2. Por fim, levando em conta as limitações de racionalidade e de normatividade da teoria e colocando o acento em seu campo pragmático, formula-se um decálogo de diretrizes para o aperfeiçoamento institucional da capacidade deliberativa dos tribunais analisados.

As explicações introdutórias de cada parte do livro exporão melhor a estruturação e o desenvolvimento do raciocínio empreendido.

PARTE 1
Jurisdição Constitucional, Democracia e Argumentação Jurídica

Esta primeira parte é composta pelos capítulos 1 a 4 e tem o objetivo de desenvolver algumas *teses* que atuarão como *premissas* para o raciocínio desenvolvido ao longo de todo o livro e que, especialmente, fundamentarão a pesquisa empírica sobre a deliberação nos Tribunais Constitucionais e seus resultados, os quais serão apresentados na Parte 2. Essas teses visam principalmente relacionar as temáticas da jurisdição constitucional, da democracia e da argumentação jurídica, estabelecendo uma conexão entre os distintos campos de estudo da teoria constitucional, da teoria política e da teoria da argumentação jurídica, que podem servir de base para a construção de uma *teoria da argumentação constitucional*, isto é, de uma teoria sobre as *práticas argumentativas* dos Tribunais Constitucionais, entre as quais sobressai, como aspecto central, a *deliberação entre os magistrados*.

Esse tipo de teorização a respeito de um aspecto da jurisdição constitucional até então pouco explorado – as práticas argumentativas e deliberativas – deve partir de alguns pressupostos que serão trabalhados nesses primeiros capítulos e que dependem das seguintes tarefas teóricas: redimensionar o conhecido debate sobre a legitimidade democrática da jurisdição constitucional para enfocá-lo nos *aspectos empíricos* e pragmáticos da argumentação nos tribunais; adotar uma outra perspectiva sobre a representação democrática dos tribunais, em seu aspecto de *representação argumentativa ou discursiva*, para

ARGUMENTAÇÃO CONSTITUCIONAL

fazer ressaltar os elementos retóricos e as relações discursivas entre os tribunais e seus diversos auditórios; distinguir e especificar os principais aspectos e programas de investigação de uma teoria da argumentação constitucional; definir e sistematizar os *aspectos institucionais da deliberação* nos tribunais constitucionais que devem ser objeto de investigação da teoria da argumentação constitucional.

CAPÍTULO 1
Legitimação Através da Argumentação

A jurisdição constitucional sempre foi alvo de contestações quanto à sua (i)legitimidade democrática. Desde as primeiras ideias relacionadas ao poder de revisão judicial dos atos políticos emanados dos parlamentos democraticamente eleitos[8], muito se discutiu (e ainda muito se discute) sobre a (in)compatibilidade desse poder com a democracia, o que pode ser traduzido como uma tensão imanente entre *controle judicial das leis vs. soberania parlamentar* (se o foco da discussão é institucional) ou entre *direitos fundamentais (ou humanos) vs. soberania popular* (se o debate se concentra nos valores protegidos), de modo que a questão central remete, ao fim e ao cabo, às relações entre *constitucionalismo vs. democracia*.

Em um esforço de síntese, pode-se dizer que as diversas teses teóricas e filosóficas construídas em torno do problema oscilam (como um pêndulo de Foucault) entre as diferentes concepções sobre esses dois ideais políticos e as variadas combinações possíveis entre elas[9]. A democracia concebida como

---

[8] HAMILTON, Alexander; JAY, John; MADISON, James. *The Federalist Papers*. 1787. Public Domain Book. Na bibliografia iberoamericana sobre o tema, vide: DORRADO PORRAS, Javier. *La lucha por la Constitución. Las teorías del Fundamental Law en la Inglaterra del siglo XVII*. Madrid: Centro de Estudios Políticos y Constitucionales; 2001. CUEVA FERNÁNDEZ, Ricardo. *De los niveladores a Marbury vs. Madison: la génesis de la democracia constitucional*. Madrid: Centro de Estudios Políticos y Constitucionales; 2011.

[9] Sobre as questões controvertidas surgidas da relação entre constitucionalismo e democracia, vide: ELSTER, Jon; SLAGTAD, Rune. *Constitucionalismo y Democracia*. Trad. Mónica Utrilla. México: Colegio Nacional de Ciencias Políticas y Administración Pública; Fondo de Cultura

ARGUMENTAÇÃO CONSTITUCIONAL

sistema de decisão essencialmente fundado na *vontade da maioria* (regra da maioria) transforma a questão em "dificuldade contramajoritária" (*counter-majoritarian difficulty*[10]) e serve de premissa para a caracterização da jurisdição constitucional como um poder contramajoritário[11] que se justifica apenas se visa proteger direitos (das minorias) e valores constitucionais fundamentais[12] (se se adota alguma concepção de constitucionalismo *substancial*) ou, de forma mais contida, somente se fica limitado a funcionar como um mecanismo de desobstrução dos canais de participação política e de proteção da regularidade dos processos democráticos[13] (se a premissa se funda numa concepção *procedimental* do constitucionalismo). A democracia entendida como princípio de *autogoverno do povo* (*self-government*), que ressalta a importância fundamental da *participação e controle cidadãos* no sistema de tomada decisões políticas, serve de base para determinadas críticas que, também partindo de concepções procedimentais (e/ou mesmo deliberativas) sobre o constitucionalismo, alertam sobre (e assim atacam o) caráter *paternalista* de

Económica; 1999. ALEXANDER, Larry (ed.). *Constitucionalism. Philosophical Foundations.* Cambridge: Cambridge University Press; 1998.

[10] BICKEL, Alexander. *The Least Dangerous Branch. The Supreme Court at the Bar of Politics.* New Haven: Yale university Press; 1962, p. 16 e ss. Um estudo completo da história e contornos principais do debate em torno da "dificuldade contramajoritária" pode ser encontrado em: FRIEDMAN, Barry. *The history of the countermajoritarian difficulty* (Parts I, II, III, IV, V). In: New York University Law Review, vol. 73, 1998 (Part I); The Georgetown Law Journal, vol. 91, 2002 (Part II); New York University of Law Review, vol. 76, 2001 (Part III); University of Pennsylvania Law Review, vol. 148, 2000 (Part IV); The Yale Law Journal, vol. 112, 2003.

[11] BICKEL, Alexander. *The Least Dangerous Branch. The Supreme Court at the Bar of Politics.* New Haven: Yale university Press; 1962, p. 16 e ss.

[12] BICKEL, Alexander. *The Least Dangerous Branch. The Supreme Court at the Bar of Politics.* New Haven: Yale university Press; 1962, p. 16 e ss. CHOPER, Jesse H. *The Supreme Court and the Political Branches: democratic theory and practice.* In: University of Pensilvania Law Review, vol. 122, 1974, pp. 810-858. Idem. *On the Warren Court and Judicial Review.* In: Catholic University Law Review, vol. 17, 1968, pp. 20-43.

[13] ELY, John Hart. *Democracy and Distrust. A Theory of Judicial Review.* Cambridge: Harvard University Press; 1980. ELY, John Hart. *Another such victory: constitutional theory and practice in a world where courts are no different from legislatures.* In: Virginia Law Review, vol. 77, 1991, pp. 833-879. ELY, John Hart. *Toward a representation-reinforcing mode of judicial review.* In: Mariland Law Review, vol. 37, n. 3, 1978, pp. 451-487. DAHL, Robert A. *Decision-making in a democracy: the Supreme Court as a national policy-maker.* In: Journal of Public Law, vol. 6, 1957, pp. 279-295. DAHL, Robert A. *La democracia y sus críticos.* Trad. Leandro Wolfson. Barcelona: Paidós; 1992.

CAPÍTULO 1 – LEGITIMAÇÃO ATRAVÉS DA ARGUMENTAÇÃO

uma fiscalização judicial dessas decisões políticas[14]. A defesa da jurisdição constitucional e de sua importância para a democracia fica por conta das teses que intentam conciliar as concepções materiais ou substantivas sobre a democracia com as visões igualmente substanciais de constitucionalismo[15]. As mais recentes teorias que propugnam por uma *democracia deliberativa* reivindicam modelos institucionais de jurisdição constitucional que favoreçam o debate público e o diálogo institucional entre poderes, com diferentes matizes conforme se adote uma concepção procedimental[16], substancial[17] ou deliberativa[18] de constitucionalismo. E existem, ainda, as teses que, de modo mais incisivo, defendem a absoluta primazia dos valores fundamentais (soberania, autonomia, participação popular etc.), das instituições (assembleias legislativas) e dos mecanismos de tomada de decisão (regra da maioria) próprios da democracia (em sentido formal, participativo e/ou deliberativo) e rechaçam por completo

---

[14] A visão dos juízes da Suprema Corte como "guardiões platônicos" (*Platonic Guardians*) pode ser encontrada em clássico texto do jurista norte-americano Learned Hand. HAND, Learned. *The Bill of Rights. The Oliver Wendell Holmes Lectures*. Cambridge: Harvard University Press; 1958. No direito alemão, pode ser referida a consideração de Ingeborg Maus sobre o Tribunal Constitucional como "superego da sociedade": MAUS, Ingeborg. *O judiciário como superego da sociedade*. Trad. Geraldo de Carvalho; Gercélia Batista. Rio de Janeiro: Lumen Juris; 2010. No âmbito iberoamericano, o recente trabalho de Diego Moreno é um representante da vertente que critica o caráter "paternalista" da jurisdição constitucional: RODRÍGUEZ ALCALÁ, Diego Moreno. *Control judicial de la ley y derechos fundamentales: una perspectiva crítica*. Madrid: Centro de Estudios Políticos y Constitucionales; 2011.

[15] DWORKIN, Ronald. *Freedom's Law. The moral reading of the American Constitution*. Cambridge: Harvard University Press; 1996. DWORKIN, Ronald. *Law's Empire*. Cambridge: Belknap-Harvard; 1986. PERRY, Michael J. *The Constitution in the Courts: Law or Politics?* New York: Oxford University Press; 1994. Idem. *The argument for judicial review, and for the originalist approach to judicial review*. In: University of Arkansas at Littla Rock Law Journal, vol. 14, n. 4, 1992, pp. 613-671. ALEXY, Robert. *Balancing, constitutional review, and representation*. In: Oxford University Press, I CON, Vol. 3, n° 4, 2005, p. 572-581. No contexto iberoamericano, deve-se fazer referência ao trabalho de Víctor Ferreres Comella: COMELLA, Víctor Ferreres. *Justicia Constitucional y Democracia*. Madrid: Centro de Estudios Políticos y Constitucionales; 1997.

[16] HABERMAS, Jürgen. *Facticidad y validez. Sobre el derecho y el Estado democrático de derecho en términos de teoría del discurso*. 2ª Ed. Madrid: Editorial Trotta; 2000.

[17] No direito español, vide: LINARES, Sebastián. *La (i)legitimidad democrática del control judicial de las leyes*. Madrid: Marcial Pons; 2008. MARTÍ, José Luis. *La República Deliberativa: una teoría de la democracia*. Madrid: Marcial Pons; 2006.

[18] NINO, Carlos Santiago. *La Constitución de la democracia deliberativa*. Barcelona: Gedisa; 2003. ZURN, Christopher F. *Deliberative Democracy and the Institutions of Judicial Review*. New York: Cambridge University Press; 2007.

ARGUMENTAÇÃO CONSTITUCIONAL

a necessidade de se canonizar direitos em um documento normativo e de se estabelecer institucionalmente o controle judicial da constitucionalidade das leis, corolários do constitucionalismo[19].

O debate teórico em torno dessas questões sempre foi infindável, o que explica que sua importância seja diretamente proporcional à imensa quantidade (hoje praticamente imensurável) de estudos nessa temática[20], os quais já oferecem abordagens bastante adequadas e contribuições relevantes para os problemas enfrentados, de modo que, a menos que se quisesse focar especificamente o tema e entrar no debate (o que não é a pretensão deste estudo), torna-se desnecessário revolver, explicar e discutir todas essas questões.

A constatação que aqui se torna mais importante está relacionada a alguns possíveis "déficits" que comumente podem ser identificados nesse debate, os quais, fossem levados em conta e abordados de forma adequada, poderiam causar uma mudança na própria perspectiva de análise dos problemas enfrentados.

O primeiro diz respeito à ausência de premissas empíricas num debate que, dessa forma, tem se realizado essencialmente (e, portanto, restritamente) no plano teórico e filosófico. Apesar de alguns trabalhos mais recentes

---

[19] WALDRON, Jeremy. *Law and disagreement*. New York: Oxford University Press; 1999. Idem. *A right-based critique of constitutional rights*. In: Oxford Journal of Legal Studies, vol. 13, n. 1, 1993, pp. 18-51. Idem. *The core of the case against judicial review*. In: Yale Law Journal, 115, 2006, pp. 1348-1406. Idem. Deliberación, Democracia y Voto. In: KOH, Harold Hongju; SLYE, Ronald C. (comp.). *Democracia deliberativa y derechos humanos*. Trad. Paola Bergallo y Marcelo Alegre. Barcelona: Gedisa; 2004. TUSHNET, Mark. *Taking the Constitution away from the Courts*. Princeton: Princeton University Press; 1999. Idem. *Alternative forms of judicial review*. In: Michigan Law Review, vol. 101, 2003, pp. 2781-2802. Idem. *New forms of judicial review and the persistence of rights- and democracy-based worries*. In: Wake Forest Law Review, vol. 38, 2003, pp. 813-838.

[20] Citem-se apenas alguns dos mais importantes e recentes trabalhos na doutrina de origem iberoamericana: COMELLA, Víctor Ferreres. *Justicia Constitucional y Democracia*. Madrid: Centro de Estudios Políticos y Constitucionales; 1997. BAYÓN, Juan Carlos. Derechos, democracia y Constitución. In: LAPORTA, Francisco. *Constitución: problemas filosóficos*. Madrid: Centro de Estudios Políticos y Constitucionales; 2003, pp. 399-422. PRIETO SANCHÍS, Luis. *Justicia Constitucional y Derechos Fundamentales*. Madrid: Trotta; 2003. MORESO, José Juan. *La Constitución: modelo para armar*. Madrid: Marcial Pons; 2009. LINARES, Sebastián. *La (i)legitimidad democrática del control judicial de las leyes*. Madrid: Marcial Pons; 2008. RODRÍGUEZ ALCALÁ, Diego. *Control judicial de la ley y derechos fundamentales: una perspectiva crítica*. Madrid: Centro de Estudios Políticos y Constitucionales; 2011.

CAPÍTULO 1 - LEGITIMAÇÃO ATRAVÉS DA ARGUMENTAÇÃO

efetivamente contribuírem na perspectiva empírica de abordagem[21], pode-se dizer que ainda são escassas as discussões teóricas que se desenvolvem levando em conta uma premissa fática que hoje é praticamente incontestável: a recente difusão e consolidação de sistemas de jurisdição constitucional na quase totalidade das novas (e também das antigas) democracias do mundo contemporâneo. Parece sensato considerar que as discussões em torno das relações entre jurisdição constitucional e democracia não podem mais menosprezar o fato de que a institucionalização (com diferentes características) de mecanismos de *judicial review* tornou-se praticamente uma regra no desenho constitucional dos países democráticos e que, dessa forma, os contornos do problema da legitimidade democrática da jurisdição constitucional e as possíveis soluções teóricas para ele encontradas estão cada vez mais a depender do contexto institucional em que são produzidas.

O segundo possível "déficit de abordagem" relaciona-se com o primeiro, na medida em que a ausência de premissas fáticas em debates estritamente teóricos tem levado as diversas teses a focar em demasia no problema da *legitimação do poder* político (da jurisdição constitucional) e a pouco considerar a *prática* desse mesmo poder em diferentes contextos institucionais. Numa realidade política em que a presença constante e marcante de sistemas de controle judicial das leis tornou-se praticamente uma característica dos regimes democráticos – e na qual, portanto, as relações entre jurisdição constitucional e democracia têm sido cada vez mais vistas como não necessariamente de tensão, mas de conciliação –, mais importante do que continuar questionando o próprio poder da jurisdição constitucional (em face da democracia) parece ser problematizar *como* e *em que medida* esse poder tem sido exercido (democraticamente ou não) pelas Cortes Constitucionais. Dada a inegável realidade institucional das democracias contemporâneas, o problema (estritamente teórico e filosófico) da legitimação do poder em si não deixa de ter sua importância, mas passa a conviver com questões igualmente relevantes, relacionadas ao como e em que medida esse poder *de fato* tem sido exercido

---

[21] GINSBURG, Tom. *Judicial Review in New Democracies. Constitutional Courts in Asian Cases.* Cambridge: Cambridge University Press; 2003. HIRSCHL, Ran. *Towards Juristocracy. The origins and consequences of the new constitutionalism.* Cambridge, Massachusetts: Harvard University Press; 2004, p. 7-8.

ARGUMENTAÇÃO CONSTITUCIONAL

(numa perspectiva empírica) e como e em que medida ele *deveria* ser exercido em termos democráticos (numa perspectiva normativa).

O presente capítulo pretende demonstrar que o debate teórico em torno da legitimidade democrática da jurisdição constitucional merece ser enfocado também nessas perspectivas mais empíricas e pragmáticas a respeito da prática decisória dos Tribunais Constitucionais. Após (1) esclarecer como a recente expansão da *judicial review* no mundo passou a exigir novas reflexões teóricas sobre as relações entre jurisdição constitucional e democracia, passa-se a defender (2) um tipo de abordagem que esteja centrada nas *práticas argumentativas* dos Tribunais Constitucionais para, ao final, apresentar (3) o contexto institucional ibero e latino-americano como um "laboratório constitucional" adequado para empreender esse tipo de estudos.

1.1. Aprendendo a Lidar com um Fato Incontestável: a Onipresença da Jurisdição Constitucional nas Democracias Contemporâneas

Grande parte da discussão sobre a legitimidade democrática da jurisdição constitucional da qual se tem conhecimento advém do debate teórico norte--americano. Os aportes iniciais sobre os problemas enfrentados foram fixados naquele contexto específico e muito do que se produz e reproduz sobre o tema – mesmo em outras latitudes – está intimamente ligado às ideias centrais dos autores anglo-americanos mais representativos do debate. O fato tem uma razão de ser que o justifica plenamente: como o poder concedido a juízes e tribunais de controlar a constitucionalidade das leis não está textualmente previsto na Constituição de 1787, o amplo e profundo debate acadêmico acaba cumprindo um papel relevante nesse contexto, ao contribuir para um processo mais amplo de legitimação desse mesmo poder (jurídico e político), em conformidade com as bases democráticas genuínas que sustentam o regime político norte-americano. Daí a constante necessidade de que o debate teórico em torno de um problema de legitimação da *judicial review* seja sempre revisitado, reproduzido e aprofundado naquela realidade.

É sempre preciso questionar, porém, se os mesmos conteúdos desse debate podem ser simplesmente reproduzidos e adotados acriticamente em outros ambientes institucionais, especialmente em democracias construídas sobre a base de robustos documentos constitucionais repletos de direitos fundamentais positivados, que preveem normativamente mecanismos fortes de jurisdição constitucional e que assistem à atuação marcante e onipresente das Cortes Constitucionais na decisão de questões jurídicas e políticas de crucial importância para o desenvolvimento institucional dessas democracias. Se as teses teóricas são construídas com finalidade normativa e crítica, visando produzir reflexões em torno de modelos ideais, parece não haver qualquer inconsistência na manutenção dos debates em âmbitos estritamente filosóficos e teóricos para a mera rediscussão das teses produzidas na academia norte-americana. No entanto, se a intenção é oferecer propostas teóricas para o aperfeiçoamento das práticas institucionais vigentes, numa perspectiva mais pragmática, o referido questionamento se impõe. Para os teóricos de realidades político-sociais completamente distintas da norte-americana, especialmente aqueles que vivenciam e constroem suas teorias tentando oferecer alternativas institucionais para o desenvolvimento das denominadas *novas democracias*, esse questionamento então passa a ter uma importância crucial. Fato que hoje não pode ser, de nenhuma maneira, menosprezado pelos teóricos das novas democracias, principalmente por aqueles que teorizam para a realidade ibero ou latinoamericana, está no fenômeno recente da difusão e consolidação de sistemas de jurisdição constitucional na maioria das democracias do mundo contemporâneo.

Nas últimas três décadas, o mundo assistiu a uma intensa proliferação de regimes democráticos cujo desenho institucional básico contém alguma forma de jurisdição constitucional. No final da primeira década do século XXI, aproximadamente 158 das 191 democracias constitucionais previam algum mecanismo de controle judicial dos atos políticos[22]. O fenômeno da "expansão" ou da "difusão"[23] da jurisdição constitucional nos diversos países democráticos ao redor do mundo teve início no segundo pós-guerra, num

---

[22] Os dados podem ser verificados no *Comparative Constitutions Project*, da Universidade de Illinois: www.comparativeconstitutional project.org. Confira-se, também: GINSBURG, Tom. The Global Spread of Constitutional Review. In: WHITTINGTON, Keith; KELEMAN, Daniel; CALDEIRA, Gregory (eds.). *The Oxford Handbook of Law and Politics*. New York: Oxford University Press, 2008.

[23] A literatura de língua inglesa costuma se referir a esse fenômeno como *"global expansion"* ou *"global spread of judicial review"*. TATE, Neal; VALLINDER, Thorsten (eds.). *The global expansion of judicial power*. New York: New York University Press, 1995.

quadro histórico que alguns autores denominam de "segunda onda" (*second wave*) da difusão global da *judicial review*[24], e foi intensificada a partir da década de 1990, no que é comumente chamado de "terceira onda" (*third wave*) de expansão da jurisdição constitucional[25]. Nesse contexto, distinguem-se alguns cenários importantes de institucionalização dos sistemas de *judicial review* nas democracias contemporâneas[26]:

1. No primeiro, identificado historicamente com o *período do segundo pós-guerra*, a instituição da jurisdição constitucional é encarada como o produto de um processo mais amplo de *reconstrução política* de alguns países como Japão (na revisão constitucional em 1946), Itália (controle concentrado de constitucionalidade introduzido na Constituição de 1948 e a implementação da Corte Constitucional em 1956), Alemanha (por meio da Lei Fundamental de Bonn de 1949 e a fundação do *Bundesverfassungsgericht* em 1951), e França (com a Constituição de 1958 e o estabelecimento do *Conseil Constitutionnel* e, posteriormente, pelo desenvolvimento jurisprudencial do controle de constitucionalidade, a partir de 1971).

2. No segundo, a criação de mecanismos de *judicial review* é vista como parte dos processos de *descolonização*, especialmente das colônias britânicas, tais como, por exemplo, a Índia, com a Constituição de 1950 e estabelecimento da Suprema Corte, conforme o *Indian Independence Act* de 1947.

3. Um terceiro cenário pode ser identificado nas *transições de regimes* autoritários ou ditatoriais para regimes democráticos, os quais geraram

---

[24] GINSBURG, Tom. *Judicial Review in New Democracies. Constitutional Courts in Asian Cases.* Cambridge: Cambridge University Press; 2003.

[25] Na consideração de Tom Ginsburg, a "primeira onda" (*first wave*) coincidiria com o nascimento e desenvolvimento da *judicial review* nos EUA. Segundo Ginsburg, apesar de a jurisdição constitucional já estar presente em alguns poucos países, especialmente após o desenvolvimento inicial do "modelo de Kelsen" no início do século XX, apenas a partir da segunda guerra é que de fato ocorreu uma verdadeira expansão ou difusão global da *judicial review*, a denominada "segunda onda" (*second wave*). GINSBURG, Tom. The Global Spread of Constitutional Review. In: WHITTINGTON, Keith; KELEMAN, Daniel; CALDEIRA, Gregory (eds.). *The Oxford Handbook of Law and Politics.* New York: Oxford University Press, 2008.

[26] Cfr.: HIRSCHL, Ran. *Towards Juristocracy. The origins and consequences of the new constitutionalism.* Cambridge, Massachusetts: Harvard University Press; 2004, p. 7-8.

CAPÍTULO 1 - LEGITIMAÇÃO ATRAVÉS DA ARGUMENTAÇÃO

democracias constitucionais dotadas de sistemas de jurisdição constitucional, como ocorreu no sul da Europa (Grécia, 1975; Portugal, 1976; e Espanha, 1978), na América Latina (Nicarágua, 1987; Brasil, 1988; Colômbia, 1991; Peru, 1993; Bolívia, 1994) e África[27], especialmente na África do Sul (num interessante processo de democratização ao longo da primeira metade da década de 1990, com a instituição de um provisório *Bill of Rights*, de 1993, seguido da instituição da Corte Constitucional, em 1995, e de uma definitiva Constituição de 1996).

4. O quarto cenário é representado pelos processos de transição política e econômica no *período pós-comunista e pós-soviético* (em finais da década de 1980 e início da década de 1990), nos países do leste europeu, com a instituição do Tribunal Constitucional da Polônia (em 1986), da Corte Constitucional da Hungria (em 1989-1990), da Corte Constitucional Russa (em 1991) e a implementação da jurisdição constitucional na República Tcheca e na Eslováquia em 1993.

5. O quinto cenário está marcado pelo processo de *incorporação de normas internacionais e trans- ou supranacionais* nos ordenamentos jurídicos internos de países europeus, cujos exemplos mais importantes incluem a incorporação da Convenção Europeia de Direitos Humanos pelas ordens jurídicas de países como Dinamarca (em 1993), Suécia (em 1995), que já possuía sistema de *judicial review* desde 1979), França (1992)[28] e o mais recente e interessante processo de aceitação, por parte do Reino Unido, de uma carta de direitos, ocorrida com a implementação do *Human Rights Act* de 1998.

6. O sexto cenário não se relaciona com alterações profundas nos regimes político e econômico (e por isso é reconhecido como uma espécie de transição não aparente) e pode ser verificado em processos de reforma constitucional que acabaram instituindo ou fortalecendo os sistemas

---

[27] Uma análise completa da instituição das Cortes Constitucionais em países africanos e de sua contribuição para os regimes políticos da região pode ser encontrada em: MBORANT-SUO, Marie-Madeleine. *La contribution des Cours constitutionnelles à l'État de droit en Afrique.* Paris: Econômica, 2007.

[28] Na França, os tratados e convenções internacionais prevalecem sobre as leis do parlamento desde a decisão do Conselho Constitucional de 1975 (74-54 DC, 15 de janeiro de 1975), em conformidade com o art. 55 da Constituição de 1958, e desde então é amplamente praticado o denominado "controle de convencionalidade das leis" (*review of the conventionality of statutes*).

de jurisdição constitucional, como ocorrido na Suécia (em 1979), no México (em 1994), na Nova Zelândia (em 1990), Israel (1992), Canadá (1982) e, mais recentemente, França (2008) e no Reino Unido (2010).

7. A estes seis cenários anteriores se pode acrescentar um sétimo, identificado com os mais *recentes processos constituintes* ditos "revolucionários" ocorridos em alguns países da América Latina (Equador, em 2008, e Bolívia, em 2009), que têm a pretensão de *refundar* o Estado constitucional em termos mais democráticos (democracia participativa), distantes das tradições eurocêntricas, e condizentes com a cultura dos povos locais, com a formulação de textos constitucionais repletos de novas categorias de direitos e a instituição de mecanismos inovadores de jurisdição constitucional dotados de Cortes Constitucionais (Tribunal Constitucional Plurinacional da Bolívia; Corte Constitucional do Equador).

O fato é que, hoje, as democracias de praticamente todos os continentes (Américas do Norte, Central e do Sul, Europa Ocidental e Oriental, Ásia, Oceania e África, assim como alguns países do oriente médio, como Israel) estão marcadas por duas características principais, que permitem caracterizá-las como *democracias constitucionais*: a presença de catálogos ou cartas de direitos (fundamentais ou humanos) e a institucionalização de sistemas de jurisdição constitucional. A *constitucionalização* dos ordenamentos jurídicos da quase totalidade das democracias contemporâneas – seja fruto da adoção de novas Constituições ou de processos constituintes, no caso das denominadas "novas democracias", ou de reformas constitucionais em consolidadas ou antigas democracias – é um recente e incontestável fenômeno histórico, que não pode ser deixado de lado nos debates teóricos que se debruçam sobre as relações entre jurisdição constitucional e democracia. Grande parte do debate teórico norte-americano, demasiado provinciano e pouco atento a outras realidades constitucionais, passa a ter cada vez menos relevância nesse contexto.

As influências do fenômeno em referência devem ocorrer em pelo menos dois âmbitos do debate teórico. Em primeiro lugar, ele torna inconsistentes as teses pretensamente gerais ou de alcance geral e exige abordagens cada vez mais específicas, voltadas para contextos institucionais restritos a determinadas democracias ou grupo de democracias com características

CAPÍTULO 1 – LEGITIMAÇÃO ATRAVÉS DA ARGUMENTAÇÃO

políticas semelhantes. Assim, a construção de teorias sobre o assunto deve necessariamente levar em conta as características institucionais presentes em determinados regimes democráticos, que dificilmente são generalizáveis ou universalizáveis para alcançar outras realidades. Em segundo lugar, ela torna praticamente insustentáveis as teses que ainda insistem na construção normativa de modelos políticos ideais que, despidos de qualquer perspectiva empírica e pragmática, conferem competência exclusiva aos parlamentos para as decisões sobre direitos e rejeitam completamente a idoneidade das Cortes Constitucionais para a realização dessa tarefa.

A obra que atualmente melhor representa essas teses sobre a desnecessidade das cartas de direitos e da jurisdição constitucional é a de Jeremy Waldron[29] e, nessa perspectiva, ela se distancia cada vez mais de contextos institucionais caracterizados pela presença de extensos catálogos de direitos constitucionalizados e pela forte atuação das Cortes Constitucionais (isto é, contextos marcados por um *constitucionalismo forte*, cujo melhor exemplo pode ser encontrado nas democracias do continente latinoamericano). Waldron começou a formular suas teses contrárias à constitucionalização dos direitos e à jurisdição constitucional no início da década de 1990[30]. Ao longo de toda essa década, o que se assistiu foi a um desenvolvimento institucional das democracias diametralmente oposto a essas teses, com a proliferação cada vez maior, especialmente nas novas democracias do leste europeu, da América Latina e da África, de Constituições repletas de direitos positivados em forma de "coto vedado" ou de "clausulas pétreas" e de robustos mecanismos de *judicial review* que instituem Cortes Constitucionais e a elas conferem amplos poderes para a fiscalização e controle dos atos políticos emanados dos parlamentos

---

[29] WALDRON, Jeremy. *Law and disagreement*. New York: Oxford University Press; 1999. Idem. *A right-based critique of constitutional rights*. In: Oxford Journal of Legal Studies, vol. 13, n. 1, 1993, pp. 18-51. Idem. *The core of the case against judicial review*. In: Yale Law Journal, 115, 2006, pp. 1348-1406. Idem. *Precommitment and Disagreement*. In: ALEXANDER, Larry (ed.). *Constitucionalism. Philosophical Foundations*. Cambridge: Cambridge University Press; 1998. Idem. *Moral Truth and Judicial Review*. In: The American Law Journal of Jurisprudence, vol. 43, 1998, pp. 75-97. Idem. Deliberación, Democracia y Voto. In: KOH, Harold Hongju; SLYE, Ronald C. (comp.). *Democracia deliberativa y derechos humanos*. Trad. Paola Bergallo y Marcelo Alegre. Barcelona: Gedisa; 2004.

[30] WALDRON, Jeremy. *A right-based critique of constitutional rights*. In: Oxford Journal of Legal Studies, vol. 13, n. 1, 1993, pp. 18-51.

ARGUMENTAÇÃO CONSTITUCIONAL

democraticamente eleitos. Em 1999, ao reunir a maioria dos trabalhos da década de 1990 e publicá-los em duas grandes obras que se tornaram a principal referência de seu pensamento ("Direitos e Desacordos"[31] e "A dignidade da legislação"[32]), Waldron declarou expressamente, logo nos parágrafos

[31] WALDRON, Jeremy. *Law and disagreement.* New York: Oxford University Press; 1999. Em síntese, os argumentos utilizados por Waldron são basicamente quatro: 1) a defesa de uma teoria moral baseada em direitos (Dworkin) não leva necessariamente a propugnar pelo estabelecimento de uma declaração de direitos e de um órgão de controle de constitucionalidade de acordo com o modelo norte-americano; 2) os filósofos políticos liberais devem ser, precisamente, os primeiros a duvidar da oportunidade de canonizar direitos em um documento legal se isso acarreta, ao fim e ao cabo, um indubitável obstáculo ao debate político democrático em torno desses direitos; 3) a filosofia política recente não tem prestado atenção suficiente aos processos de tomada de decisões em circunstâncias de radical desacordo; 4) o respeito aos direitos de participação política é incompatível com a criação de uma instituição encarregada da revisão e adaptação dos direitos fundamentais em uma conjuntura de desacordo e mudança social. Sobre o tema, vide: DELTORO, Pablo de Lora. *La interpretación originalista de la Constituición. Una aproximación desde la Filosofía Del Derecho.* Madrid: Centro de Estudios Políticos y Constitucionales; 1998.

[32] WALDRON, Jeremy. *A dignidade da legislação.* São Paulo: Martins Fontes; 2010. Em fevereiro de 1996, Jeremy Waldron apresentou diversos trabalhos na segunda série de palestras John Robert Seeley, na Universidade de Cambridge. As palestras fazem parte de um projeto mais amplo de Waldron sobre o tema direito, legislação, discordância e direitos, cujo tratamento mais analítico foi realizado na conhecida obra *Law and Disagreement.* Os trabalhos apresentados nessa série de palestras, que tratam principalmente do tema da legislação partindo das contribuições do pensamento político, foram posteriormente reunidos e publicados na obra "The Dignity of Legislation", no ano de 1999. Essas duas importantes obras têm a preocupação de colocar as legislaturas no centro do pensamento filosófico a respeito do direito e a de evitar minimizar as implicações teóricas da discordância quanto à justiça e aos direitos. Waldron parte da constatação de que "a legislação e as legislaturas têm má fama na filosofia jurídica e política"; "uma fama suficientemente má para lançar dúvidas quanto a suas credenciais como fontes de direito respeitáveis". O fato é que, como analisou Waldron, não há um modelo jurisprudencial capaz de compreender normativamente a legislação como forma genuína de direito. Como afirmou Waldron, "não há nada sobre legislaturas ou legislação na moderna jurisprudência filosófica que seja remotamente comparável à discussão da decisão judicial". "Ninguém parece ter percebido a necessidade de uma teoria ou de um tipo ideal que faça pela legislação o que o juiz-modelo de Ronald Dworkin, Hércules, pretende fazer pelo raciocínio adjudicatório". Assim, a questão central para Waldron está em saber como construir um retrato *róseo* das legislaturas que corresponda, na sua normatividade, ao retrato dos tribunais – o fórum do princípio – que foi apresentado nos momentos mais elevados da jurisprudência constitucional. A intenção de Waldron, portanto, é recuperar e destacar maneiras de pensar a respeito da legislação na filosofia jurídica e política que a apresentem como um modo de governança dignificado e uma fonte de direito respeitável.

CAPÍTULO 1 - LEGITIMAÇÃO ATRAVÉS DA ARGUMENTAÇÃO

introdutórios[33], que esperava sinceramente que suas teses pudessem ser motivo de debates (não necessariamente nos EUA, onde a *judicial review* já estava consolidada na prática constitucional) e de transformações institucionais no contexto da reforma constitucional britânica. Waldron mantinha então uma esperança e uma convicção especial de que suas teses pudessem atingir diretamente o Reino Unido, na época uma das poucas democracias avançadas que permanecia sem uma Constituição rígida e sem um sistema de *judicial review*. Após a incorporação, no final da década de 1990, da Convenção Europeia de Direitos Humanos, o Reino Unido finalmente instituiu, no ano de 2009[34], uma Suprema Corte com poderes de revisão das leis, fato que certamente frustrou por completo as expectativas de Waldron[35]. Suas teses devem ser hoje relegadas ao debate meramente teórico, cujo valor normativo e referencial crítico permanecem incólumes (é preciso reconhecer), mas cujo potencial transformador das instituições é cada vez mais difícil de se vislumbrar.

Assim, parece cada vez mais evidente que as teorias sobre o caráter antidemocrático da jurisdição constitucional tornaram-se insustentáveis ante um quadro fático que escancara o fenômeno da constitucionalização das democracias contemporâneas. Tais teses mantêm uma inegável importância teórica como ponto de vista crítico-normativo a respeito do modelo institucional adotado pelas diversas democracias constitucionais, mas ficam despidas de

---

[33] WALDRON, Jeremy. *Law and disagreement*. New York: Oxford University Press; 1999, p. 16.

[34] A *Suprem Court of the United Kingdom* foi prevista inicialmente pelo *Constitutional reform Act* de 2005, o qual estabeleceu que ela começaria a funcionar apenas no ano de 2009.

[35] Em 2006, Waldron publicou um artigo com a intenção de revigorar, aprofundar e dar contornos mais específicos ao debate sobre ilegitimidade democrática da *judicial review*. WALDRON, Jeremy. *The core of the case against judicial review*. In: Yale Law Journal, 115, 2006, pp. 1348-1406. Apesar de tentar explicar, naquela ocasião, que suas teses contra a jurisdição constitucional não tinham necessariamente a intenção de ser absolutas e universalmente válidas e dependiam de certas características político-institucionais das democracias liberais, Waldron acaba reafirmando o caráter eminentemente *normativo* de seus argumentos, os quais não levam em conta as diversas manifestações históricas e as práticas institucionais da *judicial review* e os efeitos concretos que as decisões dos tribunais podem ou não produzir em específicos contextos institucionais. Assim, ao insistir num argumento normativo que absolutamente independe da prática institucional, Waldron permanece construindo teses pretensamente gerais e universais que se distanciam dos múltiplos contextos históricos, políticos e culturais das diversas democracias contemporâneas.

qualquer caráter pragmático para oferecer propostas realizáveis para o efetivo melhoramento e aperfeiçoamento das instituições existentes. Teorias consistentes e coerentes e que tenham alguma utilidade prática para a realidade das novas democracias não podem mais prescindir desse viés pragmático e devem estar calcadas em perspectivas empíricas sobre os problemas enfrentados.

Nessa perspectiva, pode-se dizer que a questão em torno das relações entre democracia e constitucionalismo tornou-se uma questão mais empírica do que filosófica (ou normativa). Isso quer dizer que, em vez de suscitar um debate filosófico que busque um modelo ideal (normativo) de relação (de tensão ou de conciliação) entre jurisdição constitucional e democracia, essa questão pressupõe cada vez mais o conhecimento em concreto das diferentes realidades políticas e depende crescentemente da aferição empírica das práticas e dos resultados que os diferentes modelos institucionais proporcionam nas diversas democracias. Em suma, o problema de saber se a jurisdição constitucional é compatível ou não com a democracia passou a ser uma questão mais empírica e contextual do que normativa e universal.

Neste ponto, é importante ressaltar que recentes estudos fundados em pesquisas empíricas sobre os diversos modelos de jurisdição constitucional que emergiram em novas democracias[36] têm constantemente enfatizado que a institucionalização da *judicial review* tem contribuído decisivamente para a construção e permanência dos regimes democráticos em quadros de estabilidade institucional. A atuação firme das Cortes Constitucionais, que as fizeram conquistar grande reputação perante os diversos segmentos políticos e sociais, passou a favorecer a produção de *accountability* nessas novas democracias e a permitir a convivência política num ambiente de pluralismo político e cultural. Especialmente nos países que passaram por transições de regimes autoritários ou ditatoriais para regimes democráticos, e que por longo tempo ficaram marcados por um experiência política de menosprezo à Constituição, a jurisdição constitucional tem cumprido um importante papel como instância de decisão neutra das disputas políticas e de efetivo resguardo de direitos e, nesse passo, ajudado a construir ambientes de normalidade

---

[36] Entre outros, vide: GINSBURG, Tom. *Judicial Review in New Democracies. Constitutional Courts in Asian Cases.* Cambridge: Cambridge University Press; 2003. GARGARELLA, Roberto; DOMINGO, Pilar; ROUX, Theunis. *Courts and Social Transformation in New Democracies.* Burlington: Ashgate; 2006.

CAPÍTULO 1 – LEGITIMAÇÃO ATRAVÉS DA ARGUMENTAÇÃO

político-institucional que permitem a construção das democracias emergentes[37]. Em novas democracias, portanto, os Tribunais Constitucionais acabaram

---

[37] Transições de regime são eventos complexos que se desenvolvem de formas diferenciadas em cada momento e local em que se realizam. Não obstante, de modo geral, pode-se dizer que processos políticos de mudanças abruptas na sistematização e redistribuição dos poderes soberanos de uma nação se caracterizam pelos conflitos protagonizados, por um lado, pelas autoridades e elites políticas que estão em vias de perder o poder e pretendem mantê-lo a qualquer custo e, por outro, por aqueles que ascendem democraticamente ao comando dos novos rumos da nação e têm como objetivo primordial por fim às injustiças históricas que levaram à saturação do antigo regime. As elites tradicionais, que durante a transição podem continuar sendo bastante poderosas, não medirão esforços para manter privilégios e bens conquistados no regime anterior, e normalmente o farão por meio de acordos políticos (como anistias) que possam ser traduzidos e garantidos através de normas e instituições que se mantenham no novo regime. Os novos líderes, uma vez detentores do monopólio da força estatal e do poder de legislar, terão todo o interesse em varrer os obstáculos legais e institucionais, oriundos do regime anterior, que possam de alguma forma atrapalhar o cumprimento de sua agenda de mudanças. Ambos, o conservadorismo elitista e o entusiasmo revolucionário, devem ser contidos para que a transição possa ocorrer dentro de parâmetros de normalidade institucional. A via encontrada pela maioria das mesas de negociação próprias dos momentos de transição de regime tem sido a manutenção ou a instituição de um terceiro com autoridade política e jurídica para fazer cumprir os acordos realizados e solidificados na forma de compromissos constitucionais. Assim se justifica a recorrente opção por democracias constitucionais qualificadas pela existência de uma Constituição organizadora dos poderes estatais, garantidora de direitos básicos (especialmente a propriedade e as garantias do devido processo legal) e instituidora de órgãos especiais (integrantes ou não da estrutura do poder judicial) encarregados de sua proteção. A história recente do surgimento de novas democracias no mapa mundial assim o demonstra. Confiram-se, por exemplo, as transições ocorridas em finais do século XX em países do leste europeu e na realidade latino-americana, assim como o emblemático caso sul-africano, no qual o delicado câmbio de um duro regime de *apartheid* para a democracia constitucional tornou-se possível através da atuação da Corte Constitucional na fiscalização prévia da redação final do novo texto constitucional. A superação de regimes autoritários normalmente tem resultado em democracias constitucionais caracterizadas principalmente pela instituição de sistemas de jurisdição constitucional que, com variações em cada modelo, são dotados de Tribunais Constitucionais. O fato é que as Cortes Constitucionais passaram a fazer parte do instrumental básico que tornam possíveis negociações exitosas em transições para o regime democrático. Em momentos de engenharia institucional, normalmente permeados por conflitos políticos de difícil solução, as Cortes Constitucionais podem funcionar como árbitros dos jogos de poder em que se enfrentam elites tradicionais e novos protagonistas políticos. Da mesma forma, a aplicação intransigente das normas legais e constitucionais (não se considerando aqui se elas são remanescentes do antigo regime ou se originam dos pactos constituintes próprios dos momentos iniciais da transição política) pode ser um fator impeditivo do desenvolvimento de formas populistas de democracia, que com o passar do tempo acabam se convertendo em regimes autoritários ainda mais perversos

se transformando na principal via institucional que permite converter os conflitos políticos em diálogos constitucionais tendentes a soluções sem quebra da normalidade institucional e pelas vias democráticas preestabelecidas. Nesses contextos políticos específicos, não é mais possível afirmar que a jurisdição constitucional é antidemocrática, a não ser que, obviamente, se tenha em mente uma clara intenção de construir modelos contrafáticos num plano estritamente filosófico, o que ainda permanece como uma opção metodológica consistente. De todo modo, tem-se tornado cada vez mais difícil menosprezar o fato de que a jurisdição constitucional, nessas realidades políticas, nada mais é do que o resultado político-institucional de um processo recente de democratização e que assim se torna elemento vital do próprio regime democrático.

do que os que visa superar. Especialmente as autoridades e elites do regime anterior terão todo o interesse em construir mecanismos institucionais que limitem a atuação das novas maiorias políticas. Ante um futuro completamente incerto quanto à manutenção do *status quo ante*, e constatada a precariedade de outras vias institucionais despidas de garantias de execução pelo uso da força, as elites políticas encontram nessa fórmula básica das democracias constitucionais a opção mais racional para assegurar seus bens e prerrogativas sob a forma de direitos e entregar sua proteção a um órgão decisório pretensamente neutro ante os conflitos políticos de ocasião. Não por outro motivo, diversos pesquisadores dessa realidade (que ainda se mostra bastante recente na história da democracia) têm constatado que a instituição da jurisdição constitucional em novas democracias funciona como uma espécie de "seguro" (*insurance*) contra os riscos imanentes aos sistemas com eleições periódicas e democráticas. Como em democracias multipartidárias os diversos segmentos políticos não têm nenhuma certeza sobre sua permanência no poder e sabem que mais cedo ou mais tarde tornar-se-ão minoria, a jurisdição constitucional acaba funcionando como um seguro para os futuros perdedores das disputas eleitorais, um foro independente onde a ação política das maiorias pode ser contestada pelas minorias. Com base nessa constatação empírica, Tom Ginsburg, por exemplo, afirma categoricamente que a expansão da jurisdição constitucional ao redor do mundo, ocorrida principalmente nas últimas décadas, é o produto dos processos de democratização ou redemocratização em diversos países e, portanto, não pode ser considerada antidemocrática, como muitos estudiosos ainda sustentam. Ao fornecer um foro de disputa apartidário com autoridade suficiente para decidir as controvérsias políticas com base nos compromissos constitucionais a que todos estão submetidos, as Cortes permitem a convivência política sob uma mesma ordem constitucional, favorecendo a manutenção de um quadro de pluralismo político próprio das democracias. Por isso, em regimes não democráticos, a instituição de Cortes Constitucionais acaba não fazendo muito sentido. Jurisdição constitucional e democracia desenvolvem-se juntas (numa espécie de simbiose) nesses novos regimes políticos. "A jurisdição constitucional pode ser contramajoritária, mas não é antidemocrática", conclui Ginsburg. GINSBURG, Tom. *Judicial Review in New Democracies*. Cambridge: Cambridge University Press; 2003.

CAPÍTULO 1 - LEGITIMAÇÃO ATRAVÉS DA ARGUMENTAÇÃO

Em novas democracias, jurisdição constitucional e democracia nasceram e se desenvolveram em conjunto, fato que deixa pouca margem para se tentar encontrar nessa relação algum tipo de conflito ou tensão[38]. O certo é que a jurisdição constitucional continua possuindo seu genuíno caráter contramajoritário, mas não pode ser atualmente qualificada, num sentido pragmático, como antidemocrática.

Tais estudos também enfatizam, com base em resultados de investigações empíricas, que a soberania dos parlamentos permanece em constante declínio, fato que torna de difícil aplicabilidade prática as teses teóricas construídas primordialmente em torno desse valor político. A prova cabal desse fato está nas recentes reformas político-constitucionais que instituíram o mecanismo de controle judicial *a posteriori* das leis na França (2008)[39] e uma Supre-

---

[38] Em estudo em que aborda a suposta tensão ou contradição entre jurisdição constitucional e democracia, Dieter Grimm bem observa que a institucionalização da jurisdição constitucional é vantajosa para as novas democracias: "(...) em sociedades onde a democracia constitucional é uma nova conquista e onde as pré-condições ao governo democrático são subdesenvolvidas, ou ainda em Estados onde a constituição por um longo período não importava, os agentes estatais podem não observá-la sem correr o risco de perder legitimidade pela população, será mais difícil renunciar à jurisdição constitucional do que para aqueles estados que têm uma longa e estável tradição democrática e um respeito generalizado pela lei. Nos primeiros, a constituição necessitará de um órgão independente cuja principal meta é garantir a obediência para com as suas normas, o que então a torna visível e significativa para o público. Isso pode explicar porque tantos países que apenas recentemente se tornaram democráticos optaram pela jurisdição constitucional". Esse mesmo estudo oferece uma importante conclusão, que muito se assemelha às teses aqui defendidas. Nas palavras de Dieter Grimm: "(...) a questão de se um país deve ou não adotar o controle judicial de constitucionalidade não é de princípios, mas sim pragmática. Tal escolha requer um juízo de custo-benefício. A resposta pode variar de acordo com o tempo e circunstâncias; cada país tem de achar sua própria solução. Ainda, em vista da situação precária do constitucionalismo democrático em muitas partes do mundo e o rumo que a política partidária tem tomado em muitas democracias já consolidadas, parece que há mais argumentos a favor do que argumentos contra a jurisdição constitucional". GRIMM, Dieter. *Jurisdição Constitucional e Democracia*. In: Revista de Direito do Estado, ano 1, n. 4, out./dez. 2006, pp. 3-22.

[39] A "question prioritaire de constitutionnalité" foi prevista pela reforma constitucional de 23 de julho de 2008 e efetivamente instituída em 2010 pelo *Conseil constitutionnel*. TROPER, Michel. Constitutional amendments aiming at expanding the powers of the French Constitutional Council. In: PASQUINO, Pasquale; BILLI, Francesca (eds.). *The political origins of Constitutional Courts. Italy, Germany, France, Poland, Canada, United Kingdom*. Roma: Fondazione Adriano Olivetti; 2009. BECHILLON, Denys (*et al*). *La question prioritaire de constitutionnalité*.

ma Corte com poderes de Corte Constitucional no Reino Unido (2010)[40], as duas democracias que historicamente são o berço e representam o exemplo mundial da soberania dos parlamentos. Também nessas duas grandes nações democráticas, novos desenhos institucionais e práticas políticas têm sido cada vez mais lastreados pelo princípio da supremacia constitucional e cada vez menos pelo princípio da soberania dos parlamentos.

Portanto, a jurisdição constitucional está completamente difundida e consolidada na maioria das democracias (novas e antigas) do mundo contemporâneo, e este é um fato praticamente incontestável. As Cortes Constitucionais, ao contrário do que muitos afirmam no plano teórico, tornaram-se importantes organismos políticos de poder e de decisão e passaram a gozar de ampla legitimidade perante diversos segmentos políticos e sociais nessas democracias. Neste ponto, é importante mencionar que o desenvolvimento institucional das Cortes Constitucionais, no plano nacional ou interno, acabou criando propícias condições políticas para o surgimento, no plano internacional, de organismos multilaterais cujo objetivo primordial é o intercâmbio e a cooperação entre os diversos órgãos de jurisdição constitucional das democracias dos diferentes continentes[41]. Esses organismos, estruturados na forma de conferências ou comissões de âmbito regional[42],

Paris: Pouvoirs, 137, 2011. DRAGO, Guillaume. *Contentieux constitutionnel français*. 3 Ed. Paris: Thémis; 2011.

[40] TORRE, Alessandro. Forms of a constitutional adjudication under a flexible, unwritten Constitution. The case of the United Kingdom. In: PASQUINO, Pasquale; BILLI, Francesca (eds.). *The political origins of Constitutional Courts. Italy, Germany, France, Poland, Canada, United Kingdom*. Roma: Fondazione Adriano Olivetti; 2009.

[41] A interação entre Cortes pode ocorrer nas seguintes perspectivas: relações entre Cortes nacionais e Cortes supranacionais; encontros periódicos entre os representantes de Cortes (congressos, seminários, conferências, etc.); intercâmbio de informações, dados, jurisprudência, experiências, etc. Cfr.: SLAUGHTER, Anne-Marie. *Judicial Globalization*. In: Virginia Journal of International Law, vol. 40, 2000, pp.. 1103-1124.

[42] Anualmente, magistrados das Cortes, Tribunais e Salas Constitucionais dos países ibero-americanos se reúnem no âmbito da Conferência Ibero-americana de Justiça Constitucional – CIJC para debater temas atuais e compartilhar problemas comuns em matéria de jurisdição constitucional e proteção dos direitos fundamentais. A CIJC tem por objetivos: a) preservar e potencializar a independência e a imparcialidade dos Tribunais, Cortes e Salas Constitucionais, bem como dos seus membros; b) favorecer uma relação estreita, contínua e fluida entre os órgãos de justiça constitucional dos países ibero-americanos; c) fomentar o intercâmbio de informação e a cooperação para consolidar a Comunidade Ibero-americana

CAPÍTULO 1 – LEGITIMAÇÃO ATRAVÉS DA ARGUMENTAÇÃO

continental[43] ou até mesmo mundial[44], acabaram formando um tipo de "comunidade global de Cortes"[45] e realizam uma espécie de "diplomacia judicial", como "atores internacionais independentes ou autônomos"[46], que acontece de forma paralela àquela que se desenvolve tradicionalmente entre as nações soberanas, e buscam o crescente fortalecimento da independência e do papel institucional dos Tribunais Constitucionais para a consolidação e

de Justiça Constitucional; d) promover a criação de redes para a gestão do conhecimento e intercâmbio de experiências; e) impulsionar programas de formação; f) apoiar o desenvolvimento de políticas que tendam a facilitar o acesso à justiça constitucional; g) promover a realização e a publicação de estudos com interesse para os sistemas de justiça constitucional ibero-americanos. Os recentes encontros em Sevilha-Espanha (2005), Santiago-Chile (2006), Cartagena de Índias-Colômbia (2007), Mérida-México (2009), Managua-Nicarágua (2010), Cádiz-Espanha (2012) proporcionaram a formação e consolidação de um verdadeiro foro de diálogo, reflexão e colaboração que cada vez mais reforça os laços de cooperação entre os diversos órgãos de jurisdição constitucional. Esses laços de intercâmbio e cooperação também são encontrados no âmbito da Conferência das Jurisdições Constitucionais dos Países de Língua Portuguesa, da Associação de Cortes Constitucionais de Língua Francesa (*Association des Cours Constitutionnelles ayant en Partage l'Usage du Français* – www.accpuf.org), da Conferência de Órgãos de Controle Constitucional dos Países de Novas Democracias (*Conference of Constitutional Control Organs of Countries of Young Democracy*), da Comissão de Juízes do Sul da África (*Southern African Chief Justices' Forum*), da União Árabe de Cortes e Conselhos Constitucionais (*Union of Arab Constitutional Courts and Councils*).

[43] A Conferência Europeia de Cortes Constitucionais (*Conference of European Constitutional Courts* – www.confcoconsteu.org), criada em 1972 pela união de apenas quatro países – Alemanha, Áustria, Itália e Iugoslávia –, à época dotados de modelos de jurisdição constitucional, já é composta atualmente por 39 membros. O vertiginoso crescimento do número de participantes é resultado da adesão dos países da Europa Oriental que, após as transições de regime político da década de 1990, incorporaram sistemas de controle judicial de constitucionalidade como mecanismos de proteção de seus recém adotados modelos de organização política.Também as Cortes e Tribunais Constitucionais dos países asiáticos, tais como Japão, Coréia, Tailândia, Vietnã, Indonésia, Filipinas, Camboja, Mongólia realizam encontros periódicos no âmbito da Associação das Cortes Constitucionais Asiáticas e Órgãos Equivalentes (*Association of Asian Constitutional Courts and Equivalent Bodies*)

[44] A Conferência Mundial de Cortes Constitucionais (*World Conference on Constitutional Justice*) começou a ser realizada no ano de 2009, como um encontro entre as diversas conferências regionais de Cortes (acima citadas). O primeiro encontro realizou-se na África do Sul (Cidade do Cabo, 2009) e o segundo no Brasil (Rio de Janeiro, 2011).

[45] SLAUGHTER, Anne-Marie. *A Global Community of Courts*. In: Harvard International Law Review, vol. 44, n. 1, 2003. *Idem. The New World Order*. In: Foreign Affairs, vol. 76, n. 5, 1997, pp. 183-197.

[46] SLAUGHTER, Anne-Marie. *A typology of transjudicial communication*. In: University of Richmond Law Review, vol. 29, 1995, pp. 99-137.

aprofundamento das democracias contemporâneas[47]. Assim, a intensificação dos processos de intercomunicação, intercâmbio e cooperação internacional entre órgãos de jurisdição constitucional é também sintomática da difusão dos sistemas de controle de constitucionalidade em diversos países, principalmente em democracias incipientes da Europa Oriental, Ásia, África, além da própria América Latina. Na medida em que visam à reafirmação da crucial importância das Cortes Constitucionais para as democracias contemporâneas, esses crescentes laços de cooperação internacional também devem ser objeto da atenção dos teóricos que estudam as relações entre jurisdição constitucional e democracia.

Enfim, parece cada vez mais evidente que todos esses recentes fenômenos estão a cobrar novos olhares sobre o problema da legitimidade democrática da jurisdição constitucional. O tradicional debate teórico, de caráter eminentemente normativo e de pretensões universais, que acontece num plano estritamente filosófico e pouco depende do contexto político-institucional no qual e/ou para o qual é produzido, não deixa de ter sua importância, especialmente por oferecer relevantes aportes teóricos sobre os ideais políticos da democracia e do constitucionalismo e por construir modelos ideais que podem sempre ser utilizados como referenciais normativos de crítica das diversas realidades institucionais. Não se pode mais negar, porém, que as questões sobre as relações entre jurisdição constitucional e democracia são hoje menos normativas e mais empíricas, o que conduz o debate teórico que em torno delas se produz para um caminho cujo percurso exige constante atenção aos diversos contextos políticos e ao desenvolvimento em concreto das instituições democráticas.

---

[47] A Comissão de Veneza (*European Commission for Democracy through Law – Venice Commission*, www.venice.coe.int), criada no ano de 1990, desenvolve uma importante função de apoio e proteção institucional às Cortes Constitucionais, especialmente quando são criticadas ou estão a sofrer pressão política por outros poderes estatais (função especial de "direct suport for Constitutional Courts"). A comissão também mantém diversos canais de comunicação e interação entre as Cortes Constitucionais dos vários países, como fóruns virtuais, encontros periódicos em seminários, congressos etc., bases de dados e jurisprudência ("Bulletin on Constitutional Case-Law" e o "Codices database" – www.codices.coe.int).

CAPÍTULO 1 – LEGITIMAÇÃO ATRAVÉS DA ARGUMENTAÇÃO

1.2. Mudando o Foco de Análise: as Práticas Argumentativas dos Tribunais Constitucionais

As teorias normativas sobre o caráter (anti)democrático da *judicial review* sempre estiveram muito concentradas no problema da legitimação do *poder* conferido aos Tribunais Constitucionais, o qual está inserido no contexto mais amplo das discussões sobre a legitimação dos poderes políticos nos regimes democráticos. Nessa perspectiva, as questões mais controvertidas ganham contornos de "dificuldade contramajoritária" e temas como o "ativismo judicial" viram alvo principal das atenções dos teóricos. Não obstante, se as teorias que se desenvolvem em torno desses temas devem cada vez mais assumir um viés pragmático e empírico e assim partir de premissas fáticas que levem em conta o vertiginoso desenvolvimento e a atual onipresença da jurisdição constitucional nas democracias contemporâneas, tal como abordado no tópico anterior, parece sensato considerar que mais importante do que lidar com um problema de legitimação do poder é, nesse contexto, prestar mais atenção à prática desse mesmo poder. Assim, em vez de focar em demasia na *justificação (normativa)* do poder das Cortes Constitucionais, as teorias devem se concentrar mais na *análise (empírica)* da prática desse poder. O problema principal a ser enfrentado não está tanto mais em saber *que* poder tem os Tribunais Constitucionais, mas *como* e *em que medida* eles exercem seu poder. O que significa também dizer que, para além de uma questão de legitimação da instituição em si mesma, tem-se também uma questão de legitimação das próprias práticas institucionais.

Se partirmos da premissa de que uma das características primordiais de regimes democráticos é a institucionalização de diversas vias de livre manifestação, de diálogo e de debate sobre questões que dizem respeito à vida em comunidade, e se também levarmos em conta que, tal como será estudado nos próximos capítulos, os Tribunais Constitucionais são instituições fundamentais de produção e reprodução de *razões* nesse contexto de discussão pública, e acabam exercendo um tipo de representação democrática que se baseia nos discursos que proferem perante os diversos *auditórios* que uma democracia pode comportar, então é possível concluir que, entre as práticas institucionais de uma Corte Constitucional, a que assume maior importância, nessa perspectiva de análise, é a prática de tipo *argumentativo* ou *discursivo*.

Os argumentos e/ou os discursos produzidos pelos Tribunais Constitucionais constituem um dos aspectos cruciais de legitimação de sua atividade institucional, na medida em que levam consigo as razões justificadoras dessa atividade e de seus resultados decisórios, e assim se submetem constantemente à (re)avaliação de diversos auditórios ou audiências presentes na esfera pública de uma comunidade democrática. Nesse sentido, não seria demasiado afirmar que as práticas argumentativas dos Tribunais Constitucionais podem representar uma espécie de "sismógrafo" do quantum de democracia presente no exercício de sua jurisdição constitucional.

Uma rigorosa análise (*empírica*) das práticas argumentativas de determinado Tribunal Constitucional pode fornecer dados relevantes sobre as relações entre jurisdição constitucional e democracia no contexto político-institucional específico no qual está inserido. Nessa perspectiva, é possível falar de uma legitimidade democrática que se encontra ancorada, entre outros aspectos, na argumentação jurídica produzida no âmbito da jurisdição constitucional. Em verdade, trata-se de uma *legitimação* que também se constitui *através da argumentação*.

Esse tipo de análise pode ser realizado desde diversos pontos de vista teóricos, mas sem dúvida uma maneira adequada de melhor captar o significado, as estruturas, as técnicas, os efeitos, etc. dos argumentos e discursos produzidos no âmbito da jurisdição constitucional está na utilização dos aportes das teorias da argumentação (em geral) e da argumentação jurídica (em particular), desde que se assuma, além dos aspectos normativos e analíticos comuns a esse tipo de teoria, um viés pragmático e empírico.

Os próximos capítulos aprofundarão melhor essas ideias sobre a legitimidade e/ou a representatividade de tipo argumentativo ou discursivo das Cortes Constitucionais, como *instituições deliberativas* por excelência, e apresentarão os contornos principais de uma teoria da *argumentação constitucional* que é produzida por essas Cortes. Por ora, é suficiente deixar enfatizado, seguindo a linha de raciocínio construída ao longo deste capítulo, que as práticas argumentativas das Cortes, se analisadas (empiricamente) no contexto político-institucional em que são produzidas, podem constituir um aspecto fundamental de legitimação democrática da jurisdição constitucional.

1.3. Laboratório Constitucional Iberoamericano

A realidade constitucional iberoamericana (especialmente a parte latinoamericana), sempre foi menosprezada pelos estudos da teoria e filosofia constitucional, não só por aqueles produzidos em âmbito anglo-americano e europeu continental, mas igualmente pelos que tem origem na própria região, os quais sempre estiveram fascinados pelo constitucionalismo norte-americano, francês e inglês. Isso é ao mesmo tempo uma constatação lamentável e um fato curioso, pois o constitucionalismo de origem iberoamericana sempre foi, e ainda é, um verdadeiro "laboratório" repleto de experiências institucionais inovadoras, como já reconhecem hoje em dia alguns estudiosos sobre o tema[48]. E quando o assunto é, especificamente, a jurisdição constitucional, essas constatações não são diferentes.

A ideia de jurisdição constitucional nasceu no ambiente jurídico-cultural anglo-americano. Desde a decisão de Sir Edward Coke no famoso *Bonham's case*, passando pelos *Federalist Papers*, até o marco representado pelo caso *Marbury vs. Madison*, consagrou-se historicamente um fascinante modelo de fiscalização e controle jurídico dos atos políticos que talvez seja a experiência institucional mais influente e difundida em todo o mundo. No contexto europeu-continental, no qual se desenvolveu inicialmente uma espécie de controle essencialmente político das atividades parlamentares, tal como previsto nas primeiras constituições francesas, a ideia de supremacia constitucional acabou se consolidando e o debate entre Hans Kelsen e Carl Schmitt sobre "quem deveria ser o defensor ou guardião da Constituição" recebeu respostas institucionais bastante claras com a criação e difusão dos Tribunais Constitucionais, conformando um modelo tipicamente europeu de controle em abstrato de constitucionalidade. Assim como a *judicial review* norte-americana, esse modelo europeu é um sucesso de exportação jurídica.

---

[48] Na perspectiva histórica, diversos trabalhos sobre o tema foram publicados na obra: ANNINO, Antonio; TERNAVASIO, Marcela (coords.). *El laboratorio constitucional iberoamericano: 1807/1808-1830*. Madrid: Asociación de Historiadores Latinoamericanos Europeos; Iberoamericana; Vervuert; 2012. Nas perspectivas social, cultural e política, um interessante debate entre diversos especialistas sobre o tema está publicado na obra: GONZÁLEZ, Antonio G. *Latinoamérica, laboratorio mundial*. Madrid: Seminario Atlántico de Pensamiento; La Oficina Editores; 2011.

Não obstante, ainda que a primeira ideia de garantia jurisdicional da Constituição tenha nascido nos Estados Unidos, os demais países do continente americano nunca foram meros sujeitos passivos das técnicas de fiscalização da constitucionalidade criadas nos contextos anglo-americano e europeu-continental. Ao contrário, apesar de tal fato ser desconhecido mundo afora, a América Latina, com a heterogeneidade e pluralidade que lhe é peculiar, representa um verdadeiro "laboratório constitucional" no tocante às técnicas de controle de constitucionalidade das leis e demais atos de poder[49]. A recepção latino-americana da *judicial review* ocorreu num ambiente extremamente criativo – proporcionado principalmente pela confluência do sistema de *common law* com as tradições romano-germânicas sobre as quais estão fundadas as culturas jurídicas hispânica e lusitana –, capaz de gerar instrumentos originais (e eficazes) de garantia processual de direitos, como o *juicio de amparo* mexicano e o *mandado de segurança* brasileiro, o que acabou revelando a estreita conexão entre o controle de constitucionalidade e a proteção dos direitos fundamentais como característica marcante dos modelos latino-americanos de jurisdição constitucional.

Apesar do fato de que, desde a segunda metade do século XIX, mecanismos de *judicial review* já podiam ser identificados no âmbito do plexo de competências jurisdicionais das Cortes Supremas de alguns sistemas jurídicos da região[50], foi apenas a partir do último quarto do século XX que a jurisdição constitucional obteve um vertiginoso desenvolvimento em quase todos os países ibero-americanos. As transições dos regimes políticos autoritários para regimes democráticos vivenciadas em praticamente todos os países da

---

[49]   Cfr.: FERNÁNDEZ SEGADO, Francisco. *Del control político al control jurisdiccional. Evolución y aportes a la Justicia Constitucional en América Latina*. Bologna: Center for Constitutional Studies and Democratic Development, Libreria Bonomo; 2005.

[50]   Cfr.: LÓPEZ ULLA, Juan Manuel (dir.). *La justicia constitucional en Iberoamérica*. Cádiz: Servicio de Publicaciones de la Universidad de Cádiz; 2011. FERNÁNDEZ SEGADO, Francisco. *Del control político al control jurisdiccional. Evolución y aportes a la Justicia Constitucional en América Latina*. Bologna: Center for Constitutional Studies and Democratic Development, Libreria Bonomo; 2005. FERNÁNDEZ SEGADO, Francisco. *La Justicia Constitucional: una visión de derecho comparado. Tomo III: La Justicia Constitucional en América Latina y España*. Madrid: Dykinson; 2009. GARCÍA BELAUNDE, Domingo; FERNÁNDEZ SEGADO, Francisco (coord.). *La jurisdicción constitucional en Iberoamérica*. Madrid: Dykinson; 1997.

CAPÍTULO 1 – LEGITIMAÇÃO ATRAVÉS DA ARGUMENTAÇÃO

região[51] – especialmente na Espanha (1978), Portugal (1976) e Brasil (1988) – geraram radicais mudanças político-institucionais, cujas características mais marcantes estão na constitucionalização de extensos catálogos de direitos fundamentais e na institucionalização de robustos sistemas de jurisdição constitucional com poderes de fiscalizar e revisar a constitucionalidade dos atos do poder público. Também os processos mais acentuados de reforma constitucional ocorridos no México (1992-1995) e na Argentina (1994) propiciaram modificações substanciais no sentido da ampliação dos mecanismos de jurisdição constitucional e de proteção dos direitos fundamentais. E, em tempos mais recentes, os processos constituintes ocorridos em países como Equador (2008) e Bolívia (2009), que têm a pretensão de refundar o Estado constitucional[52] e que, por isso, têm sido qualificados por alguns como o "novo constitucionalismo latinoamericano"[53], resultaram em sistemas jurí-

---

[51] A característica marcante e comum às democracias iberoamericanas está no fato de que a ordem constitucional que hoje está em vigor nesses países começou a ser (re)construída após processos difíceis de transição de regimes autoritários para regimes democráticos, que geraram profundas reformas constitucionais ou textos constitucionais integralmente novos. Sobre as transições de regime na América Latina, vide: O'DONNELL, Guillermo; SCHMITTER, Philippe C.; WHITEHEAD, Laurence (ed.). *Transições do Regime Autoritário. América Latina*. Trad. Adail Sobral e Rolando Lazarte. São Paulo: Ed. RT; Vértice; 1988. O'DONNELL, Guillermo; SCHMITTER, Philippe. *Transições do regime autoritário: primeiras conclusões*. Trad. Adail Sobral. São Paulo: Ed. RT; Vértice; 1988. PRZEWORSKI, Adam. *A escolha de instituições na transição para a democracia: uma abordagem da teoria dos jogos*. In: Dados Revista de Ciências Sociais, Rio de Janeiro, vol. 35, n. 1, 1992, pp. 5-48. Idem. Como e onde se bloqueiam as transições para a democracia? In: MOISÉS, José Alvaro; ALBUQUERQUE, J. A. Guilhon. *Dilemas da consolidação da democracia*. São Paulo: Paz e Terra; 1988. O'DONNELL, Guillermo. *Notas para el estudio de procesos de democratización política a partir del Estado burocrá*tico-autoritario. In: Desarrollo Económico Revista de Ciencias Sociales, v. 22, n. 86, jul./sep., 1982, pp. 231-248. O'DONNELL, Guillermo. *Another institutionalization: Latin America and elsewhere*. Paper presented to the conference on "Consolidating Third Wave Democracies: Trends and Challenges", organized by the National Policy Research Institute and the International Forum for Democratic Studies, Taipei, 26-30 August, 1995. O'DONNELL, Guillermo. *Polyarchies and the (Un)Rule of Law in Latin America*. Working Paper, The Helen Kellogg Institute for International Studies, 1998.

[52] Cfr.: SANTOS, Boaventura de Sousa. *Refundación del Estado en América Latina. Perspectivas desde una epistemología del Sur*. Bogotá: Siglo del Hombre Editores; Universidad de los Andes; Siglo Veintiuno Editores; 2010.

[53] Considerações sobre o que alguns têm denominado de "novo constitucionalismo latinoameircano" – com as quais, ressalte-se, não se pode concordar plenamente – estão reunidas na obra: VICIANO PASTOR, Roberto (ed.). *Estudios sobre el nuevo constitucionalismo*

ARGUMENTAÇÃO CONSTITUCIONAL

dicos integralmente voltados para a proteção de um extenso e diferenciado rol de direitos positivados nos recentes textos constitucionais[54], o que deverá ser tarefa primordial de modelos inovadores de jurisdição constitucional, especialmente das Cortes Constitucionais, com a nova roupagem institucional que lhes foi conferida nesse contexto de mudanças[55].

Em todos os casos, os novos sistemas de jurisdição constitucional adotados pelas ordens jurídicas dos países iberoamericanos estão marcados por modelos complexos (ou mistos) que conjugam características dos tradicionais modelos norte-americano e europeu-continental (kelseniano) e lhes imprimem uma conformação diferenciada[56], o que permite afirmar que é na jurisdição constitucional iberoamericana (especialmente a latinoamericana) que o "experimentalismo institucional" (sempre praticado nessa região qualificada como um "laboratório constitucional") encontra uma de suas mais fortes expressões.

Assim, após três décadas de um vertiginoso desenvolvimento, a jurisdição constitucional está presente (em modelos inovadores, complexos e diferenciados) em todos os países ibero-americanos e é encarada pelos diversos segmentos políticos e jurídicos como um mecanismo imprescindível para a proteção da ordem constitucional, especialmente dos direitos fundamentais e, portanto, para a manutenção dos regimes democráticos. Não se pode mais negar que,

---

latinoamericano. Valencia: Tirant to Blanch; 2012. Confira-se, também, a obra coletiva: LÓPEZ ULLA, Juan Manuel (dir.). *Derechos Humanos y Orden Constitucional en Iberoamérica*. Pamplona: Civitas; Thomson Reuters; 2011.

[54] A Constituição do Equador de 2008 faz uma eloquente definição do Estado como um "Estado constitucional de derechos" e assim coloca a proteção dos direitos fundamentais como o centro de gravidade de toda ordem jurídica. Uma nova tipologia de direitos é incorporada ao texto constitucional, com referências aos "direitos do bom viver", como os "direitos à alimentação, à água, à identidade cultural, à moradia segura e adequada" etc.

[55] A Constituição da Bolívia de 2009 criou o Tribunal Constitucional Plurinacional e previu, como forma de sua composição, a eleição direta dos magistrados por todos os cidadãos do país.

[56] Cfr.: NOGUEIRA ALCALÁ, Humberto. *Justicia y Tribunales Constitucionales en América del Sur*. Lima: Palestra; 2006. LÖSING, Norbert. *La jurisdiccionalidad constitucional en Latinoamérica*. Trad. Marcela Anzola Gil. Madrid: Dykinson; Konrad Adenauer Stiftung; 2002. FERNÁNDEZ SEGADO, Francisco. *La Justicia Constitucional: una visión de derecho comparado. Tomo III: La Justicia Constitucional en América Latina y España*. Madrid: Dykinson; 2009. GARCÍA BELAUNDE, Domingo; FERNÁNDEZ SEGADO, Francisco (coord.). *La jurisdicción constitucional en Iberoamérica*. Madrid: Dykinson; 1997. Suprema Corte de Justicia de México. *Estructura y atribuciones de los Tribunales y Salas Constitucionales de Iberoamérica*. Mérida-México: VII Conferencia Iberoamericana de Justicia Constitucional; 2009.

CAPÍTULO 1 – LEGITIMAÇÃO ATRAVÉS DA ARGUMENTAÇÃO

principalmente nos países latinoamericanos, a jurisdição constitucional vem cumprindo o importante papel de contribuir para a paulatina construção das democracias da região, ao exercer uma espécie de *"accountability* horizontal"[57] – isto é, o controle político dos demais poderes (Executivo e Legislativo) – que cria as condições político-institucionais propícias para que elas deixem de ser "democracias delegativas"[58] e se transformem em democracias consolidadas.

Todas essas características fazem da jurisdição constitucional iberoameri-cana um dos campos mais interessantes e propícios para o desenvolvimento de pesquisas empíricas cujo enfoque seja a atuação jurídica e política das Cortes Supremas e dos Tribunais Constitucionais da região no exercício do controle de constitucionalidade das leis e dos demais atos políticos. E, levando-se em conta que a adoção de modelos complexos e diferenciados de jurisdição consti-tucional também resultou em modelos igualmente complexos e diferenciados de deliberação e de argumentação por parte desses tribunais iberoamerica-nos, como será analisado em capítulos posteriores, pode-se concluir que as práticas argumentativas desses tribunais representam um fértil campo que deve ser objeto de análises empíricas. Todas essas noções e perspectivas de análise continuarão a ser desenvolvidas ao longo do livro.

[57] O'DONNELL, Guilhermo. *Horizontal Accountability in New Democracies.* Journal of De-mocracy 9 (3), 1998, pp. 112-126. Idem. *Accountability Horizontal: la institucionalización legal de la desconfianza política.* In: Isonomía n. 14, abril 2001. Idem. *Horizontal Accountability and New Polyarchies.* Paper prepared for the conference on "Institutionalizing Horizontal Accountabi-lity", Institute for Advanced Studies of Vienna and The International Forum for Democratic Studies, Vienna, june 1997.

[58] Em importante texto do início da década de 1990, Guilhermo O'Donnell atestava que algumas democracias recém-instaladas (como Argentina, Brasil, Peru, Equador e Bolívia, na América Latina, e em outros países da Europa Central e Oriental) podiam ser consideradas democracias de acordo com os critérios de Robert Dahl para a definição de poliarquia, mas não podiam ser encaradas como genuínas democracias representativas. Elas seriam, na visão de O'Donnell, *democracias delegativas,* que não são democracias consolidadas ou institucionali-zadas e estão caracterizadas por terem que enfrentar, logo após a transição de regime, o legado negativo de seu passado autoritário e crises econômicas e sociais profundas, que causam uma instabilidade institucional que fragiliza a democracia. Assim, a passagem das democracias delegativas para democracias consolidadas ou representativas dependeria, como observou O'Donnell, de uma segunda transição democrática, mais longa e complexa que a primeira transição (do regime), cujo elemento decisivo seria o sucesso na construção de um conjun-to de instituições democráticas que se tornassem importantes pontos decisórios no fluxo do poder político. O'DONNEL, Guilhermo. *Democracia Delegativa?* Revista Novos Estudos, n. 31, outubro de 1991, pp. 25-40.

CAPÍTULO 2
Representação Argumentativa

No âmbito das discussões sobre a justificação do controle de constitucionalidade, tornou-se lugar comum questionar a representatividade democrática dos Tribunais Constitucionais. Em termos mais específicos, discute-se sobre um possível déficit de representação popular desses tribunais no exercício de sua jurisdição constitucional. A questão pode ser sinteticamente apresentada da seguinte forma, numa espécie de raciocínio lógico. Se a fiscalização da constitucionalidade das leis é expressão de um poder estatal, e se numa democracia (representativa) todo poder deve emanar (ainda que indiretamente) do povo – que o exerce por meio de seus representantes eleitos, segundo a dicção literal da grande maioria dos textos constitucionais das democracias contemporâneas –, então o exercício desse poder somente estará legitimado (democraticamente) se for calcado em algum tipo de representação popular (eleitoral).

O conceito de representação democrática pressuposto nesse tipo de abordagem concentra-se na exigência de eleições livres e gerais como requisito essencial de legitimação democrática dos poderes estatais. Nesse sentido, apenas as instituições estatais compostas por representantes eleitos diretamente pelo voto popular – mecanismo que também torna possível a destituição desses mesmos representantes do poder – seriam dotadas de representação democrática. Os parlamentos, por esta visão, tornam-se os "representantes do povo" por antonomásia; as instituições ditas "majoritárias" por excelência. Os Tribunais Constitucionais, ao contrário, por serem formados por juízes escolhidos com base em critérios de mérito e que, dessa forma, não se submetem aos mecanismos de eleição e de controle fundados no voto popular, seriam instituições carentes de representação democrática.

O presente capítulo está destinado a demonstrar que instituições não majoritárias ou contramajoritárias, como as Cortes Constitucionais, podem ser dotadas de representação democrática, se esta for repensada ou reconfigurada como uma representação de tipo *discursivo* ou *argumentativo*, fundada no requisito da *aceitabilidade racional* das decisões por parte de distintos *auditórios*, tornando, dessa forma, indispensáveis os aportes das teorias da argumentação jurídica para a compreensão desses renovados conceitos no âmbito dos estudos sobre a jurisdição constitucional. O primeiro subtópico pretende (I) *repensar a representação democrática* (política), partindo da resignificação de seu conceito efetivada recentemente por expressivos expoentes da teoria política (especialmente das teorias da democracia) para abordá-la como uma espécie de *representação discursiva* – na linha traçada pela teoria (política) da democracia de John Dryzek[59] – e, no mesmo sentido, como uma "representação argumentativa", dando continuidade à noção esboçada na teoria jurídica de Robert Alexy[60]. O segundo, seguindo nesse raciocínio, destina-se à (II) análise do significado da representação argumentativa dos tribunais constitucionais, o que levará a uma consideração introdutória sobre a noção de *aceitabilidade racional* das decisões, tal como desenvolvida nas teorias da argumentação jurídica (como a de Aulis Aarnio[61]). O terceiro fará uma análise sintética da ideia de *auditórios* dos tribunais constitucionais, com base na obra de Chaïm Perelman[62], a qual será desenvolvida ao longo de todo o livro.

[59] DRYZEK, John; NIEMEYER, Simon. *Discursive representation*. American Political Science Review, November 2008. DRYZEK, John S. *Deliberative Democracy and Beyond: liberals critics, contestations*. Oxford: Oxford University Press; 2002. Idem. *Rhetoric in Democracy: a systematic appreciation*. Political Theory 38 (3), 2010, pp. 319-339.

[60] ALEXY, Robert. *Balancing, constitutional review, and representation*. In: I-CON, Vol. 3, n° 4, Oxford University and NYU School of Law, 2005, p. 572-581.

[61] AARNIO, Aulis. *Lo racional como razonable. Un tratado sobre la justificación jurídica*. Madrid: Centro de Estudios Constitucionales; 1991.

[62] PERELMAN, Chaïm; OLBRECHTS-TYTECA, Lucie. *Tratado da argumentação*. Trad. Maria Galvão. São Paulo: Martins Fontes; 2002.

2.1. Repensando a Representação Democrática

A representação democrática por muito tempo foi caracterizada pelas teorias políticas da democracia desde o ponto de vista que Hanna Pitkin, em sua já clássica e multicitada obra sobre o "Conceito de Representação" (de 1967)[63], definiu como "formalista". Segundo Pitkin, o conceito moderno "formal" de representação, que possui origem remota em Thomas Hobbes[64], foi construído fundando-se em dois fatores essenciais: a) *autorização* (*authorization*), como ato inicial que confere a autoridade, o mandato ou o poder ao representante para atuar em nome do representado, o que nas democracias representativas modernas se realiza por meio de eleições gerais e periódicas; b) *responsabilidade* (*accountability*), uma espécie de acordo formal que segue o ato constituinte inicial (autorização) e obriga o representante a prestar contas de seus atos[65]. Outra descrição já consagrada na teoria da democracia pode ser encontrada na obra de Giovanni Sartori, segundo a qual a representação política implica: a) receptividade ou responsabilidade (*responsiveness*) por parte dos representantes em relação às demandas de seus eleitores; b) prestação de contas (*accountability*), o que significa que os representantes devem prestar contas

---

[63] PITKIN, Hanna F. *El concepto de representación*. Trad. de Ricardo Montoro Romero. Madrid: Centro de Estudios Constitucionales; 1985.

[64] Para maiores detalhes a respeito da análise de H. Pitkin sobre o conceito de representação em Hobbes, vide: PITKIN, Hanna F. *Hobbe's concept of representation*. American Political Science Review, Vol. LVIII, n. 4, December 1964, pp. 328-918.

[65] H. Pitkin considera que essa concepção formalista, apesar de captar adequadamente parte do significado da representação, é insuficiente para descrever toda a complexidade do fenômeno da representação política. Para Pitkin, um conceito mais completo (e complexo) de representação deve considerar, além da representação formal, a representação descritiva, a representação simbólica e a representação substantiva. PITKIN, Hanna F. *El concepto de representación*. Trad. de Ricardo Montoro Romero. Madrid: Centro de Estudios Constitucionales; 1985. Idem. *Representação: palavras, instituições e ideias*. In: Revista Lua Nova, São Paulo, 67, 2006, pp. 15-47. Originalmente "Representation", publicado em BALL, Terence, FARR, James; HANSON, Russell (orgs.). *Political innovation and conceptual change*. Cambridge: Cambridge University Press, 1989. Idem. *Representation and Democracy: an uneasy alliance*. In: Scandinavian Political Studies, vol. 27, n. 3, 2004. Uma análise mais profunda do conceito de representação, em especial na obra de Hanna Pitkin, pode ser encontrada em: LIFANTE, Isabel. *Sobre el concepto de representación*. Doxa Cuadernos de Filosofía del Derecho, Alicante, vol. 32, 2009, pp. 497-524. GARCÍA GUITIÁN, Elena. *El significado de la representación política*. In: Anuario de la Facultad de Derecho de la Universidad Autónoma de Madrid, 8, 2004, pp. 109-120.

ARGUMENTAÇÃO CONSTITUCIONAL

ou ser responsáveis por seus atos perante seu eleitorado; c) possibilidade de destituição (removability) dos representantes, que se restringe a determinados momentos, como ocorre quando há a aplicação de um "castigo eleitoral"[66]. Nesses termos, a representação política tradicionalmente é qualificada como representação eleitoral, isto é, como fenômeno que se reproduz no seio das complexas relações entre eleitores e seus representantes, uma visão que se encontra enraizada no próprio senso comum que na prática política se construiu em torno desse conceito.

Essa concepção standard da representação política evidentemente tem sido pressionada pela emergência de novos fenômenos políticos já bastante conhecidos no mundo contemporâneo: no plano nacional ou interno, as novas e diferenciadas formas de associativismo e de corporativismo, que ensejam um plexo difuso de centros de decisão e de emanação de poderes políticos, assim como a insurgência de criativos experimentos na promoção de maior participação da sociedade civil na formulação e implementação de políticas públicas, especialmente em países da América Latina[67]; no plano transnacional, a crescente presença de novos entes políticos representativos que ultrapassam qualquer fronteira nacional e regional (organismos supranacionais, organizações não governamentais, associações internacionais, etc.) e a proliferação de uma pluralidade de discursos (econômicos, assistenciais, ambientais, etc.) igualmente representativos, porém despidos de referenciais em algum ente político bem definido[68]. Tais fenômenos têm contribuído decisivamente para o surgimento de modos diferenciados de representação política que ao mesmo tempo não estão necessariamente baseados no requisito da autorização (eleitoral) e que são carentes de novos enfoques sobre a accountability para além da relação estabelecida no mandato eleitoral[69]. O fato, hoje praticamente

---

[66] SARTORI, Giovanni. En defensa de la representación política. In: CARBONELL, Miguel. Democracia y Representación: un debate contemporáneo. México: Tribunal Electoral del Poder Judicial de la Federación, 2005.
[67] Sobre as formas insurgentes de democracia participativa, especialmente no Brasil, vide: AVRITZER, Leonardo. Sociedade civil, instituições participativas e representação: da autorização à legitimidade da ação. In: Dados Revista de Ciências Sociais, Rio de Janeiro, ano/vol. 50, n. 3, 2007.
[68] COHEN, Joshua; SABEL, Charles F. Global Democracy? In: NYU International Law and Politics, vol. 37, 2004-2005, pp. 763-797.
[69] Como concluem Adam Przeworski, Susan Stokes e Bernard Manin após analisar diversos estudos sobre representação eleitoral e accountability, os mecanismos eleitorais são falíveis e

CAPÍTULO 2 – REPRESENTAÇÃO ARGUMENTATIVA

inconteste, é que a representação política passou, ao longo das últimas décadas, a estar presente em âmbitos completamente alheios às instituições majoritárias (cujas principais figuras são os parlamentos) e, portanto, a significar algo mais do que estabelecido em sua clássica concepção.

A incapacidade da noção standard da representação de abarcar toda a complexidade dos novos fenômenos políticos também tem causado a percepção geral e crescente de uma crise da representação nas democracias contemporâneas, objeto de diversas obras e de instigantes debates no âmbito das teorias políticas da democracia[70]. Não obstante, recentes desenvolvimentos teóricos sobre o significado da representação política nas democracias têm reconhecido que a tão comentada crise atual da democracia representativa pode ser apenas o resultado da insistência em enxergá-la conforme os modelos tradicionais baseados essencialmente nas relações entre eleitores e seus representantes. As soluções para os déficits de representação vivenciados por quase todas as democracias contemporâneas não poderiam advir, ao contrário do que muitos defendem, das tentativas de ressurreição dos referenciais clássicos de democracia direta, mas de uma profunda refundação da própria noção de representação e de novos olhares sobre os complexos vínculos que ela pode manter com a democracia[71]. A representação não seria apenas uma solução de compromisso historicamente estabelecido entre o ideal de democracia direta e a realidade política das democracias modernas (populosas e territorialmente extensas), ou seja, uma alternativa *"second best"* ante a impossibilidade prática dos modelos ideais (fundados no pensamento de Rosseau) de participação

---

insuficientes para produzir *accountability* condizente com o ideal de democracia representativa. PRZEWORSKI, Adam; STOKES, Susan; MANIN, Bernard (ed.). *Democracy, Accountability and Representation*. Cambridge: Cambridge University Press; 1999. Sobre os déficits de *accountability* no contexto da produção de políticas públicas de âmbito global, vide: HELD, David; KOENIG-ARCHIBUGI, Mathais (ed.). *Global Governance and Public Accountability*. Oxford: Blackwell Publishing, 2005.

[70] Um interessante debate entre Giovanni Sartori, Francisco Laporta, Roberto Gargarella, Ernesto Garzón e outros, sobre uma possível crise da democracia representativa, foi publicado na revista *Claves de la Razón Práctica*, e pode ser encontrado integralmente na obra: CARBONELL, Miguel. *Democracia y Representación: un debate contemporáneo*. México: Tribunal Electoral del Poder Judicial de la Federación, 2005.

[71] BÖCKENFÖRDE, Ernst-Wolfgang. Democracia y representación: crítica a la discusión actual sobre la democracia. In: Idem. *Estudios sobre el Estado de Derecho y la democracia*. Madrid: Trotta; 2000, p. 136 e ss.

direta. A representação é (como sempre o foi) crucial para a constituição e desenvolvimento das democracias e, nessa perspectiva, precisa ser resignificada a ponto de conseguir explicar os complexos fenômenos de emanação dos poderes políticos no mundo contemporâneo, cuja fonte de legitimação não mais se restringe aos mecanismos eleitorais[72].

Nessa perspectiva, diversos são os autores que tem procedido ao intento de repensar a representação democrática, focando em contextos que estão além das tradicionais instituições parlamentares. Michael Saward, por exemplo, destaca o caráter ultrapassado das discussões sobre a representação política que levam em conta apenas as relações entre representantes e seus eleitores e ressalta que a representação acontece em muitos outros lugares e modos além das instituições parlamentares e dos processos eleitorais, o que justifica uma revisão dos antigos conceitos trabalhados pelas tradicionais teorias políticas e a consequente construção de um pensamento democrático que apreenda toda a riqueza da ideia de representação[73]. Jane Mansbridge, em seu importante artigo "Rethinking Representation"[74], propõe uma completa revisão do tradicional modelo de representação (que ela define como *promissory representation*) por outras formas de representação identificadas empiricamente (*anticipatory, gyroscopic, surrogate representation*) que se fundam em critérios mais deliberativos. Nadia Urbinati considera que o conceito de representação não pode mais ser baseado unicamente nas noções de autorização e *accountability*, que deixaram de ser satisfatórias no atual quadro de profundas transformações nas políticas nacional e internacional, e defende um conceito mais amplo que abarque formas não eleitorais de representação democrática[75]. Em um de seus

---

[72] MANIN, Bernard. *The principles of representative government*. Cambridge: Cambridge University Press; 1997. URBINATI, Nadia. *O que torna a representação democrática?* In: Revista Lua Nova, São Paulo, 67, 2006, pp. 191-228. Artigo originalmente apresentado no Encontro anual da American Political Science Association, Washington (EUA), setembro de 2005.

[73] SAWARD, Michael. *Representation*. In: DOBSON, Andrew; ECKERSLEY, Robyn (eds.). *Political Theory and the Ecological Challenge*. Cambridge: Cambridge University Press, pp. 183-199. Idem. *Reconstructing Democracy: current thinking and new directions*. In: Government and Opposition International Journal of Comparative Politics, vol. 36, n. 4, 2001, pp. 559-581.

[74] MANSBRIDGE, Jane. *Rethinking Representation*. American Political Science Review, vol. 97, n. 4, November 2003, pp. 515-528.

[75] URBINATI, Nadia. *O que torna a representação democrática?* In: Revista Lua Nova, São Paulo, 67, 2006, pp. 191-228. Artigo originalmente apresentado no Encontro anual da American Political Science Association, Washington (EUA), setembro de 2005.

CAPÍTULO 2 – REPRESENTAÇÃO ARGUMENTATIVA

escritos mais importantes, Urbinati defende uma *representação como advocacy*, na qual o representante torna-se um *advocate* de reivindicações e ideias (um defensor "apaixonado" de suas causas) que amplia os espaços de deliberação democrática para além das instituições estatais (o *advocate* é um deliberador), transformando-os em foros de debate público nos quais competem livremente diferentes interesses e visões subjetivas que levam a decisões que permanecem abertas a novas discussões. Com isso, Urbinati sugere um conceito de representação que enfatiza a deliberação e a retórica nos procedimentos de decisão democrática[76]. Também procedendo a uma renovação da noção tradicional de representação com o propósito de explicar a representação política num mundo globalizado, Andrew Rehfeld esboça, de forma bastante interessante, uma teoria geral da representação fundamentalmente baseada no conceito de *audiência*. A representação política, defende Rehfeld, resulta simplesmente da *aceitação* de um representante por parte de uma *audiência*, independentemente do preenchimento dos tradicionais requisitos de autorização, *accountability* e outros utilizados pelas teorias standard da representação[77].

Entre as teorias da democracia que têm procedido a uma reformulação do conceito de representação, aqui merece especial atenção a concepção de *representação discursiva (discursive representation)* defendida por John Dryzek[78]. A tese de Dryzek parte de uma necessária distinção entre a representação de pessoas e a representação de discursos. A constatação inicial do raciocínio é que a representação de pessoas, a qual tradicionalmente se baseia na categoria do *demos* como o conjunto agregativo de cidadãos circunscrito numa base política territorialmente delimitada e que elege representantes (tal como classicamente apresentado por Hanna Pitkin), não é mais capaz de apreender as múltiplas facetas da política contemporânea em âmbitos que ultrapassam os limites das entidades políticas soberanas nacionais ou locais (portanto, os limites subjetivos e objetivos do *demos* tradicionalmente considerado),

---

[76] URBINATI, Nadia. *Representação como advocacy: um estudo sobre deliberação democrática*. Política & Sociedade, Vol. 9, n. 16, abril de 2010. Publicado originalmente em Political Theory, vol. 28, n. 6, 2000, pp. 758-786 (*Representation as advocacy: a study of democratic deliberation*).

[77] REHFELD, Andrew. *Towards a General Theory of Political Representation*. Paper prepared for discussion at the Legal Theory Workshop, Columbia University, September 19, 2005.

[78] DRYZEK, John; NIEMEYER, Simon. *Discursive representation*. American Political Science Review, November 2008.

nos quais são produzidos uma pluralidade de discursos (econômicos, ambientais, sociais, assistenciais, etc.) que não mais se expressam unicamente pela via eleitoral. Em um contexto indeterminado em que a autoridade política está cada vez mais difusa em redes informais de atores governamentais e não governamentais, tornam-se insuficientes os mecanismos de *accountability* cuja referência seja um *demos* bem delimitado, conforme os padrões da teoria democrática tradicional[79].

A representação de indivíduos também seria insuficiente em razão de uma premissa básica da psicologia discursiva, segundo a qual a subjetividade é complexa e multifacetária, de modo que cada indivíduo pode estar engajado em múltiplos discursos (algumas vezes concorrentes entre si). Assim, levando em consideração a noção de *multiple self* desenvolvida por Jon Elster, Dryzek conclui que se o *multiple-faceted self* é constituído pela diversidade de discursos, então é necessário e importante que todos esses discursos estejam representados. Uma teoria democrática (deliberativa, defendida por Dryzek) que leve a sério essa complexidade do indivíduo integralmente considerado seria, nesse sentido, moralmente superior em relação às outras (como as de corte liberal) que tratam os indivíduos desconsiderando-a por completo. Assim, mais importante (para uma democracia deliberativa) do que a representação de todos os indivíduos seria a representação de todos os discursos relevantes[80].

A teoria da democracia representativa deveria então fundamentar-se não exatamente em critérios de representatividade popular (baseado em eleições), mas nos discursos relevantes que são produzidos nas sociedades democráticas. Dryzek propõe a criação de "câmaras" ou "foros" de discurso (*Chambers of Discourses*) nos quais os diferentes discursos considerados relevantes pudessem ter expressão e ser amplamente debatidos por indistintos indivíduos (não eleitos) e que, dessa forma, complementassem as formas tradicionais de deliberação política fundadas na representação popular, aproveitando, em muitos casos, sua estrutura institucional. A *accountability* discursiva, para Dryzek, deve ser entendida num sentido comunicativo (*communicative fashion*), de modo que, para ser *accountable* do discurso que representam, os representantes devem

[79] DRYZEK, John S. *Deliberative Democracy and Beyond: liberals critics, contestations.* Oxford: Oxford University Press; 2002.

[80] DRYZEK, John; NIEMEYER, Simon. *Discursive representation.* American Political Science Review, November 2008.

CAPÍTULO 2 – REPRESENTAÇÃO ARGUMENTATIVA

comunicar-se em termos que façam sentido no âmbito desse discurso, mesmo nas situações em que eles encontrem outros discursos diferentes e mudem de opinião nos foros de discurso[81]. Dryzek destaca, ainda, que nesse tipo de representação discursiva, a *retórica*, que sempre foi tratada com alguma suspeita pelos teóricos da democracia, como um discurso emotivo de manipulação de massas, passa a ter fundamental importância. Uma renovada concepção do importante papel da retórica na política, tal como considerada na antiguidade clássica (Aristóteles, por exemplo, considerava-a como uma técnica racional de argumentação), pode ser vital para a compreensão da representação de discursos perante diferentes audiências e num ambiente de competição entre uma pluralidade de discursos em uma democracia deliberativa[82].

Os elementos que até aqui podem ser colhidos das discussões mais recentes nas teorias políticas em torno da necessária renovação do conceito de representação democrática revelam ao menos o seguinte: a) a representação democrática não mais se associa unicamente a uma concepção específica da representação política, a qual se fundamenta em mecanismos eleitorais por meio dos quais os cidadãos delegam (autorização) poderes a mandatários políticos para que os representem em instituições majoritárias; b) a representação democrática pode ser identificada numa variedade de possíveis instituições e práticas nas quais se produzem diferenciadas manifestações do poder político e que vão muito além das instituições parlamentares; c) as novas faces que a representação política assume nas democracias contemporâneas tornam necessária a revisão e a renovação das concepções tradicionais sobre a *accountability* como um de seus requisitos básicos; d) a representação democrática é cada vez mais reconhecida nos espaços de deliberação, nos foros de debate público nos quais competem livremente diferentes argumentos (onde a retórica pode cumprir um importante papel) que levam a decisões adequadamente fundamentadas e que permanecem abertas a novas discussões; e) a representação democrática pode ocorrer não apenas em relação a

---

[81] Neste aspecto, é importante enfatizar que os representantes discursivos não são meros delegados dos discursos que defendem, podendo refletir e mudar de opinião, desde que justifiquem o câmbio com base em termos que façam sentido no âmbito dos discursos que representam.

[82] DRYZEK, John. *Rhetoric in Democracy: a systematic appreciation*. Political Theory 38 (3), 2010, pp. 319-339.

ARGUMENTAÇÃO CONSTITUCIONAL

pessoas (mandatários políticos regularmente eleitos pelo voto popular), mas igualmente em razão dos discursos que emanam de diferentes pessoas, entes ou instituições (majoritárias ou não, governamentais ou não) e que reverberam nas sociedades democráticas; f) a representação democrática pode decorrer da aceitação, por parte de uma determinada audiência, de uma pessoa, um grupo, uma instituição ou um discurso como representativo de suas reivindicações, esperanças, interesses, anseios, etc.

Essas premissas têm permitido que alguns autores, também no âmbito da teoria política, reconheçam a representatividade democrática de instituições não majoritárias, entre as quais podem ser inseridos os órgãos judiciais[83] e, também nessa perspectiva, os Tribunais Constitucionais. Essas são as conclusões de Thamy Pogrebinshi, que, no âmbito da teoria política, igualmente propõe uma ressignificação não apenas do conceito de representação, mas também das noções de delegação, legitimidade e *accountability*, que historicamente lhe serviram de corolários, com o intuito de ampliar o significado da representação política, tornando-a abrangente das instituições não majoritárias ou contramajoritárias, cujo melhor exemplo são as Cortes Constitucionais[84].

---

[83] CASTIGLIONE, Dario; WARREN, Mark E. *Rethinking democratic representation: eight theoretical issues*. Paper prepared for delivery to Rethinking Democratic Representation, Centre for the Study of Democratic Institutions, University of British Columbia, may 18-19, 2006.

[84] Em considerações dignas de nota, Thamy Pogrebinschi assim discorre sobre o tema: "Umas das formas possíveis de fortalecimento da democracia representativa pode encontrar-se no crescimento do papel das cortes constitucionais. Ao contrário de esvaziar o Poder Legislativo em sua função institucional ou de valer-se de um suposto vazio normativo por ele deixado a fim de desenvolverem-se, as cortes constitucionais podem ser tomadas como propulsoras da representação política, ampliando-a para além de sua forma moderna e de suas manifestações tradicionais. Em outras palavras, o crescente papel institucional das cortes constitucionais pode ser concebido não como ameaça à representação, às instituições representativas ou à democracia; mas, ao contrário, como um sinal de que a primeira precisa ser ressignificada, as segundas reconfiguradas e a terceira fortalecida". Mais a frente, também conclui: "Para além de serem compreendidas como instituições políticas representativas, as cortes constitucionais, não obstante seu suposto caráter não majoritário, decorrente do fato de não serem instituições eleitas pelo voto popular, e não obstante seu suposto caráter contramajoritário, decorrente de sua competência para invalidar normas promulgadas pelo Poder Legislativo como expressão soberana da vontade da maioria que o elegeu, devem servir, na democracia contemporânea, como instâncias de fortalecimento da representação política, convalidando e aperfeiçoando o trabalho do Poder Legislativo". POGREBINSCHI, Thamy. *Judicialização ou*

CAPÍTULO 2 – REPRESENTAÇÃO ARGUMENTATIVA

Na teoria jurídica, conclusões bastante semelhantes podem ser retiradas de trabalhos de Robert Alexy que desenvolvem o conceito de "representação argumentativa" dos Tribunais Constitucionais[85]. Para Alexy, se é possível considerar a existência de uma tensão entre constitucionalismo e democracia, a única forma de reconciliar a jurisdição constitucional com a democracia é concebê-la como "representativa do povo", e a chave para isso pode ser encontrada no conceito de representação argumentativa. Alexy parte da premissa de que um adequado conceito de democracia não deve estar centrado apenas num sistema de tomada de decisões políticas fundado nas noções de eleição e de regra da maioria (pressuposto básico da relação representativa entre parlamento e eleitores), o que configuraria somente um puro modelo decisório de democracia, mas também deve abarcar a argumentação que se produz em torno dessas decisões. Com a inclusão da argumentação, a democracia deixa de ser meramente formal (regra da maioria) para tornar-se deliberativa, ressalta Alexy, apontando para uma característica fundamental dos modelos de democracia deliberativa, que é a institucionalização dos discursos para justificação dos processos de tomada de decisão pública. Assim, numa democracia deliberativa, a representação do povo pelo parlamento é ao mesmo tempo decisória e argumentativa. Por outro lado, a representação do povo por uma Corte Constitucional é puramente argumentativa.

A tese de Alexy, portanto, é a de que na democracia deliberativa – um modelo de democracia que foi teoricamente concebido no contexto do denominado "giro argumentativo", "discursivo" ou "comunicativo" nas teorias políticas da democracia – a representação democrática pode ser exercida tanto pelo parlamento como pelo Tribunal Constitucional. A diferença entre ambas é a de que a representação do parlamento é ao mesmo tempo decisória (isto é, baseada num modelo decisório que funciona segundo a regra da maioria e se legitima em eleições periódicas) e argumentativa (discursiva ou deliberativa), enquanto a representação por parte dos Tribunais Constitucionais é apenas argumentativa (ou seja, não se baseia em critérios eleitorais ou majoritários e se fundamenta na deliberação ou nos discursos nele produzidos).

representação? Política, Direito e Democracia no Brasil. Rio de Janeiro: Campus Elsevier, Konrad Adenauer Stiftung, 2011, pp. 165-183.

[85] ALEXY, Robert. *Balancing, constitutional review, and representation*. In: Oxford University Press, I CON, Vol. 3, n° 4, 2005, p. 572-581.

Como Alexy reconhece, a ideia de representação argumentativa é normativa. Assim, como toda concepção de representação democrática, a representação argumentativa também possui uma dimensão ideal, que conecta as decisões aos discursos que as fundamentam. Nessa perspectiva, ela fica sujeita a críticas que entendem esse tipo de representação argumentativa uma "quimera" e que, na prática, os Tribunais poderiam declarar qualquer argumento como sendo representativo do povo e que, nesse passo, a jurisdição constitucional poderia livremente se apartar do que as pessoas realmente pensam e anseiam e, ainda assim, considerar-se representativa. Para Alexy, esse tipo de objeção pode ser refutado se for possível demonstrar que a jurisdição constitucional não pode fazer uso de qualquer discurso e que é possível distinguir os bons dos maus argumentos (pelo menos identificar os argumentos plausíveis), de modo que apenas a argumentação racional poderia ser desenvolvida nesse contexto. Assim, é necessário que os Tribunais façam uso de argumentos considerados bons ou pelo menos plausíveis por um número considerável de pessoas as quais, na qualidade de "pessoas racionais", são capacitadas para avaliar e reconhecer um argumento segundo parâmetros de razoabilidade e correção. Existiriam, portanto, duas condições fundamentais para a representação argumentativa das Cortes Constitucionais: a) a existência de argumentos razoáveis ou corretos; b) a existência de "pessoas racionais" (que, por analogia ao conceito de pessoas liberais de John Rawls, poderiam ser qualificadas de "pessoas constitucionais"), isto é, pessoas capazes de aceitar determinados argumentos constitucionais como adequados ou corretos. Enfim, na conclusão de Alexy, a jurisdição constitucional apenas pode ser reconciliada com a democracia se os argumentos apresentados pelas Cortes Constitucionais são adequados, razoáveis ou corretos e se um número suficiente dos membros da comunidade são capazes de exercer suas capacidades racionais para reconhecer e aceitar essa qualidade dos argumentos constitucionais[86].

Como se pode perceber, Alexy desenvolve sua concepção de representação argumentativa como um ideal regulativo para o funcionamento institucional da jurisdição constitucional numa democracia deliberativa, fundando-a na (1) capacidade das Cortes Constitucionais de deliberarem e decidirem com

---

[86] ALEXY, Robert. *Balancing, constitutional review, and representation.* In: Oxford University Press, I CON, Vol. 3, n° 4, 2005, p. 580.

CAPÍTULO 2 – REPRESENTAÇÃO ARGUMENTATIVA

base em argumentos constitucionais racionais ou corretos, o que poderia ser aferido com base nos instrumentos oferecidos pelas teorias da argumentação jurídica; (2) no pressuposto ideal de que os discursos produzidos pelas Cortes Constitucionais podem ser direcionados a uma comunidade de pessoas capazes de reconhecer a racionalidade ou correção dos argumentos constitucionais, o que poderia ser caracterizado como uma espécie de "auditório universal" no conceito construído por Perelman[87].

Antes de aprofundar um pouco mais essas ideias, que são fundamentais para o desenvolvimento do conceito de representação discursiva ou argumentativa, é preciso passar à análise do que pode então caracterizar a representação democrática exercida pelos Tribunais Constitucionais, na linha das recentes contribuições das teorias acima apresentadas.

2.2. A Representação Argumentativa dos Tribunais Constitucionais

As considerações anteriores parecem evidenciar que a representação democrática exercida pelos Tribunais Constitucionais assume um caráter peculiar em relação àquela presente em instituições majoritárias, cujo melhor exemplo se encontra no parlamento. Ela não se funda diretamente na autorização ou na delegação de poderes que acontece nos momentos eleitorais das democracias contemporâneas, tal como ocorre com a representação política exercida pelos parlamentos. A autorização para o exercício de seus poderes, salvo algumas exceções[88], advém diretamente da própria Constituição e, dessa forma, apenas indiretamente do voto popular[89], de modo que não se observa, neste contexto,

---

[87] PERELMAN, Chaïm; OLBRECHTS-TYTECA, Lucie. *Tratado da argumentação*. Trad. Maria Galvão. São Paulo: Martins Fontes; 2002.

[88] Nas democracias que não possuem Constituição rígida, cujo melhor exemplo é o Reino Unido, e naquelas outras cujas Constituições não preveem competências específicas para as Cortes Constitucionais, como a conhecida Constituição dos Estados Unidos da América, de 1976.

[89] Como bem observou Rawls em um de seus melhores escritos, a atuação da Corte Constitucional está sempre guiada pelo povo, que o faz através dos demais Poderes: "A Constituição não é o que o Tribunal Supremo diz que é, mas o que o povo, atuando constitucionalmente através dos demais poderes, permite à Corte Suprema dizer que é". RAWLS, John. *El liberalismo político*. Trad. Antoni Domènech. Barcelona: Crítica; 2006.

ARGUMENTAÇÃO CONSTITUCIONAL

a possibilidade de destituição (*removability*) de representantes (no caso, os magistrados), tal como pode ocorrer na representação político-eleitoral dos parlamentos, ante a possibilidade da aplicação de um "castigo eleitoral"[90]. As Cortes Constitucionais, portanto, também não estão obrigadas a exercer algum tipo de receptividade ou responsabilidade (*responsiveness*) em relação às demandas populares, apresentadas nos períodos eleitorais ou fora deles, de modo que a representação por elas exercida não assume um caráter promissório (*promissory representation*), tal como a que se pode verificar nas relações entre eleitores e seus representantes eleitos. Nesse sentido, a *accountability* que exercem as Cortes Constitucionais é diferenciada, na medida em que não se estabelece numa relação direta de responsabilidade ou de prestação de contas de seus atos perante o eleitorado. Utilizando a conhecida distinção de Guilhermo O'Donnell entre tipos vertical e horizontal de *accountability*[91], pode-se dizer que os Tribunais Constitucionais exercem uma espécie de *accountability* horizontal (denominada por O'Donnell de "*accountability* horizontal de balance"[92]), a qual é destinada ao controle da constitucionalidade

[90] A inamovibilidade dos magistrados de uma Corte Constitucional (seja nos sistemas que adotam a regra da vitaliciedade ou nos que limitam a permanência no cargo à duração de um mandato preestabelecido) constitui uma garantia da independência judicial e, dessa forma, do adequado exercício das competências constitucionais a eles atribuídas.

[91] Para Guilhermo O'Donnell, ao lado da tradicional concepção de *accountability* – a qual poderia ser conceituada como de tipo vertical, na medida em que se estabeleceria no dever dos representantes de prestar contas de seus atos em relação a seus eleitores –, existiria a *accountability* horizontal, consistente na existência de agências estatais que possuam autoridade (legal e constitucional) e estão faticamente dispostas e capacitadas (*empowered*) para empreender ações de controle (desde um controle rotineiro até sanções penais ou inclusive *impeachment*) em relação a atos ou omissões de outros agentes ou agências estatais que possam ser considerados ilícitos, isto é, possam contrariar a lei ou a Constituição. Trata-se, portanto, de um controle mútuo (horizontal) entre poderes e/ou órgãos estatais que visa, em última instância, à proteção da ordem jurídica e democrática. O'DONNELL, Guilhermo. *Horizontal Accountability in New Democracies*. Journal of Democracy 9 (3), 1998, pp. 112-126. Idem. *Accountability Horizontal: la institucionalización legal de la desconfianza política*. In: Isonomía n. 14, abril 2001. Idem. *Horizontal Accountability and New Polyarchies*. Paper prepared for the conference on "Institutionalizing Horizontal Accountability", Institute for Advanced Studies of Vienna and The International Forum for Democratic Studies, Vienna, june 1997.

[92] A "*accountability* horizontal de balance" ocorre nas relações de controle mútuo ("freios e contrapesos") entre os poderes (executivo, legislativo e judicial), os quais as Constituições democráticas contemporâneas intentam "balancear". O'DONNELL, Guilhermo. *Accountability Horizontal: la institucionalización legal de la desconfianza política*. Isonomía n. 14, abril 2001.

CAPÍTULO 2 – REPRESENTAÇÃO ARGUMENTATIVA

dos atos políticos dos demais poderes estatais (legislativo e executivo), os quais possuem legitimação eleitoral.

Portanto, Tribunais Constitucionais não estabelecem um liame direto de representação com os cidadãos eleitores. Sua legitimidade (representatividade) advém de requisitos de autorização e *accountability* completamente diferenciados daqueles presentes nas concepções tradicionais da representação política, que se originam do plexo de poderes que lhes são conferidos pelas Constituições. O importante a destacar, com isso, é que as Cortes Constitucionais não representam exatamente as pessoas, mas os discursos que são produzidos nas sociedades democráticas contemporâneas (que não podem ser atrelados a pessoas, grupos, instituições específicos), o que faz dessa representação democrática uma espécie de *representação discursiva* ou *argumentativa*. Nesse contexto, a tarefa primordial das Cortes Constitucionais é a de produzir discursos que sejam representativos daqueles que ecoam na comunidade, tomando decisões baseadas em argumentos que sejam reconhecidos como razoáveis ou plausíveis e que, dessa forma, sejam amplamente aceitos como legitimamente capazes de justificar essas decisões. Quando as Cortes Constitucionais, pela via da argumentação e da deliberação, proferem discursos sobre a efetiva proteção dos direitos, princípios e valores da Constituição, e dessa forma assumem sua condição institucional de relevantes órgãos de salvaguarda da ordem constitucional e democrática (e aqui se verifica a presença do *"trusteeship"*[93]), suas decisões (ou os argumentos que a ela subjazem)

---

[93] Uma noção de *"trusteeship"* que pretenda sair da antiga dicotomia representante como "delegado" (o representante atua conforme a vontade de seus representados) e representante como "trustee" (confia-se ao representante poderes para atuar conforme suas próprias convicções) pode ser entendida como a confiança depositada nos representantes para que atuem não conforme suas próprias convicções, nem mesmo de acordo com o interesse subjetivo dos representados, mas segundo um dever ou um compromisso público mais elevado (o cumprimento de uma determinação legal ou constitucional, por exemplo). Assim, a "trusteeship" que pode ser verificada nesse tipo de representação democrática (discursiva ou argumentativa) exercida pelas Cortes Constitucionais está relacionada com a orientação dessas instituições para atuar no estrito cumprimento de seus deveres constitucionais (proteção dos direitos fundamentais, da ordem democrática, etc.), independentemente dos interesses subjetivos ou convicções de seus magistrados e, igualmente, dos interesses momentâneos de pessoas ou grupos sociais. A representação argumentativa dos Tribunais Constitucionais não depende, portanto, das convicções pessoais de seus magistrados nem de qualquer compromisso com a satisfação de uma "vontade do povo".

ARGUMENTAÇÃO CONSTITUCIONAL

podem obter ampla ressonância na comunidade e, desse modo, produzir uma representação democrática. Indispensável é que os cidadãos ou a comunidade como um todo possam identificar-se com os discursos produzidos pela Corte Constitucional, reconhecendo-os como seus próprios discursos, representativos de seus anseios e de suas reivindicações pela efetivação de seus direitos.

Assim, ao invés de se basear em mecanismos de autorização e *accountability* – os quais, ressaltem-se, estão voltados à legitimação *ex ante* dos atos políticos –, a representação democrática (discursiva ou argumentativa) dos Tribunais Constitucionais fundamenta-se na representatividade de seus discursos, na aceitabilidade de sua argumentação, enfim, no reconhecimento positivo (*a posteriori*) de suas decisões por parte da comunidade. Em outros termos, em vez de ser uma representação de tipo formal (concepções formais de autorização e *accountability*), ela é uma representação eminentemente material, que ocorre quando as decisões dos Tribunais Constitucionais são de tal modo produzidas (argumentadas, deliberadas) que os cidadãos, a comunidade em si, ou amplos espectros dos cidadãos e da comunidade, independentemente das diferenças de opinião que em seu interior podem ser verificadas, podem reconhecê-las como decisões corretas, razoáveis ou plausíveis. Trata-se de uma representação (material) que, desse modo, se verifica mais *a posteriori*, uma vez produzidos os atos que requerem legitimação, distintamente dos mecanismos eleitorais que fundamentam a representação política (formal), destinados à anterior legitimação dos atos políticos (eventuais e futuros) dos representantes.

Uma definição mais precisa do que seja essa representação democrática de tipo discursivo ou argumentativo dos Tribunais Constitucionais depende, como se pode perceber, de uma construção um pouco mais elaborada de duas noções fundamentais: (1) a necessária *aceitação* das decisões por parte de (2) possíveis e distintas *audiências* ou *auditórios*.

A primeira, portanto, diz respeito à *aceitabilidade racional* das decisões dos Tribunais Constitucionais, a fonte primordial da representatividade argumentativa dessas instituições. O conceito de aceitabilidade racional das decisões judiciais foi bem desenvolvido por Aulis Aarnio[94] como fazendo referência

---

[94] AARNIO, Aulis. *Lo racional como razonable. Un tratado sobre la justificación jurídica.* Madrid: Centro de Estudios Constitucionales; 1991.

CAPÍTULO 2 – REPRESENTAÇÃO ARGUMENTATIVA

a uma propriedade do resultado final de um procedimento de justificação jurídica, que está cultural e historicamente situado[95]. Para ser aceitável, esse resultado deve corresponder ao sistema de valores da comunidade jurídica[96]. A aceitabilidade racional seria assim um princípio regulativo da argumentação jurídica e, portanto, um guia para o jurista e para o decisor (o juiz ou o tribunal), o qual deve tentar sempre lograr conclusões que possam contar com o apoio racional da maioria dos membros da comunidade jurídica.

É preciso questionar, porém, se essa noção ideal de aceitabilidade racional pode ter alguma correspondência empírica, o que envolve aspectos importantes da prática argumentativa dos tribunais constitucionais que serão abordados ao longo de todo o livro.

A segunda noção fundamental tem como foco os possíveis receptores ou avaliadores dos discursos produzidos pelas Cortes Constitucionais, aqueles que têm a capacidade de considerar a razoabilidade, a correção ou a plausibilidade das argumentações que embasam as decisões. São os *auditórios ou audiências* dos tribunais constitucionais, que serão analisados no tópico posterior.

2.3. Tribunais Constitucionais e seus Auditórios

A ideia de representação discursiva pressupõe o entendimento da noção de *auditórios* ou de *audiências* dos discursos produzidos pelos tribunais constitucionais.

O conceito de auditório está bem desenvolvido pela "nova retórica" de Chaïm Perelman[97]. O pressuposto fático essencial de sua teoria da argumen-

---

[95] Para Aarnio, a argumentação somente é possível dentro do marco de uma forma de vida.

[96] Aarnio adota um "relativismo axiológico moderado", na medida em que defende ser possível lograr um consenso acerca dos critérios de valoração entre os que pertencem a diferentes formas de vida.

[97] Perelman qualifica sua teoria da argumentação como "nova retórica". A opção terminológica pela *retórica*, além de fazer reviver a tradição secular de um antigo termo filosófico que havia caído em completo desuso, recupera a idéia de *adesão* e de *espíritos* aos quais se dirige um discurso, com a intenção de enfatizar um pressuposto fático essencial da teoria: o de que *qualquer argumentação se desenvolve em função de um auditório*. Assim, ao invés do termo *dialética*, que ao longo dos séculos – e, sobretudo, desde Hegel – adquiriu conotações semânticas

tação é que *toda argumentação visa à adesão daqueles a quem se dirige (adesão dos espíritos)*, o que resulta que *toda argumentação é relativa ao auditório que procura influenciar.* A definição e a conceituação do que seja o *auditório* é, dessa forma, o cerne da teoria da argumentação de Perelman. O auditório, em termos gerais, é o *conjunto daqueles que o orador quer influenciar com sua argumentação.* Nesse sentido, *o auditório é uma construção do orador.* Cada orador pensa, de uma forma mais ou menos consciente, naqueles que procura persuadir e que constituem o auditório ao qual se dirigem seus discursos. O conhecimento daqueles que se pretende conquistar é, pois, uma condição prévia de qualquer argumentação eficaz. O grande *orador procura se adaptar ao seu auditório. Todo discurso deve ser adaptado ao auditório ao qual ele se dirige.* É fácil perceber que o fundo e a forma de certos argumentos, apropriados em certas circunstâncias, podem ser inapropriados noutras. É, pois, ao auditório que cabe o papel principal de determinar a qualidade da argumentação e o comportamento dos oradores[98].

A natureza do auditório, ao qual alguns argumentos podem ser submetidos com sucesso, determina as características e a eficácia das argumentações; ou seja, o valor de uma argumentação está estreitamente relacionado ao valor do auditório ao qual se dirige[99]. Assim, na teoria normativa da argumentação – como, no caso, a de Perelman –, é preciso identificar os auditórios aos quais pode ser atribuído o papel normativo que permite definir o caráter racional de uma argumentação, isto é, a sua pretensão de validade a todo ser racional. Com essa finalidade, Perelman distingue três espécies de auditório. O primeiro, denominado *auditório universal,* é constituído pela humanidade inteira ou, em outros termos, por todos os homens adultos e racionais; o segundo é formado unicamente pelo interlocutor ao qual a argumentação se dirige; o terceiro é constituído pelo próprio sujeito, quando delibera sobre as razões de seus próprios atos. O *auditório universal* adquire caráter central numa teoria normativa da argumentação que pretende ser objetiva e racional, na

---

completamente diversas de seu primitivo sentido, Perelman utiliza a *retórica* para ressaltar o caráter central que a noção de *auditório* possui em seu tratado da argumentação. Em verdade, a *idéia de auditório* é o que a teoria da argumentação de Perelman conserva da retórica antiga.
[98] PERELMAN, Chaïm; OLBRECHTS-TYTECA, Lucie. *Tratado da Argumentação. A Nova Retórica.* Trad. Maria Ermentina Galvão. São Paulo: Martins Fontes; 1996.
[99] ALEXY, Robert. *Teoría de la argumentación jurídica.* Trad. Manuel Atienza e Isabel Espejo. 2ª Ed. Madrid: Centro de Estudios Políticos y Constitucionales; 2008, p. 161.

CAPÍTULO 2 – REPRESENTAÇÃO ARGUMENTATIVA

medida em que apenas a argumentação produzida perante um auditório desse tipo (formado por todos os homens de razão) pode ser considerada racional. Na conceituação de Perelman, o auditório universal seria "norma de argumentação objetiva"[100].

Apesar das ambiguidades que sugere, a noção de auditório pode cumprir um papel fundamental numa teoria sobre a argumentação produzida pelos tribunais constitucionais. Ela realça, sobretudo, o aspecto *retórico* dos discursos tanto dos magistrados como do órgão colegiado considerado em sua totalidade, os quais se dirigem não apenas ao convencimento mútuo em torno da melhor decisão a ser tomada em cada caso, mas igualmente estão destinados à persuasão de múltiplas audiências (particulares), como os demais Poderes (Executivo, Legislativo e Judiciário) e a opinião pública, especialmente a imprensa.

A dimensão retórica das práticas argumentativas dos tribunais constitucionais é um aspecto crucial dessa ideia de representação discursiva que precisa ser melhor estudado. É necessário investigar quais são de fato os principais auditórios (particulares) dos tribunais constitucionais e como os magistrados, individualmente considerados ou em forma colegiada, desenvolvem e direcionam seus discursos em relação a suas possíveis audiências. Em suma, deve ser analisado empiricamente como ocorrem na prática as relações discursivas entre o tribunal e seus auditórios.

Estas noções serão fundamentais ao longo de todo o livro e servirão de base para a pesquisa empírica sobre as práticas argumentativas de alguns tribunais constitucionais e para a análise teórica dessa realidade. A ideia de representação discursiva ou argumentativa, portanto, será contextualizada tendo em vista a prática argumentativa dos tribunais constitucionais.

---

[100] Essa conceituação do auditório universal está, dessa forma, vinculada à distinção entre *argumentação persuasiva* e *argumentação convincente*, a qual também ocupa lugar central na teoria da argumentação de Perelman. *Persuasiva* é a argumentação que pretende ser válida apenas para um auditório particular. *Convincente* é a argumentação que pretende obter a adesão de todo ser racional, isto é, válida para um auditório universal. É a natureza do auditório determinando as características da argumentação. PERELMAN, Chaïm; OLBRECHTS-TYTECA, Lucie. *Tratado da Argumentação. A Nova Retórica*. Trad. Maria Ermentina Galvão. São Paulo: Martins Fontes; 1996, p. 34.

CAPÍTULO 3
Argumentação Constitucional

A crescente importância da argumentação jurídica na jurisdição constitucional vem acompanhada do desenvolvimento de um campo teórico voltado especialmente para as práticas argumentativas dos Tribunais Constitucionais. Em estudos doutrinários que, em geral, estão envolvidos pela atmosfera conceitual da argumentação jurídica, é cada vez maior a alusão a um âmbito teórico específico denominado de *argumentação constitucional*. Essa é uma constatação que resulta, pelo menos, da análise da recente literatura jurídica ibero-americana sobre essa temática. Ainda que a referida expressão apareça ao longo dos textos de diversos trabalhos – de forma mais ou menos aleatória ou intencionalmente fazendo referência a esse campo teórico específico –, dois estudos destinados integralmente ao tratamento da argumentação constitucional se sobressaem entre os demais. Os artigos de Manuel Atienza e Rodolfo Luis Vigo, intitulados "Argumentación y Constitución"[101] e "Argumentación Constitucional"[102], respectivamente, fixam as bases – ao que tudo indica, de forma originária – para o desenvolvimento de um novo campo teórico ou, melhor dizendo, um âmbito de estudos especial que pode ser destacado

---

[101] ATIENZA, Manuel. Argumentación y Constitución. In: AGUILÓ REGLA, Josep; ATIENZA, Manuel; RUIZ MANERO, Juan. *Fragmentos para una Teoría de la Constitución*. Madrid: Iustel; 2007, p. 176.

[102] VIGO, Rodolfo Luis. *Argumentación Constitucional*. In: Revista Iberoamericana de Derecho Procesal Constitucional n. 12, México, Instituto Iberoamericano de Derecho Procesal Constitucional, Editorial Porrúa, julio-diciembre 2009, p. 215 e ss.

das teorias da argumentação jurídica, destinado a analisar as argumentações produzidas especificamente pelos Tribunais Constitucionais. Nesse sentido, eles também deixam em aberto (e assim sugerem) diversos aspectos para desenvolvimento mais aprofundado dessa temática.

Os tópicos seguintes estão especialmente destinados a essa construção dos contornos básicos de uma teoria da argumentação constitucional, tentando (1) apresentá-la como um específico estágio teórico (atual) no contexto maior de desenvolvimento da teoria e da filosofia do direito e, especialmente, da argumentação jurídica no âmbito do que se convencionou denominar de (neo)constitucionalismo (ou simplesmente constitucionalismo); (2) definir seus principais aspectos distintivos (sujeitos, objeto, metodologia, enfoques, programa de investigação etc.) que a diferenciam da argumentação jurídica (genericamente tratada) e, dessa forma, a caracterizam como um campo teórico específico; (3) sugerir as principais (e atuais) perspectivas temáticas que merecem receber especial tratamento com base numa teoria da argumentação constitucional, (4) ressaltando a importância e a originalidade do estudo da deliberação nos Tribunais Constitucionais dentro dessa perspectiva teórica.

3.1. Constitucionalismo e Argumentação Jurídica

Talvez a controvérsia mais instigante no âmbito das atuais discussões na filosofia e na teoria do direito (do direito constitucional, em especial) – pelo menos naquelas de origem latina ou iberoamericana – esteja na definição das características ou dos contornos básicos do que se convencionou denominar (neo)constitucionalismo[103], que configuraria uma "nova cultura

---

[103] A Revista *Doxa* de Filosofía del Derecho n. 34, publicada em 2012, contém o interessante debate atual sobre o (neo)constitucionalismo – a presente utilização dessa expressão é apenas uma tentativa de não entrar na divergência terminológica –, protagonizado por Luigi Ferrajoli (na defesa de seu *constitucionalismo garantista*) e diversos autores que, de variadas maneiras, defendem ou criticam aspectos dos "constitucionalismos" (iuspositivista, garantista, principialista, argumentativo, positivista inclusivo, etc.) (Manuel Atienza, Juan Ruiz Manero, Josep Aguiló Regla, Mauro Barberis, Paolo Comanducci, Pierluigi Chiassoni, Alfonso García Figueroa, Andrea Greppi, Liborio Hierro, Francisco Laporta, José Juan Moreso, Giorgio Pino, Luis Prieto Sanchís, Maria Cristina Redondo, Ángeles Ródenas, Alfonso Ruiz Miguel, Pedro Salazar Ugarte). Os instigantes debates acadêmicos também estão contidos em outras

CAPÍTULO 3 – ARGUMENTAÇÃO CONSTITUCIONAL

jurídica"[104] emergente nos Estados Constitucionais a partir da segunda metade do século XX[105], um "paradigma constitucionalista *in statu nascendi*"[106], que, em termos bastante genéricos, viria a constituir "o paradigma do Estado constitucional de direito"[107]. Sobre a base de certo consenso em torno do fato histórico do constitucionalismo contemporâneo – isto é, do surgimento, após a deposição de regimes autoritários na Europa continental e América

variadas obras, como as seguintes: FERRAJOLI, Luigi; RUIZ MANERO, Juan. *Dos modelos de constitucionalismo. Una conversación.* Madrid: Trotta; 2012. FERRAJOLI, Luigi; MORESO, José Juan; ATIENZA, Manuel. *La teoría del derecho en el paradigma constitucional.* Madrid: Fundación Coloquio Jurídico Europeo; 2009. Outras obras coletivas reúnem autores expoentes das diversas teses sobre o (neo)constitucionalismo: CARBONELL, Miguel (editor). *Teoría del neoconstitucionalismo: ensayos escogidos.* Madrid: Trotta; 2007. CARBONELL, Miguel; GARCÍA JARAMILLO, Leonardo (ed.). *El canon neoconstitucional.* Madrid: Trotta-UNAM; 2010. CARBONELL, Miguel (coord.). *Neoconstitucionalismo(s).* Madrid: Trotta; 2003. No Brasil, confiram-se os debates sobre o (neo)constitucionalismo na obra: FERRAJOLI, Luigi; STRECK, Lenio; TRINDADE, André Karam (org.). *Garantismo, hermenêutica e (neo)constitucionalismo.* Porto Alegre: Livraria do Advogado; 2012.

[104] Diante das imprecisões terminológicas e dos diferentes usos do termo neoconstitucionalismo, Prieto Sanchís refere-se ao constitucionalismo como uma "nova cultura jurídica". PRIETO SANCHÍS, Luis. Sobre el neoconstitucionalismo y sus implicaciones. In: *Justicia Constitucional y Derechos Fundamentales.* Madrid: Trotta; 2003, p. 101.

[105] Como bem observa Ferrajoli, se quisermos fixar uma data específica para o início desses câmbios paradigmáticos, poderíamos estabelecer o ano de 1945 ou o período que vai de 1945 a 1949, período posterior ao término da segunda guerra mundial, após a derrota do nazismo e do facismo, e no qual emergiram as novas Constituições da Itália (de 1948) e da Alemanha (de 1949). FERRAJOLI, Luigi. *La democracia constitucional.* In: Idem. *Democracia y garantismo.* Edición de Miguel Carbonell. Madrid: Trotta; 2008

[106] Manuel Atienza denomina "paradigma constitucionalista" a nova concepção do Direito formada por coincidências e tendências comuns encontradas nas teorias de autores herdeiros do positivismo analítico e que hoje se aproximam das teses de Dworkin, como Neil MacCormick, Joseph Raz, Robert Alexy, Carlos Nino e Luigi Ferrajoli. ATIENZA, Manuel. *El sentido del derecho.* Barcelona: Ariel; 2004, p. 309.

[107] Luigi Ferrajoli utiliza o termo "paradigma do Estado constitucional de direito" para representar seu *modelo garantista* de constitucionalismo. FERRAJOLI, Luigi. *Derechos y garantías. La ley del más débil.* Madrid: Trotta; 2004, p. 22. Não obstante, como observa Comanducci, apesar da imprecisão terminológica, há um elemento comum que permite utilizar os diversos rótulos para designar as teorias ditas (neo)constitucionalistas, que está constituído pela centralidade de seu objeto, o modelo institucional denominado Estado constitucional. COMANDUCCI, Paolo. *Constitucionalismo: problemas de definición y tipología.* In: Doxa Cuadernos de Filosofía del Derecho, n. 34, Alicante, 2011, pp. 95-100. Assim, apesar das variadas controvérsias, todas elas acabam dizendo respeito aos contornos do que seria esse "paradigma do Estado constitucional".

Latina, de Estados democráticos dotados de Constituições rígidas caracterizadas pela forte presença de princípios, valores e direitos e por mecanismos de fiscalização (formal e material) da constitucionalidade das normas –, as diversas posturas teóricas podem ser divididas, em apertada síntese, entre aquelas que: 1) continuam construindo a teoria do direito da mesma forma como antes faziam, partindo do pressuposto da desnecessidade de qualquer mudança teórica ou paradigmática nesse contexto[108]; 2) reconhecem que os câmbios operados com o advento das novas democracias constitucionais não deixam escolha quanto à necessária adoção de novos fundamentos e categorias teóricas que possam apreendê-los adequadamente; subdividindo-se entre os que (2.1) consideram que essa nova teorização pode ser efetivada sem o abandono completo do paradigma positivista, bastando a reformulação de algumas das bases ou o desenvolvimento dos potenciais teóricos do próprio positivismo jurídico[109] (2.2) e os que entendem que o tratamento teórico do

---

[108] São as posturas de autores como Paolo Comanducci e Ricardo Guastini, que permanecem professando, em termos gerais, as teses do positivismo jurídico tal como se originam, em aspectos essenciais, da conhecida obra de Bobbio, por exemplo. COMANDUCCI, Paolo. *Hacia una teoría analítica del Derecho. Ensayos escogidos*. Madrid: Centro de Estudios Políticos y Constitucionales; 2010. Idem. Formas de (neo)constitucionalismo: un análisis metateórico. In: CARBONELL, Miguel (coord.). *Neoconstitucionalismo(s)*. Madrid: Trotta; 2003, p. 75. GUASTINI, Riccardo. *Distinguendo. Estudios de teoría y metateoría del derecho*. Barcelona: Gedisa; 1999. Idem. *Estudios de teoría constitucional*. México DF: Fontamara; 2003. Idem. La interpretación: objetos, conceptos y teorias. In: VÁZQUEZ, Rodolfo (comp.). *Interpretación jurídica y decisión judicial*. México/DF: Fontamara; 2003. Idem. La constitucionalización del ordenamiento jurídico: el caso italiano. In: CARBONELL, Miguel (coord.). *Neoconstitucionalismo(s)*. Madrid: Trotta; 2003. Idem. *Teoría e ideología de la interpretación constitucional*. Madrid: Trotta; 2010.

[109] Essa corrente encontra sua maior expressão no *constitucionalismo garantista* ou *iuspositivista* de Ferrajoli, o qual configuraria um "novo paradigma positivista do Direito" (na expressão do próprio professor italiano), mas também pode ser observada em autores como Prieto Sanchís e Maria Cristina Redondo e naqueles que são partidários do *positivismo inclusivo*, como Moreso. FERRAJOLI, Luigi. *Principia Iuris. Teoría del Derecho y de la Democracia*. Madrid: Trotta; 2011. Idem. *Democracia y garantismo*. Edición de Miguel Carbonell. Madrid: Trotta; 2008. SANCHÍS, Luis Prieto. *Justicia Constitucional y Derechos Fundamentales*. Madrid: Trotta; 2003. Idem. *Constitucionalismo y positivismo*. México/DF: Fontamara; 1997. REDONDO, Maria Cristina. *El paradigma constitucionalista de la autoridad jurídica*. In: Doxa Cuadernos de Filosofía del Derecho, n. 34, Alicante, 2011, pp. 245-264. MORESO, José Juan. *La Constitución: modelo para armar*. Madrid: Marcial Pons; 2009. Idem. *In defense of inclusive legal positivism*. In: Diritto&questioni pubbliche, 1/2001, p. 99-120.

CAPÍTULO 3 – ARGUMENTAÇÃO CONSTITUCIONAL

fenômeno conhecido como constitucionalismo requer a completa superação do positivismo jurídico e a construção de um novo paradigma pós-positivista[110].

Para os fins a que se propõe o presente tópico, não será necessário entrar nessas controvérsias, muito menos na discussão de caráter terminológico existente em torno da expressão neoconstitucionalismo (ou simplesmente constitucionalismo)[111]. O objetivo é apenas o de demonstrar que uma teoria

---

[110] Os principais contornos dessas teses encontram guarida nas obras de Ronald Dworkin, Robert Alexy, Carlos Nino e Gustavo Zagrebelsky, e são expressamente defendidas por autores como Manuel Atienza, Juan Ruiz Manero, Angeles Ródenas, Josep Aguiló Regla, Mauro Barberis, Alfonso García Figueroa, Miguel Carbonnel, entre outros, e, no Brasil, Lenio Streck, além de outros. DWORKIN, Ronald. *Taking rights seriously.* Cambridge, Massachusetts: Harvard University Press; 1978. Idem. *Law's Empire.* Cambridge: Belknap-Harvard; 1986. *Freedom's Law. The moral reading of the American Constitution.* Cambridge, Massachusetts: Harvard University Press; 1996. Idem. *La Justicia con toga.* Trad. de Marisa Iglesias Vila e Íñigo Ortiz de Urbina Gimeno. Madrid: Marcial Pons; 2007. Idem. *Justice for hedgehogs.* Cambridge: Belknap-Harvard; 2011. ALEXY, Robert. *Teoría de la argumentación jurídica.* Trad. Manuel Atienza e Isabel Espejo. 2ª Ed. Madrid: Centro de Estudios Políticos y Constitucionales; 2008. Idem. *Teoría de los Derechos Fundamentales.* Madrid: Centro de Estudios Políticos y Constitucionales; 2001. Idem. *Epílogo a la Teoría de los Derechos Fundamentales.* Madrid: Fundación Beneficentia et peritia iuris; 2004. Idem. *El concepto y la validez del derecho.* Barcelona: Gedisa; 2004. Idem. *La institucionalización de la justicia.* Granada: Comares; 2005. ZAGREBELSKY, Gustavo. *El derecho dúctil. Ley, derechos, justicia.* Madrid: Trotta; 2003. Idem. *Ronald Dworkin's principle based constitucionalism: an italian point of view.* In: International Journal of Constitutional Law. New York, Oxford University Press, Vol. 1, number 4, 2003, p. 621-650. ATIENZA, Manuel. *El Derecho como Argumentación.* Barcelona: Ariel; 2006. AGUILÓ REGLA, Josep. *Sobre Derecho y Argumentación.* Palma de Mallorca: Lleonard Muntaner Editor; 2008. BARBERIS, Mauro. *Esiste il neocostituzionalismo?* In: Analisi e Diritto, Madrid, Marcial Pons, 2011 pp. 11-30. GARCÍA FIGUEROA, Alfonso. *Criaturas de la moralidad: una aproximación neoconstitucionalista al Derecho a través de los derechos.* Madrid: Trotta; 2009. CARBONELL, Miguel. El neoconstitucionalismo: significado y niveles de análisis. In: CARBONELL, Miguel; GARCÍA JARAMILLO, Leonardo (ed.). *El canon neoconstitucional.* Madrid: Trotta-UNAM; 2010. STRECK, Lenio Luiz. Neoconstitucionalismo, positivismo e pós-positivismo. In: FERRAJOLI, Luigi; STRECK, Lenio; TRINDADE, André Karam (org.). *Garantismo, hermenêutica e (neo)constitucionalismo.* Porto Alegre: Livraria do Advogado; 2012.

[111] A pesar de todas as atuais controvérsias terminológicas, não se pode perder de vista que o termo neoconstitucionalismo foi criado por alguns professores membros da escola genovesa (Susana Pozzolo, Paolo Comanducci, Mauro Barberis) com o intuito de agrupar alguns autores (Dworkin, Alexy, Zagrebelsky, Nino, Ferrajoli e outros) e sintetizar os pontos em comum de suas obras na teorização de diversos aspectos do direito no âmbito do modelo institucional do denominado Estado constitucional de Direito, com a finalidade de criticar esses pontos, com os quais os professores genoveses discordavam. Em suma, a noção de neoconstitucionalismo foi criada para possibilitar a crítica às teorias consideradas neoconstitucionalistas.

da argumentação constitucional – isto é, de uma teoria que tem por objeto primordial a argumentação jurídica produzida no âmbito da jurisdição constitucional – está envolvida pela atmosfera metodológica e teórica do constitucionalismo, mesmo diante do fato de que os contornos desse novo paradigma ainda não estejam precisamente definidos. Apesar da ainda persistente imprecisão terminológica e da viva controvérsia em termos de metateoria e de metaética, é possível identificar alguns aspectos do constitucionalismo que influenciaram, direta ou indiretamente, o desenvolvimento da teoria e da filosofia do direito (e também da política) ao longo de toda a segunda metade do século XX, e hoje podem constituir um consistente substrato para a construção da teoria da argumentação constitucional. Como se verá, tais características, em seu conjunto, podem conformar um paradigma que não se encaixa nas bases do positivismo jurídico (nem do jusnaturalismo ou do realismo jurídico)[112] e poderia assim ser enquadrado (utilizando-se da classifi-

Também é preciso levar em conta que Dworkin, Alexy e Zagrebelsky não se reconhecem como neoconstitucionalistas, Carlos Nino sequer teve oportunidade de participar desse vigoroso debate em razão de seu falecimento muitos anos antes, e Ferrajoli rejeita expressamente essa expressão, a qual rebatiza de constitucionalismo principialista (jusnaturalista ou argumentativo), e defende um constitucionalismo de viés positivista que denomina de *garantista*. De toda forma, ressalte-se também a consideração de Mauro Barberis, que, apesar de ser um dos criadores da expressão, justamente para poder atacar a teoria que ela representa, hoje demonstra-se convencido de que não é mais possível eliminar nem a noção nem as teorias as quais ela identifica, reconhecendo-se como um defensor do próprio neoconstitucionalismo. BARBERIS, Mauro. *Esiste il neocostituzionalismo?* In: Analisi e Diritto, Madrid, Marcial Pons, 2011 pp. 11-30. Idem. *Ferrajoli, o el neoconstitucionalismo no tomado en serio.* In: Doxa Cuadernos de Filosofía del Derecho, n. 34, Alicante, 2011, pp. 89-93. COMANDUCCI, Paolo. El neoconstitucionalismo. In: *Hacia una teoría analítica del Derecho. Ensayos escogidos.* Madrid: Centro de Estudios Políticos y Constitucionales; 2010, p. 127. POZZOLO, Susanna. *Neoconstitucionalismo y positivismo jurídico.* Lima: Palestra; 2011.

[112] A compreensão da Constituição, dos direitos fundamentais e da interpretação e argumentação no Estado constitucional, pressupõe uma teoria ao mesmo tempo *integradora* – de aspectos relevantes do positivismo, do jusnaturalismo e do realismo jurídico – e *superadora* – de tratamentos isoladamente positivistas, jusnaturalistas e realistas. Em verdade, como defende o Professor García Figueroa, não se trata de refutar o positivismo em favor do jusnaturalismo ou vice-versa, mas de superar a própria dialética positivismo/jusnaturalismo, que por muito tempo dominou todo o discurso da filosofia do direito e que agora não mais permite compreender as mudanças operadas pelo constitucionalismo no plano jurídico e pelo construtivismo ético no plano moral. GARCÍA FIGUEROA, Alfonso. El paradigma jurídico del neoconstitucionalismo. Un análisis metateórico y uma propuesta de desarrollo. In: Idem. *Racionalidad y Derecho.* Madrid: Centro de Estudios Políticos y Constitucionales; 2006. Idem.

CAPÍTULO 3 – ARGUMENTAÇÃO CONSTITUCIONAL

cação corrente na teoria do direito) no âmbito das perspectivas denominadas pós-positivistas do direito.

O fato é que, ao longo de toda a segunda metade do século XX, a teoria e a filosofia do direito (e também da política) produziram diversas renovações em pressupostos, categorias, métodos, estruturas de pensamento, etc., os quais passaram a oferecer um instrumental básico que permitiu apreender de forma mais adequada o fenômeno do constitucionalismo (como fato histórico) em seus variados aspectos, entre os quais sobressai o fato da presença marcante de Constituições rígidas nos ordenamentos jurídicos da maioria das democracias contemporâneas, repletas de normas de direitos fundamentais com denso conteúdo axiológico (além de sua face deontológica), e dotadas de mecanismos de controle da constitucionalidade das leis e demais atos normativos manejados por organismos judiciais especiais (comumente os Tribunais Constitucionais).

A Teoria da Constituição passou a tratar os documentos constitucionais com tais características básicas não mais como meras cartas políticas qualificadas pelas normas de conteúdo programático, mas como estatutos dotados de real "força normativa"[113], genuínas normas influenciadoras de toda a ordem

---

Criaturas de la moralidad. Uma aproximación neoconstitucionalista al Derecho a través de lós derechos. Madrid: Trotta; 2009, p. 201 e ss.

[113] Konrad Hesse cunhou a conhecida expressão "força normativa da Constituição" (*die normative Kraft der Verfassung*) para criticar a radical separação, no plano constitucional (tal como fizera Ferdinand Lassalle), entre norma e realidade, entre ser (*Sein*) e dever ser (*Sollen*), e defender que a pretensão de eficácia da Constituição (como norma) somente pode ser realizada levando-se em conta a realidade histórica e concreta de seu tempo. A Constituição, para Hesse, possui uma força vital e uma eficácia que conforma toda a realidade jurídica, política e social (e por ela também é conformada). O texto, produzido em 1959 (Universidade de Freiburg), insere-se num contexto em que os teóricos do direito constitucional alemão (com destaque para Konrad Hesse, Peter Häberle e Ernst Wolfgang Böckenförde) encontravam-se envoltos com a construção de novos conceitos, modelos, categorias, etc. que pudessem compreender a então recente jurisprudência do Tribunal Constitucional (principalmente a famosa decisão no *caso Lüth* – Lüth-Urteil, *BVerfGE* 7, 198, de 15 de janeiro de 1958) que, naquele momento, produzia uma verdadeira revolução na teoria do direito (especialmente do direito constitucional), e assim dava início ao desenvolvimento de uma teoria e de uma práxis constitucional que propiciou, na Europa continental, a construção do conceito de Constituição (normativa e axiológica) e de Estado constitucional, realidade esta que, portanto, não pode ser completamente desconectada dos debates atuais sobre o constitucionalismo contemporâneo. Não se pode deixar de considerar que o direito constitucional alemão é expoente das principais noções [Constituição como "ordem objetiva de valores" (*objektive Wertordnug*) "eficácia

ARGUMENTAÇÃO CONSTITUCIONAL

jurídica e condicionantes de toda a atividade jurídica e política, pública e privada, em uma dada comunidade, ou, na definição de Guastini, "Constituições invasoras"[114], que desencadeiam processos de transformação de todo o ordenamento jurídico, o qual resulta totalmente "impregnado" pelas normas constitucionais. Essa concepção teórica da Constituição (a qual corresponde a um "modelo axiológico de Constituição como norma"[115]) influenciou a dogmática do direito constitucional na construção de novos postulados e

irradiante" (*Ausstrahlungswirkung*) da Constituição, "eficácia entre terceiros" (*Drittwirkung*) das normas constitucionais, "ponderação de valores" (*Wertabwägung*) constitucionais, entre outras] que explicam o modelo institucional de Estado e a concepção de Constituição hoje trabalhados pelas teorias denominadas (neo)constitucionalistas. HESSE, Konrad. *Escritos de Derecho Constitucional*. Madrid: Centro de Estudios Políticos y Constitucionales; 1992. Idem. Significado de los derechos fundamentales. In: BENDA, Ernst (*et al.*). *Manual de Derecho Constitucional*. Madrid: Marcial Pons; 1996. HÄBERLE, Peter. *El Estado Constitucional*. Buenos Aires: Astrea; 2007. BÖCKENFÖRDE, Ernst-Wolfgang. *Escritos sobre derechos fundamentales*. Baden-Baden: Nomos Verlagsgesellschaft; 1993. Idem. *Estudios sobre el Estado de Derecho y la democracia*. Madrid: Trotta; 2000.

[114] Nas palavras do jurista italiano, "um ordenamento jurídico constitucionalizado se caracteriza por uma Constituição extremamente invasora, intrometida, capaz de condicionar tanto a legislação como a jurisprudência e o estilo doutrinário, a ação dos atores políticos, assim como as relações sociais". GUASTINI, Riccardo. La "constitucionalización" del ordenamiento jurídico: el caso italiano. In: *Idem. Estudios de teoría constitucional*. México/DF: Fontamara; 2003, p. 153.

[115] Na conceituação de Comanducci, esse modelo concebe a Constituição como um documento normativo que apresenta características específicas, como as seguintes: 1) a Constituição se situa no vértice da hierarquia das fontes do direito e modifica qualitativamente essa hierarquia, que passa a subordinar-se à onipresença da Constituição; 2) a Constituição é um conjunto de normas, mas essas normas não são apenas regras, mas também princípios; 3) a Constituição mantém uma relação especial com a democracia, em um duplo sentido: 2.1) há uma conexão necessária entre democracia e Constituição; 2.2) a Constituição funciona como limite à democracia entendida como regra da maioria; 3) a Constituição representa uma ponte entre o Direito e a Moral, que abre o sistema jurídico a considerações de tipo moral em um duplo sentido: 3.1) os princípios constitucionais são princípios morais positivados; 3.2) a justificação no âmbito jurídico não pode deixar de recorrer a princípios morais; 4) a aplicação da Constituição não se faz apenas por subsunção, mas, devido à presença dos princípios, por meio de ponderações. COMANDUCCI, Paolo. Modelos de interpretación de la Constitución. In: *Hacia una teoría analítica del Derecho. Ensayos escogidos*. Madrid: Centro de Estudios Políticos y Constitucionales; 2010, p. 127. Idem. Formas de (neo)constitucionalismo: un análisis metateórico. In: CARBONELL, Miguel (ed.). *Neoconstitucionalismo(s)*. Madrid: Trotta; 2003, p. 83. Em sentido semelhante: POZZOLO, Susanna. *Neoconstitucionalismo y especificidad de la intepretación constitucional*. In: Doxa Cuadernos de Filosofía del Derecho, n° 21-II, Alicante, 1998, p. 342.

CAPÍTULO 3 – ARGUMENTAÇÃO CONSTITUCIONAL

métodos orientadores da interpretação, tais como a técnica da interpretação conforme a Constituição e os princípios do efeito integrador, da concordância prática ou da harmonização e da unidade da Constituição (que servem de lastro para a sua interpretação constitucional sistemática e integradora)[116], o que permite hoje constatar que, no contexto teórico e metodológico do constitucionalismo, toda interpretação tende a ser interpretação constitucional. Da mesma forma, não é demasiado dizer que em todo raciocínio jurídico desenvolvido nos processos de interpretação das normas de um ordenamento constitucionalizado também cumprem algum papel, direto ou indireto, razões constitucionais ou razões fundadas na Constituição, de modo que também é possível afirmar que, no Estado constitucional, toda argumentação jurídica tende a ser argumentação constitucional.

Entre as inovações mais importantes da Teoria do Direito (especialmente a partir de finais da década de 1960), estão aquelas que atualmente oferecem um arcabouço teórico para a compreensão das normas de direitos fundamentais e de sua elevada carga normativo-axiológica, assim como das consequências que sua presença nas Constituições causa para a compreensão do direito como fenômeno normativo (distinto da Moral) e como prática social (interpretativa e argumentativa). Destacam-se a importância das contribuições teóricas da distinção tipológica das normas jurídicas em regras e princípios[117] (a qual, após todos os posteriores desenvolvimentos teóricos[118] ocorridos no último

---

[116] Para um tratamento geral do "catálogo tópico" dos princípios da interpretação constitucional, vide: CANOTILHO, J. J. Gomes. *Direito Constitucional e Teoria da Constituição.* 3ª Ed. Coimbra: Almedida; 1999 , p. 1148 e ss.

[117] Neste ponto, é preciso destacar a imprescindível contribuição teórica de Ronald Dworkin. Apesar do fato de que suas teses quanto à presença no direito de outros tipos de padrões jurídicos que não apenas as regras (princípios, políticas, etc.) já pudessem ser encontradas na obra de Roscoe Pound (*The application of norms*, de 1922) e de John Dickinson (*The Law behind the Law*, de 1929), o impressionante impacto de seu artigo *"The model of rules"*, de 1967, e seu *general attack on positivism* (especialmente a teoria positivista então dominante de Herbert Hart) foi determinante para desencadear os até hoje infindáveis debates sobre a distinção entre regras e princípios. DWORKIN, Ronald. *The model of rules.* University of Chicago Law Review, 35, p. 14-46, 1967. Idem. *Taking Rights Seriously.* Harvard University Press, 1977

[118] Entre os principais autores que desenvolveram a distinção entre regras e princípios, destacam-se o de Robert Alexy, na filosofia jurídica germânica, e os de Atienza e Ruiz Manero, na filosofia do direito de origem e influência latina. Atualmente, os debates ocorrem, primordialmente, em torno das teses que defendem (ainda que com diferentes matizes) uma distinção qualitativa ou forte (Dworkin, Alexy, Atienza/Ruiz Manero, etc.) e aqueles que,

quarto do século XX, permite compreender melhor o papel das normas no raciocínio jurídico), da renovação das infindáveis controvérsias (sob novos pressupostos metateóricos e metaéticos) sobre as relações entre Direito e Moral e, especialmente, da paulatina construção de um novo enfoque do fenômeno jurídico como prática interpretativa e argumentativa[119]. Isso significa (em um exacerbado esforço de síntese) o seguinte.

A identificação teórica dos princípios constitucionais impõe uma impreterível (não exatamente indesejada) flexibilidade e indeterminação (ou ductibilidade, na terminologia de Zagrebelski[120]) no direito, na medida em que

de um ponto de vista mais crítico, consideram a necessidade apenas de uma distinção débil (Comanducci, Guastini, Gianformaggio, Prieto Sanchís, Moreso, Bayón, García Figueroa, etc.). Para uma abordagem mais completa, vide: VALE, André Rufino do. *Estrutura das normas de direitos fundamentais: repensando a distinção entre regras, princípios e valores*. São Paulo: Saraiva; 2009. Para a consulta às principais obras, vide: DWORKIN, Ronald. *Taking Rights Seriously*. Harvard University Press, 1977. ALEXY, Robert. *On the structure of legal principles*. In: Ratio Juris, Vol. 13, n° 3, september 2000. ATIENZA, Manuel; RUIZ MANERO, Juan. *Las Piezas del Derecho. Teoría de los enunciados jurídicos*. 2ª Ed. Barcelona: Ariel; 2004.COMANDUCCI, Paolo. *Principios jurídicos e indeterminación del derecho*. In: Doxa n° 21-II, 1998. GUASTINI, Ricardo. *Distinguendo. Estudios de teoría y metateoría del derecho*. Barcelona: Gedisa; 1999. GIANFORMAGGIO, Letizia. *L'interpretazione della Costituzione tra applicazione basata su principi*. In: Rivista Internazionale di Filosofia del Diritto, gennaio/marzo, IV Serie, LXII, Giuffrè, 1985. PRIETO SANCHÍS, Luis. *Sobre princípios y normas. Problemas del razonamiento jurídico*. Madrid: Centro de Estudios Constitucionales; 1992. MORESO, José Juan. *El encaje de las piezas del Derecho*. In: Isonomía, n° 14, abril, 2001. BAYÓN, Juan Carlos. *La normatividad del Derecho. Deber jurídico y razones para la acción*. Madrid: Centro de Estúdios Constitucionales; 1991. GARCÍA FIGUEROA, Alfonso. *Princípios y positivismo jurídico*. Madrid: Centro de Estudios Políticos y Constitucionales; 1998.

[119] A teoria de Ronald Dworkin também é fundamental nesse aspecto. Uma das maiores contribuições de Dworkin para a filosofia e a teoria geral do direito reside na mudança radical por ele operada na perspectiva de análise dos fenômenos jurídicos. As principais correntes do pensamento jurídico (positivismo, realismo e jusnaturalismo), ao construírem teoricamente os fundamentos que poderiam identificar os contornos básicos do direito, adotaram uma perspectiva predominantemente empírica, focando em demasia na descrição dos aspectos históricos e sociais dos fenômenos jurídicos. Descuidaram, dessa forma, de outro aspecto crucial para a compreensão do direito, que reside precisamente na apreensão do ponto de vista daqueles que participam efetivamente das práticas jurídicas. Responder à clássica questão sobre o que é o direito significa, nessa perspectiva mais pragmática de análise, responder à pergunta a respeito do que é o direito para os próprios intérpretes dessa prática social. E, para Dworkin, ao contrário de outros fenômenos sociais, *a prática do direito é argumentativa*. DWORKIN, Ronald. *Law's Empire*. Cambridge: Belknap-Harvard; 1986.

[120] ZAGREBELSKY, Gustavo. *Il diritto mite*. Torino: Einaudi; 1992.

CAPÍTULO 3 – ARGUMENTAÇÃO CONSTITUCIONAL

toda e qualquer norma do ordenamento passa ser a interpretada e aplicada levando-se em conta as razões subjacentes nos princípios constitucionais que as informam (portanto, argumentada no âmbito de um discurso jurídico e prático geral), que podem justificar o seu excepcional afastamento diante da hipótese concreta de sua aplicação, o que significa dizer que a derrotabilidade (*defeasibility*)[121] se torna uma característica essencial das normas (não só dos princípios, mas também das regras).

O forte conteúdo valorativo das normas constitucionais (princípios, direitos), as quais transformam a moral crítica em moral legalizada, exige uma "leitura moral da Constituição" (Dworkin)[122], tornando insustentável (pelo menos desde pontos de vista metodológicos não positivistas) a separação entre Direito e Moral, na medida em que a interpretação e a argumentação jurídicas passam a girar em torno não apenas dos conteúdos normativos

---

[121] Os antecedentes do uso da noção de *"defeasibility"* na teoria do direito remontam aos primeiros escritos de Herbert Hart, nos quais o autor utilizava esse adjetivo para qualificar uma condição *sui generis* dos conceitos jurídicos, que se manifesta na impossibilidade de se prever todas as hipóteses de sua aplicação, ou seja, na impossibilidade de enumeração das exceções à aplicação de um conceito jurídico. Apesar de Hart posteriormente abandonar esse tipo de análise dos conceitos jurídicos, a idéia de derrotabilidade permaneceu em escritos posteriores com relação às normas jurídicas. As normas derrotáveis ou abertas são normas que estão sujeitas a exceções implícitas que não podem ser previamente enumeradas de forma exaustiva. Assim, para Hart, as normas são necessariamente derrotáveis, pois, por mais que se intente, não se pode prever todas as hipóteses em que sua aplicação poderá ser afastada. HART, Herbert. *Pós-escrito*. In: *O conceito de direito*. Lisboa: Fundação Calouste Gulbenkian; 1996. Sobre o tema da derrotabilidade das normas, vide: HAGE, Jaap; PECZENIK, Alexander. *Law, morals and defeasibility*. In: Ratio Juris, Vol. 13, n° 3, september 2000, p. 305-325. RODRÍGUEZ, Jorge. *La derrotabilidad de las normas jurídicas*. In: Isonomía n° 6, abril, 1997. BAYÓN, Juan Carlos. *Derrotabilidad, indeterminación del derecho y positivismo jurídico*. In: Isonomía, n° 13, octubre, 2000. *Idem. Why is legal reasoning defeasible?* Diritti&questioni pubbliche, n° 2, agosto, 2002. RÓDENAS, Ángeles. *Los intersticios del derecho. Indeterminación, validez y positivismo jurídico*. Madrid: Marcial Pons; 2012. Idem. *En la penumbra: indeterminación, derrotabilidad y aplicación judicial de normas*. In: Doxa Cuadernos de Filosofía del Derecho, n° 24, Alicante, 2001. NAVARRO, Pablo; RODRÍGUEZ, Jorge. *Derrotabilidad y sistematización de normas jurídicas*. In: Isonomía, n° 13, octubre, 2000. PAZOS, María Inés. *Derrotabilidad sin indeterminación*. In: Doxa n° 25, 2002. CELANO, Bruno. *"Defeasibility" e bilanciamento. Sulla possibilità di revisioni stabili*. In: Diritti&questioni pubbliche, n° 2, agosto, 2002; WEINBERGER, Ota. *Prima facie ought. A logical and methodological enquiry*. In: Ratio Juris; Vol. 12, n° 3, september, 1999, p. 239-251 ALCHOURRÓN, Carlos. *Sobre derecho y lógica*. In: Isonomía n° 13, octubre/2000.

[122] DWORKIN, Ronald. *Freedom's Law. The moral reading of the American Constitution*. Cambridge, Massachusetts: Harvard University Press; 1996.

ARGUMENTAÇÃO CONSTITUCIONAL

deontológicos (dimensão diretiva das normas), mas também dos conteúdos axiológicos (dimensão valorativa das normas) do direito, de modo que essas atividades interpretativa e argumentativa (guiadas por uma pretensão de correção) assumem características e métodos próprios dos raciocínios morais (como a ponderação de valores, que se torna objeto de atenção especial das Teorias dos Direitos Fundamentais, como a de Alexy[123]), e assim permanecem conjuntamente inseridas num contexto que, holisticamente tratado, pode ser entendido na perspectiva do que Nino considerou como a unidade do raciocínio prático (moral e jurídico)[124], que cobra dos juristas a adoção de posturas alinhadas ou próximas ao cognoscitivismo ou objetivismo em matéria de ética e moral. Nesse aspecto, complexas questões constitucionais sobre direitos nas sociedades contemporâneas (aborto, eutanásia, matrimônio homossexual, etc.), assumem, além de sua incontestável face jurídica, a dimensão de genuínos dilemas morais (que, portanto, exigem argumentações morais), na perspectiva que vem sendo abordada pelas principais Teorias da Justiça, como a de Rawls[125], que igualmente oferecem contribuições inestimáveis para a compreensão desse aspecto do constitucionalismo e, dessa forma, para a construção de uma teoria da argumentação constitucional (num enfoque filosófico ou valorativo).

A complexidade do raciocínio jurídico necessário para interpretar e aplicar os princípios constitucionais nos denominados casos difíceis e casos trágicos (hipóteses de lacunas normativas ou axiológicas, ou em que as normas aplicáveis são insuficientes, imprecisas, estão em situação de antinomia com outras normas de mesma estatura hierárquico-normativa ou possuem conteúdo formal e/ou material conflitante com normas constitucionais, etc., e nos quais entram em jogo razões fáticas, jurídicas, políticas de variado tipo e de difícil assimilação), intensifica o ônus de justificação das decisões judiciais, especialmente as que são tomadas no âmbito da jurisdição constitucional. As situações de decisão que cobram argumentações jurídicas mais elaboradas tecnicamente, cada vez mais comuns nas realidades jurídicas marcadas pela presença de

[123] ALEXY, Robert. *Teoría de los Derechos Fundamentales*. Madrid: Centro de Estudios Políticos y Constitucionales; 2001.
[124] NINO, Carlos Santiago. *Fundamentos de derecho constitucional. Análisis filosófico, jurídico y politológico de la práctica constitucional*. Buenos Aires: Astrea; 2002, p. 66 e ss.
[125] RAWLS, John. *El liberalismo político*. Trad. Antoni Domènech. Barcelona: Crítica; 2006.

CAPÍTULO 3 – ARGUMENTAÇÃO CONSTITUCIONAL

Constituições dotadas das características acima delineadas (democracias constitucionais também caracterizadas pelo pluralismo político, social, étnico e cultural), impõem aos juristas a adoção de uma perspectiva interna (de participantes) para a compreensão adequada do direito como prática social (interpretativa e argumentativa), e assim evidencia a imprescindibilidade (não a exclusividade) do enfoque argumentativo na análise fenômeno jurídico. Essa é uma das principais causas do "atual auge" das Teorias da Argumentação Jurídica, como as de Alexy[126], MacCormick[127], Aarnio[128], Peczenik[129], Atienza[130], que, sobretudo a partir da década de 1970, aproveitando os aportes dos então recentes desenvolvimentos das Teorias da Argumentação de autores como Toulmin[131] e Perelman[132] (na década de 1950), construíram arcabouços teóricos que oferecem pautas de compreensão e orientação metodológica para a (muitas vezes difícil e complexa) tarefa de justificação (interna e externa) das decisões judiciais que lidam com razões fundadas na Constituição. As teorias da argumentação jurídica podem ser entendidas, nesse sentido,

---

[126] ALEXY, Robert. *Teoría de la argumentación jurídica*. Trad. Manuel Atienza e Isabel Espejo. 2ª Ed. Madrid: Centro de Estudios Políticos y Constitucionales; 2008. *Id. Teoría de los Derechos Fundamentales*. Madrid: Centro de Estudios Políticos y Constitucionales; 2001. *Id. Epílogo a la Teoría de los Derechos Fundamentales*. Madrid: Fundación Beneficentia et peritia iuris; 2004. *Id. El concepto y la validez del derecho*. Barcelona: Gedisa; 2004. *Id. La institucionalización de la justicia*. Granada: Comares; 2005.

[127] MACCORMICK, Neil. *Argumentação jurídica e teoria do direito*. São Paulo: Martins Fontes; 2006. *Id.. Rhetoric and the Rule of Law. A Theory of the Legal Reasoning*. Oxford: Oxford University Press; 2005. *Id.. Institutions of Law. An Essay in Legal Theory*. Oxford: Oxford University Press; 2007. *Id.. Practical Reason in Law and Morality*. Oxford: Oxford University Press; 2008.

[128] AARNIO, Aulis. *Lo racional como razonable. Un tratado sobre la justificación jurídica*. Madrid: Centro de Estudios Constitucionales; 1991. *Id. On the legitimacy of law: a conceptual point of view*. In: Ratio Juris, Vol. 2, nº 2, july 1989.

[129] PECZENIK, Aleksander. *On Law and Reason*. Springer, Law and Philosophy Library 8; 2009. *Idem. Derecho y razón*. México D.F: Fontamara; 2003. *Id. Law, morality, coherence and truth*. In: Ratio Juris, Vol. 7, nº 2, july 1994, p. 146-176. *Id. Legal reasoning as a special case of moral reasoning*. In: Ratio Juris, Vol. 1, nº 2, july 1988, p. 123-136.

[130] ATIENZA, Manuel. *Las razones del derecho. Teorías de la Argumentación Jurídica*. Lima: Palestra; 2006. Idem. *El sentido del Derecho*. Barcelona: Ariel; 2003. Idem. *Tras la Justicia*. Barcelona: Ariel; 2003. Idem. *El Derecho como Argumentación*. Barcelona: Ariel; 2006.

[131] TOULMIN, Stephen. *Los usos de la argumentación*. Trad. María Morrás y Victoria Pineda. Barcelona: Peninsula; 2007.

[132] PERELMAN, Chaïm; OLBRECHTS-TYTECA, Lucie. *Tratado da argumentação*. Trad. Maria Galvão. São Paulo: Martins Fontes; 2002.

ARGUMENTAÇÃO CONSTITUCIONAL

como a nova face teórica da Metodologia Jurídica de autores como Larenz, Müller, Esser, Kriele, Engisch[133], e a diferença entre ambas reside, em termos um tanto simplificados, em que a metodologia sempre se preocupou mais com a construção do método jurídico para encontrar ou descobrir soluções jurídicas para os casos que exigem juízos de valor (ante a constatada insuficiência de raciocínios lógico-dedutivos de subsunção norma-fato), enquanto a teoria contemporânea da argumentação jurídica mantém seu foco de análise na tarefa de justificação das decisões jurídicas fundadas em valorações; isto é, o problema não é tanto mais o de como encontrar as respostas jurídicas a questões complexas, mas o de como justificá-las racionalmente[134]. O problema do método jurídico, dessa forma, passa a ser o da racionalidade das justificações das decisões judiciais.

Também no âmbito da filosofia e da ciência políticas desenvolveram-se novas perspectivas teóricas para a compreensão das democracias constitucionais contemporâneas, evoluindo-se de concepções meramente formais da democracia (fundadas unicamente nas ideias de sufrágio, representatividade política, regra da maioria) para noções mais completas de *democracia substancial*, inegavelmente mais adequadas para lidar com a presença de direitos fundamentais como limites (materiais) contramajoritários às forças políticas, de *democracia participativa*, que enfatiza os mecanismos de inclusão e participação cidadã nas diversas vias de tomada de decisão política, e, principalmente, de *democracia deliberativa*, que exige que tais decisões políticas sejam o resultado de um processo de argumentação racional, isto é, configurem decisões fundadas em razões discutidas publicamente e, desse modo, aceitas pela comunidade como racionalmente justificadas. Essa compreensão mais ampla e profunda do fenômeno democrático nos Estados constitucionais deixa evidente a importância crucial que assume a deliberação (como modalidade argumentativa) para o enfrentamento das questões constitucionais

---

[133] Essa é uma constatação a que chega Alexy na introdução de sua Teoria da Argumentação Jurídica, demonstrando ser a teoria da argumentação jurídica uma continuação de uma série de referências que já se encontravam na literatura sobre metodologia jurídica. ALEXY, Robert. *Teoría de la argumentación jurídica*. Trad. Manuel Atienza e Isabel Espejo. 2ª Ed. Madrid: Centro de Estudios Políticos y Constitucionales; 2008

[134] A diferença foi bem destacada pelo Professor Josep Aguiló em seu artigo "El método jurídico como argumentación jurídica", em: AGUILÓ REGLA, Josep. *Sobre Derecho y Argumentación*. Palma de Mallorca: Lleonard Muntaner Editor; 2008.

CAPÍTULO 3 – ARGUMENTAÇÃO CONSTITUCIONAL

controvertidas nas democracias contemporâneas e a justificação das decisões tomadas pelos poderes públicos, especialmente pelas Cortes Constitucionais.

Por fim, resta abordar um aspecto distintivo e essencial do constitucionalismo, que é a adoção de sistemas de jurisdição constitucional na quase totalidade das democracias constitucionais, os quais, além da fiscalização formal (quanto à produção da norma pelo órgão competente e segundo o procedimento previstos na Constituição) da constitucionalidade das normas, assumem especial relevo no controle da constitucionalidade do conteúdo material de todas as normas do ordenamento, ou, em outros termos, na proteção judicial da "esfera de lo indecidible" de que fala Ferrajoli[135] ou do "coto vedado" de que trata Ernesto Garzón Valdés[136]. Com efeito, do ponto de vista metodológico e teórico do constitucionalismo, os ordenamentos constitucionais, que no segundo pós-guerra passaram por processos de "rematerialização", caracterizam-se por conter não apenas critérios de *validade formal*, mas também critérios de *validade substancial* das normas, enfatizando uma preocupação não apenas com o ser, mas com o dever ser do direito. A jurisdição constitucional passa a ter papel crucial no exercício desse controle de substância ou de depuração material do ordenamento jurídico (que permite distinguir uma democracia formal de uma democracia substancial), que, como enfatizado acima, pode assumir facetas extremamente complexas ante questões constitucionais que traduzem verdadeiros dilemas morais nas sociedades contemporâneas, e daí a cada vez maior simbiose entre a dogmática constitucional (principalmente a Teoria da Constituição, dos Direitos Fundamentais e da Jurisdição Constitucional) e as filosofias jurídica, política e moral, às quais devem se aliar, como aqui se propõe, as teorias da argumentação jurídica.

Em suma, o Estado constitucional, como bem assevera Atienza, impõe um incremento (quantitativo e qualitativo) da tarefa justificativa dos poderes públicos e, portanto, uma maior demanda por argumentação jurídica[137].

---

[135] FERRAJOLI, Luigi. La esfera de lo indecidible y la división de poderes. In: Idem. *Democracia y garantismo*. Edición de Miguel Carbonell. Madrid: Trotta; 2008, p. 102.

[136] GARZÓN VALDÉS, Ernesto. Representación y Democracia. In: Idem. *Derecho, Ética y Política*. Madrid: Centro de Estudios Constitucionales; 1993, p. 631 e ss.

[137] ATIENZA, Manuel. Argumentación y Constitución. In: ALARCÓN CABRERA, Carlos; VIGO, Rodolfo Luis (coords.). *Interpretación y argumentación jurídica. Problemas y perspectivas actuales*. Madrid: Marcial Pons; 2011, p. 87.

Todos os aspectos do constitucionalismo aqui evidenciados na perspectiva do desenvolvimento das teorias do direito demonstram a viabilidade e a necessidade do tratamento teórico da argumentação jurídica levada a cabo com base em razões retiradas da Constituição, especialmente aquela objeto da prática decisória dos Tribunais Constitucionais.

3.2. Argumentação Jurídica e Argumentação Constitucional

Em um sentido amplíssimo, a argumentação constitucional, como a própria expressão denota (à primeira vista), significaria simplesmente o uso de razões com base na Constituição. Nesse sentido, ela se caracterizaria pelos argumentos que, essencialmente, giram em torno de problemas constitucionais (em termos gerais, questões levantadas no processo de interpretação e aplicação de normas constitucionais). Um significado tão amplo, porém, não permitiria estabelecer qualquer definição ou delimitação de um campo teórico específico e destacá-lo do âmbito geral da argumentação jurídica. Nos Estados constitucionais, em que todo o ordenamento jurídico está submetido à força normativa da Constituição, toda e qualquer argumentação jurídica se desenvolve, direta ou indiretamente, com base em razões constitucionais. Tal sentido também não permitiria ressaltar o fato de que, atualmente, nos diversos ordenamentos constitucionais, a argumentação constitucional encontra seu lócus de desenvolvimento mais enfático nos Tribunais Constitucionais. Obviamente, argumentos baseados em normas constitucionais não são exclusividade das Cortes Constitucionais e fazem parte da atividade corriqueira dos órgãos legislativos e administrativos e, obviamente, de todos os órgãos componentes do Poder Judiciário, sem qualquer distinção. Inclusive não seria possível descartar, nesse âmbito de significação, a prática argumentativa empreendida por todo e qualquer cidadão, que nas democracias contemporâneas pode ser qualificado como legítimo intérprete constitucional. O uso argumentativo da Constituição, assim genericamente tratado, portanto, não serve como critério distintivo da argumentação constitucional em relação à argumentação jurídica. Toda argumentação jurídica é também argumentação constitucional, e vice-versa, de modo que ficam as questões: há diferenças relevantes entre argumentação jurídica e a argumentação constitucional que

CAPÍTULO 3 – ARGUMENTAÇÃO CONSTITUCIONAL

mereçam ser levadas em conta para fins teóricos? A tentativa de delimitação de um âmbito de estudos específico denominado argumentação constitucional não seria algo inócuo do ponto de vista heurístico?

A intenção de definir um campo teórico específico para estudar as práticas argumentativas desenvolvidas primordialmente pelos Tribunais Constitucionais não pode começar por uma noção tão ampla do que seria a argumentação constitucional. Também não pode enveredar descuidadamente por um rumo cuja tônica principal seja a de construir todo um novo campo teórico, completamente distinto. A via mais adequada para tanto parece ser a de tentar encontrar certas características especiais nesse tipo de argumentação que permitam considerá-la como um ramo especial que possa ser heuristicamente destacado do âmbito mais geral da argumentação jurídica. O caminho mais curto pode ser aquele que começa por reconhecer na argumentação jurídica uma significação teórica que, se não substitui[138], acompanha a interpretação jurídica em quase todos os aspectos relevantes do raciocínio jurídico desenvolvido em um Estado constitucional (no qual as interpretações devem vir acompanhadas de uma fundada justificação) e, por isso, com ela divide a maioria das questões controvertidas em nível de metateoria da interpretação.

A questão quanto à diferenciação da argumentação constitucional em relação à argumentação jurídica se coloca em termos bastante semelhantes àquela que a teoria da interpretação sempre enfrentou para tentar distinguir

---

[138] Há quem defenda que, tomando por base critérios terminológicos, a argumentação jurídica poderia ser atualmente conceituada como sinônimo da interpretação jurídica, substituindo-a. Rodolfo Luis Vigo, no texto sobre argumentação constitucional acima citado, chega a vislumbrar que a argumentação jurídica poderia ser o novo nome da interpretação jurídica. Sem embargo, não podemos nos prender a preocupações eminentemente terminológicas, nem crer que interpretação e argumentação sejam fenômenos que possam ser completamente identificados. Parece mais correto entender que, nos Estados constitucionais, onde todas as decisões (jurídicas) devem ser adequadamente justificadas, a interpretação e a argumentação são como duas faces da mesma moeda, atividades complementares no contexto maior do raciocínio jurídico. A interpretação está mais ligada à noção de descoberta ou construção de significados (tanto a interpretação em sentido amplo como a interpretação em sentido estrito, na clássica distinção de Wrobléwski) e a argumentação voltada mais à ideia de justificação das decisões interpretativas. Não se pode olvidar, por outro lado, que ambos os termos, interpretação e argumentação, padecem de ambiguidade processo-produto, que as tornam noções significantes tanto para os fenômenos do processo (*iter*) interpretativo e argumentativo como para o produto que ao final deles resulta.

ARGUMENTAÇÃO CONSTITUCIONAL

entre a interpretação constitucional e a interpretação jurídica em geral. Não é oportuno revolver a discussão ou citar expoentes das diversas teses[139]. Em suma, entre aqueles que identificam distinções entre um e outro tipo de interpretação, as variadas opiniões divergem sobre se essa distinção seria qualitativa (a interpretação de normas constitucionais teria aspectos completamente distintos da interpretação de outros textos normativos) ou apenas quantitativa (as normas constitucionais apenas contêm, em maior grau, algumas características – generalidade, vaguidade, alta carga axiológica, etc. – que tornam sua interpretação distinta em alguns aspectos, mas que podem estar presentes em outras normas do ordenamento jurídico). Seguindo as teses manifestadas em trabalhos anteriores[140], entendemos que as diferenças são mais quantitativas do que qualitativas. A relação entre interpretação constitucional e interpretação jurídica é apenas de especificidade e de especialidade. A relação entre argumentação constitucional e argumentação jurídica não é diferente.

A argumentação constitucional nada mais é do que um âmbito de estudos específico da argumentação jurídica. Ambas mantêm entre si uma relação de especialidade: a argumentação jurídica é o gênero do qual a argumentação constitucional é a espécie. Essa especialidade pode ser revelada por uma série de aspectos distintivos que tornam a argumentação constitucional um campo teórico de atual interesse para o teórico do direito, principalmente o constitucionalista.

3.3. Aspectos Distintivos da Argumentação Constitucional

Alguns aspectos fundamentais verificados na argumentação constitucional podem distingui-la da argumentação jurídica em geral e, além disso,

---

[139] Para uma visão geral dos diversos argumentos, vide: GUASTINI, Riccardo. *Teoría e ideología de la interpretación constitucional*. Madrid: Trotta; 2010.

[140] VALE, André Rufino do. *Estrutura das normas de direitos fundamentais*: repensando a distinção entre regras, princípio e valores. São Paulo: Saraiva; 2009. Esse entendimento coincide em boa parte com o que defende Guastini. GUASTINI, Riccardo. La interpretación: objetos, conceptos y teorías. In: VÁZQUEZ, Rodolfo (comp.). *Interpretación jurídica y decisión judicial*. México/DF: Fontamara; 2003, p. 21. GUASTINI, Riccardo. *Distinguiendo. Estudios de Teoría y Metateoría del Derecho*. Barcelona: Gedisa; 1999, p. 287.

CAPÍTULO 3 – ARGUMENTAÇÃO CONSTITUCIONAL

caracterizá-la como um tipo de argumentação especialmente desenvolvida no âmbito dos Tribunais Constitucionais. A seguir serão desenvolvidos, resumidamente, alguns deles:

3.3.1. Sujeitos ou Agentes (Institucionais)

Os agentes ou sujeitos da argumentação constituem aspecto relevante para a argumentação jurídica na medida em que suas peculiaridades institucionais condicionam as próprias práticas argumentativas por eles (ou neles) desenvolvidas. Assim, por exemplo, a argumentação jurídica assume características completamente diferenciadas conforme seja realizada por juízes ou por advogados, no âmbito dos órgãos judiciais ou dos órgãos legislativos ou administrativos, ou mesmo no interior de associações ou entidades privadas dotadas de uma ordem jurídica interna.

Em princípio, a argumentação constitucional não é uma atividade cometida somente aos órgãos de caráter judicial. Sem embargo, assim como a argumentação jurídica encontra na atividade desempenhada pelos juízes seu principal campo de estudo, também a argumentação constitucional foca suas atenções no raciocínio judicial. Trata-se de uma convencional concentração do objeto de estudos que não se baseia em critérios metodológicos. Até aqui não há nenhuma diferença em relação à argumentação jurídica em geral. A distinção necessária estaria na existência de um agente ou instituição que pudesse desempenhar a argumentação constitucional de forma especializada, e a hipótese levantada é a de que essa instituição especial possa ser representada pelos Tribunais Constitucionais. A questão então reside em saber se a argumentação constitucional desenvolvida pelos Tribunais Constitucionais (ou pelos órgãos de cúpula do poder judicial, em alguns sistemas de jurisdição constitucional) é de alguma forma distinta daquela realizada pelos juízes e tribunais ordinários (ou de instâncias judiciais inferiores).

Não havendo, *prima facie*, distinções qualitativas nas práticas judiciais argumentativas que igualmente buscam razões na Constituição – como abordado anteriormente, no Estado constitucional toda argumentação jurídica é também argumentação constitucional –, a diferença básica somente pode ser encontrada nos *aspectos institucionais* que condicionam a argumentação constitucional desenvolvida em tribunais ordinários, por um lado, e tribunais constitucionais, por outro. Além de outros variados aspectos institucionais,

103

a *competência jurisdicional* e os *efeitos das decisões* (autoridade) parecem ser os mais relevantes para se caracterizar com alguma nitidez a argumentação constitucional produzida pelos Tribunais Constitucionais.

Quanto à competência, o aspecto essencial diz respeito à atribuição aos Tribunais Constitucionais do poder de realizar o controle *em abstrato* da constitucionalidade das normas. A grande maioria dos Tribunais Constitucionais (que seguem em alguma medida o modelo europeu-kelseniano, como Espanha, Itália, Colômbia, Peru, entre vários outros) e das Cortes Supremas (em modelos que conferem o controle de constitucionalidade aos órgãos de cúpula do poder judicial, como Brasil e México) hoje adotam algum mecanismo de fiscalização abstrata da constitucionalidade, e mesmo naqueles que ainda permanecem modelos puros de controle difuso (atualmente, apenas na Argentina e, obviamente, nos Estados Unidos) a *judicial review* é realizada em julgamentos cujos casos configuram apenas um pretexto para se enfrentar as questões constitucionais e formular teses de modo abstrato. Em muitos sistemas (que também adotam em alguma medida o controle difuso) os recursos processuais que levam questões constitucionais às Cortes Supremas estão submetidos a filtros que permitem o julgamento efetivo apenas daqueles que discutem temas com alguma *transcendência* (requisito do recurso de amparo, na Espanha) ou *repercussão geral* (requisito do recurso extraordinário, no Brasil), o que tem sido denominado de *objetivação* dos processos constitucionais subjetivos. A argumentação constitucional que se realiza no exercício do controle em abstrato da constitucionalidade, sem a consideração das circunstâncias fáticas específicas de um caso concreto, assume uma feição completamente distinta daquela que é realizada por juízes e tribunais ordinários, na medida em que atua essencialmente num plano normativo, em um juízo comparativo entre normas (as normas infraconstitucionais em face das normas constitucionais) que tende a resultar num discurso sobre a própria *justificação* em abstrato (e não sobre a aplicação concreta) dessas normas. Utilizando-se, neste ponto e apenas para esta finalidade, a distinção formulada por Klaus Günther entre *discursos de justificação* e *discursos de adequação*[141], pode-se dizer que no controle abstrato da constitucionalidade das normas os Tribunais Constitucionais

---

[141] GÜNTHER, Klaus. *The sense of appropriateness: application discourses in morality and law.* New York: State University of New York; 1993.

CAPÍTULO 3 – ARGUMENTAÇÃO CONSTITUCIONAL

acabam proferindo discursos de justificação das normas (e não discursos de adequação ou de aplicação que caracterizam a atividade judicial ordinária) e por isso sua atividade nesse campo é comumente comparada à de um legislador (negativo ou positivo).

Quanto à eficácia das decisões, ressalta-se que, atualmente, na grande maioria dos sistemas de jurisdição constitucional, especialmente os que adotam o modelo de controle em abstrato da constitucionalidade das leis, as decisões dos Tribunais Constitucionais produzem *efeitos vinculantes* em relação aos órgãos judiciais e administrativos. Nos sistemas de controle difuso puro, as decisões das Cortes Constitucionais são tomadas segundo o princípio do *stare decisis*. A argumentação constitucional destinada a embasar decisões com efeitos *erga omnes* e vinculantes possui um caráter diferenciado em relação àquelas que são produzidas para justificar decisões com eficácia limitada aos casos concretos. O ônus argumentativo é, inegavelmente, muito maior, pois é diretamente proporcional ao *caráter autoritativo* das decisões produzidas. As Cortes Supremas e os Tribunais Constitucionais, além de decidirem na condição de órgãos de cúpula do poder judicial, no primeiro caso, e órgãos políticos máximos, no segundo, assumem uma imensa *carga de justificação* exigida por decisões judiciais que devem ser amplamente observadas e efetivadas, com efeitos conformadores ou modificadores do próprio ordenamento jurídico. Algumas decisões tomadas nesse contexto – muitas delas realizam não apenas interpretação, mas reinterpretação e sobreinterpretação da Constituição – resultam em impactos normativos diretos na ordem jurídica que se equiparam ou até mesmo sobrelevam aqueles produzidos por muitas leis e até mesmo por emendas constitucionais. A projeção da argumentação constitucional desenvolvida nessas decisões pode ter, inclusive, alcance para além do próprio sistema jurídico, com efeitos políticos, culturais e morais em toda comunidade.

A rápida apresentação desses aspectos institucionais, de forma não exaustiva, é suficiente para demonstrar o caráter diferenciado da argumentação constitucional desenvolvida pelos Tribunais Constitucionais. Nesses termos, a referência que comumente se faz (principalmente em sede teórica) à argumentação constitucional pressupõe o seu lócus especial de desenvolvimento, que se encontra nos Tribunais Constitucionais. Como enfatiza Atienza, a argumentação levada a cabo pelos Tribunais Constitucionais pode ser encarada

ARGUMENTAÇÃO CONSTITUCIONAL

como o paradigma da argumentação constitucional[142]. Esse é o parâmetro conceitual que aqui se utiliza.

3.3.2. Objeto e Problemas

A argumentação jurídica comumente se desenvolve com base em premissas ou razões que, primordialmente, são retiradas dos materiais jurídicos institucionalizados (fontes do direito). Essas premissas ou razões podem ser designadas como objetos da argumentação. Por outro lado, toda argumentação é produzida em torno de um problema (teórico, prático, concreto, abstrato, jurídico, moral, político, etc.) que, nesse sentido, também é objeto do discurso argumentativo. A argumentação constitucional gira em torno de problemas constitucionais específicos e utiliza premissas ou razões retiradas da Constituição. Quanto às razões que podem ser tomadas da Constituição, é certo que elas podem assumir, além do caráter jurídico, feições políticas, culturais, morais, econômicas, etc., de modo que a argumentação constitucional, além de jurídica, pode assumir o aspecto de um discurso prático de caráter geral. Os problemas constitucionais podem ser variados. Não obstante, destacam-se aqueles originados da *indeterminação* (ambiguidade, vaguidade) e da *derrotabilidade* das normas constitucionais (principalmente da estrutura complexa e derrotável das normas de direitos fundamentais[143]) e de *defeitos lógicos do sistema normativo constitucional* (lacunas constitucionais – normativas e axiológicas – e conflitos entre normas, especialmente a colisão de direitos fundamentais).

3.3.3. Estruturas ou Métodos

Para lidar com os complexos problemas constitucionais e utilizar de forma adequada os diversos tipos de razões que podem emanar da Constituição, a argumentação constitucional faz uso de métodos especiais, com destaque para a *ponderação* (sem excluir, obviamente, as hipóteses de *subsunção* ou dos

---

[142] Nesse mesmo sentido, vide: ATIENZA, Manuel. Argumentación y Constitución. In: AGUILÓ REGLA, Josep; ATIENZA, Manuel; RUIZ MANERO, Juan. *Fragmentos para una Teoría de la Constitución*. Madrid: Iustel; 2007.

[143] Sobre a estrutura complexa e derrotável das normas de direitos fundamentais, vide: VALE, André Rufino do. *Estrutura das normas de direitos fundamentais*: repensando a distinção entre regras, princípio e valores. São Paulo: Saraiva; 2009.

CAPÍTULO 3 – ARGUMENTAÇÃO CONSTITUCIONAL

raciocínios finalísticos de *adequação*[144]). O método da ponderação não é exclusivo das Cortes Constitucionais, mas nelas adquire uma conformação especial. No controle em abstrato das normas, ou na tomada de decisões com efeitos gerais (nos processos constitucionais "objetivados", como o recurso de amparo espanhol e o recurso extraordinário brasileiro, submetidos a requisitos de transcendência ou de repercussão geral), as ponderações são efetuadas *em abstrato*, sem relação (pelo menos direta) com casos concretos, de forma que se diferenciam nitidamente das ponderações em concreto (vinculadas às peculiaridades fáticas do caso em julgamento) realizadas por juízes e tribunais ordinários.

3.3.4. Enfoques ou Concepções

Os problemas constitucionais, além de variados, podem suscitar diversos contextos ou situações de argumentação. Assim como a argumentação jurídica, a argumentação constitucional pode se desenvolver em diferentes contextos e, desse modo, pode ser apreciada desde diversos enfoques ou concepções. Comumente são identificados três enfoques argumentativos: o lógico, o retórico e o dialético[145]. Utilizamos a distinção que Atienza estabelece entre as concepções *formal, material* e *pragmática*, esta última subdividida em *dialética* e *retórica*. Na jurisdição constitucional, a necessária *justificação interna*[146]das decisões (isto é, a consistência lógica das relações formais entre as premissas e a conclusão do raciocínio) pode cobrar o exercício de argumentação lógica ou formal focada na inferência dedutiva entre a decisão e suas premissas. Mas aqui se trata de uma preocupação inerente a todo raciocínio judicial.

O aspecto diferenciado da argumentação constitucional aparece com maior claridade quando ela é enfocada desde a perspectiva da concepção material e, principalmente, da concepção pragmática. A concepção material, ao invés de se preocupar com os aspectos lógico-formais internos da decisão, está voltada

---

[144] Sobre a subsunção, a ponderação e adequação (raciocínio finalista) como estruturas argumentativas, vide: ATIENZA, Manuel. *El derecho como argumentación*. Barcelona: Ariel; 2006, p. 161 e ss.
[145] Sobre essa forma de distinguir diversos enfoques da argumentação, vide: VEGA REÑÓN, Luis. *Si de argumentar se trata*. Barcelona: Montesinos; 2007.
[146] WRÓBLEWSKI, Jerzy. Legal decision and its justification. In: *Legal reasoning. Proceedings of the World Congress for Legal and Social Philosophy*. Bruxelles: Hubert Hubien; 1971, p. 412.

para a justificação do conteúdo (material, substancial) das próprias premissas da argumentação. Na argumentação constitucional, as premissas ou razões dos argumentos estão representadas por normas (regras e princípios) e valores constitucionais que requerem constante justificação e permanecem inseridos num contexto argumentativo orientado por uma pretensão de correção (material). Na argumentação realizada pelos Tribunais Constitucionais, cujas decisões projetam-se em amplos aspectos da ordem jurídica, social, política, cultural etc., a constante justificação discursiva de normas e valores constitucionais permite a atualização do conteúdo material da própria Constituição, que a cada novo processo interpretativo e argumentativo se torna uma nova Constituição. Na medida em que torna possível a constante atualização da ordem constitucional em sentido material, a argumentação constitucional desenvolvida pelos Tribunais Constitucionais assume uma feição especial.

De todo modo, é o enfoque pragmático – o qual toma como ponto central os efeitos produzidos pela argumentação e leva em conta os comportamentos daqueles que argumentam e as circunstâncias em que a argumentação é produzida – que consegue esclarecer melhor os aspectos distintivos da argumentação constitucional produzida pelos Tribunais Constitucionais. Na perspectiva pragmática, fica realçado todo o contexto institucional em que as práticas argumentativas são desenvolvidas nesses tribunais (estrutura organizativa, ritos procedimentais, comportamentos dos magistrados, efeitos das decisões, relacionamento com o público externo e com os demais poderes, etc.). A concepção pragmática está subdividida em dialética e retórica[147].

Os critérios de correção da argumentação pragmática de tipo dialético não são os esquemas formais de inferência lógica entre premissas e decisão (como ocorre na concepção formal), nem o conteúdo material das premissas e das decisões que elas embasam, mas a observância de certas *regras*

---

[147] Nas páginas seguintes, o termo "pragmática" será utilizado com diferentes significados e, dessa forma, é preciso estar atento para a distinção entre os seguintes sentidos: 1) o enfoque pragmático da argumentação jurídica, cuja concepção se subdivide em dialética e retórica; 2) a concepção pragma-dialética da argumentação formulada por Franz H. Van Eemeren e Rob Grootendorst, cujo programa de investigação engloba o (3) campo pragmático (que visa o aperfeiçoamento das práticas argumentativas) e os campos filosófico, teórico, analítico e empírico. Não se deve confundir também o enfoque pragmático com o aspecto empírico da teoria da argumentação jurídica, que se preocupa com a observação e a descrição empíricas da "realidade" das práticas argumentativas.

CAPÍTULO 3 – ARGUMENTAÇÃO CONSTITUCIONAL

de procedimento, que limitam e condicionam todo o discurso argumentativo. Essas regras podem reger tanto as argumentações que ocorrem de fato, como podem ser concebidas como *regras de um discurso argumentativo ideal*, como as regras do discurso racional. De todo modo, são os elementos institucionais que conformam e limitam a atuação dos Tribunais Constitucionais (competência jurisdicional, ritos procedimentais, formas de deliberação em colegiado, efeitos das decisões, modo de apresentação dos fundamentos das decisões, etc.) que caracterizarão a argumentação constitucional em seu aspecto dialético.

Por outro lado, na argumentação pragmática de tipo retórico não existem regras de procedimento, e essa (a inexistência de regras para o discurso) é uma das características fundamentais do gênero retórico. A argumentação retórica se desenvolve conforme regras técnicas, que fornecem estratégias argumentativas para se alcançar a persuasão ou produzir determinados efeitos sobre o auditório. Na argumentação constitucional produzida pelos Tribunais Constitucionais, os elementos de caráter retórico possuem inegável importância. Os discursos produzidos por um Tribunal Constitucional não estão voltados apenas para o seu interior (o colegiado de magistrados) ou para as partes de um processo judicial, mas exteriorizam-se para toda a comunidade política da qual fazem parte, e é nesse contexto que os elementos retóricos assumem sua importância, ao oferecerem aos tribunais instrumentos de persuasão de seus auditórios (a comunidade política, os poderes legislativo e executivo, etc.) essenciais à legitimidade (aceitabilidade racional) das decisões.

3.4. Programa de Investigação

As teorias da argumentação jurídica normalmente assumem um caráter normativo e analítico e acabam deixando de lado os aspectos empíricos de investigação dos fenômenos argumentativos. Esse é o caso das principais teorias da argumentação jurídica, como a de Robert Alexy, Neil MacCormick, Aleksander Peczenik e Aulis Aarnio, as quais, além de estabelecer seu foco de análise no contexto de justificação das decisões judiciais, são construídas como teorias normativas e analíticas preocupadas unicamente com modelos ou ideais regulativos de um discurso argumentativo racional.

As práticas argumentativas dos Tribunais Constitucionais – as quais, ressalte-se, não se resumem àquelas que acabam sendo reproduzidas nos textos finais das decisões uma vez publicadas e, dessa forma, abrangem todo o processo de deliberação, inclusive o discurso argumentativo entre os magistrados nos órgãos colegiados – somente podem ser apreendidas e estudadas em toda sua complexidade discursiva por uma teoria que seja não apenas normativa e analítica, mas também empírica e pragmática o suficiente para descrever a "realidade" dessas práticas (aspecto empírico) e tentar oferecer aportes teóricos para o seu aperfeiçoamento (aspecto pragmático). Ela deve ao mesmo tempo privilegiar a observação e descrição das práticas argumentativas (aspecto empírico) e a construção teórica de modelos regulativos de um discurso argumentativo ideal que possam dar ensejo à avaliação crítica da qualidade dessas práticas – analisando até que ponto elas cumprem ou se aproximam das regras do discurso ideal (aspecto normativo) – e à formulação de propostas teóricas para o seu melhoramento (aspecto pragmático). Em suma, se essa teoria pretende ter alguma importância prática, ela deve tentar incorporar e unir a "realidade" ou a "facticidade" com o "ideal" ou o "modelo racional" da argumentação.

Nesse sentido, uma teoria que pretenda apreender de forma adequada a realidade (prática) da argumentação constitucional deve adotar um programa interdisciplinar que combine diferentes tipos de análise (normativa, empírica, pragmática etc.). Um programa completo (ou pelo menos que pretenda sê-lo) de investigação pode ser construído com base nos aportes que algumas teorias da argumentação (em geral) podem oferecer. Como na argumentação constitucional sobressaem os aspectos pragmáticos do discurso argumentativo, especialmente os de tipo dialético e retórico, um programa de investigação que dê a devida importância a esses aspectos pode servir melhor a esses propósitos. Entre as teorias da argumentação que levam a sério as faces pragmáticas do discurso argumentativo, talvez a mais importante (e que provavelmente tenha maior profusão nas diversas áreas do conhecimento, tais como a comunicação, a sociologia, a linguística, a antropologia, etc.) seja a *teoria pragma-dialética* construída pelos professores holandeses Franz H. Van Eemeren e Rob Grootendorst[148]. Ela oferece um programa de investigação

---

[148] VAN EEMEREN, Frans H.; GROOTENDORST, Rob. *A Systematic Theory of Argumentation: the pragma-dialectical approach*. Cambridge: Cambridge University Press; 2004.

CAPÍTULO 3 – ARGUMENTAÇÃO CONSTITUCIONAL

que, apesar de formulado para diversos âmbitos da argumentação em geral, parece ser adequado para uma teoria da argumentação jurídica, como defende Eveline T. Feteris[149], e, portanto, pode também servir à teoria da argumentação constitucional. Esse programa está subdividido em cinco grandes campos de estudo do fenômeno da argumentação, que a seguir serão apresentados como aplicáveis à argumentação constitucional.

O campo *filosófico* questiona sobre a *racionalidade* da argumentação, buscando para tanto os aportes das teorias da argumentação (em geral) e da argumentação jurídica (em particular) sobre o que deve ser entendido como um discurso argumentativo racional. Na argumentação constitucional, a ideia de racionalidade parece estar ligada à regulação *procedimental* do discurso argumentativo (aspecto dialético), à observância dessas regras procedimentais e à noção de *aceitabilidade* dos argumentos (pelos auditórios).

O campo *teorético* utiliza como substrato a noção de racionalidade argumentativa construída no campo filosófico para desenvolver, com algum grau de idealização (que parece ser inevitável) um *modelo* teórico de argumentação jurídica. O modelo teórico terá uma finalidade normativa e, dessa forma, servirá como parâmetro abstrato ou *regulativo* do que seja uma argumentação racional, dependendo da ideia de racionalidade da qual se parta (campo filosófico). Na argumentação constitucional, se se adota uma noção de racionalidade procedimental, o modelo teórico deverá ser construído com regras procedimentais do que seria um discurso argumentativo ideal no âmbito dos Tribunais Constitucionais, o qual pode estar guiado não apenas pelo ideal dialético de uma discussão intersubjetiva crítica e construtiva, mas também pelo ideal retórico da persuasão dos auditórios.

O campo *analítico* parte do modelo teórico (construído no campo anterior) para *reconstruir* racionalmente as argumentações desenvolvidas na prática. Assim, a reconstrução analítica de uma realidade argumentativa é feita com a ajuda do modelo teórico. Para tanto, o investigador adotará a perspectiva teórica que lhe interessa ou convém (recorte teórico da realidade) e focará em determinado aspecto da prática argumentativa que lhe sirva como objeto

---

[149] FETERIS, Eveline T. *Fundamentos de la Argumentación Jurídica. Revisión de las Teorías sobre la Justificación de las Decisiones Judiciales.* Trad. de Alberto Supelano. Bogotá: Universidad Externado de Colombia; 2007, pp. 293 e ss.

de estudo, seguindo seu modelo teórico. Neste ponto, é importante ressaltar que não se trata de submeter o modelo teórico a um teste empírico (se ele é ou não adequado para descrever ou para regular a realidade), mas de utilizá--lo com a finalidade de avaliar criticamente a prática argumentativa e, nessa perspectiva, tentar remodelá-la de maneira aproximativa a seu ideal regulativo. No âmbito da teoria da argumentação constitucional, a reconstrução analítica das práticas argumentativas dos Tribunais Constitucionais poderá focar em seus aspectos dialéticos (orientada por um modelo teórico de um regulado discurso racional), tentando encontrar os elementos que a aproximam do ideal de uma discussão crítica e construtiva, ou nos aspectos retóricos (orientada por um modelo de técnicas de persuasão), buscando os elementos que cumprem algum papel no processo de persuasão dos auditórios.

O campo *empírico* procede à investigação e à descrição empíricas de uma realidade argumentativa. A investigação e a descrição empíricas observam um determinado recorte teórico da realidade, concentrando-se nos aspectos relevantes para o campo analítico (reconstrução analítica da realidade), desde a perspectiva do modelo teórico, por sua vez construído com base na noção de racionalidade adotada no campo filosófico. Esse recorte muitas vezes foca nos aspectos da realidade argumentativa que são observados e detectados como causadores de problemas na prática e que, dessa forma, necessitam de aperfeiçoamento. Na argumentação constitucional, esse campo tem relevante papel na descrição empírica das práticas argumentativas dos Tribunais Constitucionais, respondendo a questões pontuais (questionário de investigação empírica) de como determinados aspectos se desenvolvem na realidade, seja na deliberação colegiada ou nos textos finais das decisões. Nessa perspectiva, ela pode ter em vista os elementos dialéticos e retóricos, buscando observar e identificar as estratégias argumentativas ou os esquemas de argumentos (nos discursos orais ou nos textos finais das decisões) e os fatores que de fato produzem a persuasão dos auditórios.

O campo *pragmático* combina os resultados dos outros campos (filosófico, teorético, analítico e empírico) para propor aperfeiçoamentos das práticas argumentativas. As propostas de melhoramento deverão levar em conta, numa perspectiva pragmática, as características institucionais que condicionam, limitam ou orientam determinada prática argumentativa. As questões que aqui são levantadas dizem respeito, por exemplo, aos objetivos institucionais

CAPÍTULO 3 – ARGUMENTAÇÃO CONSTITUCIONAL

de determinada prática. Na argumentação constitucional, as propostas podem tomar a forma de projetos de reforma de determinados institutos, procedimentos ou práticas componentes das características institucionais gerais de um Tribunal Constitucional, e não podem perder de vista sua história e suas funções institucionais.

Esses são os campos que, em conjunto, podem compor um programa de investigação adequado para uma teoria da argumentação constitucional. Como se verá a seguir, ele guiará a presente investigação, focada num aspecto importante (e ainda pouco estudado) da argumentação constitucional: a *deliberação* nos Tribunais Constitucionais.

3.5. Perspectivas Temáticas

Diversos são os temas que podem ser objeto de estudo de uma teoria da argumentação constitucional. Os variados aspectos da jurisdição constitucional (exercida pelos Tribunais Constitucionais), tais como o processo e procedimento, a tipologia e os efeitos das decisões, a realização das sessões de julgamento, podem ser por ela investigados. O diferencial teórico reside no enfoque que ela estabelece desses fenômenos, partindo da perspectiva de uma genuína teoria da argumentação jurídica. Assim, o recorte teórico que ela faz da jurisdição constitucional segue os moldes estabelecidos por uma teoria da argumentação, buscando identificar os elementos dessa realidade que possam ser de interesse para esse enfoque argumentativo.

Entre os diversos aspectos da jurisdição constitucional que podem ser alvo do interesse do teórico da argumentação constitucional, algumas perspectivas temáticas podem ser aqui ressaltadas (apenas em tom de resumo), por serem talvez as mais atuais e oferecerem promissores horizontes de investigação.

O primeiro (e talvez mais conhecido, e também polêmico) tema é o da *ponderação*. Comumente tratada desde a perspectiva da teoria constitucional, especificamente da teoria dos direitos fundamentais, com foco nos problemas hermenêuticos decorrentes da colisão de direitos, a ponderação ainda é pouco apreciada com o olhar teórico da argumentação, ressalvados, obviamente, importantes estudos de conhecidos teóricos da argumentação jurídica (Alexy, Atienza, Aarnio, por exemplo). A ponderação, como método ou estrutura de abordagem argumentativa das diversas premissas ou razões complexamente envolvidas na solução de um problema (prático, jurídico e constitucional), pode ser analisada com maior proveito teórico desde a perspectiva de uma teoria da argumentação jurídica que possa identificar, classificar e sistematizar essas razões conforme o diferenciado papel de podem cumprir no discurso argumentativo. É tarefa primordial de uma teoria da argumentação constitucional, em sua concepção material (que se preocupa com o conteúdo material das premissas da argumentação), reconstruir analiticamente o fenômeno da ponderação na jurisdição constitucional e tentar esclarecer a sua estrutura argumentativa.

Conectado à ponderação está outro tema de inegável interesse e importância para a teoria da argumentação constitucional, que é a argumentação com base em princípios ou, em outros termos, o uso argumentativo da *distinção entre regras e princípios* pelos Tribunais Constitucionais[150]. A distinção teórica entre regras e princípios possui raízes nas práticas argumentativas dos Tribunais, especialmente das Cortes Constitucionais. O uso argumentativo de diferentes tipos de padrões normativos para a solução dos casos concretos é o que justifica a formulação dogmática de conceitos e concepções capazes de explicar os modos de raciocínio jurídico e de assim fornecer bases teóricas que possam ser adequadas para a prática judicial. Neste caso, a simbiose existente entre teoria e prática nasceu por um impulso primário dos modos de interpretação, argumentação e de raciocínio jurídico observados nas decisões judiciais. O recurso argumentativo a certos tipos de padrões normativos constitui uma estratégia de fundamentação/legitimação de técnicas argumentativas (ponderação de direitos, otimização de normas, concordância prática de diretrizes políticas) adotadas para a solução de casos jurídicos complexos. Utilizando-se dos conceitos básicos da teoria da argumentação jurídica, é possível dizer que a relevância prática e teórica da tematização e problematização da distinção entre regras e princípios somente surge num *contexto de justificação* de decisões judiciais (não no processo de tomada de decisão próprio do contexto de descobrimento). A referência argumentativa a padrões normativos conceituados

---

[150] Para abordagens mais aprofundadas sobre esse assunto, vide: VALE, André Rufino do. O uso argumentativo da distinção entre regras e princípios pelos Tribunais Constitucionais ibero-americanos. In: FELLET, André Luiz Fernandes; PAULA, Daniel Giotti de; NOVELINO, Marcelo. *As novas faces do ativismo judicial.* Salvador: Juspodium, 2011.

CAPÍTULO 3 – ARGUMENTAÇÃO CONSTITUCIONAL

como princípios jurídicos não é relevante no contexto da denominada *justificação interna*, que na conhecida conceituação de Wrobléwski[151] consiste na validade da relação lógico-formal entre as premissas da argumentação e a conclusão delas resultante, mas no âmbito da denominada *justificação externa*, pois ela atua no processo argumentativo de escolha e de fundamentação racional das próprias premissas (normas) objeto da argumentação. Nesse sentido, o uso argumentativo dos princípios normalmente tem lugar em contextos de justificação racional de decisões judiciais fundadas em valorações, ante a insuficiência dos padrões normativos oferecidos pelo ordenamento jurídico na forma de regras, seja pela indeterminação semântica dessas normas, pela existência de uma colisão aparentemente insolúvel entre elas, pela ausência completa de norma (lacuna normativa) ou pela necessidade de se afastar no caso concreto a aplicação de uma norma que leve a resultados "injustos". Em suma, a distinção entre regras e princípios situa-se no plano da argumentação jurídica como discurso de justificação externa de decisões judiciais. Desse modo, a distinção entre regras e princípios somente adquire verdadeiro sentido no âmago de um processo argumentativo desenvolvido pelos Tribunais para a solução de casos complexos. Esse é o sentido da distinção entre regras e princípios[152]. Sua concepção está estreitamente vinculada aos usos argumentativos dos Tribunais, principalmente dos Tribunais Constitucionais. Por isso, ela merece ser estudada desde a perspectiva de uma teoria da argumentação constitucional.

Talvez um dos temas mais instigantes da atual teoria do processo constitucional diga respeito às denominadas "sentenças interpretativas" na jurisdição constitucional[153], especialmente aquelas que a doutrina constitucional, amparada na prática da Corte Constitucional italiana, tem denominado de *decisões*

---

[151] WRÓBLEWSKI, Jerzy. Legal decision and its justification. In: *Legal reasoning. Proceedings of the World Congress for Legal and Social Philosophy*. Bruxelles: Hubert Hubien; 1971, p. 412.

[152] Para um estudo mais pormenorizado sobre as diversas perspectivas teóricas sobre essa distinção entre regras e princípios, vide: VALE, André Rufino do. *Estrutura das normas de direitos fundamentais*: repensando a distinção entre regras, princípios e valores. São Paulo: Saraiva; 2009.

[153] DÍAZ REVORIO, Francisco Javier. *Las sentencias interpretativas del Tribunal Constitucional*. Valladolid: Lex Nova; 2001. LÓPEZ BOFILL , Héctor. *Decisiones interpretativas en el control de constitucionalidad de la ley*. Valencia: Tirant lo Blanch; 2004.

manipulativas de efeitos aditivos[154]. Essa espécie de decisão, que se caracteriza (em termos bastante gerais) por adicionar novos sentidos normativos à disposição (texto) objeto de controle de constitucionalidade, tornou-se um instrumento processual utilizado recorrentemente pela maioria dos Tribunais Constitucionais na procura por soluções decisórias alternativas para complexos problemas de normatização defeituosa (omissões legislativas inconstitucionais, por exemplo). Ao conceder aos tribunais poderes praticamente legislativos de reformulação (interpretativa) dos elementos normativos do ordenamento jurídico, essa técnica de decisão suscita difíceis questões relacionadas ao papel dos tribunais nas democracias contemporâneas (especialmente desde a perspectiva do princípio da separação dos poderes), as quais comumente tem sido abordadas teoricamente pelos constitucionalistas, mas ainda não foram devidamente apreciadas pelos teóricos do direito. É inegável que esse mecanismo diferenciado de decisão, pelo amplo poder que concede aos tribunais, deve vir acompanhado de uma robusta justificação, campo que pode ser melhor estudado desde a perspectiva das teorias da argumentação jurídica.

Outro tema que deve receber a atenção de uma teoria da argumentação constitucional diz respeito à *distinção entre questão de fato e questão de direito*, que na maioria dos sistemas de jurisdição constitucional (pelo menos naqueles em que a Corte Constitucional é órgão de cúpula do Poder Judiciário) é tomada como pressuposto para aferição quanto ao cabimento dos recursos constitucionais (recurso extraordinário no Brasil e na Argentina e recurso de amparo no México, por exemplo). É noção comum nesses sistemas que os julgamentos da Corte Constitucional devem ser restritos às questões de direito (constitucionais), ficando proibido o acesso à Corte, pela via recursal, para rediscussão de questões de fato já apreciadas e decididas nas instâncias inferiores. Apesar de sempre ter sido objeto da atenção principal dos processualistas, a distinção

---

[154] Sobre a difusa terminologia utilizada, vide: MORAIS, Carlos Blanco de. *Justiça Constitucional. Tomo II. O contencioso constitucional português entre o modelo misto e a tentação do sistema de reenvio.* Coimbra: Coimbra Editora; 2005, p. 238 e ss. MARTÍN DE LA VEGA, Augusto. *La sentencia constitucional en Italia.* Madrid: Centro de Estudios Políticos y Constitucionales; 2003. DÍAZ REVORIO, Francisco Javier. *Las sentencias interpretativas del Tribunal Constitucional.* Valladolid: Lex Nova; 2001. LÓPEZ BOFILL , Héctor. *Decisiones interpretativas en el control de constitucionalidad de la ley.* Valencia: Tirant lo Blanch; 2004.

CAPÍTULO 3 – ARGUMENTAÇÃO CONSTITUCIONAL

entre *quaestio facti* e *quaestio iuris* poderia ser estudada desde a perspectiva da teoria da argumentação jurídica, especialmente do ramo especializado na *argumentação em matéria de fatos*. Não se pode negar que, essencialmente, o tema envolve não exatamente aspectos do direito processual, mas questões que dizem respeito à fundamentação das decisões judiciais, as quais podem ser abordadas com maior profundidade sob o enfoque das teorias da argumentação jurídica.

Existem, obviamente, outros temas de interesse para a teoria da argumentação constitucional, tais como a *construção discursiva* dos conceitos de "repercussão geral" e de "transcendência" atualmente utilizados como parâmetro de "filtragem" de recursos nos Tribunais Constitucionais, a exemplo do *writ of certiorari* norte-americano. Também assume cada vez mais importância a adoção de um olhar teórico sobre os Tribunais Constitucionais como *foros de encontro dos diversos discursos constitucionais* produzidos num contexto de pluralismo étnico e cultural, com sói ocorrer quando as Cortes são chamadas à resolução de conflitos entre diferentes etnias (principalmente nos países latinoamericanos onde convivem diversas etnias, especialmente de origem indígena, tais como Bolívia, Perú, Colômbia, Brasil, México, etc.) e ao reconhecimento de direitos fundamentais de minorias (religiosas, raciais, de gênero, etc.).

Não há necessidade, porém, de continuar nesse relato das perspectivas temáticas. Chegado neste ponto, no qual os contornos básicos da teoria da argumentação constitucional já foram minimamente definidos, é mais profícuo passar logo à apresentação da *deliberação* nos Tribunais Constitucionais como objeto dos estudos aqui empreendidos sob o enfoque da argumentação constitucional.

CAPÍTULO 4
Tribunais Constitucionais como Instituições Deliberativas

O capítulo anterior deixou consignado que a teoria da argumentação constitucional se ocupa, fundamentalmente, das argumentações jurídicas desenvolvidas pelos Tribunais Constitucionais nos processos de interpretação e aplicação da Constituição. Seu escopo (sob o enfoque pragmático) é o aperfeiçoamento cada vez maior das técnicas argumentativas de justificação das decisões desses tribunais, a fim de torná-las mais consistentes e racionalmente aceitáveis por todos os membros da comunidade.

É importante agora observar, tal como já adiantado em pontos anteriores, que uma teoria como essa pode ter como objeto tanto o raciocínio judicial desenvolvido de forma individual como aquele produzido de forma coletiva no âmbito das Cortes Constitucionais. Os discursos argumentativos desenvolvidos de forma colegiada no interior desses tribunais podem ser caracterizados como uma forma especial de *deliberação*.

Deliberação é uma palavra de raiz latina, originada do termo etimológico *libra*, que remete à unidade de peso, e à balança, de onde foi herdada a metáfora subjacente à ideia de *sopesar* ou de *ponderar* os prós e os contras de uma decisão que deve ser tomada ante uma questão prática. Na tradição grega, a utilização do termo estava associada à *retórica*, como gênero de discurso, assim como ao exercício da prudência, em sentido ético. Atualmente, prevalece um terceiro sentido de deliberação, como gênero de *discurso público*, significado que ganhou importância no âmbito da filosofia política, nos debates sobre a denominada *democracia deliberativa*. Com base nesses sentidos, a deliberação pode ser entendida como uma *forma interativa de argumentação prática*, na qual se ponderam razões de domínio público (compartilhadas além dos domínios profissionais e especiais de argumentação) sobre assuntos de interesse geral e com vistas à tomada de decisão de forma coletiva[155].

Nos Tribunais Constitucionais, a deliberação é caracterizada pelo desenvolvimento intersubjetivo e interativo do discurso argumentativo entre os magistrados, com base em razões de ordem jurídica ou extrajurídica envolvidas na discussão de determinado caso, nos quais sobressaem os aspectos discursivos dialéticos e retóricos, o que ocorre com maior ênfase nas sessões de julgamento dos órgãos colegiados, mas que também pode acontecer em outras diversas ocasiões em que se produza essa interação argumentativa no interior da Corte.

As questões relacionadas às formas, contextos, cenários e procedimentos de deliberação nos Tribunais Constitucionais constituem problema fundamental da jurisdição Constitucional na atualidade e, desse modo, merecem ser foco de atenção especial de uma teoria da argumentação constitucional.

O presente capítulo pretende desenvolver melhor essa perspectiva teórica que encara os Tribunais Constitucionais como instituições deliberativas. Para tanto, visa, num primeiro momento, (1) estabelecer (ou esclarecer) basicamente as relações (intrínsecas) que podem existir entre jurisdição constitucional, democracia deliberativa e argumentação jurídica, no intuito de tentar identificar e definir o papel institucional desses tribunais numa democracia deliberativa. Em seguida, (2) apresenta os principais aspectos institucionais da deliberação nos Tribunais Constitucionais, que estão primordialmente relacionados ao (2.1) ambiente institucional onde se realizam as práticas deliberativas (publicidade ou segredo das deliberações); (2.2) à apresentação institucional dos resultados da deliberação (em texto único – *per curiam* –, ou texto composto – *seriatim*), a qual envolve alguns problemas de relevo como (2.2.1) a publicação das opiniões dissidentes e (2.2.2) a citação de doutrina e jurisprudência estrangeiras; e, finalmente, (2.3) à "deliberação externa" que o Tribunal Constitucional pratica em relação aos demais poderes e à opinião pública.

---

[155] VEGA RENÓN, Luis; OLMOS GÓMEZ, Paula. *Compendio de Lógica, Argumentación y Retórica*. Madrid: Trotta; 2011.

CAPÍTULO 4 – TRIBUNAIS CONSTITUCIONAIS COMO INSTITUIÇÕES DELIBERATIVAS

Como se verá, todos os aspectos aqui tratados servirão de base para as análises dos capítulos posteriores, especialmente para a delimitação dos campos da investigação empírica sobre as práticas deliberativas de alguns Tribunais Constitucionais.

4.1. Tribunais Constitucionais nas Democracias Deliberativas

Os estudos realizados nos capítulos anteriores sugerem algumas ideias importantes no contexto das relações entre jurisdição constitucional, democracia e argumentação jurídica. A primeira delas ressalta a importância que podem ter os discursos jurídicos produzidos pelos Tribunais Constitucionais como fatores essenciais de representatividade ou de legitimidade democrática da jurisdição constitucional por eles exercida. A segunda destaca a crescente demanda por argumentação jurídica nas democracias constitucionais contemporâneas (no contexto do atual constitucionalismo), o que revela uma pretensão cada vez maior de desenvolvimento e aperfeiçoamento das instituições democráticas dos Estados constitucionais segundo os ideais regulativos de uma democracia deliberativa. A terceira deixa entrever que, nessa perspectiva que adota o ideal da democracia deliberativa, os Tribunais Constitucionais devem ser encarados como instituições deliberativas por excelência, cujas práticas argumentativas (que requerem ser analisadas empiricamente) podem funcionar como um "sismógrafo" da legitimidade democrática de suas decisões.

Como se pode perceber, essas ideias partem de premissas que ficaram até aqui pouco esclarecidas e que têm a ver, essencialmente, com o significado da democracia deliberativa (suas exigências regulativas) e sua relação com a jurisdição constitucional e a argumentação jurídica. Os próximos tópicos intentam esclarecer, ainda que de modo um tanto sintético (suficientes para as análises posteriores), quais os ideais regulativos da (teoria da) democracia deliberativa, como eles estão intrinsecamente conectados com a (teoria da) argumentação jurídica, porque eles demandam determinado modelo de jurisdição constitucional para as democracias constitucionais contemporâneas e qual seria o perfil institucional (e suas respectivas características) exigido por esse modelo para a configuração dos tribunais constitucionais.

4.1.1. Democracia Deliberativa, Jurisdição Constitucional e Argumentação Jurídica

A perspectiva que enxerga os tribunais constitucionais como instâncias deliberativas está fundada essencialmente no ideal da democracia deliberativa. A expressão "democracia deliberativa"[156] não parece soar estranho a nenhum jurista, cientista político, filósofo, sociólogo etc. que tenha ou teve alguma vivência acadêmica nos últimos anos ou nas últimas décadas. Uns mais, outros menos, todos parecem ter alguma noção do que ela significa e de sua repercussão para o desenho institucional nas democracias contemporâneas. E isso se deve, basicamente, ao fato de a teoria da democracia deliberativa ter conquistado, nas últimas décadas, quase todos os espaços importantes de discussão acadêmica no âmbito da teoria e da filosofia política, com reflexos evidentes na teoria e na filosofia do direito.

A partir da década de 1980, diversos teóricos da democracia[157] começaram a desenvolver outras perspectivas a respeito dos ideais regulativos que deveriam compor um modelo ideal de democracia, os quais não deveriam mais se basear apenas nas clássicas referências de soberania popular, autogoverno, sufrágio universal e representatividade como modos primordiais de justificação das decisões políticas (democracia representativa), nem poderiam se contentar

[156] A expressão "democracia deliberativa" parece ter sido cunhada originalmente por Joseph R. Bessette no artigo: *"Deliberative Democracy: the majority principle in Republican Government"*, in: GOLDWIN, R., SCHAMBRA, W. A. (eds.), *How Democratic is the Constitution?*, Washington: American Enterprise Institute, 1980. Não obstante, o termo apenas ganharia notoriedade e popularidade a partir do artigo de Joshua Cohen *"Deliberation and Democratic Legitimacy"*, in: HAMLIN, A., PETTIT, P. (eds.), *The Good Polity: normative analysis of the State*, Oxford: Blackwell, 1989. Sobre a história do termo, vide também: MARTÍ, José Luis. *La República Deliberativa: una teoría de la democracia.* Madrid: Marcial Pons; 2006, p. 14.

[157] Entre os principais pensadores que abordaram o tema na década de 1980, podem-se citar os nomes de Joshua Cohen, Cass Sustein, Jon Elster, Bernard Manin, Jane Mansbridge, Frank Michelman e Bruce Ackerman. COHEN, Joshua. *An epistemic conception of democracy.* In: Ethics, vol. 97, n. 1, 1986, pp. 26-38. Idem. *Deliberation and Democratic Legitimacy"*, in: HAMLIN, A., PETTIT, P. (eds.), *The Good Polity: normative analysis of the State*, Oxford: Blackwell, 1989, pp. 17-34. SUSTEIN, Cass. *Interest groups in American Public Law.* In: Stanford Law Review, vol. 38, 1985, pp. 29-87. Idem. *Beyond the Republic revival.* In: Yale Law Journal, vol. 97, 1988, pp. 1539-1590. ELSTER, Jon. The market and the forum: three varieties of political theory. In: ELSTER, Jon; HYLLAND, A (eds.). *Foundations of Social Choice Theory.* Cambridge: Cambridge University Press; 1986, pp. 103-132. MANIN, Bernard. *On legitimacy and political deliberation.* In: Political Theory, vol. 15, n. 3, 1987, pp. 338-368. ACKERMAN, Bruce. *Why dialogue?* In: Journal of Philosophy, vol. 86, n. 1, 1989, pp. 5-22. MICHELMAN, Frank. *Law's Republic.* In: Yale Law Journal, vol. 97, n. 1, 1988, pp. 1493-1537.

CAPÍTULO 4 – TRIBUNAIS CONSTITUCIONAIS COMO INSTITUIÇÕES DELIBERATIVAS

com os então renovados enfoques que defendiam a institucionalização de mecanismos de participação popular direta nos processos de tomada de decisão (democracia participativa). Baseados, em grande parte, em robustos arcabouços filosóficos influenciados principalmente pela teoria do discurso de Habermas, levaram a cabo o que posteriormente ficou marcado como "giro argumentativo" ou "giro discursivo" (*discursive turn*) na teoria democrática, e que consistia, basicamente, em estabelecer a *deliberação pública* como fundamento primordial de legitimidade das decisões políticas. A democracia deliberativa nasceu, dessa forma, como um modelo de justificação e de legitimação das decisões políticas, baseado fundamentalmente na exigência de deliberação (discurso ou argumentação racional) prévia para toda tomada coletiva de decisão.

O que na década de 1980 parecia apenas uma nova ideia e um renovado enfoque teórico acabou se transformando, na década de 1990, num impressionante sucesso de difusão acadêmica que fez da democracia deliberativa objeto onipresente em praticamente todas as discussões relevantes em tema de teoria democrática[158]. Diversas perspectivas teóricas a respeito do que seria a democracia deliberativa (seus contornos conceituais, fundamentos filosóficos, ideais regulativos, perspectivas de aplicação prática etc.) foram rigorosamente desenvolvidas[159] e, atualmente (sobretudo a partir da década

---

[158] Diversas obras coletivas reúnem os mais importantes autores e as diversas perspectivas de enfoque sobre a democracia deliberativa. Entre as principais, citem-se as seguintes: BOHMAN, James; REHG, William (eds.). *Deliberative Democracy: essays on reason and politics.* Cambridge: MIT; 1997. ELSTER, Jon (comp.). *La democracia deliberativa.* Trad. José María Lebron. Barcelona: Gedisa; 2000. FISHKIN, James S.; LASLETT, Peter (eds.). *Debating Deliberative Democracy.* Oxford: Blackwell; 2003. HONGJU KOH, Harold; SLYE, Ronald(comp.). Democracia deliberativa y derechos humanos. Trad. Paola Bergallo y Marcelo Alegre. Barcelona: Gedisa; 2004. MACEDO, Stephen (ed.). *Deliberative politics. Essays on Democracy and Disagreement.* Oxford: Oxford University Press; 1999.

[159] Entre os principais autores que desenvolveram a teoria da democracia deliberativa na década de 1990, citem-se, entre outros, os nomes de James Bohman, Thomas Christiano, Philip Pettit, Joshua Cohen, John Dryzek, James Fishkin, Amy Gutmann, Dennis Thompson, Bernard Manin, Jane Mansbridge, Cass Sustein, Frank Michelman, Iris Marion Young. BOHMAN, James. *The coming of age of deliberative democracy.* In: The Journal of Political Philosophy, vol. 6, n. 4, 1998, pp. 400-425. PETTIT, Philip. Deliberative Democracy, the discursive dilemma, and Republican Theory. In: FISHKIN, James S.; LASLETT, Peter (eds.). *Debating Deliberative Democracy.* Oxford: Blackwell; 2003, pp. 138-162. DRYZEK, John S. *Deliberative Democracy and Beyond: liberals critics, contestations.* Oxford: Oxford University Press; 2002. GUTMANN,

ARGUMENTAÇÃO CONSTITUCIONAL

de 2000) os principais estudos e debates giram em torno de mecanismos institucionais possíveis para tornar praticamente viável a realização das exigências normativas estabelecidas pelas teorias da democracia deliberativa[160]. Apesar de terem se desenvolvido por diversos caminhos e adotado perspectivas muitas vezes opostas e críticas entre si, todas parecem partir de uma ideia básica, segundo a qual uma democracia plena deve ser fundada na possibilidade de que as decisões políticas possam ser o resultado de um processo público e transparente de deliberação que envolva a participação argumentativa, comprometida com os ideais de igualdade, imparcialidade e racionalidade, de todos os possíveis interessados e afetados. Em suma, todas concordam que há um núcleo conceitual de democracia deliberativa que exige: (1) a tomada coletiva de decisões com a participação, direta ou por meio de representantes, de todos que possam ser afetados pela decisão (esta é a parte democrática), (2) por meio de um processo de deliberação pública guiado pelo ideal do discurso ou da argumentação racional (esta é a parte deliberativa)[161].

Assim, em um esforço de síntese, se for possível reduzir os ideais regulativos da democracia deliberativa a uma única ideia central e básica – se a

Amy; THOMPSON, Dennis. *Democracy and Disagreement*. New York: Harvard College; 1996. Idem. *Why Deliberative Democracy?* Princeton: Princeton University Press; 2004. YOUNG, Iris Marion. Communication and the other: beyond deliberative democracy. In: BENHABIB, S. (ed.). *Democracy and difference: contesting the boundaries of the political*. Princeton: Princeton University Press; 1996, pp. 120-136.

[160] Entre outros, vide: FISHKIN, James. *When the people speak. Deliberative democracy and public consultation*. Oxford: Oxford University Press; 2009. STEINER, Jürg. *The foundations of deliberative democracy. Empirical research and normative implications*. Cambridge: Cambridge University Press; 2012. GASTIL, John; LEVINE, Peter (eds.). *The deliberative democracy handbook. Strategies for effective civic engagement in the 21st century*. San Francisco: Jossey-Bass; 2005. NABATCHI, Tina; GASTIL, John; WEIKSNER, G. Michael; LEIGHNINGER, Matt (eds.). *Democracy in motion: evaluating the practice and impact of deliberative civic engagement*. Oxford: Oxford University Press; 2012.

[161] Faz-se aqui praticamente uma paráfrase das considerações feitas por Jon Elster na introdução à obra "La Democracia Deliberativa": "En todas ellas existe un sólido núcleo de fenómenos que se consideran como democracia deliberativa. Todas concuerdan, creo, que el concepto incluye la toma colectiva de decisiones con la participación de todos los que han de ser afectados por la decisión o por sus representantes: esta es la parte democrática. Todas, asimismo, concuerdan en que incluye la toma de decisiones por medio de argumentos ofrecidos por y para los participantes que están comprometidos con los valores de racionalidad e imparcialidad: esta es la parte deliberativa". ELSTER, Jon (comp.). *La democracia deliberativa*. Trad. José María Lebron. Barcelona: Gedisa; 2000.

CAPÍTULO 4 – TRIBUNAIS CONSTITUCIONAIS COMO INSTITUIÇÕES DELIBERATIVAS

intenção é fugir das discussões no âmbito das teorias da democracia deliberativa em suas diversas vertentes e perspectivas de abordagem –, esta ideia
seria a de que, numa democracia ideal, todo ato de poder deve estar justificado
não apenas por sua origem direta ou indireta (representação) na soberania
popular, mas também por ser fruto de um debate público guiado pelo ideal
da argumentação racional. O núcleo conceitual da democracia deliberativa,
portanto, encontra-se na noção de *discurso* ou de *argumentação racional*, e por
isso a teoria da democracia deliberativa depende de uma teoria ou de uma
filosofia do discurso. Joshua Cohen construiu uma série de regras, posteriormente utilizadas por Habermas, que em seu conjunto conformam um procedimento ideal (um ideal regulativo) de deliberação e tomada de decisões que
deveria servir de modelo e ser incorporado, na maior medida possível, pelas
instituições políticas[162]. As regras são as seguintes:

1. As deliberações devem ser produzidas em forma argumentativa, pelo
   regulado intercâmbio de informações e razões entre as partes, que
   realizam as propostas e as submetem a críticas;
2. As deliberações devem ser "inclusivas" e públicas, de modo que, em
   princípio, ninguém seja excluído e todos que possam ser afetados pelas
   decisões tenham as mesmas oportunidades de acesso e participação;
3. As deliberações devem estar imunes a coerções externas, de forma que
   os participantes sejam soberanos, na medida em que somente estejam
   vinculados aos pressupostos comunicativos e regras procedimentais
   da argumentação;
4. As deliberações devem ser isentas de coerções internas que possam
   restringir a igual posição dos participantes, o que pressupõe que todos
   tenham as mesmas oportunidades de ser escutados, de introduzir
   temas, de fazer contribuições e propostas e de criticá-las;
5. As deliberações devem ser dirigidas a alcançar um acordo racionalmente motivado e devem poder, em princípio, prosseguir ilimitadamente e ser retomadas em qualquer momento. De todo modo,

---

[162] COHEN, Joshua. *Deliberation and Democratic Legitimacy*. In: HAMLIN, A., PETTIT, P.
(eds.), *The Good Polity: normative analysis of the State*, Oxford: Blackwell, 1989. HABERMAS,
Jürgen. *Facticidad y validez. Sobre el derecho y el Estado democrático de derecho en términos de teoría
del discurso*. 2ª Ed. Madrid: Editorial Trotta; 2000, p. 381.

as deliberações devem ser terminadas, mediante acordo majoritário (aplicando-se a regra da maioria), quando as circunstâncias obrigam a tomar uma decisão.

A deliberação converte-se assim em fonte essencial da legitimidade de toda a emanação do poder numa democracia constitucional. E, chegando-se a este ponto de análise, após todo o percurso delineado através dos capítulos anteriores, não parece mais nenhuma novidade afirmar que esse fundamento de legitimidade envolve não apenas os atos essencialmente políticos originados dos poderes ditos majoritários ou de representação popular (Poderes Executivo e Legislativo), mas também as decisões (jurídicas e políticas) dos Tribunais Constitucionais. Levando-se em conta o caráter diferenciado da representatividade democrática desses tribunais (como analisado no capítulo 2), de tipo "argumentativo" ou "discursivo", a exigência de deliberação racional torna-se fundamento essencial da legitimação democrática dos atos da jurisdição constitucional. Democracia deliberativa e jurisdição constitucional ficam assim conectadas conceitualmente, e passam a exigir, para o tratamento teórico dos atos dos Tribunais Constitucionais, uma teoria da argumentação jurídica.

4.1.2. O Papel Institucional dos Tribunais Constitucionais em Democracias Deliberativas

As análises até aqui empreendidas levam a concluir que, no contexto da democracia deliberativa, os Tribunais Constitucionais, ao lado dos parlamentos, podem ser considerados como *instituições deliberativas* por excelência. A principal distinção em relação aos parlamentos reside no fato de que sua autoridade e legitimidade não são sustentadas pela representatividade política, mas pela argumentação que embasa suas decisões. Essa argumentação não está associada apenas – como se costuma pensar – à fundamentação que vem expressada nos textos finais das decisões, uma vez publicadas na imprensa oficial. A argumentação de tipo deliberativo, aquela que se desenvolve de forma discursiva e interativa entre os magistrados nas sessões colegiadas, também constitui um fator crucial de legitimação dos poderes exercidos pelas Cortes Constitucionais.

CAPÍTULO 4 – TRIBUNAIS CONSTITUCIONAIS COMO INSTITUIÇÕES DELIBERATIVAS

Na obra *Political Liberalism*, John Rawls descreve as Cortes Constitucionais como exemplos de instituições deliberativas, foros nos quais se debate e se decide com base em *razões públicas*[163]. É certo, porém, que essa caracterização dos Tribunais Constitucionais como "foros da razão pública" deve ser entendida em um sentido mais pragmático do que a ideia regulativa desenvolvida pelo conceito rawlsiano (vide Capítulo 7). Apesar de não poder ser levada às suas últimas consequências, a ideia de Rawls ressalta ao menos um aspecto importante, que é o de que os Tribunais Constitucionais podem atualmente ser configurados institucionalmente como instâncias legítimas de deliberação pública, que são chamadas a decidir sobre questões de interesse público altamente controvertidas nas sociedades contemporâneas.

Essa visão a respeito da atuação institucional das Cortes Constitucionais tem sido bastante difundida a partir dos debates em torno da democracia deliberativa. Pode-se afirmar que, atualmente, ela não representa nenhuma novidade[164], e as questões cruciais parecem estar hoje mais vinculadas ao desempenho (possibilidades e limites) desse papel institucional (deliberativo) num contexto que leva a sério a presença dos demais órgãos constitucionais (especialmente os parlamentos) como instâncias igualmente legítimas de deliberação. A produção teórica em torno do status deliberativo das Cortes Constitucionais nas atuais democracias constitucionais (deliberativas) tem sido relevante[165] e – considerando-se desnecessário o envolvimento mais pormenorizado sobre as questões e os temas nela tratados, os quais acabam revolvendo o enorme debate sobre as relações entre jurisdição constitucional e democracia – deve-se ressaltar que elas hoje oferecem algumas conclusões

---

[163] RAWLS, John. *El liberalismo político*. Trad. Antoni Domènech. Barcelona: Crítica; 2006.

[164] Diversos são os autores que já adotaram essa perspectiva a respeito dos Tribunais Constitucionais como instâncias de deliberação. Sobre o tema, por exemplo, Mark Van Hoecke defende que a legitimidade da *judicial review* deve ser baseada em uma "deliberação comunicativa". VAN HOECKE, Mark. *Judicial Review and Deliberative Democracy: a circular model of law creation and legitimation*. Ratio Juris, Vol. 14, n° 4, dec. 2001, p. 420. Na realidade ibero-americana, o professor peruano Pedro Grández ressalta, em um texto interessante, que através de seus discursos e de sua argumentação jurídica, "el Tribunal conecta su razón de ser con la razón de ser de la propia democracia como espacio de deliberación pública racional". GRÁNDEZ CASTRO, Pedro. *Tribunal Constitucional y argumentación jurídica*. Lima: Palestra; 2010, p. 15.

[165] Entre outros, vide: ZURN, Christopher F. *Deliberative Democracy and the Institutions of Judicial Review*. New York: Cambridge University Press; 2007. MENDES, Conrado Hübner. *Constitutional Courts and Deliberative Democracy*. Oxford: Oxford University Press; 2014.

ARGUMENTAÇÃO CONSTITUCIONAL

que merecem ser levadas em conta. A principal delas acaba por repensar e redefinir uma visão bastante arraigada sobre o papel institucional dos Tribunais Constitucionais nas democracias contemporâneas, que os enxergam como detentores da "última palavra" sobre a interpretação da Constituição.

Conforme um número crescente de especialistas sobre o assunto, a consideração do perfil deliberativo dos Tribunais Constitucionais colocaria em xeque a concepção que entende esses tribunais como "intérpretes supremos" da Constituição, ou pelo menos requereria que tal concepção fosse apreciada com todo cuidado. Os ideais regulativos da democracia deliberativa exigiriam não exatamente uma instituição encarregada da "última" interpretação constitucional, o que a inseriria numa posição privilegiada no quadro da estrutura organizacional e funcional dos poderes. Numa democracia deliberativa, a "última palavra" simplesmente não deveria existir, abrindo espaço para a ideia de "diálogo" interinstitucional, que permitiria uma relação mais horizontal, equitativa e harmônica entre todos os órgãos constitucionais, igualmente encarregados da tarefa de interpretar a Constituição. Nesse sentido, a ideia de diálogo institucional serviria melhor para justificar e assim legitimar democraticamente o exercício da jurisdição constitucional. Ao deliberar e decidir sobre questões constitucionais controvertidas nas democracias contemporâneas, as Cortes Constitucionais definiriam a interpretação prevalecente em termos jurídicos e autoritativos em relação a todos os órgãos constitucionais. Sem embargo, ao assim proceder, estariam apenas a colocar um "ponto final provisório" na resolução política dessas questões, permanecendo abertas à constante possibilidade de que os demais órgãos constitucionais desencadeiem processos de (re)interpretação da Constituição que possam culminar em soluções diversas e igualmente legítimas para as mesmas questões. Todas essas noções certamente estão guiadas por ideais regulativos que exigem uma constante relação de interação deliberativa e harmonia interinstitucional entre os órgãos constitucionais.

Não obstante, apesar de estabelecerem (normativamente) os marcos institucionais das Cortes Constitucionais em democracias deliberativas[166], essas

---

[166] Uma teoria normativa construída a partir dos ideais da deliberação política e que visa estabelecer parâmetros institucionais para a "performance deliberativa" (*deliberative performance*) das Cortes Constitucionais pode ser encontrada em: MENDES, Conrado Hübner. *Constitutional Courts and Deliberative Democracy*. Oxford: Oxford University Press; 2014. Segundo Conrado

CAPÍTULO 4 – TRIBUNAIS CONSTITUCIONAIS COMO INSTITUIÇÕES DELIBERATIVAS

teorias acabam deixando de lado perspectivas mais pragmáticas sobre as reais características institucionais da deliberação nos tribunais. Se os problemas que surgem da relação entre jurisdição constitucional e democracia são hoje muito mais empíricos e contextuais do que normativos e universais – como analisado no primeiro capítulo –, então é preciso concluir que uma abordagem sobre o perfil deliberativo dos Tribunais Constitucionais nas democracias contemporâneas não pode prescindir de uma análise mais pragmática e empírica a respeito das práticas deliberativas desses tribunais nos diversos contextos institucionais em que se desenvolvem.

Os tópicos seguintes estão destinados a traçar um panorama geral sobre os principais aspectos institucionais da deliberação praticada pelos Tribunais Constitucionais em diferentes países. Com isso, serão fixadas as bases para a análise empírica que na segunda parte do trabalho será realizada com foco específico em modelos bastante díspares de deliberação, os quais podem ser observados nos tribunais da Espanha e do Brasil.

4.2. Aspectos Institucionais da Deliberação nos Tribunais Constitucionais

São raríssimas as obras jurídicas que tratam dos aspectos institucionais da deliberação nos Tribunais Constitucionais[167]. Nenhuma delas, ressalte-se, traça um panorama geral com classificações e distinções das características das práticas deliberativas que tenha alcançado alguma difusão mais ou menos ampla na doutrina. A partir de aspectos distintos ressaltados em diversos trabalhos que tocaram o tema (ainda que de forma indireta), é possível

---

Mendes, a contestação pública (*public contestation*), o engajamento colegiado (*colegial engagement*) e a decisão deliberativa escrita (*deliberative written decision*) seriam os respectivos ideais regulativos de três distintas fases (pré-decisional, decisional e pós-decisional) da deliberação nas Cortes Constitucionais. Apesar do autor considerá-la como uma "middle-level normative theory", suas teses são, essencialmente, normativas, pretensamente válidas, como o próprio autor deixa claro, para toda e qualquer Corte Constitucional, as quais, apesar de funcionarem em diferentes tradições jurídicas e em peculiares circunstâncias políticas, compartilhariam, segundo o autor, um mínimo denominador comum que poderia suscitar questões teóricas similares e possibilitar a formulação de ideais regulativos de validade universal.

[167] Entre algumas que avançaram nesse tema, vide: LASSER, Mitchel. *Judicial Deliberations. A comparative analysis of judicial transparency and legitimacy*. Oxford: Oxford University Press; 2004.

ARGUMENTAÇÃO CONSTITUCIONAL

identificar alguns caracteres distintivos que podem justificar as seguintes linhas de abordagem a respeito das práticas deliberativas das Cortes Constitucionais, as quais poderão servir de lastro para as análises empíricas objeto da Parte 2 deste livro.

4.2.1. Os Ambientes Institucionais das Práticas Deliberativas

A primeira linha de abordagem adota um ponto de vista que enxerga o lugar (*locus*) da deliberação, dando ênfase para o *ambiente institucional* onde se desenvolvem as práticas deliberativas. De acordo com esse enfoque, a deliberação seguiria dois modelos básicos e distintos: (1) o modelo de deliberação *fechada* ou *secreta* e (2) o modelo de deliberação *aberta* ou *pública*.

4.2.1.1. Modelos de Deliberação Fechada ou Secreta

O modelo de deliberação fechada ou secreta corresponde à prática da maioria dos órgãos judiciais colegiados europeus (França, Alemanha, Itália, Espanha, Portugal, entre outros), onde os juízes analisam, refletem e discutem em conjunto os casos que lhes são submetidos em ambientes internos fechados, sem a presença tanto do público em geral como das partes e de seus respectivos advogados, e em regime de total segredo em relação ao seu exterior. A deliberação normalmente ocorre numa sala especial no interior do edifício sede do tribunal, que permanece a "portas fechadas" durante todo o julgamento, e na qual os magistrados comumente sentam-se "frente a frente" ou "face a face" para debater sobre os diversos temas, mantendo sempre o compromisso de guardar segredo sobre tudo o que ali se fala e se escuta[168].

Em linhas gerais, portanto, o modelo se caracteriza por dois requisitos básicos: 1) a deliberação entre os magistrados deve ocorrer apenas no interior do tribunal, sem a presença do público ou mesmo das partes e de seus advogados; 2) os debates entre os magistrados ocorridos nas sessões de julgamento ou em outros momentos de deliberação interna devem ser guardados em segredo absoluto.

Como todo desenho institucional, o ambiente das deliberações não está assim definido de modo aleatório, e tem como objetivo primordial o

---

[168] Não raro, porém, as práticas deliberativas também se desenvolvem em outros espaços internos do tribunal, sempre vedado qualquer contato com o público externo.

CAPÍTULO 4 – TRIBUNAIS CONSTITUCIONAIS COMO INSTITUIÇÕES DELIBERATIVAS

de assegurar, basicamente, duas garantias consideradas fundamentais pelos sistemas jurídicos que o adotam: 1) a *independência* dos magistrados; e a (2) *autoridade* do órgão judicial e de suas respectivas decisões. O espaço reservado para as deliberações é intencionalmente fechado ao público externo com o intuito de proporcionar aos magistrados um ambiente onde o debate possa se desenvolver, na maior medida possível, de forma aberta e livre de pressões externas. Parte-se do pressuposto de que em espaços fechados, longe dos olhares do público, cada membro do colegiado pode se sentir mais a vontade para refletir e alcançar sua convicção pessoal, imune às pressões políticas de qualquer tipo, e assim pode produzir dialogicamente argumentos mais sinceros e pretensamente corretos. Por isso, a garantia da *independência* e da *livre expressão* dos magistrados é vista como uma importante justificativa para esse modelo. Além disso, o resguardo do segredo de tudo o que ocorre nos momentos deliberativos internos, preservando-se no interior do colegiado as divergências entre seus membros, tem o intuito de cultivar posicionamentos unívocos que podem passar ao público externo uma imagem mais fidedigna de certeza e de correção da decisão, criando uma aura de segurança jurídica, fundamento da autoridade judicial. Acredita-se, desse modo, que a revelação pública dos debates (que, naturalmente, algumas vezes podem ser calorosos) e das divergências internas pode se tornar um difícil obstáculo à pretensão de certeza, de correção e, enfim, de autoridade das decisões e da própria instituição judicial.

Foi em razão dessas duas garantias que o modelo fechado ou secreto surgiu e se desenvolveu historicamente. Especialmente no contexto histórico francês, por exemplo, o segredo das deliberações desenvolveu-se (especialmente no contexto político dos regimes absolutistas) como um princípio de proteção do juiz contra interferências externas no exercício de sua atividade judicante[169]. Há, inclusive, o relato de decretos reais dos anos de 1344, 1446 e 1453 impondo aos juízes o dever de guardar segredo sobre tudo o que se passava nas deliberações e prescrevendo penalidades para o seu descumprimento[170].

---

[169] LOMBARDI, Giorgio. *Pubblicità e segretezza nelle deliberazioni della Corte costituzionale*. In: Revista Trimestrale di Diritto e Procedura Civile, Anno XIX, Milano, Giuffrè, 1965, PP. 1.146-1.158.

[170] Cfr.: NADELMANN, Kurt. H. *The judicial dissent: publication vs. secrecy*. In: The American Journal of Comparative Law, vol. 8, 1959, p. 422. Nadelmann informa que, na França, o

ARGUMENTAÇÃO CONSTITUCIONAL

Após a revolução francesa, e em consequência de uma crescente descon-fiança da população em relação aos juízes e tribunais (o conhecido medo de um "governo dos juízes" conjugado com a plena confiança na soberania do povo exercida através do parlamento), chegou-se a determinar (por lei de 1791, e posteriormente pela Constituição de junho de 1793) a realização de julgamentos públicos em todos os tribunais, mas a mudança, segundo rela-tos contemporâneos, teria produzido cenas "indignas", o que justificou (no ano de 1795, pela Constituição do Ano III) o retorno à regra do segredo das deliberações, que se mantém vigente e é amplamente respeitada por todos os órgãos judiciais franceses até os dias de hoje[171].

Em suas origens, o modelo também parece ter sofrido alguma influên-cia das práticas de julgamento aplicadas no processo canônico pela Igreja Católica[172], e desse modo o segredo das deliberações esteve mais associado à garantia da autoridade da instituição decisória e de seus respectivos pro-nunciamentos – que no caso do processo canônico deveriam guardar uma imagem de completa verdade e de inteira justeza – a qual poderia restar de algum modo comprometida se fosse possível ao público conhecer as supostas divergências internas sobre as possibilidades interpretativas dos textos legais (ou dos textos sagrados, no processo canônico). Na Espanha, por exemplo, logo após a instituição da Inquisição, os Reis Católicos Fernando e Isabela, por meio das Ordenanças de Medina de 1489, determinaram que nos julgamentos dos tribunais os votos de cada um de seus membros fossem guardados e man-tidos em absoluto segredo numa caixa especial, o que parece demonstrar que naquela época as práticas de deliberação e julgamento, tanto dos tribunais religiosos como dos seculares, se formaram num mesmo contexto político e

primeiro decreto impondo aos juízes o dever de guardar segredo sobre tudo o que acontecia durante as deliberações dos tribunais foi o de número 1344, de Felipe VI. Decretos posteriores, de 1446 e 1453, previram penalidades no caso de violação desse dever.

[171] NADELMANN, Kurt. H. *The judicial dissent: publication vs. secrecy.* In: The American Journal of Comparative Law, vol. 8, 1959. LÈCUYER, Yannick. *Le secret du délibéré, les opinions séparées et la transparence.* In: Revue Trimestrielle des Droits de L'Homme, Nemesis-Bruylant, n. 57, janvier 2004, pp. 197-223.

[172] Cfr.: NADELMANN, Kurt. H. *The judicial dissent: publication vs. secrecy.* In: The American Journal of Comparative Law, vol. 8, 1959. Importante observar que, atualmente, o Código Canônico também determina que tudo o que se passa no momento das deliberações seja mantido em segredo, e os votos de cada julgador não podem ser revelados sequer para as instâncias superiores.

CAPÍTULO 4 – TRIBUNAIS CONSTITUCIONAIS COMO INSTITUIÇÕES DELIBERATIVAS

institucional e acabaram se influenciando reciprocamente. Essa influência das práticas do procedimento canônico também parece ter ocorrido com bastante intensidade na cultura judicial francesa, a qual, nesse aspecto, segundo especialistas no tema[173], não teria sofrido grandes alterações mesmo no curso do processo de secularização e consequente construção das instituições políticas e jurídicas com forte fundamento nos princípios da laicidade e da separação marcante entre Igreja e Estado, no final do século XVIII. A regra do segredo das deliberações, que proibia qualquer exteriorização de dissidências internas às instituições judiciais, visando assegurar um caráter de mistério aos julgamentos e de verdade de seus pronunciamentos, permaneceu assim muito incrustada nos costumes e práticas dos juízes franceses através dos períodos pré-revolucionário e pós-revolucionário. A diferença foi a de que, após a revolução, a ideia predominante passou a ser a de que a decisão judicial deveria ser a expressão não mais de uma "vontade de Deus" ou de uma "vontade do Monarca", mas sim da "vontade geral", da soberania popular, exercida por meio de seus representantes[174]. Assim, mesmo ante a evolução de distintas concepções quanto ao fundamento de autoridade das decisões judiciais, a ideia praticamente permaneceu a mesma, no sentido de que é por meio da regra do segredo das deliberações que essa autoridade pode ser melhor resguardada.

O fato é que, nesse longo processo histórico em que foi sendo aos poucos cultivado pelas práticas deliberativas e enraizado na cultura judicial, o modelo de deliberação fechada ou secreta acabou se transformando em verdadeiro dogma entre os juristas europeus, que, naturalmente, não poderia deixar de influenciar a construção institucional dos procedimentos de julgamento das Cortes Constitucionais europeias, no decorrer do século XX.

Na Itália, os procedimentos adotados pela Corte Constitucional, quando de sua criação (Legge n. 87, 11 de marzo 1953, art. 15 e 16), absorveram integralmente a regra do segredo das deliberações, que na época era válida e amplamente aplicada nos processos civil e penal (Código de Processo Civil de 1942, art. 276, e Código de Processo Penal de 1930, art. 473) e correspondia

---

[173] Cfr.: LÈCUYER, Yannick. *Le secret du délibéré, les opinions separées et la transparence*. In: Revue Trimestrielle des Droits de L'Homme, Nemesis-Bruylant, n. 57, janvier 2004, pp. 200-201.

[174] LÈCUYER, Yannick. *Le secret du délibéré, les opinions separées et la transparence*. In: Revue Trimestrielle des Droits de L'Homme, Nemesis-Bruylant, n. 57, janvier 2004, pp. 200-201.

ARGUMENTAÇÃO CONSTITUCIONAL

à tradição judicial italiana[175]. Como Piero Calamandrei chegou a afirmar no início da década de 1950, o *"segreto della camera di consiglio"* é *"inviolabile come un dogma"*[176]. Até os dias atuais, a regra sempre foi observada rigorosamente. Os juízes da *Corte Costituzionale* ordinariamente se reúnem para deliberar sobre os diversos casos na denominada *"camara di consiglio"*, que permanece "a portas fechadas" (*'a porte chiuse"*) durante todo o período de julgamento, proibido o acesso do público, das partes e dos advogados. Alguns casos podem ser submetidos a uma *"udienza pubblica"*, a qual é realizada apenas para que os juízes possam escutar os argumentos dos advogados, e assim não substitui o momento de deliberação absolutamente secreta na *"camara di consiglio"*[177].

Na Alemanha, a manutenção do segredo das deliberações é costumeira-mente considerada como um dever profissional dos juízes[178], e assim também é praticada nos julgamentos do *Bundesverfassungsgericht* (Tribunal Federal Constitucional), por expressa disposição contida na Lei Orgânica do Tribunal Constitucional (art. 30). Os juízes da Corte Constitucional alemã também podem realizar audiências públicas, as quais se restringem, porém, à oitiva

---

[175] NADELMANN, Kurt. H. *The judicial dissent: publication vs. secrecy.* In: The American Journal of Comparative Law, vol. 8, 1959, p. 424. LOMBARDI, Giorgio. *Pubblicità e segretezza nelle deliberazioni della Corte costituzionale.* In: Revista Trimestrale di Diritto e Procedura Civile, Anno XIX, Milano, Giuffrè, 1965, PP. 1.146-1.158.

[176] As considerações de Piero Calamandrei são dignas de nota (trad. livre): "O problema da colegialidade tem estreita relação com o da publicidade ou segredo da deliberação. Na Itália, a publicidade é uma garantia fundamental do processo na fase de audiência, mas a discussão da sentença, tanto civil como penal, é secreta. Ao final da audiência, os juízes se levantam e desaparecem pela pequena porta dos fundos, depois que o Presidente pronuncia a fórmula sacramental: "O Tribunal se retira para deliberar". O que os juízes dizem entre si durante a clausura, ninguém deve saber; é o "segredo da sala de deliberações" (*camara di consiglio*), inviolável como um dogma. Quando os juízes reaparecem no salão, a sentença que proclamam constitui a vontade de todo o colegiado; se houve desacordos ou escrúpulos de consciência, não resta marca deles: permanecem sepultados no segredo. A maioria vale como unanimidade e, portanto, a sentença é a vontade impessoal do órgão, não das pessoas que o integram". CALAMANDREI, Piero. *Processo e Democrazia.* In: Opere Giuridiche (a cura di Mauro Cappelletti). Vol. I. Napoli: Morano Ed.; 1965, p. 658. Há também uma versão em castelhano: CALAMANDREI, Piero. *Proceso y Democracia.* Trad. Hector Fix Zamudio. Buenos Aires: Ediciones Jurídicas Europa-América; 1953; p. 104.

[177] NADELMANN, Kurt. H. *Non-disclousure of dissents in Constitutional Courts: Italy and West Germany.* In: The American Journal of Comparative Law, vol. 13, 1964, p. 268.

[178] NADELMANN, Kurt. H. *The judicial dissent: publication vs. secrecy.* In: The American Journal of Comparative Law, vol. 8, 1959, p. 427.

CAPÍTULO 4 – TRIBUNAIS CONSTITUCIONAIS COMO INSTITUIÇÕES DELIBERATIVAS

de advogados e especialistas na matéria discutida, colheita de informações e provas. A deliberação realizada pelos *Senados* – *"Senat"*, o colegiado de juízes *(Richter)* que formam o Tribunal –, deve ser sempre secreta (*"die geheime Beratung"*).

Na França, o segredo das deliberações consolidou-se historicamente como um "princípio processual fundamental"[179] – assim o definiu o *Conseil d' Etat* na decisão do caso "Legillon" de 1922[180] –, e dessa forma foi adotado como regra de procedimento para os julgamentos do *Conseil Constitutionnell* criado pela Constituição de 1958. Os juízes do Conselho Constitucional francês estão obrigados pela norma de organização da Corte (*Ordonnance* 58-1067, de 7 de novembro de 1958, article 3) a guardar o segredo das deliberações e dos votos e não manifestar qualquer posição pública (*"garder le secret des délibérations et des votes et de ne prendre aucune position publique"*).

Espanha e Portugal seguiram a mesma linha e incorporaram a tradicional regra do segredo das deliberações à prática dos julgamentos colegiados de seus Tribunais Constitucionais, criados respectivamente em 1980 (Lei Orgânica 2/1979, conforme a Constituição Espanhola de 1978, arts. 159 a 165) e 1982 (Lei de Revisão Constitucional 1/1982, a qual alterou a Constituição portuguesa de 1976, para introduzir os atuais arts. 221 a 224). Na Espanha, a *"deliberación secreta"* faz parte da cultura judicial e sempre foi praticada por todos os órgãos judiciais colegiados, estando prescrita pela Ley de Enjuiciamiento Civil. Em Portugal, apesar da determinação constitucional de publicidade das audiências dos tribunais ordinários (art. 206), o Tribunal Constitucional, órgão constitucional distinto dos demais tribunais, acabou adotando a prática das deliberações a portas fechadas para os processos em que exerce a fiscalização da constitucionalidade das leis. Em ambos os Tribunais, espanhol e português, a regra do segredo não tem dado margem, como em tribunais constitucionais de outros países (Alemanha, por exemplo), à realização de audiências públicas para oitiva de advogados e colheita de informações.

Saindo do contexto europeu-continental, é interessante observar as práticas de julgamento atualmente aplicadas na recém-criada Suprema Corte do

---

[179] LÈCUYER, Yannick. *Le secret du délibéré, les opinions separées et la transparence.* In: Revue Trimestrielle des Droits de L'Homme, Nemesis-Bruylant, n. 57, janvier 2004, pp. 204.
[180] Arrêt Du Conseil d'Etat, Legillon, 17 de novembre 1922, Droit Administratif, 1965, n. 377.

ARGUMENTAÇÃO CONSTITUCIONAL

Reino Unido, em 2009, a qual assumiu as competências que anteriormente eram exercidas pela *Lords of Appeal in Ordinary* (*Law Lords*), o braço orgânico judicial da *House of Lords*. Nas Cortes da Inglaterra, assim como dos territórios de domínio britânico, os julgamentos tradicionalmente sempre foram abertos ao público, e assim se desenvolviam as práticas deliberativas na *House of Lords*. Quando da criação da Suprema Corte, a publicidade ficou restrita às audiências para oitiva dos argumentos dos advogados (*hearings*), as quais, além de serem amplamente abertas ao público, passaram a ser transmitidas pela televisão e inclusive pela internet. Os momentos deliberativos internos[181], porém, são inteiramente reservados aos próprios *Justices* e seus assessores. Pode-se afirmar, assim, que atualmente a Suprema Corte do Reino Unido se insere no modelo fechado ou secreto de deliberação, apesar de toda a tradição inglesa da publicidade dos julgamentos.

No contexto anglo-americano, não se pode deixar de observar a prática de julgamento da Suprema Corte norte-americana, a qual foi inicialmente (quando de sua criação em 1790) influenciada em alguns aspectos pela tradição inglesa[182], mas acabou adotando características próprias, que podem inseri-la no modelo de deliberação fechada ou secreta. Os *Justices* começam a se reunir em colegiado logo no início do ano judiciário (na última semana de setembro e primeira de outubro), nas denominadas *"opening conferences"*, especificamente para analisar todos os processos recebidos pela Corte e decidir quais deverão ser objeto de julgamento definitivo de mérito (*"deciding what to decide"*). As *opening conferences* são realizadas a portas fechadas (*"behind closed doors"*) e são estritamente confidenciais[183], com acesso restrito

---

[181] Interessante notar que a arquitetura dos ambientes internos de deliberação foi uma das preocupações fundamentais quando da criação da Suprema Corte do Reino Unido. A intenção foi a de criar uma "atmosfera de colegialidade" nas áreas privadas do edifício, com espaços de convivência entre os gabinetes, salas de reunião e de lanche e jantar. Cfr.: MIELE, Chris (ed.). *The Supreme Court of the United Kingdom: history, art, architeture*. London: Merrell; 2010, pp. 140 e ss.

[182] NADELMANN, Kurt. H. *The judicial dissent: publication vs. secrecy*. In: The American Journal of Comparative Law, vol. 8, 1959, p. 418.

[183] Conforme o relato da *Asociate Justice* Ruth Bader Ginsburg: "The opening conference, as is true of all our conferences, takes place behind closed doors and is strictly confidential. No person other than the nine justices may enter the room when the Court is conferring – no secretary, law clerck, not even a message deliverer. If there is a knock on the door, or the telephone rings, it is the chore of the junior justice to answer. Justice Breyer has been our

CAPÍTULO 4 – TRIBUNAIS CONSTITUCIONAIS COMO INSTITUIÇÕES DELIBERATIVAS

aos nove *Justices*, proibida a entrada de qualquer outra pessoa, inclusive de assessores (*clercks*) e outros funcionários do tribunal. Uma parte dos casos selecionados (talvez a maioria deles) é escolhida para ser submetida aos *"oral arguments"*, sessões públicas realizadas no início de cada semana (entre a segunda e a quarta-feira) para que os juízes possam escutar e fazer perguntas aos advogados e trocar entre si algumas ideias preliminares sobre o caso em análise. Nos *"argument days"*, portanto, a Corte fica aberta para acesso do público em geral e as sessões são comumente assistidas por estudantes e profissionais da área jurídica e dos meios de comunicação que cobrem as atividades do tribunal. É preciso observar, porém, que nem todos os casos são submetidos a esse tipo de sessões públicas, e nesses momentos os juízes não se reúnem exatamente para deliberar entre si (apesar de que, naturalmente, alguma troca de ideias e de argumentos pode ocorrer informalmente), mas para escutar e analisar os argumentos dos advogados. Para efetivamente deliberar e decidir sobre os casos selecionados, os *Justices* se reúnem (normalmente nas sextas-feiras) em sessões fechadas. É nessas *"Court conferences"*, realizadas privadamente, que se desenvolve todo o procedimento de debate e votação para decisão dos diversos casos. Em verdade, a deliberação se desenvolve em torno do texto da decisão (*opinion writing*) e por isso ela ocorre em diversos outros momentos que não exatamente nos *"conference days"*, sempre nos ambientes internos da Corte, longe dos olhares do público, numa atividade que se caracteriza por um intenso intercâmbio (praticamente uma negociação) de argumentos na forma de textos que circulam diversas vezes entre todos os juízes e seus respectivos assessores. A deliberação na Suprema Corte norte-americana, portanto, é predominantemente uma atividade de troca de argumentos (oralmente ou por textos) que se realiza de forma fechada e secreta.

4.2.1.2. Modelos de Deliberação Aberta ou Pública

Em contraste com os modelos fechados ou secretos, os de caráter aberto ou público se caracterizam, em simples termos, pelo desenvolvimento das práticas deliberativas em espaços no interior dos tribunais com acesso livre ao

---

doorkeeper and telephone answerer now going on to nine years. He is the longest tenured junior justice since 1837. (I had the good fortune to hold that job for only one year)". GINSBURG, Ruth Bader. *Workways of the Supreme Court*. In: Thomas Jefferson Law Review, vol. 25, 2002-2003, p. 517-518.

ARGUMENTAÇÃO CONSTITUCIONAL

público em geral (sem distinções), ressalvados apenas eventuais limites de ordem formal justificados em razão dos cerimoniais judiciais (proibição de entrada com certos trajes informais, limitação de lugares no interior das salas de julgamento, etc.). O ambiente institucional das deliberações assim se singulariza pela ampla abertura, pela liberdade de acesso e, consequentemente, pela presença irrestrita não só das partes e de seus respectivos advogados, mas igualmente de todo e qualquer indivíduo que tenha qualquer tipo de interesse no julgamento. A regra geral, portanto, é a da ampla publicidade, que pode ser restringida apenas em casos excepcionais, quando a deliberação a portas fechadas se justifique[184] em virtude de certos temas discutidos (comumente em matéria de direito penal ou de direito de família) e de interesses subjetivos envolvidos (de menores de idade, por exemplo).

Os modelos de deliberação aberta ou pública se caracterizam, dessa forma, por dois requisitos básicos: 1) as práticas deliberativas devem se desenvolver em ambientes no interior dos órgãos judiciais que assegurem o livre acesso às partes, advogados e ao público em geral, sem distinções de caráter pessoal, permitidas apenas limitações de ordem formal correspondentes a regras do cerimonial judicial especificamente adotados por cada tribunal; 2) a publicidade somente pode ser restringida em hipóteses excepcionais, quando o fechamento do ambiente deliberativo (normalmente a sala de sessões ou de julgamentos) esteja justificado por razões que se originam de determinadas características (materiais ou subjetivas) do caso em julgamento. A justificativa para a adoção de um modelo com essas características é bastante evidente e encontra-se no valor da *transparência* e na ideia de *accountability*, tão cultivados nas democracias contemporâneas. Nos países que o adotam, entende-se que a ampla transparência dos atos judiciais, e nesse caso especialmente das deliberações, permite uma melhor fiscalização e um controle mais rigoroso da atividade judicante, inclusive no âmbito da jurisdição constitucional, por parte de todos os cidadãos.

Os modelos de deliberação judicial aberta ou pública são notoriamente minoritários quando se tomam como referência os julgamentos das Cortes Constitucionais. Não obstante, o segredo das deliberações, apesar de sua

---

[184] Esse tipo de juízo envolve uma ponderação entre a publicidade e o segredo, a depender das circunstâncias envolvidas em cada caso.

CAPÍTULO 4 – TRIBUNAIS CONSTITUCIONAIS COMO INSTITUIÇÕES DELIBERATIVAS

indiscutível predominância, não representa – ao contrário do que parece ter ficado difundido de modo equivocado no senso comum dos juristas europeus –, um princípio geral ou universal[185] que apenas seria excepcionado por alguns poucos modelos de deliberação em público, como se estes correspondessem a singularidades (ou desvios) institucionais de rara ocorrência. Os julgamentos em público parecem ter tido alguma precedência histórica em relação ao desenvolvimento do segredo das deliberações – sua origem remonta aos primeiros procedimentos romano e germânico[186] – e também passaram por processos históricos de afirmação institucional que os consolidaram na prática judicial de vários países.

As maiores referências nesse sentido podem ser encontradas nas práticas de julgamento de países como Inglaterra e Suíça. Na Inglaterra, os julgamentos tradicionalmente se realizam em sessões abertas ao público em que cada juiz faz individualmente uma proclamação oral de seu voto, e há notícia de que essa mesma prática se desenvolveu historicamente também na Escócia, na Irlanda e em outros países e territórios de domínio britânico (*British Commonwealth and Empire*), com influência nos tribunais do Canadá (Quebec) e também em países escandinavos como Noruega, Suécia, Finlândia e Dinamarca[187]. Na Suíça, a continuidade de uma antiga tradição germânica de julgamentos em público permitiu o desenvolvimento, em vários *cantões*, de práticas de deliberação abertas, que permaneceu e consolidou-se historicamente em alguns cantões atuais (como Basileia e Zurique) e no Tribunal Federal[188]. Atualmente, a publicidade das deliberações é praticada no Supremo Tribunal Federal da Suíça, mas está de alguma forma mitigada na Inglaterra. A recém-criada Suprema Corte do Reino Unido (em 2009) renovou o anterior

---

[185] Nesse sentido, é enfática a frase que inicia um dos importantes estudos de Kurt Nadelmann sobre o tema: *"Secrecy of the deliberation, a term of art used widely in court procedure, is neither a universal principle nor one with a single meaning"*. NADELMANN, Kurt. H. *Due process of Law before the European Court of Human Rights: the secret deliberation*. In: The American Journal of International Law, vol. 66, 1972, p. 509.

[186] NADELMANN, Kurt. H. *The judicial dissent: publication vs. secrecy*. In: The American Journal of Comparative Law, vol. 8, 1959, p. 415.

[187] NADELMANN, Kurt. H. *The judicial dissent: publication vs. secrecy*. In: The American Journal of Comparative Law, vol. 8, 1959, p. 417-418.

[188] NADELMANN, Kurt. H. *Due process of Law before the European Court of Human Rights: the secret deliberation*. In: The American Journal of International Law, vol. 66, 1972, p. 509.

esquema institucional de julgamentos da Câmara dos Lordes (*House of Lords*) e adotou práticas de deliberação a portas fechadas, mantendo a publicidade dos julgamentos apenas para as audiências de oitiva dos argumentos das partes e de seus advogados (*hearings*); sem embargo, ainda há uma clara intenção de preservar ao máximo a tradição da ampla publicidade dos julgamentos, o que fica evidente na atual prática de transmissão televisiva e via internet dessas audiências públicas (*Supreme Court Live*) e na ampla restauração e reforma realizada nos espaços interiores do edifício histórico (*the Middlesex Guildhall*) que hoje alberga a Suprema Corte, com o declarado objetivo de incentivar a abertura (*openness*), ampliar e facilitar o acesso do público em geral (*acessibility for all*) e aproximá-lo do cotidiano das atividades ali desenvolvidas[189].

Não obstante a tradição inglesa e suíça, a publicidade das deliberações encontra hoje sua maior expressão em países da América Latina, especificamente no Brasil e no México. Desde que começou efetivamente a exercer a jurisdição constitucional (em 1891), as sessões de julgamento Supremo Tribunal Federal do Brasil se desenvolvem em público, o que corresponde à tradicional prática de todos os órgãos judiciais do país e vem sendo positivada como princípio de toda atividade judicante nos textos constitucionais adotados deste então (atualmente no art. 93, IX, da Constituição de 1988). A partir de 2001, as sessões deliberativas passaram a ser transmitidas pela televisão e pelo rádio e, posteriormente, através da internet. No México, a publicidade das deliberações também está na tradição dos julgamentos dos órgãos do poder judicial e é praticada há longos anos nas sessões da Suprema Corte de Justicia de la Nación[190]. Inspirando-se na experiência da TV Justiça do Brasil, a Suprema

---

[189]   Conforme declarado por Hugh Feilden: "The key design criteria agreed between the Department of Constitutional Affairs (DCA) and the Law Lords were a strong public presence, good accessibility for all, openness and a design appropriate for an institution at the apex of the United's Kingdom's legal system. (...) Great transparency has always been at the heart of the creation of the Supreme Court. Easy public access was therefore a key requirement, so that people could see for themselves how important points of law that affect or interest them were decided". MIELE, Chris (ed.). *The Supreme Court of the United Kingdom: history, art, architeture*. London: Merrell; 2010, pp. 140, 149.

[190]   Na ocasião em que esteve no México para dar um curso, no início da década de 1950, o jurista italiano Piero Calamandrei assim descreveu sua percepção de observador pessoal da prática da deliberação pública na Suprema Corte do México: "Un ejemplo insigne de este sistema (público) es el vigente en México, donde he podido observar personalmente su funcionamiento en una audiencia solemne de la Suprema Corte a la cual tuve el gran honor de

CAPÍTULO 4 – TRIBUNAIS CONSTITUCIONAIS COMO INSTITUIÇÕES DELIBERATIVAS

Corte mexicana igualmente criou um canal de televisão específico (Canal Judicial) para transmitir, ao vivo e em rede nacional, as sessões de julgamento. Em ambos os países, portanto, a publicidade tem sido levada a seu máximo alcance para permitir que as sessões deliberativas das Cortes Constitucionais sejam não apenas abertas à entrada do público em geral, mas também possam ser acompanhadas instantaneamente por todo e qualquer cidadão, em qualquer parte do território nacional.

No México, porém, tem-se adotado uma peculiar prática deliberativa que se diferencia nitidamente da prática brasileira e que poderia ser inserida numa categoria híbrida ou num modelo misto (secreto e público) de deliberação. Independentemente da sessão deliberativa em público, transmitida pela televisão, os magistrados da Suprema Corte de Justicia costumam realizar um outro encontro deliberativo, sempre a portas fechadas e em regime de segredo. Nessa reunião deliberativa secreta, que normalmente antecede a sessão pública, os magistrados debatem privadamente entre si sobre os casos que serão em seguida julgados na sessão televisionada. A prática deliberativa na Corte mexicana tem assim se desenvolvido seguindo um modelo híbrido ou misto que ao mesmo tempo adota aspectos da deliberação aberta ou pública (em sua máxima expressão através do julgamento televisionado) e da deliberação fechada ou secreta.

---

ser invitado. La deliberación de la sentencia en el supremo órgano judicial de la República Mexicana, cuyos integrantes reciben el título de Ministros, se realiza en público con una solemnidad que se podría calificar de parlamentaria; en un salón abarrotado de público, el Presidente invita al Ministro relator a leer el texto del proyecto de sentencia que ha elaborado, y abre después la discusión sobre este proyecto, desarrollándose entre los componentes del tribunal, que ordenadamente solicitan la palabra, una discusión que el público sigue con gran interés y que se cierra, después de la réplica final del relator, con una votación nominal; si el relator obtiene la mayoría, su proyecto es proclamado desde luego como sentencia de la Corte; si el relator queda en minoría, es designado uno nuevo que informará en otra audiencia. Los abogados, que ya han expuesto por escrito sus razones, no toman parte en el debate, en el cual sólo participan elocuente y doctamente los magistrados que deben decidir. Indudablemente que este sistema impone a todos los integrantes del colegio una profunda preparación sobre todas las causas, necesaria para poder tomar la palabra en público, por lo que cada uno de los jueces está obligado a asumir, exponiendo públicamente su opinión, su propia responsabilidad frente a los justiciables y la opinión pública". CALAMANDREI, Piero. *Proceso y Democracia*. Trad. Hector Fix Zamudio. Buenos Aires: Ediciones Jurídicas Europa-América; 1953; p. 113.

4.2.2. A Apresentação Institucional dos Resultados da Deliberação (Redação, Formatação e Publicação da Decisão)

A segunda linha de abordagem sobre a prática deliberativa dos Tribunais Constitucionais leva em conta os distintos formatos de redação, formatação e publicação das decisões, e nesse sentido adota um enfoque sobre a *apresentação institucional dos resultados da deliberação*. Nessa perspectiva de análise, existem dois tipos de modelos básicos e distintos: 1) os modelos de texto único ou de decisão *per curiam*; 2) os modelos de texto composto ou de decisão *seriatim*.

4.2.2.1. Modelos de Texto Único ou de Decisão Per Curiam

A deliberação entre os magistrados de uma Corte Constitucional geralmente é concluída mediante um procedimento de votação, o qual pode levar a resultados com coincidência total de votos entre todos os deliberantes, caso em que a decisão é considerada unânime, ou produzir uma pluralidade de opiniões expressadas em votos divergentes entre si, cuja consequência é a necessária decisão tomada por maioria de votos em um ou outro sentido. Alguns sistemas adotam modelos de apresentação do resultado da deliberação que prescrevem que, independentemente do fato de a decisão ter sido tomada por unanimidade ou por maioria, ela deve ser publicada em formato de *texto único*, dotado de uma única estrutura argumentativa – relato do caso, fundamentos jurídicos, parte dispositiva –, a qual possa ser validamente considerada como a opinião do tribunal como um todo ou, em outros termos, como uma decisão *per curiam*. A expressão latina *per curiam* significa "pelo tribunal" e assim é utilizada para dar significado aos processos decisórios que, resultando em posições unânimes ou por maioria de votos do colegiado de juízes, devem ser sempre apresentados ao público como sendo a expressão unívoca do órgão judicial considerado como uma unidade institucional indivisível, desconsideradas as posições individuais dos membros do colegiado. Decisões *per curiam* são assim formatadas e publicadas como um texto redigido com apenas um relato do caso julgado, uma única fundamentação jurídica que delimite e condense as razões de decidir do tribunal, e uma parte dispositiva que apresente o resultado da deliberação e, portanto, a decisão do órgão colegiado. A redação desse texto único que representará o posicionamento do tribunal é normalmente encarregada a um dos membros do órgão colegiado, seja um

CAPÍTULO 4 – TRIBUNAIS CONSTITUCIONAIS COMO INSTITUIÇÕES DELIBERATIVAS

magistrado qualificado para essa função como *relator* ou *redator*, ou o próprio presidente do órgão, que nesse caso assume a responsabilidade de redigir a opinião do tribunal. A autoria da decisão, não obstante, será sempre do órgão colegiado integralmente considerado, e não do magistrado redator.

O modelo de decisão *per curiam* está intimamente relacionado com os modelos de deliberação fechada ou secreta, pois representam a forma idônea de apresentação da decisão do tribunal desconsiderando-se os debates, as divergências internas e as posições individuais externadas por cada membro do colegiado no momento da deliberação. Justamente por não levar em consideração os votos individuais de cada membro do colegiado, a prática de redação em formato de texto único suscita a questão sobre a necessidade de se publicar junto com esse texto as eventuais opiniões dissidentes expressadas no momento da deliberação por um ou vários magistrados. Diversos tribunais que adotam essa prática de texto único acabaram incorporando (seja por meio de mudanças jurisprudenciais, legais ou constitucionais) a publicação dos *votos dissidentes* (que divergem da decisão tomada pelo tribunal) e dos *votos concorrentes* (que divergem apenas da fundamentação adotada pelo tribunal), na forma de anexo à decisão principal. O tema da publicidade das opiniões dissidentes, no entanto, receberá um tratamento específico em tópico posterior (vide tópico 4.2.2.3.1). Neste ponto de análise, o que precisa ficar consignado é que o modelo *per curiam* tornou-se adequado para manter em segredo tudo que se passa nos momentos deliberativos entre os magistrados, e revelar o resultado da deliberação em um texto cuidadosamente trabalhado para expressar a posição oficial do tribunal considerado em sua unidade institucional. Por isso, é o modelo de apresentação dos resultados da deliberação adotado pelos tribunais constitucionais que realizam julgamentos a portas fechadas, que em alguns casos é conjugado com a publicação das opiniões dissidentes.

Os tribunais franceses, incluído o *Conseil Constitutionnell*, tradicionalmente adotam uma prática muito peculiar de redação, formatação e publicação de suas decisões, que se tornou uma referência para muitos sistemas de *civil law* e pode ser distinguida como um típico exemplo de modelo de decisão *per curiam* ou de texto único. A singularidade desse "modelo francês" está na confecção de um texto que representa uma *síntese* da decisão do tribunal (em que a parte dispositiva assume mais importância que as razões de decidir) e que se caracteriza pela absoluta *impessoalidade* (distinta que deve ser das posições

ARGUMENTAÇÃO CONSTITUCIONAL

individuais de cada membro do colegiado) e *univocidade* (pois apresenta a posição unívoca do órgão colegiado considerado como um corpo unitário e indivisível). O estilo formal, conciso e impessoal das decisões dos tribunais franceses assim se justifica em razão da exigência de se manter em segredo absoluto tudo o que se passa nas deliberações colegiadas, que na realidade francesa, como abordado anteriormente, consolidou-se historicamente como um "princípio processual fundamental". Esse modelo redacional também está relacionado com a tradição jurídica francesa (influenciada em muitos aspectos pela conhecida escola da exegese) de considerar que as decisões dos tribunais devem ser apresentadas ao público como manifestações inequívocas do direito ou como respostas ou interpretações jurídicas únicas e corretas dos textos legais[191]. Nesse contexto, não há lugar para a consideração das opiniões dissidentes que cada membro de um colegiado judicial expresse, pois a cultura judicial, burocrática e formal, está em geral orientada para não admitir que o direito possa receber interpretações distintas e divergentes. Assim, o sistema francês nunca chegou a institucionalizar a publicação das opiniões dissidentes – apesar das críticas da doutrina[192] – e dessa forma permanece como um modelo puro de decisão *per curiam*.

A *Corte Costituzionale* italiana também adota um modelo puro ou íntegro de decisão *per curiam*. O resultado final das deliberações, realizadas a portas fechadas (*'a porte chiuse"*) na *"camara di consiglio"*, é publicado em formato de texto único, o qual contém o relato do caso (*ritenuto in fatto*), os fundamentos jurídicos (*considerato in diritto*) e uma parte dispositiva final. Apesar de um amplo e polêmico debate doutrinário que tem resultado numa majoritária posição a favor da publicação das *opinioni dissenzienti* dos magistrados da Corte Constitucional (essa polêmica será abordada em tópico posterior), o modelo *per curiam* tem sido mantido em toda sua integridade, não dando margem para a revelação pública das dissidências internas do órgão colegiado.

---

[191] Para uma abordagem do modelo francês nessa perspectiva da "resposta correta", vide: GINSBURG, Ruth Bader. *Remarks on writing separately*. In: Washington Law Review, vol. 65, 1990, pp. 133 e ss. Para outros aspectos da prática deliberativa dos tribunais franceses, vide: LASSER, Mitchel. *Judicial Deliberations. A comparative analysis of judicial transparency and legitimacy*. Oxford: Oxford University Press; 2004.

[192] LÈCUYER, Yannick. *Le secret du délibéré, les opinions séparées et la transparence*. In: Revue Trimestrielle des Droits de L'Homme, Nemesis-Bruylant, n. 57, janvier 2004, pp. 204.

CAPÍTULO 4 – TRIBUNAIS CONSTITUCIONAIS COMO INSTITUIÇÕES DELIBERATIVAS

Os Tribunais Constitucionais da Alemanha e da Espanha igualmente praticam o modelo de decisão *per curiam*. O resultado da deliberação, realizada secretamente, é publicado em formato de texto único que é assinado por todos os magistrados que participaram da sessão deliberativa, mesmo por aqueles que eventualmente não tenham compartilhado da decisão majoritária. Em ambos os sistemas, não obstante, é assegurado aos juízes o direito de formular voto dissidente – *Sondervotum* na Alemanha e *voto particular* na Espanha –, que deverá ser publicado junto com a decisão *per curiam*. Em comparação com a prática das Cortes Constitucionais francesa e italiana, a publicação das opiniões dissidentes torna os modelos espanhol e alemão um pouco menos rígidos e mais próximos, neste aspecto, aos modelos de decisão *seriatim*.

Além dos modelos de decisão praticados na Alemanha e na Espanha, um modelo tipicamente híbrido pode ser encontrado na prática deliberativa da Suprema Corte dos Estados Unidos da América[193]. Em seus primeiros anos de funcionamento (precisamente entre os anos de 1793 e 1800), seguindo o costume judicial inglês advindo da prática do King's Bench (o próximo tópico abordará melhor a tradição inglesa de decisão), a Corte anunciava suas decisões através das *seriatim opinions* de seus membros[194]. Cada *Justice* pronunciava seu voto individualmente e o conjunto de todas as opiniões expostas "em série" era assim apresentado ao público. Quando John Marshall se tornou *Chief Justice*, a Corte passou a adotar a prática de anunciar seus julgamentos em

---

[193] Sobre o caráter híbrido ou a posição de meio termo (*midle way, midle ground*) do modelo de decisão praticado na Suprema Corte norte-americana em relação aos modelos *per curiam* e *seriatim*, vide: GINSBURG, Ruth Bader. *Remarks on writing separately*. In: Washington Law Review, vol. 65, 1990, pp. 133-150. Idem. *Speaking in a judicial voice*. In: New York University Law Review, vol. 67, 1992, pp. 1185-1209. Idem. *The role of dissenting opinions*. In: Minnesota Law Review, vol. 95, 2010-2011, pp. 1-8.

[194] Sobre os primeiros anos de funcionamento da Suprema Corte norte-americana e a prática de decisões *seriatim*, vide: ZOBELL, Karl M. *Division of Opinion in the Supreme Court: a history of judicial desintegration*. In: Cornell Law Quaterly Review, vol. 44, 1958-1959, pp. 186-214. Karl Zobell menciona as seguintes decisões *seriatim* que foram adotadas em importantes casos decididos pela Suprema Corte em seus primórdios: *Chisholm v. Georgia*, 2 U.S. (2 Dall.) 419 (1793); *Penhallow v. Doane's Administrators*, 3 U.S. (3 Dall.) 54 (1795); *Talbot v. Janson*, 3 U.S. (3 Dall.) 133 (1795); *Hylton v. United States*, 3 U.S. (3 Dall.) 171 (1796); *Wiscart v. D'Auchy*, 3 U.S. (3 Dall.) 321 (1796); *Fenemore v. United States*, 3 U.S. (3 Dall.) 357 (1797); *Calder v. Bull*, 3 U.S. (3 Dall.) 386 (1798); *Fowler v. Lindsey*, 3 U.S (3 Dall.) 411 (1799); *Cooper v. Telfair*, 4 U.S. (4 Dall.) 14 (1800).

ARGUMENTAÇÃO CONSTITUCIONAL

uma *single opinion*, que dessa forma passava a representar a opinião expressada pela maioria de seus membros[195].

A ideia de apresentar as decisões como sendo a expressão da "opinião da Corte" (*opinion of the Court*) parece não ter sido originada de Marshall, pois mesmo antes de sua chegada à Corte já se identificavam decisões com esse formato mais próximo de um modelo *per curiam*[196], mas não há dúvida de que foi ele quem a desenvolveu e consolidou como modelo oficial de pronunciamento das decisões da Corte. A partir de 1801[197], sob o comando de Marshall, os *Justices* deixaram paulatinamente o costume de proclamar individualmente seus votos e passaram a estar mais comprometidos com a representação da unidade institucional da Corte, através da construção colegiada de uma única decisão, a *opinion of the Court*, dotada de uma única *ratio decidendi*. A redação seria então incumbida ao *Chief Justice*, que no caso era Marshall, mas o texto deveria expressar, ao invés de sua posição pessoal, a opinião do colegiado de juízes, em uma única voz (*speak in one voice*)[198].

Essa inovação na prática deliberativa dos *Justices* demonstrou-se crucial para a afirmação da Suprema Corte como unidade institucional em face dos demais poderes, num contexto político conturbado que marcou os primórdios da república norte-americana, e foi reconhecida posteriormente como

---

[195] Sobre o tema, vide: GINSBURG, Ruth Bader. *Remarks on writing separately*. In: Washington Law Review, vol. 65, 1990, pp. 133-150.

[196] Conforme anota Zobell, no caso Brown v. Barry, 3 U.S. (3 Dall.) 365, 367 (1797), a decisão foi assim anunciada pelo Chief Justice Ellsworth: *"In delivering the opinion of the court..."*, ZOBELL, Karl M. *Division of Opinion in the Supreme Court: a history of judicial desintegration*. In: Cornell Law Quaterly Review, vol. 44, 1958-1959, pp. 193.

[197] No primeiro caso decidido pela Corte após a chegada de Marshall em 1801 – Talbot v. Seaman, 5 U.S. (1 Cranch) 1 (1801) –, foi o próprio Marshall, na qualidade de Chief Justice, que redatou a "opinion of the Court".

[198] Nos primeiros quatro anos após a chegada de Marshall na Suprema Corte, vinte e seis decisões foram tomadas e anunciadas por uma *opinion of the Court*, dentre as quais vinte e duas foram redatadas por Marshall, na qualidade de *Chief Justice*. ZOBELL, Karl M. *Division of Opinion in the Supreme Court: a history of judicial desintegration*. In: Cornell Law Quaterly Review, vol. 44, 1958-1959, pp. 194. Há notícia de que para a extraordinária façanha de Marshall pode ter contribuído o fato de que na época os Justices realizavam atividades sociais em conjunto, como jantares, nos quais Marshall aproveitava para discutir os casos e tentar construir posicionamentos comuns, oferecendo-se como redator da decisão. GINSBURG, Ruth Bader. *The role of dissenting opinions*. In: Minnesota Law Review, vol. 95, 2010-2011, pp. 1-8.

CAPÍTULO 4 – TRIBUNAIS CONSTITUCIONAIS COMO INSTITUIÇÕES DELIBERATIVAS

um dos grandes feitos da histórica carreira de Marshall[199]. A mudança foi alvo das críticas de Thomas Jefferson, que considerava a nova modalidade deliberativa uma forma encontrada por Marshall de fazer prevalecer seus próprios posicionamentos e apresentá-los como sendo a opinião da Corte[200]. Jefferson assim defendeu o retorno da *"sound practice of the primitive court"* de pronunciar *seriatim opinions*. Apesar das críticas, a técnica da *opinion of the Court* se consolidou entre os *Justices* e acabou estimulando o uso das *separate opinions*, as quais, a partir de 1805[201], passaram a ser utilizadas pelos *Justices* que queriam anunciar sua divergência em relação à opinião majoritária do tribunal. Em verdade, apesar da mudança das *seriatim opinions* para a *opinion of the Court*, nunca houve questionamentos, e, portanto, não houve qualquer modificação, sobre o direito assegurado a cada *Justice* de expressar suas próprias opiniões em votos separados.

Assim, fixou-se na Suprema Corte norte-americana a prática que privilegia a apresentação pública das decisões na forma de *opinion of the Court* (que a aproxima do modelo *per curiam*) e ao mesmo tempo permite o pronunciamento das divergências por meio das *separate opinions (concurring or dissenting opinions)* de cada Justice (que a aproxima do modelo *seriatim*), a qual permanece até os dias atuais. O relevante crescimento da quantidade de *separate opinions*

---

[199] Conforme relata Karl Zobell, biógrafos de Marshall atestam que "to disregard the custom of the delivery of opinions by the Justices seriatim was 'one of those acts of audacity that later marked the assumption of power which rendered his career historic... Thus Marshall took the first step in impressing the country with the unity of the highest court of the nation". ZOBELL, Karl M. *Division of Opinion in the Supreme Court: a history of judicial desintegration.* In: Cornell Law Quaterly Review, vol. 44, 1958-1959, pp. 193-194. Sobre os primeiros anos de Marshall na Suprema Corte e seu papel na construção da nova prática das *opinion of the Court*, vide: HASKINS, George L. *Law versus politics in the early years of the Marshall Court.* In: University of Pennsylvania Law Review, vol. 130, 1981-1982, pp. 1-27.

[200] As críticas de Thomas Jefferson à conduta do Chief Justice John Marshall na condução das *opinion of the Court* ficaram registradas em seus escritos: "An opinionis huddled up in conclave, perhaps by a majority of one, delivered as if unanimous, and with the silent acquiesence of lazy or timid associates, by a crafty chief judge, who sophisticates the law to his own mind, by the turn of his own reasoning". In: Letter to Thomas Richie, Dec. 25, 1820, 12 Ford, The Works of Thomas Jefferson 175, 1905. *Apud*, ZOBELL, Karl M. *Division of Opinion in the Supreme Court: a history of judicial desintegration.* In: Cornell Law Quaterly Review, vol. 44, 1958-1959, pp. 193-194.

[201] A autoria dos primeiros *dissents* formulados em relação às *opinion of the Court* são atribuídas aos Justices William Johnson, no caso *Huidekoper's Lessee v. Douglas* (1805), e *Paterson*, no caso *Simms & Wise v. Slacum* (1806).

observada na história mais recente da Suprema Corte chegou a suscitar algum questionamento sobre a possibilidade de o tribunal estar de alguma maneira seguindo uma linha de retorno à sua prática inicial das *seriatim opinions*[202]. Observe-se, não obstante, que as decisões tomadas como uma *opinion of the Court* e as que adquirem o formato *per curiam*[203], em seu conjunto, representam inequivocamente a maior parte das decisões emanadas da Suprema Corte e as *separate opinions*, apesar serem cada vez mais utilizadas, permanecem como uma modalidade excepcional. O modelo peculiar de decisão praticado pela Suprema Corte norte-americana, portanto, ainda estaria mais próximo do modelo *per curiam* do que do modelo *seriatim*.

---

[202] Assim questionou a *Associate Justice* Ruth Bader Ginsburg em artigo escrito sobre o tema no início da década de 1990: "Has our Supreme Court drifted from its once customary middle way – an opinion of the court sometimes accompanied by a separate opinion – toward the Law Lord's pattern of seriatim opinions, each carrying equal weight, and under which 'the English lawyer has often to pick his way through as many as five judgments to find the highest common factor binding on lower courts'?". GINSBURG, Ruth Bader. *Remarks on writing separately*. In: Washington Law Review, vol. 65, 1990, pp. 149. Um importante estudo sobre o modelo de decisão atualmente adotado pela Suprema Corte norte-americana assim concluiu: "In the current jurisprudential universe of five to four divisions and multiple separate opinions, the Justices are unconstrained in expressing their views and have little use for a form of opinion that comunicates consensus. The *per curiam* opinion written 'by the Court' has a vaguely old-fashioned sound, an echo of an era when the institution subsumed the Justices who served it. The current Court acts as nine individual Justices, and today an authentic opinion by the Court is one that speaks not in a single anonymous voice but in a dissonant chorus". RAY, Laura Krungman. *The road to Bush v. Gore: the history of the Supreme Court's use of the per curiam opinion*. In: Nebraska Law Review, 79, 2000, pp. 517-576.

[203] Além de toda essa prática acima descrita, que se aplica majoritariamente às decisões adotadas em plenário que resolvem o mérito dos casos e ao final são redatadas e assinadas pelo Justice incumbido da redação (*signed opinions*), não se deve olvidar que uma outra grande massa de casos é decidida pela Suprema Corte conforme o modelo *per curiam*, isto é, na forma de *unsigned opinions*. As decisões *per curiam* são adotadas para os casos que recebem tratamento sumário, como aqueles que são negados através do *certiorari*, os que a Corte decide não atingir o mérito (mesmo após o *full briefing* e o *oral argument*), ou aqueles em que a decisão é considerada óbvia ou de rotina (*routine dispositions*), que alcançam um alto grau de acordo entre os juízes ou são majoritariamente tomadas por unanimidade. Sobre o uso das *per curiam decisions* pela Suprema Corte norte-americana, vide: WASBY, Stephen L.; PETERSON, Steven; SCHUBERT, James; SCHUBERT, Glendon. *The per curiam opinion: its nature and functions*. In: Judicature, vol. 76, 1992-1993, pp. 29-38. ROBBINS, Ira P. *Hinding behind the cloak of invisibility: the Supreme Court and per curiam opinions*. In: Tulane Law Review, vol. 86, pp. 1197-1242.

4.2.2.2. *Modelos de Texto Composto ou de Decisão* Seriatim

Em contraste com o modelo de decisão *per curiam*, que privilegia a apresentação do resultado da deliberação como "opinião do tribunal" em texto único, o modelo de decisão *seriatim* se caracteriza pela produção de um agregado das posições individuais de cada membro do colegiado, cujos votos são expostos "em série" em um *texto composto* – aí está o significado do termo em latim *seriatim*. Nos tribunais que adotam esse modelo, a deliberação comumente não se desenvolve com o objetivo de produzir um texto final com uma única *ratio decidendi* que possa representar a posição institucional da Corte (unívoca e impessoal), mas como uma proclamação sucessiva das decisões individuais dos membros do tribunal, normalmente precedidas de um discurso que cada juiz tem o direito de realizar, seja através de um texto escrito por ele preparado previamente ou por meio da improvisação oral, para apresentar publicamente sua própria argumentação e seu julgamento individual do caso. O resultado da deliberação é apresentado em texto composto pelos diversos votos e suas respectivas *ratio decidendi*, tornando bastante complicada em algumas ocasiões a tarefa de definir com precisão o fundamento determinante da decisão do tribunal, a qual normalmente pode ser realizada pela extração do "mínimo comum" entre os distintos argumentos individuais. Assim, na prática, uma das consequências da adoção desse modelo é a maior importância que adquirem as *ratio decidendi* de cada juiz individualmente consideradas para a técnica de precedentes. Cada juiz passa a estar mais vinculado a suas próprias decisões e argumentos, de modo que não são estranhas a esses sistemas a produção de um "*overruling* pessoal", na hipótese em que determinado juiz tenha que rever seu próprio posicionamento.

Os modelos de decisão *seriatim* estão relacionados com os modelos de deliberação aberta ou pública. A realização de sessões públicas de deliberação, nas quais cada magistrado profere seu voto como sendo um discurso pessoal, com suas próprias razões de decidir, encontra nesse modelo *seriatim* uma forma idônea de apresentar o resultado final de sua deliberação mediante a exposição, em texto composto, da íntegra de todos os pronunciamentos individuais.

O modelo de decisão *seriatim* corresponde à tradição dos órgãos judiciais colegiados do *Common Law* (*The Common Law Courts*), como, por exemplo, o *King's Bench*, cujas sessões deliberativas ficaram caracterizadas pelo pronunciamento "em série" (*seriatim*) dos discursos (*speech*) individuais de cada juiz,

ARGUMENTAÇÃO CONSTITUCIONAL

os quais eram dessa forma consignados nos textos das decisões destinados à publicação (*published reports*)[204]. O costume britânico de proferir e publicar decisões na forma de *seriatim opinions* foi incorporado pela Câmara dos Lordes (*House of Lords*), que, no exercício da função judicial pela *Law Lords* – ressalte-se, sempre considerada não muito distinta daquela exercida por um organismo legislativo, como é a *House of Lords* – por muito tempo manteve a prática de se manifestar através do conjunto das decisões individuais de cada juiz, as *opinion of the Lords*. Esse tradicional modelo apenas sofreu algumas modificações no recente ano de 2009, com a criação da *Supreme Court of the United Kingdom*, a qual assumiu as funções judiciais antes exercidas pela *Law Lords* e incorporou uma prática de apresentação institucional do resultado de suas deliberações que ainda proclama as opiniões dos Lordes, mas que desde então passou a ser alvo de contundentes críticas e, muito provavelmente, deverá ser objeto de alguma reforma que o torne mais próximo dos modelos *per curiam*. E, como explicado no tópico anterior, o modelo *seriatim* também predominou na prática deliberativa dos primeiros anos de funcionamento da Suprema Corte norte-americana (1793-1801), por influência direta da tradição judicial dos tribunais colegiados do *common law*, mas logo foi transmudado para um modelo que privilegia a formação de uma *opinion of the Court*, que assim mais se assemelha aos modelos de decisão *per curiam*.

Atualmente, talvez seja a prática deliberativa do Supremo Tribunal Federal do Brasil o exemplo mais claro e fidedigno do modelo de decisão *seriatim* ou de publicação dos resultados da deliberação em forma de texto composto. As decisões são proferidas pela Corte Constitucional do Brasil em sessões deliberativas públicas marcadas pela sucessão ordenada dos pronunciamentos orais individuais de cada magistrado, dotados de sua própria *ratio decidendi*, que são posteriormente apresentados ao público em formato de texto composto (o denominado *acórdão*), o qual agrega todos os votos e os debates orais em sua íntegra. Todos os aspectos bastante peculiares dessa prática do Supremo Tribunal brasileiro serão analisados pormenorizadamente no capítulo 6.

---

[204] ZOBELL, Karl M. *Division of Opinion in the Supreme Court: a history of judicial desintegration*. In: Cornell Law Quaterly Review, vol. 44, 1958-1959, pp. 187-192.

CAPÍTULO 4 – TRIBUNAIS CONSTITUCIONAIS COMO INSTITUIÇÕES DELIBERATIVAS

4.2.2.3. Alguns Aspectos Controvertidos quanto à Redação, Formatação e Publicação das Decisões

4.2.2.3.1. O Permanente Debate sobre a Publicação das Opiniões Dissidentes
Nos sistemas jurídicos que adotam o modelo *per curiam* de decisão e que, dessa forma, apresentam os resultados da deliberação em texto único que intenta expressar univocamente a opinião do tribunal – desconsideradas, portanto, as posições individuais de seus membros –, é muito comum o desenvolvimento de um debate doutrinário e/ou jurisprudencial que, em simples termos, gira em torno da admissibilidade ou não da publicação das opiniões dissidentes de membros do órgão colegiado. As diversas teses se fundamentam em argumentos a favor e contra a publicidade dos votos particulares, centrando-se nas vantagens e/ou inconvenientes de sua adoção em cada ordenamento jurídico. Apesar de serem levantados em diferentes realidades e culturas jurídicas, esses argumentos não sofrem câmbios significativos em se tratando de um ou de outro sistema, seja de *civil law* ou de *common law*. Em forma de síntese, os argumentos que alimentam essa polêmica – a qual, ressalte-se, está longe de ser superada e pode ser considerada inclusive como endêmica em alguns sistemas – podem ser rapidamente apresentados da seguinte maneira[205].

Os defensores da publicidade das opiniões dissidentes argumentam que ela tem a vantagem de *revelar um tribunal mais democrático*, não apenas por demonstrar de forma mais fidedigna o desacordo inerente a qualquer processo decisório numa democracia que assegura a liberdade de expressão de seus membros (no caso os membros do colegiado de magistrados), mas também por permitir à opinião pública entender que as decisões judiciais são o resultado da *interação deliberativa entre os juízes*, o que aumenta sua *legitimidade democrática*. Argumentam também que, ao contrário do que à primeira vista se pode pensar, esse tipo de publicidade acaba por *fortalecer a autoridade e o prestígio do tribunal*, que não estariam exatamente relacionadas com a unanimidade,

---

[205] A síntese dos diversos argumentos aqui apresentada parte de diversos estudos sobre o tema, já citados anteriormente, e especialmente dos seguintes: FERNÁNDEZ SEGADO, Francisco. Las dissenting opinions. In: Idem. *La Justicia constitucional: una visión de derecho comparado*. Tomo I. Madrid: Dykinson; 2009. EZQUIAGA GANUZAS, Francisco Javier. *El voto particular*. Madrid: Centro de Estudios Constitucionales; 1990.

mas com a transparência da realidade do processo decisório, tal como ele ocorre de fato, muitas vezes impregnado de posicionamentos contrários entre si, próprios da resolução de temas complexos e difíceis a que costumeiramente são submetidos os tribunais constitucionais. Um dos argumentos mais importantes vincula o instituto do voto dissidente com a *garantia da independência e da liberdade de expressão dos magistrados* que compõem o tribunal, justificando que a possibilidade concedida a cada membro do colegiado de manifestar sua discrepância em relação à maioria constitui um das facetas mais relevantes dessas garantias, que reforça também a *responsabilidade individual dos juízes* perante seus colegas e perante a opinião pública, criando condições mais propícias para um *acompanhamento e controle público das atividades do tribunal*. Outro argumento fundamental defende que os votos dissidentes contribuem de maneira significativa para o *dinamismo jurisprudencial*, na medida em que deixam plantadas nas decisões as sementes para as futuras mudanças de posicionamento por parte do tribunal, propiciando uma *jurisprudência sempre evolutiva*, além de *viabilizar uma leitura mais plural da Constituição e do Direito*. Por fim, mas não exaurindo o extenso rol de argumentos existentes, defende-se que os votos dissidentes possibilitariam uma *argumentação mais detalhada e mais rica*, na medida em que, entre outros fatores, exigiriam o reforço da fundamentação da posição majoritária no sentido de contrapor os argumentos da posição dissidente, contribuindo decisivamente para uma *melhor qualidade da motivação das decisões*, as quais não seriam obtidas apenas da leitura dos motivos que sustentam a tese vencedora, mas da *contraposição dialética entre as teses majoritárias e minoritárias*.

Os argumentos contrários à publicidade da dissidência produzida no interior dos tribunais constitucionais defendem que ela teria o condão de *debilitar a autoridade e o prestígio do tribunal*, partindo da premissa de que os órgãos colegiados desses tribunais devem sempre se pronunciar de modo unívoco, com uma só voz. Acredita-se que a presença de opiniões dissidentes nas decisões pode *trazer insegurança jurídica e criar confusão quanto aos posicionamentos do tribunal*, gerando um efeito pernicioso para a formação da jurisprudência, ao *relativizar o valor dos precedentes* firmados com base em decisões publicamente não unânimes. Argumenta-se também que esse tipo de publicidade pode trazer o *perigo de instrumentalização político-partidária dos juízes*, transferindo para o interior do colegiado as divisões políticas próprias dos parlamentos, assim

CAPÍTULO 4 – TRIBUNAIS CONSTITUCIONAIS COMO INSTITUIÇÕES DELIBERATIVAS

como pode *favorecer estratégias por parte de cada magistrado*, tanto no sentido de obstaculizar a formação de maiorias e obstruir julgamentos, como no de obter vantagens apenas pessoais com o fato da publicação de seu voto particular, ao invés de se empenhar na busca de uma solução compromissória com os demais colegas. Alude-se também à possibilidade de que, ao contrário do que pensam os defensores do instituto, a publicação das dissidências possa *restringir a liberdade e a independ*ência *dos magistrados*, uma vez que, tornando amplamente conhecidos seus posicionamentos individuais, poderiam eles ser objeto de pressões externas de todo tipo, especialmente as de índole política advindas das forças políticas que os conduziram ao tribunal. A formação de uma cultura da dissidência também poderia *favorecer os enfrentamentos entre juízes* e criar *climas de animosidade no interior do órgão colegiado*. O resultado disso tudo, defendem alguns, pode ser o *descrédito do tribunal perante a opinião pública*, com danos graves à sua legitimidade. Existem também os argumentos que sustentam que a possibilidade aberta aos votos dissidentes pode levar ao *abuso na sua utilização*, o que pode ser danoso não apenas à autoridade dos pronunciamentos do tribunal, como também pode *incrementar demasiadamente a carga de trabalho dos juízes* e seus auxiliares, com consequências danosas à produtividade e à qualidade (a argumentação) das decisões como um todo.

O permanente debate em torno desses argumentos assume distinto caráter e intensidade conforme os diferentes sistemas jurídicos onde se produz. Apesar da coincidência quanto ao tipo de argumentos, a intensidade com que eles aparecem, seja na doutrina ou na jurisprudência, tem sido bastante distinta entre os diversos sistemas, e com não rara coincidência, eles têm sido mais recorrentes naqueles em que o instituto do *dissent* ainda não chegou a ser incorporado. Este é o caso italiano, onde o peso de uma doutrina amplamente majoritária a favor da institucionalização da publicidade das opiniões dissidentes (*opinioni dissenzienti*) nunca teve o condão de influenciar modificações na legislação ou na jurisprudência nesse sentido[206]. Em importante decisão de

---

[206] As defesas mais enfáticas da publicidade das *opinioni dissenzienti* por parte da doutrina italiana parecem ter tido seu inicio com a importante obra coletiva organizada por Constantino Mortati: MORTATI, Constantino. *Le opinioni dissenzienti dei giudici costituzionali ed internazionali.* Milano: Giuffrè, 1964. A obra foi logo objeto de comentário de Giorgio Lombardi, em 1965, com igual defesa do instituto: LOMBARDI, Giorgio. *Pubblicità e segretezza nelle deliberazioni della Corte costituzionale.* In: Revista Trimestrale di Diritto e Procedura Civile, Anno XIX, Milano,

ARGUMENTAÇÃO CONSTITUCIONAL

19 de janeiro de 1989, a *Corte Costituzionale* estabeleceu que nenhuma norma constitucional (mesmo o complexo normativo que garante a independência dos juízes) exige necessariamente que as opiniões individuais de cada magistrado tenham que ser mantidas em segredo, deixando assim entender que a matéria estaria submetida à discricionariedade legislativa. Grande parte dos doutrinadores tem apoiado esse entendimento e defendido a inexistência de obstáculos constitucionais, legais ou infralegais à introdução das *opinioni dissenzienti* na jurisdição constitucional italiana[207]. Em maio de 2002, porém, a Corte Constitucional decidiu que manteria a prática de emitir seus pronunciamentos sem fazer publicar os dissensos ocorridos no interior da *camara di consiglio*. Anos depois, referida decisão foi objeto de comentário doutrinário de Gustavo Zagrebelsky – que na época havia participado daquela tomada de posição na qualidade de magistrado da Corte Constitucional –, que diagnosticou, em tom enfático, que as posições contrárias (especialmente dentro da Corte) ao instituto das *opinioni dissenzienti* haviam superado em muito as posições a favor, de modo que se poderia considerar como "arquivada" a perspectiva de reforma dos procedimentos da Corte para sua adoção[208].

Giuffrè, 1965, PP. 1.146-1.158. Obra que teve importante impacto no debate doutrinário foi a organizada por Adele Anzon e que reúne diversos trabalhos apresentados em seminário sobre o tema realizado em Roma, em 1993: ANZON, Adele *(a cura di)*. *L'opinione dissenziente* (Atti del Seminario svoltosi in Roma, Palazzo della Consulta, Nei giorni 5 e 6 novembre 1993). Milano: Giuffrè; Corte Costituzionale, 1995.

[207] VIGORITI, Vicenzo. *Corte costituzionale e dissenting opinions*. In: Il Foro Italiano,Vol. CXVII, Roma, 1994, p. 2060-2062. ANZON, Adele. *Per l'introduzione dell'opinione dissenziente dei giudici costituzionali*. In: Politica del Diritto, vol. XXIII, n. 2, giugno 1992. SCAFFARDI, Lucia. *L'introduzione dell'opinione dissenziente nei giudizi costituzionali*. In: Studi parlamentari e di política costituzionale, anno 32, n. 124, 2º trimestre 1999, pp. 55-73. RUGGERI, Antonio. *Per la introduzione del dissent nei giudizi di costituzionalità: problemi di tecnica della normazione*. In: Politica del Diritto, vol. XXV, n. 2, giugno 1994, pp. 299-316. ROMBOLI, Roberto. *L'introduzione dell'opinione dissenziente nei giudizi costituzionali: strumento normativo, aspetti procedurali e ragioni di opportunità*. In: Politica del Diritto, vol. XXV, n. 2, giugno 1994, pp. 281-298. PIZZORUSSO, Alessandro. *Osservazioni sullo strumento normativo richiesto per l'introduzione del dissenso nelle motivazioni delle decisioni della Corte Costituzionale*. In: Politica del Diritto, vol. XXV, n. 2, giugno 1994, pp. 277-280. PANIZZA, Saulle. *L'eventuale introduzione dell'opinione dissenziente nel sistema italiano di giustizia costituzionale e le possibili conseguenze sui giudici e sul Presidente della Corte Costituzionale*. In: COSTANZO, Pasquale (a cura di). *L'organizzazione e il funzionamento della Corte Costituzionale*. Torino: Giappichelli; 1995, pp. 301-323.

[208] ZAGREBELSKY, Gustavo. *Principi e voti. La Corte costituzionale e la politica*. Torino: Einaudi; 2005, p. 69, nota 19.

CAPÍTULO 4 – TRIBUNAIS CONSTITUCIONAIS COMO INSTITUIÇÕES DELIBERATIVAS

Em outros países, a produção de um rico debate em âmbito doutrinário exerceu forte influência para a adoção do instituto das opiniões dissidentes na jurisdição constitucional. Na Alemanha, por exemplo, inegável importância teve a reunião realizada em Nuremberg, em abril de 1968, da 47ª Assembleia dos Juristas Alemães (*Deutschen Juristentag*), na qual o tema do voto dissidente (*Sondervotum*) sobressaiu-se nos debates, gerando uma declaração (aprovada por amplíssima maioria, 371 votos a favor e apenas 31 contra), no sentido de sua institucionalização, tanto para os Tribunais Constitucionais (federal e dos *Länder*) como para outros tribunais federais, o que iria influenciar decisivamente a proposta governamental de reforma da Lei do Tribunal Constitucional (*BVerfGG*)[209]. Aprovado em 2 de dezembro de 1970, o novo artigo 30 da referida lei passava a estabelecer que, na deliberação, poderia um juiz formular voto dissidente (*Sondervotum*) para expressar sua opinião discrepante (*abweichende Meninung*) tanto em relação à decisão mesma (*Entscheidung*) como à sua fundamentação (*Begründung*). O primeiro voto dissidente foi formulado em 4 de janeiro de 1971 (subscrito pelos juízes Geller, Rupp e Schlabrendorf) e desde então faz parte da prática deliberativa do *Bundesverfassungsgericht*, apesar de que sua utilização tenha sido sempre considerada excepcional (o número de decisões com *Sondervotum* é muito reduzido) e nunca tenha posto em questão a regra do segredo das deliberações, que permanece gozando, entre os juristas alemães, do status de garantia indispensável para o adequado desenvolvimento dos debates no interior do órgão colegiado.

Muito menor é a intensidade dos debates em sistemas que acabaram constitucionalizando o instituto do voto dissidente e/ou que o incorporaram sem maiores percalços à prática deliberativa dos tribunais constitucionais. É o caso, por exemplo, da Espanha, que apesar dos insuficientes precedentes históricos a respeito do tema das opiniões dissidentes nos tribunais – costuma-se mencionar na doutrina a existência de regra similar (abrangente apenas da possibilidade de voto contrário) nas antigas Ordenanças de Medina de 1489

---

[209] LUTHER, Jörg. *L'Esperienza del voto dissenziente nei paesi di lingua tedesca*. In: Politica del Diritto, anno XXV, n. 2, giugno 1994, p. 246. RITTERSPACH, Theodor. *Gedanken zum Sondervotum*. In: FÜRST, Walther; HERZOG, Roman; UMBACH, Dieter C. Festschrift für Wolfgang Zeidler. Berlin: Walter de Gruyter; 1987. ROELLECKE, Gerd. *Sondervoten*. In: BADURA, Peter; DREIER, Horst. Festschrift 50 Jahre Bundesverfassungsgericht. Tübingen: Mohr Siebeck; 2001.

e da experiência do anterior Tribunal de Garantías Constitucionales da Segunda República –, inseriu no texto da Constituição de 1978 (art. 164.1) a previsão do *voto particular*, o qual pode ser tanto um *voto dissidente* (contrário à decisão) como um *voto concorrente* (oposto à fundamentação), e que deve ser publicado junto com a decisão do Tribunal Constitucional. O instituto não foi objeto de debates mais expressivos no decorrer do processo constituinte – apesar de ter suscitado alguns pronunciamentos de relevo em sua defesa, como o do jurista e então deputado socialista Gregorio Peces-Barba – e foi em geral bem recebido pela doutrina[210]. Como será abordado em capítulo posterior sobre a prática deliberativa no Tribunal Constitucional da Espanha, o voto particular não tem sido utilizado de forma abusiva (sua quantidade ainda não pode ser considerada fora de parâmetros razoáveis) e por estar regulado de forma bastante adequada no próprio texto constitucional, não tem suscitado maiores atenções da doutrina especializada. Da mesma forma tem ocorrido em Portugal, em que o instituto do *voto de vencido*, previsto pelo art. 42 da Lei Orgânica do Tribunal Constitucional (Lei n. 28/ 1982), não tem sido objeto de debates mais polêmicos por parte da doutrina constitucional[211].

Não obstante todo o importante debate que a questão quanto a publicidade dos votos dissidentes suscitou (e ainda suscita) na maioria dos sistemas europeus de jurisdição constitucional, é na prática deliberativa da Suprema Corte norte-americana que as *dissenting opinions* encontraram sua maior expressão e,

---

[210] Apesar das críticas pontuais a determinados aspectos, o instituto tem sido em geral bem apreciado pela doutrina: CASCAJO CASTRO, José Luis. *La figura del voto particular en la jurisdicción constitucional española*. In: Revista Española de Derecho Constitucional, año 6, n. 17, mayo-agosto 1986, pp. 171-185. RIDAURA MARTÍNEZ, María Josefa. La regulación de los votos particulares en la Constitución española de 1978. In: ALVAREZ CONDE, Enrique. *Diez años de régimen constitucional*. Valencia: Departamento de Derecho Constitucional de la Universidad de Valencia, Editorial Tecnos; 1989, pp. 377-398. EZQUIAGA GANUZAS, Francisco Javier. *El voto particular*. Madrid: Centro de Estudios Constitucionales; 1990. CÁMARA VILLAR, Gregorio. *Votos particulares y derechos fundamentales en la práctica del Tribunal Constitucional español (1981-1991)*. Madrid: Ministerio de Justicia; 1993. FERNÁNDEZ SEGADO, Francisco. Las dissenting opinions. In: Idem. *La Justicia constitucional: una visión de derecho comparado*. Tomo I. Madrid: Dykinson; 2009.

[211] ARAÚJO, António de. *O Tribunal Constitucional (1989-1996). Um estudo de comportamento judicial*. Coimbra: Coimbra Ed.; 1997. SANTOS, Ana Catarina. *Papel político do Tribunal Constitucional: o Tribunal Constitucional (1983-2008): contributos para o estudo do TC, seu papel político e politização do comportamento judicial em Portugal*. Coimbra: Coimbra Ed; 2011.

CAPÍTULO 4 – TRIBUNAIS CONSTITUCIONAIS COMO INSTITUIÇÕES DELIBERATIVAS

dessa forma, foram objeto das mais ricas e infindáveis discussões jurídicas[212], de modo que hoje é possível afirmar que se trata de um instituto que esta umbilicalmente ligado à própria noção que naquele país se construiu a respeito da figura do juiz numa democracia e de seu papel decisório nos órgãos colegiados dos tribunais. Como certa vez declarou o Justice William Douglas, *"disagreement among judges is as true to the character of democracy as freedom of speech itself"*[213]. Se mesmo nos primórdios das atividades da Corte, quando ainda se praticava o modelo de decisão *seriatim* (seguindo a tradição inglesa, como visto anteriormente), já se tinha uma convicção bastante clara a respeito da importância de se assegurar a cada juiz componente do colégio a prerrogativa de expressar livremente sua opinião individual sobre o caso em julgamento, a partir da prática das *opinions of the Court* (com a chegada de Marshall, em 1801)[214] iniciou-se a construção da ideia de um verdadeiro direito (*a right*) de livre expressão e de independência que cada magistrado possui em face da maioria formada no colegiado[215]. A cada *Justice* é assegurado o direito de se opor à opinião da maioria e de redigir um voto separado e distinto da *opinion of the Court* (*separate opinion*) se entende que, após um processo de livre formação de sua convicção em torno do caso, dela deve divergir, seja porque não concorda com a decisão mesma, caso em que pode expressar uma opinião dissidente (*dissenting opinion*), seja porque não está de acordo com a *ratio decidendi* que justifica a posição da maioria, quando pode formular uma opinião concorrente (*concurring opinion*).

---

[212] Uma apresentação detalhada da história das *dissenting opinions* pode ser encontrada em: ZOBELL, Karl M. *Division of Opinion in the Supreme Court: a history of judicial desintegration*. In: Cornell Law Quaterly Review, vol. 44, 1958-1959, pp. 186-214. Sobre a história do *dissent*, vide também: VOSS, Edward C. *Dissent: sign of a healthy Court*. In: Arizona State Law Journal, 24, 1992, pp. 643-686.

[213] DOUGLAS, William O. *The dissent: a safeguard of democracy*. In: Journal of the American Judicature Society, vol. 32, 1948-1949, p. 105.

[214] NADELMANN, Kurt. H. *The judicial dissent: publication vs. secrecy*. In: The American Journal of Comparative Law, vol. 8, 1959, p. 418-420. Sobre os primeiros anos de atividade da Suprema Corte norte-americana, vide: HASKINS, George L. *Law versus politics in the early years of the Marshall Court*. In: University of Pennsylvania Law Review, vol. 130, 1981-1982, pp. 1-27.

[215] O primeiro dissent a uma *opinion of the Court* foi formulado pelo *Justice* William Paterson no caso *Simms &Wise v. Slacum* [7 U.S. (3 Cranch) 300, 309 (1806)].

ARGUMENTAÇÃO CONSTITUCIONAL

A singular importância que esse "direito" dos juízes sempre encontrou na prática deliberativa da Corte norte-americana é comumente representada com as figuras de *great dissenters* que nela se formaram – como Benjamin R. Curtis, John Marshall Harlan, Oliver Wendel Holmes, Louis Brandeis, entre outros – e são hoje reconhecidos especialmente pelos corajosos votos dissidentes que, com uma notória qualidade argumentativa e uma inegável força persuasiva, resultaram, tempos depois, em revolucionárias *viragens jurisprudenciais* que atualmente marcam a história constitucional daquele pais. Basta relembrar os *dissents* de Benjamin Curtis na decisão do caso *Dred Scott v. Sandford*[216], de John Harlan no caso *Plessy v. Ferguson*[217], de Oliver Holmes no caso *Lochner v. New York*[218], e a *concurrent opinion* de Louis Brandeis no caso *Whitney v. California*[219].

---

[216] O *Justice* Benjamin R. Curtis (1851-1857) ganhou o título de *great dissenter* por um único *dissent*, sua corajosa divergência em relação à decisão do caso *Dred Scott v. Sandford* [60 U.S. (19 How.) 393, 564 (1856)], que na época marcou a posição conforme da Corte em relação ao regime de escravidão de negros, então vigente nos Estados Unidos.

[217] John Marshall Harlan (1877-1911) muitas vezes é qualificado como *"the greatest of all the dissenters"*. Escreveu mais de 300 *dissenting opinions*. Mas foi por seu famoso *dissent* na decisão do caso *Plessy v. Ferguson* [163 U.S. 537 (1896)] que ele se tornou praticamente uma unanimidade quando se debate sobre os principais *disserters* da Suprema Corte. Como observou Karl Zobell, *"he was come to be regarded as something of a judicial folk-hero"*. Seu *dissent* no caso *Plessy*, no ano de 1896, foi finalmente adotado pela Corte, em votação unânime, no famoso caso *Brown v. Board fo Education of Topeka*, em 1954, isto é, 58 anos depois. O revolucionário câmbio jurisprudencial significou o abandono da antiga doutrina do *"separate but equal"* que justificava a política de segregação racial vigente até então, e que já contava, desde 1896, com a solitária posição contrária de Harlan, que naquela época já ressaltava, em suas palavras proféticas, que *"our Constitution is color-blind, and neither knows nor tolerates classes among citizens"*. O editorial do jornal New York Times assim comentou a decisão do caso *Brown*, ressaltando a importância da opinião dissidente de Harlan mais de cinquenta anos antes: "It is eighty-six years since Fourteenth Amendment was proclaimed a part of the United States Constitution. It is fifty-eight years since the Supreme Court, with Justice Harlan dissenting, established the doctrine of 'separate but equal' provision for white and negro races on interstate carriers. It is forty-three years since John Marshall Harlan passed from this earth. Now the words he used in his lonely dissent in an 8-to-1 decision in the case of Plessy v. Ferguson in 1896 have become in effect by last Monday's unanimous decision of the Supreme Court a part of the law of the land". ZOBELL, Karl M. *Division of Opinion in the Supreme Court: a history of judicial desintegration*. In: Cornell Law Quaterly Review, vol. 44, 1958-1959, pp. 186-214.

[218] O voto dissidente de Oliver Holmes na decisão do caso *Lochner v. New York* [198 U.S. 45 (1905)] se tornou posição majoritária 12 anos depois, na decisão do caso *Bunting v. Oregon* [243 U.S. 426 (1917)]. Muitos atribuem a Holmes o título de "The Great Dissenter", título este que não se deve exatamente ao número de *dissents*, que na prática não foram em número

CAPÍTULO 4 – TRIBUNAIS CONSTITUCIONAIS COMO INSTITUIÇÕES DELIBERATIVAS

A prática das *dissenting opinions* está assim enraizada na tradição judicial norte-americana e tem sido encarada como um aspecto essencial e necessário da permanente *construção e evolução jurisprudencial do direito* que caracteriza o sistema de *common law*, de modo que as posições (na maioria das vezes advindas da doutrina) que se mostram reticentes ao instituto muitas vezes se limitam a uma compreensível preocupação com o permanente risco do uso abusivo dos votos dissidentes e com as situações anômalas que se pode criar com as denominadas *plurality decisions* ou *no-clear majority decisions* (que ocorrem quando a formação de uma maioria de votos não é acompanhada de uma maioria quanto aos fundamentos que devem suportar a decisão, caso em que a Corte, completamente dividida, não pode construir uma *opinion of the Court*). Com efeito, muitos são os que reconhecem que na história jurisprudencial recente da Suprema Corte é claramente perceptível um acentuado crescimento do número de *dissents*[220], o que também tem levado ao surgimento de uma maior porcentagem de decisões tomadas por votação 5 a 4 e/ou que resultam em *plurality decisions*, com consequências danosas à formação de precedentes claros – pois identificar a *ratio decidendi* em *plurality decisions* é uma tarefa extremamente complexa e difícil[221] – e, portanto, à doutrina do

elevado (205 *separate opinions*, 158 *dissents* e 47 *concurrences*), mas ao impacto que tiveram na jurisprudência.

[219] Em sua *concurrent opinion* formulada no caso *Whitney v. California* (1927), Louis Brandeis utiliza a doutrina da "clear and present danger" para defender que o Estado está proibido de restringir a liberdade de expressão com base apenas no temor de um dano sério que pode ser causado pelo exercício dessa liberdade. Essa doutrina será finalmente adotada pela Corte nos casos *Herndon v. Lowry* (1937) e *De Jonge v. Oregon* (1937).

[220] Sobre os dados a respeito do vertiginoso crescimento do número de *dissenting opinions*, vide: ZOBELL, Karl M. *Division of Opinion in the Supreme Court: a history of judicial desintegration*. In: Cornell Law Quaterly Review, vol. 44, 1958-1959, pp. 186-214. Dados mais recentes podem ser encontrados no completo estudo do Professor Francisco Fernández Segado: FERNÁNDEZ SEGADO, Francisco. Las dissenting opinions. In: Idem. *La Justicia constitucional: una visión de derecho comparado*. Tomo I. Madrid: Dykinson; 2009, pp. 349-354. O estudo de Fernández Segado, baseado nas estatísticas publicadas anualmente pela Harvard Law Review, demonstra que, se no ano de 1949 foram emitidas 18 *concurrent opinions* e 64 *dissenting votes*, em 1985 esse número já era de 89 *concurrent opinions* e 161 *dissenting opinions*, e que na mais recente Rehnquist Court (1987-2004) houve uma porcentagem bastante alta de decisões tomadas por maioria de 5 a 4 (*five/four opinions*), de 19,5 % do total de *full opinions* escritas.

[221] THURMON, Mark Alan. *When the Court divides: reconsidering the precedential value of Supreme Court plurality decisions*. In: Duke Law Journal, 42, 1992-1993, pp. 419-468.

stare decisis. Muitos reconhecem nesse fenômeno uma maior fragmentação da Corte, do que também pode ser sintoma a crescente carga de trabalho, que exige o cada vez maior recurso ao trabalho dos assessores (*clerks*) no interior dos gabinetes, que funcionam de forma mais isolada e dificultam a interação colegiada entre os *Justices*[222]. De toda forma, mais do que um problema identificado com o instituto do *dissent*, trata-se de patologias relacionadas ao seu uso abusivo, que parecem não atingir o seu fundamental valor no contexto da prática deliberativa dos tribunais e que o mantém como objeto de uma ampla maioria de considerações doutrinárias positivas e de uma majoritária aceitação no sistema jurídico norte-americano[223].

Apesar das sempre existentes posições contrárias ou reticentes ao seu uso abusivo, reconhece-se que as opiniões dissidentes exercem um papel crucial na deliberação dos tribunais constitucionais. Os votos divergentes têm um relevante impacto sobre o transcurso da deliberação no interior do tribunal. As opiniões dissidentes muitas vezes impõem ao colegiado a obrigação de rever seus posicionamentos iniciais, para então refiná-los e clarificá-los antes de emitir a decisão majoritária final, assumindo, dessa forma, o ônus da argumentação que vai compor a *ratio decidendi* de sua posição não unânime. Em algumas ocasiões, ainda que menos recorrentes, os *dissents* podem chegar a ter uma influência forte o suficiente para produzir câmbios de votos entre os juízes pertencentes à maioria, que às vezes podem ser em número bastante para resultar numa mudança de posicionamento do próprio colegiado[224]. Essa dinâmica que podem introduzir na jurisprudência dos tribunais, levando

---

[222] FERNÁNDEZ SEGADO, Francisco. Las dissenting opinions. In: Idem. *La Justicia constitucional: una visión de derecho comparado*. Tomo I. Madrid: Dykinson; 2009, pp. 357-357/371.

[223] VOSS, Edward C. *Dissent: sign of a healthy Court*. In: Arizona State Law Journal, 24, 1992, pp. 643-686.

[224] Como revelou a *Justice* Ruth Bader Ginsburg: "On the utility of dissenting opinions, I will mention first their in-house impact. My experience teaches that there is nothing better than an impressive dissent to lead the author of the majority opinion to refine and clarify her initial circulation. (...) Sometimes a dissent is written, then buried by its author. (...) He would suppress his dissent if the majority made ameliorating alterations or, even when he gained no accommodations, if he thought the Court's opinion was of limited application and unlikely to cause real harm in future cases. On occasion – not more than four times per term I would estimate – a dissent will be so persuasive that it attracts the votes necessary to become the opinion of the Court". GINSBURG, Ruth Bader. *The role of dissenting opinions*. In: Minnesota Law Review, vol. 95, 2010-2011, pp. 3-4.

CAPÍTULO 4 – TRIBUNAIS CONSTITUCIONAIS COMO INSTITUIÇÕES DELIBERATIVAS

em determinadas circunstâncias às necessárias mudanças de posição, revela a fundamental função que podem cumprir as opiniões dissidentes na deliberação judicial, função essa que, conforme a maioria dos especialistas sobre o tema já reconheceram e a maior parte dos sistemas jurídicos já trataram de institucionalizar (como visto acima), pode ser realizada de forma mais profícua e com maior intensidade por meio da publicidade dos votos que as expressam, ao invés de aprisioná-las sob o segredo do interior dos órgãos colegiados.

Assim, a questão quanto à publicidade das opiniões dissidentes na jurisdição constitucional parece ter se convertido mais em um problema de verificar os possíveis desvios em sua utilização (seu uso abusivo) na prática deliberativa dos diversos tribunais constitucionais, o que se torna viável através de investigações empíricas sobre como de fato os juízes de cada tribunal tem feito uso desse importante instrumento de exercício de sua liberdade de expressão e de sua independência em face do colegiado.

4.2.2.3.2. A Polêmica Questão quanto ao Uso do Direito Estrangeiro

No contexto das práticas institucionais de apresentação do resultado da deliberação também se pode colocar uma questão que vem sendo cada vez mais objeto da atenção da doutrina: o uso do direito estrangeiro por parte dos tribunais constitucionais para fundamentar suas decisões. Como se verá neste tópico, o tema pode ser desenvolvido em distintas perspectivas, mas talvez a que hoje se apresente mais instigante e carente de estudos mais aprofundados seja a da teoria da argumentação jurídica ou, mais especificamente, da argumentação constitucional, em se tratando da argumentação levada a cabo pelos tribunais constitucionais. Independentemente dos diversos enfoques que essa abordagem pode adotar, o que aqui interessa é a análise do fenômeno como problema de citação de doutrina e de jurisprudência estrangeiras pelos tribunais constitucionais no texto de apresentação dos resultados de sua deliberação e a consequente publicação na qualidade de *ratio decidendi* de seus posicionamentos finais. Para a teoria da argumentação constitucional, esse problema pode suscitar uma questão relativa à *coerência* do raciocínio desenvolvido deliberativamente pelo órgão colegiado, especialmente nos sistemas que adotam o modelo de decisão *seriatim*.

O uso do direito estrangeiro pelos tribunais e supremas cortes constitucionais comumente tem sido posto como uma novidade, apesar de que, como

ARGUMENTAÇÃO CONSTITUCIONAL

esclarecem alguns estudos importantes[225], trata-se de uma prática antiga – mais especificamente um método de direito comparado – que muitos tribunais sempre desenvolveram para deliberar e decidir sobre casos especiais em suas jurisdições nacionais[226]. É claro, por outro lado, que nas últimas duas décadas (1990-2000; 2000-2010) assistiu-se a um vertiginoso crescimento da quantidade de citações de precedentes estrangeiros pelos tribunais constitucionais de diversos países, como hoje comprovam alguns estudos empíricos relevantes[227], e tudo parece indicar que é esse fenômeno mais recente que vem despertando a atenção de doutrinadores de toda Parte Interessados em entender as suas razões e os seus contornos teóricos[228]. Assim, em suas características atuais, as causas do fenômeno têm sido relacionadas a diversos fatores, dentre os quais sobressaem o da globalização, que tem favorecido e intensificado os processos de circulação e de migração de tradições e ideias constitucionais[229], os avanços tecnológicos (especialmente a internet), que permitem de forma mais rápida e dinâmica a pesquisa e troca de informações

---

[225] VERGOTTINI, Giuseppe de. *Más allá del diálogo entre tribunales. Comparación y relación entre jurisdicciones.* Madrid: Civitas, Thomson Reuters; 2011. BOBEK, Michal. *Comparative Reasoning in European Supreme Courts.* Oxford: Oxford University Press; 2013.

[226] Estudo pioneiro sobre o tema, publicado na década de 1950, pode ser encontrado em: TRIPATHI, Pradyumna K. *Foreign Precedents and Constitutional Law.* In: Columbia Law Review, vol. 57, n. 3, march 1957.

[227] GROPPI, Tania; PONTHOREAU, Marie-Claire. *The use of foreign precedents by constitutional judges.* Oxford: Hart Publishing; 2013.

[228] Entre os primeiros e mais difundidos estudos sobre essa temática na década de 1990 estão os importantes e multicitados artigos de Anne-Marie Slaughter: SLAUGHTER, Anne-Marie. *A Global Community of Courts.* In: Harvard International Law Review, vol. 44, n. 1, 2003. Idem. *Judicial Globalization.* In: Virginia Journal of International Law, vol. 40, 2000, pp. 1103-1124. Idem. *The New World Order.* In: Foreign Affairs, vol. 76, n. 5, 1997, pp. 183-197. Idem. *A typology of transjudicial communication.* In: University of Richmond Law Review, vol. 29, 1995, pp. 99--137.

[229] CHOUDRY, Sujit. *Globalization in search of justification: toward a theory of comparative constitutional interpretation.* In: Indiana Law Journal, vl. 74, 1999, pp. 819-892. L'HEUREUX-DUBÉ, Claire. *The importance of dialogue: globalization and the international impact of the Rehnquist Court.* In: Tulsa Law Journal, vol. 34, 1998, pp. 15-40. Em perspectiva diferenciada que ressalta o crescimento de um uso "estratégico" do direito estrangeiro pelos tribunais nacionais como uma forma de reação às "forças da globalização", vide: BENVENISTI, Eyal. *Reclaiming Democracy: the strategic uses of foreign and international Law by national Courts.* In: The American Journal of International Law, vol. 102, 2008, pp. 241-274.

CAPÍTULO 4 – TRIBUNAIS CONSTITUCIONAIS COMO INSTITUIÇÕES DELIBERATIVAS

judiciais em vias que ultrapassam as fronteiras nacionais[230], assim como um clima cultural cosmopolita e um pensamento universal em torno dos direitos humanos, que deriva especialmente da vigência de tratados internacionais de direitos[231] e de uma cada vez mais robusta e difundida jurisprudência dos tribunais internacionais e supranacionais.

Além do visível fator quantitativo, é certo que alguns fatos constitucionais também recentes têm sugerido o maior interesse pelo fenômeno. Um dos fatos mais citados e comentados é a recente experiência constitucional da África do Sul, que positivou na Constituição de 1996 (art. 39) uma norma expressa que dá poderes à Corte Constitucional para utilizar o direito estrangeiro na fundamentação de suas decisões[232]. Com base nessa norma, a Corte sul-africana acabou desenvolvendo, ao longo de seus pouco mais de 20 anos de funcionamento, um rol de precedentes jurisprudenciais extremamente rico para o estudo do tema, e que também tem exercido grande influência na atividade de outras Cortes Constitucionais, especialmente no contexto dos países pertencentes à tradição do *common Law* (Canadá, Israel, Austrália, Nova Zelândia, Irlanda), onde, de acordo com os estudos empíricos mais atualizados, o intercâmbio de experiências constitucionais e de precedentes judiciais tem ocorrido com maior intensidade[233]. Outro fato relevante de potencialização do interesse e da atenção dos diversos estudiosos sobre o tema tem sido as posturas entusiasmadas e os debates calorosos que a questão

---

[230] NOGUEIRA ALCALÁ, Humberto. *El uso de las comunicaciones transjudiciales por parte de las jurisdicciones constitucionales en el derecho comparado chileno.* In: Estudios Constitucionales, Centro de Estudios Constitucionales de Chile, Universidad de Talca, año 9, n. 2, 2011, pp. 17-76.

[231] Para um estudo do fenômeno focado na jurisprudência dos direitos humanos, vide: McCRUDDEN, Christopher. *A common law of human rights? Transnational judicial conversations on constitutional rigths.* In: Oxford Journal of Legal Studies, vol. 20, n. 4, 2000, pp. 499-532. Sobre a "cosmopolitan judicial doctrine" como espécie de uso comparativo do direito estrangeiro, vide: ROMANO, Serena. *Comparative legal argumentation: three doctrines.* In: Diritto e questioni pubbliche, n. 12, Palermo, 2012, pp. 469-492.

[232] BENTELE, Ursula. *Mining for gold: the Constitutional Court of South Africa's Experience with Comparative Constitutional Law.* In: Georgia Journal of International and Comparative Law, vol. 37, n. 2, 2009, pp. 219-265. LOLLINI, Andrea. *Legal argumentation based on foreign law. An example from case law of the South African Constitutional Court.* In: Utrecht Law Review, vol. 3, issue 1, june 2007.

[233] GROPPI, Tania; PONTHOREAU, Marie-Claire. *The use of foreign precedents by constitutional judges.* Oxford: Hart Publishing; 2013.

tem suscitado no contexto norte-americano, onde a Suprema Corte sempre demonstrou uma postura muito clara de indiferença ou de aversão ao fenômeno[234]. Algumas referências contidas em quatro decisões relativamente recentes (em casos rumorosos e controvertidos em temas de pena de morte, direitos dos homossexuais e ações afirmativas)[235] acabaram gerando no interior da Suprema Corte norte-americana posturas opostas em relação à questão[236], algumas delas bastante radicais e contrárias à prática (como foi a do *Justice* Antonin Scalia), o que tem naturalmente suscitado um intenso debate doutrinário, o qual também se mantém atualmente polarizado[237]. A polêmica chegou ao Congresso, onde os republicanos tentaram aprovar uma norma proibindo as citações de direito estrangeiro por parte dos tribunais, e também foi um dos pontos centrais dos *hearings* de ratificação das nomeações do *Chief Justice* John Roberts e do *Justice* Samuel Alito, quando um senador chegou a propor que esse tipo de citação fosse considerada como uma infração suscetível de *impeachment*[238]. Além do contexto norte-americano, não se pode olvidar da atual e cada vez mais rica experiência de influência jurisprudencial recíproca entre os tribunais constitucionais europeus e os tribunais da União Europeia (Tribunal Europeu de Direitos Humanos; Tribunal de Justiça da União Europeia). Não é de se estranhar, portanto, que todos esses fatos recentes, entre outros, tenham convertido o tema em especial foco de estudos e de debates no âmbito da doutrina constitucional.

[234] HARDING, Sarah K. *Comparative Reasoning and Judicial Review*. In: The Yale Journal of International Law, vol. 28, pp. 409-464. MARKESINIS, Basil; FEDTKE, Jörg. *The judge as comparatist*. In: Tulane Law Review, vol. 80, 2005, pp. 11-167.

[235] *Printz v. U.S.*, 521 U.S. 898 (1997), *Knight v. Florida* 528 U.S. 990 (1999), *Atkins v. Virginia*, 536 U.S. 304 (2002), *Foster v. Florida* 537 U.S. 990 (2002); *Lawrence v. Texas*, 539 U.S. 558 (2003), *Roper v. Simmons*, 543 U.S. 551 (2005).

[236] Entre os *Justices* que são mais favoráveis ao uso do direito estrangeiro, é importante mencionar a opinião de Ruth Bader Ginsburg expressada em estudos acadêmicos: GINSBURG, Ruth Bader. *Looking beyond our borders: the value of a comparative perspective in constitutional adjudication*. In: Yale Law and Policy Review, vol. 22, 2004, pp. 329-337. Idem. *The value of a comparative perspective in judicial decisionmaking: imparting experiences to, and learning from, other adherents to the Rule of Law*. In: Revista Jurídica Universidad de Puerto Rico, vol. 74, 2005, pp. 213-230.

[237] PARRISH, Austen L. *Storm in a teacup: the U.S. Supreme Court's use of Foreign Law*. In: University of Illinois Law Review, n. 2, 2007, pp. 637-680.

[238] PARRISH, Austen L. *Storm in a teacup: the U.S. Supreme Court's use of Foreign Law*. In: University of Illinois Law Review, n. 2, 2007, pp. 637-680.

CAPÍTULO 4 – TRIBUNAIS CONSTITUCIONAIS COMO INSTITUIÇÕES DELIBERATIVAS

Apesar de todo o interesse que tem despertado, é preciso reconhecer que o tema ainda carece de muito desenvolvimento e, especialmente, de precisões terminológicas e de delimitações temáticas. É importante ter em mente que se trata de um fenômeno com diversas facetas. Quando se trata do "direito estrangeiro", pode-se fazer referência a um alargado espectro de fontes jurídicas, como as normas emanadas das entidades legislativas de outros países ou de organismos internacionais, as decisões judiciais (os precedentes ou a jurisprudência) de órgãos jurisdicionais de diferentes nacionalidades ou de caráter supranacional, assim como a doutrina produzida no contexto delimitado de cada sistema jurídico nacional. Cada uma sugere diferentes perspectivas, mas a doutrina tem se interessado mais pelo uso dos precedentes ou da jurisprudência estrangeiras, como demonstra a grande maioria dos estudos existentes sobre o assunto[239], e a razão para isso está no fato de que o fenômeno venha ocorrendo com maior intensidade em países de tradição do *common Law*[240], onde os precedentes permanecem como a principal fonte do direito. Ademais, parece bastante óbvio que a prática das citações de direito estrangeiro pode ser desenvolvida por qualquer tribunal e não apenas pela categoria especial dos tribunais e supremas cortes constitucionais dos diversos países. De todo modo, a atividade dos tribunais constitucionais tem ganhado o maior interesse da doutrina, e isso se deve a duas razões primordiais. Primeiro, devido à grande proliferação de novos tribunais constitucionais, principalmente nas novas democracias que surgiram a partir do início da década de 1990 (sobre a difusão mundial dos órgãos de jurisdição constitucional, vide capítulo 1), os quais, ante a inexistência de uma jurisprudência prévia consolidada na histórica constitucional de seus países, tiveram que partir das experiências de outros tribunais para fundamentar suas primeiras decisões e construir seus próprios precedentes. Como atestam os estudos empíricos realizados nesses

---

[239] Entre os principais e mais atuais, vide: GROPPI, Tania; PONTHOREAU, Marie-Claire. *The use of foreign precedents by constitutional judges*. Oxford: Hart Publishing; 2013. BOBEK, Michal. *Comparative Reasoning in European Supreme Courts*. Oxford: Oxford University Press; 2013. Para um estudo relacionado a esta temática, mas menos recente que os acima citados, vide: KIIKERI, Markku. *Comparative legal reasoning and European Law*. Dordrech: Kluwer Academic Publishers; 2001.

[240] Uma das experiências mais ricas pode ser encontrada na jurisprudência canadense: LA FOREST, Gérard V. *The use of American precedents in Canadian Courts*. In: Maine Law Review, vol. 46, 1994, pp. 211-220.

países (cujo melhor exemplo está na Corte Constitucional da África do Sul), os novos tribunais constitucionais deram grande impulso ao fenômeno da citação de direito estrangeiro. Segundo, devido ao fato de que é nesses tribunais onde mais se discutem casos constitucionais envolvendo temas com natural vocação de transcender fronteiras, como os de direitos fundamentais ou direitos humanos, cujas respostas institucionais em um país podem influenciar ou sugerir os mesmos tratamentos para casos idênticos ou semelhantes vivenciados em outro. Tais razões, além de outras, justificam o fato de serem os tribunais constitucionais os principais alvos dos estudos sobre essa temática.

É preciso ter em conta, ademais, que a questão quanto ao uso das fontes jurídicas estrangeiras pelos tribunais constitucionais pode dar margem a uma multiplicidade de abordagens ou enfoques sobre o mesmo fenômeno. Como sói ocorrer na maioria dos estudos, o fenômeno é encarado como uma questão de (inter)relação jurídica (multilateral, global, multinível etc.) entre distintos órgãos ou entidades nacionais e internacionais ou supranacionais de caráter judicial, na perspectiva do direito internacional público ou do direito constitucional internacional. Tem sido muito comum que, adotando esse enfoque, tais estudos passem a qualificar e denominar o fenômeno como sendo uma espécie de "diálogo judicial" (*judicial dialogue*) de caráter internacional ou global[241], que favorece o desenvolvimento de uma "diplomacia judicial" (*judicial diplomacy*) paralela àquela realizada pelos governos nacionais, e que acaba criando um frutífero processo de fertilização cruzada (*cross-fertilization*) de experiências constitucionais. É preciso levar em conta, no entanto, que a citação de direito estrangeiro é realizada, na maioria das vezes, de modo unilateral por parte de cada tribunal constitucional, sem que haja necessariamente uma correspondência do tribunal estrangeiro cujos precedentes foram utilizados[242]. A existência de um efetivo diálogo ou de uma comunica-

---

[241] Reflexões sobre a existencia de um diálogo entre Cortes Constitucionais podem ser encontradas em: MAUS, Didier. *Application of the case law of foreign Courts and dialogue between Constitutional Courts*. Paper for the plenary session of the World Conference of Constitutional Justice organized by the Constitutional Court of South Africa and the Commission for Democracy through Law (Venice Comission) of the Council of Europe, on 22-24 January 2009 in Cape Town, South Africa.

[242] Sobre as dificuldades e os limites do uso da expressão "global judicial dialogue", vide: LAW, David S.; CHANG, Wen-Chen. *The limits of global judicial dialogue*. In: Washington Law Review, vol. 86, 2011, pp. 523-577.

CAPÍTULO 4 – TRIBUNAIS CONSTITUCIONAIS COMO INSTITUIÇÕES DELIBERATIVAS

ção judicial (através da citação mútua de jurisprudências entre dois ou mais tribunais) é de raríssima ocorrência, muitas vezes restrita ao âmbito de um mesmo ambiente institucional e de uma tradição jurídica comum, como é o caso das jurisdições dos países de *common Law*, de modo que essa expressão, longe de ser representativa do fenômeno mais abrangente da citação, deve ser utilizada apenas para essas hipóteses, de ocorrência mais limitada. Ademais, se é certo que o desenvolvimento de uma nova diplomacia judicial, especialmente através de encontros periódicos entre magistrados dos tribunais e cortes constitucionais (sobre as denominadas conferências de cortes constitucionais, vide capítulo 1), pode desencadear processos de *cross-fertilization* de experiências constitucionais e, mais especificamente, de utilização comum de precedentes das jurisdições dos países envolvidos, não se pode concluir que as possibilidades de citação de direito estrangeiro estejam restritas a esses ambientes ou que somente possam frutificar como o resultado dessa espécie de diplomacia. O uso do direito estrangeiro por parte dos tribunais constitucionais é um fenômeno muito mais abrangente e que, portanto, não pode ser qualificado por essas expressões, que apenas podem se referir a aspectos muito limitados dessa prática.

O fenômeno também pode ser abordado como uma questão de metodologia do direito constitucional comparado. Isso ocorre normalmente quando é objeto de estudos dos teóricos do direito constitucional. Nesse âmbito, a preocupação teórica passa a ser de índole distinta[243], recaindo especialmente sobre os seguintes aspectos. O uso do direito estrangeiro na motivação das decisões judiciais suscita a questão de saber se as citações passam a fazer parte da *ratio decidendi* ou se trata apenas de *obiter dicta*, como um mero complemento às fontes do direito nacional, estas sim componentes do fundamento determinante da decisão. Como têm sublinhado os teóricos do direito constitucional comparado[244], a prática da citação não pode se transformar num mero "transplante" de fontes jurídicas estrangeiras; ela deve ser feita conforme

---

[243] Para uma abordagem do fenômeno com uma preocupação de índole metodológica do direito comparado, vide: PEGORARO, Lucio. *La utilización del derecho comparado por parte de las Cortes Constitucionales: un análisis comparado.* In: Estudios en homenaje a Hector Fix-Zamudio. México: UNAM, pp. 385-436.

[244] VERGOTTINI, Giuseppe de. *Más allá del diálogo entre tribunales. Comparación y relación entre jurisdicciones.* Madrid: Civitas, Thomson Reuters; 2011.

ARGUMENTAÇÃO CONSTITUCIONAL

pautas metodológicas claras e pré-definidas, que auxiliem os juízes a utilizá-las apenas como um complemento da motivação da decisão. Ademais, essas citações não podem ser uma obrigação ou fazer parte de um rito metodológico imposto aos juízes, mas somente uma opção disponível, um recurso auxiliar que pode ou não ser utilizado pelo juiz, conforme sua discricionariedade. Realizada de modo coerente do ponto de vista metodológico[245], o uso do direito estrangeiro, como uma espécie de comparação, pode ser qualificado como um verdadeiro método de interpretação constitucional, na linha do que Peter Häberle há muito identificou como o "quinto método" adicional aos outros quatro (gramatical, histórico, sistemático e teleológico) clássicos de Savigny[246].

Em uma linha que se aproxima à metodológica, mas que se insere mais no âmbito de interesses dos teóricos e filósofos do direito, é possível abordar o fenômeno como um problema de identificação, tipologia e vigência das fontes do direito num determinado ordenamento jurídico. Esta é a preocupação, por exemplo, de Frederick Schauer[247], quando requalifica a questão – aparentemente simples – quanto à citação do direito estrangeiro como um problema teórico e filosófico mais complexo a respeito do aspecto autoritativo do direito (o que deve contar como autoridade num determinado sistema), do significado das fontes do direito numa ordem jurídica (o que pode servir de premissa do raciocínio judicial) e, finalmente, do que é o próprio Direito (o conceito de Direito).

Não obstante o interesse que podem despertar todas as perspectivas de abordagem acima mencionadas, talvez o enfoque atualmente mais sugestivo – e menos trabalhado – seja aquele que enxerga o uso do direito estrangeiro na motivação das decisões judiciais como um problema de argumentação jurídica, isto é, de técnica e prática de justificação das decisões judiciais, que deve ser inserido no âmbito de estudos mais específicos da teoria da argumentação jurídica e, em se tratando dos tribunais constitucionais, da teoria da argumentação constitucional. Nesse aspecto, a prática de citar fontes jurídicas

---

[245] VERGOTTINI, Giuseppe de. *Diritto Costituzionale Comparato*. Padova: Cedam; 1993.
[246] HÄBERLE, Peter. *Pluralismo y Constitución. Estudios de Teoría Constitucional de la sociedad abierta*. Madrid: Tecnos; 2002. Idem. *El Estado Constitucional*. Buenos Aires: Astrea; 2007.
[247] SCHAUER, Frederick. *Authority and Authorities*. In: Virginia Law Review, vol. 94, 2008, pp. 1931-1961.

CAPÍTULO 4 – TRIBUNAIS CONSTITUCIONAIS COMO INSTITUIÇÕES DELIBERATIVAS

de outro ordenamento jurídico para fundamentar as decisões judiciais é encarada como uma espécie de argumentação, denominada de *argumentação comparativa (comparative reasoning)*. Assim, antes que um fenômeno de diálogo judicial (*judicial dialogue*), de comunicação judicial global ou transnacional (*transjudicial comunication*) ou de fertilização cruzada ou mútua de experiências constitucionais (*cross-fertilization*) – que, como visto, muitas vezes são utilizados de forma equivocada –, trata-se de uma *prática argumentativa* que se utiliza de argumentos comparativos.

O *argumento comparativo* é um tipo especial de argumento, que ao mesmo tempo assume as características de um *argumento de autoridade* e de um *argumento por analogia*. É um argumento de autoridade na medida em que, para fixar a interpretação de algum enunciado jurídico, se utiliza de uma proposição construída ou definida por determinadas instituições no âmbito de um ordenamento jurídico estrangeiro (doutrina, jurisprudência, legislação, etc.) que, a critério do tribunal que se utiliza do argumento, gozam de algum prestígio ou autoridade suficientes para convencer e/ou persuadir auditórios pertencentes a sua jurisdição. Também é um argumento analógico, pois toma como referência as soluções encontradas no contexto de outros ordenamentos jurídicos para casos que são considerados semelhantes ao caso objeto de julgamento.

O tratamento do fenômeno como sendo o de uma prática argumentativa específica (a argumentação comparativa) traz perspectivas relevantes para se enfrentar as diversas questões que o tema sugere. Um aspecto interessante é que ela pode tornar mais evidente e assim explicar melhor o fato de que, no contexto atual, os tribunais constitucionais fazem uso não somente de enunciados jurídicos de primeira ordem (doutrinários, normativos ou jurisprudenciais), mas também dos *métodos* de interpretação e aplicação do direito construídos e utilizados por tribunais de outros países, e, da mesma forma, da argumentação ou dos *argumentos* que fazem parte da justificação de decisões judiciais estrangeiras. Com isso, é possível identificar a existência de uma *circula*ção internacional de métodos *ou de argumentos*, cujo melhor exemplo encontra-se no denominado *princípio da proporcionalidade* ou mesmo na *ponderação* de valores, que inegavelmente vêm ganhando uma imensa difusão e consolidação na jurisprudência dos mais diversos tribunais constitucionais. Nessa perspectiva, o próprio uso do argumento comparativo, uma técnica específica de justificação das decisões judiciais cada vez mais utilizada pelos tribunais, pode ser encarado como produto dessa circulação internacional de argumentos jurídico-constitucionais.

O enfoque argumentativo sobre o uso do direito estrangeiro pelos tribunais constitucionais depende de estudos empíricos a respeito das práticas de argumentação de cada tribunal. Independentemente dos distintos focos de análise empírica que essa perspectiva pode sugerir, o que aqui interessa é saber se o argumento comparativo, além de ser utilizado na deliberação colegiada, ao final é explicitado, como *ratio decidendi* ou como *obiter dictum*, no texto final da decisão que é publicado na imprensa oficial. Se é possível pressupor que, no contexto atual, praticamente todos os tribunais acabam de algum modo se inspirando e utilizando fontes jurídicas estrangeiras – no mundo globalizado e informatizado de hoje, em que a comunicação e a troca de informações é cada vez mais facilitada, essa pressuposição pode ser considerada como bastante realista –, então a distinção deve ocorrer entre os tribunais que não tornam esse uso explícito através de citações no texto da decisão e aqueles outros que deixam essa utilização expressa em suas decisões e permitem a sua publicação como fundamentos de se sua posição final. A questão fica assim formulada como um *problema de publicidade* das premissas (fontes jurídicas estrangeiras) da argumentação constitucional. Nos sistemas que adotam o modelo de texto composto ou de decisão *seriatim* (como o brasileiro, por exemplo), a publicidade das diversas fontes jurídicas estrangeiras eventualmente utilizadas por cada magistrado (doutrina, jurisprudência, legislação, etc.) pode gerar *problemas de coerência* dos fundamentos determinantes da decisão, visto que o texto final poderá ser composto por um amálgama de múltiplas razões que podem estar baseadas em distintas fontes de diversos países diferentes e que inclusive podem ser contraditórias entre si. Estes são os principais aspectos que nortearão a pesquisa empírica que será apresentada na segunda parte do livro.

4.2.3. A Deliberação Externa Praticada pelos Tribunais Constitucionais: as Relações Públicas e Político-Institucionais com os Demais Poderes e a Opinião Pública

Uma terceira linha de abordagem sobre as práticas deliberativas dos Tribunais Constitucionais privilegia o perfil institucional do órgão deliberativo em relação a seu exterior e, portanto, estabelece um de seus focos nas relações

CAPÍTULO 4 – TRIBUNAIS CONSTITUCIONAIS COMO INSTITUIÇÕES DELIBERATIVAS

públicas e político-institucionais do Tribunal Constitucional com os demais Poderes (Poder Executivo, Poder Legislativo e Poder Judicial – os órgãos judiciais ordinários), assim como em relação à opinião pública (especialmente a imprensa) e a sociedade. Esse enfoque parte da distinção entre (1) a *deliberação interna* e (2) a *deliberação externa* que podem ser desenvolvidas nas Cortes Constitucionais[248].

A *deliberação interna* é caracterizada pela argumentação desenvolvida entre os membros de um grupo com vistas à persuasão de todos no sentido da tomada de uma decisão. Deve haver uma troca de razões no interior do próprio grupo, de forma que cada um de seus membros possa oferecer e ao mesmo tempo ouvir argumentos em prol de uma determinada solução para o problema enfrentado. Nos Tribunais Constitucionais, a deliberação interna é aquela que é produzida no interior de seu órgão colegiado, no qual os juízes trocam entre si argumentos com a finalidade de persuadir o grupo, como um todo, a decidir em determinado sentido. A deliberação interna é predominante no modelo europeu de controle de constitucionalidade[249], no qual

---

[248] FEREJOHN, John; PASQUINO, Pasquale. *Constitutional adjudication: lessons from europe*. In: Texas Law Review, 82, 2003-2004, p. 1680. FEREJOHN, John; PASQUINO, Pasquale. Constitutional Courts as Deliberative Institutions: Towards an Institutional Theory of Constitutional Justice. In: SADURSKI, Wojciech (ed.). *Constitutional Justice, East and West. Democratic Legitimacy and Constitutional Courts in Post-Communist Europe in a comparative perspective*. New York: Kluwer Law International; 2002, p. 21-36. Vide também, sobre o tema da deliberação na Jurisdição Constitucional: FEREJOHN, John.; ESKRIDGE, William N. *Constitutional Horticulture: Deliberation-Respecting Judicial Review*. Texas Law Review, 87, 2008-2009, p. 1273-1302. Essa distinção entre deliberação interna e deliberação externa também chegou a ser levada em conta por Virgílio Afonso da Silva em trabalho que abordou o tema: SILVA, Virgílio Afonso da. *O STF e o controle de constitucionalidade: deliberação, diálogo e razão pública*. In: Revista de Direito Administrativo, vol. 250, 2009, pp. 197-227. Conrado Hubner Mendes realiza uma crítica à distinção entre deliberação interna e deliberação externa e aponta algumas ambiguidades no conceito de deliberação externa. MENDES, Conrado Hübner. *Constitutional Courts and Deliberative Democracy*. Oxford: Oxford University Press; 2014. Apesar dessas críticas, a distinção inegavelmente mantém sua relevância como perspectiva ou enfoque de pesquisa e de análise em torno dos distintos aspectos institucionais da deliberação nos Tribunais Constitucionais.
[249] Assim como as demais dicotomias construídas dogmaticamente em tema de jurisdição constitucional (controle difuso/controle concentrado; controle concreto/controle abstrato), a distinção entre deliberação interna e deliberação externa não é absoluta e cada sistema pode conter características de ambos os tipos de deliberação. Quando se afirma que a deliberação interna é característica do modelo europeu, quer-se dizer que nesse modelo há

ARGUMENTAÇÃO CONSTITUCIONAL

Tribunais Constitucionais como os da Espanha, Portugal, Itália e Alemanha, por exemplo, tomam decisões a portas fechadas.

O enfoque sobre os aspectos mais "internos" das práticas deliberativas oferece perspectivas interessantes de análise empírica, em especial sobre os comportamentos judiciais e as relações intersubjetivas entre os magistrados componentes do órgão colegiado[250]. Nesse contexto podem ser examinadas as estratégias de deliberação e votação, as negociações e as eventuais formações de coalizões no interior do colegiado[251], as interações argumentativas nos distintos momentos deliberativos (antes, durante e depois das sessões de julgamento), as práticas de redação e os relacionamentos profissionais e/ou pessoais entre magistrados e seus respectivos assessores etc.

A *deliberação externa*, por outro lado, envolve a argumentação produzida pelo grupo no sentido de convencer atores que são externos ao próprio grupo. Os argumentos são trocados entre o grupo, ou seus membros individualmente considerados, e o mundo que lhe é exterior. Assim, se a deliberação interna é caracterizada pela argumentação entre os próprios juízes sobre qual decisão a Corte como um todo deve tomar, a deliberação externa constitui parte de um debate público mais amplo sobre como a Constituição deve ser interpretada, debate este que acaba envolvendo um importante e necessário diálogo entre os três Poderes (Executivo, Legislativo e Judiciário), assim como os cidadãos e diversos grupos da sociedade civil. A Suprema Corte dos Estados

---

predominância desse tipo de deliberação, o que não exclui a presença de características da deliberação externa.

[250] No contexto acadêmico norte-americano existem diversos estudos focados nos aspectos do "*judicial behaviour*". Entre outros, vide: BAUM, Lawrence. *Judges and their audiences: a perspective on judicial behavior*. Princeton: Princeton University Press; 2006. EPSTEIN, Lee; KNIGHT, Jack. *The Choices Justices Make*. Washington: Congressional Quarterly; 1998.

[251] Alguns estudos desenvolvidos na academia norte-americana servem de referência: BRENNER, Saul; WHITMEYER, Joseph M. *Strategy on the United States Supreme Court*. New York: Cambrigde University Press; 2009. CLAYTON, Cornell W.; GILLMAN, Howard (ed.). *Supreme Court Decision Making: New Institutionalist Approaches*. Chicago: University of Chicago Press; 1999. LANDA, Dimitri; LAX, Jeffrey R. *Disagreements on collegial Courts: a case-space approach*. Journal of Constitutional Law, vol. 10, jan. 2008, p. 305-329. McCUBBINS, Mathew; RODRÍGUEZ, Daniel B. *When Does Deliberating Improve Decisionmaking?* Journal of Contemporary Legal Issues, vol. 15, 2006, p. 9-50. SEGAL, Jeffrey Alian; SPAETH, Harold G. *The Supreme Court and the Attitudinal Model Revisited*. Cambridge: Cambridge University Press; 2002.

CAPÍTULO 4 – TRIBUNAIS CONSTITUCIONAIS COMO INSTITUIÇÕES DELIBERATIVAS

Unidos é mais "externalista" em suas práticas deliberativas do que os Tribunais europeus[252]. Os *Justices* regularmente interagem com advogados e outros atores políticos e sociais (*amicus curiae*, por exemplo) durante as audiências orais (*hearings*); por outro lado, passam relativamente pouco tempo argumentando e deliberando "face a face" com seus colegas de Tribunal. Após uma breve sessão seguinte às audiências orais, eles desenvolvem privadamente seus pontos de vista pessoais e os apresentam aos demais membros da Corte apenas em textos escritos, os quais são construídos com a ajuda de assessores (*clerks*). Tais textos circulam entre todos os *Justices* num tipo de "processo de negociação". Nos Estados Unidos da América, há uma imprensa especializada e permanentemente atenta ao trabalho da Corte, de forma que o processo interno de deliberação é constantemente penetrado por atores externos e pela onipresença de uma ou de múltiplas audiências[253].

Em termos de amplitude e intensidade, a relativa abertura das práticas deliberativas desenvolvidas na Corte norte-americana não se compara, proporcionalmente, à deliberação que em tempos recentes vem sendo praticada nas Cortes do Brasil e do México. Nesses países, as constantes reformas legais que tornaram o processo constitucional mais aberto à efetiva participação da sociedade civil – no caso do Brasil, através da possibilidade de intervenção processual de *amici curiae* e da realização de audiências públicas para oitiva de espertos na matéria discutida no processo –, e, sobretudo, a criação de canais de televisão e de rádio, geridos pelo próprio Poder Judiciário, que transmitem em tempo real as sessões públicas de julgamento das Cortes Supremas, acabaram criando um original e peculiar modelo de deliberação externa inexistente em outras partes do mundo.

Os aspectos institucionais mais relevantes e as consequências práticas desses modelos extremamente abertos de deliberação, em comparação com os modelos fechados, merecem ser objeto de análise empírica. Nesse campo, assume importância a questão de identificar os principais *auditórios* dos Tribunais Constitucionais, isto é, os principais entes políticos e sociais para os quais o Tribunal primordialmente direciona sua argumentação, os quais,

---

[252] FEREJOHN, John; PASQUINO, Pasquale. *Constitutional adjudication: lessons from europe. Op. cit.*, p. 1696.
[253] *Idem., ibidem.*, p. 1697.

ARGUMENTAÇÃO CONSTITUCIONAL

num processo de influência recíproca, acabam exercendo algum impacto na deliberação interna entre os magistrados. Como ressaltam alguns estudos importantes desenvolvidos em perspectivas semelhantes[254], um interessante foco de pesquisa nessa área pode ser estabelecido em torno daqueles auditórios que comprovadamente exercem maiores influências sobre as práticas deliberativas das Cortes Constitucionais, em especial os demais Poderes do Estado e a opinião pública.

Assim, no enfoque que leva em conta a deliberação "externa" praticada pelo órgão colegiado – como organismo de representação político-institucional do tribunal perante seu exterior –, merecem atenção as relações político-institucionais das Cortes Constitucionais com os demais Poderes do Estado e a opinião pública, em especial a imprensa. Entre as diversas temáticas que podem ser abordadas nesse vasto campo de estudo, tem aqui interesse as perspectivas delimitadas por algumas questões importantes, tais como a que enfoca as relações de concorrência e/ou de diálogo institucional entre os Poderes em torno da prevalência na interpretação da Constituição, as relações institucionais (muitas vezes difíceis) entre Tribunal Constitucional e o Poder Judiciário (nos sistemas em que o Tribunal constitui um órgão constitucional distinto dos órgãos do Poder Judiciário), as relações entre as Cortes e a opinião pública (especialmente a imprensa), seara na qual pode surgir a polêmica questão a respeito de se a deliberação entre os juízes deve ou não levar em conta a "vontade popular" ou os ditos "anseios sociais". Essas são algumas das questões que guiarão a pesquisa empírica apresentada a seguir na Parte 2.

---

[254] Os principais estudos podem ser encontrados no contexto da academia norte-americana: BAUM, Lawrence. *Judges and their audiences: a perspective on judicial behavior.* Princeton: Princeton University Press; 2006. PICKERILL, J. Mitchell. *Constitutional Deliberation in Congress. The Impact of Judicial Review in a Separated System.* Duke University Press; 2004. MISHLER, William; SHEEHAN, Reginald S. *The Supreme Court as a countermajoritarian institution? The impact of public opinion on the Supreme Court decisions.* In: American Political Science Review, vol. 87, n. 1, 1993. Idem. *Popular influence on Supreme Court decisions.* In: American Political Science Review, vol. 88, n. 3, 1994, pp. 771-724. Idem. *Public opinion, the Attitudinal model, and Supreme Court decision making: a micro-analytic perspective.* In: The Journal of Politics, vol. 58, n. 1, 1996, pp. 169-200. FRIEDMAN, Barry. *The Will of the People: How Public Opinion has influenced the Supreme Court and Shaped the Meaning of the Constitution.* New York: Farrar, Straus and Giroux; 2009. HOEKSTRA, Valerie J. *Public Reaction to Supreme Court Decisions.* Cambridge: Cambridge University Press; 2003.

PARTE 2
A Deliberação nos Tribunais Constitucionais: um Estudo Empírico e Comparativo entre Brasil e Espanha

A Parte 2 é destinada à apresentação da investigação empírica realizada no Tribunal Constitucional da Espanha e no Supremo Tribunal Federal do Brasil. Esses tribunais foram escolhidos como objeto de pesquisa em razão de representarem modelos completamente diferenciados (considerados antípodas) de deliberação, o que também sugere uma análise de direito comparado. A prática deliberativa do tribunal espanhol constitui hoje um importante paradigma do modelo europeu de *deliberação secreta* e de decisão *per curiam* com publicação das opiniões dissidentes (divergentes e concorrentes), repleto de diversos aspectos institucionais interessantes para uma investigação desse tipo. O tribunal brasileiro pratica atualmente um peculiar modelo de *deliberação pública* e de decisão *seriatim* que não tem correspondência em outros sistemas de jurisdição constitucional e que, por isso, apresenta características especiais de bastante relevo para a análise comparativa.

Os capítulos 5 e 6 que compõem esta Parte 2 visam *descrever* as práticas de deliberação nos tribunais investigados, resultados de *pesquisa empírica qualitativa* que enfocou a percepção que os magistrados têm de suas práticas deliberativas. Como se verá, o relato envolve aspectos do ambiente institucional onde se desenvolvem as deliberações, inclusive os arquitetônicos, e trabalha com a visão que os próprios juízes possuem de suas práticas. As análises se baseiam primordialmente nas *entrevistas* realizadas com os magistrados de ambas as cortes, cuja transcrição integral no texto (organizadas em quadros que permitem uma melhor visualização) atribuem à análise descritiva realizada um aspecto mais *imparcial*, assim como uma característica mais *interativa*, na medida em que abre ao leitor a possibilidade de desenvolver percepções pessoais diferenciadas a respeito do conteúdo apresentado e retirar suas próprias conclusões.

Em cumprimento dos deveres de ética da pesquisa científica, as transcrições das entrevistas não revelarão os nomes de cada magistrado e de suas respectivas respostas às perguntas, apesar do fato de a maioria dos entrevistados ter demonstrado anuência em relação a eventual apresentação de seus nomes e opiniões. Assim, ao longo dos próximos capítulos, os magistrados serão apenas numerados, preservando-se o caráter confidencial da autoria do conteúdo das respostas. Não obstante, essa exigência não deve impedir – em razão da necessidade de se justificar a representatividade dos entrevistados (em relação ao campo investigado) e de demonstrar o peso das opiniões manifestadas – que apenas nesta explicação introdutória se mencione os nomes de cada um dos magistrados que participaram da pesquisa. O importante é que ao leitor continuará sendo muito difícil saber quem exatamente emitiu cada resposta.

Em cada tribunal investigado foram entrevistados *oito magistrados*, número que corresponde aproximadamente a setenta por cento da totalidade dos membros do órgão pesquisado, o que cumpre com as exigências de completude e abrangência adequadas da pesquisa empírica. No Tribunal Constitucional da Espanha foram entrevistados os Magistrados D. Francisco Rubio Llorente, D. Manuel Aragón Reyes, D. Pablo Pérez Tremps, D. Andrés Ollero Tassara, D. Ramón Rodriguez Aribas, Dña. Encarnación Roca Trías, D. Francisco Pérez de los Cobos Orihuel e D. Fernando Valdés Dal-Ré. No Supremo Tribunal Federal do Brasil foram entrevistados os Ministros Carlos Velloso, Ilmar Galvão, Nelson Jobim, Marco Aurélio, Gilmar Mendes, Joaquim Barbosa, Ricardo Lewandowski e Dias Toffoli.

Nas análises empreendidas em cada capítulo, os resultados das entrevistas são conjugados com a avaliação crítica obtida por meio da *observação presencial* das práticas realizada pelo pesquisador e trabalhadas em conjunto com os dados (documentais, bibliográficos e estatísticos) colhidos *in loco*, todos objetos de trabalho investigatório entre os anos de 2012 e 2013. As análises de casos (da jurisprudência de ambos os tribunais) e de alguns dados estatísticos são utilizados, ainda que de modo bastante sintético, apenas na medida em que servem para explicar ou demonstrar algum aspecto importante da prática descrita[255].

---

[255] A investigação empírica realizada não constituiu em análise de casos e também não foi uma pesquisa quantitativa, de modo que não se baseia em dados estatísticos.

CAPÍTULO 5
A Deliberação no Tribunal Constitucional da Espanha

5.1. O Tribunal Constitucional como Instituição Deliberativa

No cruzamento das ruas Domenico Scarlatti e Isaac Perral, na cidade de Madrid, capital da Espanha, encontra-se o edifício sede do Tribunal Constitucional[256], órgão jurisdicional e constitucional[257] independente[258] que recebe do ordena-

---

[256] Após as primeiras nomeações de magistrados, ocorridas em 22 de fevereiro de 1980, o colégio de magistrados passou a realizar as primeiras reuniões para os trabalhos de organização do Tribunal em sedes provisórias, reunindo-se primeiro no edifício do Centro de Estudios Constitucionales (Plaza de la Marina Española n. 9, Madrid), e depois no Paseo de la Habana ns. 140-142. O Tribunal foi efetivamente inaugurado em sessão solene de 12 de julho de 1980 e no seguinte dia 14 de julho começou a funcionar. Em 16 de setembro de 1981, foi instalado em sua atual sede, no cruzamento das ruas Domenico Scarlatti e Isaac Perral.

[257] Em texto doutrinário de 1981, Manuel García-Pelayo, então Magistrado-Presidente (o primeiro Presidente do Tribunal), já ressaltava o *status* especial e distintivo – de "duplo caráter", isto é, de tribunal *sui generis* (órgão judicial) e de órgão constitucional (que recebe diretamente da Constituição seus atributos fundamentais e competências e faz parte essencial da estrutura do Estado), do Tribunal Constitucional da Espanha no âmbito da estrutura institucional básica do novo Estado constitucional espanhol (ao lado do Governo, do Congresso de Deputados, do Senado, do Consejo General del Poder Judicial), na linha dos modelos austríaco, alemão e italiano. GARCÍA-PELAYO, Manuel. *El "status" del Tribunal Constitucional*. In: Revista Española de Derecho Constitucional, vol. 1, n. 1, enero-abril, 1981, pp. 11-34. Sobre as características que fazem do Tribunal Constitucional um "tribunal especial" em relação aos órgãos judiciais ordinários, confira-se também a obra de Luis Sanchez Agesta: SÁNCHEZ AGESTA, Luis. *Sistema Político de la Constitución Española de 1978*. 3ª Ed. Madrid: Editora Nacional; 1984, pp. 433 e ss. Em relação ao caráter jurisdiccional do Tribunal Constitucional, vide as

ARGUMENTAÇÃO CONSTITUCIONAL

mento jurídico espanhol[259] a mais relevante missão de ser o intérprete supremo da Constituição[260].

O edifício, obra dos arquitetos Antonio Bonet e Francisco G. Baldés, é composto de um corpo central circular de sete plataformas e outros três corpos menores de mesmo formato e intercomunicados, que em seu conjunto

importantes considerações do saudoso Professor Gregorio Peces-Barba: PECES-BARBA, Gregorio. El Tribunal Constitucional. In: *El Tribunal Constitucional. Vol. III*. Madrid: Instituto de Estudios Fiscales, Dirección General de lo Contencioso del Estado; 1981, pp. 2037-2093. Contrário à pretensão de se atribuir natureza estritamente judicial aos Tribunais Constitucionais, Pablo Lucas Verdú defendeu que o Tribunal Constitucional espanhol, apesar de assumir formas judiciais, é um órgão constitucional com evidentes características políticas, isto é, um órgão jurídico-político que possui natureza e funções inegavelmente políticas. LUCAS VERDÚ, Pablo. Política y Justicia Constitucionales. Consideraciones sobre la naturaleza y funciones del Tribunal Constitucional. In: *El Tribunal Constitucional. Vol. II*. Madrid: Instituto de Estudios Fiscales, Dirección General de lo Contencioso del Estado; 1981, pp. 1487-1550.

[258] O Tribunal Constitucional da Espanha é um tribunal judicial *sui generis*, que exerce atividade jurisdicional, mas como órgão constitucional é independente do Poder Judicial, de modo que não compõe a estrutura orgânica desse Poder nem se submete ao governo do Consejo General del Poder Judicial. Como órgão independente, também não se submete aos demais Poderes do Estado (Executivo e Legislativo), nem a nenhum outro órgão constitucional. Em razão de seu caráter de órgão constitucional independente, o Tribunal Constitucional possui ampla autonomia orgânica e administrativa, além de financeira, que lhe confere competências de governo interno, como a elaboração e aprovação das normas que regem seu funcionamento interno e a preparação de seu orçamento (submetido à aprovação do Poder Legislativo).

[259] As normas constitutivas e que funcionam como exclusivo marco jurídico do Tribunal são a Constituição (Título IX, artigos 159-165) e a Lei Orgânica do Tribunal Constitucional (LOTC, Ley Orgánica n. 2, de 1979). Ao tribunal também se aplicam de forma suplementar a Lei Orgânica do Poder Judicial (LOPJ, Ley Orgánica n. 6/1985, de 1 de julio) e a Ley de Enjuiciamiento Civil (Ley de Enjuiciamiento Civil 1/2000, de 7 de enero).

[260] A Lei Orgânica n. 2 de 1979 (Ley Orgánica del Tribunal Constitucional-LOTC) define o Tribunal Constitucional como "intérprete supremo de la Constitución", o que significa que as interpretações das normas constitucionais por ele realizadas prevalecem sobre aquelas desenvolvidas por todos os demais órgãos do poder público, especialmente pelos juízes e tribunais ordinários. Como constatado por García-Pelayo, a partir dessa expressão se pode compreender que a Ley Orgánica considera a interpretação como o "núcleo básico" da função do Tribunal. E isso implica, também segundo García-Pelayo, que as motivações, a *ratio* ou o discurso das sentenças do Tribunal Constitucional tem maior importância que as decisões em si mesmas (*los fallos*, a parte dispositiva das decisões); isto é, se na jurisdição ordinária costuma-se dizer que o importante de uma sentença é a decisão que nela se contém (sua parte dispositiva), na jurisdição constitucional o mais fundamental é a motivação das sentenças, a argumentação ou a cadeia de razões que as sustenta. GARCÍA-PELAYO, Manuel. El *"status" del Tribunal Constitucional*. In: Revista Española de Derecho Constitucional, vol. 1, n. 1, enero--abril, 1981, pp. 11-34.

CAPÍTULO 5 – A DELIBERAÇÃO NO TRIBUNAL CONSTITUCIONAL DA ESPANHA

demonstram uma arquitetura modernista (neste aspecto à semelhança do edifício desenhado por Oscar Niemeyer para o Supremo Tribunal Federal do Brasil)[261] que rompe com o passado e faz transparecer uma visão institucional direcionada predominantemente para o futuro, ideia que se fazia imprescindível, quando de sua instituição, para a construção da nova ordem constitucional inaugurada pela Constituição da Espanha de 1978[262]. Com efeito, o Tribunal Constitucional, instituição sem precedentes na história constitucional espanhola[263], foi originariamente criado pelo legislador

[261] Antonio Bonet foi um arquiteto espanhol cujas obras se destacaram por seu aspecto modernista de linhas retas, como a conhecida obra do hotel Solana del Mar, em Punta Ballena--Uruguai. Oscar Niemeyer foi um arquiteto brasileiro que também se destacou no cenário internacional por sua arquitetura modernista de traços retilíneos, cujo maior exemplo estão nos edifícios que compõem o projeto urbano da cidade de Brasília. A arquitetura modernista é um aspecto interessante que assemelha os edifícios-sede do Tribunal Constitucional da Espanha e do Supremo Tribunal Federal do Brasil.

[262] Ressalte-se, não obstante, que o edifício não foi originalmente construído para ser a sede de um tribunal; porém, foi escolhido como edifício-sede do Tribunal Constitucional da Espanha em 1981, seu primeiro ano de funcionamento.

[263] Não há, na história constitucional espanhola, modelos de jurisdição constitucional que se assemelhem ao que foi construído pelo constituinte de 1978. Francisco Tomás y Valiente, magistrado e Presidente do Tribunal Constitucional na década de 1980 e posteriormente (no ano de 1996) assassinado pelo grupo terrorista ETA (nunca é demais fazer um parêntese para recordar e enfatizar esse triste acontecimento), afirmava em estudos doutrinários que "la experiencia sobre justicia constitucional que la historia del constitucionalismo español ofrecía a los constituyentes de 1978 era casi inexistente" e que a breve e conturbada experiência do *Tribunal de Garantías Constitucionales* da Segunda República não foi tomada como modelo pelos constituintes de 1978. Ensinava Tomás y Valiente: "La experiencia del Tribunal de Garantías Constitucionales sirvió, porque de los errores también se aprende, para que los autores de la Constitución de 1978 y de la Ley Orgánica del Tribunal Constitucional evitaran incurrir en los graves defectos de entonces". TOMÁS Y VALIENTE, Francisco. *Escritos sobre y desde el Tribunal Constitucional*. Madrid: Centro de Estudios Constitucionales; 1993, p. 24-31. Assim, como bem constatou o professor Francisco Fernández Segado, o *Tribunal de Garantías Constitucionales*, como primeira experiência espanhola de controle de constitucionalidade (1933-1939), não pode ser considerado como um antecedente histórico do Tribunal Constitucional instituído pela Constituição de 1978. FERNÁNDEZ SEGADO, Francisco. *La Justicia constitucional: una visión de derecho comparado*. Tomo I. Madrid: Dykinson; 2009. A respeito das diferenças entre o atual Tribunal Constitucional e o antigo Tribunal de Garantías Constitucionales, confira--se: PÉREZ-ROYO, Javier. *Curso de Derecho Constitucional*. 11ª Ed. Madrid: Marcial Pons; 2007. Sobre a formação do primeiro modelo de jurisdição constitucional espanhol (1931-1939), confira-se a imprescindível obra de Pedro Cruz Villalón: CRUZ VILLALÓN, Pedro. *La formación del sistema europeo de control de constitucionalidad (1918-1939)*. Madrid: Centro de Estudios Constitucionales; 1987. Portanto, de acordo com Almagro Nosete, o Tribunal Constitucional

ARGUMENTAÇÃO CONSTITUCIONAL

constituinte de 1978[264], à semelhança dos Tribunais Constitucionais da Austria, Alemanha e Itália[265], para ser o guardião da nova ordem constitucional

representou uma das "novidades mais transcendentes" trazidas pelo constituinte de 1978, que culmina a arquitetura formal do Estado (constitucional) de Direito. ALMAGRO NOSETE, José. *Constitución y proceso*. Barcelona: Bosch; 1984, p. 120. Interessante notar, por outro lado, que a exposição de motivos da Ley Orgánica n. 6/2007, que procedeu a ampla reforma na Lei do Tribunal Constitucional, declarou que "la Constitución Española de 1978 se inscribe en esta tradición y recupera el precedente del Tribunal de Garantías establecido por la Constitución Española de 1931".

[264] A proposta de criação de um Tribunal Constitucional como órgão componente da estrutura fundamental do novo Estado constitucional espanhol não recebeu muitas críticas e foi praticamente um consenso entre as principais forças políticas que participaram daquele momento constituinte. Como recorda Rubio Llorente, professor e Magistrado emérito do Tribunal, naquela época apenas o Partido Comunista se mostrou reticente ao projeto, o qual, dessa forma, não suscitou muitos debates constituintes. RUBIO LLORENTE, Francisco; JIMÉNEZ CAMPO, Javier. *Estudios sobre jurisdicción constitucional*. Madrid: MacGraw-Hill; 1998. Sobre o amplo acordo entre os partidos políticos a respeito da criação do Tribunal Constitucional, vide também: RUBIO LLORENTE, Francisco; ARAGÓN-REYES, Manuel. La Jurisdicción Constitucional. In: PREDIERI, Alberto; GARCÍA DE ENTERRÍA, Eduardo. *La Constitución Española de 1978. Estudio sistemático*. Madrid: Civitas; 1980. E, como enfatizava Tomás y Valiente, os contornos fundamentais do Tribunal Constitucional desenhados no Anteprojeto de Constituição foram objeto de amplo acordo entre as principais forças políticas espanholas da época. TOMÁS Y VALIENTE, Francisco. *Escritos sobre y desde el Tribunal Constitucional*. Madrid: Centro de Estudios Constitucionales; 1993, p. 32-33. Portanto, sua importância para a construção do Estado democrático e a proteção da ordem constitucional que então se criava, especialmente dos direitos fundamentais, foi objeto de consenso entre os constituintes de 1978. O forte consenso político em torno da instituição do Tribunal Constitucional também foi acompanhado da ampla preocupação, por parte dos juristas espanhóis mais importantes da época, de dotá-lo de características (composição, competências, processos etc.) adequadas para seu desempenho institucional, o que contribuiu para a rápida elaboração e aprovação da Lei Orgânica do Tribunal pouco tempo depois, no ano de 1979, o que permitiu sua entrada em funcionamento no ano de 1980. Assim, como bem destacava Tomás y Valiente, "desde los primeros pasos del proceso constituyente parlamentario hasta el momento actual, pocas instituciones constitucionalizadas en nuestra norma fundamental fueron y son tratadas con tanta, tan noble y tan general preocupación política y técnica como el Tribunal Constitucional". TOMÁS Y VALIENTE, Francisco. *Escritos sobre y desde el Tribunal Constitucional*. Madrid: Centro de Estudios Constitucionales; 1993, p. 34.

[265] O modelo de Tribunal Constitucional adotado pelo constituinte espanhol de 1978 está claramente baseado nos sistemas de jurisdição constitucional concentrada que à época já se encontravam bastante desenvolvidos em alguns países da Europa-continental, especialmente Áustria, Alemanha e Itália. Como bem observa Pablo Pérez Tremps, no momento da elaboração da vigente Constituição da Espanha, o sistema europeu-continental de jurisdição constitucional concentrada já se encontrava consolidado e acabou servindo de modelo para o

e assim exercer, com exclusividade, o controle da constitucionalidade das normas com força de lei[266], além de atuar na concessao do *amparo* a direitos fundamentais frente a violações por parte dos poderes públicos e na resolução de conflitos de competência entre o Estado e as Comunidades Autônomas e entre os órgaos constitucionais do Estado[267]. O Tribunal, logo nos seus primeiros anos de trabalho (a partir de sua efetiva inauguração em 12 de julho de 1980)[268], cumpriu um papel crucial e decisivo para a construção e a consolidação das instituições democráticas na Espanha[269].

constituinte. PÉREZ TREMPS, Pablo. El Tribunal Constitucional. Composición y Organización. In: LÓPEZ GUERRA, Luis (*et al*). *Derecho Constitucional. Volumen II. Los poderes del Estado. La organización territorial del Estado.* 8ª Ed. Valencia: Editorial Tirant to Blanch; 2010, p. 207.

[266] Correspondendo ao modelo europeu de jurisdição constitucional concentrada, o Tribunal Constitucional da Espanha é o único órgão constitucional legitimado a declarar a inconstitucionalidade das normas com força de lei. De todo modo, o fato de ser o "intérprete supremo" da Constituição e exercer com exclusividade o controle da constitucionalidade das leis não implica que os órgãos do Poder Judicial estejam impedidos de também interpretar a Constituição e exercer controle de constitucionalidade de normas. Significa apenas, por um lado, que a interpretação realizada pelo Tribunal Constitucional deve prevalecer sobre todas as demais, e por outro, que somente as normas com força de lei (Estatutos de Autonomía, Leyes Orgánicas, Leyes de las Comunidades Autónomas, tratados internacionales, Reglamentos de las Cortes Generales etc.) submetem-se à sua competência exclusiva de controle de constitucionalidade, permanecendo com os demais órgãos jurisdicionais o poder de fiscalizar a constitucionalidade das normas sem força de lei (regulamentares). Assim, como bem constata Pablo Pérez-Tremps, professor e ex Magistrado do Tribunal, o monopólio quanto ao controle de constitucionalidade das leis assegurado ao Tribunal Constitucional não elimina o importante papel "colaborador" que nesse âmbito desempenha a jurisdição ordinária. Cfr.: AGUIAR DE LUQUE, Luis; PÉREZ TREMPS, Pablo. *Veinte años de Jurisdicción Constitucional en España.* Valencia: Tirant to Blanch; 2002.

[267] O artigo 53 da Constituição da Espanha estabelece que os direitos fundamentais referidos no artigo 14 e na Seção 1ª do Capítulo II do Título I da Constituição vinculam os poderes públicos e que qualquer cidadão poderá utilizar do *recurso de amparo* perante o Tribunal Constitucional para requerer a sua tutela. Importante competência conferida ao Tribunal Constitucional (artigo 161, c, da Constituição) diz respeito à resolução dos conflitos de competência entre o Estado e as Comunidades Autônomas ou destas entre si.

[268] Em 22 de fevereiro de 1980, foram nomeados os dez primeiros magistrados para o Tribunal Constitucional (2 nomeados pelo Governo, 4 pelo Senado e 4 pelo Congresso de Deputados). Como ainda restava a nomeação de outros dois magistrados para se completar a composição total do Tribunal – fato que se devia à não constituição do Consejo General del Poder Judicial, órgão também criado pela Constituição de 1978 e encarregado de nomear os outros dois magistrados (os quais seriam finalmente nomeados apenas em 7 de novembro de 1980) –, esse grupo tomou a forma de Colégio de Magistrados e passou a realizar as primeiras reuniões para os trabalhos de organização do Tribunal. Como testemunhou Tomás y Valiente, magistrado

ARGUMENTAÇÃO CONSTITUCIONAL

A entrada da porta principal do edifício sede direciona logo ao vestíbulo que dá acesso a diversos espaços importantes como o Salón de Vistas (destinado à realização de audiências públicas, seminários, etc.), o Salón de Actos (reservado para atos solenes) e a Biblioteca, e também leva, através das escadas e elevadores nele disponíveis, aos seis andares do edifício, que juntos conformam um vistoso espaço delimitado pela sequência dos círculos concêntricos e em cujo ponto mais alto encontra-se o vitral que deixa entrar a luz do dia, capaz de iluminar grande parte do interior do Tribunal. Nos seis andares estão

que participou daquele primeiro grupo: "Los diez magistrados inicialmente nombrados tomamos en febrero de 1980 una primera decisión: la de no constituirnos solemnemente en Tribunal ni proceder a la jura o promesa de nuestros cargos hasta unos meses después, dedicándonos entre tanto a dar realidad física al Tribunal, esto es, a buscar edificio, comprar libros, reclutar Letrados, Secretarios de Justicia y funcionarios e instalarnos adecuadamente. Todos los poderes públicos apoyaran nuestra decisión. Fueron unos meses febriles durante los cuales todas instituciones y en particular el Gobierno de la Nación rivalizaron en ayudarnos a resolver todo género de problemas en el menor tiempo posible. Nuestra preocupación era doble: comenzar a resolver procesos cuanto antes, pero no abrir el Registro de entrada de demandas y demás documentos hasta tener una estructura funcionarial, instrumental y local adecuadas. Todo se resolvió pronto y bien". TOMÁS Y VALIENTE, Francisco. *Escritos sobre y desde el Tribunal Constitucional*. Madrid: Centro de Estudios Constitucionales; 1993, p. 36. O Tribunal foi efetivamente inaugurado em sessão solene de 12 de julho de 1980 e no seguinte dia 14 de julho começou a funcionar. Em 16 de setembro de 1981, foi instalado em sua atual sede, no cruzamento das ruas Domenico Scarlatti e Isaac Perral. Em agosto de 1980 começaram a ser ditadas a primeiras decisões (Auto n. 1/80, de 11 de agosto) e em 26 de janeiro de 1981, o Tribunal prolatou sua primeira sentença em um recurso de amparo (Recurso de Amparo n. 65/80).

[269] Apesar das dificuldades inerentes ao processo de criação e instituição de um Tribunal Constitucional, o Tribunal espanhol, logo nos seus primeiros anos de funcionamento, adquiriu elevado prestigio e respeito por parte dos demais poderes constitucionais (que acataram suas decisões e lhes deram imediata execução, sendo muito poucos os casos de dificuldade ou conflito institucionais) e especialmente por parte da sociedade espanhola, que reconheceu a autoridade e legitimidade do Tribunal como intérprete supremo da Constituição e, dessa forma, protetor da nova ordem constitucional ainda em construção. Em conferência pronunciada no ano de 1987 (uma espécie de análise da primeira fase de funcionamento do Tribunal), Francisco Tomás y Valiente, à época Presidente do Tribunal, atestava que "la auctoritas del Tribunal Constitucional está reconocida socialmente y lo está también y de modo principalísimo por los otros poderes del Estado"; e em nota de pé de página atribuída a esse trecho ressaltava que "en una reciente encuesta divulgada por los medios de comunicación el Tribunal Constitucional figuraba con el respaldo positivo de un cuarenta por ciento de los encuestados, porcentaje sólo superado por el índice de adhesión obtenido por la Corona". TOMÁS Y VALIENTE, Francisco. *Escritos sobre y desde el Tribunal Constitucional*. Madrid: Centro de Estudios Constitucionales; 1993, p. 49.

CAPÍTULO 5 – A DELIBERAÇÃO NO TRIBUNAL CONSTITUCIONAL DA ESPANHA

distribuídos os gabinetes e as respectivas secretarias dos 12 (doze) magistrados que compõem a Corte[270], assim como os espaços destinados à Secretaria Geral[271], ao corpo de Letrados[272] do Tribunal e outros serviços essenciais. O terceiro andar, não por coincidência o centro entre os seis andares que compõem o edifício principal, alberga dois dos principais espaços da Corte: os gabinetes da Presidência e da Vice-Presidência. Sem embargo, a importância desse andar se deve mais ao fato de que é nele que se encontra o local onde se realizam as deliberações do Tribunal: o *Salón del Pleno*.

Um pequeno hall decorado com pinturas de magistrados dá acesso a esse local especial que poderia ser considerado como o cérebro da Corte. É ali, no *Salón del Pleno*, que o Tribunal se reúne *en banc* (na totalidade de

---

[270]   O Tribunal Constitucional da Espanha é composto por 12 (doze) membros, que possuem o título de Magistrados del Tribunal Constitucional, conforme o artigo 159 da Constituição espanhola de 1978 e o artigo 5 da Ley Orgánica del Tribunal Constitucional. Interessante notar que o Anteprojeto de Constituição contemplava um número de 11 (onze) membros, sendo 3 (três) propostos pelo Senado, 4 (quatro) pelo Congresso dos Deputados, 2 (dois) pelo Governo e outros 2 (dois) pelo Consejo del Poder Judicial. Esse número foi elevado a doze com a finalidade de equilibrar o número de membros propostos pelo Congresso e pelo Senado, ambos com a prerrogativa de indicar quatro membros.

[271]   O Tribunal Constitucional possui um Secretario-Geral que é eleito pelo Pleno do Tribunal e nomeado pelo Presidente entre os Letrados (assessores do Tribunal, vide nota abaixo), para exercício do cargo por três anos. O artigo 99 da Ley Orgánica do Tribunal atribui ao Secretario-Geral as seguintes funções: organizar, dirigir e distribuir os serviços jurídicos e administrativos do Tribunal, dando conhecimento ao Presidente, além de compilar, classificar e publicar a doutrina constitucional do Tribunal. O Secretário-Geral também exerce a função de chefia do Corpo de Letrados do Tribunal.

[272]   Os Letrados do Tribunal exercem as funções de assessoria jurídica aos magistrados, mediante pesquisa, estudos e redação de textos das decisões. Podem ser admitidos mediante concurso público (concurso-oposición), de acordo com o artigo 97 da Ley Orgánica do Tribunal, fazendo parte do Cuerpo de Letrados del Tribunal, ou podem ser nomeados por tempo determinado (régimen de adscripción temporal) entre funcionários públicos das carreiras judiciais, normalmente procedentes da magistratura ou das universidades (catedráticos e professores titulares de universidade). Entre os Letrados de "adscripción temporal", existem os Letrados de "adscripción personal" a um magistrado determinado, a pedido do próprio magistrado. Cada magistrado tem direito a um letrado de "adscripción personal" e o Presidente do Tribunal tem direito a três desses letrados. Portanto, no Tribunal Constitucional existem os ditos Letrados generales, funcionários concursados do Tribunal ou nomeados por tempo determinado que exercem suas funções de assessoria em relação a todo o colegiado de magistrados, e os Letrados de "adscripción personal", os quais prestam sua assessoria exclusivamente a um determinado magistrado.

ARGUMENTAÇÃO CONSTITUCIONAL

seus magistrados) para debater e decidir os casos (judiciais e também os de administração interna) mais importantes que a ele são submetidos. É nele, portanto, que se torna realidade a *deliberação* entre os magistrados, essa *atividade argumentativa* que justifica e dá vida ao órgão colegiado e que, dessa forma, torna-se a essência do labor do Tribunal. A sala tem as dimensões métricas bastantes e suficientes para acomodar apenas uma grande mesa de doze lugares, onde tem assento os magistrados para desempenhar a atividade deliberativa, e além dela a decoração (estantes de livros e pinturas de magistrados) não parece assumir maior importância, nem mesmo a aprazível vista para o entorno verde da Universidade Complutense de Madrid. O local está assim montado e decorado para que ali possam estar os magistrados *a portas fechadas*, reclusos, incomunicáveis, imunes a qualquer ruído ou influência de seu exterior. Assim, num edifício composto por dois robustos salões (o Salón de Vistas e o Salón de Actos), onde à primeira vista poderia parecer ao leigo ser o local ideal para a realização dos julgamentos mais importantes e conhecidos, é nessa pequena sala, composta apenas por uma mesa, que a Corte desempenha sua atividade-fim e encontra sua razão de ser através da deliberação colegiada.

O Tribunal Constitucional da Espanha adota o modelo de *deliberação fechada* ou *secreta*, que, como visto (capítulo 4), corresponde à tradição da maioria dos tribunais europeus. Na prática, isso significa que somente os magistrados podem adentrar e permanecer no recinto onde se realizam as deliberações[273],

---

[273] A entrada de outras pessoas no Salón del Pleno, inclusive a de funcionários do Tribunal, apenas está permitida em casos muito excepcionais. Uma dessas situações excepcionais ocorreu em 14 de fevereiro de 1996, quando um dos servidores do Tribunal adentrou o Salón del Pleno para dar aos magistrados a inesperada e triste notícia a respeito do assassinato do magistrado emérito Francisco Tomás y Valiente, por parte do grupo terrorista ETA, que acabara de ocorrer na Universidad Autónoma de Madrid. O fato foi relatado no discurso proferido pelo Presidente do Tribunal, Don Manuel Jiménez de Parga y Cabrera, em 9 de junho de 2004, por ocasião da renovação dos magistrados da Corte: "A mi memoria viene el momento más dramático que vivimos en esta Casa. Fue el 14 de febrero de 1996, alrededor de las doce del mediodía. Se abrió inopinadamente la puerta del Salón de Plenos del Tribunal Constitucional. El gerente, Ángel Regidor Sendín, era el visitante inesperado. En su rostro se notaba una gran preocupación. Los magistrados allí reunidos le miramos con impaciencia: debía de tratarse de algo especialmente grave, ya que interrumpir una sesión del Pleno es un hecho anómalo, que rarísimas veces se produce. Ángel Regidor se acercó al Presidente y intercambió con él unas palabras. Álvaro Rodríguez Bereijo, la cara pálida, la voz temblorosa, nos comunicó: 'Acaban de atentar contra

CAPÍTULO 5 – A DELIBERAÇÃO NO TRIBUNAL CONSTITUCIONAL DA ESPANHA

o *Salón del Pleno* – ressalte-se que a permanência está proibida a qualquer funcionário da Corte, inclusive os mais altos, como assessores (Letrados) e o Secretário Geral do Tribunal[274] – e devem guardar segredo sobre tudo que ali ocorre de fato. A publicidade do julgamento restringe-se ao texto final da decisão (*la sentencia*) que resulta da deliberação, com os seus fundamentos determinantes e parte dispositiva (*el fallo*), que deve ser assinado em conjunto por todos os magistrados que participaram do momento deliberativo, e que pode vir acompanhado de votos dissidentes em apartado (*votos particulares*). Esse texto final, que representa a opinião do Tribunal considerado em sua totalidade, independentemente das divergências internas porventura ocorridas no interior da sala de deliberações, é amplamente divulgado pela imprensa oficial, no caso, o *Boletín Oficial del Estado* (B.O.E)[275]. Ao fim e ao cabo, os deba-

---

Paco Tomás. Está agonizando. Me voy a la Universidad Autónoma. Nos levantamos con esfuerzo de nuestros respectivos sillones, abrumados por la terrible noticia. ¿Por qué Francisco Tomás y Valiente, durante doce años magistrado de este Tribunal, de ellos seis asumiendo la presidencia? ¿Por qué buscar la víctima entre los que dedican su vida a defender los derechos de todos los ciudadanos, sean cuales sean sus condiciones o circunstancias personales o sociales? ¿Por qué ir para asesinar a un despacho de la Universidad, Alma mater, 'la madre Universidad, naturaleza del alma', en las famosas palabras de Lope de Vega? No hubo tiempo para comentarios. El decano de la Facultad de Derecho, Manuel Aragón Reyes, telefoneó con urgencia: 'Paco Tomás ha fallecido'. Un silencio imponente se extendió por el Salón de Plenos". TRIBUNAL CONSTITUCIONAL DE ESPAÑA. *Tribunal Constitucional: discursos de sus Presidentes (1980-2005)*. Madrid: Tribunal Constitucional; Boletín Oficial del Estado, 2006, p. 82-83.

[274] Sobre esse tema, é importante mencionar a existência de posições favoráveis à mudança dos regulamentos internos do Tribunal para que seja permitida a participação de Letrados nas deliberações do órgão colegiado, quando assim o requerer algum dos magistrados. Essa foi a tese defendida por Jerónimo Arozamena Sierra, Magistrado emérito y ex Vice-Presidente do Tribunal Constitucional, em colóquio internacional sobre a jurisdição constitucional na Espanha, realizado em Madrid em outubro de 1994. Para o magistrado emérito, a participação na deliberação do Letrado que preparou o projeto de decisão, a pedido do magistrado ponente, poderia contribuir muito para o melhor desenvolvimento dos trabalhos, na medida em que o Letrado poderia, por indicação de algum magistrado, expor ou contestar partes do texto e tomar nota imediatamente das necessárias correções e emendas ao projeto de decisão do magistrado ponente. AROZAMENA SIERRA, Jerónimo. Organización y funcionamiento del Tribunal Constitucional: balance de quinze años. In: RODRÍGUEZ-PIÑERO, Miguel; AROZAMENA SIERRA, Jerónimo; JIMÉNEZ CAMPO, Javier (*et al.*). *La jurisdicción constitucional en España. La Ley Orgánica del Tribunal Constitucional: 1979-1994*. Madrid: Centro de Estudios Constitucionales; Tribunal Constitucional; 1995.

[275] Além da publicação oficial no B.O.E, as decisões são atualmente divulgadas em versão digital na página do tribunal na internet. Essa nova via de publicação tem proporcionado

tes e as discussões em torno dos temas objeto de deliberação, isto é, as trocas argumentativas entre magistrados, pouco importam para a apresentação do resultado final do julgamento ao público externo, e por isso devem permanecer ali onde foram produzidas, no interior da Corte, em segredo absoluto.

A adoção desse modelo fechado ou secreto de deliberação pelo Tribunal Constitucional da Espanha resulta de duas razões principais e de simples entendimento. A primeira diz respeito à forte influência exercida pelos modelos de jurisdição constitucional de países como Áustria, Alemanha e Itália na estruturação e organização da jurisdição constitucional espanhola pelo legislador constituinte de 1978. Como explicado anteriormente (capítulo 4), o modelo de deliberação secreta corresponde à tradição dos órgãos judiciais da europa continental e, dessa forma, também acabou prevalecendo no âmbito dos tribunais constitucionais, cujo modelo de referência (o modelo kelseniano) encontra-se primordialmente nas jurisdições constitucionais austríaca, alemã e italiana. Parece não haver notícia de que nos debates constituintes se tenha discutido especificamente sobre o modelo de deliberações que deveria adotar o Tribunal Constitucional espanhol – e tampouco esse debate foi suscitado entre os primeiros magistrados que se encarregaram de organizar os trabalhos da Corte nos momentos antes de sua inauguração e efetivo funcionamento, no ano de 1980 –, mas da evidente e amplamente assumida influência exercida pelos modelos de outros tribunais europeus se pode facilmente deduzir que o constituinte de fato optou pelo segredo dos julgamentos ao simplesmente tomar como consolidada a referência da jurisdição constitucional europeia. A segunda razão, intimamente conectada à primeira, reside no fato de que esse sempre foi o modelo adotado pelos órgãos judiciais na Espanha – a qual obviamente também compõe a tradição europeia –, e que está expressamente declarado na legislação processual e orgânica aplicável a todos os tribunais colegiados espanhóis[276]. O julgamento "a portas fechadas", portanto, está

uma maior rapidez na divulgação das decisões, as quais podem demorar até 30 dias para serem publicadas no B.O.E, e ampliado a acessibilidade aos trabalhos da Corte por parte de toda a sociedade. Assim, de acordo com afirmações de funcionários do tribunal, a divulgação na internet das decisões do tribunal representou uma verdadeira "revolução" em termos de publicidade e acessibilidade.

[276] Artigo 139 da Ley de Enjuiciamiento Civil, com redação praticamente idêntica à do artigo 233 da Ley Orgánica del Poder Judicial: "Las deliberaciones de los tribunales colegiados son secretas. También lo será el resultado de las votaciones, sin perjuicio de lo dispuesto por la

CAPÍTULO 5 – A DELIBERAÇÃO NO TRIBUNAL CONSTITUCIONAL DA ESPANHA

incrustado na tradição judicial, e isso inclui o único antecedente histórico constitucionalmente formalizado da jurisdição constitucional espanhola, o *Tribunal de Garantías Constitucionales* da Segunda República (1931-1939), o qual igualmente deliberava em segredo. Não se sabe exata e precisamente a razão histórica para o desenvolvimento inicial desse modelo na tradição judicial espanhola, mas os indícios direcionam para a conclusão mais simples de que ele naturalmente se originou por influência direta das práticas de julgamento colegiado no contexto europeu continental. Estas, como explicado anteriormente (capítulo 4), se desenvolveram a partir do direito canônico medieval e desse modo acabaram assimilando algumas características litúrgicas das instituições religiosas, que tinham por objetivo primordial não deixar transparecer ao mundo exterior qualquer tipo de divergência ou falha interna a fim de manter toda uma mística da verdade de seus atos e decisões, fonte de sua autoridade[277].

O fato é que a prática da deliberação secreta está consolidada na ordem jurídica espanhola, especialmente na jurisdição constitucional. Mais importante: verifica-se que o modelo é positivamente considerado pelos próprios Magistrados do Tribunal Constitucional, na qualidade de efetivos participantes da prática deliberativa. E aqui se apresenta uma primeira constatação da investigação empírica realizada especialmente por meio de entrevistas aos magistrados do Tribunal Constitucional. Uma das principais questões levantadas nas entrevistas estava destinada a averiguar a opinião em geral dos magistrados sobre o modelo de deliberação praticado na jurisdição constitucional espanhola, em comparação com os atuais modelos abertos (especialmente adotado em forma extrema pelo Supremo Tribunal Federal do Brasil) e semi-abertos (praticado pela Suprema Corte do México). Para que pudessem responder de forma mais específica sobre essa questão, foram realizadas quatro subquestões mais delimitadas e que, em seu conjunto, puderam extrair de forma mais fidedigna a percepção dos próprios magistrados sobre suas práticas deliberativas.

ley sobre publicidad de los votos particulares". Artigo 197 da Ley de Enjuiciamiento Civil: "1. En los tribunales colegiados, la discusión y la votación de las resoluciones será dirigida por el Presidente y se verificará siempre a puerta cerrada".

[277] LÈCUYER, Yannick. *Le secret du délibéré, les opinions separées et la transparence.* In: Revue Trimestrielle des Droits de L'Homme, Nemesis-Bruylant, n. 57, janvier 2004, pp. 197-223.

A primeira questão buscou respostas dos magistrados sobre a adequação do modelo de deliberação "a portas fechadas" para a produção de uma argumentação colegiada de modo mais racional possível. Ligado a isso, questionou-se se as práticas argumentativas do Tribunal Constitucional espanhol podiam ser bem desenvolvidas com base no atual marco normativo-institucional que conforma esse modelo. Os oito magistrados entrevistados coincidiram em considerar, ainda que com matizes individualizados, que a manutenção do segredo das deliberações é o modo mais adequado para se buscar a maior racionalidade possível da argumentação colegiada e que as normas e institutos que atualmente regulam a deliberação entre eles não precisaria ser modificada, pois oferecem parâmetros razoáveis e adequados para o desenvolvimento das deliberações. A percepção geral, portanto, é a de que as práticas deliberativas da jurisdição constitucional encontram um marco normativo e institucional que já oferece suficientes parâmetros para a argumentação colegiada.

Questão: **O modelo de deliberação secreta, hoje adotado pelo Tribunal Constitucional, é adequado para produzir uma argumentação colegiada mais racional possível? Em outros termos, as práticas argumentativas colegiadas encontram um marco normativo e institucional idôneo para seu adequado desenvolvimento?**	
Magistrado 1	Sim. O modelo permite melhores trocas argumentativas e favorece o comportamento do "deixar-se convencer", além de ser mais flexível quanto ao processo de busca por uma decisão.
Magistrado 2	Sim. O fato é que o segredo da deliberação favorece a liberdade dos participantes. Tenho longos anos de experiência em tribunais e posso afirmar que o atual marco normativo e institucional da deliberação nos órgãos colegiados espanhóis tem permitido uma argumentação muito rica e eficaz, inclusive para o câmbio de votos.
Magistrado 3	O modelo se deliberação secreta me parece mais real. Toda deliberação implica algum grau de negociação, e esta pode se desenvolver melhor em ambientes que não sejam abertos ao público. O modelo de deliberação aberta pode até ter algum grau maior de legitimidade, mas a deliberação secreta é mais realista. Quanto à qualidade técnica da deliberação, isso dependeria de outros fatores, não exatamente relacionados ao tipo de modelo adotado (fechado ou aberto). O atual marco normativo e institucional espanhol permite algo que às vezes pode até retardar ou congestionar (*entorpecer*) a deliberação, mas que lhe dá maior legitimidade, que é o fato de que todos os magistrados opinam sobre todos os assuntos.

CAPÍTULO 5 – A DELIBERAÇÃO NO TRIBUNAL CONSTITUCIONAL DA ESPANHA

Magistrado 4	O modelo de deliberação secreta tem suas vantagens e seus inconvenientes. Comparativamente com os modelos abertos, estes parecem permitir argumentações mais elaboradas, com a seleção dos argumentos utilizados. A deliberação secreta praticada no tribunal espanhol permite uma riqueza na argumentação. Duvido que uma deliberação aberta possa trazer alguma modificação das opiniões através dos debates. Não há modelos ideais, perfeitos; todos são melhoráveis. Talvez uma desvantagem de nosso modelo mais opaco seja a de que ele pode dar margem ao vazamento de informações internas para o exterior (aos meios de comunicação), o que debilita o caráter secreto das deliberações. O atual marco normativo e institucional impõe o segredo das deliberações e é improvável que ele seja modificado.
Magistrado 5	Creio que é mais adequado o modelo de deliberação secreta (comparativamente com os modelos abertos), porque a jurisdição constitucional exige transações e compromissos, necessários para resolver conflitos políticos de grande importância, e isto é muito mais factível por meio de deliberações secretas.
Magistrado 6	A deliberação secreta protege mais a livre expressão dos magistrados, é menos coactiva e produz uma maior riqueza dos aportes de cada membro do colegiado. Nos modelos abertos, o televisionamento das sessões não se justifica, pois os argumentos sempre são muito técnicos e não interessam ao público em geral.
Magistrado 7	A deliberação deve ser secreta, pois nela a argumentação, em que predominam argumentos técnicos (de direito processual e constitucional), se desenvolve melhor. De toda forma, há um problema com nosso modelo, que é o fato de ele ser hoje exageradamente fechado. Em razão do atual predomínio da cultura judicial entre a maioria dos magistrados (em face de outras culturas que aportam no tribunal, como a acadêmica e a política), há uma espécie de cultura conventual no tribunal. O tribunal é hoje como um "convento", muito fechado; e o normal seria que as instituições pudessem ser melhor conhecidas. Por exemplo, os cidadãos não sabem quantos magistrados votam contra uma sentença; só sabem aqueles que fizeram voto particular. Por isso, creio que seria importante dar margem para que todos soubessem quais magistrados discordaram, ainda que não tenham explicitado sua discordância em votos particulares. O modelo fechado aplicado aos órgãos do Poder Judicial pode ser, nesse sentido, inadequado para o tribunal constitucional. Poderia haver maior transparência nesse sentido, a qual não deve ser confundida com abertura das deliberações, que devem ser secretas.

Magistrado 8	Estou educado em uma cultura europeia e, portanto, minha opinião é tendenciosa nesse sentido do europeísmo, da visão europeia, e por isso eu creio ser preferível o sistema da deliberação reservada. Isso porque creio que um dos grandes perigos dos juízes é intentar ceder ante a opinião pública ou tentar fazer-se popular ante essa opinião. E na deliberação pública, manifestamente, essa presença da opinião é maior que na deliberação privada, em que os juízes podem se expressar, por isso, com muito maior liberdade e fazer uma argumentação mais rigorosamente jurídica.

Assim, parece haver uma ideia bem consolidada na prática judicial espanhola, especialmente no Tribunal Constitucional, segundo a qual as "portas fechadas" da sala de deliberações criam um ambiente propício à maior *liberdade de expressão dos magistrados*, a qual favorece a produção de uma argumentação (1) mais rica, no sentido de que mais detalhes e nuances sobre os temas discutidos são levados em consideração, (2) mais original, no tocante ao viés mais realista da discussão em face dos problemas enfrentados, e mais (3) suscetível ao intercâmbio argumentativo, que proporciona as mudanças de posicionamento no curso do momento deliberativo.

Parece também haver alguma consciência de que o modelo favorece a unidade e a autoridade institucionais. É provável que essa ideia esteja intimamente conectada – tomando por base alguns aspectos histórico-culturais sublinhados por um dos magistrados entrevistados – com uma cultura que não está difundida apenas no âmbito judicial, mas também de forma mais ampla em toda a sociedade espanhola, no sentido de que o pluralismo e a divergência interna em determinadas instituições (como os tribunais, na seara judicial, ou os partidos políticos, na esfera política, por exemplo) são sintomas de uma crise no interior dessas mesmas instituições e, portanto, são fatores danosos à autoridade, racionalidade e legitimidade de seus atos e decisões. Talvez por ser uma cultura que ainda possa conter resquícios de mais de quarenta anos de autoritarismo (a ditadura franquista entre as décadas de 1930 e 1970), nela ainda parece ser presente o costume social de assimilar o pluralismo à crise interna e a acreditar e buscar pontos de referência homogêneos nas instituições políticas. Por isso, na visão de alguns (vide opinião do Magistrado 7), apesar de o modelo secreto ser o mais adequado para se criar o melhor ambiente argumentativo interno, também pode, por outro lado, padecer do defeito de fechar em demasia o Tribunal Constitucional como instituição

CAPÍTULO 5 – A DELIBERAÇÃO NO TRIBUNAL CONSTITUCIONAL DA ESPANHA

política e fazê-lo pouco transparente em relação a aspectos que deveriam ser públicos, como a posição individualizada de cada magistrado nas decisões.

Não obstante, está claro que existe um consenso bastante enraizado entre os magistrados de que o modelo de deliberação secreta sempre foi fator determinante para a construção histórica de um valor fundamental de sua prática, que é a *colegialidade*. Há uma opinião generalizada no sentido de que o Tribunal Constitucional é uma instituição "muito colegiada" (expressão literalmente utilizada por vários magistrados em suas respostas) e que isso se reflete claramente nos momentos deliberativos, em aspectos que caracterizam o valor da colegialidade, como a participação efetiva e em *igualdade de condições* de todos os magistrados (com valor igual de voto, inclusive por parte do Presidente, salvo raríssimas exceções em que pode haver o voto de qualidade), o *intercâmbio argumentativo* (seja através de textos ou de debates orais) e a *busca cooperativa de consensos* razoáveis para a tomada de decisão. Tudo indica, nesse sentido, que a colegialidade é um valor altamente considerado e preservado na prática deliberativa do Tribunal Constitucional espanhol.

A segunda questão buscou respostas mais precisas dos magistrados sobre a relação do modelo fechado de deliberação com os valores da transparência e da inclusão participativa da sociedade, que hoje são positivamente apreciados e considerados fundamentais em instituições deliberativas (que operam com razões públicas), e servem de referência e de justificação para modelos de deliberação aberta de Cortes Constitucionais, como a do Brasil. Aqui a intenção foi de suscitar uma análise crítico-comparativa entre os modelos fechados e os modelos abertos de deliberação tendo a transparência e a participação social como critérios de referência crítica. As respostas demonstraram que há uma opinião muito sólida entre os magistrados no sentido de que a transparência, apesar de ser um valor de referência para modelos mais abertos de deliberação – levando-se em conta as diferentes culturas político-institucionais dos países que os adotam –, não pode servir de fundamento para o momento deliberativo de uma Corte Constitucional. Entendem alguns magistrados que, levando-se a transparência ao extremo de se televisionar os momentos deliberativos (como o fazem as Cortes do Brasil e do México), produz-se uma "teatralização" dos julgamentos, que resulta numa espécie de "deliberação espetáculo", e que favorece a instituição de "magistrados estrela", aspectos indesejáveis para qualquer Corte Constitucional.

ARGUMENTAÇÃO CONSTITUCIONAL

Questão: **A busca por um grau cada vez maior de transparência da razão pública e a inclusão participativa da sociedade nas decisões públicas não seriam justificativas fortes para esses modelos abertos e semiabertos de deliberação praticados nas Cortes do Brasil e do México, respectivamente?**	
Magistrado 1	Não, o modelo espanhol é mais adequado e muito mais vantajoso que o modelo de deliberação pública e sua transparência já está justificada com a publicação das decisões e especialmente dos votos particulares. O modelo aberto pode até favorecer a transparência, mas pode gerar uma espécie de teatralização (*escenificación*) do julgamento.
Magistrado 2	A deliberação em público tem também suas vantagens, como a de tornar conhecida a gênese do processo decisório, mas isso não seria adequado para o modelo de deliberação adotado no tribunal espanhol, principalmente porque seria muito difícil conseguir uma deliberação suficientemente ágil.
Magistrado 3	A transparência do tribunal em relação à sociedade pode ser feita por outros meios, como a divulgação dos assuntos importantes discutidos pelos meios de comunicação, mas não faz falta uma abertura das sessões de julgamento ou o seu televisionamento.
Magistrado 4	Em verdade, a sociedade não participa, permanece como sujeito passivo das informações produzidas no âmbito desses tribunais que praticam o modelo aberto. Quanto à maior possibilidade de entendimento e de resposta/reação às decisões por parte dos meios de comunicação e da sociedade, esses modelos abertos e mais transparentes sim parecem oferecer vantagens.
Magistrado 5	Estas são razões importantes para os modelos abertos, mas que respondem a realidades culturais distintas. Insisto que prefiro o modelo fechado de deliberações.
Magistrado 6	Não. O controle do raciocínio (do tribunal na deliberação secreta) já se torna possível por meio da publicação do texto final da decisão.
Magistrado 7	Não. Não estou de acordo com esses modelos abertos. A abertura das deliberações as converteria em um "espetáculo" e o espetáculo condicionaria a argumentação. Entendo que a deliberação deve ser fechada, com debates técnicos, de direito processual e constitucional, que não seriam entendidos por qualquer cidadão se a deliberação fosse aberta. E isso poderia ser um aspecto bastante negativo da deliberação aberta, pois, como acontece com os meios de comunicação, que não entendem o que fazemos aqui, se produzem mal entendidos sobre as decisões do tribunal. Não estou a favor de uma "deliberação espetáculo", que favoreceria a instituição de "magistrados estrela", que teriam a tentação de argumentar para o público e não para se alcançar maiorias dentro do tribunal e buscar soluções razoáveis.

CAPÍTULO 5 – A DELIBERAÇÃO NO TRIBUNAL CONSTITUCIONAL DA ESPANHA

Magistrado 8	De modo algum. A transparência tem um sentido para a democracia deliberativa, mas os tribunais não são órgãos democráticos. Uma coisa é que o princípio da maioria se utilize no interior do tribunal e outra coisa é que isso torne o tribunal democrático.

Assim, na opinião dos magistrados, o modelo de deliberação fechado já seria transparente, bastante e suficientemente, para transmitir à sociedade o teor de suas deliberações, através da publicação do texto final das sentenças, com seus fundamentos jurídicos, os quais representam as razões públicas utilizadas pelo tribunal para justificar sua decisão.

Essa é a compreensão generalizada a respeito do *significado da publicidade* na jurisdição constitucional espanhola, como sugerem as respostas à terceira questão (vide quadro abaixo). Na visão dos magistrados, a publicidade deve ser restrita ao texto final da sentença. Isso não apenas por ser um mandamento explícito que decorre expressamente das normas do ordenamento jurídico espanhol que regem o tema da publicidade das decisões judiciais[278], mas por corresponder ao próprio significado do princípio da publicidade e sua função especial no âmbito da jurisdição constitucional. Entende-se que o que ocorre nos momentos deliberativos internos, especialmente os debates e as trocas argumentativas no interior da sala do pleno, não deve ser exposto ao público em geral. A publicação do texto da decisão final, assinado por todos os magistrados, acompanhado de eventuais votos particulares, já cumpriria a função de esclarecer o público sobre as razões de decidir do tribunal. Nesse aspecto, há uma compreensão muito positiva em torno do voto particular e de sua importante função de possibilitar alguma transparência das divergências ocorridas no julgamento e das diferentes razões de decidir nele apresentadas (divergentes ou concorrentes).

---

[278] Artigo 164 da Constitución de 1978: "Las sentencias del Tribunal Constitucional se publicarán en el Boletín Oficial del Estado con los votos particulares, si los hubiere". Artigo 86 da Ley Orgánica del Tribunal Constitucional: "Las sentencias y las declaraciones a que se refiere el Título VI de esta Ley se publicarán en el Boletín Oficial del Estado dentro de los treinta días siguientes a la fecha del fallo".

ARGUMENTAÇÃO CONSTITUCIONAL

Questão: **Qual o papel da publicidade na jurisdição constitucional? Deve abranger as razões utilizadas e trocadas argumentativamente durante as deliberações ou restringe-se ao texto final da decisão que apresenta o resultado da deliberação?**	
Magistrado 1	A publicidade deve ser apenas do texto da decisão (*sentencia*), com seus fundamentos que representam a argumentação do Tribunal, além dos votos particulares (concorrentes ou dissidentes).
Magistrado 2	A publicidade na jurisdição constitucional espanhola (que se restringe ao texto final) é adequada ao nosso contexto institucional, o que não quer dizer que no contexto de outros países essa seria a melhor forma de publicidade.
Magistrado 3	Creio no velho tópico segundo o qual os juízes devem falar apenas através de suas decisões (*sentencias, autos, providencias...*). A verdadeira legitimidade dos tribunais deve ser encontrada em suas decisões. Por outro lado, em se tratando de tribunais constitucionais, que também estão inseridos no mundo da comunicação, é importante que tenham uma boa política de comunicação, que não deve abranger exatamente as razões jurídicas levantadas no julgamento, mas apenas os assuntos que está discutindo e os resultados de suas deliberações.
Magistrado 4	A publicidade no modelo espanhol abrange os votos particulares, que cumprem o papel muito importante de transmissão à sociedade, aos cidadãos, das divergências no interior do tribunal.
Magistrado 5	A publicidade dos modelos abertos não é adequada. Um tribunal constitucional que televisiona suas deliberações é um tribunal muito exposto, no qual a possibilidade de retificação de posições – que é fundamental em uma deliberação – se faz muito mais complicada, e no qual, ademais, a necessidade de manter uma imagem pública pesa muito mais na articulação dos discursos e no desenvolvimento posterior das deliberações.
Magistrado 6	A publicidade é apenas do texto final. Pessoalmente, posso te dizer que eu não me sentiria cômodo em uma deliberação que pudesse estar aberta ao público.
Magistrado 7	A publicidade deve ser apenas do texto final. Creio que a finalidade da argumentação deve ser a de levantar razões tentando convencer. A argumentação em um tribunal constitucional é muito distinta da argumentação em um parlamento. Esta se desenvolve de forma mais coreográfica, voltada para o público em geral, no sentido de legitimar resultados já previamente conhecidos, o que não é adequado para um tribunal constitucional, que tem que adotar soluções que não são populares.

Magistrado 8	A publicidade entre nós se assegura pela prática dos votos particulares. Isso quer dizer que quando um membro do tribunal considera que suas razões são tão fortes que devem ser transmitidas ante a opinião pública, ele tem a possibilidade de fazê-lo, e em caso contrário pode omiti-la e limitar-se a votar contra. Isso a meu ver é muito importante porque oferece à opinião pública a ideia de que a norma foi interpretada num sentido, mas poderia ter sido em outro. E é importante porque, como demonstra a experiência, tanto na Espanha como em outros países, a jurisprudência do tribunal foi se aproximando das opiniões que em outro momento foram consideradas dissidentes.

Essa visão sobre o significado da transparência e da publicidade na jurisdição constitucional, assim como a consideração do texto final da sentença como *locus* ideal e exclusivo das razões de decidir do tribunal, podem igualmente explicar a percepção que a maioria dos magistrados tem sobre os mecanismos processuais de abertura do processo constitucional (como o *amicus curiae* e as audiências públicas) às razões públicas que podem advir dos diversos segmentos sociais, amplamente adotados nos modelos mais abertos de deliberação praticados em outras Cortes Constitucionais (especialmente no Brasil[279] e no México, como abordado anteriormente). Entendem os magistrados que ao deliberar o tribunal deve ter em conta apenas as razões provenientes das partes do processo, sem necessidade de abrir espaço para a consideração de razões advindas dos diversos segmentos sociais e da opinião pública em geral.

Questão: **Falta um maior grau de transparência e de participação cidadãs nas práticas deliberativas do Tribunal Constitucional? Faz-se necessário algum novo desenho institucional da Corte que abra sua deliberação às razões provenientes de diferentes segmentos sociais ou de especialistas (como o instituto do amicus curiae ou a possibilidade de realizar audiências públicas para escutar especialistas na matéria debatida pelo tribunal)?**	
Magistrado 1	Não faz nenhuma falta. Não sou partidário da abertura de mecanismos de intervenção no processo constitucional que não sejam às partes do processo. Também não creio que sejam necessárias as audiências públicas (*vistas públicas*) para se escutar especialistas, pois se trata de um processo em abstrato de controle de normas.

---

[279] Vide Capítulo 6.

ARGUMENTAÇÃO CONSTITUCIONAL

Magistrado 2	O modelo espanhol é transparente. Sem embargo, uma audiência pública que permitisse aos presentes conhecer, por exemplo, como falam os advogados etc., poderia até ser um passo positivo, mas seria de difícil aplicação no atual modelo espanhol, em razão de não haver tempo de trabalho disponível para sua realização.
Magistrado 3	Desde o ponto de vista do tribunal constitucional, e levando em conta a tradição jurídica, creio que o procedimento existente já oferece uma ampla margem para a exposição de argumentos pelas partes, que é sobre o que o tribunal deve decidir. A instituição do *amicus curiae* não é muito bem entendida nem praticada aqui na Espanha. Sem embargo, poderia ser interessante, nos assuntos mais técnicos, ter a opinião de técnicos, mas o atual procedimento já permite pedir informes etc., apesar de que não se faça na prática.
Magistrado 4	Na prática do tribunal espanhol, não considero importantes as audiências públicas ou os *amici curiae*, pois temos um corpo de letrados e podemos a todo momento consultar a doutrina especializada na matéria discutida. O Tribunal sim deve ser permeável aos debates exteriores, mas isso não se deve realizar por meio de institutos processuais específicos como *amicus curiae* e audiências públicas.
Magistrado 5	Sou partidário do maior uso dos especialistas em matéria constitucional, quando resolvemos assuntos de grande rigor técnico, mas não há o costume neste tribunal de solicitar peritos para ajudar em assuntos técnicos. Quanto aos *amici curiae*, no sentido de possibilitar o aporte de razões provenientes de grupos sociais, não sou partidário.
Magistrado 6	Essa sim é uma questão que deveria ser levada em consideração em alguns casos submetidos ao tribunal constitucional, pois alguns são essencialmente técnicos. Por exemplo, existem temas (como o do matrimônio homossexual e o da adoção por pessoas do mesmo sexo) em que a participação social, por meio de informes e participação de especialistas externos, sim seria conveniente.
Magistrado 7	Não sou partidário desses institutos. Temos que ser um pouco realistas e isso implica em considerar que esses institutos seriam impossíveis de se manejar por falta de tempo. Nosso sistema funciona bem com o que tem atualmente.
Magistrado 8	O *amicus curiae*, tal como se pratica no Tribunal de Estrasburgo, poderia ser benéfico, apesar de que também entendo que se trata de um instituto que requer uma regulamentação minuciosa, para impedir que o tribunal se veja inundado de opiniões. Creio que com isso se ganharia, sobretudo porque a presença do *amicus curiae* constitui uma via legítima e legalizada para canalizar ao tribunal um estado de opinião.

CAPÍTULO 5 – A DELIBERAÇÃO NO TRIBUNAL CONSTITUCIONAL DA ESPANHA

Como se pode facilmente perceber, há uma convicção muito forte em torno do modelo fechado de deliberação praticado pelo Tribunal Constitucional.

Esses são apenas os aspectos mais gerais da deliberação no Tribunal Constitucional da Espanha, partindo-se da percepção dos próprios magistrados a respeito de suas práticas deliberativas. É certo que alguns matizes teriam que ser considerados a depender do tipo de órgão colegiado deliberativo (Pleno, Salas ou Seções do Tribunal)[280], do tipo de processo ou de procedimento em que ocorre a deliberação (recurso de inconstitucionalidade, cuestión de inconstitucionalidade, recurso de amparo, conflitos de competência, etc.), ou mesmo dos temas objeto de deliberação (questões sobre direitos fundamentais, conflitos políticos entre poderes ou conflitos de competência entre comunidades autônomas, etc.). Levando-se tudo isso em conta, os próximos tópicos serão destinados a apresentar aspectos mais específicos da prática deliberativa no Tribunal Constitucional, em todos os seus principais momentos, com suas características mais relevantes. O foco de análise está delimitado pelas deliberações que ocorrem tendo em vista somente os julgamentos da competência da Sala do Pleno (delimitação do órgão deliberativo), normalmente nos processos de controle abstrato de constitucionalidade das leis (recursos de constitucionalidade e cuestión de inconstitucionalidade) e recursos de amparo em matéria de direitos fundamentais avocados pelo Pleno[281] (delimitação do tipo de processo), com especial ênfase (quando o estudo assim o requerer) para temas de grande impacto e repercussão política e social, que tenham sido julgados entre os anos de 2008 e 2013 (delimitação temática e temporal).

---

[280] O Tribunal Constitucional da Espanha está integrado por três órgãos colegiados: o Pleno, composto pelos doze magistrados, inclusive o Presidente, que o preside; duas Salas, compostas cada uma por seis magistrados, presididas, respectivamente, pelo Presidente e pelo Vice-Presidente, para o conhecimento dos recursos de amparo; e Seções compostas por três magistrados, para o despacho ordinário e as decisões de admissibilidade ou inadmissibilidade dos recursos de amparo.

[281] O julgamento dos recursos de amparo cabe, em princípio, às duas Salas do Tribunal. Não obstante, os recursos de amparo que contenham temas inéditos ou que impliquem mudança de jurisprudência e também os que suscitem declaração de inconstitucionalidade de lei devem ser submetidos ao julgamento do Pleno. Cabe ao Pleno "avocar", por proposta do Presidente ou de três de seus magistrados, qualquer processo que esteja sob o julgamento das Salas, o que normalmente ocorrerá em relação aos recursos de amparo como os acima mencionados.

5.2. Momentos Deliberativos

A expressão *momentos deliberativos* aqui empregada para intitular (e assim tematizar) os tópicos seguintes busca sua razão de ser – assim como se fará no capítulo posterior (vide Capítulo 6) – no fato de que no Tribunal Constitucional da Espanha, assim como ocorre no Supremo Tribunal Federal do Brasil (e igualmente em outras Cortes Constitucionais), a deliberação não se limita a um único episódio demarcado física e temporalmente, como normalmente se costuma associá-la com o julgamento ocorrido nos órgãos colegiados plenos dos tribunais. Ao contrário, ainda que isso possa não parecer muito claro à primeira vista, as práticas deliberativas ocorrem em diversos momentos no interior do Tribunal Constitucional.

Em sentido muito amplo, poder-se-ia considerar a deliberação como fenômeno argumentativo presente em ocasiões muito diversas ao longo do *iter* do processo constitucional, desde a fase de instrução processual – por exemplo, quando são apresentadas dialeticamente as razões das partes no processo – até os eventuais retoques finais coletivamente realizados no texto final da decisão. Não obstante, tendo em vista o objetivo aqui traçado de trabalhar com as deliberações entre os magistrados do Tribunal Constitucional, os tópicos seguintes analisarão os principais momentos deliberativos marcados apenas pelo intercâmbio argumentativo entre os magistrados, excluindo-se dessa análise qualquer outra deliberação que, concebida no sentido mais amplo indicado, possa ocorrer entre partes ou entre estas e magistrados.

Como será facilmente percebido logo nas primeiras análises, esses momentos deliberativos têm algo em comum, que é o fato de que todos se (re)produzem tendo como base ou como guia o *texto* da decisão. O texto representa o eixo central por onde gravita toda a prática deliberativa do Tribunal Constitucional da Espanha. E, por isso, a deliberação entre os magistrados começa muito antes da sessão de julgamento que tem lugar na Sala do Pleno, e também podem ser encontrados alguns resquícios de deliberação em ocasiões posteriores a esse encontro colegiado. Nesse sentido, a deliberação no Tribunal Constitucional da Espanha pode ser dividida em pelo menos três fases distintas: (1) a *fase preliminar*, que alberga os momentos de prática deliberativa anteriores ao julgamento plenário; (2) a *fase delimitada pela reunião deliberativa* dos magistrados na Sala do Pleno; (3) a *fase posterior ao pleno*, na qual podem

CAPÍTULO 5 – A DELIBERAÇÃO NO TRIBUNAL CONSTITUCIONAL DA ESPANHA

ser eventualmente observados resquícios de práticas deliberativas. Cada uma dessas três fases será analisada nos tópicos seguintes.

5.2.1. A Deliberação em Fase Preliminar

Os magistrados começam a deliberar entre si em momentos que precedem sua reunião na Sala do Pleno e todas as práticas deliberativas que nessas ocasiões se desenvolvem podem ser agrupadas e designadas como preliminares da deliberação (em plenário), que ocorrem primordialmente (1) nos atos de produção inicial do texto da decisão pelo magistrado *ponente*, (2) no intercâmbio de notas de textos entre os magistrados, (3) nas negociações e formação prévia de maiorias (coalizões) que antecedem o julgamento plenário e em outros (4) preparativos para a reunião "a portas fechadas".

5.2.1.1. O Magistrado Ponente e a Produção do Texto

Como ocorre na maioria das Cortes Constitucionais, a condução de cada processo no Tribunal Constitucional da Espanha é concedida (por critérios procedimentais preestabelecidos) a um magistrado específico, denominado de *magistrado ponente*[282], que se encarrega de realizar a instrução do processo com as razões das partes e outros subsídios que considerar convenientes (nos limites fixados procedimentalmente[283]), e, após isso, elaborar o texto da decisão (ou pelo menos sua primeira versão), o denominado *projeto* (*proyecto*) de texto,

---

[282] O artigo 203 da Ley Orgánica del Poder Judicial assim dispõe: "1. En cada pleito o causa que se tramite ante un Tribunal o Audiencia habrá un Magistrado ponente, designado según el turno establecido para la Sala o Sección al principio del año judicial, exclusivamente sobre la base de criterios objetivos. 2. La designación se hará en la primera resolución que se dicte en el proceso y se notificará a las partes el nombre del Magistrado ponente y, en su caso, del que con arreglo al turno ya establecido le sustituya, con expresión de las causas que motiven la sustitución".

[283] O artigo 205 da Ley Orgánica del Poder Judicial estabelece as atribuições do magistrado ponente: "Corresponderá al ponente, en los pleitos o causas que le hayan sido turnadas: 1. El despacho ordinario y el cuidado de su tramitación. 2. Examinar los interrogatorios, pliegos de posiciones y proposición de pruebas presentadas por las partes e informar sobre su pertinencia.3. Presidir la práctica de las pruebas declaradas pertinentes, siempre que no deban practicarse ante el Tribunal. 4. Informar los recursos interpuestos contra las decisiones de la Sala o Sección. 5. Proponer los autos decisorios de incidentes, las sentencias y las demás resoluciones que hayan de someterse a discusión de la Sala o Sección, y redactarlos definitivamente, si se conformase con lo acordado. 6. Pronunciar en Audiencia Pública las sentencias".

que deverá conter a exposição do caso a ser julgado e a proposta de decisão, com seus fundamentos jurídicos. Como explicado anteriormente, é sobre esse texto ou projeto de texto que se desenvolverá toda a deliberação. Por isso, essa fase inicial de produção do texto por parte do magistrado ponente pode ser considerada como o gérmen de toda a prática deliberativa entre os magistrados.

A primeira vista, por estar prescrita procedimentalmente como um ato singular do magistrado, a produção inicial do texto pode parecer ser uma atividade solitária de reflexão em torno do caso e de suas particularidades, mas na prática esse suposto (e até mesmo imaginário) monólogo judicial distancia-se em demasia da realidade. A construção do texto é normalmente uma atividade coletiva, levada a efeito por no mínimo quatro mãos, isto é, pelo magistrado e por (no mínimo) um assessor (denominado *Letrado*).

Os Letrados do Tribunal Constitucional têm uma participação extremamente ativa nessa fase preliminar de produção do projeto de decisão, e isso é hoje um fato incontestável entre os magistrados. A eles são atribuídas as tarefas preliminares de relato do caso e de suas principais circunstâncias, pesquisas e estudos sobre os temas discutidos, e redação dos fundamentos jurídicos da decisão. É muito raro, portanto, que um magistrado se empenhe solitariamente nessa atividade inicial de relatório, pesquisa e estudo, de modo que em praticamente todos os casos há a participação de algum letrado do Tribunal. E ressalte-se que tais atividades não são menos importantes, pois a descrição do caso e de seus aspectos mais relevantes, assim como o tipo de pesquisa e de estudo para a sua delimitação temática, condicionam toda a percepção posterior que em torno do caso terão os magistrados reunidos em colegiado. Justamente por isso se costuma reconhecer entre os magistrados, ainda que algumas vezes de forma não explícita, o real poder que tem a Secretaria Geral do Tribunal e seu corpo efetivo de Letrados. Como funcionários do Tribunal[284], esses servidores formam um grupo de trabalho permanente – e por isso não submetido às sucessivas trocas trienais de magistrados – que acaba consolidando pesquisas, estudos, entendimentos próprios e que podem

---

[284] Os Letrados podem ser admitidos mediante concurso público (concurso-oposición), de acordo com o artigo 97 da Ley Orgánica do Tribunal, fazendo parte do Cuerpo de Letrados del Tribunal, ou podem ser nomeados por tempo determinado (régimen de adscripción temporal) entre funcionários públicos das carreiras judiciais, normalmente procedentes da magistratura ou das universidades (catedráticos e professores titulares de universidade).

CAPÍTULO 5 – A DELIBERAÇÃO NO TRIBUNAL CONSTITUCIONAL DA ESPANHA

influenciar (direta ou indiretamente, explícita ou implicitamente) diferentes composições de magistrados ao longo do tempo. Como admitem alguns magistrados, quando chegam à Corte logo após serem escolhidos e nomeados, eles encontram um corpo de letrados pré-existente, e a participação de tal ou qual assessor pode definir o rumo que o julgamento poderá seguir. Nesse aspecto, a prática do Tribunal Constitucional da Espanha não pode ser considerada muito diferente de outras Cortes Constitucionais – como a Suprema Corte norte-americana e seus famosos *clercks*[285]–, nas quais os assessores detêm um poder significativo na condução dos processos que é pouco reconhecido e comentado pelos teóricos que se debruçam sobre essas realidades.

O importante a enfatizar é que, desde o início, a produção do texto da decisão, com o relato do caso (*antecedentes*), os fundamentos jurídicos e a decisão (*fallo*), está caracterizada por ser uma *empresa coletiva*. E não apenas isso. Além de ser uma empresa coletiva, é também uma atividade permanentemente influenciada, e assim condicionada, pela constante necessidade de conquistar adeptos às teses que pretende defender. Isso significa que, ao construir a decisão e especialmente seus fundamentos jurídicos, os participantes dessa empresa coletiva devem sempre ter em mente que um de seus objetivos primordiais é o de *conquistar a maioria do tribunal* em torno de seu posicionamento. Por isso, e justamente por isso, a produção inicial do texto é uma obra coletiva condicionada (e não seria demais dizer que é pressionada) pelo coletivo que representam os magistrados do órgão colegiado do tribunal, de modo que, ainda que construída em um momento muito inicial em razão das circunstâncias específicas do caso e de bases jurídicas como normas, doutrina, jurisprudência (etc.) que possam determinar a solução de julgamento, a decisão sempre terá que ser cuidadosamente "lapidada" pelo magistrado ponente (e seus respectivos assessores) tendo em vista os possíveis posicionamentos diferenciados dos demais magistrados que compõem o colegiado.

---

[285] As atividades dos assessores dos juízes das Cortes Constitucionais – estudos, pesquisas e redações de textos das decisões e votos – se assemelham em suas características essenciais. Sobre as atividades dos assessores da Suprema Corte norte-americana, vide, entre outros: PEPPERS, Todd; WARD, Artemus (ed.). *In Chambers: stories of Supreme Court Law Clercks and Their Justices*. Charlottesville and London: University of Virginia Press; 2012. WARD, Artemus; WEIDEN, David. *Sorceres' apprentices: 100 years of Law Clercks at the United States Supreme Court*. New York: New York University Press; 2006.

ARGUMENTAÇÃO CONSTITUCIONAL

Portanto, a produção inicial do texto dificilmente é apenas uma atividade de decisão e de motivação dessa decisão conforme as características fáticas e jurídicas que definem o caso, mas igualmente (e talvez primordialmente) uma tarefa de *convencimento* de todos os magistrados do tribunal, tarefa essa que pode influenciar (e assim modificar) decisiva e completamente a decisão e sua fundamentação jurídicas.

Por essas razões, essa fase preliminar de redação do texto pode ser permeada pelo intercâmbio de textos entre os diversos magistrados.

5.2.1.2. Intercâmbios de Textos

A redação inicial do texto da decisão é uma empresa coletiva não apenas no sentido de que envolve magistrado ponente e seus assessores letrados, mas também porque pode ser permeada pelo intercâmbio de textos entre os magistrados. E existem diversos fatores que caracterizam a prática de redação inicial do texto que favorecem esse constante intercâmbio.

O primeiro fator diz respeito à própria formatação do texto. O texto elaborado pelo magistrado ponente (e por seus assessores) possui uma formatação diferenciada, pois é dividido não apenas em páginas, mas também em linhas, e isso tem um motivo que caracteriza essa fase preliminar, que é o de abrir espaço no decorrer do texto para a intervenção de textos de outros magistrados (e também de outros assessores). O intercâmbio de textos entre magistrados nessa fase preliminar é, portanto, algo que é não apenas muito exercido, mas igualmente incentivado pela própria prática, a qual inclui os modos de redação e de formatação iniciais do texto.

O segundo fator pode ser encontrado na distribuição física dos gabinetes (*despachos*) dos magistrados entre os seis andares do edifício principal do Tribunal Constitucional. Eles estão agrupados em pares, de modo que em cada andar do edifício existem duplas de magistrados "vizinhos" entre si, o que acaba, em muitos casos, construindo uma proximidade ou uma relação de "vizinhança" não apenas física, mas também de parceria, de coleguismo, amizade e, mais importante, de trabalho conjunto. Não é raro que todo esse contexto de proximidade acabe criando condições muito propícias para a construção conjunta (ainda que nesse aspecto apenas "bilateral") de textos entre magistrados, compartilhamento de assessores, de estudos e pesquisas para um determinado caso, etc.

CAPÍTULO 5 – A DELIBERAÇÃO NO TRIBUNAL CONSTITUCIONAL DA ESPANHA

Não obstante esses fatores, que funcionam como incentivadores ou facilitadores do intercâmbio de textos, o certo é que a construção textual coletiva é uma prática enraizada no interior do tribunal e que caracteriza essa fase preliminar da deliberação. O momento inicial de redação do texto pode ser, nesse aspecto, um momento de constante deliberação entre os magistrados (com eventual participação dos Letrados). É o que revelam as respostas dadas pelos magistrados a uma das questões objeto das entrevistas realizadas, a qual pretendia verificar a existência de práticas deliberativas no momento de redação da decisão, portanto, fora da sala de deliberações (vide quadro abaixo).

Questão: **Na prática do Tribunal Constitucional, o momento de redação das decisões é também um momento de deliberação entre os magistrados (com participação dos Letrados)? Há uma prática deliberativa que se desenvolve fora da sala de deliberações, por ocasião da construção do texto da decisão?**	
Magistrado 1	Sim. Tudo é deliberado. É rara a sentença cujo texto seja resultado apenas da "pluma" do *ponente*. Todos os demais magistrados podem introduzir frases e modificações, se o *ponente* as aceita, obviamente, e se não as aceita pode ser derrotado e então se passa a *ponencia* a outro. A participação dos letrados nesse processo de redação pode ocorrer, mas depende de cada magistrado e nunca acontece dentro da sala do pleno.
Magistrado 2	Como a deliberação recai sobre um texto, às vezes é muito prolixa e detalhista. O texto prévio não é somente numerado em páginas, mas também em linhas, de modo que às vezes se discute sobre parágrafos pequenos ou inclusive sobre simples frases.
Magistrado 3	A deliberação ocorre em torno de um texto. Nas discussões são sugeridas modificações de redação, e não se vota enquanto não se tenha um texto finalizado e aprovado.
Magistrado 4	Sim, a redação também é colegiada.
Magistrado 5	Sim. É habitual que haja intercâmbio de notas de texto. E é habitual que haja negociação em torno do texto antes do pleno.
Magistrado 6	Sim. É apresentado um texto escrito (pelo *ponente*) sobre o qual se discute e se negocia. A apresentação de um texto favorece a negociação.
Magistrado 7	Com certeza entre magistrados e letrados. Entre magistrados, é menos usual, mas existe em contatos ocasionais e bilaterais.

ARGUMENTAÇÃO CONSTITUCIONAL

Magistrado 8	Na prática, mesmo depois de votar o texto no pleno, se distribui o texto antes da assinatura, e nesse momento os magistrados têm a possibilidade de comprovar se o texto corresponde fielmente ao que se passou na sala do pleno. Cada magistrado se ocupa de ver se as opiniões que manifestou estão ali compreendidas. E, nesse momento, o magistrado que considera haver algum erro na redação da sentença pode levar a questão ao magistrado *ponente* para que trate de corrigir, de maneira que alguma negociação posterior ao pleno e anterior à assinatura do texto (final) pode ocorrer, alguma deliberação pode haver. A participação dos letrados não pode ser generalizada. Alguns magistrados deixam a redação inteiramente a cargo dos letrados; outros tratam de redigir o texto e depois apenas o discutem com os letrados.

Como é possível verificar, a deliberação que ocorre nessa fase inicial já é potencialmente rica em detalhes, podendo ocorrer, como afirma um dos magistrados, em torno de argumentos contidos em parágrafos ou até em linhas do texto da decisão.

O fato é que, como se pode colher das respostas, no Tribunal Constitucional da Espanha pode haver todo um diálogo prévio entre magistrados em torno do texto da decisão. Nesse aspecto, a redação inicial do texto também pode ser colegiada.

Essa prática de redação conjunta do texto, quando ocorre, pode ter inclusive o efeito (positivo) de acelerar a deliberação plenária, pois antecipa, em forma de diálogo textual, parte do confronto argumentativo, em forma de debate oral, que ocorre na sala do pleno. Seria possível afirmar, tendo em vista essa realidade, que quanto mais sólido e acabado for o texto prévio construído pelo magistrado ponente – no sentido de que previamente consiga reunir, na maior medida possível, as distintas opiniões de diversos magistrados –, mais chances ele terá de conquistar a maioria na sala do pleno. Assim, quanto maior for o prévio intercâmbio de textos, e quanto mais magistrados ele conseguir abranger, maior será a possibilidade de que o texto inicial se sagre vencedor na deliberação plenária. Tendo em vista essa relação de proporcionalidade direta entre o pluralismo de opiniões que pode albergar o texto inicial e o resultado positivo que ele pode conquistar na deliberação, é também comum que essa fase que antecede a reunião na sala do pleno seja permeada pelas práticas de negociação e de coalizão entre os magistrados.

5.2.1.3. Negociações e Coalizões

Toda deliberação que ocorre nas Cortes Constitucionais envolve algum tipo de negociação. Isso já está bastante revelado na literatura especializada que, principalmente no contexto norte-americano[286], se debruça sobre os comportamentos judiciais individuais e coletivos nos momentos de tomada de decisão colegiada. Na verdade, a negociação pode ser caracterizada como um tipo específico ou um subtipo da deliberação entre os magistrados de uma Corte Constitucional. Pode ser ela uma fase, um aspecto, uma nuance, uma determinada face característica de um ou vários momentos deliberativos no interior do tribunal. Sua forma e sua intensidade estão obviamente condicionadas pelos atores (personalidades distintas de cada magistrado) e casos (características fáticas e jurídicas da situação concreta em discussão) envolvidos na deliberação, mas sua presença é invariavelmente constante no relacionamento deliberativo entre os magistrados. Como se verá ao longo deste tópico, a negociação pode ser conceituada como a face mais intersubjetiva e estratégica da deliberação entre os magistrados do Tribunal Constitucional.

Desde logo, ressalte-se que a negociação que ocorre no interior do tribunal, pelo menos no sentido aqui adotado, não pode ser entendida em um sentido pejorativo, associada a comportamentos negativos de barganha, de troca de favores, de tráfico de influencias etc. entre magistrados. Se tais comportamentos ocorreram ou ocorrem entre os magistrados do Tribunal Constitucional, isto é algo que não se pode aqui afirmar, pois não consta, de nenhuma maneira, como resultado da investigação empírica realizada (mesmo porque não é um de seus objetivos de estudo). A negociação que aqui se trata – justamente por ser a que transpareceu ao longo da investigação empírica – está mais

---

[286] Entre outros, vide: MAVEETY, Nancy (ed.). *The pioneers of judicial behaviour*. Michigan: University of Michigan; 2003. BAUM, Laurence. *The puzzle of judicial behaviour*. Michigan: University of Michigan; 1997. EPSTEIN, Lee; KNIGHT, Jack. *The choices Justices make*. Washington: Congressional Quarterly; 1998. SEGAL, Jeffrey A.; SPAETH, Harold J. *The Supreme Court and the attitudinal model revisited*. Cambridge: Cambridge University Press; 2002. CLAYTON, Cornell W.; GILLMAN, Howard (ed.). *Supreme Court decision-making: new institutionalist approaches*. Chicago: University of Chicago; 1999. EPSTEIN, Lee; LANDES, William M.; POSNER, Richard. *The behavior of the Federal Judges. A theoretical and Empirical Study of Rational Choice*. Cambridge: Harvard University Press, 2013.

relacionada ao significado etimológico oficial[287] e, portanto, a uma noção mais técnica do termo, que pode ser entendido como um conjunto de atos intersubjetivos que visam a um acordo em torno de uma posição para solucionar uma questão ou problema.

A distinção em relação à deliberação – a qual também pode ser entendida como conjunto de atos intersubjetivos (de caráter argumentativo) no interior de um grupo de pessoas visando à tomada de decisão em torno de um problema – reside apenas em alguns aspectos que estão mais presentes (potencialmente) e dessa forma caracterizam o ato de negociar. Em todo caso, como afirmado anteriormente, pode-se dizer que, em termos gerais, a negociação entre os magistrados é apenas uma faceta específica da deliberação no interior de uma Corte Constitucional. Ambas, deliberação e negociação, estão caracterizadas por serem atividades de tipo argumentativo (argumentação jurídica), no interior de um grupo de pessoas (os magistrados), visando um acordo (uma decisão) em torno de um problema (um caso).

O primeiro dos aspectos que identificam a negociação, e assim podem distingui-la da deliberação (distinção entre o gênero e sua espécie), está no *agir estratégico* de determinados agentes que participam de uma negociação, no sentido de que visam atingir um determinado *fim* ou *objetivo* que não necessariamente é o fim ou objetivo do grupo como um todo. A negociação que se desenvolve como uma das fases ou uma das características da deliberação no interior do Tribunal Constitucional tem como finalidade precípua a *conquista da maioria de votos*. Nesse sentido, ela se desenvolve normalmente no interior de grupos parciais (de magistrados) e, nesse aspecto, pode ser denominada de *coalizões*. As coalizões, portanto, são os fenômenos de formação de grupos parciais de magistrados no interior do tribunal por ocasião das negociações com a finalidade de conquistar a maioria de votos.

O segundo aspecto, intimamente relacionado com o primeiro – e por isso nele já sugerido –, resulta do fato de que, justamente por serem estratégicos, os atos intersubjetivos que caracterizam as negociações dificilmente se desenvolvem entre todos os membros do grupo, no caso, entre todos os magistrados

---

[287] O dicionário da Real Academia Espanhola significa a palavra negociação como "tratos dirigidos a la conclusión de un convenio o pacto" e a palavra negociar como "tratar asuntos públicos o privados procurando su mejor logro".

CAPÍTULO 5 – A DELIBERAÇÃO NO TRIBUNAL CONSTITUCIONAL DA ESPANHA

do tribunal. Os atos negociativos visam indivíduos ou grupos de indivíduos específicos, estrategicamente escolhidos por possuírem ou desenvolverem certas características – que podem ser de personalidade, de doutrina, de ideologia, de amizade, de simpatia etc. – que os fazem mais propensos a serem conquistados (convencidos ou persuadidos) no sentido de agir conforme a finalidade buscada pela negociação (unir-se ao grupo que poderá representar a maioria em torno de uma decisão). Assim, enquanto a deliberação está mais associada à troca argumentativa que envolve um grupo de pessoas considerado em sua totalidade (todos os magistrados que compõem o órgão colegiado), a negociação pode ser considerada como a deliberação de caráter estratégico no interior de grupos parciais de magistrados.

Entendida nesses termos, a negociação pode ser identificada em quase todos os momentos deliberativos no Tribunal Constitucional da Espanha. Sem embargo, é na fase preliminar da deliberação que ela ocorre com maior frequência e intensidade e, dessa forma, adquire maior importância prática. Nesse sentido, pode-se identificá-la e assim caracterizá-la como o conjunto de tratativas iniciais entre grupos parciais de magistrados visando à preparação para a reunião deliberativa na sala do pleno, com o objetivo de conquistar a maioria de votos.

Toda negociação envolve um ou vários objetos que podem ser negociados, isto é, intercambiados estrategicamente. No Tribunal Constitucional da Espanha, o principal objeto da negociação entre os magistrados é o texto. Assim como a deliberação, a negociação gira em torno de textos. Sua finalidade é a construção de uma proposta de decisão (um projeto de texto) que conquiste a maioria de votos em plenário. Se o texto falha em seu objetivo primordial de obter a maioria, não raro resulta em voto particular (dissidente), que nessa hipótese pode ser subscrito pelo grupo parcial de magistrados vencidos. Se, de modo distinto, consegue conquistar a maioria em torno da decisão (em sua parte dispositiva), mas não sobre sua fundamentação jurídica, pode também resultar em voto particular (concorrente), o qual igualmente pode ser subscrito pelo grupo parcial de magistrados discordantes da fundamentação vencedora.

O fato é que a deliberação no Tribunal Constitucional da Espanha, nessa fase preliminar, não raro está permeada por uma série de tratativas (atos negociativos) entre magistrados (grupos parciais) em torno do texto da decisão.

ARGUMENTAÇÃO CONSTITUCIONAL

Os atos negociativos são, nesse sentido, os intercâmbios de textos entre magistrados, dos quais se começou a tratar no tópico anterior. A construção do texto inicial, como uma empresa coletiva, está permeada por *concessões mútuas de textos* e, portanto, de posições e fundamentos jurídicos entre os magistrados, sempre com a finalidade de conquistar o maior número possível de adeptos na deliberação plenária. A negociação normalmente pode ser iniciada pelo magistrado ponente, ao construir seu projeto de texto de forma previamente aberta às incorporações dos textos de outros magistrados, convidando-os a participar dessa empresa coletiva e assim tentar conquistar a maioria em torno de sua posição. Pode também partir de outros magistrados que queiram participar da composição do grupo majoritário, e assim o fazem sugerindo inserção de textos que possam representar uma maior pluralidade de posições. E não raro podem também partir do Presidente do Tribunal (vide abaixo tópico 5.2.2.5), ao tentar formar, junto com o magistrado ponente ou de forma divergente a ele, um texto que componha uma maioria em torno de sua posição.

Um exemplo bastante ilustrativo foi dado certa vez por Francisco Tomás y Valiente, magistrado que exerceu a Presidência do Tribunal de forma bastante ativa e, conforme revelado por um dos magistrados entrevistados, como se verá mais a frente (vide tópico 5.2.2.5), exercia o papel de um verdadeiro negociador entre os magistrados para a construção de soluções consensuais, que fossem resultado de uma deliberação exaustiva do colegiado. Tomás y Valiente fazia referência às soluções construídas deliberativamente entre os magistrados para realizar, por meio da cuidadosa construção coletiva do texto que faz parte da motivação da decisão ou mesmo dos *obiter dicta*, "recomendações" ao legislador em casos nos quais as soluções binárias ou de tudo ou nada (inconstitucionalidade/constitucionalidade) se mostrassem insuficientes para resolver o problema posto ao Tribunal:

> "Está, en primer lugar, lo que podríamos denominar recomendación-transaccional. Atendiendo a su génesis, las cosas pueden suceder en alguna ocasión, más o menos, así: unos magistrados argumentan en favor de la declaración de inconstitucionalidad de un precepto, otros razonan en pro del mantenimiento del mismo por entenderlo conforme con la Constitución, un tercer sector guarda silencio. En una

CAPÍTULO 5 – A DELIBERAÇÃO NO TRIBUNAL CONSTITUCIONAL DA ESPANHA

fase más avanzada de la deliberación alguien arguye que, aunque el precepto no es inconstitucional, mejor sería o hubiera sido que su texto fuera distinto. Se camina por esta vía, y en un momento dado uno o dos magistrados proponen un párrafo transaccional con recomendación incluida, que es aceptado por todos"[288].

No Tribunal Constitucional da Espanha, as coalizões parecem ser mais raras, a pesar de que não se possa afirmar que não ocorrem ou que nunca ocorreram. O que transparece da pesquisa empírica realizada é que a negociação (primordialmente um intercâmbio de textos) é uma prática deliberativa constante no interior do tribunal. Sem embargo, não se pode fazer a mesma afirmação, de forma contundente, em relação à prática de coalizões entre magistrados (como espécie de negociação que tem em vista a formação prévia de grupos de magistrados para a conquista da maioria). Inclusive, é preciso deixar claro que é muito difícil colher dados desse tipo através de pesquisa empírica, pois as coalizões não raro podem ter origem em aspectos muito subjetivos, os quais podem ser de múltiplas espécies, como afinidades ideológicas, políticas, doutrinárias, de amizade e simpatia mútuas entre magistrados etc. Tais aspectos dificilmente podem ser extraídos com alguma precisão pelos métodos da pesquisa empírica (essencialmente da observação das práticas e das entrevistas com os próprios agentes das práticas observadas).

Sem embargo, uma das perguntas realizadas na entrevista com os magistrados teve o objetivo (um pouco vago e geral, reconheça-se) de aferir o grau de relacionamento (de amizade, simpatia, ou afinidade, de tipo pessoal, ideológico, doutrinário, etc.) interno entre os magistrados e sua possível influência na formação de maiorias. Todos os magistrados reconhecem que existem relacionamentos de maior proximidade entre um ou outro colega por questão de amizade, afinidade, simpatia ideológica, doutrinária, etc.; mas se dividem entre aqueles que admitem e aqueloutros que não admitem a influência dessas relações na formação de maiorias no tribunal.

---

[288] TOMÁS Y VALIENTE, Francisco. *Escritos sobre y desde el Tribunal Constitucional*. Madrid: Centro de Estudios Constitucionales; 1993, p. 104.

ARGUMENTAÇÃO CONSTITUCIONAL

Questão: **Na vida interna do Tribunal Constitucional é possível identificar laços de amizade, de afinidade ou de simpatia (pessoal, ideológica ou doutrinária) entre alguns magistrados mais que entre outros e, se isso é possível, seria possível afirmar que essas relações influem de algum modo na formação de maiorias?**	
Magistrado 1	Não se podem descartar. Em todo grupo humano – e este é um grupo de doze pessoas – é absolutamente normal que haja quem por afinidade, por formação etc. tenha mais proximidade intelectual ou afetiva. Não se pode negar que isso influi de algum modo na adoção de decisões. Negar isso seria negar o óbvio. Mas é também frequente que alguém possa coincidir com pessoas que não são imediatamente amigos, em afeto ou em formação intelectual.
Magistrado 2	Os juízes são seres humanos e, portanto, têm sentimentos. Trabalhar juntos normalmente produz relações de amizade. Essa amizade não tem, ou tem uma influência mínima, na tomada de decisão.
Magistrado 3	Essas simpatias e amizades naturalmente existem, mas o que não tenho claro é se elas influem nas decisões. Esse é um elemento que existe, mas que não é definitivo.
Magistrado 4	Pelo que tenho visto, não me atreveria a dizer que a amizade pessoal influencie nas decisões. Ocorre que algumas pessoas têm muito boas relações fora da sala de deliberações e, sem embargo, votam de forma contrária. Outra coisa é o respeito doutrinário, que pode ocorrer entre os magistrados. Um administrativista, por exemplo, será melhor escutado e respeitado em tema dessa matéria etc.
Magistrado 5	As relações de amizade no tribunal devem ser cuidadas, isso é básico, é fundamental, para que as relações sejam cordiais e as deliberações ocorram em termos corretos. E se há simpatias, melhor. Tudo isso pode influenciar na deliberação. Não é um critério determinante, mas sim contribui.
Magistrado 6	Amizades, não; mas afinidades ideológicas sim podem influenciar na deliberação. Discrepâncias pessoais também influem.
Magistrado 7	Nesse aspecto, o predomínio da cultura jurídica no tribunal é positivo no sentido de que o trato entre magistrados é muito cortez. Não creio que seja tanto um tema de amizade, mas de afinidade nas posições. Mas não se personaliza a deliberação.
Magistrado 8	As simpatias doutrinárias sem dúvida existem. As puramente pessoais, não necessariamente. Ou seja, entre a amizade pessoal e a postura no tribunal não necessariamente existe uma correspondência. Na minha experiência, vi casos de amizades antigas que não só não condicionaram as posturas dos amigos entre si, como em muitos casos esses magistrados se opunham sistematicamente, pois mantinham diferenças ideológicas e doutrinárias.

CAPÍTULO 5 – A DELIBERAÇÃO NO TRIBUNAL CONSTITUCIONAL DA ESPANHA

As respostas contêm alguns indícios sobre os relacionamentos intersubjetivos internos e sua possível influência na deliberação, mas não podem revelar dados minimamente suficientes para se conjecturar sobre a possível formação de coalizões nos momentos deliberativos do tribunal. Isso dependeria de outras diversas variáveis, muito difíceis de aferição empírica. Tampouco se poderia partir de hipóteses de trabalho que levassem em conta a divisão do tribunal em grupos ideológicos, como sói fazer a imprensa, por exemplo, ao separá-lo em magistrados "conservadores", por um lado (normalmente identificados com aqueles que foram indicados pelo Partido Popular-PP), e magistrados "progressistas", por outro (comumente relacionados às indicações realizadas pelo Partido Socialista Obrero Español-PSOE). Um mínimo de conhecimento sobre o que se passa de fato na deliberação interna do Tribunal Constitucional espanhol pode demonstrar claramente que as coisas são muito mais complexas do que uma simples divisão binária como essa.

5.2.1.4. Preparativos para a Deliberação em Plenário

Os momentos que antecedem a reunião na sala do pleno podem ser permeados por uma série de tratativas entre os magistrados que visam aos últimos ajustes no texto que será objeto de debate e votação. Contatos telefônicos ou pessoais entre magistrados e entre estes e assessores podem ser constantes e cruciais nestes últimos momentos dessa fase preliminar, pois têm o objetivo de dar contornos mais definitivos à eventual negociação em torno do texto.

O principal momento dessa fase preliminar pode ser representado pela *distribuição a todos os magistrados do projeto de texto* (ou *informe*) elaborado pelo magistrado ponente, que pode ter sido ou não objeto de algumas negociações prévias no interior de grupos parciais. Esse texto será o objeto da deliberação, e seu conhecimento prévio por parte de todos os magistrados – comumente uma ou duas semanas antes, dependendo da complexidade e importância do caso – pode adiantar e assim facilitar a deliberação no pleno. Outras vezes, esse texto não pode ainda ser considerado totalmente pronto para a deliberação, pois sobre ele ainda poderão ocorrer negociações, até a efetiva entrada de todos na sala do pleno.

Importante enfatizar também que nessa fase a maioria dos magistrados comumente já possui uma convicção sobre a posição que vai defender perante o debate no pleno e, dessa forma, é possível que tenham uma ideia prévia bastante formada sobre a composição dos grupos majoritários e minoritários, ainda que isso apenas se defina de fato no momento da efetiva votação. Por isso, a negociação pode se intensificar dependendo da necessidade de que mais votos sejam conquistados para formar uma maioria. O magistrado ponente, na defesa da posição de seu texto, e o Presidente do Tribunal, no intuito de construir a maioria para dar uma decisão e finalizar a discussão em torno do caso, podem ter um papel relevante nessa última fase de negociações que antecede o pleno, ainda que muitas vezes isso dependa da personalidade de quem ocupa essas funções. E também entre os letrados podem ocorrer encontros e conversas para definir alguns pontos do texto final, sobretudo em questões mais técnicas.

Nessa fase em que se finalizam as preliminares da deliberação, e que pode ocorrer na véspera ou no próprio dia do julgamento, minutos antes da entrada na sala do pleno, é muito provável que a imprensa já esteja dando notícia do caso que será julgado. Nessa hipótese, que depende muito dos contornos do caso e de sua repercussão política, econômica e social, o Presidente do Tribunal, junto com o gabinete de imprensa, passam a exercer um papel fundamental para tentar impedir a ocorrência dos vazamentos (*filtraciones*) (vide abaixo tópico 5.3.2.3) de informações internas sobre essa fase preliminar de negociação em torno do texto da decisão, além da possível composição das maiorias e minorias de magistrados. Não raro o clima de cautela em relação à possibilidade de vazamentos de informações para a imprensa pode ter alguma consequência para o comportamento e a convivência entre os magistrados nessa fase de preparativos.

A fase preliminar da deliberação encerra-se com a entrada de todos os magistrados no espaço físico da sala do pleno.

5.2.2. A Deliberação na Sala del Pleno

A reunião na Sala do Pleno é o momento mais importante da deliberação no Tribunal Constitucional, pois é ali que todos os magistrados têm a oportunidade de se encontrar face a face para, num exercício dialético de argumentação, buscar soluções para os casos. É, portanto, o momento culminante da deliberação, onde o colegiado atua em sua plenitude e tem o dever de

CAPÍTULO 5 – A DELIBERAÇÃO NO TRIBUNAL CONSTITUCIONAL DA ESPANHA

interagir argumentativamente para produzir consensos em torno de uma decisão[289].

O Pleno é o órgão máximo e por excelência do Tribunal Constitucional. É composto pelos doze magistrados do tribunal e liderado pelo Presidente (na sua ausência, pelo Vice-Presidente ou pelo magistrado mais antigo[290]). Pode ser de caráter jurisdicional (*pleno jurisdicional*) ou administrativo (*pleno gubernativo*)[291] – ressalte-se novamente que aqui está sendo tratada apenas a deliberação levada a cabo pelo pleno em cumprimento de suas competências jurisdicionais –, e seu funcionamento ocorre normalmente com um *quorum funcional*[292] de no mínimo oito magistrados, isto é, dois terços da totalidade dos magistrados[293].

---

[289] Ressalte-se que o Pleno pode tanto tomar decisões que ponham fim ao processo (*sentencias*) como adotar medidas cautelares (como a *suspensión de normas*) e outras providências em qualquer fase do processo.

[290] No caso de haver igualdade na antiguidade, presidirá o Pleno o magistrado de maior idade (art. 6.2 da LOTC).

[291] O *Pleno Gubernativo* decide sobre questões de caráter administrativo do Tribunal Constitucional, algumas especificadas principalmente no art. 10 da LOTC e no art. 2º do Reglamento de Organización y Personal del Tribunal Constitucional, aprovado pelo Acuerdo de 5 de Julio de 1990, del Pleno del Tribunal (BOE n. 185, 3 de agosto de 1990). De forma distinta ao Pleno Jurisdicional, o Pleno Gubernativo pode ser composto, além dos magistrados, pelo Secretário Geral, que pode exercer as funções de Secretário do Pleno, cabendo a ele redigir a ata da sessão, registrando a deliberação ocorrida. Por meio da ata da sessão, dessa forma, o tribunal permite que se dê publicidade à deliberação levada a cabo por seu pleno administrativo, o que não ocorre no pleno jurisdicional, no qual não há a figura do secretário do pleno e não se redigem atas das sessões, permanecendo em segredo tudo que se passa na deliberação no interior da sala do pleno, cuja projeção exterior apenas ocorre pela via da publicação oficial das decisões.

[292] O art. 14 da LOTC não estabelece um *quorum estrutural*, isto é, um número mínimo de magistrados exigido para constituição e reunião válidas do pleno; mas apenas um *quorum funcional*, ou seja, um número mínimo (2/3 dos magistrados) para que as decisões sejam validamente tomadas. De todo modo, e como parece óbvio, na prática o número de 8 magistrados, ao ser o critério numérico para a adoção válida de decisões, é adotado também como referência de quorum para a reunião plenária dos magistrados.

[293] Ressalte-se que, em teoria, admite-se a possibilidade de que esses dois terços resultem em número inferior a oito, quando tomado proporcionalmente em relação a um tribunal não completo por seus doze magistrados. O art. 14 da LOTC estabelece que: "El Tribunal Pleno puede adoptar acuerdos cuando estén presentes, al menos, dos tercios de los miembros que en cada momento lo compongan". Assim, ao tratar dos membros "que en cada momento lo compongan", a lei admite que os dois terços sejam calculados a partir dos magistrados que no momento integrem o tribunal, que hipoteticamente podem ser em número inferior aos doze previstos, como pode ocorrer em casos de falecimento, renuncia, incompatibilidade

ARGUMENTAÇÃO CONSTITUCIONAL

A sessão plenária é convocada pelo Presidente do Tribunal, por iniciativa própria, cabendo a ele fixar os dias e o os horários das sessões. Para que não haja muitas interrupções na deliberação dos temas, muitos deles de complexa análise e solução, o mais comum é que se convoquem vários dias seguidos, durante uma semana (denominada "semana deliberativa"), para que possam apreciar os casos escolhidos para decisão.

A pauta de casos que serão objeto de deliberação também é definida pelo Presidente, a partir dos projetos de decisão que lhes são passados periodicamente pelos magistrados ponentes. Cabe ao Presidente, dessa forma, "fixar a ordem do dia" (*fijar el orden del día*) da deliberação no pleno.

É muito comum que os magistrados entrem na sala do pleno com os temas bastante estudados e, dessa forma, com posições firmadas sobre os assuntos, o que não afasta a possibilidade de que mudem de posição no decorrer da deliberação. Como parece ter ficado bastante claro através das conversas com os magistrados no decorrer da pesquisa, apesar de se prepararem previamente para a deliberação e levarem à reunião plenária seus posicionamentos sobre os assuntos, há um costume entre eles de entrar no recinto do pleno sempre com o espírito aberto ao "deixar-se convencer" (na expressão muito utilizada por um dos magistrados entrevistados), o que é ao mesmo tempo causa e consequência do caráter bastante colegiado do tribunal. Esse aspecto será melhor abordado mais a frente, no tópico sobre a dinâmica dos debates e votação.

5.2.2.1. O Rito Procedimental

Uma vez presentes na sala do pleno e sentados a mesa, o Presidente verifica a presença de um número mínimo de magistrados para a tomada de decisões (comumente toma-se como referencial o número mínimo de oito magistrados, um quorum funcional)[294] e dá inicio ao rito procedimental da deliberação.

de alguns magistrados. Portanto, o que a lei estabelece é apenas um quorum proporcional, isto é, um número mínimo calculado proporcionalmente aos magistrados que no momento componham o tribunal, levando em conta possíveis hipóteses em que o tribunal não esteja completo, e que pode resultar em número inferior aos oito magistrados. De todo modo, como mencionado na nota anterior, o parâmetro regular de quorum funcional (oito magistrados) acaba servindo de referência para o quorum de reunião plenária.

[294] Como explicado nas notas anteriores, apesar de teoricamente ser possível a reunião plenária e a tomada de decisões por um número de magistrados inferior a oito, na prática o número

CAPÍTULO 5 – A DELIBERAÇÃO NO TRIBUNAL CONSTITUCIONAL DA ESPANHA

Na sala do pleno é seguido um procedimento que não está regulamentado normativamente, seja pela Constituição ou pela Lei Orgânica do Tribunal Constitucional (LOTC). Esta apenas define, em seu art. 80, que em tema de deliberação e votação poderão ser aplicadas, de forma suplementar, as normas constantes da Ley de Enjuiciamento Civil (LEC) e da Ley Orgánica del Poder Judicial (LOPJ). São regras internas paulatinamente construídas ao longo dos vários anos de funcionamento do tribunal e que, apesar de terem alguma influência das práticas deliberativas dos órgãos do Poder Judicial (em razão da aplicação suplementar da LEC e da LOPJ), acabaram adotando aspectos próprios que as distinguem da deliberação nos demais tribunais. Constituem, portanto, uma prática, um costume judicial distinto, de modo que se pode falar de toda uma prática deliberativa própria do Tribunal Constitucional.

1. Abertura e apresentação do projeto de decisão pelo magistrado ponente. O rito procedimental inicia-se com o Presidente concedendo a palavra ao magistrado ponente para que apresente seu projeto de decisão. O relato do caso e a motivação jurídica da decisão realizados pelo ponente costumam ser breves, salvo raras exceções, visto que o projeto de decisão normalmente já é conhecido previamente pelos demais colegas. Alguns ponentes podem ser mais prolixos que outros, mas esses aspectos sempre dependem muito da personalidade de cada magistrado e/ou da complexidade e da importância do caso analisado. De toda forma, o normal é que a exposição seja bastante breve, em razão do conhecimento prévio de todos a respeito do conteúdo do texto, que se explica pela existência de toda uma fase preliminar de deliberação (como exposto nos tópicos anteriores).

2. Intervenções em sequência de todos os demais magistrados e do Presidente. Logo após o término da apresentação feita pelo ponente, concede-se a palavra a todos os magistrados para que façam as considerações que acharem pertinentes a respeito. Os magistrados falam em sequência, seguindo uma ordem definida pelo critério de antiguidade inversa ou de modernidade, isto é, começando pelo magistrado mais novo (ou moderno) no tribunal e terminando com o mais antigo, o qual é seguido pelo Presidente. Normalmente, em razão dos

de oito magistrados serve como referencial mínimo e parâmetro ordinário de quorum para a deliberação plenária.

ARGUMENTAÇÃO CONSTITUCIONAL

estudos prévios realizados na fase preliminar da deliberação, os magistrados já trazem prontas suas intervenções, de modo que estas também costumam ser breves, salvo algumas exceções, sempre dependentes da personalidade e da complexidade e/ou importância do caso objeto de discussão.

3. *Oportunidade de nova defesa pelo magistrado ponente.* No decorrer das intervenções de todos os magistrados, o ponente deve escutar atentamente e tomar nota de tudo, pois logo em seguida lhe será dada nova oportunidade para falar, ocasião em que poderá adotar diversas posturas, como se verá mais a frente no tópico sobre a dinâmica dos debates e da votação (tópico 5.2.2.2).

4. *Segunda rodada de intervenções de todos os magistrados. O debate.* Após a segunda fala do magistrado ponente, acontece uma segunda rodada de intervenções de todos os magistrados, agora sem ordem de fala, e qualquer um pode pedir a palavra. Este é o momento em que pode ocorrer o efetivo debate.

5. *Votação.* O debate entre todos os magistrados acontece até que o Presidente entenda que a questão está madura para ser votada, quando não há mais pontos a serem modificados. Verificada a exaustão dos debates, submete-se então o tema a votação, que também ocorre segundo a ordem de modernidade, do magistrado mais moderno até o mais antigo, seguido pelo Presidente.

6. *Proclamação do resultado e designação do magistrado redator.* A deliberação é encerrada com a proclamação do resultado pelo Presidente e a designação do magistrado ao qual será incumbida a tarefa de elaborar a redação final da decisão, que poderá permanecer com o ponente, se a posição defendida em seu texto logra sair vencedora na votação, ou ser concedida a outro magistrado cuja posição divergente em relação ao ponente tenha conseguido captar a maioria de votos.

Este é, em síntese, o rito procedimental observado para os julgamentos na sala do pleno, cujo momento deliberativo mais importante, como se pode perceber, encontra-se nas fases de debate e votação, que serão abordados de modo mais pormenorizado no tópico seguinte.

5.2.2.2. A Dinâmica dos Debates e da Votação

Se a reunião dos magistrados na sala do pleno pode ser considerada como o momento culminante da deliberação no tribunal constitucional, pode-se também dizer que é nos debates e na votação que esse momento encontra seu auge. É nessa fase que as trocas argumentativas "face a face" podem ocorrer com maior vigor e produzir, inclusive, convencimentos mútuos e, consequentemente, mudanças de posição.

Como explicado no tópico anterior, os debates podem ser desencadeados naturalmente por ocasião da segunda intervenção do ponente. Durante as intervenções realizadas em sequência por todos os magistrados, o ponente comumente vai tomando nota das observações feitas por cada um, pois em seguida lhe será concedida novamente a oportunidade de falar em defesa de seu projeto. Ao retomar a palavra, o ponente, após apreciar as diversas intervenções, pode adotar alguma das seguintes posturas:

1. Admite todas ou apenas algumas e, verificando que dizem respeito apenas a ajustes na fundamentação do texto, sem maiores repercussões sobre a solução pretendida para o caso, se compromete a incorporá-las posteriormente ao texto final da decisão, não impedindo assim a continuidade da deliberação, com o passo seguinte da votação. Se a admissão das intervenções implica necessárias modificações no resultado sugerido para o caso, o ponente pode então indicar mudança na sua posição inicial, o que, em alguns casos, obriga-o a estudar novamente o caso e elaborar novo texto, hipótese em que se interrompe a deliberação em torno do caso para que seja retomada em sessão plenária posterior.

2. Rejeita todas – o que obviamente ocorre quando são contrárias a sua posição – e, com isso, passa a defender novamente sua decisão, agora de modo a rebater as argumentações que lhe são contrárias. Pode também o ponente, nesses casos, pedir mais tempo para refletir novamente em torno do caso, hipótese em que se interrompe a sessão deliberativa para continuação em momento posterior a ser designado pelo Presidente.

Dentro dessa dinâmica deliberativa de intervenções ordenadas por parte de cada magistrado, é comum fazer uso dos denominados negritos ao texto (*las negritas*), por meio dos quais se sublinham trechos do texto em discussão com sugestões de modificação na redação. As trocas de *"negritas"* realizadas no decorrer dos debates na sessão deliberativa podem levar a

ARGUMENTAÇÃO CONSTITUCIONAL

amplas e substanciosas modificações na fundamentação do texto da decisão, que posteriormente deverão ser passadas a limpo e incorporadas ao texto final pelo magistrado redator. Ressalte-se que na sessão em pleno os magistrados não se utilizam de meios informáticos ou eletrônicos, tais como computadores, notebooks, tablets, smartphones, projetores de apresentação etc., mas apenas de tradicionais lápis, caneta e papel, o que acaba incentivando a prática das denominadas "negritas" para a troca de textos e evita (importante destacar) qualquer possibilidade de comunicação com o mundo exterior.

As trocas de "negritas" visam realizar os ajustes finais no texto da decisão que será objeto da fase posterior de votação. Não se pode passar à votação enquanto não se tem um texto com posições firmadas para a solução do caso e suas respectivas fundamentações consolidadas, ainda que o texto em seus aspectos redacionais mais específicos possa ser objeto de modificações posteriormente à sessão plenária, na fase de redação, como será analisado posteriormente.

Os debates então se produzem em torno dos variados aspectos formais e substanciais do texto elaborado pelo ponente. O texto pauta os debates e, dessa forma, continua sendo o guia principal de todo o processo deliberativo.

Um dos aspectos mais relevantes dessa fase de deliberação é que as práticas que nela se adotam para a apresentação do tema discutido, o debate e em seguida a votação, acabam favorecendo a possibilidade de mudanças de posição por parte de cada magistrado. Uma das questões objeto das entrevistas realizadas estava destinada a verificar se o modelo deliberativo adotado no tribunal criava condições para o câmbio de votos no decorrer da deliberação, como se pode observar no quadro abaixo.

CAPÍTULO 5 – A DELIBERAÇÃO NO TRIBUNAL CONSTITUCIONAL DA ESPANHA

Questão: É comum que haja modificações de votos no transcurso da deliberação? A formação da maioria ocorre normalmente antes (na fase preliminar de preparação individual dos votos por cada magistrado em seu gabinete) ou durante o momento deliberativo na Sala do Pleno? Em outros termos, as divergências são um produto do debate ocorrido no interior da Sala do Pleno ou os magistrados já entram na sala de deliberações com suas posições fechadas e pretensamente imunes a qualquer mudança?	
Magistrado 1	Existem casos de mudança de votos, mas não é um costume. É perfeitamente possível que um magistrado que tenha uma posição possa mudá-la no decorrer dos debates. Se não fosse assim a argumentação jurídica serviria muito pouco. Nesse aspecto, portanto, o debate no tribunal é sempre enriquecedor. Cada magistrado vai à deliberação com sua posição, mas depende muito do caso se essa posição é mais firme ou mais aberta à mudança. Mas nunca é uma posição completamente fechada e impossível de ser modificada. Todos vão com o espírito aberto para se deixar convencer.
Magistrado 2	Sim, é normal que a deliberação seja útil e que coisas que se pensam ao se entrar na sala de deliberações sejam modificadas no decorrer da discussão.
Magistrado 3	Não é muito habitual, mas também não é estranho que um magistrado convença a outro ou a outros sobre uma postura contrária. Como sempre há a repartição de um texto prévio, cada um já vai à sala de deliberações com uma ideia ou uma posição prévia, mas isso não exclui a possibilidade de que mude de posição. Depende dos assuntos. Na discussão de temas mais simples é mais fácil haver mudanças de posição.
Magistrado 4	Sim, pode haver cambio de votos como consequência da deliberação. Quanto às maiorias e minorias predeterminadas, nem sempre é fácil dizer o que vai acontecer.
Magistrado 5	É uma coisa comum. Normalmente se vai com posição firmada, mas não é incomum que se mude de posição.
Magistrado 6	Sim. É possível se cambiar de posição porque as opiniões dos demais companheiros te convencem. Como todos tem que estudar previamente o tema, já se vai ao pleno com uma posição, mas se pode modificá-la.
Magistrado 7	Pode haver câmbios de votos. Mas a verdade é que não é muito frequente.
Magistrado 8	Alguns sim. Não muitos, mas alguns. Um ou outro magistrado, que em sua primeira intervenção havia se manifestado em um sentido, depois muda de opinião.

ARGUMENTAÇÃO CONSTITUCIONAL

Conforme a maioria dos magistrados entrevistados, o modelo de deliberação dá abertura suficiente para a mudança de posição. Apesar do fato de que cada magistrado já entre na sala do pleno com uma posição firmada – em razão da fase preliminar de deliberação antes explicada, em que todos já puderam tomar conhecimento do projeto elaborado pelo ponente e estudá-lo suficientemente –, não é incomum que haja mudança de posicionamento no transcurso dos debates e da votação. Mesmo que maiorias possam ser formadas já na fase preliminar de deliberação, tudo pode mudar no decorrer das discussões na sala do pleno. E tudo parece indicar que o fato de permanecerem fechados na sala do pleno, sem contato com o exterior, acaba criando condições mais favoráveis para esse tipo de comportamento do "deixar-se convencer", como admitem os próprios magistrados ao reconhecerem que o ambiente imune a pressões exteriores incentiva um maior clima de livre expressão e convencimento.

Aspecto importante é o fato de que não há um limite de tempo previamente fixado para a finalização dos debates, de modo que estes se estendem até o momento em que, não havendo mais novos argumentos, considera-se que a questão está suficientemente discutida e então pode ser votada pelos magistrados presentes. Muitas vezes os debates não se exaurem numa mesma sessão e a deliberação, assim, pode durar vários dias, consecutivos (numa mesma semana) ou distribuídos ao longo dos períodos de funcionamento do tribunal (no decorrer de meses). Como bem afirmou em certa ocasião o magistrado emérito[295] e ex Presidente do Tribunal, Francisco Tomás y Valiente – o qual, é sempre importante recordar e enfatizar, notabilizou-se por sua impoluta atuação como magistrado do Tribunal Constitucional na década de 1980 e, no ano de 1996, foi assassinado por um membro do grupo terrorista ETA em seu escritório de trabalho na Universidade Autónoma de Madrid[296] –,

---

[295] Conforme Acuerdo del Pleno de 15 de setembro de 1985, os antigos magistrados do Tribunal, isto é, aqueles que já não o integram, seja por término do mandato, demissão voluntaria, aposentadoria, falecimento, etc., ostentam o título de Magistrados Eméritos do Tribunal Constitucional.

[296] Francisco Tomás y Valiente, magistrado emérito do Tribunal Constitucional (do qual exerceu a Presidência entre os anos de 1986 e 1992) e professor catedrático de História do Direito da Universidad Autónoma de Madrid, foi assassinado em 14 de fevereiro de 1996, em seu escritório na universidade, por um membro do grupo terrorista ETA, no momento em que falava por telefone com o Professor Elíaz Días. No ano de 2011, em sessão de memória e homenagem a Tomas y Valiente realizada no Tribunal Constitucional, Elías Díaz recordou

"la exhaustividad de la deliberación se alcanza cuando ya nadie tiene nada nuevo que decir y se repiten los argumentos a favor o en contra del fallo. Sacar éste a votación siquiera sea un momento antes de que se produzca el punto de exhaustividad es un error psicológico y procedimental, apenas disculpable por la existencia de tensiones e impaciencias que el Tribunal jamás debe interiorizar"[297].

A inexistência de limites temporais predeterminados que restrinjam a busca pela exaustão dos debates argumentativos é um aspecto importante da deliberação, que potencializa a possibilidade de maior maturação das argumentações e dessa forma favorece a pretensão de convencimento mútuo por parte de cada magistrado e de construção de acordos no seio do colegiado. Nesse sentido, Tomás y Valiente ensinava que a experiência do Tribunal (especialmente em eventos problemáticos como o julgamento do caso RUMASA)[298] demonstrava ser muito conveniente que as deliberações do Tribunal *se prolonguen cuanto sea necesario para aproximar criterios, integrar argumentos, enriquecer la fundamentación y de ese modo evitar en lo posible fracturas internas"*[299].

5.2.2.3. Os Votos Particulares

Esse ambiente de deliberação que é caracterizado por oferecer condições bastante ideais de livre expressão de todos que dele participam é ainda potencializado com a abertura formal para a divergência e o dissenso. Um dos aspectos mais singulares e importantes da deliberação no Tribunal Constitucional da Espanha, e mais especificamente no momento de votação, diz respeito à possibilidade que o ordenamento jurídico espanhol abre a todos os magistrados que dela participam de formular *voto particular*. A opção por

---

aquele triste momento e assegurou que seu amigo era "un hombre de Estado" e que o ETA o havia assassinado "para acallar su voz" (*El País*, 2 de setembro de 2011).

[297] TOMÁS Y VALIENTE, Francisco. *La Constitución y el Tribunal Constitucional*. In: RODRÍGUEZ-PIÑERO, Miguel; AROZAMENA SIERRA, Jerónimo; JIMÉNEZ CAMPO, Javier (*et al.*). *La jurisdicción constitucional en España. La Ley Orgánica del Tribunal Constitucional: 1979-1994*. Madrid: Centro de Estudios Constitucionales; Tribunal Constitucional; 1995, p. 19.

[298] STC 111/1983, de 2 de diciembre. Sobre o caso, vide tópico 5.3.2.3.

[299] TOMÁS Y VALIENTE, Francisco. *La Constitución y el Tribunal Constitucional*. In: RODRÍGUEZ-PIÑERO, Miguel; AROZAMENA SIERRA, Jerónimo; JIMÉNEZ CAMPO, Javier (*et al.*). *La jurisdicción constitucional en España. La Ley Orgánica del Tribunal Constitucional: 1979-1994*. Madrid: Centro de Estudios Constitucionales; Tribunal Constitucional; 1995, p. 19.

ARGUMENTAÇÃO CONSTITUCIONAL

consignar a divergência em voto particular deve ser manifestada pelo magistrado no momento da votação.

O voto particular é um canal formal de livre manifestação da dissidência nos momentos deliberativos, que permite a cada magistrado deixar consignada sua divergência em relação ao colegiado em um texto em separado, o qual é obrigatoriamente publicado junto com a sentença na imprensa oficial (Boletim Oficial do Estado – BOE)[300]. As opiniões dissidentes podem dizer respeito tanto (1) à decisão em si mesma, isto é, ao resultado consignado na parte dispositiva da sentença, hipótese em que se formula um *voto particular dissidente*, quanto apenas à (2) fundamentação jurídica da decisão, ou seja, quando o magistrado concorda com a posição em um determinado sentido adotada pelo colegiado, mas discorda dos motivos determinantes que justificam essa posição, caso em que a divergência restrita a esse ponto pode ser registrada num *voto particular concorrente*[301].

Nesse aspecto, a regulamentação do voto particular realizada pelo ordenamento jurídico espanhol é considerada uma das mais amplas e completas, se comparada com outros ordenamentos europeus como os da Alemanha, que prevê o *Sondervotum* apenas para as deliberações do Tribunal Federal Constitucional (*Bundesverfassungsgericht*) e não para os demais tribunais, e da Itália, onde o amplo e profundo debate doutrinário sobre as *opinioni dissenzienti*[302] nunca produziu resultados legislativos efetivos, seja em âmbito constitucional ou infraconstitucional, para a regulamentação do tema. Consciente da importância de se registrar as opiniões dissidentes da minoria no interior do tribunal, e tomando como inspiração a prática jurisprudencial bem desenvolvida de outros tribunais, como a Corte Suprema norte-americana, o legislador constituinte espanhol de 1978 fez questão de positivar o instituto do voto particular dos magistrados do Tribunal Constitucional no texto da

---

[300] É o que prevê expressamente o texto constitucional em seu art. 164: "Las sentencias del Tribunal Constitucional se publicarán en el Boletín Oficial del Estado con los votos particulares, si los hubiere."

[301] A possibilidade de votos particulares *dissidentes* e *concorrentes* está prevista pelo art. 90.2 da LOTC: "El Presidente y los Magistrados del Tribunal podrán reflejar en voto particular su opinión discrepante, siempre que haya sido defendida en la deliberación, tanto por lo que se refiere a la decisión como a la fundamentación."

[302] Vide capítulo 4, tópico 4.2.2.3.1.

CAPÍTULO 5 – A DELIBERAÇÃO NO TRIBUNAL CONSTITUCIONAL DA ESPANHA

Constituição[303], o que representa uma singularidade de relevo entre a maioria das demais ordens jurídicas onde a figura do voto dissidente resulta de construção jurisprudencial (como são os casos emblemáticos dos Estados Unidos e da Alemanha[304]) ou de regulamentação infraconstitucional. E não só a presença desse instituto no texto constitucional, mas também sua regulamentação posterior na Lei Orgânica do Tribunal Constitucional (de 1979), com a previsão expressa das possibilidades de votos particulares dissidentes e concorrentes, configuram um modelo de formulação e publicação das opiniões dissidentes na deliberação judicial que hoje é referência no direito comparado[305].

Na prática, o uso do voto particular nas deliberações do Tribunal Constitucional tem contribuído para consolidar o sucesso do modelo adotado. Apesar da escassez de estudos doutrinários aprofundados sobre a prática

---

[303] É importante mencionar a intervenção de Gregorio Peces-Barba ante a Comisión de Asuntos Constitucionales y Libertades Públicas, de 19 de junio de 1978, sobre o Artículo 164 da Constituição, que trata dos votos particulares dos Magistrados do Tribunal Constitucional (Diario de Sesiones del Congreso, num. 92, 1978. Sesión número 23 de la Comisión de Asuntos Constitucionales y Libertades Públicas, pp. 3.457-3458): "Con esta enmienda 'in voce' se trata de recoger un apartado que figuraba en nuestra correspondiente enmienda por escrito a este artículo, que no fue admitido por la Ponencia y que, a nuestro juicio, tiene y ha tenido una gran importancia en el valor de las sentencias que se refieren a los temas de constitucionalidad. En concreto, por señalar el ejemplo más claro, el Tribunal Supremo Federal de los Estados Unidos incluye en la publicación de sus resoluciones los votos particulares, si los hubiere, en el caso de que se trate. La publicidad, tanto de la tesis, digamos, mayoritaria, que es la que se contiene en la propia sentencia y, en concreto, en su fallo, que es la manifestación de voluntad de la resolución, como de la tesis de las minorías, en caso de que las hubiere, que son los votos particulares, tiene que recogerse. Por eso, de lo que se trata es de que cuando se dice que se publicará en el Boletín Oficial del Estado, dar una vuelta a la frase – porque si no sería imposible la redacción, diciendo: 'Las sentencias del Tribunal Constitucional se publicarán en el Boletín Oficial del Estado junto con los votos particulares, si los hubiere. Tienen el valor de cosa juzgada a partir del día siguiente de su publicación y no cabe recurso alguno contra ellas'. A continuación viene el resto sin modificación. Lo que pretendemos es que el Boletín Oficial de Estado publique, junto a las sentencias del Tribunal Constitucional, los votos particulares si los hubiere, porque entendemos que es una garantía para todos los ciudadanos, y una garantía de publicidad, no de las deliberaciones del Tribunal pero sí del resultado de las mismas, concretadas en sentencias y en voto particular, si lo hubiere. Nada más y muchas gracias".

[304] Vide capítulo 4, tópico 4.2.2.3.1.

[305] LUATTI, Lorenzo. *Profili costituzionali del voto particolare. L'esperienza del Tribunale costituzionale spagnolo.* Milano: Giuffrè Editore; 1995.

ARGUMENTAÇÃO CONSTITUCIONAL

do instituto[306], os poucos existentes e que se fundamentam em dados empíricos[307] já puderam comprovar que, num balanço geral, o voto particular tem sido utilizado com muita moderação pelos magistrados e não há indícios suficientes que possam sustentar qualquer afirmação no sentido de que ele poderia estar servindo como instrumento de eventuais dissensos organizados ou, em outros termos, como veículo de formação de coalizões ideológicas no interior do tribunal[308]. De fato, após um primeiro período (1981-1983) em que o recurso ao voto particular foi muito comum por parte de alguns magistrados, como Rubio Llorente (considerado o *great dissenter* do Tribunal) e Díez-Picazo, o que se explica pelo período de formação da doutrina constitucional, seguiu-se então um período de ajuste e de estabilização

[306] Impressiona a escassez de estudos sobre um instituto tão importante para a jurisdição constitucional espanhola, o que contrasta com a imensa quantidade de doutrina produzida sobre o tema em outros países europeus, como Itália e Alemanha. Não obstante, é preciso reconhecer que os poucos existentes possuem inegável qualidade e muito contribuíram para a reflexão doutrinária em torno da prática do voto particular no Tribunal Constitucional da Espanha. Os mais importantes devem ser citados: CASCAJO CASTRO, José Luis. *La figura del voto particular en la jurisdicción constitucional española*. In: Revista Española de Derecho Constitucional, año 6, n. 17, mayo-agosto 1986, pp. 171-185. RIDAURA MARTÍNEZ, María Josefa. La regulación de los votos particulares en la Constitución española de 1978. In: ALVAREZ CONDE, Enrique. *Diez años de régimen constitucional*. Valencia: Departamento de Derecho Constitucional de la Universidad de Valencia, Editorial Tecnos; 1989, pp. 377-398. EZQUIAGA GANUZAS, Francisco Javier. *El voto particular*. Madrid: Centro de Estudios Constitucionales; 1990. CÁMARA VILLAR, Gregorio. *Votos particulares y derechos fundamentales en la práctica del Tribunal Constitucional español (1981-1991)*. Madrid: Ministerio de Justicia; 1993. FERNÁNDEZ SEGADO, Francisco. Las dissenting opinions. In: Idem. *La Justicia constitucional: una visión de derecho comparado*. Tomo I. Madrid: Dykinson; 2009. Um dos mais completos estudos foi produzido não por um espanhol, mas por um professor italiano, que faz uma profunda reflexão tanto da teoria como da prática do voto particular na jurisdição constitucional espanhola: LUATTI, Lorenzo. *Profili costituzionali del voto particolare. L'esperienza del Tribunale costituzionale spagnolo*. Milano: Giuffrè Editore; 1995.

[307] CÁMARA VILLAR, Gregorio. *Votos particulares y derechos fundamentales en la práctica del Tribunal Constitucional español (1981-1991)*. Madrid: Ministerio de Justicia; 1993. EZQUIAGA GANUZAS, Francisco Javier. *El voto particular*. Madrid: Centro de Estudios Constitucionales; 1990. LUATTI, Lorenzo. *Profili costituzionali del voto particolare. L'esperienza del Tribunale costituzionale spagnolo*. Milano: Giuffrè Editore; 1995.

[308] CASCAJO CASTRO, José Luis. *La figura del voto particular en la jurisdicción constitucional española*. In: Revista Española de Derecho Constitucional, año 6, n. 17, mayo-agosto 1986, pp. 171-185.

CAPÍTULO 5 – A DELIBERAÇÃO NO TRIBUNAL CONSTITUCIONAL DA ESPANHA

(a partir de 1984)[309] que se pode dizer que dura até os dias de hoje[310]. Em verdade, em mais de trinta anos de prática deliberativa, o uso do voto particular tem demonstrado que, ao contrário do que alguns receavam nos primeiros anos de sua instituição[311], sua função primordial é a de deixar plantadas as sementes para futuros câmbios na jurisprudência. Como comprovam estudos empíricos de qualidade indiscutível[312], a história recente da prática jurisprudencial do Tribunal Constitucional espanhol contém casos, especialmente em tema de direitos fundamentais, em que câmbios de doutrina foram produzidos a partir de votos particulares[313].

Assim, tudo leva a crer que a prática do voto particular tem sido positiva e o instituto está consolidado como algo saudável para a deliberação no Tribunal Constitucional da Espanha. A possibilidade constantemente aberta para o comportamento dissidente nos momentos deliberativos no interior do tribunal não apenas favorece um ambiente que assegura a livre expressão,

---

[309] CÁMARA VILLAR, Gregorio. *Votos particulares y derechos fundamentales en la práctica del Tribunal Constitucional español (1981-1991)*. Madrid: Ministerio de Justicia; 1993. MIERES, Luis Javier. *Votos particulares y derechos fundamentales en la práctica del Tribunal Constitucional español (1981-1991)*. In: Revista Española de Derecho Constitucional, año 15, n. 43, enero-abril 1995, pp. 349-359.

[310] Na prática mais recente, não é possível identificar uma concentração excessiva de votos particulares em um determinado magistrado ou grupo específico de magistrados. Entre os anos de 2009 e 2013 (último quinquênio), foram proferidos aproximadamente 286 votos particulares (66 em 2009; 101 em 2010; 24 em 2011; 44 em 2012 e 51 em 2013), muitos deles manifestados por distintos magistrados em uma mesma deliberação/decisão e/ou compostos por mais de um magistrado. Nesse mesmo período de cinco anos (2009-2013), foram proferidas aproximadamente 1.035 decisões pelo tribunal (220 em 2009; 143 em 2010; 207 em 2011; 246 em 2012; 219 em 2013). Fonte dos dados: Revista Española de Derecho Constitucional, números 83 a 100 (mayo-agosto de 2008 a enero-abril de 2014) e Memoria 2013 del Tribunal Constitucional de España.

[311] CASCAJO CASTRO, José Luis. *La figura del voto particular en la jurisdicción constitucional española*. In: Revista Española de Derecho Constitucional, año 6, n. 17, mayo-agosto 1986, pp. 171-185.

[312] CÁMARA VILLAR, Gregorio. *Votos particulares y derechos fundamentales en la práctica del Tribunal Constitucional español (1981-1991)*. Madrid: Ministerio de Justicia; 1993.

[313] Entre outros, vide: STC 160/1991, que revisou STC 23/1984; STC 10/1983, STC 31/1994, que revisou STC 12/1982, STC 53/1985). CÁMARA VILLAR, Gregorio. *Votos particulares y derechos fundamentales en la práctica del Tribunal Constitucional español (1981-1991)*. Madrid: Ministerio de Justicia; 1993. MIERES, Luis Javier. *Votos particulares y derechos fundamentales en la práctica del Tribunal Constitucional español (1981-1991)*. In: Revista Española de Derecho Constitucional, año 15, n. 43, enero-abril 1995, pp. 349-359.

ARGUMENTAÇÃO CONSTITUCIONAL

mas também fortalece a *independência* de cada magistrado perante o colegiado. Com a presença desse instituto cria-se toda uma esfera de proteção da livre convicção de cada magistrado sobre seu pensamento e seu voto na deliberação colegiada. Preserva-se, assim, um ambiente de tolerância e compreensão a respeito das opiniões de cada magistrado no interior do tribunal.

Ressalte-se que o voto particular está assegurado inclusive ao magistrado ponente, nas hipóteses em que seu projeto de decisão reste vencido na votação e ele decida permanecer com a mesma posição inicial, caso em que poderá transformar sua proposta em voto particular, o qual terá assegurada a publicação na imprensa oficial em conjunto com a decisão majoritária do colegiado. Nessas hipóteses em que reste vencido e decida fazer voto particular, poderá o magistrado ponente permanecer como magistrado redator da decisão final, caso em que sua tarefa será a de apenas redigir a opinião da maioria, ou poderá ele também recusar a qualidade de magistrado redator e ficar apenas com seu voto particular. Existem também outros casos registrados na jurisprudência do tribunal em que, verificada a posição vencida do magistrado ponente, o Presidente assume a redação da decisão final e ao magistrado ponente é assegurado o direito de formular voto particular[314].

---

[314] A respeito dessa prática, Ezquiaga Ganuzas tece as seguintes considerações, fundadas em pesquisa empírica por ele realizada levando em conta os primeiros anos de funcionamento do tribunal: "Respecto a la postura de los Ponentes de las sentencias cuando discrepan de la decisión mayoritaria, se detectan en la práctica del Tribunal Constitucional dos épocas distintas: hasta 1985 la situación normal es que si un Ponente no comparte la opinión de la mayoría del Tribunal (o mejor habría que decir, si la mayoría no comparte la opinión del ponente de la sentencia), formula un voto particular pero redacta la sentencia de acuerdo con las directrices aprobadas por los demás magistrados. Esta práctica la expresa perfectamente Tomás y Valiente en su voto a la sentencia 60/83, de 6 de Julio, de la que fue Ponente: 'Como se hace constar al final del encabezamiento de la sentencia, el Ponente expresa la opinión de la Sala y no necesariamente la suya propia, por lo que cuando, como ocurre en el caso presente, el parecer del Ponente no coincide con el resto de la Sala puede formular se así lo estima procedente su voto particular discrepante'. A partir de 1985, además de continuar esta práctica, se abre la posibilidad de que el Ponente sea relevado de su obligación de redactar la sentencia cuando la mayoría no comparte su análisis del asunto. La fecha de comienzo de esta nueva actitud no es, a mi juicio, casual, ya que es en este mismo año cuando se promulga la Ley Orgánica del Poder Judicial, a la que como se ha visto se remite con carácter supletorio la Ley Orgánica del Tribunal Constitucional y que en su art. 260.1 otorga al Ponente la posibilidad de declinar la redacción de la sentencia y formular voto particular cuando no comparte la postura mayoritaria. Por último, recientemente, en estos casos en los que es relevado el

CAPÍTULO 5 – A DELIBERAÇÃO NO TRIBUNAL CONSTITUCIONAL DA ESPANHA

Como se vê, portanto, por meio do voto particular os magistrados do Tribunal Constitucional espanhol têm resguardadas sua liberdade de manifestação e sua independência perante o colegiado num elevado grau que poucas vezes pode ser encontrado em outras Cortes Constitucionais.

O voto particular também pode ser encarado como um instituto a serviço da *proteção das minorias* na deliberação do órgão colegiado. Isso porque ele pode ser redigido em conjunto por diversos magistrados que divirjam da maioria. Assim, na medida em que pode ser objeto de resguardo não apenas da posição de um magistrado, mas de um grupo minoritário de magistrados no colegiado, o voto particular assume essa função de proteger as posições e os argumentos das minorias no interior do tribunal. Ao permanecerem consignadas em textos devidamente publicados e divulgados na imprensa oficial, as opiniões dissidentes minoritárias mantêm-se vivas na história jurisprudencial e, dessa forma, fornecem as bases para eventuais e futuros câmbios na doutrina do tribunal. Como não há indícios suficientes para se afirmar com alguma segurança que esses grupos minoritários de magistrados possam representar espécies de coalizões ideológicas, não se pode concluir de outra forma senão atestando, de forma otimista, a profícua função do voto particular na proteção das minorias na deliberação do tribunal.

Não se pode deixar de registrar, igualmente, que o voto particular também tem a importante finalidade de tornar públicas e assim amplamente conhecidas de todos os cidadãos as divergências de opiniões que o colegiado produz sobre um determinado tema. O voto particular assegura a publicidade não da deliberação em si, mas de seu resultado, deixando as razões objeto de debate no interior do tribunal abertas ao público em geral e, dessa forma, submetendo-as às críticas da opinião pública, o que demonstra que, apesar do segredo das deliberações, existe um grau de transparência no processo deliberativo na jurisdição constitucional espanhola. Atualmente, parecem estar superadas, ou pelo menos constituem opiniões bastante minoritárias, as posições que, principalmente num primeiro momento de instituição do voto particular, consideravam que ele poderia expor em demasia as deliberações do tribunal ao revelar as divergências internas e, com isso, apresentar à opinião

Ponente, el Presidente Tomás y Valiente ha optado por asumir él mismo la Ponencia en lugar de encomendar la redacción de la sentencia a otro Magistrado cualquiera".

ARGUMENTAÇÃO CONSTITUCIONAL

pública um órgão fragmentado, com repercussões negativas para a autoridade de seus atos e decisões[315]. Também são minoritárias e gozam de muito pouca aceitação as teses que ainda hoje defendem que, apesar do modelo normativo e da prática bastante positiva do voto particular no ordenamento jurídico espanhol, sua publicidade não deveria abranger os nomes dos magistrados que os subscrevem, o que teria esse resultado indesejado de debilitar a autoridade do tribunal ao revelar as divisões políticas internas[316]. Como têm defendido os principais estudiosos do tema, a própria prática demonstra que todos esses receios em relação ao voto particular nunca se concretizaram e que a constatação de seu uso bastante moderado tem sido muito saudável para a deliberação no tribunal constitucional.

Ante esse balanço geral positivo da prática do voto particular, o que parece ser fundamental atualmente é assegurar que as opções pela divergência sejam efetivamente manifestadas no momento da deliberação[317], com todos os argumentos que a justificam, e posteriormente sejam fidedignamente reproduzidas no texto do voto particular que será publicado junto à decisão final do tribunal. O dever de revelar a opção pelo voto particular na deliberação em pleno, mais especificamente no momento da votação, é crucial para evitar possíveis votos particulares que, formulados já na fase de redação posterior à deliberação do órgão pleno, subtraiam do colegiado a oportunidade de conhecer seus

---

[315] CASCAJO CASTRO, José Luis. *La figura del voto particular en la jurisdicción constitucional española*. In: Revista Española de Derecho Constitucional, año 6, n. 17, mayo-agosto 1986, pp.185.

[316] Sempre esteve correta, a nosso ver, a posição defendida pelo saudoso Professor e ex Deputado constituinte Gregorio Peces-Barba no período constituinte (1978) e de aprovação da Lei Orgânica do Tribunal (1979): "Naturalmente que la publicación del voto particular debe ser sin duda ninguna con la firma del Magistrado o Magistrados discrepantes, puesto que el conocimiento del autor con el valor y el significado científico y moral de su personalidad es un elemento decisivo del voto particular. No podemos coincidir en este aspecto con el profesor Trujillo, cuando en un trabajo anterior a la Ley Orgánica dice 'nada impide que la Ley que regule esta materia prohíba hacer mención en la sentencia no de los votos disidentes sino de sus autores ...'. La ley ha resuelto ya el tema en contra de lo que piensa el profesor Trujillo y me parece una solución prudente, porque las precauciones que señala este autor si se hubiesen plasmado de acuerdo con su propuesta hubiesen frustrado gran parte del sentido del voto particular". PECES-BARBA, Gregorio. El Tribunal Constitucional. In: *El Tribunal Constitucional. Vol. III*. Madrid: Instituto de Estudios Fiscales, Dirección General de lo Contencioso del Estado; 1981, pp. 2037-2093.

[317] O art. 90 da LOTC prescreve que os magistrados poderão reproduzir sua opinião dissidente em voto particular desde que essa tenha sido defendida na deliberação.

argumentos e replicá-los na fundamentação da decisão final[318]. Esses requisitos fundamentais do desenvolvimento do voto particular na prática deliberativa do Tribunal Constitucional espanhol serão abordados em tópico posterior que tratará dos aspectos redacionais do voto particular (vide tópico 5.3.1.3).

5.2.2.4. Colegialidade

Todos os principais aspectos da deliberação até aqui descritos evidenciam o caráter muito colegiado do Tribunal Constitucional espanhol. A colegialidade não é apenas uma característica de órgãos deliberativos de composição plural, como são os órgãos colegiados dos tribunais, mas um valor ou um princípio institucional que informa a atuação desses órgãos e que se encontra definido por determinados aspectos que na prática podem assumir esses órgãos, tais como o valor igual dos votos de seus membros, a participação efetiva de todos nas sessões deliberativas, a consideração de que as decisões são tomadas por todo o colégio e não por frações ou unidades dele, a atuação participativa e cooperativa de todos os membros na deliberação, etc. A colegialidade é, portanto, um valor que se forma e se desenvolve na prática, segundo os variados moldes institucionais de cada órgão deliberativo. Por isso, é difícil encontrar, nos diversos ordenamentos jurídicos, normas positivadas que definam a colegialidade e estabeleçam as atividades que os órgãos deliberativos dos tribunais devam exercer para atender ao comando normativo de um princípio ideal de colegialidade.

O ordenamento jurídico espanhol não positiva nenhum princípio de colegialidade nem define o que seria essa característica de um órgão julgador. Não obstante, a colegialidade está muito viva na cultura jurídica dos tribunais espanhóis, que preservam dois valores considerados fundamentais em sua prática deliberativa, que é o valor igual de voto de todos os membros do tribunal e a atribuição das decisões a todo o colégio, mantendo-se o segredo das deliberações internas. Quanto ao Tribunal Constitucional, ressalte-se que um dos aspectos mais repetidos pelos magistrados entrevistados foi o fato de o Tribunal Constitucional espanhol ser realmente um órgão muito colegiado.

---

[318] Ezquiaga Ganuzas ressalta corretamente que os *"dissents* sorpresa"*, isto é, os votos particulares não manifestados no momento da deliberação em plenário, seriam contrários ao art. 90 da LOTC.

ARGUMENTAÇÃO CONSTITUCIONAL

Praticamente todos os magistrados consultados fizeram questão de colocar a colegialidade como a principal característica do tribunal.

De fato, a colegialidade pode ser considerada a marca do Tribunal Constitucional espanhol. Ela está evidenciada por um conjunto de fatores que caracterizam a prática deliberativa entre os magistrados (que já foram analisados pormenorizadamente nos tópicos anteriores), tais como, por exemplo, a construção do texto da decisão como empresa eminentemente coletiva, a impossibilidade de atuação jurisdicional de modo individual por parte de cada magistrado (não há espaço para decisões monocráticas), assim como a plena igualdade de condições entre todos os magistrados nos momentos deliberativos, à exceção das funções especiais atribuídas ao Presidente, que serão a seguir abordadas.

5.2.2.5. O Papel do Presidente

O Presidente do Tribunal exerce um papel inegavelmente proeminente na deliberação. Ele está incumbido das importantes funções de definir e convocar os dias e horários das sessões deliberativas na sala do pleno, fixar a ordem do dia dos trabalhos deliberativos (os casos que serão julgados) e dirigir toda a sessão, conduzindo e fazendo cumprir o rito procedimental da deliberação[319].

Apesar de essas funções diferenciadas lhe concederem um status distinto dos demais magistrados[320], não se pode negar que na deliberação o Presidente acaba sendo um *primus inter pares*, o que decorre do caráter muito colegiado do Tribunal, como já afirmado. Por ser escolhido pelos próprios membros do Tribunal reunidos em pleno (art. 160 da Constituição), o comum é que o Presidente goze de ampla legitimidade entre seus colegas. Essa circunstância ao mesmo tempo favorece e é favorecida pela colegialidade, pois o Presidente encara a si próprio e é considerado por seus colegas como apenas mais um membro do colegiado, com a peculiaridade de ser dotado de algumas funções

---

[319] Essas funções encontram-se entre as competências do Presidente definidas pelo art. 15 da LOTC.

[320] Do ponto de vista administrativo, o Presidente também possui um status distinto dos demais magistrados, pois: ocupa posição mais elevada no protocolo do tribunal; recebe um complemento em sua remuneração; dispõe de estrutura administrativa própria a seu serviço e de carro oficial a ele destinado unicamente; dispõe de dotação orçamentária para gastos de representação; recebe honras militares; possui passaporte diplomático.

CAPÍTULO 5 – A DELIBERAÇÃO NO TRIBUNAL CONSTITUCIONAL DA ESPANHA

diferenciadas, especialmente na organização e condução da deliberação. A previsão de mandato de três anos para o Presidente – não obstante permitida a reeleição – mantém a constante perspectiva de rotatividade no comando do Tribunal Constitucional, o que também favorece posturas menos autoritárias por parte daqueles que exercem a presidência e propicia um maior grau de legitimidade perante os colegas, pois todos têm a constante perspectiva de mais cedo ou mais tarde ocuparem a presidência, inclusive o próprio Presidente, em virtude da possibilidade de reeleição. E outro fator que favorece a legitimidade presidencial está no fato de que, em razão da periodicidade do mandato presidencial de três anos, a qual coincide com as mudanças na composição do Tribunal, o Presidente sempre seja representativo dos membros atuais da Corte, tendo sido por eles escolhido.

Assim, como admitiram muitos magistrados nas entrevistas realizadas, o art. 160 da Constituição, ao estabelecer um modelo que concede a eleição da presidência do tribunal a seus próprios membros, conforme uma periodicidade preestabelecida de três anos, coincidente com as mudanças na composição da Corte, acabou criando condições ideais para o desenvolvimento de um regime muito mais colegiado do que presidencialista no Tribunal Constitucional.

Esse caráter mais colegiado do que presidencialista está refletido na deliberação praticada no Tribunal Constitucional. Apesar de ter um papel proeminente de organizador e condutor da deliberação, na maioria das vezes o Presidente exerce mais o papel de um *mediador*, que conduz os debates de modo mais neutro, do que de um *negociador*, que trabalha constantemente para construir a unanimidade ou a maioria em torno de suas posições. Apesar do fato de que a adoção de posturas deliberativas (seja de mediador, de negociador ou de ambas em diferentes ocasiões) dependa muito da personalidade de cada presidente e também das circunstâncias do caso e do momento deliberativo, na visão geral que se colhe das entrevistas aos magistrados parece prevalecer entre eles a percepção de que o presidente é um *primus inter pares* que exerce a importante função de condução e mediação dos debates.

ARGUMENTAÇÃO CONSTITUCIONAL

Questão: **Qual é o papel exercido pelo Presidente do Tribunal nas deliberações? Na prática, ele representa mais um mediador (que conduz os debates de modo mais neutro) ou um negociador (que trabalha constantemente para construir a unanimidade ou a maioria em torno de suas posições)?**	
Magistrado 1	O Tribunal Constitucional da Espanha é muito menos "presidencialista" do que a Suprema Corte norte-americana. É um sistema muito colegiado. O presidente, desde o ponto de vista da organização interna, como de outras faculdades a ele concedidas, não tem poderes capazes de desenvolver alguma proeminência. O Presidente possui competências importantes dentro da deliberação, como definição dos temas que serão debatidos, possibilidade de encerrar os debates e votar por último. Mas depende muito das qualidades pessoais do Presidente o exercício de uma posição definitiva na deliberação. Ele então é mais um mediador na deliberação.
Magistrado 2	Na deliberação, o Presidente fixa a ordem do dia dos trabalhos (os assuntos que serão discutidos), dirige os debates e concede a palavra, e quando considera oportuno submete o tema a votação. São poderes muito importantes. O órgão é muito colegiado e, portanto, o Presidente é o que dirige os debates, mas não impõe. O Presidente pode até sugerir que alguns se ponham de acordo, mas não os pressiona.
Magistrado 3	Na Espanha, desde que se criou o Tribunal Constitucional, há uma tradição de colegialidade. A posição do Presidente é muito vinculada ao pleno. Depende da personalidade de cada um o modo de conduzir a deliberação. Às vezes busca acordos, outras vezes atua conforme os debates, etc. O que sim pode ter mais relevância é a capacidade de fixar a ordem do dia dos trabalhos (os assuntos que serão julgados).
Magistrado 4	Desde o ponto de vista normativo, o Presidente tem um papel muito importante, porque seu voto é decisivo em caso de empate. Sua função na deliberação varia de Presidente a Presidente. Aqui já houve presidentes muito participativos, que exerceram de forma muito direta, outros não. Creio que não se configura um modelo uniforme de exercício da Presidência. Na deliberação, pode desempenhar ambos os papéis (de mediador ou de negociador), dependendo do caso. De todo modo, esses papéis costumam ser desempenhados nas fases prévias da deliberação.
Magistrado 5	Uma função fundamental do Presidente é o estabelecimento da ordem do dia. Ele também dirige as deliberações, dando ou retirando a palavra. O Presidente pode às vezes exercer esse papel de negociador, mas em muitas ocasiões não é necessário, pois a própria deliberação define a maioria.

CAPÍTULO 5 – A DELIBERAÇÃO NO TRIBUNAL CONSTITUCIONAL DA ESPANHA

Magistrado 6	Na deliberação, o Presidente exerce a função mais importante, que é a de ordenar os debates, de evitar enfrentamentos pessoais (que podem ocorrer), determinar quando um tema já está suficientemente debatido e pode ser submetido a votação. Se na deliberação é um mediador ou um negociador, depende da personalidade do Presidente e do caso concreto que está sendo discutido. Mas pode exercer as duas funções.
Magistrado 7	O Presidente condiciona o debate, pois define a ordem do dia e, portanto, decide sobre o que vamos discutir. Ele também ordena os debates concedendo e retirando a palavra. A definição da ordem do dia e o voto de qualidade têm muita importância. Na prática, o exercício desses poderes depende muito da personalidade de cada um.
Magistrado 8	Há dois modelos de Presidentes de Tribunais. Um é o modelo de Presidente de designação externa, pelo governo ou pelo parlamento. Outro é o de Presidente cooptado por seus colegas. Manifestamente, a postura do Presidente cooptado é mais débil que a do Presidente nomeado. Essa é uma diferença que se deve ter em conta na hora de raciocinar sobre o tema. Quanto ao papel que exerce o Presidente aqui, García-Pelayo, por exemplo, era um Presidente obsessivo por manter sua independência ante a opinião dos distintos magistrados, e nesse aspecto seu papel era muito passivo. Era raro que tentasse participar na deliberação prévia. Era um Presidente obsessivo pela neutralidade ante os demais. Tomás y Valiente tinha uma visão distinta do Presidente. Procurava sondar a opinião dos magistrados antes da deliberação em pleno e expor sua própria, pelo peso que poderia ter. No debate em pleno, naturalmente, se mantinha neutro, imparcial, mas antes sim tinha um papel um pouco mais ativo que García-Pelayo. As duas opções me parecem ser legítimas. Não são apenas os fatores institucionais que condicionam essas atitudes, senão fatores temperamentais. Na Sala do Pleno, o Presidente costuma se limitar a ser um diretor da sessão, da deliberação, e apenas concede a palavra, e raramente a retira.

É bem verdade que na deliberação o voto do Presidente pode acabar tendo um valor maior que o dos demais magistrados. A Lei Orgânica do Tribunal prevê a possibilidade de que, nos casos de empate na votação – muito mais factível no Tribunal Constitucional Espanhol, que é composto por doze membros, isto é, um número par que favorece situações de empate –, o Presidente tenha *voto de qualidade*, que tem peso maior que os demais votos e dessa forma exerce a função única do desempate. Apesar de à primeira vista configurar uma restrição ao caráter colegiado do órgão pleno (colegialidade que se fundamenta no valor igual de voto dos membros do órgão deliberativo), há que

ARGUMENTAÇÃO CONSTITUCIONAL

se atentar para o fato de que o voto de qualidade tem uma utilidade muito limitada, circunscrita a casos excepcionais em que haja impasse na deliberação. Na história jurisprudencial do Tribunal Constitucional espanhol, é possível verificar apenas poucos casos em que o Presidente teve que exercer essa excepcional função de desempate[321], o que demonstra que a previsão do voto de qualidade acaba não tendo muito impacto na igualdade de votos entre todos os magistrados e, portanto, na colegialidade que caracteriza marcantemente o órgão pleno.

5.2.3. Resquícios de Práticas Deliberativas Posteriores à Sessão Plenária
A deliberação se encerra na sala do pleno, no momento em que o Presidente proclama o seu resultado. Não obstante, é possível identificar alguns "resquícios" de práticas deliberativas posteriores à sessão plenária. São apenas resquícios porque não se trata mais da deliberação para o julgamento de um processo, mas de um tipo de intercâmbio que ocorre entre os magistrados no sentido de realizar os últimos ajustes da decisão adotada pelo órgão colegiado. Assim, essa deliberação posterior não tem mais como objeto uma solução para o caso em julgamento, mas se desenvolve em torno de aspectos que dizem respeito à fundamentação da decisão.

Isso quer dizer que, mesmo após a reunião na sala do pleno, podem haver trocas de informações e de textos, tratativas, encontros entre magistrados (normalmente entre os componentes da maioria vencedora) a fim de finalizar a redação do texto da sentença que será posteriormente publicada na imprensa oficial. Portanto, o texto permanece como o epicentro das práticas

---

[321] Apesar de escassos, os casos decididos por voto de qualidade foram polêmicos, como, por exemplo: SSTC 75/1983, de 3 de agosto; STC 111/1983 (caso RUMASA); STC 53/1985 (aborto); STC 127/1994. A polêmica gerada por alguns poucos casos, porém, não chegou a suscitar questionamentos mais contundentes em torno do instituto do voto de qualidade, que não tem representado um problema para a prática deliberativa. Assim, como afirma Germán Valencia Martin: "Ciertamente, el voto de calidad del Presidente en asuntos de Pleno ha dado lugar en el pasado a algunas situaciones delicadas dentro del Tribunal, pero no parece un problema que en la actualidad haya de despertar especial preocupación. (...) hay que tener en cuenta que, debido quizás a las ingratas experiencias anteriores, los sucesivos Presidentes han hecho un uso muy prudente de su voto de calidad para dirimir los empates, recurriéndose en la práctica preferentemente a otras fórmulas para intentar deshacerlos: preparación de un nuevo proyecto de sentencia, cambio de ponente, etc". In: REQUEJO PAGÉS, Juan Luis. *Comentarios a la Ley Orgánica del Tribunal Constitucional*. Madrid: B.O.E; 2001, p. 155.

CAPÍTULO 5 - A DELIBERAÇÃO NO TRIBUNAL CONSTITUCIONAL DA ESPANHA

deliberativas. E, da mesma forma, a construção da estrutura argumentativa de eventual voto particular também pode ser objeto de negociações no interior de grupo minoritário de magistrados que o subscrevem.

Essas práticas deliberativas posteriores à sessão em pleno podem ter lugar principalmente nas situações em que não haja coincidência entre magistrado ponente e magistrado redator, isto é, quando o projeto de decisão do magistrado ponente reste vencido nos debates e na votação e seja designado outro magistrado para compor a redação do texto que deve reunir os argumentos e a posição vencedora da maioria, ou esta seja assumida pelo Presidente do Tribunal. Nessas ocasiões, em que a tese finalmente adotada pelo colegiado e seus fundamentos podem ter sido definidos no momento dos debates na sala do pleno, ficando superado o texto levado pelo magistrado ponente, poderá o magistrado redator ter que realizar todo o trabalho de construção de um novo texto, o que em muitos casos pode tornar necessária a renovação das tratativas entre os magistrados em torno da construção desse texto, com a participação dos letrados.

Abre-se, com isso, toda uma nova fase que contém resquícios de deliberação entre os magistrados. Como nesse momento posterior ao julgamento predomina a atividade de redação e preparação do texto final para publicação, ele será objetos dos tópicos seguintes destinados a analisar esse outro momento deliberativo.

5.3. Resultado e Efeitos da Deliberação

Encerrada a deliberação do órgão colegiado na sala do pleno, entra-se na fase de preparação do texto final da decisão (e de eventuais votos particulares) para posterior publicação no Boletim Oficial do Estado (B.O.E). Dois aspectos importantes merecem ser aqui analisados. O primeiro diz respeito à apresentação do resultado da deliberação ao público externo, em que assumem relevância as atividades de redação, formatação e publicação da decisão, que conformam toda uma prática muito peculiar do Tribunal Constitucional. O segundo está relacionado aos efeitos da deliberação, uma vez publicado o seu resultado, o que pressupõe toda uma análise da deliberação em seu aspecto "externo", especialmente das relações políticas e institucionais do

ARGUMENTAÇÃO CONSTITUCIONAL

Tribunal Constitucional com os demais Poderes do Estado e com a opinião pública, e o impacto dessas relações nos momentos deliberativos do tribunal.

5.3.1. A Apresentação do Resultado da Deliberação ao Público Externo (Redação, Formatação e Publicação da Decisão)

5.3.1.1. As Práticas de Redação

Desde os primeiros anos de funcionamento, o Tribunal Constitucional adotou práticas próprias de redação de suas decisões, bastante peculiares e distintas das existentes nos órgãos do Poder Judicial. O estilo redacional das decisões foi objeto das primeiras comissões de trabalho para a organização da instituição, realizadas pelo colégio formado pelos dez primeiros magistrados nomeados em fevereiro de 1980[322], mesmo antes da inauguração solene e do início de

---

[322] Em palestra proferida em 1994, o magistrado emérito e ex Presidente do Tribunal Constitucional, Francisco Tomás y Valiente, fez um precioso relato histórico desses primeiros trabalhos realizados entre fevereiro de 1980 (quando ocorreram as nomeações dos primeiros dez magistrados) e julho de 1980 (quando o Tribunal foi solenemente inaugurado e efetivamente começou a funcionar). Tomás y Valiente, que fazia parte desse primeiro grupo de magistrados, assim evocou alguns daqueles momentos iniciais da instituição, os quais, segundo ele, foram importantes para a definição do estilo de redação das decisões do Tribunal: "(...) Pero si la actuación ad extra del Tribunal comenzó el verano de 1980 y su primera sentencia, por la que la Sala Segunda resolvió el recurso de amparo 65/1980, lleva fecha de 26 de enero de 1981, lo cierto es que inmediatamente después de ser nombrados en febrero de 1980, los diez primeros magistrados se consideraron integrantes de un colegio presidido por el de más edad y comenzaron a organizar la institución, sin esperar ni al solemne acto de su constitución, sino más bien procurando posponerlo hasta que el Tribunal tuviera hechura y no sólo nombre de tal, ni tampoco a que el Consejo General del Poder Judicial, órgano a la sazón todavía no constituido, procediera a la propuesta de los dos Magistrados que habían de completar la composición del Tribunal y que fueron nombrados por Reales Decretos de 7 de noviembre de 1980. Aquellos meses entre febrero y el final del verano fueron de un trabajo fértil y de una intensa y fecunda actividad organizativa tanto en lo concerniente a aspectos de personal y materiales, como en orden a la adopción de acuerdos, informales pero vinculantes para quienes nos adoptamos, tan importantes como el relativo a la forma sintáctica de las futuras resoluciones, suprimiendo de ellas *resultandos* y *considerandos*, y aceptando como criterio la libertad gramatical y un tono inicialmente didáctico, confiado a la redacción del ponente, que se consideró pertinente al menos durante los primeros pasos de la institución. TOMÁS Y VALIENTE, Francisco. *La Constitución y el Tribunal Constitucional.* In: RODRÍGUEZ-PIÑERO, Miguel; AROZAMENA SIERRA, Jerónimo; JIMÉNEZ CAMPO, Javier (*et al.*). *La jurisdicción constitucional en España. La Ley Orgánica del Tribunal Constitucional: 1979-1994.* Madrid: Centro de Estudios Constitucionales; Tribunal Constitucional; 1995.

CAPÍTULO 5 – A DELIBERAÇÃO NO TRIBUNAL CONSTITUCIONAL DA ESPANHA

funcionamento do Tribunal. Conforme revelado por um dos magistrados entrevistados, o qual participou desse primeiro grupo de trabalho, o tema foi objeto de discussão em um final de semana inteiro, no qual a comissão se reuniu em um local fora de Madrid. Partiram da constatação de que o modelo do Tribunal de Garantias Constitucionais da Segunda República não poderia servir, pois havia sido uma experiência desafortunada na história constitucional espanhola. E como não podiam inovar, pois não tinham condições de fazê-lo naquele momento, utilizaram como modelos de referência os que à época poderiam ser observados no direito comparado, especialmente nas realidades norte-americana, francesa e alemã.

O modelo redacional francês, caracterizado pela excessiva concisão e rigor técnico dos textos, foi considerado inadequado, não apenas por ser de difícil aplicação em culturas jurídicas cujas características não sejam exatamente aquelas observadas peculiarmente na realidade francesa, mas, sobretudo, por não permitir algo que naquele momento se fazia fundamental para a instituição do novo tribunal espanhol, que era o fator didático e pedagógico que deveria revestir as suas decisões a respeito dos valores e princípios da ordem constitucional recém-inaugurada. Optou-se assim pelos modelos norte-americano e alemão, que permitiam empregar uma linguagem mais direcionada a toda a opinião pública.

Considerou-se então necessário que as decisões do Tribunal Constitucional fossem redatadas de forma clara e em estilo mais didático que as decisões comumente produzidas pelos juízes e tribunais ordinários. Foram suprimidos os *"resultandos"* e *"considerandos"* e eliminada a prática de construir cada uma dessas partes em um só parágrafo, o que exigia a inserção de vários incisos que ao final resultavam em largos textos de complicada compreensão[323]. Essa divisão tradicional deu lugar a uma estrutura textual mais simples,

---

[323] Francisco Rubio Llorente, um dos magistrados que participou do primeiro grupo de organização institucional do Tribunal, explicou essas transformações no texto das decisões: "El hecho es que, sea por la influencia que esta idea ejerció sobre quienes al comienzo formamos parte del Tribunal, sea por la inclinación natural al didactismo a la que nos llevaba nuestra propia condición de profesores, el estilo de las sentencias constitucionales fue, desde los primeros tiempos, muy distinto del proprio de las sentencias judiciales. Un estilo más claro, porque el Tribunal dejó de lado la división en resultandos y considerandos, y sobre todo la práctica de construir cada uno de estos en un solo párrafo, lo que llevaba a la multiplicación de incisos y daba como resultado unos fárragos difícilmente comprensibles". RUBIO LLO-

ARGUMENTAÇÃO CONSTITUCIONAL

dividida em *Antecedentes, Fundamentos Jurídicos* e *Fallo* (como será analisado no tópico posterior). Além disso, fixou-se uma diretriz geral de redação consistente no dever de explicar didaticamente as questões enfrentadas e as soluções adotadas e imprimir no texto um elevado grau de argumentação jurídica[324].

A adoção de um estilo próprio, fundado essencialmente na clareza, didatismo e profundidade da argumentação jurídica, caracteriza um discurso que não somente está orientado à fundamentação das decisões, mas também à persuasão dos diversos auditórios do Tribunal, levando-o muitas vezes ao enfrentamento dos temas com raciocínios mais gerais e abstratos, menos voltados para as circunstâncias específicas do caso concreto. As decisões assim adquiriram um tom e umas dimensões que são mais próprios de artigo de doutrina que de um ato de poder[325]. E nesse aspecto foi determinante o fato de os primeiros magistrados do Tribunal Constitucional serem quase todos catedráticos de direito nas principais universidades espanholas, os quais acabaram transferindo seu estilo profissional ao modelo redacional das decisões da Corte.

RENTE, Francisco. *El Tribunal Constitucional.* In: Revista Española de Derecho Constitucional, año 24, n. 71, mayo-agosto 2004, p. 22.

[324] Jerónimo Arozamena Sierra, Vice-Presidente do Tribunal em seus primeiros anos de existência, explica que o Tribunal "desde el principio se esforzó en construir resoluciones que revisten un alto grado de elaboración y un muy elevado índice de argumentación jurídica". AROZAMENA SIERRA, Jerónimo. Organización y funcionamiento del Tribunal Constitucional: balance de quince años. In: RODRÍGUEZ-PIÑERO, Miguel; AROZAMENA SIERRA, Jerónimo; JIMÉNEZ CAMPO, Javier (*et al.*). *La jurisdicción constitucional en España. La Ley Orgánica del Tribunal Constitucional: 1979-1994.* Madrid: Centro de Estudios Constitucionales; Tribunal Constitucional; 1995, p. 43.

[325] Assim explicou o magistrado emérito Rubio Llorente: "(...) el enfoque con el que el Tribunal abordó su tarea le llevó también a construir un discurso más orientado hacia la persuasión que a fundamentar su decisión, más preocupado por destruir (o reforzar) los alegatos de las partes en el proceso, que a explicar las razones de su propia decisión y muy proclive por eso mismo a los razonamientos generales, más o menos abstractos, pero casi siempre muy alejados de la cuestión concreta a resolver. Las sentencias adquirieron así un tono y unas dimensiones que frecuentemente resultaban más propios de un artículo doctrinal que de un acto de poder. Incluso la propia fórmula que adoptó para dar cuenta, en el encabezamiento de las sentencias, de quién había sido su autor, parece indicio de que para el Tribunal las sentencias son más actos de conocimiento que de voluntad". RUBIO LLORENTE, Francisco. *El Tribunal Constitucional.* In: Revista Española de Derecho Constitucional, año 24, n. 71, mayo-agosto 2004, p. 22.

CAPÍTULO 5 – A DELIBERAÇÃO NO TRIBUNAL CONSTITUCIONAL DA ESPANHA

A opção por textos com nuances mais doutrinárias estava justificada pela necessidade que o Tribunal tinha, pelo menos em seus primeiros anos de existência, de tornar seus contornos de órgão constitucional e suas funções institucionais efetivamente conhecidas e compreendidas pelo maior número possível de cidadãos e pela opinião pública em geral (em especial os meios de comunicação)[326]. Ocorre que, com o passar dos anos, esse estilo, inicialmente necessário no contexto daquela importante tarefa educativa em que havia se empenhado o Tribunal, acabou levando à construção de textos demasiadamente longos e prolixos, nos quais muitas vezes se torna difícil separar e distinguir as efetivas razões de decidir (*rationes decidendi*) das demais considerações auxiliares e laterais na argumentação (*obiter dicta*)[327].

---

[326] Assim considerou Francisco Tomás y Valiente: "Durante no pocos años el Tribunal tuvo un problema de imagen, no de buena o mala imagen, sino de algo previo: conseguir que el ciudadano no lo confundiera con el Defensor del Pueblo, o que los medios de comunicación no sólo informasen – mejor o peor, que ésa es otra cuestión – acerca de tal o cual sentencia llamativa, sino que explicasen qué es la institución, sus funciones y sus límites. El tono didáctico de muchas sentencias (aunque algún Magistrado opinase, no sin razón, que un Tribunal no tiene por qué ser didáctico ni menos aún pedagógico) está en relación con esa necesidad, a la que también daban respuesta las muchas conferencias divulgadas acerca del Tribunal que los Magistrados (unos más que otros) pronunciábamos". TOMÁS Y VALIENTE, Francisco. *La Constitución y el Tribunal Constitucional*. In: RODRÍGUEZ-PIÑERO, Miguel; AROZAMENA SIERRA, Jerónimo; JIMÉNEZ CAMPO, Javier (*et al.*). *La jurisdicción constitucional en España. La Ley Orgánica del Tribunal Constitucional: 1979-1994*. Madrid: Centro de Estudios Constitucionales; Tribunal Constitucional; 1995.

[327] Essa foi a constatação de Rubio Llorente: "Con el correr de los años, este estilo suasorio ha degenerado en un cierto manierismo que da lugar a sentencias excesivamente largas, en las que el Tribunal, si bien de un lado se empecina en desmontar uno por uno los argumentos que desecha, se empeña por otro en razonar con ayuda de categorías generales; explica una vez tras otra, sentencia tras sentencia, que el principio de proporcionalidad exige que el fin perseguido sea legítimo, etc., etc., y una vez dicho esto, niega que en el caso se dé alguna de las tres famosas condiciones, o por el contrario afirma que se dan las tres, como si se tratase de subsumir los hechos en el supuesto de una regla de estructura clásica. Además de ello, y por razones no fácilmente discernibles, ha caído en el uso de añadir a la detallada exposición de los datos fácticos y del iter procesal que se hace en los Hechos, un extenso resumen al comienzo de los Fundamentos de Derecho. Quizás este peculiar estilo decisorio tuvo alguna justificación en los primeros tiempos del Tribunal, cuando la labor educativa parecía más necesaria, aunque quizás ya entonces resultara inadecuado. En la actualidad, y ya desde hace algún tiempo, sus inconvenientes son más visibles que sus hipotéticas ventajas. (...) La consecuencia más perniciosa de esas sentencias larguísimas y polémicas es la de que ellas se pierden las razones de la decisión. Es posible, aunque no seguro, que los autores de estos textos profusos y llenos de afirmaciones generales tengan conciencia clara de cuáles son las razones que fundamentan su

ARGUMENTAÇÃO CONSTITUCIONAL

Como se verá no quadro de respostas apresentado no tópico posterior, entre as principais críticas dos magistrados entrevistados em relação aos aspectos redacionais das decisões do Tribunal Constitucional está exatamente o caráter excessivamente longo e "pesado" dos textos. O problema maior apontado pela maioria dos magistrados parece residir nas várias repetições desnecessárias dos posicionamentos (doutrinas) consolidados e bastante conhecidos do tribunal e nos relatos demasiadamente longos dos fatos, os quais em seguida são desnecessariamente resumidos na fundamentação. Assim, parece crescente a convicção entre os magistrados de que esse estilo, que por muito tempo cumpriu um importante papel para a construção da jurisprudência e a consolidação institucional do Tribunal, está a cobrar uma revisão no sentido da adoção de práticas de redação mais breves, mais austeras, mais sintéticas. De toda forma, há um reconhecimento geral de que a natureza e as funções de uma Corte Constitucional inevitavelmente elevam a carga de argumentação jurídica das decisões – ainda que isso não signifique a necessidade de textos longos e repetitivos – e essa ênfase na motivação racional das decisões que caracteriza o estilo do Tribunal espanhol parece ser um aspecto bastante apreciado entre os magistrados e consolidado em sua prática deliberativa.

5.3.1.2. A Formatação da Decisão: entre os Modelos Per Curiam *e* Seriatim
Em razão do modelo fechado ou secreto de deliberação, não são produzidas atas públicas das sessões de julgamento do pleno do Tribunal Constitucional. Todo o teor das conversas, das trocas argumentativas, dos debates realizados na sala do pleno permanece sigiloso e não pode ser, de nenhuma maneira,

---

decisión, por oposición a aquellas otras de las que se sirven para tomar posición respecto de cuestiones que no forman parte del *thema decidendi*. Para sus lectores, es tarea muy difícil la de separar las *rationes decidendi* de los *obiter dicta*, una distinción imprescindible para delimitar el alcance de la jurisprudencia constitucional. Con la tranquilidad de ánimo que da saberse corresponsable de la situación que ahora crítico, me atrevo a sostener que una de las tareas que el Tribunal debería abordar con urgencia es la de corregir el estilo de sus sentencias para hacerlas mucho más breves, más rotundas, más ceñidas al caso, más depuradas de doctrinas generales y más austeras, de manera que las consideraciones laterales no obscurecieran nunca el fundamento de la decisión". RUBIO LLORENTE, Francisco. *El Tribunal Constitucional*. In: Revista Española de Derecho Constitucional, año 24, n. 71, mayo-agosto 2004, p. 22-23.

CAPÍTULO 5 – A DELIBERAÇÃO NO TRIBUNAL CONSTITUCIONAL DA ESPANHA

exteriorizado em documento oficial. Apenas o texto final da decisão adotada pelo órgão colegiado, o qual deve vir assinado por todos os magistrados que participaram da deliberação, é objeto de divulgação ao público em geral.

O texto da decisão possui um formato bastante simples, com um corpo único formado por uma sequência lógica de desenvolvimento em três capítulos básicos: (1) *Antecedentes*, o qual contém o relato do caso em julgamento, em seus aspectos fáticos e processuais; (2) os *Fundamentos Jurídicos* da decisão, nos quais são apresentados os argumentos que embasam a tese adotada pelo tribunal; e (3) o *Fallo*, isto é, a parte dispositiva da decisão, que contém o resultado do julgamento. Além desses três capítulos básicos, o texto contém apenas uma epígrafe introdutória, na qual são especificados o órgão colegiado prolator da decisão e seus componentes (*"El Pleno del Tribunal Constitucional, compuesto por...ha pronunciado..."*), os fundamentos de sua autoridade constitucional (*"en nombre del Rey"*), o tipo de decisão (*"la siguiente Sentencia"* etc.) e os dados do processo que foi julgado (partes, objeto, quem produziu alegações ou manifestações etc.).

Com essa estrutura simples e distribuída num corpo textual único, as *sentencias* do Tribunal Constitucional espanhol são publicadas em formato que intenta privilegiar a apresentação da posição íntegra do órgão colegiado. O texto da decisão é assinado por todos os magistrados que participaram da sessão deliberativa, inclusive por aqueles que votaram contra a posição vencedora (que podem ou não formular voto particular), o que demonstra que o objetivo primordial desse modelo é apresentar ao público externo a posição do tribunal na qualidade de órgão colegiado, como estrutura orgânica unitária e indivisível, independente das individualidades de seus componentes. Ao vedar a publicação de atas escritas da sessão deliberativa, e dessa forma impedir a exteriorização dos debates e dissensos internos, o Tribunal Constitucional da Espanha faz uma clara opção por um modelo de formatação e publicação de suas decisões que destaca sua unidade institucional e, desse modo, a autoridade de seus posicionamentos, em detrimento da transparência dos momentos deliberativos internos.

Existe entre os magistrados uma convicção positiva muito forte em torno do modelo de redação, formatação e publicação das decisões do tribunal, como se pode apreender das respostas às questões realizadas nas entrevistas sobre o tema, abaixo apresentadas.

ARGUMENTAÇÃO CONSTITUCIONAL

Questão: O modelo de redação das decisões adotado pelo Tribunal Constitucional é adequado para reproduzir fidedignamente a deliberação que ocorre na Sala do Pleno? O que é mais importante para um Tribunal Constitucional ao se escolher um modelo de redação de suas decisões: a produção de uma posição institucional única e inequívoca ou a transparência do momento deliberativo?	
Magistrado 1	No tribunal constitucional espanhol não se fazem atas escritas com a reprodução da deliberação, e isso me parece muito adequado. Então o que se aprova é um texto definitivo. Não se delibera e decide e depois se redige. Enquanto não há um texto completa e definitivamente formulado não se pode passar à votação. O debate e a votação giram em torno de um texto escrito preparado previamente pelo *ponente* e é apenas esse texto escrito que permanece após a deliberação. A transparência está na possibilidade de publicação dos votos particulares, que permitem reproduzir a pluralidade de posições. Portanto, não estou de acordo com a publicidade dos debates.
Magistrado 2	Como há um texto escrito sobre o qual se trabalha (se discute), naturalmente é mais fácil que a decisão seja resultado da vontade de todos que votam a favor, a maioria. Quiçá se poderia reduzir o volume das sentenças, que são muito extensas.
Magistrado 3	Creio que o modelo de publicar a sentença junto com os votos particulares é adequado. Para mim o importante é publicar o resultado. O conteúdo da deliberação tem que ser refletido no texto final. Não há que se publicar os debates.
Magistrado 4	Sim, o modelo é adequado. O que pode acontecer é que nem todos os votos dissidentes se transformam em voto particular. Mas, em todo caso, nosso critério de publicar apenas a fundamentação jurídica é adequado. O que se pode discutir é se nossas sentenças deveriam ter seguido, no momento apropriado, o modelo francês, sumário, de decisões muito reduzidas. Nossas decisões tendem a ser muito profusas na fundamentação, com repetição de doutrina anterior, e costumam assim ser um pouco pesadas.
Magistrado 5	Creio que, como manifestação da vontade do tribunal sobre um determinado assunto, nosso modelo é adequado. Toda nossa deliberação parte de um texto. Não debatemos um problema em si, mas um problema que já foi analisado em um texto. Então é esse texto que orienta a deliberação.
Magistrado 6	O que ocorre na sala de deliberações não deve ser objeto da decisão. Se fosse o caso, não seria objeto da decisão, mas de uma ata de julgamento, e aqui na Espanha os tribunais não produzem atas dos debates ocorridos na deliberação, pois temos que guardar segredo.

CAPÍTULO 5 – A DELIBERAÇÃO NO TRIBUNAL CONSTITUCIONAL DA ESPANHA

Magistrado 7	Entendo que o nosso modelo é muito adequado. Só tenho uma objeção, e é que aqui se escreve muito mal. Há uma certa cultura literária entre os Letrados, baseada em reiterações, o que faz dos textos muito prolixos, com várias repetições.
Magistrado 8	Sim, porque uma das razões pelas quais as sentenças são tão longas é que se dirigem não somente a dar respostas às partes, mas também, ainda que implicitamente, a algumas das objeções que foram feitas dentro da sala do pleno.

Como se pode ver, apesar das nuances de cada resposta, há uma convicção generalizada no sentido de ser desnecessário dar transparência para os momentos deliberativos internos. A opinião dos magistrados parece estar baseada na vinculação desse modelo de publicação das decisões com o modelo de publicação dos votos particulares, o qual já teria o condão dar suficiente transparência das divergências ocorridas na deliberação no interior do tribunal. Assim, a adequação do modelo de formatação e publicação das decisões para apresentar o resultado da deliberação estaria estritamente conectada com a publicação dos votos particulares, estes sim destinados a dar a devida transparência para as opiniões dissidentes surgidas na deliberação.

O modelo de apresentação do resultado da deliberação adotado pelo Tribunal Constitucional espanhol estaria assim num ponto intermédio entre os modelos *per curiam* e *seriatim* de decisão[328]. Se, por um lado, o modelo de formatação e publicação de um único texto, considerado como a opinião unívoca do órgão colegiado, aproxima-se mais do modelo *per curiam*, por outro lado, a amplitude e completude do modelo de publicação dos votos particulares (inclusive com a publicação dos nomes dos magistrados que os subscrevem), com a função de tornar conhecidos do público externo o pluralismo de opiniões no interior do tribunal, insere nesse modelo espanhol características dos modelos *seriatim* de decisão.

---

[328] Nesse sentido, vide: AHUMADA RUIZ, Maria Angeles. *La regla de la mayoría y la formulación de doctrina constitucional. Rationes decidendi en la STC 136/1999*. In: Revista Española de Derecho Constitucional, año 20, n. 58, enero-abril 2000, pp. 155-188.

5.3.1.3. O Voto Particular em seu Aspecto Formal: Redação, Formatação e Publicação

O voto particular, além de uma face material ou substancial explicada em tópico anterior (*vide* tópico 5.2.2.3), que ressalta sua função primordial de resguardo da liberdade de expressão e da independência dos magistrados (individualmente considerados ou em grupo, a denominada minoria) perante o colegiado e de garantia da publicidade e de uma maior transparência das divergências ocorridas nos momentos deliberativos internos, também deve ser encarado numa perspectiva formal, como um *texto* que é objeto de processos de redação, formatação e publicação na imprensa oficial. Este aspecto textual ou redacional, que à primeira vista pode parecer menos relevante, tem uma importância crucial, pois é por meio dele que o voto particular cumpre sua função de representar fidedignamente as divergências de fato ocorridas na deliberação na sala do pleno. Se não é possível encontrar maiores problemas na prática do voto particular no tocante a seus aspectos substanciais acima ressaltados, como analisado no referido tópico 5.2.2.3, por outro lado, é nos aspectos redacionais que podem existir alguns riscos para o regular desenvolvimento desse instituto na deliberação do Tribunal Constitucional espanhol.

Em seu aspecto formal, o voto particular é o veículo ou canal textual de manifestação da dissidência na deliberação. Assim considerado, ele representa, em verdade, um texto que reproduz uma opção diferenciada, uma opinião distinta, uma segunda via para a solução do caso em julgamento ou para a fundamentação da decisão adotada. O voto particular é, nesse sentido, um *texto paralelo* ao texto da decisão final.

Importante enfatizar, neste ponto, que o voto particular, justamente por ser um texto paralelo, não integra o corpo formal da sentença do tribunal. Sua publicação ocorre na forma de um anexo à decisão final do tribunal. Não tem, por isso ou também por isso, qualquer eficácia vinculante. Sua função é a de apenas tornar pública uma visão diferenciada para a solução do caso, mas que restou vencida na deliberação e, dessa forma, não tem valor de coisa julgada. O voto particular se restringe a apresentar uma versão paralela de decisão (ou de motivação da decisão), uma opinião diferente que poderia ter sido, mas que ao final não foi a adotada pelo tribunal. Com isso ele cumpre sua função primordial de demonstrar que para o tema discutido existem outras interpretações possíveis, oferecendo alternativas de decisão e/ou de motivação que deixam plantadas as sementes para futuros câmbios jurisprudenciais.

O fato de o voto particular representar um texto paralelo tem consequências importantes para o momento de sua redação, a qual deve manter uma relação de fidelidade argumentativa com o texto principal, isto é, com o texto da decisão do tribunal. Isso quer dizer que a redação do voto particular deve reproduzir fielmente os argumentos utilizados pelo(s) magistrado(s) dissidente(s) na deliberação na sala do pleno. Como esses argumentos foram levantados nos debates e restaram vencidos pelos argumentos da maioria – ou pelo menos não tiveram o poder de convencimento da maioria –, a sua reprodução fiel no voto particular permite que o texto da decisão final traga a réplica a esses argumentos – ou pelo menos mantenha íntegros os argumentos que justificam a decisão do tribunal, tal como foram expostos na sala do pleno, e que não puderam ser superados nos debates pelos argumentos da divergência – e com isso preserve uma coerência argumentativa com o voto particular. Texto principal (decisão do tribunal) e texto paralelo (voto particular) devem manter essa relação *dialética* entre si, como *tese* e *antítese*, reproduzindo fielmente os argumentos e contra-argumentos que caracterizaram a deliberação na sala do pleno.

Tendo em vista a importância do tema e os riscos que ele envolve para a prática deliberativa, uma das perguntas realizadas nas entrevistas estava destinada a averiguar, por meio da opinião dos magistrados, se os votos particulares (concorrentes ou dissidentes) publicados na imprensa oficial junto com a decisão final do tribunal representam fidedignamente as divergências ocorridas durante a deliberação colegiada ou se eles algumas vezes podem ser apenas o produto de uma fase de redação posterior à reunião na sala do pleno.

ARGUMENTAÇÃO CONSTITUCIONAL

Questão: **Os votos particulares (concorrentes ou dissidentes) posteriormente publicados na imprensa oficial junto com a decisão final do tribunal representam fidedignamente as divergências ocorridas na sala de deliberações? Algumas vezes eles não seriam apenas o produto de uma fase de redação posterior à deliberação colegiada ocorrida na Sala do Pleno?**	
Magistrado 1	De acordo com as regras do tribunal, só podem constar nos votos particulares os argumentos discutidos na sala do pleno. Se não fosse assim, não se daria ao pleno a oportunidade de conhecer antes esses argumentos e poder eventualmente mudar de posição. Quem controla isso é o Presidente e essas regras geralmente são cumpridas. É muito raro que um voto particular contenha algo que não foi discutido no pleno.
Magistrado 2	O voto particular deve ser algo que a pessoa que discrepe da maioria exponha de acordo com o que já tenha dito na deliberação. Ou seja, não só na teoria, como também na prática, não se deve introduzir nos votos particulares coisas que não tenham sido ditas na deliberação.
Magistrado 3	Em teoria, os votos particulares têm que refletir a posição e os argumentos expostos na deliberação. Mas é claro que, ao se elaborar a redação, o voto particular pode sair um pouco mais adornado, com dados que o magistrado não tinha no momento da deliberação. De toda forma, os votos costumam refletir a posição firmada na sala de deliberações. A argumentação é que pode ser enriquecida posteriormente, ainda que não devesse ser assim.
Magistrado 4	Normalmente, o voto particular expressa o critério de raciocínio, a dissidência do redator desse voto expressada no momento da deliberação. Sem embargo, a argumentação, a construção da argumentação (uma vez fixada a tese do argumento) poderá ser realizada no momento posterior de redação.
Magistrado 5	Obviamente, o voto particular tem uma construção própria. Mas, creio que, normalmente, eles refletem de forma fiel a posição que foi defendida no pleno. Pode ser que haja mais argumentos que não chegaram a ser explicitados de modo mais detalhado no pleno, mas em geral eles respondem ao que foi dito no pleno.
Magistrado 6	As vezes sim; as vezes, não. Depende. Creio que os votos particulares não deveriam ser um costume, como aqui o são.
Magistrado 7	Em teoria, a filosofia do voto particular é a de expor o que já se afirmou na deliberação. Não seria muito correto que o voto particular trouxesse razões que não foram utilizadas na deliberação.
Magistrado 8	Sim. Basicamente, isso decorre de um princípio de honestidade. Isso porque na deliberação no pleno não se redige um voto particular; se sustenta uma opinião e depois, no momento da votação, se decide fazer voto particular, e se dá por suposta a honestidade intelectual do juiz, que ele depois não vá incorporar a esse voto particular razões que não expôs entre os colegas na deliberação.

CAPÍTULO 5 – A DELIBERAÇÃO NO TRIBUNAL CONSTITUCIONAL DA ESPANHA

Conforme se pode apreender das respostas, parece haver uma firme intenção por parte de todos os magistrados de preservar a relação de coerência que em teoria deve haver entre a posição firmada na deliberação e a redação do voto particular. Não obstante, reconhece-se que, na prática, o momento de redação pode ser destinado à construção estruturada de todo o raciocínio em torno das teses levantadas na sala do pleno, o que pode resultar em um texto composto por uma argumentação mais explícita, mais detalhada, mais abrangente do que as razões apresentadas na deliberação plenária. De toda forma, como bem colocado por mais de um magistrado, se a argumentação pode acabar sendo objeto de uma construção posterior, o que pode implicar num voto particular mais completo e denso de razões, o importante é que ela defenda as mesmas teses consignadas na votação colegiada. Ao assim distinguir o que seria a *posição* firmada ou a *tese* defendida na deliberação da *fundamentação* do raciocínio ou da *argumentação* que em torno dela se constrói, legitima-se uma prática que possibilita toda uma construção redacional do voto particular posterior à deliberação na sala do pleno.

5.3.1.4. A Prática da não Citação de Doutrina

No Tribunal Constitucional espanhol construiu-se uma prática, hoje muito consolidada, de não expor no texto das decisões argumentos baseados expressamente em doutrina. Essa prática encontra sua razão de ser na concepção, muito aceita e difundida entre os magistrados, de que o tribunal está dotado de autoridade suficiente para fixar sua própria doutrina e que por isso pode (e deve) dispensar o uso da citação de obras teóricas de consagrados autores como argumento de autoridade para fundamentar suas decisões.

Tendo em vista as características, anteriormente descritas, dos momentos deliberativos que ocorrem em torno do texto da decisão, especialmente nas fases preliminares que antecedem a reunião na sala do pleno, não se pode descartar a hipótese de que essa prática de não citação de doutrina possa estar relacionada com a necessidade que o magistrado ponente tem de, ao construir seu texto, conquistar o maior número possível de adeptos. Como a relevância de uma ou outra doutrina para a fundamentação da decisão pode ser motivo de profunda divergência entre magistrados – que possuem diferentes origens (geralmente são acadêmicos, políticos ou juízes de carreira) e múltiplos perfis doutrinários, políticos, ideológicos, etc. –, a não citação acaba

ARGUMENTAÇÃO CONSTITUCIONAL

sendo a melhor solução para favorecer, na maior medida possível, o consenso em torno de um texto. Essa prática de não citar doutrina também pode ser, nesse sentido, o reflexo de um comportamento estratégico na deliberação entre os magistrados.

A prática da construção de textos sem citação, por outro lado, não significa que a doutrina seja desconsiderada pelos magistrados e por seus respectivos letrados. Livros e artigos científicos não apenas na área jurídica, mas em diversos ramos do conhecimento (filosofia, ciência política, sociologia, etc.), são instrumentos cotidianos de pesquisa, estudo e trabalho no tribunal. O que ocorre é que, apesar de serem amplamente consultados e utilizados na preparação dos argumentos que embasam as decisões, eles não chegam a ser indicados e referenciados nos textos destinados à publicação oficial. A não citação de doutrina é, nesse aspecto, praticamente uma norma de redação, formatação e publicação das decisões do tribunal[329].

5.3.1.5. A Divulgação da Decisão: a Política de Relações Públicas do Tribunal

A política de relações do Tribunal Constitucional com o público exterior é um tema bastante delicado na realidade espanhola. Não raro o Tribunal Constitucional espanhol delibera sobre os casos mais importantes em meio a polêmicas de repercussão nacional (re)produzidas pelos meios de comunicação, o que na maioria das vezes costuma ser resultado da escassez de informações de fato esclarecedoras dos principais contornos e nuances das questões em julgamento. Como será abordado em tópico posterior (vide tópico 5.3.2.3), o intercâmbio de informações entre o tribunal e a imprensa nem sempre é realizado pelos canais formais e legítimos existentes, o que resulta na produção das

---

[329] Segundo informações de letrada do tribunal, o texto final da STC 199, de 5 de dezembro de 2013, que tratou da questão sobre a utilização de amostra de DNA, colhida sem autorização judicial, como prova no processo penal, continha duas citações doutrinárias, com referências a autores e respectivas páginas das obras utilizadas. No momento de envio à publicação, porém, tais citações foram retiradas, e o texto foi impresso no B.O.E sem as referências doutrinárias expressamente utilizadas pelos magistrados. De toda forma, permaneceram no texto publicado da sentença as diversas e interessantes citações da jurisprudência de tribunais estrangeiros, como o caso *Maryland v. King* da Suprema Corte norte-americana, e os casos *S & Marper v. United Kingdom* e *Van der Velden v. the Netherlands* do Tribunal Europeu de Direitos Humanos. Ao contrário de como procede com a doutrina, o tribunal espanhol cita abertamente a jurisprudência de outros tribunais, especialmente os que compõem o sistema da União Europeia.

CAPÍTULO 5 – A DELIBERAÇÃO NO TRIBUNAL CONSTITUCIONAL DA ESPANHA

chamadas "filtrações" ou "vazamentos" (*filtraciones*) de informações internas ao exterior, com a consequente divulgação equivocada dos casos e das decisões da Corte.

O Tribunal Constitucional possui um gabinete de imprensa ("Gabinete de Prensa") vinculado administrativamente à Presidência da Corte, o qual tem a função primordial de cuidar das relações públicas do tribunal com o seu exterior, especialmente com a imprensa, fazendo a divulgação dos temas que estão sendo objeto de deliberação e das decisões tomadas pelos magistrados.

Atualmente, as decisões divulgadas no sitio do Tribunal Constitucional na internet vêm acompanhadas de uma nota informativa ("nota de prensa"), que é constituída por um pequeno e resumido texto descritivo dos principais aspectos do caso julgado e da decisão adotada pela Corte. Essa nota tem a função principal de explicar e esclarecer os meios de comunicação a respeito das decisões do Tribunal.

5.3.2. A Deliberação em sua Dimensão Externa

Uma das principais questões que podem ser levantadas a respeito das práticas deliberativas de uma Corte Constitucional está relacionada à influência ou à repercussão que o impacto político de uma decisão pode ter nos momentos deliberativos internos entre os magistrados. Ao deliberar sobre os diversos casos postos a julgamento, o órgão colegiado pleno muitas vezes acaba não se restringindo ao debate argumentativo interno e atua também em relação a seu exterior, na qualidade de órgão máximo da Corte que se relaciona com os demais poderes e com a opinião pública em geral. Nesse aspecto, como já abordado anteriormente, a deliberação pode ser não apenas "interna", isto é, entre os magistrados no interior do tribunal, mas também "externa", no sentido de que o conjunto de magistrados atua como órgão político em face dos demais poderes e da opinião pública.

Nesse contexto, é importante saber se o impacto político das decisões é levado em conta na deliberação interna entre os magistrados. No Tribunal Constitucional da Espanha, a pesquisa realizada demonstra que a repercussão política e institucional das decisões é um tema em constante debate entre os magistrados, especialmente nas deliberações que envolvem os casos objeto de maior atenção da opinião pública. Como os próprios magistrados admitiram nas entrevistas realizadas, apesar de não representar uma razão definitiva

ARGUMENTAÇÃO CONSTITUCIONAL

para a tomada de decisão, o impacto político de uma decisão, sua repercussão ante os demais poderes e as possíveis respostas político-institucionais à decisão do tribunal são fatores geralmente considerados na deliberação do órgão colegiado pleno.

Questão: **O impacto político de uma decisão, sua repercussão ante os demais poderes, as possíveis respostas político-institucionais à decisão do Tribunal etc., são fatores objeto de consideração na deliberação do Tribunal?**	
Magistrado 1	Sim. Ao decidir um caso, os magistrados devem sempre levar em conta o impacto político e econômico da decisão. Mas isso não lhes deve conduzir a tomar uma decisão por razões políticas. O que ocorre é que, havendo diversas interpretações possíveis, se deve escolher aquela que tenha menos custos políticos e econômicos. Mas sempre com base em razões jurídicas. Em último caso, existe a possibilidade de se modular os efeitos da decisão.
Magistrado 2	Todos os juízes temos o dever de valorar as consequências de nossas decisões. Outra coisa é que a consequência puramente política influa na decisão. O que o tribunal normalmente faz, ao valorar as consequências, é modular os efeitos da decisão.
Magistrado 3	O que se intenta fazer é manter a cortesia institucional. O que pode acontecer, se se pretende manter uma relação de cortesia com os poderes, é tomar cuidado com certas expressões utilizadas nos textos, que podem ser ofensivas a titulares de outros poderes, de outros órgãos do estado, etc. A coisas são valoradas como se valoram os temas em qualquer relação interinstitucional. Mas o que o Tribunal deve fazer é decidir de acordo com o direito.
Magistrado 4	Não me parece que seja um elemento decisivo nas deliberações. Mas o impacto político e midiático sim entra de alguma forma.
Magistrado 5	Não creio que seja um fator decisivo, mas pesa de alguma forma. A repercussão pública de um caso pode ser aludida na deliberação, mas não chega a defini-la.
Magistrado 6	Sim. Este é um aspecto importante que se tem em conta na deliberação.
Magistrado 7	Leva-se em conta, sobretudo a relação com o Poder Judicial. Os magistrados de procedência judicial são sensíveis ao assunto do potencial conflito com o Tribunal Supremo, e às vezes na deliberação sugerem analisar como se pode colocar um tema de modo que não pareça que estamos a desqualificar o Tribunal Supremo.

Magistrado 8	Em minha experiência, fazer disso uma questão na deliberação, isso não se produziu nunca. Quanto à opinião de cada magistrado poder estar influenciada pela reação de outros poderes, sim ocorreu, isso é inevitável. Não só é inevitável no sentido de que não pode ser evitado, mas também no de que não deve ser evitado. Deve-se levar em conta a reação dos outros poderes não necessariamente para se acomodar a ela, mas para saber que existe, como um dado mais, um dado de fato.

A posição peculiar ocupada pelo Tribunal Constitucional na ordem constitucional dos poderes, na qualidade de órgão constitucional independente dos Poderes Legislativo, Executivo e Judicial, e o rol de funções que lhe foram atribuídas pela Constituição de 1978, como máximo intérprete do ordenamento jurídico, fazem com que as decisões e atos emanados pela Corte tenham um elevado impacto político e, consequentemente, os casos julgados sejam sempre alvo constante dos olhares atentos dos poderes e da opinião pública em geral. Toda essa atenção em torno das atividades do Tribunal Constitucional naturalmente acaba tendo reflexos diretos na deliberação entre os magistrados, ainda que ela não seja um fator definitivo para o resultado dos julgamentos. Como reconhece um dos magistrados entrevistados, a reflexão sobre as perspectivas quanto ao impacto das decisões e as possíveis respostas institucionais dos demais poderes influencia, no mínimo, os modos de redação das decisões, na medida em que são sopesados os melhores termos e expressões que devem ser utilizados para tratar de temas delicados para as relações *inter* poderes.

De toda forma, três aspectos parecem ter alguma influência maior na deliberação entre os magistrados do Tribunal Constitucional espanhol: 1) a relação de tensão que pode se produzir entre o Tribunal Constitucional e o Poder Judicial (em especial o Tribunal Supremo), quando aquele cassa decisões deste no âmbito dos recursos de amparo em matéria de direitos fundamentais; 2) a manutenção da autoridade do Tribunal como intérprete supremo da Constituição em relação aos poderes majoritários, os Poderes Executivo e Legislativo; 3) a legitimidade dos atos e decisões do Tribunal perante a opinião pública. Esses aspectos serão apreciados nos tópicos seguintes.

ARGUMENTAÇÃO CONSTITUCIONAL

5.3.2.1. Tribunal Constitucional e Poder Judicial: uma Relação em Permanente Tensão
A Constituição da Espanha de 1978 criou um sistema que, ao instituir o Tribunal Constitucional como poder autônomo e independente do Poder Judicial e ao mesmo tempo possibilitar que suas decisões possam rever e cassar os atos emanados do Tribunal Supremo de Justiça, favorece situações de conflito interinstitucional entre ambos os poderes. O recurso de amparo previsto na Constituição (art. 53) possibilita a qualquer cidadão impugnar decisões do Tribunal Supremo de Justiça perante o Tribunal Constitucional, mediante o fundamento de que violam os direitos fundamentais protegidos constitucionalmente (no artigo 14 e na seção 1ª do capítulo II da Constituição). Assim, por meio de recurso de amparo, o Tribunal Constitucional tem a competência que lhe dá a Constituição para revisar e cassar decisões emanadas dos processos judiciais. Nesse aspecto, ao fim e ao cabo, o Tribunal Constitucional da Espanha tem se caracterizado muito mais como um revisor dos atos do Poder Judicial do que um controlador da constitucionalidade dos atos do Poder Legislativo.

A história recente das relações entre Tribunal Constitucional e Tribunal Supremo de Justiça está permeada de casos emblemáticos de tensão e conflitos interinstitucionais. Após um primeiro período (que pode ser delimitado entre os primeiros anos da década de 1980 e os primeiros anos da década de 1990) em que o Tribunal Constitucional atuou de modo contundente para afirmar sua posição institucional e delimitar suas competências em relação aos órgãos do Poder Judicial, atividade que desenvolveu nessa época sem ter sofrido contestações mais fortes por parte do Tribunal Supremo de Justiça, iniciou-se um período conturbado nas relações institucionais entre ambos os tribunais, que tem seu marco inicial no polêmico julgamento de 17 de janeiro de 1994 (STC 7/1994)[330] – a qual provocou uma inédita cena conflituosa entre

---

[330] Por meio da STC 7/1994, tomada em um recurso de amparo, o Tribunal Constitucional anulou decisão da Sala Civil do Tribunal Supremo e determinou o reconhecimento da paternidade de uma menina a um piloto de linhas aéreas que havia se negado a realizar a prova biológica (teste sanguíneo) que havia sido admitida pelo juiz de primeira instância e negada pelo Tribunal Supremo. A Sala Civil do Tribunal Supremo considerou a decisão do Tribunal Constitucional como uma intromissão em sua competência jurisdicional em matéria de legislação civil infraconstitucional e chegou a ameaçar levar o conflito institucional à solução arbitral ou moderadora por parte do Rei. O fato causou grande polêmica na imprensa e no meio acadêmico.

254

CAPÍTULO 5 – A DELIBERAÇÃO NO TRIBUNAL CONSTITUCIONAL DA ESPANHA

os tribunais, em cujo momento ápice se chegou a cogitar de uma solução arbitrada ou moderada pelo Rei –, passa por uma série de casos de acirrado embate institucional – especialmente nos julgamentos da STC 136/1999[331] e das SSTC 115/2000 e 186/2001[332] – e culmina no dramático episódio que envolveu a Sentença do Tribunal Supremo, de 23 de janeiro de 2004, a qual responsabilizou civilmente os magistrados do Tribunal Constitucional por terem inadmitido um recurso de amparo, condenando-os ao pagamento de uma indenização ao autor do recurso, e motivou o ajuizamento, perante o Tribunal Supremo, de uma "denúncia" contra os mesmos magistrados constitucionais por suposto delito de prevaricação[333]. Os fatos se mostraram tão graves e atentatórios para as relações institucionais entre os tribunais

---

[331] Na STC 136/1999, de 20 de julho, o Tribunal Constitucional resolveu recurso de amparo anulando decisão da Sala Segunda do Tribunal Supremo (n. 2/1997, de 29 de novembro), a qual havia condenado 23 membros da Mesa Nacional de Herri Batasuna por crime de colaboração com bando armado (delito de colaboración con banda armada) a pena de 7 anos de prisão. A sentença do Tribunal Constitucional considerou que a decisão condenatória do Tribunal Supremo violava o princípio da proporcionalidade e assim declarou a inconstitucionalidade dos preceitos legais do Código Penal que em seu entender atribuíam penas excessivas para os crimes em questão.

[332] O Tribunal Constitucional prolatou a STC 115/2000, de 5 de maio, em um recurso de amparo, reconhecendo que, contrariamente ao julgamento da Sala Primeira do Tribunal Supremo, havia no caso em questão violação ao direito à intimidade da recorrente por parte de uma reportagem jornalística, o que justificava a anulação da decisão impugnada. Retornado o caso à jurisdição ordinária para novo julgamento, a Sala Primeira do Tribunal Supremo prolatou uma nova sentença que reconhecia a lesão ao direito da recorrente, mas estimava a condenação por danos morais em valor apenas simbólico (de 25.000 pesetas), em vez dos 10 milhões estimados previamente pelo juízo de primeira instância (Audiencia Provincial) e reconhecidos pela decisão do Tribunal Constitucional. Essa decisão foi impugnada por outro recurso de amparo perante o Tribunal Constitucional, que prolatou a STC 186/2001, de 17 de setembro, determinando o cumprimento da decisão com o valor dos danos morais fixados pela Audiência Provincial, sem a necessidade de que o processo retornasse novamente ao Tribunal Supremo para novas atuações. A situação conflituosa chegou a gerar um grupo de trabalho integrado por magistrados e funcionários de ambos os tribunais, com o objetivo de propor reformas legislativas que pudessem evitar outros conflitos como esse.

[333] A "denúncia", de autoria da Asociación contra la Injusticia y la Corrupción (Ainco), foi logo negada pela Sala Penal do Tribunal Supremo (em 17 de janeiro de 2004), que, além de deixar manifestada a ilegitimidade da associação para ajuizar denúncia penal (de competência do Ministério Público), descartou qualquer necessidade de investigação criminal dos magistrados do Tribunal Constitucional, visto que a Sala Civil, ao condená-los por responsabilidade civil, não havia encontrado indícios de comportamento criminoso que justificassem o envio de cópias dos autos ao Ministério Público para as providências cabíveis nesse sentido.

que motivaram reformas legislativas, inseridas no contexto das modificações mais amplas da Lei Orgânica do Tribunal Constitucional, aprovadas em 2007 (Ley Orgánica 6/2007, de 24 de mayo)[334]. Posteriormente ao episódio de 2004, outros julgamentos mais recentes também ficaram de alguma maneira marcados pela fricção institucional que causaram entre Tribunal Constitucional e Tribunal Supremo de Justiça – como na STC 237/2005 (caso *"Guatemala"*), na STC 57/2008 (caso da *"doctrina Parot"*) e na STC 62/2011 (caso *"Bildu"*).

Esses casos emblemáticos, que configuraram situações pontuais de tensão e conflito interinstitucional e que foram por alguns denominados de "guerra dos juízes" ou "guerra de tribunais"[335], certamente passaram a influenciar as práticas deliberativas de ambos os Tribunais. No Tribunal Constitucional, essa

---

[334] A partir da reforma da Lei Orgânica do Tribunal Constitucional, realizada pela Lei Orgânica 6/2007, o artigo 4º daquela lei passou a ter a seguinte redação (os textos inseridos pela reforma estão em itálico): "En ningún caso se podrá promover cuestión de jurisdicción o competencia al Tribunal Constitucional. *El Tribunal Constitucional delimitará el ámbito de su jurisdicción y adoptar*á cuantas medidas sean necesarias para preservarla, incluyendo la declaración de nulidad de aquellos actos o resoluciones que la menoscaben; asimismo podrá apreciar de oficio o a instancia de parte su competencia o incompetencia. 2. *Las resoluciones del Tribunal Constitucional no podrán ser enjuiciadas por ningún órgano jurisdiccional del Estado. 3. Cuando el Tribunal Constitucional anule un acto o resolución que contravenga lo dispuesto en los apartados anteriores lo ha de hacer motivadamente y previa audiencia al Ministerio Fiscal y al órgano autor del acto o resolución"*. Em comentario a essa reforma legislativa realizada em 2007, Francisco Balaguer, Gregorio Cámara e Luis Felipe Medina explicaram que "se trata por tanto de un conjunto de adiciones al texto que notoriamente vienen a reforzar la posición del Tribunal Constitucional dimanante de su *status* constitucional como órgano que, en cuanto intérprete supremo de la Constitución, es independiente de cualquier otro órgano o poder y ejerce, en su orden, jurisdicción única en todo el territorio nacional en relación con las materias a las que se extienden sus competencias según lo dispuesto por el artículo 161 CE. Estas adiciones, en puridad, hubieran sido de todo punto innecesarias en circunstancias de normalidad institucional, porque el sentido y la lógica profunda de su existencia ya se desprendían sin ninguna duda del texto ahora reformado. La nueva redacción viene a suponer de esta manera – utilizando una expresión que ha hecho fortuna – una especie de 'blindaje' del Tribunal Constitucional para que, clarificando aún más si cabe su posición constitucional y, sobre todo, dotándose de medios de reacción suficientes, no puedan volver a repetirse episodios como el acontecido hace unos años como manifestación de la difícil tensión y las fricciones que en algunas circunstancias ha mantenido con él el Tribunal Supremo". BALAGUER CALLEJÓN, Francisco (coord.). *La nueva Ley Orgánica del Tribunal Constitucional*. Madrid: Tecnos; 2008, p. 30.

[335] Sobre o tema, vide: MENDIZÁBAL ALLENDE, Rafael de. *La guerra de los jueces. Tribunal Supremo vs. Tribunal Constitucional*. Madrid: Dyckinson; 2012.

CAPÍTULO 5 – A DELIBERAÇÃO NO TRIBUNAL CONSTITUCIONAL DA ESPANHA

influência recai especialmente sobre os magistrados que são originários do Tribunal Supremo e tem características que podem defini-la como uma espécie de respeito ou de deferência interinstitucionais que, exercidas de modo um tanto exacerbado, repercutem diretamente nas práticas deliberativas, como, por exemplo, nos debates entre os magistrados (que podem assumir tons de maior enfrentamento quando se trata de rever decisões do Tribunal Supremo) e na construção e redação dos textos das decisões (que tendem a ser exercidos de forma mais cautelosa ao se utilizar de certos termos ou expressões que possam de algum modo atingir a autoridade e legitimidade do Tribunal Supremo). Assim, apesar de não se tornar um fator definitivo para a tomada de posição na deliberação no âmbito dos recursos de amparo contra atos do Tribunal Supremo, a relação de permanente tensão e iminente conflito entre Tribunal Constitucional e Poder Judicial que caracteriza o julgamento desses processos tem de fato repercutido nos modos e práticas deliberativas entre os magistrados do Tribunal Constitucional.

Perguntados sobre as relações de diálogo político-institucional entre o Tribunal Constitucional e os demais Poderes, a maioria dos magistrados entrevistados revelou que os conflitos se concentram nas relações com o Poder Judicial e são muito raras ou praticamente inexistentes em relação aos Poderes Executivo e Legislativo.

Questão: **O Tribunal Constitucional tem mantido um bom diálogo político-institucional com os demais poderes?**	
Magistrado 1	Não é verdade que o Tribunal tenha tido muitos conflitos com o Poder Judicial. Foram muito poucos. O que ocorre é que esses poucos foram amplificados pela imprensa. Em relação aos Poderes Executivo e Legislativo, as decisões do tribunal são acatadas.
Magistrado 2	Os conflitos não se têm produzido com o Poder Legislativo, tampouco com o Executivo. O conflito ocorre com o Poder Judicial, nos recursos de amparo, quando se cassa uma decisão dos tribunais, especialmente do Tribunal Supremo, mas isso é uma coisa inevitável.
Magistrado 3	Depende muito do momento, e aqui os Presidentes são importantes. Desde o ponto de vista estritamente institucional, há uma boa relação entre os poderes. Formalmente, não há grandes conflitos, salvo em alguns temas pontuais em relação ao Tribunal Supremo.

ARGUMENTAÇÃO CONSTITUCIONAL

Magistrado 4	Em ocasiões, tem ocorrido tensões entre o Tribunal Supremo e o Tribunal Constitucional.
Magistrado 5	Existe um respeito relativo entre os poderes. Não é incomum que declaremos uma norma inconstitucional e que o legislador venha a elaborá-la novamente nos mesmos termos. O poder legislativo lê a jurisprudência do tribunal, mas também crê que o tribunal pode modificar seu ponto de vista.
Magistrado 6	Com os demais poderes não, mas com o Tribunal Supremo houve muitos conflitos.
Magistrado 7	Com os Poderes Executivo e Legislativo, não há problema algum. O problema se coloca com o Poder Judicial, e em alguns momentos de forma muito dura, e inadequada, por ambas as partes.
Magistrado 8	Creio que sim. Com o Legislativo e o Executivo, sim. O problema ocorre com o Tribunal Supremo.

Assim, por ser inevitável e formar parte da cultura judicial, uma vez que decorre do próprio modelo configurado constitucionalmente[336], a relação de iminente tensão entre o Tribunal Constitucional e o Tribunal Supremo parece ser uma preocupação comum dos magistrados, a qual condiciona em alguma medida seus modos de atuar deliberativamente, como órgão colegiado independente, em face do Poder Judicial.

5.3.2.2. *Tribunal Constitucional e Poderes Executivo e Legislativo: quem de Fato tem a Última Palavra?*

A qualificação do Tribunal Constitucional como "intérprete supremo" da Constituição (como está expresso no artigo 1 da LOTC) coloca uma permanente questão sobre a real e efetiva autoridade de suas decisões perante

---

[336] É preciso ressaltar, não obstante, que, em tese, como bem esclarece o Professor Victor Ferreres Comella, o modelo constitucional de revisão pelo Tribunal Constitucional das decisões dos tribunais inferiores deveria proporcionar um "diálogo interno" entre os tribunais: os juízes ordinários podem oferecer suas visões sobre a Constituição; o Tribunal Constitucional pode aceitar ou rejeitar essas visões; se o Tribunal Constitucional finalmente apoia determinada visão, permanece com os juízes a possibilidade de levantar outras objeções em futuros casos, se as circunstâncias mudarem ou se existem novos argumentos. COMELLA, Victor Ferreres. *The Spanish Constitutional Court: time for reforms*. In: Journal of Comparative Law, vol. 3, 2008, p. 29.

os demais poderes, especialmente sobre os Poderes Executivo e Legislativo, que detêm legitimidade popular originada de processos eleitorais amplos e democráticos e assim são configurados como poderes de caráter majoritário. Num quadro constitucional em que o Tribunal Constitucional é um poder independente e autônomo com caráter contramajoritário (na medida em que seus membros não são eleitos pelo voto popular), questiona-se constantemente se sua interpretação constitucional de fato representa a "última palavra" nos debates de questões públicas de ampla repercussão e de interesse nacional e nos quais os Poderes Executivo e Legislativo também participam com poderes legislativos baseados em sua legitimação popular.

Saber se as decisões do Tribunal Constitucional de fato colocarão um ponto final (pelo menos do ponto de vista institucional e autoritativo) na resolução de certas questões constitucionais de repercussão geral pode ser um fator de relevância na deliberação interna entre os magistrados e, portanto, na atuação interinstitucional do órgão colegiado pleno em face dos Poderes Executivo e Legislativo. Isso se torna uma questão crucial quando se está diante da possibilidade – ainda que muitas vezes remota, ante as conhecidas dificuldades inerentes aos processos político e legislativo – de que os Poderes Executivo e Legislativo possam criar dificuldades para o cumprimento ou mesmo tentar reverter a decisão do Tribunal pelas vias legislativas legítimas e ordinárias. Ela ganha importância também nas hipóteses de grande clamor político e social, em que os riscos de indignação e descontentamento popular em face das posições da Corte possam ser elevados ao ponto de legitimar reformas constitucionais mais amplas.

Apesar dos difíceis anos iniciais (1981-1985), nos quais os magistrados do Tribunal Constitucional tiveram que exercer um delicado e engenhoso papel de consolidar institucionalmente sua função constitucional (com especial relevo para a corajosa e exemplar atuação do magistrado Presidente Manuel García Pelayo), pode-se afirmar, sem nenhuma sombra de dúvida, que o Tribunal conseguiu impor-se como órgão independente ante os demais poderes e que hoje, passadas mais de três décadas de sua existência, mantém um respeito político e institucional muito forte em face dos demais órgãos constitucionais, de modo que suas decisões de fato e em geral costumam ser acatadas e cumpridas, sendo muito pontuais os episódios de fricção institucional com o

Poder Executivo[337] e com o Poder Legislativo[338]. Assim, salvo raras exceções, em que a deliberação de casos de viés político e social mais expressivo pode suscitar algum embate mais contundente entre os poderes, ao fim e ao cabo, uma vez julgado o caso e proferida a decisão final, as posições do Tribunal Constitucional terminam por consolidar sua autoridade e seu caráter vinculante perante todos os outros órgãos constitucionais. Não é outra a opinião dos próprios magistrados, que afirmam categoricamente que a interpretação da Constituição realizada pela Corte tem sido normalmente acatada e respeitada pelos poderes públicos.

---

[337] Apesar da excepcionalidade com que ocorrem, é possível identificar alguns casos em que o Poder Executivo tentou se apartar dos posicionamentos firmados pelo Tribunal Constitucional, criando dificuldade para seu cumprimento, como parece ter ocorrido nos fatos que envolvem a STC 230/2003 (em que o Tribunal teve que enfatizar que *"todos los poderes públicos, tal como prescribe el art. 87.1 LOTC, están obligados a dar cumplimiento a lo que el Tribunal Constitucional resuelva cualquiera que sea el procedimiento en que lo haya sido"*), a STC 158/2004 (na qual o Tribunal reiterou a necessidade de que, ante sua consolidada doutrina sobre o assunto, fossem evitadas situações anômalas em que o Estado seguisse exercendo competências que não lhe correspondem, conforme reiteradas decisões da Corte) e, tal como também o fez posteriormente na STC 38/2012, teve que reafirmar que "la lealtad constitucional obliga a todos (STC 209/1990, FJ 4) y comprende, sin duda, el respeto a las decisiones de este Alto Tribunal".

[338] Quanto ao Poder Legislativo, identificam-se casos de edição de leis supostamente contrárias aos posicionamentos do Tribunal (por exemplo, a edição da Ley Orgánica 5/2010, de 2 de junio, que se apartaria das sentenças STC 63/2005 e STC 57/2008) e de inatividade legislativa ante mandamentos emanados de decisões do Tribunal (como a não reparação legislativa da inconstitucionalidade verificada pela Corte na STC 196/1996 e na STC 62/2011). Tem sido pouco tematizada e enfrentada pela doutrina espanhola a interessante questão de se saber se os efeitos vinculantes das sentenças do Tribunal Constitucional impedem que o legislador reitere preceitos legais previamente declarados inconstitucionais, e ainda subsiste um estado de divergência e de dúvida entre os poucos doutrinadores que trataram do tema. Entre os que defendem a tese de que o legislador pode editar normas com o mesmo teor de outras declaradas inconstitucionais pelo Tribunal, desde que observados determinados parâmetros, vide: VIVER PI-SUNYER, Carlos. *Los efectos vinculantes de las sentencias del Tribunal Constitucional sobre el Legislador: ¿Puede éste reiterar preceptos legales que previamente han sido declarados inconstitucionales?* In: Revista Española de Derecho Constitucional n. 97, enero-abril de 2013, pp. 13-44. GAVARA DE CARA, Juan Carlos. *Los efectos de la STC 31/2001 del Estatuto de Autonomía de Cataluña: las implicaciones para su normativa de desarrollo y los Estatutos de otras comunidades autónomas.* In: UNED, Teoría y Realidad Constitucional, n. 27, 2011, pp. 249. AHUMADA RUIZ, María Ángeles; FERRERES COMELLA, Víctor; LOPEZ GUERRA, Luis; VIVER PI-SUNYER, Carles. *Com vinculen les sentències constitucionals el legislador?* Barcelona: Institut d'Estudis Autonòmics; 2012.

CAPÍTULO 5 - A DELIBERAÇÃO NO TRIBUNAL CONSTITUCIONAL DA ESPANHA

Questão: O Tribunal Constitucional de fato tem tido a "última palavra" sobre a interpretação da Constituição de 1978? É ele de fato o "intérprete supremo" da Constituição? Ou suas decisões tem um papel importante, mas não finalizador em um debate público mais amplo sobre a melhor interpretação da Constituição, debate este em que participam todos os demais poderes e grupos sociais diversos?

Magistrado 1	O Tribunal "deve" ter a última palavra. Mas isso é uma afirmação que está no plano do "dever ser". Outra coisa é o plano do "ser". Na imensa maioria dos casos, a última palavra é do tribunal, não somente de direito como também de fato. Suas decisões são acatadas e, portanto, não são postas em questão pelos poderes públicos. Coisa distinta é a crítica proveniente da doutrina, da opinião pública ou dos poderes públicos.
Magistrado 2	Sim, a verdade é que de fato o tribunal tem a última palavra.
Magistrado 3	Existem casos de reformas legislativas que o Tribunal vem reclamando ao Poder Legislativo há anos e não se realizam. Com o Poder Judicial efetivamente tem havido conflitos, e aqui na Espanha há um elemento que ajuda a produzir esses conflitos, que é o recurso de amparo em matéria de direitos fundamentais contra decisões de outros tribunais. Aqui é importante que o Tribunal tenha de fato a última palavra, pois há um mecanismo processual que permite que a supremacia interpretativa seja real e efetiva.
Magistrado 4	Sim. Nós temos a última palavra. Isso não só no texto, mas na realidade.
Magistrado 5	A palavra do tribunal é respeitada, mas imediatamente submetida ao debate público e pode ser objeto de retificação ou de emenda por consequência desse debate.
Magistrado 6	Sim. De fato, quando anulamos uma norma, o legislativo respeita. Com o Tribunal Supremo, por outro lado, houve muitos conflitos. Os tribunais que não têm a última palavra sempre se enfrentam com os que a têm. O Tribunal Supremo com o Tribunal Constitucional; o Tribunal Constitucional com o Tribunal de Estrasburgo etc. Isso é inevitável.
Magistrado 7	Sim, porque assim deve ser. Com os Poderes Executivo e Legislativo não há problemas. Apenas com o Poder Judicial houve casos em que o conflito se colocou de forma particularmente dura.
Magistrado 8	A respeito do governo e do parlamento, eu creio que as decisões do tribunal têm sido respeitadas, acatadas sem problema. A tensão que tem existido é entre o tribunal constitucional e o tribunal supremo.

ARGUMENTAÇÃO CONSTITUCIONAL

A autoridade e a legitimidade do Tribunal Constitucional foram submetidas a um difícil teste ao longo do conturbado julgamento do conhecido caso do Estatuto da Cataluña (STC 31/2010, de 28 de junio). O problema – e toda a polêmica político-constitucional que em torno dele se originou e repercutiu de modo poucas vezes visto na história constitucional espanhola – iniciou-se a partir do anteprojeto de lei (de 2005) do que logo viria a ser aprovado como o Estatuto da Comunidade Autônoma da Cataluña (de 2006), o qual continha várias disposições normativas que claramente contrariavam a jurisprudência do Tribunal Constitucional, e o faziam de forma intencional (como ficou bastante esclarecido e era de amplo conhecimento de todos os atores políticos e jurídicos que protagonizaram o embate), no intuito de defender outra interpretação da Constituição, a qual posteriormente pudesse suscitar a revisão dessa mesma jurisprudência por parte da Corte. A questão foi levada ao Tribunal (em 2007), que durante quatro anos (até o julgamento ocorrido em junho de 2010) se viu confrontado por normas legais vigentes editadas intencionalmente para se apartar de sua doutrina, e assim permaneceu por algum tempo como objeto e alvo central de um amplo debate público sobre seu efetivo papel como intérprete supremo da Constituição em face dos demais poderes, especialmente do Poder Legislativo das Comunidades Autônomas. Ao fim e ao cabo, ao julgar definitivamente o caso, o Tribunal Constitucional parece ter conseguido reafirmar, pelo menos no plano político, sua posição institucional como órgão constitucional encarregado da "última palavra" sobre a interpretação da Constituição, deixando consignado na sentença trechos emblemáticos direcionados aos demais poderes, com o claro objetivo de enfatizar o caráter vinculante de sua jurisprudência em relação a todos os poderes públicos, e especialmente em relação ao legislador, que fica impedido de editar leis que se apartem ou contrariem essa jurisprudência ou que reiterem preceitos normativos já declarados inconstitucionais[339].

---

[339] Alguns trechos da STC 31/2010 são bastante elucidativos da postura do Tribunal neste caso: "(...) Qué sea legislar, administrar, ejecutar o juzgar; cuáles sean los términos de relación entre las distintas funciones normativas y los actos y disposiciones que resulten de su ejercicio; cuál el contenido de los derechos, deberes y potestades que la Constitución erige y regula son cuestiones que, por constitutivas del lenguaje en el que ha de entenderse la voluntad constituyente, no pueden tener otra sede que la Constitución formal, ni más sentido que el prescrito por su intérprete supremo (art. 1.1 LOTC). (...) En su condición de intérprete supremo de la Constitución, el Tribunal Constitucional es el único competente

CAPÍTULO 5 – A DELIBERAÇÃO NO TRIBUNAL CONSTITUCIONAL DA ESPANHA

De toda forma, seria prematuro afirmar categoricamente que o Tribunal tenha conseguido colocar definitivamente um ponto final nesse amplo debate público que se originou em torno de seu papel como máximo intérprete constitucional por ocasião do julgamento da STC 31/2010[340]. Antes, durante e depois desse julgamento histórico, é fato que a polêmica sempre esteve muito acesa e que, em âmbito doutrinário, não são poucos os que defendem um maior compartilhamento entre todos os poderes dessa tarefa de intérprete constitucional e, portanto, um maior diálogo institucional entre os poderes em vez da marcada e rígida posição de (único) guardião da "última palavra"[341].

Se é possível hoje afirmar que, no plano político-institucional (dos órgãos constitucionais), o Tribunal goza de autoridade e legitimidade e que suas decisões terminam por ser acatadas e cumpridas, a mesma coisa não se pode dizer sobre o plano doutrinário, no qual persistem diversas posições críticas e os debates sobre o tema ainda se produzem com muita vivacidade. E no plano político-social, não se pode deixar de reconhecer que o Tribunal tem perdido boa parte do prestígio que no passado mantinha perante toda a classe política e a sociedade espanhola, o que cada dia parece ficar mais evidenciado no tom extremamente crítico utilizado pelos editoriais dos principais jornais de circulação nacional ao se referirem ao papel institucional exercido pelo Tribunal Constitucional[342]. Cresce cada vez mais a percepção, seja em âmbito

---

para la definición auténtica – e indiscutible – de las categorías y principios constitucionales. Ninguna norma infraconstitucional, justamente por serlo, puede hacer las veces de poder constituyente prorrogado o sobrevenido, formalizando uno entre los varios sentidos que pueda admitir una categoría constitucional. Ese contenido es privativo del Tribunal Constitucional. Y lo es, además, en todo tiempo, por un principio elemental de defensa y garantía de la Constitución: el que asegura frente a la infracción y, en defecto de reforma expresa, permite la acomodación de su sentido a las circunstancias del tiempo histórico".

[340] Sobre o debate produzido em torno da STC 31/2010, confira-se o número 27 da Revista *Teoría y Realidad Constitucional*, "La STC 31/2010 sobre el Estatuto de Cataluña", UNED, 2011, e também a obra: TUR AUSINA, Rosario; ÁLVAREZ CONDE, Enrique. *Las consecuencias jurídicas de la Sentencia 31/2010, de 28 de junio, del Tribunal Constitucional sobre el Estatuto de Cataluña. La Sentencia de la perfecta libertad*. Pamplona: Aranzadi, Thomson Reuters; 2010.

[341] COMELLA, Victor Ferreres. Cómo vincula la jurisprudencia constitucional al legislador? In: AHUMADA RUIZ, María Ángeles; FERRERES COMELLA, Víctor; LOPEZ GUERRA, Luis; VIVER PI-SUNYER, Carles. *Com vinculen les sentències constitucionals el legislador?* Barcelona: Institut d'Estudis Autonòmics; 2012, pp. 11-26.

[342] Como exemplo, confira-se o editorial do jornal *El País* intitulado "Tribunal hipotecado", publicado em 18 de setembro de 2013.

ARGUMENTAÇÃO CONSTITUCIONAL

acadêmico, político e social, de que o Tribunal Constitucional já não é o que foi em outros tempos (especialmente em sua primeira década de funcionamento) e que deve começar a enfrentar desde logo um visível e crescente problema de desprestígio político e social, que ainda não está a afetar (e nem parece que vá afetar em um futuro próximo) sua autoridade jurídica perante os demais poderes, mas que pode lhe causar sérios problemas de legitimidade em episódios de decisões adotadas em casos polêmicos ou de modo polêmico.

5.3.2.3. Tribunal Constitucional e Opinião Pública (em Especial a Imprensa): uma Relação de Desinformação

Outra questão de importância para as práticas deliberativas de uma Corte Constitucional diz respeito à atuação do órgão colegiado ante a opinião pública e o grau de influência dessa opinião na deliberação interna entre os magistrados. Existem diversos e relevantes estudos que comprovam que a opinião pública, ao fim e ao cabo, exerce influência, seja direta ou indireta, mais forte ou mais fraca, na apreciação que os Tribunais Constitucionais fazem dos casos mais polêmicos e de ampla repercussão política e social[343].

No Tribunal Constitucional da Espanha, a questão assume contornos muito peculiares. Como as deliberações ocorrem a portas fechadas e as posições de cada magistrado mantêm-se em absoluto segredo (salvo eventuais votos particulares publicados na imprensa oficial), a imprensa especializada que se volta para o trabalho da Corte muitas vezes acaba adotando um viés investigativo e previdente das preferências ideológicas e, nesse sentido, das teses que serão adotadas por magistrados ou grupos de magistrados nos casos mais importantes, produzindo uma gama de informações não raras vezes equivocadas e sem fundamento empírico. Somando-se a isso, a deficiência do trabalho do Tribunal no exercício das relações públicas de comunicação com a imprensa acaba resultando num quadro que em muitos casos se caracteriza

---

[343] MISHLER, William; SHEEHAN, Reginald S. *The Supreme Court as a countermajoritarian institution? The impact of public opinion on the Supreme Court decisions.* In: American Political Science Review, vol. 87, n. 1, 1993. Idem. *Popular influence on Supreme Court decisions.* In: American Political Science Review, vol. 88, n. 3, 1994, pp. 771-724. Idem. *Public opinion, the Attitudional model, and Supreme Court decision making: a micro-analytic perspective.* In: The Journal of Politics, vol. 58, n. 1, 1996, pp. 169-200. FRIEDMAN, Barry. *The Will of the People: How Public Opinion has influenced the Supreme Court and Shaped the Meaning of the Constitution.* New York: Farrar, Straus and Giroux; 2009.

CAPÍTULO 5 – A DELIBERAÇÃO NO TRIBUNAL CONSTITUCIONAL DA ESPANHA

pela desinformação geral a respeito dos verdadeiros contornos das questões constitucionais debatidas e das decisões da Corte.

O fato é que o Tribunal Constitucional da Espanha não tem mantido boas e adequadas relações com a imprensa, como admitiram os magistrados entrevistados, cujas respostas encontram-se abaixo. Apesar de não configurar um fator definitivo nas razões de decidir do Tribunal, esse quadro de desinformação acaba tendo algum impacto, ainda que indireto – como, por exemplo, na escolha pelo Presidente das datas em que serão julgados certos casos mais polêmicos –, na deliberação entre os magistrados.

Questão: **O Tribunal Constitucional, ao analisar e decidir um caso, leva em conta a opinião pública do momento? Em outros termos, seria possível afirmar que a opinião pública tem alguma ressonância na Sala do Pleno?**	
Magistrado 1	Não. Primeiro é um erro adjudicar um caráter contramajoritário ao tribunal. Isso é uma má doutrina que se criou e que se estabeleceu. A questão é que o tribunal sempre decide a favor da maioria mais forte, que é a do poder constituinte. Em segundo lugar, não creio que o tribunal possa ser suscetível à opinião pública, a não ser que se entenda opinião pública como as consequências sociais de suas sentenças. O tribunal não se deixa influenciar por correntes de opinião ou de imprensa. Agora, é preciso admitir que o tribunal constitucional espanhol nos últimos anos não tem tido uma boa política de comunicação.
Magistrado 2	Normalmente os meios de comunicação fazem um juízo paralelo sobre os casos, mas isso não influi no juízo do tribunal. Todos lemos os jornais. O que vem da imprensa, as críticas, podem até ser comentadas na sala de deliberações, mas assim como se comenta "que faz mal tempo" etc.
Magistrado 3	Como elemento decisivo, definitivo, não. O que pode acontecer é a valoração das consequências da decisão para se modular seus efeitos. Costumamos dizer que os magistrados estamos "vacinados" contra o que diz a imprensa.
Magistrado 4	A relação do tribunal com a imprensa não está muito desenvolvida. Se poderia articular um melhor diálogo do tribunal com os meios de comunicação.
Magistrado 5	O tribunal tem pouca relação com a imprensa e a opinião pública. O tribunal tem um gabinete de imprensa que adianta os assuntos que serão discutidos. Mas os órgãos de imprensa brigam entre si em torno dos vazamentos de informações, e isso acaba atingindo a imagem do tribunal. Mas não se leva em conta na deliberação o que a imprensa diz.

Magistrado 6	Esse é um tema delicado, pois as decisões dos tribunais devem ser técnicas. Dentro das boas práticas de um tribunal, deve haver uma boa política de comunicação. O tribunal constitucional não tem tido uma política decidida de comunicações, e isso em casos importantes causa problemas.
Magistrado 7	A política de comunicação do tribunal não é adequada, e tem sido feita apenas pela presença institucional do Presidente.
Magistrado 8	Quanto à questão de se na deliberação na sala do pleno se fala das opiniões publicadas acerca da questão que está em debate, sim ocorre, mas não para seguir ou rechaçar a opinião, e sim para tê-la como um dado a mais na hora de interpretar as normas.

Uma das principais preocupações dos magistrados quanto a esse tema está relacionada à prática das denominadas *"filtraciones"*, que são os vazamentos de informações secretas sobre fatos da deliberação interna da Corte, cujos destinatários costumam ser agentes políticos e meios de comunicação interessados em diagnosticar, prever e antecipar os comportamentos decisórios dos juízes. Por meio dos vazamentos de informações, fatos bastante específicos e reservados do processo deliberativo interno são revelados publicamente, e assim os meios de comunicação acabam conseguindo acompanhar e noticiar os julgamentos mais polêmicos com uma riqueza de detalhes (nem sempre fidedignos) comparável à que seria possível em modelos de deliberação aberta ou pública[344].

---

[344] Um exemplo bastante claro pode ser encontrado em quase todos os jornais espanhóis de circulação nacional publicados entre os dias 14 e 15 de fevereiro de 2014, que noticiaram todos os detalhes de uma fase preliminar de deliberação informal (o caso sequer estava incluído na pauta de julgamentos do dia e se tratava apenas de uma discussão preliminar) entre os magistrados, realizada na Sala do Pleno (portanto, a portas fechadas), sobre o rumoroso caso da "Declaración Soberanista de Cataluña", com descrição completa de todos os posicionamentos adotados pelos magistrados (com a divisão entre conservadores e progressistas que costuma realizar a imprensa) e do placar de votação até então alcançado nessa fase preliminar. Confiram-se, por exemplo, as seguintes notícias: *"El Constitucional se aleja de una decisión unánime sobre la declaración soberanista: el debate plenario, que duró quatro horas, no logró nuevos puntos de consenso"*, El País, 14 febrero 2014. *"Una cuestión formal sobre la declaración soberanista agita el Constitucional: las discrepancias se centran en la competencia para resolver sobre una cuestión sin valor jurídico"*, El País, 14 de febrero de 2014. Poucas semanas depois, o Tribunal, por meio da STC 42, de 25 de marzo de 2014, deliberou e decidiu definitivamente o caso, por unanimidade, declarando a inconstitucionalidade do ato editado pelo Parlament da Cataluña.

CAPÍTULO 5 – A DELIBERAÇÃO NO TRIBUNAL CONSTITUCIONAL DA ESPANHA

Na prática, as "filtraciones" acabam por causar sérios danos ao processo deliberativo interno, na medida em que submetem o colegiado a uma intensa pressão da política e da opinião pública em geral, que muitas vezes realizam prejulgamentos baseados em informações normalmente falsas, ou ao menos deturpadas, sobre os reais contornos jurídicos do caso objeto de apreciação por parte da Corte. Nesse contexto, o regular desenvolvimento da deliberação interna entre os magistrados passa a também depender de uma bem conduzida e eficaz deliberação externa do colegiado, na qual tem fundamental importância o papel exercido pelo Presidente do Tribunal e seu gabinete de imprensa e de relações públicas.

Na história do Tribunal, talvez o famoso caso RUMASA[345] tenha sido um dos primeiros e mais rumorosos casos de *"filtraciones"*. A polêmica sentença (STC 111/1983, de 2 de diciembre) foi resultado de uma votação de apenas seis votos, dentre os quais se encontrava o do Presidente da Corte, e que por isso se sagrou vencedora em razão do voto de qualidade a ele atribuído, contra outros seis votos que foram objeto de voto particular dissidente redigido em conjunto pelos magistrados vencidos. Na época, o Tribunal teve seu prestígio fortemente abalado perante toda a opinião pública, ante os rumores amplamente difundidos (e certamente originados de práticas de *"filtraciones"*) de que a decisão final, tomada no seio de um colegiado totalmente dividido, teria sido obra da pressão política governamental. A respeito do episódio, Francisco Tomás y Valiente, que na época era magistrado do Tribunal, teceu considerações importantes e esclarecedoras sobre as relações da Corte com a opinião pública e os meios de comunicação e o impacto desse fator nas decisões:

---

[345] Alguns meses depois de sagrar-se vencedor nas eleições de 1982, o Governo do Partido Socialista Obrero Español (PSOE) adotou uma polêmica decisão política: mediante o Decreto--Ley 2/1983, de 2 de febrero, decretou a expropriação da totalidade das ações representativas do capital das sociedades integrantes do grupo RUMASA S.A., com a justificativa de necessidade de defender a estabilidade do sistema financeiro e os interesses legítimos dos depositantes e trabalhadores das organizações afetadas, o que na época gerou uma profunda comoção social e política. O decreto foi impugnado pelo Partido Popular (PP) mediante recurso de inconstitucionalidade perante o Tribunal Constitucional, o qual foi julgado improcedente pela STC 111/1983, de 2 de diciembre, por uma decisão tomada pelo voto de qualidade do Presidente, ante o empate em 6 votos a favor e 6 votos contra o recurso. Os seis magistrados dissidentes redigiram em conjunto voto particular.

ARGUMENTAÇÃO CONSTITUCIONAL

"(...) Pocos meses después, sin embargo, con motivo de la STC 111/1983, de 2 de diciembre, sobre el caso RUMASA, las alabanzas se convirtieron en condenas en boca de gran parte de los mismos medios de comunicación que meses antes habían proclamado la independencia de los magistrados del Tribunal. De agosto a diciembre, de un caso a otro, habían perdido su independencia no todos los magistrados, sino tan sólo los seis que votamos la desestimación del recurso de inconstitucionalidad y en especial el Presidente del Tribunal, contra cuya personalidad nobilísima se desató una campaña tan injusta como intencionada. La campaña contra el Gobierno expropiador se convirtió en censura contra el Tribunal, cuya imagen resultó sin duda dañada, no sólo por el contenido de la sentencia, sino también por el incidente de la famosa filtración de la misma.

De la reflexión sobre aquél episodio, y sin incurrir en análisis anecdóticos, podemos extraer algunas conclusiones.

La realidad política es conflictiva y el Tribunal Constitucional, que resuelve en forma jurídica conflictos de contenido siempre político, no puede hacerse nunca la ilusión de estar situado, ante la opinión pública, por encima de contiendas que él mismo ha de juzgar. Su posición es eminente, la propia de un juez. Pero su imparcialidad objetiva y la independencia de criterio de sus magistrados no son garantía intangible a los ojos de muchos, porque afectando sus resoluciones a temas clave de la organización del Estado y de la esfera de libre acción de los ciudadanos en la sociedad, es inevitable que los conflictos salpiquen al órgano que los resuelve. Lo esencial es que la politización del litigio jurídico y del paralelo debate social no influyan en la resolución del Tribunal. Lo imposible es que la sentencia, adoptada con plenitud de independencia, satisfaga a todos los contendientes, es decir, a quienes litigaron como partes procesales y a quienes lo hicieron libre, pero no desinteresadamente, en el gran foro de los medios de comunicación. Si hay, ha habido o habrá momentos idílicos o períodos de gracia como el que terminó en diciembre de 1983 conviene ser consciente de su carácter efímero cuando no ficticio.

El Tribunal no debe obsesionarse nunca por el eco de sus resoluciones. Ni ha de buscar el aplauso ni ha de huir de la censura, porque en una

CAPÍTULO 5 – A DELIBERAÇÃO NO TRIBUNAL CONSTITUCIONAL DA ESPANHA

sociedad democrática dotada de las libertades que el propio Tribunal ampara, siempre habrá, en cada caso, ante cada sentencia no rutinaria, aplausos y censuras, sea cual sea la intensidad relativa de unos y otras y sean quienes sean en cada ocasión los conformes y los disconformes. El Tribunal debe facilitar información acerca de lo que hace, llegando en ese camino hasta la frontera del debido secreto. Y ha de hacerlo tratando por igual a todos los medios de comunicación, sin preferencias disimuladas, no canales abiertos por los que inadvertida e involuntariamente puedan circular en un momento dado indicios informativos privilegiados o cosa que lo parezca"[346].

O problema dos vazamentos de informações internas do colegiado em relação a seu exterior, especialmente em direção aos diversos meios de comunicação, é uma questão que sempre preocupou os magistrados do Tribunal Constitucional espanhol, desde seus primeiros anos de funcionamento, e permanece atualmente como um dos principais desafios para seu aperfeiçoamento institucional. De todo modo, não se pode deixar de considerar que o interesse voraz pelo processo decisório interno do Tribunal Constitucional, e a pressão política e social que dele resulta e que recai com severa intensidade sobre o colegiado de magistrados, tem muito a ver com o fato de todo esse processo ser conduzido em segredo absoluto e não ser acompanhado por uma competente e eficaz política de relações públicas da Corte com seu exterior, principalmente com a imprensa. O resultado bastante previsível da deficiente relação do Tribunal com a opinião pública são as práticas das *filtraciones*, que muitas vezes se tornam o único meio disponível de produção de informações a respeito da deliberação nos casos de maior interesse popular. Nesse aspecto, os conselhos de Francisco Tomás y Valiente, acima citados, permanecem bastante atuais e estão cada vez mais a cobrar imediatas medidas de política externa por parte do Tribunal Constitucional.

---

[346] TOMÁS Y VALIENTE, Francisco. *La Constitución y el Tribunal Constitucional.* In: RODRÍ-GUEZ-PIÑERO, Miguel; AROZAMENA SIERRA, Jerónimo; JIMÉNEZ CAMPO, Javier (*et al.*). *La jurisdicción constitucional en España. La Ley Orgánica del Tribunal Constitucional: 1979-1994.* Madrid: Centro de Estudios Constitucionales; Tribunal Constitucional; 1995, PP. 18-19.

CAPÍTULO 6
A Deliberação no Supremo Tribunal Federal do Brasil

6.1. O Supremo Tribunal Federal como Instituição Deliberativa

O Supremo Tribunal Federal do Brasil está situado na famosa Praça dos Três Poderes, na cidade de Brasília-DF, patrimônio cultural da humanidade por sua arquitetura e seu projeto urbanístico diferenciados. O conjunto arquitetônico que caracteriza o local constitui um dos espaços físicos mais representativos da estruturação e da harmonização dos Poderes Executivo, Legislativo e Judicial dos Estados Democráticos contemporâneos. Resultados dos traços retilíneos da arquitetura modernista de Oscar Niemeyer, os edifícios da Presidência da República (Palácio do Planalto), do Congresso Nacional (Câmara dos Deputados e Senado Federal) e do Supremo Tribunal Federal defrontam-se um ao outro, como vértices do triângulo imaginário traçado no projeto urbano de Lúcio Costa, e assim se direcionam para o centro dessa praça que simboliza os três pilares da República Federativa do Brasil.

A forma encontrada para compor esse espaço central da nova capital do país, inaugurada em 1960 após ser transferida da cidade do Rio de Janeiro[347],

---

[347] O Supremo Tribunal Federal manteve sua sede no Rio de Janeiro, então capital do Brasil, durante sessenta e nove anos. Em 21 de abril de 1960, em decorrência da mudança da capital federal, o Tribunal transferiu-se para Brasília. A transferência da sede para Brasília foi objeto de deliberação do Tribunal, no mesmo ano de 1960, tendo sido aprovada pelos votos dos Ministros Gonçalves de Oliveira, Vilas Boas, Cândido Mota Filho, Nelson Hungria,

constitui atualmente uma referência significativa da função constitucional do Tribunal. Como órgão de cúpula do Poder Judiciário brasileiro desde a sua criação, em 1890[348], compete ao Supremo Tribunal Federal, dentre outras atribuições que lhe conferem a atual Constituição de 1988[349], fiscalizar e controlar a constitucionalidade dos atos dos Poderes Executivo e Legislativo, seja pela via do controle concreto e difuso, com o julgamento definitivo

Hahnemann Guimarães e Lafayette de Andrada. Opuseram-se à mudança os ministros Ari Franco, Luís Gallotti, Ribeiro da Costa e Barros Barreto. Em 13 de abril, o Supremo realizou sua última sessão no Rio de Janeiro, julgando *habeas corpus* e mandado de segurança. Em 21 de abril, realizou-se sua instalação solene em Brasília. Cfr.: COSTA, Emilia Viotti da. *O Supremo Tribunal Federal e a construção da cidadania*. 2ª Ed. São Paulo: Ieje; 2007, p. 164.

[348] Previsto inicialmente pelo Decreto n. 510, de 22 de junho de 1890, documento que ficou conhecido como "Constituição Provisória" no contexto da transição de regime, o Supremo Tribunal Federal foi criado pelo Decreto 848, de 11 de outubro de 1890, editado pelo Governo Provisório da República, que deu nova conformação institucional ao anterior Supremo Tribunal de Justiça do Império, órgão de cúpula do Poder Judiciário. A Constituição da República de 1891 (artigos 55 a 59) estabeleceu o Supremo Tribunal Federal, mantendo-o como órgão de cúpula do Poder Judiciário e definiu suas competências, dentre as quais a mais importante e inovadora na época foi a de poder realizar o controle judicial da constitucionalidade das leis, o que anteriormente era exercido pelo Poder Legislativo do Império. O Tribunal foi instalado em 28 de fevereiro de 1891, com uma composição de quinze Ministros, a maioria oriunda do antigo Supremo Tribunal de Justiça do Império. Desde suas origens, o Supremo Tribunal Federal mantém praticamente as mesmas características institucionais e competências judiciais, ressalvadas algumas alterações, como, por exemplo, a diminuição do número de juízes, que atualmente é de onze Ministros. Como bem ressalta a historiadora Emilia Viotti, "o Supremo Tribunal Federal tem mantido ao longo do tempo, com pequenas alterações, as características e funções que lhe foram atribuídas em 1890, quando foi criado". COSTA, Emilia Viotti da. *O Supremo Tribunal Federal e a construção da cidadania*. 2ª Ed. São Paulo: Ieje; 2007, p. 29.

[349] O artigo 102 da Constituição define as competências do Supremo Tribunal Federal, que não se resumem às atribuições típicas do exercício do controle de constitucionalidade, mas também abrangem competências de julgamento em matéria penal, extradições, conflitos federativos, etc. Assim, além do processo e julgamento das ações constitucionais típicas (ações do controle concentrado de constitucionalidade, *habeas corpus*, mandado de segurança, mandado de injunção, *habeas data*, etc.), compete ao Tribunal processar e julgar: nas infrações penais comuns, o Presidente e Vice-Presidente da República, os membros do Congresso Nacional, seus próprios Ministros e o Procurador-Geral da República; litígio entre Estado estrangeiro ou organismo internacional e a União, o Estado, o Distrito Federal; os conflitos entre a União e os Estados-membros da federação; a extradição solicitada por Estado estrangeiro; conflitos de competência entre o Superior Tribunal de Justiça e outros tribunais; as ações contra o Conselho Nacional de Justiça e contra o Conselho Nacional do Ministério Público; etc.

CAPÍTULO 6 – A DELIBERAÇÃO NO SUPREMO TRIBUNAL FEDERAL DO BRASIL

de processos e dos recursos advindos das instâncias judiciais inferiores[350], ou por meio do controle concentrado e em abstrato das normas, através de ações diretas de inconstitucionalidade previstas por um processo especial que permite à Corte o exercício de uma competência diferenciada, muito próxima ao modelo europeu-kelseniano[351].

Percorrendo a rampa de mármore que dá acesso à porta principal do Tribunal, após passar pela estátua de Themis (a deusa grega da Justiça), é possível observar que o edifício-sede, de proporções reduzidas, está estruturado em cada lado por sete colunas – derivadas, como se fossem o resultado de um corte meridiano, das colunas do Palácio do Planalto (Poder Executivo) – que lhe dão o aspecto de flutuação e que ressaltam seu corpo central de três andares, cujo entorno é delimitado por vidraças que permitem uma visão bastante penetrante sobre seu interior, onde está localizado, além dos salões nobres e do gabinete da Presidência, o espaço mais central e mais importante da Corte: o *Salão do Plenário*.

---

[350] O Supremo Tribunal Federal tem a competência de julgar ações constitucionais que podem ser ajuizadas diretamente no Tribunal (competência originária), como mandados de segurança, *habeas corpus, habeas data*, mandado de injunção etc., e também pode julgar esses processos na qualidade de órgão de cúpula do Poder Judiciário e, portanto, como última instância judicial, por meio dos recursos (recurso ordinário e recurso extraordinário) que chegam ao Tribunal vindos das instâncias judiciais inferiores (competência recursal). Em quaisquer desses processos e recursos, pode o Tribunal exercer o controle concreto da constitucionalidade

[351] O Supremo Tribunal Federal também exerce a função de típica Corte Constitucional, muito semelhante aos Tribunais Constitucionais europeus (modelo kelseniano). Compete ao Tribunal o exercício de uma jurisdição constitucional concentrada, por meio do processo objetivo e o julgamento originário e definitivo de ações diretas que visam questionar a constitucionalidade de leis e atos normativos com força de lei, e que podem ser propostas por um rol de legitimados especiais, como os partidos políticos, os governos e as assembleias legislativas estaduais, as mesas do Senado e da Câmara dos Deputados, o Procurador-Geral da República, entidades de caráter sindical, etc. O controle abstrato de constitucionalidade das leis pode ser exercido pelo Tribunal por meio de quatro ações distintas: ação direta de inconstitucionalidade (ADI); ação direta de inconstitucionalidade por omissão (ADO); ação declaratória de constitucionalidade (ADC); arguição de descumprimento de preceito fundamental (ADPF). Assim, ao acumular as competências típicas dos controles difuso e concentrado de constitucionalidade, o STF adota um modelo misto de controle de constitucionalidade, que mescla as características dos modelos de origem norte-americana e dos modelos europeus-kelsenianos.

ARGUMENTAÇÃO CONSTITUCIONAL

O Salão do Plenário é o *lugar da deliberação no Supremo Tribunal Federal* por antonomásia. É o único local onde os onze Ministros que compõem o Tribunal[352] se reúnem, publicamente, para deliberar sobre os diversos casos que lhes são submetidos a julgamento. Situado que está no centro do edifício-sede da Corte, todo envidraçado, esse espaço de deliberação é completamente visível desde o seu exterior, o que faz da *transparência* o seu valor característico, que o torna aberto e público ao extremo. Numa típica tarde de quarta ou de quinta-feira, os dias em que acontecem as Sessões Plenárias de julgamento, todo e qualquer cidadão que por acaso passe caminhando perto do local, ou mesmo de carro pelas pistas do Eixo Monumental que dão acesso à Praça dos Três Poderes, pode avistar, através das grandes vidraças transparentes do edifício, o acontecimento da deliberação no Supremo Tribunal Federal.

A *ampla publicidade* é a marca do modelo de deliberação adotado pelo Supremo Tribunal Federal, assim como por todos os demais órgãos do Poder Judiciário brasileiro, conforme mandamento constitucional expresso[353]. As sessões deliberativas devem ser realizadas publicamente, permitido o acesso ao local onde se reúnem os juízes não só das partes e de seus respectivos advogados, mas também de qualquer cidadão interessado no julgamento, admitida a restrição a esse amplo acesso apenas em casos muito excepcionais, justificados pela preservação do direto à intimidade[354]. Não se tem notícia,

---

[352] O Supremo Tribunal Federal é composto por onze Ministros, escolhidos entre cidadãos brasileiros natos, com mais de 35 anos e menos de 65 anos de idade, notável saber jurídico e reputação ilibada, como estabelece a Constituição de 1988 (artigo 101). Os Ministros são nomeados pelo Presidente da República, após aprovação da escolha pela maioria absoluta do Senado Federal. Uma vez empossado no cargo, o Ministro do STF só perderá o cargo em virtude de renúncia, aposentadoria compulsória aos setenta anos de idade ou mediante processo de *impeachment*. A Constituição (art. 52, II) atribui ao Senado Federal a competência para processar e julgar os Ministros nos crimes de responsabilidade. A sessão de julgamento no Senado deve ser presidida pelo Presidente do Supremo Tribunal Federal. A condenação somente poderá ser proferida por dois terços dos votos do Senado.

[353] A publicidade dos atos processuais é hoje mandamento constitucional: Constituição Federal, artigo 5º, inciso LX, e artigo 93, inciso IX.

[354] O artigo 93, inciso IX, da Constituição, prescreve que "todos os julgamentos dos órgãos do Poder Judiciário serão públicos, e fundamentadas todas as decisões, sob pena de nulidade, podendo a lei limitar a presença, em determinados atos, às próprias partes e a seus advogados, ou somente a estes, em casos nos quais a preservação do direito à intimidade do interessado no sigilo não prejudique o interesse público à informação".

274

CAPÍTULO 6 – A DELIBERAÇÃO NO SUPREMO TRIBUNAL FEDERAL DO BRASIL

porém, de que em algum momento se tenham realizado sessões plenárias de deliberação fechada ou secreta neste edifício.

O *modelo de deliberação aberta ou pública* corresponde à tradição dos tribunais brasileiros e é adotado pelo Supremo Tribunal Federal desde a sua criação em 1890[355]. Há notícia histórica de que em seus primeiros anos de funcionamento o Tribunal teve que realizar os julgamentos em sessões deliberativas bastante concorridas. O livre acesso permitido ao público em geral quase sempre resultava num Salão Plenário lotado por diversos espectros da população e especialmente por membros da comunidade jurídica. E muitas vezes os participantes eram apenas transeuntes que passavam pelo local no momento do julgamento. Interessavam-se, sobretudo, pelo desfecho de rumorosos julgamentos que marcaram a jurisprudência desses primeiros anos, como os casos de *habeas corpus* em favor das liberdades individuais, especialmente os que contavam com as retóricas defesas de Rui Barbosa, um dos maiores advogados e juristas brasileiros de todos os tempos[356]. Conforme o relato

[355] O Regimento Interno do Supremo Tribunal Federal, de 1891, dispunha, em seu artigo 29, que: "As sessões e votações serão públicas, salvo nos casos exceptuados neste Regimento, ou quando no interesse da justiça ou da moral resolver o Presidente, com a aprovação do Tribunal, que se discuta e vote em sessão secreta". Essa mesma previsão foi mantida nos Regimentos Internos de 1909 (artigo 33), de 1940 (artigo 57), de 1970 (artigo 129). O atual Regimento Interno, vigente desde 1980, igualmente prescreve a regra da publicidade das deliberações (artigo 124): "As sessões serão públicas, salvo quando este Regimento determinar que sejam secretas, ou assim o deliberar o Plenário ou a Turma".

[356] Um dos maiores historiadores do STF, Edgard da Costa assim descreveu o famoso julgamento do Habeas Corpus 300, em favor de presos políticos: "O julgamento do pedido realizou-se na sessão do dia 23 de abril, presidida pelo Ministro Freitas Henriques, tendo como relator o Min. Joaquim Antonio Barradas: "O povo – noticiou *O País* do dia imediato – representado em todas as classes e em todas as opiniões, começou de afluir em ondas, para ouvir a palavra sempre autorizada e sempre grande do eminente advogado e estadista Dr. Rui Barbosa, e assistir à sentença do Tribunal de última apelação sobre o pedido de *habeas corpus* impetrado por aquele cidadão em favor dos brasileiros degredados para as regiões do Alto Amazonas e presos nas fortalezas desta Capital. A ansiedade dos ânimos era geral; e para isso concorriam o mérito e o calor patriótico do patrono e a figura inalterável da instituição que representa a razão calma, a última invocação do direito, nos países onde existe o culto da lei". E adiante Edgard da Costa prossegue no relato da Sessão do HC 300: "Rui, em um dos artigos da série que, a seguir, publicou em *O País*, analisando e criticando a decisão, – proferida por "um Tribunal de homens novos em assuntos de direito político" – assim se referiu ao voto do Ministro Pisa e Almeida: "Havia, no Tribunal, ao cair dos votos, que denegavam o habeas corpus, a impressa trágica de um naufrágio, contemplado a algumas braças da praia, sem esperança de salvamento, de uma grande calamidade pública, que se consumasse, sem

de importantes historiadores, naquela época o Tribunal se transformava em "teatro para o gozo do público que lotava as galerias e se manifestava ruidosamente a favor e contra: vaiava, assobiava, aplaudia os discursos e os acórdãos ..."[357]. Esse aspecto amplamente público das sessões de deliberação,

remédio, aos nossos olhos, de uma sentença de morte sem apelo, que ouvíssemos pronunciar contra a pátria, do bater fúnebre do martelo, pregando entre as quatro tábuas de um esquife a esperança republicana... Quando, subitamente, fragorosas salvas de palmas, seguidas ainda por outra, após a admoestação do presidente, nos deu o sentimento de uma invasão violenta de alegria de viver. Era o voto do Sr. Pisa, concedendo o que todos os seus colegas tinham recusado". "Para medir o valor desses aplausos, sua eloquência, creio que posso dizer sua autoridade, convém recordar, como a imprensa o atestou no dia imediato, que o auditório do Tribunal, naquela data, não se compunha de curiosos, do *profanum vulgus*, ordinariamente agitado por impressões irrefletidas. Antes, notório é que ali se representava a flor da competência forense: advogados, juízes, desembargadores, tudo o que mais podia estremecer pelas delicadezas de uma questão jurídica, – auditório essencialmente profissional, qual nunca se reunira em solenidades da Justiça entre nós". COSTA, Edgard. *Os grandes julgamentos do Supremo Tribunal Federal. Volumes I-V.* Rio de Janeiro: Ed. Civilização Brasileira; 1964, p. 23 e p. 33. Também a historiadora do Tribunal Emilia Viotti descreveu a eloquente participação de Rui Barbosa no conhecido Caso Júpiter: "Na data marcada para a apresentação dos presos, o público, alertado pela imprensa, compareceu em massa para assistir ao julgamento". "Rui desenvolveu sua argumentação concluindo, sob aplausos e gritos de bravo das galerias e os protestos do presidente do Tribunal e de alguns ministros, com uma frase típica de sua ardente retórica: ficai certos, disse ele, dirigindo-se aos juízes, de que hoje sairá daqui a glorificação da liberdade constitucional ou o esquife da República". COSTA, Emilia Viotti da. *O Supremo Tribunal Federal e a construção da cidadania.* 2ª Ed. São Paulo: Ieje; 2007, p. 38-39. Para uma descrição desse caso e de outros *habeas corpus* que marcaram a primeira fase da jurisprudência do STF, vide: RODRIGUES, Lêda Boechat. *História do Supremo Tribunal Federal. Volume I (Defesa das Liberdades Civis – 1891-1898).* 2ª Ed. Rio de Janeiro: Civilização Brasileira; 1991.

[357]   A ampla publicidade e a politização dos julgamentos do STF em seus primeiros anos de funcionamento estão bem descritos em alguns trechos da obra de Emilia Viotti: "No meio desses confrontos múltiplos, o recém-criado Supremo Tribunal Federal era chamado a se manifestar, julgando pedidos de *habeas corpus*. As decisões eram examinadas pela imprensa e debatidas na Câmara. Os Ministros tornavam-se alvo de críticas, de defesas e ataques. As sessões eram concorridas. O Tribunal transformava-se em teatro para o gozo do público que lotava as galerias e se manifestava ruidosamente a favor e contra: vaiava, assobiava, aplaudia os discursos e os acórdãos, apesar das reiteradas advertências do presidente, que ameaçava os manifestantes de expulsão. Já nos primeiros casos de *habeas corpus* destacou-se a figura de Rui Barbosa, que arrogara a si a função de defensor das liberdades individuais e da Constituição. Sua retórica lúcida e apaixonada comovia multidões, dava lições de liberalismo e democracia e instruía os ministros sobre o funcionamento da Suprema Corte americana, matéria que muito poucos conheciam. No Tribunal as opiniões dividiam-se. Frequentemente havia votos vencidos. No dia seguinte as folhas comentavam os votos dos ministros. Não raro os debates iniciados no Tribunal prosseguiam no Congresso e na imprensa, representando as várias linhas

CAPÍTULO 6 – A DELIBERAÇÃO NO SUPREMO TRIBUNAL FEDERAL DO BRASIL

que nos casos mais rumorosos incorporava um viés mais exagerado, próprio de um espetáculo, manteve-se ao longo de toda a história do Tribunal, alternando-se os períodos de maior ou de menor restrição em razão das distintas etapas políticas democráticas e ditatoriais pelas quais passou o país no século XX[358].

É curioso o fato de o Supremo Tribunal Federal ter historicamente absorvido esse modelo de deliberação pública, apesar de sua origem estar muito apegada às influências dos principais tribunais europeus, como os da França e da Espanha, que sempre praticaram a deliberação secreta, assim como da Suprema Corte Norte-americana[359], que também adotou o modelo de julgamentos em ambientes fechados (vide capítulo 4). A herança da publicidade dos julgamentos está mais associada à prática dos tribunais portugueses e

políticas que se entrechocavam. O clima de harmonia nem sempre estava presente entre os ministros, que, alvos de todas as atenções, não podiam evitar competir entre si. Esmeravam-se na justificativa dos votos e impressionavam o público com sua erudição. Rixas e ressentimentos pessoais afloravam nesses embates, mas o decoro, reforçado pelo ritual, era mantido. O viés político das decisões transparecia nos casos de habeas corpus ou nos de conflitos entre as oligarquias estaduais por ocasião das eleições, quando os ministros tinham que decidir entre as facções que lutavam pelo poder ou arbitrar nos embates entre União e Estado. Criaturas da patronagem que presidia as carreiras políticas no Império, dificilmente os ministros escapavam das malhas das lealdades que haviam forjado ao longo da vida. O Supremo Tribunal politizava-se". COSTA, Emilia Viotti da. *O Supremo Tribunal Federal e a construção da cidadania*. 2ª Ed. São Paulo: Ieje; 2007, p. 35-36.

[358] Após 1937, com a ditadura de Getúlio Vargas, o clima político não era mais propício a sessões acaloradas que atraíam multidões. Assim descreve Emilia Viotti: "Com o controle dos meios de comunicação, desapareceram da imprensa as controvérsias originadas por decisões do Supremo Tribunal Federal, tão comuns durante a Primeira República. No próprio Tribunal já não se viam as acaloradas discussões que no passado atraíam multidões às suas sessões. O clima político não era propício à eloquência de um Rui Barbosa". COSTA, Emilia Viotti da. *O Supremo Tribunal Federal e a construção da cidadania*. 2ª Ed. São Paulo: Ieje; 2007, p. 90.

[359] Aliomar Baleeiro fez a comparação dos modelos de deliberação adotados no Brasil e na Suprema Corte norte-americana: "A Corte dos EUA decide de portas fechadas depois de longos dias de debates das partes entre si, frequentemente interpeladas pelos *Justices*. Estes se trancam numa sala, sem um continuo sequer, e trocam ideias e opiniões secretamente. Estas depois são escritas e publicadas. O Supremo Tribunal Federal, como aliás todos os Tribunais brasileiros, julga sob as vistas das partes e do público. O relator enuncia seu voto e os demais ministros o apoiam ou dele divergem oralmente, taquigrafando-se todas as palavras pronunciadas, presentes os advogados e tantas pessoas quantas caiba a sala, que dispõe de 150 cadeiras para o público". BALEEIRO, Aliomar. *O Supremo Tribunal Federal*. In: Revista Forense, Rio de Janeiro, abril-maio-junho de 1973, p. 7.

277

especialmente da antiga Casa da Suplicação[360] e do Supremo Tribunal de Justiça do Império do Brasil[361], como antecessores históricos que são do Supremo Tribunal Federal.

A tradição dos julgamentos essencialmente públicos acabou favorecendo o surgimento de algumas práticas de deliberação interna. Desde suas origens até o final da década de 1980, os Ministros da Corte desenvolveram, ainda que de forma não constante, a prática da realização de reuniões fechadas prévias às sessões públicas de julgamento. O próprio Rui Barbosa chegou a noticiar a realização de uma sessão deliberativa secreta prévia ao julgamento do famoso Caso Júpiter[362]. Conforme se tem notícia da prática mais recente do Tribunal, na década de 1980, aproveitavam-se as rotineiras sessões privadas para discussão de temas da administração e gestão do Tribunal para também

---

[360] A Casa da Suplicação, primeiro órgão judicial de cúpula do Brasil, foi instituída em 1808, por decreto do Príncipe Regente Dom João – que acabara de chegar ao Brasil com a Família Real Portuguesa, fugindo da invasão do exército de Napoleão na Península Ibérica –, e funcionou como tribunal de última instância, com composição de 23 juízes.

[361] O SupremoTribunal de Justiça sucedeu a Casa da Suplicação como órgão judicial de cúpula no Brasil, tendo sido criado pela Constituição do Império de 1824 (art. 163) e disciplinado pela Lei Imperial de 18 de setembro de 1828, com composição de 17 juízes. O Supremo Tribunal de Justiça do Império funcionou como última instância do Poder Judiciário até o ano de 1890, quando o Decreto n. 510, a "Constituição Provisória", e posteriormente o Decreto 848, ao organizar a Justiça Federal no Brasil, denominaram-lhe de Supremo Tribunal Federal, o qual foi mantido pela Constituição da República de 1891.

[362] Rui Barbosa assim noticiou a Sessão Prévia ao julgamento do HC 300 (presos políticos). "Senhores, não quero despertar paixões, nem fazer incriminações. Falo desapaixonado como falaria o historiador. Quando levantei, pela primeira vez neste regime, perante os tribunais a questão da constitucionalidade de atos do Poder Executivo, foi estribado em princípios, alguns dos quais já começaram a triunfar, e outros hão de acabar por vencer. (...) Senhores, infelizmente, apenas um juiz tive eu a meu lado. O número felizmente cresceu depois; mas vós não imaginais, nem se sabe ainda até que ponto a pressão dos governos sobre os tribunais tem chegado neste regime. Eu vos direi que em setembro de 93, o mais alto tribunal deste país foi obrigado, nas vésperas do célebre *habeas corpus* por mim requerido, a reunir-se em sessão secreta (digo-o, porque tenho disto documentos) para clandestina e previamente deliberar sobre o habeas corpus. Soube-o porque um dos membros desse tribunal, e que ocupava então posição a mais eminente, me aconselhou que retirasse a petição, porque o habeas corpus estava previamente negado. Respondi que retiraria se me autorizasse a fazer uso da declaração. Não pude, não retirei a petição: mas foi o próprio Jornal do Comércio que, nessa época, publicou a notícia deste fato monstruoso, e depois protesto dos juízes, que vinham declarar não ter tomado parte nessa deliberação clandestina". Rui Barbosa. *Obras Completas*, Vol. XXIX, Tomo V, p. 117-118.

CAPÍTULO 6 – A DELIBERAÇÃO NO SUPREMO TRIBUNAL FEDERAL DO BRASIL

deliberar em torno de alguns processos considerados mais complexos. Tudo indica que esses encontros restritos entre os juízes nasceram em momentos que antecediam decisões em casos importantes e de intensa repercussão e a partir da necessidade prática de construção de espaços de debate mais internos e livres dos olhares da imprensa e da opinião pública em geral. As sessões do "Conselho", como eram conhecidas até o final dos anos oitenta[363], visavam deliberar, de uma maneira mais informal, sobre questões difíceis envolvidas no processo, possibilitando acertos prévios e, muitas vezes, diminuindo a possibilidade de discussões mais acaloradas em público. Resolvidos os pontos mais polêmicos, seria possível evitar em maior medida os impasses na discussão pública em plenário de temas mais problemáticos do ponto de vista político. Assim, durante uma longa fase na história do Supremo Tribunal Federal, as práticas internas de deliberação fechada foram por muito tempo mantidas e, dessa forma, também constituíram um elemento importante caracterizador de seu modelo deliberativo.

A Constituição de 1988 fez uma declaração eloquente em favor da publicidade dos julgamentos, determinando sua observância por todos os juízes e tribunais do país, e proibiu a realização de sessões secretas, o que serviu de motivo suficiente para que um dos Ministros da Corte se recusasse terminantemente a participar de deliberações sobre o mérito de processos nas sessões administrativas do Tribunal, as quais deveriam, segundo sua convicção, ser restritas à resolução dos temas da gestão interna da Corte. A carência de legitimidade das deliberações que resultava da recusa de participação de um dos Ministros causou a paulatina diminuição das chamadas sessões de "Conselho" e logo culminou no término da prática, nos primeiros anos da década de 1990. A partir de então, as deliberações entre os Ministros passaram a ser realizadas apenas no ambiente público das Sessões Plenárias, tornando ainda mais puro o modelo de ampla publicidade dos julgamentos.

---

[363] As sessões secretas do conselho chegaram a ser institucionalizadas e previstas nos Regimentos Internos de 1970 (artigo 156, inciso I) e de 1980 (artigo 151, inciso I). Assim, dispunha o Regimento que "nenhuma pessoa, além dos Ministros, será admitida às sessões secretas, salvo quando convocada especialmente". O registro das sessões secretas deveria conter somente a data e os nomes dos presentes e o julgamento deveria prosseguir em sessão pública. Assim, as sessões secretas eram utilizadas para a realização de uma deliberação prévia entre os Ministros, antes da sessão pública no Plenário do Tribunal.

ARGUMENTAÇÃO CONSTITUCIONAL

Esse modelo aberto de deliberação foi exacerbado com a criação da TV Justiça, no ano de 2002, e da Rádio Justiça, em 2004, que passaram a transmitir ao vivo as Sessões Plenárias do Supremo Tribunal Federal, desde os estúdios que se localizam no subsolo do edifício-sede, na Praça dos Três Poderes[364]. O acesso ao acontecimento em tempo real das deliberações da Corte, que pelo tradicional modelo de publicidade já era garantido a todo e qualquer cidadão que pudesse comparecer pessoalmente ao Salão do Plenário, foi assim ampliado para poder atingir uma indeterminada quantidade de indivíduos, telespectadores e ouvintes, em qualquer parte do território nacional, e inclusive em outros países, levando-se em conta a atual possibilidade de acesso aos canais de televisão e rádio por meio da internet[365].

Os atuais aspectos do ambiente institucional das deliberações evidenciam que o Supremo Tribunal Federal adota hoje o que pode ser qualificado como um *modelo extremamente aberto de deliberação pública*. Se ao longo de toda a sua história de desenvolvimento institucional o modelo de deliberação pública nunca havia sido objeto de questionamentos mais profundos, a roupagem diferenciada adquirida com a implementação das novas tecnologias para uma publicidade ainda mais ampla dos julgamentos vem suscitando, há alguns anos, debates bastante polêmicos, entre os quais parece receber maior atenção o que gira em torno das possíveis influências desse modelo extremamente aberto nas práticas argumentativas dos Ministros da Corte. Questiona-se se as transmissões ao vivo pela televisão e pelo rádio estariam transformando

---

[364] O Supremo Tribunal Federal conta atualmente com diversos mecanismos de aproximação com a sociedade, entre os quais sobressaem a TV Justiça e a Rádio Justiça. A TV Justiça foi criada pela Lei 10.461/2002 e iniciou suas atividades em 11 de agosto de 2002. É um canal de televisão público de caráter institucional, administrado pelo Supremo Tribunal Federal, e tem como propósito ser um espaço de comunicação e aproximação entre os cidadãos e o Poder Judiciário, o Ministério Público, a Defensoria Pública e a Advocacia. O trabalho da emissora é, fundamentalmente, o de informar e esclarecer sobre questões e atividades ligadas à Justiça, buscando tornar transparentes suas ações e decisões. A Rádio Justiça é uma emissora pública de caráter institucional administrada pelo Supremo Tribunal Federal. As transmissões em FM começaram em 5 de maio de 2004. Além disso, a emissora também é sintonizada via satélite e pela internet. Os estúdios da TV e da Rádio Justiça localizam-se no subsolo do edifício-sede do Supremo Tribunal Federal, na Praça dos Três Poderes.

[365] A divulgação pela internet das atividades do Supremo Tribunal Federal, especialmente das deliberações em tempo real, é realizada atualmente, além da TV Justiça (www.tvjustica.jus.br) e da Rádio Justiça (www.radiojustica.jus.br), pelo Canal do STF no You Tube e pelo Twitter.

os julgamentos em acontecimentos midiáticos, com consequências negativas para o comportamento deliberativo dos juízes, os quais poderiam estar argumentando mais para persuadir auditórios externos, por meio de votos convertidos em longos e retóricos discursos, que assim deixariam de privilegiar os debates e as trocas argumentativas internas.

Talvez pela primeira vez em toda sua história o Supremo Tribunal Federal passou a conviver com sérias e contundentes críticas ao seu modelo de deliberação e, especialmente, com as inevitáveis comparações aos modelos fechados ou secretos praticados por Tribunais Constitucionais de outros países, que muitos ainda enxergam como o mais adequado para propiciar ambientes deliberativos de maior qualidade.

As entrevistas realizadas como parte da pesquisa empírica também estiveram focadas nesse tema. O intuito foi o de tentar obter uma noção mais precisa a respeito de como os próprios Ministros da Corte, na qualidade de participantes efetivos das práticas deliberativas, percebem e entendem esse modelo extremamente aberto de deliberação.

Interessante notar que enquanto os magistrados do Tribunal Constitucional da Espanha são praticamente unânimes em considerar seu próprio modelo de deliberação fechada e secreta como o mais adequado em face de outros paradigmas (vide capítulo 5), os Ministros do Supremo Tribunal Federal dividem-se quando levados a confrontar seu modelo em relação àqueles praticados no direito comparado e a questionar a qualidade argumentativa de suas deliberações amplamente abertas e públicas.

ARGUMENTAÇÃO CONSTITUCIONAL

Questão: **Qual a sua impressão sobre o modelo aberto de deliberação em comparação com os modelos fechados de quase todas as demais Cortes Constitucionais? Vossa Excelência considera que a ampla publicidade traz alguma consequência para a argumentação que é produzida?**	
Ministro 1	Sempre fui contra esse nosso sistema aberto. Acho que a televisão é importante, mas ela é importante para transmitir aquilo que possa representar aperfeiçoamento da comunidade jurídica. Nos julgamentos do STF, há momentos importantes, votos que contêm lição. Então sou partidário de uma seleção, da edição dos debates, para que sejam transmitidos os grandes momentos que contêm lição para a comunidade jurídica. A transmissão ao vivo traz consequências. Por exemplo, quando ainda não havia a transmissão ao vivo, os votos eram mais sintéticos. De um modo geral, os ministros votavam transmitindo as razões de seu convencimento, sem muito dizer, como deve ser a sentença ou o voto de um ministro. Hoje, nós temos presenciado que o ministro costuma dizer muito mais do que é necessário, porque ele está exposto. O juiz é um ser humano, um homem, de maneira que ele não quer parecer menos eficiente que seu colega.
Ministro 2	Acho que não traz (consequências para a argumentação). O Ministro que se prepara bem para sessão, para ele, isso não afeta em nada. Pode ser que afete nos primeiros meses, primeiro ano, segundo ano, ter alguma dificuldade... mas no geral não. Isso é superável.
Ministro 3	Acho que o ideal seria um meio-termo. A publicidade dos julgamentos não significa esta ampla publicidade que se está dando. Muitas vezes, sobretudo nos julgamentos criminais, a privacidade e a intimidade do réu ficam expostas, e muitas vezes, certas figuras públicas, que num primeiro momento são acusadas e depois absolvidas, obviamente sofrem um prejuízo, não só pessoal como também político, e até as instituições ficam de certa maneira atingidas. Acho que isso foi comprovado na Ação Penal 470, em que o Tribunal viu-se envolvido em um ambiente emocional em função dessa exposição extremada na mídia, que a meu ver não contribuiu para os debates. Penso que sim (que o sistema aberto traz consequências para a argumentação). Algumas discussões poderiam ser mais curtas; certas contraditas, que num ambiente fechado poderiam ser toleradas e que num ambiente assim tão amplo e tão público têm que ser rechaçadas com mais veemência. Isso tudo prolonga os julgamentos e prejudica, sem dúvida nenhuma, a racionalidade da argumentação, permitindo que um "quê" de emoção penetre nessa estrita racionalidade que os argumentos judiciais devem ter.

CAPÍTULO 6 – A DELIBERAÇÃO NO SUPREMO TRIBUNAL FEDERAL DO BRASIL

Ministro 4	Tenho a impressão de que essa questão da deliberação compõe também um elemento da cultura constitucional e no nosso caso, inclusive, há uma decisão positiva do texto constitucional nesse sentido, quer dizer, corresponde à tradição centenária do STF deliberar publicamente. Então, não é uma questão que esteja à disposição escolher este ou aquele modelo. É claro que se pode também desenvolver práticas diferenciadas, por exemplo, a possibilidade de que houvesse, em determinadas situações, decisões em que houvesse conversas prévias. Mas isso depende da própria aceitação e da legitimidade que se atribua a isso. Então, no nosso caso essa questão não se coloca como uma alternativa ou uma escolha do Tribunal. E hoje essa questão se tornou ainda mais complexa por conta da TV Justiça. A exposição do Tribunal é muito maior. Eu não percebo (consequências para a argumentação jurídica), pelo menos no que me diz respeito. Mas certamente há críticas a isso, a de que determinados posicionamentos, ou pelo menos determinadas mensagens, podem estar sendo conduzidas ou motivadas por razões externas. Isso é muito difícil de se afirmar. De qualquer forma, todos os tribunais brasileiros decidem publicamente. Essa é a nossa tradição. Por outro lado, a decisão pública também tem vantagens, porque faz com que as pessoas assumam suas responsabilidades perante o público. Então esse é o outro lado importante a ser destacado.
Ministro 5	Cada país tem a sua cultura. E para a nossa, a publicidade é algo salutar. Porque viabiliza o acompanhamento pelos cidadãos em geral do que é feito no dia a dia da administração pública e a cobrança visando correção de rumos. O julgamento ganha em estatura, presente o nosso estágio cultural, com as sessões públicas, que hoje são transmitidas pela TV Justiça. A TV Justiça não deixa de encerrar um controle externo do Judiciário. Penso que ela viabilizou (uma brincadeira) não apenas a melhoria das gravatas, mas também o cuidado maior por parte dos próprios julgadores. Não (tem trazido um impacto negativo para a argumentação), porque eu imagino os juízes, colegas, por mim: cada qual deve atuar de acordo com a ciência e consciência possuídas e nada mais, potencializando, acima de tudo, a formação humanística.
Ministro 6	Acho que o sistema, como era antes, realmente não causava nenhum dano, não havia abalo nenhum para a instituição. Minha crítica é quanto a publicação ao vivo (transmissão ao vivo pela TV Justiça), para o país inteiro. Transformar aquilo que pronuncio num recinto para poucas pessoas, de repente tenho que pronunciar para a nação inteira. E aí cada julgador cuida do que vai dizer, nunca concorda simplesmente com o relator. Acho que a TV Justiça causou um mal. O que se devia fazer é uma edição do julgamento e aí sim levar a público; não transmitir certas situações que não deveriam ser levadas ao público. Acho que o Supremo deveria também fazer o que sempre se fez: uma reunião, a portas fechadas, para que quando fosse para lá (para o Plenário) aquelas questiúnculas já estivessem resolvidas.

ARGUMENTAÇÃO CONSTITUCIONAL

Ministro 7	Sou favorável ao nosso sistema. Nosso sistema da publicidade do julgamento, embora tenha se exacerbado com a TV Justiça, sempre foi a regra. Os julgamentos, tirando os casos de sigilo, são públicos, e sendo públicos, qualquer pessoa tem acesso a uma sala de audiência, a uma sala de sessão de julgamento dos tribunais brasileiros. A aplicação do princípio da publicidade sempre foi a regra no brasil e eu sou a favor dela. Houve uma discussão mais recente em razão da TV Justiça, se o fato da transmissão ao vivo das sessões afetaria ou não, ou traria algum tipo de influência na maneira como um julgador vai se portar ou como um julgador vai proferir o seu voto. É evidente que, se formos analisar do ponto de vista da observação, quanto maior a observação, ela afeta o objeto observado. A física quântica já demonstrou que a matéria se comporta de um modo sem ser observada, e ao ser observada ela se comporta de outro modo. Isso é um fato, é um dado. É evidente que a ampla divulgação pela TV Justiça, pela Rádio Justiça, tem um impacto, sim, na atuação dos julgadores. Agora, que isso vá influenciar a tomada de decisão do juiz em um sentido ou em outro, eu duvido. É evidente que aquele que foi indicado para um cargo como este, tem que estar vacinado e preparado para esse tipo de pressão. E essa pressão não vem pela TV Justiça, vem pelas partes, pelos memoriais, pelos advogados, e o juiz sabe que ele atende petições. De um lado há petições em um sentido, de outro lado petições em outro sentido. Um juiz nunca agrada cem por cento do público.
Ministro 8	O Supremo, até os anos 1980 e início dos anos 1990, realizava as sessões administrativas; ou seja, a sessão plenária sempre foi pública, aberta, mas havia a sessão administrativa prévia, para as questões de maior (repercussão)... a sessão administrativa era completamente fechada e a deliberação era tomada na sessão administrativa, com divergência, unanimidade ou seja lá o que fosse, e depois iam para o Plenário e faziam lá aquela coisa simples. Em 1988, com a Constituição Federal estabelecendo a regra das sessões públicas e que não poderia haver sessões secretas, o Supremo não suspendeu as sessões administrativas, mas um dos Ministros nomeados em 1989 ou 1990 se opôs à realização de sessões administrativas para discutir o mérito de matérias; dizia que não discutiria e que a sessão seria administrativa no sentido estrito, para decidir questões administrativas. E aí morreram as sessões administrativas para esse objetivo (sessão prévia fechada para discutir mérito de processos). Quando entrei no Supremo, as sessões administrativas (com aquele objetivo) já não existiam mais; as sessões administrativas que existiam eram no sentido estrito, para questões de administração interna. O debate (a deliberação) se dava no Plenário; mas era um debate que tinha uma característica: o relator votava e quem concordava com o relator só dizia o seguinte: "com o relator". Depois foi criada a TV Justiça. Nos primeiros momentos, a TV Justiça relatava, mas não tinha ainda começado a ter muita influência no comportamento dos Ministros. A composição do Supremo foi se alterando, com aposentadorias etc., e aí os Ministros (novos) começaram a ficar sensibilizados pelo fato de as pessoas estarem enxergando. Isso era real. Aqueles que tinham origem meramente burocrática, não tinham vida

> política, não tiveram outra vida que não a vida de juiz, alguns começaram a achar que tinham uma certa responsabilidade de dizer coisas para os outros ouvirem. E aí os discursos, ou melhor, os votos, e os debates, começaram a ficar longos, porque já não tinha mais aquela história de "vou com o relator"; acompanhava-se o relator mas antes fazia-se uma conversa enorme. Começou-se então a ter um alongamento imenso dos debates. Então, não é que traga (a ampla publicidade) uma consequência para o tipo de argumentação, mas para a exposição da argumentação.

Entre as diversas opiniões, a maioria dos Ministros coincide quanto à constatação de que a publicidade, principalmente a televisiva, tem causado impactos nas práticas argumentativas, especialmente quanto à forma de apresentação dos votos. Parecem concordar que o modelo atual vem sendo posto em questão e isso aponta para renovadas reflexões em torno de sua adequação e de possíveis reformas, ainda que isso não signifique realizar câmbios radicais rumo a deliberações fechadas ou secretas, as quais estariam proibidas pela atual ordem constitucional e, ademais, representariam uma indesejável ruptura com o tradicional modelo de publicidade dos julgamentos. Todos demonstram estar bastante convictos de que a cultura constitucional que se criou em torno das deliberações públicas, ao longo de toda a história do Tribunal, não é hoje algo que esteja à disposição, e que o modelo da publicidade tem vantagens que também precisam ser ressaltadas, como a transparência dos atos e das decisões judiciais que inegavelmente proporciona e o consequente controle das atividades da Corte (*accountability*).

Alguns Ministros chegaram a opinar sobre as possíveis vantagens argumentativas de sessões a portas fechadas. Como a maioria dos magistrados do Tribunal Constitucional da Espanha considera, muito convictamente, que o ambiente institucional das sessões secretas é mais adequado pois favorece a independência e a liberdade de expressão dos juízes e possibilita em maior medida convencimentos mútuos e mudanças de posição, questionou-se aos Ministros do STF se eventuais sessões fechadas, tais como as que compõem o modelo europeu, os deixariam mais à vontade para discutir e argumentar sinceramente sobre determinados temas. Os que responderam de modo mais específico deixaram claro que, em razão da cultura constitucional da publicidade dos julgamentos que sempre se cultivou nos tribunais brasileiros, a realização de reuniões secretas não traria ganhos institucionais muito relevantes e que, por isso, não faria muita diferença para a deliberação.

Questão: **O que Vossa Excelência pensa de sessões a portas fechadas? Isso o deixaria mais à vontade para discutir e argumentar sinceramente sobre determinados temas?... ou não faria diferença?**	
Ministro 1	Sem resposta específica.
Ministro 2	Sem resposta específica.
Ministro 3	Sem resposta específica.
Ministro 4	Não vejo nenhuma relevância quanto a isso. O que me parece, talvez, é que, em muitos casos, a sessão fechada permitiria uma maior possibilidade de flexibilização e de construção de soluções, com participação e aportes dos diversos membros. Esse seria, pelo menos, o possível ganho institucional. Às vezes é muito difícil, mas não impossível, a gente tem muitos exemplos na própria discussão no âmbito do STF, nessa forma de decisão, em que a decisão não é do relator nem de qualquer outro Ministro em particular, mas é uma construção realmente coletiva. É bem verdade que quando as posições se acirram, de forma muito intensa, há dificuldades na construção da ponte, do consenso. Outro problema que surge – agora eu ouvi em Portugal essa referência – é que as sessões fechadas também estimulam uma atitude um pouco demissionária de muitos membros. Isso depende, portanto, de culturas constitucionais, em que o proponente, o relator, tem um papel muito substantivo e aqueles outros acabam tendo uma posição muito passiva, porque não estão onerados com o processo de tomada de decisão, no sentido mais amplo do termo.
Ministro 5	Sem resposta específica.
Ministro 6	Sem resposta específica.
Ministro 7	Acho que não faz diferença porque, no Brasil, temos a tradição, nos tribunais brasileiros, de que o voto é proferido e conhecido na hora. Ou seja, não há um debate prévio. Essa situação de portas fechadas, de discussão em uma sessão prévia, ou numa sessão que não fosse aberta ao público, tem sentido numa cultura em que a convicção do juiz é formada no debate, no diálogo interno. No Brasil, nosso modo de decisão é diferente, o que não impede que no debate público, o juiz venha a se convencer dos argumentos contrários àqueles que ele trouxe. E isso todos nós assistimos, seja nas sessões de turma ou nas sessões do pleno. Muitas vezes, juízes – eu mesmo já o fiz – que mudam de posição do voto em razão dos argumentos que foram trazidos por um colega. Então, esse debate se dá ao vivo e em cores. Há outros modelos, como o da Suprema Corte norte-americana, em que os votos, tanto vencedores como vencidos, são construídos em debates que não são públicos, que são entre juízes ou entre gabinetes; minutas que são passadas de um gabinete para outro... Mas isso não é da nossa cultura. Nossa cultura é diferente. Quando nós entramos na sessão de julgamento, ninguém sabe como cada qual irá votar. Isso é bom? Isso é ruim? Esse é o nosso modelo.
Ministro 8	Não. Pessoalmente, não.

CAPÍTULO 6 – A DELIBERAÇÃO NO SUPREMO TRIBUNAL FEDERAL DO BRASIL

O modelo de sessões públicas não parece estar sendo questionado e os possíveis déficits na deliberação são apontados por alguns Ministros como oriundos das mais recentes mudanças no ambiente institucional dos julgamentos, ligados fundamentalmente ao advento das novas tecnologias de divulgação e difusão das atividades do Tribunal.

A convicção em torno desse modelo brasileiro de deliberação parece ter sido fortalecida nos últimos anos com a institucionalização de mecanismos procedimentais de abertura do processo constitucional à participação de uma diversidade de entidades e organismos da sociedade civil. O instituto do *amicus curiae*, por exemplo, permite que diversos órgãos e entidades sociais possam levar à Corte seus próprios argumentos sobre as questões discutidas nos processos de controle de constitucionalidade das normas[366]. Atualmente,

---

[366] O Supremo Tribunal Federal tem aperfeiçoado os mecanismos de abertura do processo constitucional a uma cada vez maior pluralidade de sujeitos. A Lei Federal n. 9.868, de 1999, em seu art. 7º, § 2º, permite que a Corte Constitucional admita a intervenção no processo de outros órgãos ou entidades, denominados *amici curiae*, para que estes possam se manifestar sobre a questão constitucional em debate. Esse modelo pressupõe não só a possibilidade de o Tribunal se valer de todos os elementos técnicos disponíveis para a apreciação da legitimidade do ato questionado, mas também um amplo direito de participação por parte de terceiros interessados. Os denominados *amici curiae* possuem, atualmente, ampla participação nas ações do controle abstrato de constitucionalidade e constituem peças fundamentais do processo de interpretação da Constituição por parte do Supremo Tribunal Federal. Assim, é possível afirmar que a Jurisdição Constitucional no Brasil adota, hoje, um modelo procedimental que oferece alternativas e condições as quais tornam possível, de modo cada vez mais intenso, a interferência de uma pluralidade de sujeitos, argumentos e visões no processo constitucional. Além da intervenção de *amicus curiae*, a Lei n. 9.868/99 (art. 9º) permite que o Supremo Tribunal Federal, em caso de necessidade de esclarecimento de matéria ou circunstância de fato, requisite informações adicionais, designe peritos ou comissão de peritos para que emitam parecer sobre a questão constitucional em debate, ou realize audiências públicas destinadas a colher o depoimento de pessoas com experiência e autoridade na matéria. O Tribunal tem utilizado amplamente esses novos mecanismos de abertura procedimental, com destaque para as audiências públicas recentemente realizadas no âmbito das ações do controle abstrato de constitucionalidade. Na Ação Direta de Inconstitucionalidade n° 3.510, na qual se discutiu sobre a constitucionalidade da pesquisa científica com células-tronco embrionárias, a audiência pública realizada no dia 20 de abril de 2007 contou com a participação de especialistas na matéria (pesquisadores, acadêmicos e médicos), além de diversas entidades da sociedade civil, e produziu uma impressionante gama de informações e dados que permitiram ao Tribunal, no julgamento definitivo da ação (em 29.5.2008), realizar um efetivo controle e revisão de fatos e prognoses legislativos e apreciar o tema em suas diversas conotações jurídicas, científicas e éticas. O que ficou marcado nesse julgamento foi a ampla participação de múltiplos

ARGUMENTAÇÃO CONSTITUCIONAL

o Tribunal também pode realizar *audiências públicas* para escutar e absorver os argumentos de especialistas (cientistas, professores, peritos, autoridades públicas etc.) sobre matérias específicas que estejam sendo objeto de controvérsia para a solução dos casos em julgamento. Apesar de alguns reconhecidos déficits na atual prática desses institutos[367], poucos parecem negar totalmente

---

segmentos da sociedade, o que fez da Corte um foro de argumentação e de reflexão com eco na coletividade e nas instituições democráticas. O Regimento do Supremo Tribunal Federal conta com normas que preveem as competências e o procedimento de convocação e realização das audiências públicas (Emenda Regimental n° 29, de 18 de fevereiro de 2009). Em 5 de março de 2009, a Presidência da Corte, com fundamento nas referidas regras regimentais, convocou audiência pública para discussão de diversas questões relacionadas à saúde pública no Brasil. As informações e os dados produzidos nessa audiência podem ser utilizados para a instrução de qualquer processo no âmbito do Tribunal que discuta matéria relativa à aplicação de normas constitucionais em tema de saúde pública. Importante ressaltar que o art. 154 do Regimento prescreve que as audiências públicas devem ser transmitidas pela TV Justiça e pela Rádio Justiça, o que torna possível o conhecimento geral, irrestrito e imediato, por parte de toda a população, dos debates produzidos nas audiências. Assim, não há dúvida de que o STF conta, atualmente, com eficientes canais de comunicação e de participação democráticas em relação às atividades do Tribunal. No caso dos *amici curiae*, a Corte já reconheceu, inclusive, o direito desses órgãos ou entidades de fazer sustentação oral nos julgamentos (ADI-QO 2.777, Rel. Min. Cezar Peluso, julg. 26.11.2003; art. 131, § 3º, do Regimento Interno do STF), o que antes ficava restrito ao advogado da parte requerente, ao Advogado-Geral da União e ao Ministério Público. Essa nova realidade enseja, além do amplo acesso e participação de sujeitos interessados no sistema de controle de constitucionalidade de normas, a possibilidade efetiva de o Tribunal Constitucional contemplar as diversas perspectivas na apreciação da legitimidade de um determinado ato questionado. É inegável que essa abertura do processo constitucional foi fortemente influenciada, no Brasil, pela doutrina da "sociedade aberta dos intérpretes da Constituição", de Peter Häberle. Cfr.: MENDES, Gilmar Ferreira; VALE, André Rufino do. *O pensamento de Peter Häberle na jurisprudência do Supremo Tribunal Federal do Brasil.* In: Revista Iberoamericana de Derecho Procesal Constitucional núm. 12, julio-diciembre 2009, pp. 121-146.

[367] O principal déficit apontado na prática do *amicus curiae* – ou "amigo da Corte" – diz respeito ao fato de que, muitas vezes, ao invés de representarem terceiros desinteressados na causa, que apenas pretendem contribuir para o julgamento da Corte com informações e argumentos importantes não levantados pelas partes, os *amici curiae* na verdade entram no processo com a intenção de defender ou reforçar um determinado posicionamento de uma das partes, de modo que, ao fim e ao cabo, acabam deixando de ser "amigos da Corte" para se transformarem em "amigos da parte". As audiências públicas, por seu turno, têm sido realizadas apenas com a presença do Ministro Relator do processo para o qual foi designada, transformando-se, assim, em mecanismo de colheita de informações que termina auxiliando apenas o seu próprio trabalho. Os demais Ministros, que costumam não participar da sessão de audiência pública – apesar de poderem participar e inclusive receberem os convites do Ministro Relator

CAPÍTULO 6 – A DELIBERAÇÃO NO SUPREMO TRIBUNAL FEDERAL DO BRASIL

que ambos vêm se desenvolvendo com o êxito esperado e que, ao fim e ao cabo, têm permitido que uma maior pluralidade de razões seja levada em conta nas deliberações entre os Ministros. A ampla abertura e a transparência dos julgamentos têm assim permitido que os diversos segmentos sociais possam ver e acompanhar seus argumentos considerados pela Corte, o que tem representado um relativo ganho de legitimidade por parte desse modelo de extrema publicidade.

Essas são as primeiras impressões sobre o modelo de deliberação praticado no Supremo Tribunal Federal. Evidentemente, alguns aspectos se diferenciam em se tratando dos distintos órgãos colegiados – em Plenário ou nas Turmas do Tribunal[368] –, dos tipos de processos (civil e penal, objetivo e subjetivo) e ações constitucionais (ações do controle abstrato de constitucionalidade, recurso extraordinário, reclamação constitucional, mandado de segurança, *habeas corpus* e outras ações constitucionais etc.) e também dos temas objeto de deliberação (matérias de direitos fundamentais, conflitos entre poderes e órgãos constitucionais, questões federativas, crimes e penas, etc.).

Os próximos tópicos aprofundarão um pouco mais o tema, descrevendo e apresentando mais especificamente os principais momentos deliberativos no âmbito do Tribunal, com suas características mais relevantes. Em razão da necessidade de delimitação desse tipo análise empírica, o enfoque será dado em relação às deliberações do Plenário do Tribunal (delimitação do órgão deliberativo), aos processos objetivos da jurisdição constitucional exercida pela Corte, como os de controle abstrato de constitucionalidade das normas (ações diretas de inconstitucionalidade por ação e por omissão, ações declaratórias de constitucionalidade e arguições de descumprimento de preceito fundamental) e dos recursos extraordinários com repercussão geral (delimitação do tipo de processo), com ênfase (quando o estudo assim o requerer) para temas

---

para tanto –, posteriormente recebem apenas um material com os documentos produzidos na audiência, que acaba sendo pouco utilizado para o estudo e fundamentação dos votos.

[368] O STF é composto por três órgãos colegiados deliberativos: o Plenário, órgão colegiado pleno, composto pelos onze Ministros e presidido pelo Presidente do Tribunal, pelo período de dois anos; a Primeira Turma e a Segunda Turma, cada uma composta por cinco Ministros e presididas pelo Ministro mais antigo entre seus membros, pelo período de um ano. O Presidente do Tribunal não compõe nenhuma das Turmas, mas pode ser chamado eventualmente para participar da deliberação de processos em que seja o Relator.

ARGUMENTAÇÃO CONSTITUCIONAL

constitucionais de grande impacto e repercussão política e social, que tenham sido julgados entre os anos de 2008 e 2013 (delimitação temática e temporal).

6.2. Momentos Deliberativos

A expressão *momentos deliberativos* tem aqui o mesmo sentido adotado no capítulo 5 para tratar das práticas de deliberação no Tribunal Constitucional da Espanha. Em suma, parte-se da constatação de que essas práticas não ocorrem apenas na reunião física dos magistrados, por ocasião da sessão do órgão colegiado pleno, mas podem acontecer em diversos momentos no interior do Tribunal.

Sem embargo, é preciso ressaltar desde logo que, no caso brasileiro, a peculiaridade está no fato de que a efetiva deliberação entre os Ministros do Tribunal normalmente tem lugar quase que exclusivamente na Sessão Plenária. Assim, como se verá, ao contrário do Tribunal espanhol, cujos momentos deliberativos podem ser distinguidos em fases, com uma nítida fase preliminar que adquire especial importância para a decisão, no Supremo Tribunal brasileiro essa primeira fase é praticamente irrelevante.

Para se atribuir maior importância a essa fase preliminar, seria necessário partir de uma noção muito ampla de deliberação, a qual abrangesse qualquer fenômeno argumentativo ao longo de todo o *iter* do processo constitucional, incluindo a fase de instrução processual, em que são dialeticamente apresentadas as razões das partes, e que no processo brasileiro, inclusive, pode ser caracterizada pela realização de audiências públicas e pela apresentação das razões dos *amici curiae*.

Não obstante, como explicado anteriormente, o objetivo inicialmente definido foi o de trabalhar com um conceito mais preciso de deliberação, na qualidade de debate argumentativo que visa a uma decisão e que, portanto, envolve apenas aqueles que têm capacidade ou poder de decisão (ou seja, de voto nas deliberações), o que exclui todos os que de alguma forma contribuem com razões para a deliberação, como as partes e os *amici curiae*, que nesse sentido estabelecem algum tipo de diálogo com o Tribunal, mas que efetivamente não participam da deliberação em si, isto é, dos momentos de tomada de decisão.

CAPÍTULO 6 – A DELIBERAÇÃO NO SUPREMO TRIBUNAL FEDERAL DO BRASIL

Por isso, os tópicos que seguem são destinados a descrever os principais momentos deliberativos que se caracterizam apenas pelo intercâmbio argumentativo entre os Ministros do Tribunal, excluindo-se da análise qualquer outro tipo de argumentação dialética que possa ocorrer entre as partes (inclusive *amici curiae*) ou entre estas e os magistrados. Assim, como se poderá constatar, os tópicos se dividem entre os que apresentam as práticas que antecedem a deliberação plenária, as quais não chegam a configurar uma típica deliberação prévia, e as que marcam a própria sessão plenária, o momento da efetiva deliberação.

6.2.1. Momentos que Antecedem a Deliberação Plenária

6.2.1.1. Existe Deliberação Prévia?

Uma das características mais marcantes da deliberação nos Tribunais Constitucionais é a presença de uma fase preliminar na qual ocorre uma série de contatos, conversas e tratativas entre os magistrados que muitas vezes praticamente acertam e definem os principais pontos em questão e, inclusive, podem resolver previamente, ainda que provisoriamente, os casos enfrentados, antes do momento decisivo da reunião em sessão plena. Como destacado no capítulo anterior, a fase de deliberação prévia é uma característica essencial da deliberação no Tribunal Constitucional da Espanha. E ela também é amplamente praticada pela quase totalidade das Cortes Constitucionais. Na Suprema Corte norte-americana, por exemplo, como explicado no capítulo 4, os contatos e negociações preliminares são a base de quase toda a prática deliberativa na qual são intercambiados argumentos, propostas de decisão e textos num intenso processo dialético que culmina na reunião plenária dos juízes.

No Supremo Tribunal Federal, os momentos que antecedem a sessão plenária são caracterizados por práticas bastante distintas da maioria das Cortes Constitucionais. Ao contrário das práticas deliberativas prévias mais comuns em todos os tribunais, após o encerramento da fase de instrução processual e definido que o processo se encontra preparado para ser submetido ao julgamento do órgão colegiado, o que tem início é a atuação solitária de cada Ministro na preparação de seu voto, com argumentos e proposta de decisão próprios.

ARGUMENTAÇÃO CONSTITUCIONAL

O Ministro Relator, cuja função é muito semelhante à do magistrado *ponente* no Tribunal Constitucional espanhol e, desse modo, à da maioria dos relatores das Cortes Constitucionais, desenvolve de maneira bastante individualista seu trabalho de relatar os fatos processuais e as circunstâncias fáticas e jurídicas presentes no caso[369]. Da mesma forma laboram os demais Ministros na construção de seus votos-vogais. Na prática, cada um dos onze Ministros se prepara para a sessão plenária de modo individualista e solitário. É muito rara a existência de intercâmbios prévios, os quais, quando excepcionalmente ocorrem, geralmente são apenas o resultado de contatos parciais ou bilaterais muito informais e espontâneos entre Ministros que mantêm entre si alguma relação de afinidade, de coleguismo ou de amizade.

O fato de que conversas prévias, ainda que informais, sejam muito excepcionais, é algo confirmado pelos próprios Ministros nas entrevistas realizadas. Como se pode constatar no quadro de respostas abaixo, a maioria dos Ministros não costuma trocar ideias com seus pares no momento em que está se preparando para tomar decisões importantes. Apenas alguns poucos defendem a realização desse tipo de contato, o que se deve mais a seu estilo próprio de atuar do que à influência de alguma prática existente na Corte.

Questão: **Vossa Excelência costuma conversar com os demais Ministros antes de tomar uma decisão importante ou preparar um voto relevante? Há alguma comunicação anterior às sessões de julgamento com vistas a algum arranjo ou combinação de votos?**	
Ministro 1	Nos casos mais importantes, mais relevantes, existiam as sessões de "conselho" (sessões prévias de deliberação fechada). Pedia-se "conselho". Ou o Presidente sugeria. Depois um ou outro começou a discordar, a não comparecer...então isso foi acabando. O que foi lamentável, pois sempre que se fazia um conselho, as questões eram debatidas ali com mais abertura, a busca da verdade se fazia com mais frequência.
Ministro 2	Não. Pode ser que exista (comunicação prévia) entre alguns Ministros, mas isso varia e depende muito do estilo de cada um. Eu não tenho esse tipo de comunicação e nunca presenciei muito isso aqui.
Ministro 3	Não. Dificilmente. Não há tempo. As agendas dos colegas não são compatíveis. É muito difícil a oportunidade de conversar com os colegas.

[369] As funções do Ministro Relator estão definidas no art. 21 do Regimento Interno do Tribunal.

Ministro 4	Em geral, há conversas sobre determinados temas, em que se diz abertamente como se vai votar ou não, quais são as apreensões que se tem, análises de consequências, de implicações, de associações com outros casos ou jurisprudência. Às vezes isso se faz por algum tipo de afinidade eletiva, alguns colegas que têm maior afinidade...
Ministro 5	Jamais. Penso que é negativa qualquer conversa, porque a possibilidade de influência é enorme. Por maior que seja a repercussão de um pronunciamento, antes de implementá-lo, jamais eu me aconselho, e muito menos com um colega. A convicção é realmente pessoal; e depois, posteriormente, nós devemos trocar ideias (no plenário).
Ministro 6	Não.
Ministro 7	Não.
Ministro 8	Eu fazia. Alguns não. Eu conversava. Dizia: olha, minha posição é a seguinte, o que você acha disso, eu estou achando que tem que ser assim... Eu fazia uma espécie de tentativa da verificação de se havia a possibilidade da posição A, B ou C formar maioria na hora da votação.

A falta de contatos prévios muitas vezes é atribuída à agenda e à rotina de atividades, que, segundo alguns, não ofereceriam condições favoráveis para o desenvolvimento dessa prática. De fato, o comportamento individualista pode também ser influenciado, em alguma medida, pela estrutura e organização dos trabalhos na Corte. Os gabinetes dos Ministros são organismos estruturados hermeticamente, cada um formado por um corpo de cerca de quarenta funcionários – entre os quais cinco ou seis são Assessores de confiança e de livre nomeação e os demais são servidores concursados do Tribunal[370] –, que desenvolve seus trabalhos de forma muito autônoma e independente em relação aos outros gabinetes, sem a necessidade de intercomunicações. Assim, cada Ministro tem à sua disposição uma robusta estrutura de recursos humanos para auxiliá-lo em todo o processo de análise, pesquisa, reflexão e redação de todas as peças jurídicas que deva produzir, tornando praticamente despicienda as trocas de informações e de ideias e a ajuda mútua na construção

---

[370] A estrutura de recursos humanos dos gabinetes dos Ministros é definida pelo Regimento Interno do Tribunal: "Art. 357. Comporão os Gabinetes dos Ministros: I – um Chefe de Gabinete, portador de diploma de curso de nível superior; II – cinco Assessores, bacharéis em Direito; III – dois Assistentes Judiciários, portadores de diploma de curso de nível superior; IV – servidores e funções comissionadas em quantitativo definido pela Corte".

ARGUMENTAÇÃO CONSTITUCIONAL

das decisões em relação aos demais Ministros e seus respectivos gabinetes. Utilizando-se de uma figura metafórica, pode-se dizer que os gabinetes dos Ministros do Supremo Tribunal Federal são como "feudos" jurídicos, organismos administrativamente independentes que atuam de modo autossuficiente e que, desse modo, pouco estimulam as práticas de deliberação colegiada fora do Salão do Plenário.

De toda forma, apesar da inegável influência de todo esse ambiente institucional, é muito provável que o principal fator determinante do comportamento individualista dos Ministros seja a legislação processual civil[371], incluindo-se as normas do Regimento Interno do Tribunal[372], que não apenas permitem como também incentivam a atuação monocrática na tomada de decisão e no julgamento definitivo de processos. Realmente, a competência atribuída aos magistrados de julgar monocraticamente determinados casos cujo tema ou questão de fundo já tenha sido objeto de decisão ou de jurisprudência de seus órgãos colegiados plenos é um mecanismo processual imprescindível para que o Tribunal possa dar conta da elevadíssima quantidade de processos em tramitação[373]. Grande parte das decisões hoje produzidas na Corte são oriundas de julgamentos monocráticos[374], de modo que o seu próprio funcionamento depende desse mecanismo processual. Por outro lado, o crescimento exacerbado

---

[371] O artigo 557 do anterior Código de Processo Civil dispunha o seguinte: "Art. 557. O relator negará seguimento a recurso manifestamente inadmissível, improcedente, prejudicado ou em confronto com súmula ou com jurisprudência dominante do respectivo tribunal, do Supremo Tribunal Federal, ou de Tribunal Superior. (Redação dada pela Lei nº 9.756, de 17.12.1998). § 1º-A Se a decisão recorrida estiver em manifesto confronto com súmula ou com jurisprudência dominante do Supremo Tribunal Federal, ou de Tribunal Superior, o relator poderá dar provimento ao recurso. (Incluído pela Lei nº 9.756, de 17.12.1998)". Disposições normativas do mais recente Código (Lei n. 13.105/2015) também tratam do tema (art. 1030 e ss.).

[372] O art. 21, § 1º, do Regimento Interno do Tribunal, estabelece que: "Poderá o(a) Relator(a) negar seguimento a pedido ou recurso manifestamente inadmissível, improcedente ou contrário à jurisprudência dominante ou a Súmula do Tribunal, deles não conhecer em caso de incompetência manifesta, encaminhando os autos ao órgão que repute competente, bem como cassar ou reformar, liminarmente, acórdão contrário à orientação firmada nos termos do art. 543-B do Código de Processo Civil".

[373] Conforme fontes estatísticas do próprio Tirbunal, em 31 de dezembro de 2013, o acervo total de processos em tramitação era de 67.090 (sessenta e sete mil e noventa).

[374] No ano de 2013, foram proferidas 56.590 (cinquenta e seis mil, quinhentos e noventa) decisões monocráticas pelos Ministros e 19.295 (dezenove mil, duzentos e noventa e cinco) pelo Presidente do STF. Fontes do próprio Tribunal.

CAPÍTULO 6 – A DELIBERAÇÃO NO SUPREMO TRIBUNAL FEDERAL DO BRASIL

da atuação monocrática nos últimos anos tem trazido como consequência o cultivo cada vez maior da cultura do individualismo, a qual é favorecida ainda mais pela estrutura e organização autossuficientes dos gabinetes.

O resultado tem sido um processo de tomada de decisão que se realiza exclusivamente no ambiente interno dos gabinetes, em que o debate sobre os casos se limita ao Ministro e seus assessores. Assim, no ambiente intragabinete, os assessores assumem um relevante papel, pois são eles que acabam exercendo todo o protagonismo na reflexão e na discussão das questões jurídicas com o Ministro. Eles não apenas relatam os fatos processuais e realizam as pesquisas de legislação, jurisprudência e doutrina, como formalmente prescreve o Regimento Interno do Tribunal[375], mas também são envolvidos num processo deliberativo com o Ministro na busca das soluções para os problemas jurídicos enfrentados em cada caso e das respectivas argumentações que embasarão as decisões e os votos. São eles, portanto, que dividem com o Ministro a importante experiência da deliberação prévia nos momentos que antecedem a reunião colegiada em sessão plenária. E não se pode deixar de ressaltar que, em muitos casos, os assessores também terminam por assumir a função de redação dos textos das decisões e votos, de modo que, nesses casos, a prática deliberativa entre Ministro e assessores ocorre em torno desses textos.

A deliberação prévia no Supremo Tribunal Federal, portanto, comumente ocorre apenas no interior dos gabinetes, como práticas de análise, reflexão e argumentação em torno dos casos, restritas ao Ministro e seus assessores, de modo independente em relação aos outros Ministros e seus respectivos gabinetes. São deliberações parciais intragabinetes que na prática dificultam o desenvolvimento de deliberações colegiadas intergabinetes.

---

[375] O artigo 358 do Regimento Interno do STF define as atribuições dos Assessores dos Ministros: "Art. 358. São atribuições dos Assessores de Ministros: I – classificar os votos proferidos pelo Ministro e velar pela conservação das cópias e índices necessários à consulta; II – verificar as pautas, de modo que o Ministro vogal, em casos de julgamento interrompido, ou de embargos, ação rescisória ou reclamação, possa consultar, na sessão, a cópia do voto que houver proferido anteriormente; III – cooperar na revisão da transcrição do áudio e cópias dos votos e acórdãos do Ministro, antes da juntada nos autos; IV – selecionar, dentre os processos submetidos ao exame do Ministro, aqueles que versem questões de solução já compendiada na Súmula, para serem conferidos pelo Ministro; V – fazer pesquisa de doutrina e de jurisprudência; VI – executar outros trabalhos compatíveis com suas atribuições, que forem determinados pelo Ministro, cujas instruções deverá observar".

ARGUMENTAÇÃO CONSTITUCIONAL

6.2.1.2. As Antigas Sessões do Conselho

A ausência quase completa de deliberações prévias entre os Ministros nem sempre foi a prática predominante no Supremo Tribunal Federal. Como anteriormente mencionado, até o final da década de 1980 as sessões administrativas do Tribunal podiam também ser aproveitadas para deliberar previamente sobre casos mais complexos e de grande repercussão. As sessões do "conselho", como eram denominadas no Tribunal, podiam ser convocadas a pedido de qualquer Ministro que sentisse a necessidade de debater previamente com o colegiado sobre questões que considerasse de difícil solução e que de alguma maneira pudessem gerar impasses na deliberação plenária. Essas sessões de "conselho" eram realizadas em ambientes internos do Tribunal, normalmente no gabinete da Presidência, sem qualquer divulgação ou publicidade externa. Eram momentos propícios para se resolver antecipadamente pontos potencialmente polêmicos dos processos que seriam julgados nas Sessões do Pleno da Corte.

As sessões secretas do conselho chegaram a ser institucionalizadas e previstas nos Regimentos Internos de 1970 (artigo 156, inciso I) e de 1980 (artigo 151, inciso I). A organização, o procedimento adotado e as práticas desenvolvidas eram muito semelhantes àquelas praticadas nas Cortes Constitucionais que realizam deliberações a portas fechadas, como é o caso do Tribunal Constitucional da Espanha, analisado no capítulo anterior. Nenhuma pessoa, além dos Ministros, poderia adentrar o recinto onde se realizavam as sessões, salvo quando convocada especialmente[376]. O registro das sessões secretas deveria conter somente a data e os nomes dos presentes. A deliberação se iniciava na sessão secreta, mas o julgamento deveria prosseguir em sessão pública. Assim, as sessões secretas eram utilizadas para a realização de uma deliberação prévia entre os Ministros, antes da sessão pública no Plenário do Tribunal.

As reuniões de "conselho" deixaram de ser realizadas no início da década de 1990, em virtude da negativa de um dos Ministros em participar, o que acabou por deslegitimar a prática. Porém, esse fato não fez com que as sessões fechadas caíssem no esquecimento. Em diversas ocasiões ao longo da pesquisa realizada, os Ministros entrevistados – especialmente aqueles que chegaram

---

[376] Assim dispunha o artigo 156 do Regimento Interno de 1970 e o artigo 151 do Regimento Interno de 1980.

CAPÍTULO 6 – A DELIBERAÇÃO NO SUPREMO TRIBUNAL FEDERAL DO BRASIL

a vivenciar a prática – rememoraram a realização das sessões de conselho e as consideraram como uma prática bastante eficaz e fundamental para a deliberação colegiada. A principal razão de aprovação das reuniões fechadas reside na circunstância de que, quando ocorriam, elas ofereciam condições mais propícias para a discussão sincera em torno de pontos polêmicos envolvidos nos processos em julgamento do que o ambiente amplamente público do Salão do Plenário. Ademais, ao distribuir e fazer circular criticamente um maior conteúdo de informações prévias sobre as questões envolvidas, elas preveniam debates mais extensos e impasses na deliberação plenária, possibilitando julgamentos mais céleres. Esse é um dado fático mencionado por diversos Ministros entrevistados, quando questionados especificamente sobre o tema.

Questão: **O que acha da proposta de realização de uma sessão fechada previamente às sessões públicas do Plenário?**	
Ministro 1	Fizemos isso (sessões prévias fechadas) inúmeras vezes. Na época, dizíamos: "Vou pedir conselho". Por exemplo, o relator, num julgamento que seria de grande repercussão, que teria público e no qual não seria conveniente debates exasperados, pedia "conselho". Nós nos reuníamos em conselho, justamente como essa reunião prévia, que também existe na Suprema Corte norte-americana. Visitei o então *Chief Justice* Rehnquist e ele me levou à sala onde eles se reuniam. Então vi a mesa onde eles se reuniam. É ali onde o julgamento realmente se efetivava, e se efetiva. Então sou favorável a esse tipo de reunião.
Ministro 2	Esse seria o ideal. Agora, aqui é muito difícil. É um tribunal com muito processo. Não temos tempo. Três Ministros compõem o eleitoral. Tem sessões...duas por semana. Dez Ministros compõem outro colegiado, que é a turma, além de ter que participar do plenário. O Presidente dirige o CNJ e o Tribunal, com encargos jurisdicionais e administrativos. Não sobra tempo.
Ministro 3	Sou amplamente favorável. Logo que cheguei ao Tribunal, perguntei ao Presidente se se faziam ou não reuniões prévias e ele me confidenciou que havia tentado, mas não havia dado certo. Outro Presidente também tentou e não deu certo. Sou favorável a essas reuniões prévias não tanto para condicionar assuntos polêmicos, mas para superar assuntos pacíficos; questões de ordem, por exemplo, em torno de assuntos que estão absolutamente pacificados. Enfim, se poderia abreviar essas situações; mesmo as divergências podem ser esclarecidas; ou às vezes há pseudo-divergências, que na verdade não são divergências, que podem ser esclarecidas antes de tomar o tempo da Corte, que é um tempo precioso.

Ministro 4	Nós já tivemos várias tentativas. Claro, temos sempre conversas com setores e grupos que compõem o tribunal, sobre temas mais relevantes. Agora, isso precisaria ser minimamente articulado, ainda que não de maneira formal. E hoje a gente tem a resistência de alguns colegas que se negam a participar desse tipo de conversas e por isso, obviamente, acabam por deslegitimar essa tentativa. Não vejo também nenhum problema de se fazer esse tipo de conversa, porque isso não vai mudar posição de ninguém, apenas levaria a um tipo de acerto procedimental.
Ministro 5	Eu acredito muito no colegiado como somatório de forças distintas. Componho tribunal e não integro teatro, de acertar e depois colocar a capa sobre os ombros e proclamar o que foi deliberado. Eu sou contra essas reuniões para acerto de como se enfrentará esta ou aquela matéria. Em primeiro lugar, porque confio e acredito muito na espontaneidade de cada um. E em segundo, porque logo que cheguei ao tribunal nós tivemos uma sessão de "conselho", como era chamada à época, e um colega entrou com um mandado de segurança debaixo do braço e simplesmente já foi dizendo "olha, eu penso isso, mas se a maioria concluir de outra forma eu adiro", e creio que o objetivo do colegiado não é este. Havia (as sessões de conselho) ... Quando se recebia um processo com uma controvérsia em que o quadro se mostrasse mais ambíguo e talvez com o envolvimento de instituições, havia essa praxe. Um colega pedia essa "sessão de conselho", uma sessão administrativa fechada, para se deliberar a respeito e posteriormente dar-se publicidade ao que foi deliberado.
Ministro 6	Sempre fui a favor. Saíamos dali (das antigas reuniões fechadas) já sabendo, digamos assim, que o julgamento vai ser "assim ou assado"...saber como vai ser julgado, a ordem do julgamento, etc.
Ministro 7	Não funciona, porque nossa cultura é outra. Um juiz da Suprema Corte costuma levar seu voto em público. Ele não abre seu voto para um colega. Não abre seu voto para ninguém. A regra é essa. Isso é da nossa cultura. Essas tentativas de organizar essas conversas prévias acabou não resultando em sucesso exatamente por conta dessa cultura de ausência de um debate prévio. Se esse modelo é melhor ou pior que os outros, é uma avaliação difícil de se fazer. Todo modelo tem imperfeições; todo modelo tem virtudes.

CAPÍTULO 6 – A DELIBERAÇÃO NO SUPREMO TRIBUNAL FEDERAL DO BRASIL

Ministro 8	O que acho é que isso não vai acontecer. Quando eu fui Presidente do Tribunal, contratei um reestudo da TV Justiça, cujo objetivo era reformatar o serviço, inclusive criar informações, por exemplo, o pé de página na tela dando informações sobre o que está sendo votado etc. E, nesse ínterim, tinha proposto também um modelo de edição das sessões, ou seja, as sessões não seriam ao vivo; seriam filmadas e depois editadas, para fazer uma coisa mais jornalística. Então, bota uma coisa na cabeça: não se vai acabar com a TV Justiça (as transmissões dos julgamentos). Isso é um modelo que está aí e não vai voltar atrás. E não vai voltar atrás porque os juízes gostaram. Gostaram da exposição; passaram a ser conhecidos. Ninguém sabia quem era Ministro do Supremo. Começaram então a identificar no avião etc. Então pegou e não se volta atrás. E a minha tentativa de edição também não deu certo... os colegas reagiram etc. Tem aqueles que são radicais: "não, isso é a forma democrática...". Faz um discurso para justificar a exposição; mas na verdade está justificando a exposição dele.

Apesar da maior parte de opiniões bastante favoráveis, poucos são os que hoje acreditam que elas poderiam voltar a ser realizadas. Dois são os principais obstáculos mencionados: a dificuldade de inclusão de mais uma sessão deliberativa na agenda de julgamentos já conturbada de todos os Ministros; e a ausência de (ou falta de disposição ao) cultivo de uma cultura de deliberação prévia, em virtude das práticas já muito arraigadas de deliberação exclusivamente pública, que incentivam a revelação das posições individuais apenas no momento da sessão plenária.

A atual ausência de condições propícias para o desenvolvimento das reuniões deliberativas fechadas parece ter ficado comprovada com a mais recente (e última) tentativa realizada pelo Presidente do Tribunal por ocasião do julgamento de uma ação direta de inconstitucionalidade que, às vésperas do pleito eleitoral de 2010, tinha como objeto uma polêmica questão a respeito da documentação a ser exigida do eleitor no momento da votação[377]. Tendo em vista a necessidade de julgamento célere, e a dificuldade que o tema suscitava, o Presidente convocou uma reunião a portas fechadas para que fosse

---

[377] Ação Direta de Inconstitucionalidade n. 4.467, Relatora Ministra Ellen Gracie, que teve a medida cautelar julgada em 30 de setembro de 2010. A ação pretendia declarar a inconstitucionalidade do *caput* do art. 91-A da Lei 9.504/97, o qual foi inserido pela Lei 12.034/2009. O dispositivo impugnado tem o seguinte teor: "Art. 91-A. No momento da votação, além da exibição do respectivo título, o eleitor deverá apresentar documento de identificação com fotografia".

ensaiado um posicionamento uniforme do Tribunal apenas para a concessão de uma medida cautelar, que deixaria suspensos os dispositivos normativos impugnados até o posterior julgamento do mérito da ação. A reunião foi realizada na Sala de Reuniões da Segunda Turma, a portas fechadas, mas não teve resultados muito positivos, pois não evitou o pedido de vista de um dos Ministros que interrompeu a sessão pública e postergou a finalização do julgamento para dia posterior, com voto dissidente da maioria formada, que foi acompanhado pelo próprio Presidente[378]. Após essa última tentativa, não há mais notícia de que outras tenham sido realizadas, de modo que a prática permanece enterrada, como esteve nas últimas duas décadas.

Assim, se em épocas anteriores as sessões de "conselho" chegaram a ser praticadas e representaram um aspecto da deliberação interna do Tribunal, atualmente parece não haver um ambiente institucional propício e disposição suficiente por parte de todos os Ministros para se engajar nesse tipo de deliberação prévia.

6.2.1.3. Agir Estratégico: Negociação Prévia e Formação de Coalizões?

Um dos aspectos mais relevantes das práticas deliberativas da maioria das Cortes Constitucionais está na realização de negociações prévias entre os juízes. Os momentos que antecedem a reunião plenária de julgamentos são permeados por uma série de tratativas e acertos que visam construir maiorias em torno de determinadas posições. Como tratado no capítulo anterior, no Tribunal Constitucional da Espanha a negociação prévia é uma das características marcantes da fase preliminar da deliberação. Como um tipo específico ou um subtipo de deliberação, a negociação pode ser conceituada como a sua face mais intersubjetiva e estratégica. É o *agir estratégico* de determinados agentes participantes, portanto, que qualifica a negociação como um tipo de deliberação que visa atingir um determinado *fim* ou *objetivo* que não necessariamente é o fim ou o objetivo do grupo como um todo. No contexto das práticas deliberativas das Cortes Constitucionais, a finalidade precípua desse agir deliberativo estratégico é a *conquista da maioria de votos*.

No Supremo Tribunal Federal, a ausência de uma fase bem delimitada de deliberações prévias torna praticamente inexistentes as negociações prévias.

---

[378] Vide páginas 53 a 56 e 75 a 80 do acórdão na ADI-MC 4.467, acima referida.

CAPÍTULO 6 – A DELIBERAÇÃO NO SUPREMO TRIBUNAL FEDERAL DO BRASIL

Quando excepcionalmente ocorrem, elas assumem a forma de *coalizões*, as quais, como explicado no capítulo anterior, são fenômenos de formação de grupos parciais de magistrados no interior do tribunal por ocasião das negociações com a finalidade de conquistar a maioria de votos para a deliberação plenária. Assim, no Supremo Tribunal, as raras ocorrências de negociações prévias ficam restritas a grupos parciais de Ministros que estão mais conectados por relações de afinidade pessoal ou intelectual. Como qualquer grupo humano, o colegiado de magistrados do STF também é formado por grupos parciais que desenvolvem relações de simpatia, de coleguismo ou de amizade, que certamente não influenciam diretamente a tomada de decisão, mas acabam favorecendo aproximações e admirações intelectuais comuns em ambientes institucionais de reflexão, discussão e decisão. No Tribunal, por exemplo, sempre foi bastante comum a identificação de Ministros conforme suas respectivas especialidades jurídicas (o tributarista, o penalista, o civilista da Corte, etc.), o que ocorre em razão da influência que determinados Ministros exercem em relação a outros nos julgamentos de casos em matérias jurídicas específicas.

Sobre esse aspecto das relações de afinidade intelectual e sua potencialidade de influenciar tomadas de posicionamento, os Ministros entrevistados responderam o seguinte.

Questão: **Há Ministros ou grupo de Ministros que despertam mais a sua simpatia e cujos posicionamentos tendem a influenciá-lo mais do que outros?**	
Ministro 1	Sem resposta específica.
Ministro 2	Aqui no STF, durante alguns anos, houve um grupo de Ministros que tinha um pensamento muito próximo, na maioria das questões, mas com o tempo esse grupo foi se desfazendo. Identificava muito claramente uma proximidade de pontos de vista... com pelo menos uns cinco. Em matéria de direito público, então, eu não tinha muita preocupação, pois já sabia que eles iam trazer as questões certas e as respostas certas. Claramente havia essa identidade de formação, inclusive. Mas isso ao longo do tempo foi mudando e hoje já não há mais.
Ministro 3	Não. Todos tem estilos diferentes; *backgrounds* diferentes e trazem aportes diferentes. Dependendo da questão, eu sigo uma ou outra visão. Argumentação retórica não me impressiona, absolutamente. Os últimos julgamentos do STF têm demonstrado isso: não há blocos, o resultado é totalmente aleatório. Essa é uma das características da Corte atual.

ARGUMENTAÇÃO CONSTITUCIONAL

Ministro 4	Como qualquer agrupamento humano, temos esse tipo de identidade. Mas a influência sobre o voto, isso já é algo diferente. A despeito dos posicionamentos pessoais que nós tenhamos, às vezes nós discordamos veementemente numa dada matéria. Em questões, por exemplo, de direitos fundamentais, a pluralidade de abordagens permite que pessoas que são muito amigas do ponto de vista pessoal divirjam fortemente numa dada questão. Basta ver as questões delicadas que decidimos.
Ministro 5	Sem resposta específica.
Ministro 6	Eu estava no meio de juristas da mais alta categoria. Eu tinha uma admiração muito grande. Não digo que eu estivesse de acordo sempre com eles.
Ministro 7	Na dinâmica do nosso tribunal, esses alinhamentos se dão caso a caso. Na mesma sessão, pode-se ter concordado com um ministro e no próximo ponto da pauta discordar dele. Na minha visão, isso é caso a caso. Hoje, no Supremo Tribunal Federal, não há um alinhamento de dois ou três ministros para cá, três ou quatro para lá. Esse alinhamento é conjuntural.
Ministro 8	No meu tempo, tinha, em assuntos temáticos (administrativo, tributário etc.).

Em momentos prévios aos julgamentos mais complexos e de grande repercussão, as relações de aproximação e de admiração mútuas existentes podem dar ensejo à revelação antecipada dos votos entre os Ministros envolvidos, o que resulta no conhecimento prévio de um placar parcial de votação, que pode dar ensejo a certas estratégias de julgamento, como pedidos de vista antecipados, reforço na argumentação de determinados pontos controversos, levantamento de questões de ordem etc. O agir estratégico, nessa hipótese, é estimulado pela própria configuração do modelo de deliberação pública praticado, em que os votos são mantidos em segredo e apenas são conhecidos no momento da sessão plenária. Com isso, o conhecimento antecipado de alguns posicionamentos, ainda que prévios e no interior de grupos parciais de magistrados, pode fazer desencadear comportamentos estratégicos de julgamento.

Esses acontecimentos são raros e não chegam a formar grupos permanentes. São ocorrências pontuais, que se desenvolvem em torno de julgamentos específicos e que não chegam a influenciar outros casos. A excepcional formação de coalizões não dá ensejo, portanto, à formação de blocos majoritários fixos. A eventual formação de um grupo no contexto do julgamento de um determinado processo tende a se desfazer logo com a finalização da

CAPÍTULO 6 – A DELIBERAÇÃO NO SUPREMO TRIBUNAL FEDERAL DO BRASIL

deliberação, de modo que em casos futuros podem-se formar grupos completamente diferenciados.

6.2.1.4. Preparativos para a Sessão Plenária: as Dificuldades da Agenda de Julgamentos

Quando o processo se encontra devidamente instruído e pronto para a apreciação colegiada, com o relatório e o voto do Ministro Relator, determina-se a sua inclusão na pauta de julgamentos do Tribunal[379], a qual é composta por todos os casos que estão preparados para serem submetidos à deliberação. Há pelo menos uma década a pauta contém uma média de seiscentos processos constantemente à espera de julgamento[380], número que tem persistido ao longo dos anos em razão das dificuldades encontradas pelo Tribunal em finalizar uma maior quantidade de julgamentos do que a da entrada de processos na pauta. O resultado é que a inserção de um processo nessa pauta não significa necessariamente que ele será julgado dentro de um prazo razoável, podendo ter que esperar vários anos numa espécie de "fila de processos para julgamento" que não segue exatamente uma ordem cronológica.

A reforma constitucional do Poder Judiciário efetivada em 2005 trouxe uma série de mudanças normativas[381] que permitiram ao Supremo Tribunal

---

[379] Conforme o Regimento Interno do Tribunal (art. 21, X), compete ao Ministro Relator "pedir dia para julgamento dos feitos nos quais estiver habilitado a proferir voto".

[380] Conforme os dados fornecidos pelo próprio Tribunal, em 23 de junho de 2014 havia 661 (seiscentos e sessenta e um) processos na pauta de julgamentos do Tribunal.

[381] Os mais importantes, inegavelmente, são os institutos da *repercussão geral* e da *súmula vinculante*. A repercussão geral foi instituída para dar uma solução à "crise numérica" do recurso extraordinário, cuja admissão deve agora passar pelo crivo da Corte referente à repercussão geral da questão constitucional nele discutida. Assim, conforme a mudança legislativa, para efeito de repercussão geral será considerada a existência, ou não, de questões relevantes do ponto de vista econômico, político, social ou jurídico, que ultrapassem os interesses subjetivos da causa. Haverá também repercussão geral sempre que o recurso impugnar decisão contrária a súmula ou jurisprudência dominante do Tribunal (art. 543-A, § 3º). A adoção desse novo instituto deverá ressaltar a feição objetiva do recurso extraordinário. A súmula vinculante também representou inovação significativa. Nos termos do art. 103-A da Constituição, havendo decisões reiteradas em matéria constitucional, o Tribunal poderá editar e aprovar, por maioria de dois terços dos votos (oito votos), enunciado de súmula vinculante sobre o tema, que deverá ser observada por todos os órgãos do Poder Judiciário e da Administração Pública. Em caso de descumprimento da súmula vinculante, caberá a ação constitucional da *reclamação* perante o Supremo Tribunal Federal, que poderá cassar o ato ou decisão contrário à súmula.

implementar mecanismos de "filtragem" das ações e recursos que aportam na Corte, o que resultou, a partir do ano de 2008, numa expressiva redução da quantidade total de feitos em tramitação. As reformas processuais, no entanto, não foram acompanhadas de modificações nas práticas de deliberação do Tribunal, as quais não têm favorecido julgamentos céleres que permitam alguma diminuição na quantidade de processos incluídos em pauta.

Ante essa situação, os Ministros e suas respectivas equipes de assessores são obrigados a estar constantemente preparados para a deliberação de qualquer dos (mais ou menos seiscentos) processos da pauta de julgamentos. Até o ano de 2005, a prática permitia a inclusão de qualquer matéria (penal, civil, tributária, administrativa etc.) nas sessões, o que resultava numa agenda bastante heterogênea, que muitas vezes levava a uma momentânea incapacidade deliberativa por parte do colegiado ante certos temas mais complexos e de elevado impacto político e social que de modo "inesperado" podiam surgir ao longo das discussões. A consequência era a necessidade de pedidos de vista que permitissem pausas para a melhor reflexão em torno do caso por parte de todos os magistrados. Para resolver esse problema, foram instituídas as "pautas programadas" ou "pautas temáticas", um sistema em vigor até os dias atuais que permite reunir numa mesma sessão deliberativa apenas processos ou grupos de processos vinculados a uma mesma matéria. O modelo trouxe maior organização e racionalização dos julgamentos e em muito contribui para o aumento da capacidade deliberativa do colegiado. Não solucionou, porém, o problema da elevada quantidade de processos permanentemente na pauta.

A definição da agenda de julgamentos é uma atribuição conferida ao Presidente do Tribunal. Compete ao Presidente definir o calendário das sessões e elaborar a lista dos processos que serão apreciados em cada sessão deliberativa. Tem ele, portanto, ampla margem de escolha, podendo eleger quaisquer dos processos incluídos na pauta. Na prática, como a finalização de julgamentos de grande impacto político, econômico e social geralmente compõe uma das metas estabelecidas pelas Presidências nos biênios de mandato, é natural que cada Presidente acabe privilegiando os processos com questões à espera de soluções por parte da opinião pública em geral e de setores políticos e econômicos. Nos últimos anos, tem sido muito comum a presença constante de temas de elevada repercussão social nas listas de processos das

CAPÍTULO 6 – A DELIBERAÇÃO NO SUPREMO TRIBUNAL FEDERAL DO BRASIL

sessões plenárias da Corte. Os demais processos, com temas mais corriqueiros (mas não menos importantes), terminam por ficar para o "final da fila" e geralmente são "encaixados" pelo Presidente nos finais das sessões ou em sessões com baixo quórum de votação, podendo levar alguns ou vários anos para serem definitivamente julgados. Não é de se estranhar que, assim como ocorre em outras Cortes Constitucionais, a definição da agenda de julgamentos seja um tema bastante controverso e objeto de críticas por parte da comunidade jurídica.

Em razão da compreensível dificuldade de manter-se atualizado e preparado para todos os processos em pauta, os Ministros e seus assessores estão constantemente sujeitos a serem "surpreendidos" com novos e complexos casos submetidos à deliberação. A cada semana, intervalo de tempo no qual são periodicamente publicadas novas pautas das sessões deliberativas do Tribunal, as equipes de cada gabinete (de modo independente e autônomo, repita-se) renovam os estudos preparatórios para a deliberação dos casos programados para as sessões plenárias, que ocorrem às quartas e quintas-feiras.

A pauta é publicada com mais ou menos uma semana de antecedência[382], quando comumente iniciam-se as deliberações prévias intragabinetes (acima tratadas). Nesses momentos, pode eventualmente haver contatos parciais entre um ou outro Ministro no sentido de trocar ideias e, de modo excepcional, relevar mutuamente as respectivas posições que serão defendidas em sessão pública, o que, como anteriormente analisado, pode dar margem à formação momentânea e pontual de coalizões. O mais comum, porém, é que cada Ministro e sua respectiva equipe trabalhem nesse período preparatório de modo incomunicável em relação a outros gabinetes, mantendo em segredo absoluto o voto até o momento de sua revelação na sessão pública. Os únicos documentos que igualmente circulam entre todos os gabinetes são os relatórios dos processos que serão submetidos a julgamento[383] e, eventualmente, alguns

---

[382] Dependendo da organização dos trabalhos pela Presidência, esse prazo pode ser estabelecido em um mês ou mais, tendo em vista o objetivo de antecipar a todos o conhecimento dos processos que serão objeto de julgamento em determinado semestre. O Regimento Interno do Tribunal estabelece que: "A publicação da pauta de julgamento antecederá quarenta e oito horas, pelo menos, à sessão em que os processos possam ser chamados" (art. 83).

[383] O Regimento Interno do Tribunal (art. 87) estabelece apenas a distribuição dos relatórios de alguns processos que menciona.

ARGUMENTAÇÃO CONSTITUCIONAL

materiais necessários para a deliberação: memoriais de advogados, relatórios de audiências públicas realizadas, manifestações de *amici curiae*, etc.

Muito recentemente, alguns poucos Ministros começaram a tomar a iniciativa de, ao relatar casos de maior complexidade e repercussão, fazer distribuir seus votos entre todos os colegas, no intuito de tentar ensaiar o começo de alguma prática de intercâmbio de ideias e propostas nos momentos imediatamente anteriores à sessão plenária, o que permitiria deliberações públicas mais céleres e informadas, com a provável diminuição dos pedidos de vista. A prática, contudo, ainda tem se revelado pouco eficaz, visto que alguns Ministros permanecem mantendo fortes restrições a esse tipo de comportamento, que tende a revelar antecipadamente as posições defendidas e assim deturpar a antiga prática de manter em segredo os votos até o momento da sessão em público.

Parece ainda estar distante, portanto, o desenvolvimento de práticas de deliberação prévia na Corte, predominando, até os dias atuais, o tradicional costume do trabalho individual e incomunicável por parte de cada Ministro. A deliberação pretensamente colegiada começa apenas com o início da sessão plenária.

6.2.2. A deliberação na Sessão Plenária

6.2.2.1. O Cenário e sua Publicidade

O Salão do Plenário constitui o cenário público das deliberações do colegiado pleno de Ministros[384]. Em razão da transparência e do amplo acesso

---

[384] O cenário ou o ambiente institucional tem importância fundamental para a prática deliberativa, como já havia analisado Barbosa Moreira, que fez as seguintes considerações sobre o assunto: "Bem se compreende a relevância que pode assumir a localização do edifício onde funciona o colegiado. Uma coisa é julgar em local tranqüilo, propício à reflexão, imune a burburinhos capazes de distrair a atenção dos votantes; outra é ter de formar convicção sobre questões não raro difíceis e complexas em atmosfera buliçosa, conturbada, sujeita a cada momento às mais variadas interferências. Em compensação, um isolamento excessivo pode contribuir para encerrar os juízes na famosa "torre de marfim" e fazê-los perder contato com o mundo exterior, no qual se destinam a surtir efeitos, afinal de contas, as suas deliberações. De uma forma ou de outra, e como quer que se devam valorar semelhantes fenômenos, o que ninguém negará é a possibilidade de que eles repercutam no teor da votação. (...) Item de certa importância é o do acesso ao ponto em que se situa o prédio, bem como ao respectivo interior. O ser bem ou mal situado - inclusive quanto aos meios de transporte, ao fluxo do trânsito, e assim por diante - pode fazer variar a rapidez com que cheguem ao prédio os membros do órgão

CAPÍTULO 6 – A DELIBERAÇÃO NO SUPREMO TRIBUNAL FEDERAL DO BRASIL

disponível a todo e qualquer cidadão, é necessário que o Tribunal mantenha um eficaz serviço de cerimonial e de segurança para organizar a entrada, presença e saída do público em geral, dos profissionais da imprensa e da comunidade jurídica. A manutenção da ordem pública nas sessões fica sob a responsabilidade e coordenação superior do Presidente do Tribunal[385]. Em dias de julgamentos importantes e que despertam o interesse de grande parte da opinião pública, não raro são realizadas manifestações populares na Praça dos Três Poderes, o que exige dos profissionais de cerimonial e segurança um cuidado ampliado no controle do acesso ao edifício. No interior do Salão, não há nenhum obstáculo que separe as cadeiras destinadas ao público e a bancada onde se sentam os Ministros[386], de modo que todo esse

julgador, e em consequência a probabilidade de atrasos (...) Mas não é só o acesso dos juízes que interessa neste contexto: também o dos funcionários que os auxiliam, o dos advogados e – *last but not least* - o dos interessados em assistir ao(s) julgamento(s), e eventualmente em influir nele(s), pela simples presença ou por outros meios mais conspícuos. A tal propósito, cabe igualmente uma alusão à possibilidade de se utilizarem espaços contíguos ao prédio, ou próximos dele, para demonstrações de massas populares (ou de grupos sectários), favoráveis ou desfavoráveis a este ou aquele desfecho para determinado pleito. Se a localização é propícia, e não há obstáculo à manifestação, é bem possível, aqui e ali, que ao menos parte dos votantes se deixe influenciar. Isso *a fortiori* sucederá se os manifestantes puderem penetrar no edifício, ou até no recinto do julgamento, e nele externar-se por aplausos, vaias, exibição de cartazes, gestos ameaçadores ou insultuosos, palavras de ordem ditas em coro... Em casos extremos, configurar-se-á perturbação ou mesmo impedimento dos trabalhos; mas essas são hipóteses que, pela raridade e pelo estridente teor patológico, excedem os limites fixados ao artigo". MOREIRA, José Carlos Barbosa. *Notas sobre alguns fatores extrajudiciais no julgamento colegiado.* In: Revista de Processo, vol. 75, jul. 1994.

[385] O Regimento Interno, em seu artigo 44, estabelece que: "A polícia das sessões e das audiências compete ao seu Presidente". Outras disposições regimentais também atribuem ao Presidente a direção dos serviços de segurança e a responsabilidade pela polícia do Tribunal: "Art. 13. São atribuições do Presidente: (...) XIII – superintender a ordem e a disciplina do Tribunal, bem como aplicar penalidades aos seus servidores;". "Art. 42. O Presidente responde pela polícia do Tribunal. No exercício dessa atribuição pode requisitar o auxílio de outras autoridades, quando necessário. Art. 43. Ocorrendo infração à lei penal na sede ou dependência do Tribunal, o Presidente instaurará inquérito, se envolver autoridade ou pessoa sujeita à sua jurisdição, ou delegará esta atribuição a outro Ministro. (...) Art. 44. A polícia das sessões e das audiências compete ao seu Presidente".

[386] A organização da bancada onde se sentam os Ministros é a seguinte, conforme determinação do Regimento Interno do Tribunal (artigo 144): "Art. 144. Nas sessões do Plenário, o Presidente tem assento à mesa, na parte central, ficando o Procurador-Geral à sua direita. Os demais Ministros sentar-se-ão, pela ordem decrescente de antiguidade, alternadamente, nos lugares laterais, a começar pela direita".

ARGUMENTAÇÃO CONSTITUCIONAL

aparato de organização e de segurança deve ser bastante eficiente para evitar ocorrências indesejadas, como, por exemplo, aplausos a favor ou contra, gritos indignados, uso de aparelhos eletrônicos com capacidade de captação das trocas de informação reservada entre os Ministros e seus assessores (como câmaras de fotografia de longo alcance que podem registrar imagens das telas dos computadores dos magistrados) e, inclusive, manifestações mais graves, como a que ocorreu no julgamento do rumoroso caso da demarcação da terra indígena Raposa Serra do Sol, em que um índio presente tentou avançar em direção ao local de deliberações em forma de protesto, no que foi imediatamente contido pelo serviço de segurança.

O aspecto mais distintivo e interessante do cenário público das deliberações diz respeito à presença das câmeras de televisão em diversos locais estratégicos do Salão do Plenário. Elas estão por toda parte e são bem visíveis a todos os que se encontram no local, de modo que constituem um elemento marcante e que à primeira vista pode ser consideravelmente intimidador. Afinal, todos os presentes em algum momento constatarão que estão sendo filmados e que, portanto, podem ser assistidos de qualquer parte do território nacional e também desde outros países. Em julgamentos de grande repercussão, as imagens captadas pelas câmaras podem compor o material editado dos noticiários televisivos de maior audiência.

A questão crucial está em saber se esse cenário extremamente aberto exerce algum tipo de influência no comportamento, na postura, nas práticas argumentativas dos Ministros. Que ele exerça impacto sobre todos que o presenciam pela primeira, segunda, terceira... vez é algo intuitivo. O advogado que não está acostumado a fazer periódicas sustentações orais no local; o cidadão que conhece pela primeira vez a Suprema Corte de seu país; o Ministro recém-empossado no cargo e em suas participações iniciais na deliberação em público... é bem provável que todos sejam de alguma maneira intimidados pelas câmeras de televisão. Por outro lado, essa constatação é muito mais difícil de se fazer em relação aos Ministros que estão bastante acostumados com esse cenário e que nele atuam com desenvoltura. Uma das perguntas realizadas nas entrevistas estava destinada a averiguar se os próprios Ministros se sentiam filmados ou assistidos quando estão deliberando em sessão plenária.

CAPÍTULO 6 – A DELIBERAÇÃO NO SUPREMO TRIBUNAL FEDERAL DO BRASIL

Questão: **Vossa Excelência se sente "filmado" ou "assistido" por milhões de pessoas quando está votando ou debatendo nas sessões plenárias?... ou isso sequer é lembrado?**	
Ministro 1	Não cheguei a participar de julgamentos com transmissão ao vivo. Mas penso que os votos são hoje muito mais longos.
Ministro 2	Nem passa pela minha cabeça. Você se acostuma. No primeiro ano, quando cheguei aqui...como não tinha vida tão pública assim, o grande público... estranhava o fato de estar sendo filmado. Mas logo, logo, você se adapta e não se lembra mais daquilo.
Ministro 3	Penso que há sim um componente, ainda que não seja consciente; ao nível inconsciente todos nós temos esse sentimento de que estamos sendo observados. Outro dia conversei com um médico cirurgião, amigo meu, sobre essa intensa exposição que nós temos e ele me dizia: "olha, se eu tivesse que ser filmado durante uma cirurgia meu comportamento seria totalmente outro, inclusive o meu relacionamento com os assistentes; certas frases que eu pronuncio, certas advertências, eu já ficaria inibido de fazê-las...".
Ministro 4	Não. Não percebo.
Ministro 5	Não. Não me lembro. Não me preocupo com o fato de o voto que estou proferindo está sendo acompanhado em faculdades e também pela sociedade em geral.
Ministro 6	Sem resposta específica.
Ministro 7	Não. Não sinto. Inclusive, muitas vezes algumas pessoas da TV Justiça falam: "olha, o senhor ficou com a cadeira muito jogada para trás", "isso não fica bem na imagem", "fecha o paletó", "o senhor fica com o paletó aberto"... Mas eu penso que temos que nos comportar ali com naturalidade. É o que eu procuro fazer. Eu considero que estou numa sessão de julgamento da Suprema Corte de meu país.
Ministro 8	Não. Não fazia diferença.

Como se pode ver, os Ministros entrevistados afirmaram que no momento em que estão deliberando (votando ou debatendo) não percebem o fato de estarem sendo filmados. É difícil partir apenas dessas declarações para se retirar qualquer conclusão no sentido de que o televisionamento não causa impacto no comportamento dos magistrados. Porém, elas sugerem a hipótese bastante plausível de que o tempo de exposição e o grau de concentração na atividade são indiretamente proporcionais ao impacto que as câmeras de

ARGUMENTAÇÃO CONSTITUCIONAL

televisão podem causar na postura argumentativa momentânea de cada Ministro, o que quer dizer que quanto mais tempo de prática deliberativa pública tiver o magistrado e quanto maior for o grau de concentração dele no ato que está realizando menor será a probabilidade de que ele sinta ou lembre que está sendo filmado por câmeras de televisão. E tudo indica que, conforme as respostas acima apresentadas, é isso que de fato ocorre nas sessões televisionadas do Supremo Tribunal Federal. Enquanto estão efetivamente envolvidos na votação e nos debates, os Ministros que possuem pelo menos alguma prática de deliberação pública em tribunais colegiados – e desse modo estão acostumados com a exposição – muito provavelmente não sentem a presença das câmeras de televisão como algo relevante ou impactante sobre sua atuação.

É bastante plausível considerar também que muitas vezes a presença de um público bastante diversificado no interior do Salão do Plenário – advogados, profissionais da imprensa, políticos, integrantes de associações e sindicatos e outros grupos de poder, etc. –pode exercer uma influência tão intensa quanto aquela que se poderia atribuir à presença das câmeras de televisão. Nesse aspecto, não seria demais considerar que os olhares atentos e cheios de expectativa do público presente, por estarem mais próximos e serem mais reais e atuais, podem ter um potencial intimidante inclusive maior do que as lentes das câmeras de televisão.

As críticas que alegam que a TV Justiça estaria causando mudanças nos comportamentos deliberativos dos Ministros parecem assim estar errando o alvo, que na verdade é representado pelo próprio modelo de publicidade das deliberações. A exposição pública é um fator que integra e caracteriza os julgamentos nos tribunais brasileiros, que sempre adotaram o modelo de deliberação pública. O juiz brasileiro deve aprender e saber deliberar em ambiente público. Nesse contexto, a instalação de câmeras de televisão no Salão do Plenário do Supremo Tribunal parece ter constituído apenas um mecanismo adicional de publicidade, além dos tradicionalmente existentes, que em determinado momento teve que ser absorvido pela prática deliberativa dos Ministros.

Existem diferenças muito nítidas entre a prática argumentativa que se desenvolve em ambientes institucionais fechados, como ocorre no Tribunal Constitucional da Espanha, e, por outro lado, em ambientes abertos ao público, como acontece no Supremo Tribunal Federal do Brasil. Elas parecem

CAPÍTULO 6 – A DELIBERAÇÃO NO SUPREMO TRIBUNAL FEDERAL DO BRASIL

ter ficado até agora (e nos tópicos seguintes ficarão ainda mais) evidenciadas. No entanto, a escolha entre modelos públicos e secretos de deliberação não é uma alternativa atualmente possível no Brasil, nem está posta em questão. Assim, é frágil constatar que a instituição da TV Justiça tenha representado uma mudança radical no tradicional modelo brasileiro de deliberação pública. É mais plausível considerar que a televisão possibilitou uma ampliação muito grande do leque de possíveis espectadores das sessões deliberativas, mas que não significou necessariamente uma introdução impactante de fatores potencialmente inibidores dos comportamentos deliberativos que já não poderiam ser identificados anteriormente. Os aspectos institucionais da publicidade que influenciam a postura argumentativa dos Ministros podem ter sido exacerbados, mas não foram introduzidos com a chegada da TV Justiça. Eles decorrem do caráter público que sempre marcou o modelo brasileiro de deliberação[387], que foi ampliado com a transmissão televisiva das sessões.

[387] O fato de o modelo de deliberação pública, que sempre foi aplicado nos julgamentos dos tribunais brasileiros, exercer influências sobre as práticas de votação dos magistrados já havia sido ressaltado no início da década de 1990 por Barbosa Moreira, nos seguintes termos: "Uma das primeiras questões que reclamam aqui a atenção do observador é a da opção entre o sistema da deliberação pública e o sistema da deliberação secreta. Como se sabe, predomina largamente o segundo nos ordenamentos continentais europeus, o primeiro no direito anglo-saxônico e no brasileiro. Em nosso país, a publicidade dos atos processuais é hoje mandamento constitucional (*Carta da República*, arts. 5.º LX, e 93, IX, *initio*); mas, ainda antes, já a consagravam, em linha de princípio, as leis processuais (CPC (LGL 1973\5) , art. 155, *caput*,1.ª parte; CPP (LGL 1941\8) , art. 792, *caput*). As exceções nelas previstas (CPC (LGL 1973\5) , art. 155, *caput*,2.ª parte; CPP (LGL 1941\8) , art. 792, § 1.º) afiguram-se compatíveis com as ressalvas constantes do próprio texto da Constituição (...). (...) O que no momento nos interessa é a possível influência da sistemática adotada sobre o teor dos votos. No caráter secreto da deliberação costuma enxergar-se uma proteção dos juízes contra pressões exteriores: sem ela, com maior facilidade os induziriam a tomar esta ou aquela posição – eventualmente diversa da que lhes sugerisse a convicção racional – sentimentos como o temor de uma vingança, o desejo de não desagradar a um amigo, a uma autoridade administrativa, a um magistrado de hierarquia superior, a um partido político... Votando *coram populo*, o juiz pode sem dúvida ver-se tentado a "jogar para a platéia", a preocupar-se em excesso com a repercussão do voto junto aos assistentes – e, para além deles, junto à opinião pública, ou àquilo que passe por ser a opinião pública no dizer dos meios de comunicação social... Agrava-se o perigo em se tratando de processo concernente a assunto de grande relevância política (no sentido estrito da palavra), ou propício a suscitar emoções fortes, que se expressam em juízos apaixonados; ainda maior se torna quando o julgamento se realiza na presença de repórteres e – sobretudo! – de câmeras de televisão; atingirá o ápice, bem se compreende, se inundarem o recinto, ou de qualquer sorte estiverem em condições de acompanhar de perto os trabalhos, interessados

ARGUMENTAÇÃO CONSTITUCIONAL

Pode-se então dizer que os problemas de deliberação foram aprofundados, mas não que surgiram com a introdução do televisionamento. A TV Justiça representa hoje mais um elemento da peculiar prática deliberativa do STF, o qual deve ser analisado no contexto mais amplo desse complexo modelo de deliberação aberta, um modelo que, ressalte-se novamente, não está posto em questão, mesmo porque é fruto de uma tradição e de uma cultura constitucional consolidadas e de um atual mandamento constitucional expresso. Esse é o atual ambiente institucional da deliberação no STF e é pouco provável que ele sofra modificações.

6.2.2.2. A Leitura do Relatório e as Sustentações Orais

O início dos trabalhos da Sessão Plenária é anunciado pelo Presidente do Tribunal, a quem compete verificar o quórum para a deliberação – presença mínima de seis Ministros, sendo de oito Ministros para matéria constitucional – e definir, discricionariamente, a ordem de julgamento dos processos programados na pauta[388]. Anunciado o processo que será objeto de deliberação, o

---

diretos ou indiretos, dos quais haja motivos para temer manifestações de aprovação ou de desaprovação, quando não intervenções mais enérgicas. Em tais circunstâncias, não é remota a probabilidade de que algum juiz, ao votar, se deixe guiar menos por aquilo que realmente pensa, na intimidade de sua consciência, do que por aquilo que, segundo lhe parece, o resto do mundo gostaria que ele pensasse. Mas o caráter público da deliberação pode também exercer outro tipo de influência, máxime quando, por imposição legal ou regimental, ou por pressão das circunstâncias, tenha de ser fundamentado o pronunciamento de cada votante. Bem se concebe que, exposto ao controle da assistência, o juiz dedique maior atenção ao exame das questões discutidas, a fim de melhor justificar a posição que tome, prevenir o risco de objeções desconcertantes – ou até desmoralizantes, voluntariamente ou não –, em apartes ou em votos subsequentes, e preservar assim sua 'imagem' de julgador consciencioso e capaz. Não é impossível que seu voto acabe por ser diferente do que ele proferiria sem o aludido controle". MOREIRA, José Carlos Barbosa. *Notas sobre alguns fatores extrajudiciais no julgamento colegiado*. In: Revista de Processo, vol. 75, jul. 1994.

[388] O Regimento Interno do Tribunal define o procedimento para o início das Sessões Plenárias (artigo 125), que deverá observar a seguinte ordem: I – verificação do número de Ministros; II – discussão e aprovação da ata anterior; III – indicações e propostas; IV – julgamento dos processos em mesa. O Regimento Interno estabelece, ainda, que os julgamentos a que o Regimento não der prioridade realizar-se-ão, sempre que possível, de conformidade com a ordem crescente de numeração dos feitos em cada classe (artigo 128). Os processos devem ser chamados pela ordem de antiguidade decrescente dos respectivos Relatores, sendo que o critério da numeração referir-se-á a cada Relator. Ademais, o Presidente poderá dar preferência aos julgamentos nos quais os advogados devam produzir sustentação oral. Na prática,

CAPÍTULO 6 – A DELIBERAÇÃO NO SUPREMO TRIBUNAL FEDERAL DO BRASIL

Presidente concede a palavra ao Relator para que proceda à leitura do relatório do caso, com a descrição dos fatos e atos processuais e das circunstâncias fáticas e jurídicas nele envolvidas, delimitando as questões jurídicas que devem ser objeto da deliberação. Após a leitura do relatório, o Presidente concede tempo de no máximo quinze minutos para que cada advogado inscrito no processo – incluído nesse rol o Advogado-Geral da União ou os advogados públicos que atuam nos processos de controle abstrato de constitucionalidade na defesa do ato normativo, assim como os advogados de eventuais *amici curiae* – possa fazer sustentações orais em defesa das teses das partes que representam. Em seguida à sustentação dos advogados, a palavra é concedida, por igual tempo, ao representante do Ministério Público, para que profira oralmente seu parecer sobre as questões discutidas[389].

Assim, ao contrário dos procedimentos adotados em outras Cortes Constitucionais, em que as audiências públicas para a oitiva dos argumentos dos advogados – como, por exemplo, os *oral arguments* ou *hearings* praticados na Suprema Corte norte-americana e na Suprema Corte do Reino Unido (vide capítulo 4) – são realizadas ainda na fase de instrução do processo, no Supremo

---

contudo, a ordem de julgamentos é definida de modo discricionário pelo Presidente, que acaba dando preferência para o julgamento dos processos de grande repercussão política e social, para aqueles que requeiram julgamento urgente e para os processos que tenham advogados inscritos para realizar sustentação oral.

[389] O procedimento para a realização das sustentações orais está definido pelo Regimento Interno do Tribunal: "Art. 131. Nos julgamentos, o Presidente do Plenário ou da Turma, feito o relatório, dará a palavra, sucessivamente, ao autor, recorrente, peticionário ou impetrante, e ao réu, recorrido ou impetrado, para sustentação oral. § 1º O assistente somente poderá produzir sustentação oral quando já admitido. § 2º Não haverá sustentação oral nos julgamentos de agravo, embargos declaratórios, arguição de suspeição e medida cautelar. § 3º Admitida a intervenção de terceiros no processo de controle concentrado de constitucionalidade, fica-lhes facultado produzir sustentação oral, aplicando-se, quando for o caso, a regra do § 2º do art. 132 deste Regimento. § 4º No julgamento conjunto de causas ou recursos sobre questão idêntica, a sustentação oral por mais de um advogado obedecerá ao disposto no § 2º do art. 132. Art. 132. Cada uma das partes falará pelo tempo máximo de quinze minutos, excetuada a ação penal originária, na qual o prazo será de uma hora, prorrogável pelo Presidente. § 1º O Procurador-Geral terá o prazo igual ao das partes, falando em primeiro lugar se a União for autora ou recorrente. § 2º Se houver litisconsortes não representados pelo mesmo advogado, o prazo, que se contará em dobro, será dividido igualmente entre os do mesmo grupo, se diversamente entre eles não se convencionar. § 3º O opoente terá prazo próprio para falar, igual ao das partes".

ARGUMENTAÇÃO CONSTITUCIONAL

Tribunal Federal as sustentações orais dos advogados são efetivadas no momento da sessão de julgamento do órgão colegiado.

O fato de as sustentações orais se realizarem na própria sessão de deliberação sobre o caso não está livre de críticas. Com efeito, a palavra oral é concedida aos advogados num momento em que o Ministro Relator já realizou todo o seu estudo sobre caso e já firmou sua posição. Como se verá no próximo tópico, não só o Relator, mas também os demais Ministros costumam preparar previamente seus votos com as respectivas posições individuais sobre os temas que serão objeto de julgamento, de modo que praticamente todos já chegam à sessão com convicções bastante formadas sobre o caso. Essa circunstância faz diminuir consideravelmente eventual poder de convencimento e de persuasão que poderiam ter as sustentações orais se fossem realizadas em momento anterior à formação da convicção pelos julgadores.

Não se pode concluir, por outro lado, que por isso as sustentações orais deixem de ter alguma importância no contexto da deliberação. Elas têm uma inegável utilidade prática para os advogados, na medida em que a eles oferecem um espaço dentro da deliberação para pontuar questões relevantes, chamar atenção para diferenças substanciais e ressaltar certos aspectos que desde seu ponto de vista são cruciais para o deslinde das questões discutidas. Em determinadas circunstâncias, portanto, as sustentações podem conduzir os debates num sentido que favoreça eventuais mudanças de posição. Ademais, quando transcorrido um período de tempo razoavelmente longo entre a inclusão do processo em pauta e a sua chamada para julgamento em sessão deliberativa, a sustentação do advogado pode cumprir a função de fazer o próprio Relator rememorar certos aspectos relevantes do caso. Conjugadas que são com as peças escritas e documentos juntados ao processo na fase de instrução processual e com os memoriais do caso que comumente são distribuídos aos Ministros nas vésperas da sessão de julgamento, as sustentações orais ainda oferecem um importante recurso de defesa aos advogados.

De toda forma, parece ser hoje reconhecido que as sustentações poderiam ter maior poder de convencimento e de persuasão se pudessem ser realizadas ainda na fase de instrução do processo, oferecendo ao Ministro Relator e aos demais Ministros a oportunidade de fazer questionamentos aos advogados sobre pontos duvidosos e controvertidos do caso em análise. Proferidas que são na própria sessão deliberativa, as sustentações orais

CAPÍTULO 6 – A DELIBERAÇÃO NO SUPREMO TRIBUNAL FEDERAL DO BRASIL

acabaram se transformando em discursos monológicos, sem oportunidades para a abertura de diálogos construtivos entre advogados e juízes no sentido de aclarar eventuais aspectos obscuros do caso. Apesar de ter o Ministro Relator a prerrogativa de fazer questionamentos aos advogados[390], na prática isso quase nunca acontece, e uma das razões para tanto é justamente o fato de que, na maioria das vezes, no momento da sessão deliberativa ele já tem suas convicções bastante formadas sobre o caso. Afinal, quando o Ministro Relator determina a inclusão do processo na pauta de julgamento, declara que a instrução foi encerrada, o relatório foi elaborado e o caso está devidamente estudado e preparado para ser submetido à deliberação. Assim, é bastante compreensível que no momento das sustentações orais, após a leitura de seu relatório, já não sinta mais nenhuma necessidade de esclarecer certas nuances do caso.

6.2.2.3. Debates e Votação

6.2.2.3.1. Debates?
Após a leitura do relatório e a realização das sustentações orais, inicia-se o procedimento de votação, por ordem do Presidente.

O Regimento Interno do Tribunal sempre previu uma fase de debates prévios à votação[391]. Nessa fase de debates orais, prescreve o Regimento que cada Ministro pode falar duas vezes sobre o assunto em discussão e mais uma vez, se for o caso, para explicar eventual modificação de posição. Após o término dos debates, compete ao Presidente dar início ao procedimento de votação, colhendo os votos de cada Ministro.

Assim, as normas regimentais sobre o tema, desde o primeiro Regimento Interno editado em 1891, parecem delimitar precisamente uma fase de debates orais, distinta de uma posterior fase de votação.

---

[390] O Regimento Interno do Tribunal assim estabelece (artigo 124, parágrafo único): "Os advogados ocuparão a tribuna para formularem requerimento, produzirem sustentação oral, ou responderem às perguntas que lhes forem feitas pelos Ministros".

[391] Artigos 133 e 135 do Regimento Interno de 1980. Artigos 138 e 140 do Regimento Interno de 1970. Artigos 65 e 67 do Regimento Interno de 1940. Artigos 51 e 53 do Regimento Interno de 1909. Artigos 44 e 45 do Regimento Interno de 1891.

ARGUMENTAÇÃO CONSTITUCIONAL

Na prática atual, porém, não há uma fase exclusiva de debates orais. Logo após a leitura do relatório e da realização das sustentações orais, o Presidente começa a colher o voto do Ministro Relator e, em seguida, o de cada Ministro, separadamente. Considera-se como "debates" o conjunto dos diversos pronunciamentos – convergentes ou divergentes ao voto do Relator – e as eventuais discussões que podem ser desencadeadas durante a votação, quando algum Ministro se utiliza da prerrogativa de fazer um *aparte* ao voto de outro Ministro, levantando questionamentos, dúvidas, controvérsias, pedidos de esclarecimento, posições contrárias etc[392].

Como se verá nos tópicos seguintes, o modelo de votação *seriatim* e a atual prática de voto como uma leitura de textos escritos previamente preparados tornam praticamente insubsistente uma fase de debates orais.

6.2.2.3.2. Votação Seriatim

A votação segue rigorosamente uma ordem predeterminada pelo Regimento Interno, que deve ser observada e aplicada pelo Presidente. Em primeiro lugar, cabe ao Ministro Relator proferir seu voto. Em sequência, ao término do voto do Relator, o Presidente concede a oportunidade de voto a cada Ministro[393], observando a ordem crescente de votação (ordem inversa de antiguidade)[394], que vai do Ministro mais novo ou moderno até o Ministro mais antigo, o denominado "decano" da Corte. Pratica-se, assim, a votação *em série*, que corresponde ao modelo de deliberação *seriatim* típico, tal como visto no capítulo 4.

Essa ordem de votação tem sua razão de ser: visa atribuir o poder de decisão aos Ministros mais antigos. Especialmente em casos controversos, em que a votação pode transcorrer de modo acirrado, sempre caberá aos mais experientes os votos finais e, portanto, definitivos do julgamento. Ocasiões de desempate ou que requeiram escolhas por terceiras vias de decisão recaem

---

[392] A prerrogativa de realizar apartes ao voto de outro Ministro está prevista no artigo 133 do Regimento Interno do Tribunal.

[393] O Regimento Interno do Tribunal dispõe que "cada Ministro poderá falar duas vezes sobre o assunto em discussão e mais uma vez, se for o caso, para explicar a modificação do voto. Nenhum falará sem autorização do Presidente, nem interromperá a quem estiver usando a palavra, salvo para apartes, quando solicitados e concedidos" (art. 133).

[394] Artigo 135 do Regimento Interno do Tribunal.

CAPÍTULO 6 – A DELIBERAÇÃO NO SUPREMO TRIBUNAL FEDERAL DO BRASIL

sobre os ombros dos magistrados mais experientes, que podem, inclusive, ter maior poder de influência no sentido de mudanças de posicionamento por parte dos Ministros que votaram primeiro. Do contrário, se se seguisse a ordem decrescente de antiguidade, esse poder de decisão terminaria ficando com os Ministros mais novos na Corte, o que pressupõe-se ser um contrassenso. Com essa ordem de votação, portanto, compete aos Ministros mais antigos não apenas votar por último, como também suscitar a reflexão mais aprofundada por parte dos Ministros mais modernos, rememorando a jurisprudência da Corte e valendo-se de sua experiência para vislumbrar os possíveis efeitos, negativos ou positivos, das decisões que podem ser tomadas na ocasião.

Por outro lado, em alguns casos essa ordem sequencial de votação pode ter o efeito inverso, deixando o poder de decisão com os Ministros mais novos e retirando a utilidade prática dos votos dos Ministros mais antigos. Isso pode acontecer nos casos em que os seis primeiros votos adotem um mesmo posicionamento e, portanto, formem a maioria em um sentido ou outro de decisão. Nessas hipóteses, a menos que haja alguma modificação posterior de voto – o que não é favorecido pelas práticas de preparação prévia individual, como será analisado no tópico seguinte, e desencorajado pela ampla publicidade das sessões –, os outros cinco Ministros na sequência de votação, que deveriam proferir os votos definitivos, ficam sem poder efetivo de decisão, visto que a maioria já estará formada com os seis primeiros votos, originados dos Ministros mais modernos.

Entre as vantagens e desvantagens da adoção de ordens crescentes ou decrescentes de antiguidade, parece certo que, em qualquer desses casos, há déficits de deliberação que decorrem da ausência de uma fase exclusiva para debates e da concentração dos pronunciamentos orais num procedimento de votação *seriatim*, de acordo com uma sequência preestabelecida. A votação *seriatim*, portanto, segue um procedimento que é mais *agregativo* – no sentido de que apenas reúne e soma os votos individualmente considerados para a aferição de resultado e tomada de decisão – do que deliberativo.

6.2.2.3.3. Discursos Públicos e Retórica

Assim, como visto, o Supremo Tribunal Federal tradicionalmente adota um modelo de deliberação em que os votos são proclamados em série, conforme as características de um modelo *seriatim* típico (vide capítulo 4), em que cada

ARGUMENTAÇÃO CONSTITUCIONAL

magistrado profere um "discurso" individual, com sua posição pessoal e os fundamentos que a justificam.

Em razão das peculiaridades do cenário da deliberação no Tribunal, com ampla publicidade, muitas vezes os votos assumem características próprias de discursos políticos, especialmente nos casos de maior atenção por parte da opinião pública, e as discussões podem, desse modo, assumir um viés mais parlamentar do que judiciário.

A prática corresponde à tradição das deliberações públicas do Tribunal, que está marcada pela atuação de alguns Ministros – como Pedro Lessa[395], por exemplo – que fizeram história por seu estilo mais ardoroso de proferir votos. Em tempos mais recentes, destacou-se a atuação de Ministros com inegável carisma perante a opinião pública, como o Ministro Carlos Britto, que fazia uso frequente de recursos de linguagem e frases de efeito (trechos de poemas e músicas populares, rimas, metáforas, trocadilhos etc.)[396] que muitas vezes foram objeto de destaque na imprensa e caíram no gosto popular.

---

[395] "Disse-o bem Viveiros de Castro, contemporâneo e amigo de Lessa no Supremo, de quem discordara e sustentara pontos díspares: 'Os partidários do tipo clássico do juiz marmóreo, inacessível às paixões humanas, aplicando automaticamente a lei, censuravam a Pedro Lessa o ardor com que ele defendia os seus votos, o desusado calor que imprimia às discussões, tornando-as talvez mais parlamentares do que judiciárias'". ROSAS, Roberto. *Pedro Lessa e sua atuação no Supremo Tribunal.* In: Arquivos do Ministério da Justiça n. 158, abr./jun. 1981, p. 169.

[396] Os usos de metáforas, trocadilhos, trechos de músicas e de poemas por parte do Ministro Carlos Britto podem ser encontrados em diversos julgamentos. Por exemplo, no julgamento da Ação Direta de Inconstitucionalidade n. 3.510, que tinha como objeto a Lei de Biossegurança que trata das pesquisas com células-tronco embrionárias, o Ministro Carlos Britto, então Relator da ação, utilizou de trocadilhos (no trecho: "e como se trata de uma Constituição que sobre o início da vida humana é de um silêncio de morte (permito-me o trocadilho)..." e de trechos de músicas dos artistas Ana Carolina e Tom Zé e de poema de Fernando Pessoa. No também famoso julgamento da Ação Direta de Inconstitucionalidade n. 4.277, que visava interpretar a Constituição no sentido de se reconhecer a validade jurídica das uniões entre pessoas do mesmo sexo, o Ministro Carlos Britto citou poema de Chico Xavier e construiu alguns trechos de bastante efeito, tais como o seguinte: "Afinal, a sexualidade, no seu notório transitar do prazer puramente físico para os colmos olímpicos da extasia amorosa, se põe como um plus ou superávit de vida. Não enquanto um minus ou déficit existencial. Corresponde a um ganho, um bônus, um regalo da natureza, e não a uma subtração, um ônus, um peso ou estorvo, menos ainda a uma reprimenda dos deuses em estado de fúria ou de alucinada retaliação perante o gênero humano".

CAPÍTULO 6 – A DELIBERAÇÃO NO SUPREMO TRIBUNAL FEDERAL DO BRASIL

Em um modelo extremamente aberto de deliberação, é praticamente inevitável que as deliberações em casos mais rumorosos assumam esse viés mais próximo ao de um "espetáculo". E não se pode deixar de mencionar, igualmente, que as deliberações públicas não evitam discussões mais calorosas entre os magistrados, algumas vezes surgidas por divergências profundas sobre aspectos da fundamentação dos votos, comportamento que sempre esteve presente na prática decisória do STF, desde suas origens históricas[397].

Nesse peculiar modelo de deliberação pública, portanto, existem condições muito favoráveis para a prática de discursos retóricos. Os argumentos desenvolvidos nos votos de cada Ministro podem conter técnicas de retórica – ainda que algumas vezes os próprios Ministros não tenham plena consciência desse fato – que se destinam mais à *persuasão* do público que assiste às sessões (seja o presente no Salão do Plenário, o telespectador da TV Justiça, o ouvinte da Rádio Justiça ou até mesmo o internauta) do que ao *convencimento* do colegiado de magistrados. O tom mais ardoroso de alguns discursos, as discussões mais acaloradas, as frases de efeito estrategicamente utilizadas como sendo as de um pronunciamento parlamentar etc., evidenciam que muitas vezes a argumentação produzida se direciona aos diversos *auditórios exteriores* ao Tribunal, como a opinião pública, os Poderes da República (Legislativo e Executivo) e os demais órgãos do Poder Judiciário, os diversos meios de comunicação, as faculdades de direito etc.

O importante papel da retórica na prática argumentativa dos magistrados tornou-se uma característica peculiar e definidora do modelo de deliberação pública desenvolvido no STF. Os Ministros são conscientes de que, na

---

[397] Sobre as profundas divergências e os desentendimentos entre Ministros, já é clássico o episódio protagonizado pelos Ministros Epitácio Pessoa e Pedro Lessa, nos primórdios do Tribunal, que foi bem descrito por Emilia Viotti: "Apesar da relativa uniformidade dos ministros, eles divergiam nos seus votos, chegando às vezes a sérios desentendimentos pessoais, como o ocorrido entre Epitácio Pessoa e Pedro Lessa, relatado por Leda Boechat Rodrigues. A animosidade entre os dois decorrera de uma citação errada de autor norte-americano que Epitácio fizera em apoio a uma tese que defendia. Pedro Lessa interrompeu-o, dizendo que o auto citado afirmara exatamente o oposto; como prova, mandou buscar o volume na biblioteca do Tribunal. Epitácio nunca lhe perdoou a humilhação. O incidente criou tanto mal-estar entre os dois que passaram anos sem se cumprimentar". COSTA, Emilia Viotti da. *O Supremo Tribunal Federal e a construção da cidadania*. 2ª Ed. São Paulo: Ieje; 2007, p. 57.

qualidade de *oradores*, o espectro de seus possíveis *auditórios* não se restringe ao interior do colegiado, mas se amplia para abarcar uma quantidade cada vez maior de *múltiplas audiências* presentes na sociedade. Para serem de fato eficazes, seus argumentos devem ser dirigidos não apenas ao convencimento de seus pares, mas igualmente à persuasão desses auditórios externos, de modo que o uso de técnicas de retórica tornou-se um elemento fundamental da argumentação constitucional na Corte. Esse é um dos motivos pelo qual muitos magistrados hoje preferem se preparar cuidadosamente para a votação, produzindo previamente estudos aprofundados e textos escritos que contêm os seus argumentos e as possíveis réplicas aos argumentos que podem ser levantados em contra, assim como as técnicas de retórica voltadas à persuasão do público.

6.2.2.3.4. A Prática da Leitura de Textos Previamente Preparados

Em julgamentos considerados difíceis e complexos, é muito comum que todos os Ministros já cheguem na sessão plenária com seus votos completamente prontos, resultados de estudos prévios realizados com o auxílio das equipes dos gabinetes (como anteriormente explicado), muitas vezes com bastante antecedência. Esses estudos prévios e as deliberações intragabinetes entre Ministros e seus assessores podem resultar em textos escritos com considerável densidade argumentativa, compostos por robustas fundamentações e conclusões sobre as questões jurídicas em discussão.

Atualmente, portanto, nos casos mais complexos, especialmente naqueles cujos temas estão sendo decididos pela primeira vez pelo Tribunal, prevalece a prática da preparação prévia de votos escritos bem fundamentados. É certo, por outro lado, que nos casos mais corriqueiros muitos Ministros ainda preferem esperar de forma aberta pelo voto do Relator e então proferir seus votos. E existem, ainda, os Ministros que, por um estilo próprio (especialmente os dos mais antigos), estão mais acostumados a atuar de improviso. É o que parece ter ficado indicado a partir das respostas dos Ministros entrevistados à pergunta específica sobre esse tema.

CAPÍTULO 6 – A DELIBERAÇÃO NO SUPREMO TRIBUNAL FEDERAL DO BRASIL

Questão: Vossa Excelência costuma preparar previamente votos escritos para o julgamento de qualquer processo? Ou prefere ouvir primeiro o voto do relator para depois proferir oralmente suas considerações e participar da discussão de forma constantemente aberta à mudança de posicionamento?	
Ministro 1	Como relator, ou como revisor, nunca deixei de levar voto escrito. Nunca pus um processo em pauta sem estar com voto pronto. Num caso ou noutro, eu até cheguei a mudar de voto após a sustentação oral. Mas a regra nunca foi esta. Agora, como vogal, devido à carga de processos, muitas vezes eu tomava conhecimento ali, na hora. E esta é a realidade. Todos os juízes procedem desta forma. Sempre tive o cuidado de ler os memoriais dos julgamentos do dia. Quando sentia que podia votar, eu então improvisava os votos. Quando ficava alguma dúvida, eu pedia vista.
Ministro 2	Em princípio, preparo antes, mas ocorre também de, quando o assunto já é bem conhecido, que eu já tenho posição firmada, vou sem nada.
Ministro 3	Quando o tema é complexo, e nós enfrentamos vários temas complexos nos últimos tempos, questões que não foram enfrentadas pelo tribunal no passado, nunca foram examinadas, eu me preparo de antemão, pelo menos em linhas gerais. Nos assuntos mais corriqueiros, eu estudo os autos, mas me fio muito no que os colegas dizem.
Ministro 4	Em geral, preparamos o voto escrito ou as anotações que vão levar à formulação de um dado voto. Mas, evidentemente, há casos em que determinados argumentos, de índole de consequência, podem nos levar a repensar a situação, especialmente em casos em que somos meros vogais. Então, a argumentação que se faz, que se desenvolve, muitas vezes nos leva a um reposicionamento. Como também, nesse sentido, é importante anotar, e eu já tive experiência própria a respeito, que às vezes uma sustentação oral com uma dada ênfase ou um dado enfoque leva até mesmo o relator a repensar o seu voto. Eu já tive casos de indicar adiamento de um julgamento a partir da sustentação oral. Em suma, então, a despeito do posicionamento que nós, eventualmente, tenhamos, é possível mudar-se de posição.
Ministro 5	Não. Geralmente levo voto escrito quando sou relator; aí eu sou compelido a confeccionar um relatório e também levar um voto concatenado e com uma base, inclusive, doutrinária e de jurisprudência. Agora, quando atuo como vogal, simplesmente como vogal, em noventa e nove vírgula nove por cento dos casos eu atuo de improviso.
Ministro 6	Naquela época eu fazia como a maior parte também fazia. Quando eu sabia que um tema era importante e que ia ser levado a julgamento, estava na pauta, aí eu preparava o voto. Mas, de ordinário, o voto era dado na hora.

Ministro 7	Os votos dos casos que sou relator, evidentemente, já os levo prontos. Em relação aos processos de relatoria dos colegas, o que faço é estudar o tema e no momento eu profiro meu voto. Quando é uma matéria que se sabe que demanda um registro da posição, pela sua dimensão, pela sua importância, já levo um voto preparado.
Ministro 8	Quando entrei (no Tribunal), tinham seiscentos processos em pauta; e quem administra a pauta é o Presidente do Tribunal. Nós íamos para a sessão sabendo que tinham quinhentos processos em pauta, mas nós não sabíamos com clareza o que ia ser julgado aquele dia. Os "capinhas" (auxiliares de plenário) levavam (para a sessão) todas as pastas, relativas a todos os processos. Eu então fazia uma mera anotação sobre questões. Nunca fazia discurso escrito; preferia fazer a coisa verbal.

Quando, nos casos mais complexos, predominam os votos escritos previamente preparados, é bem provável que a votação assuma algumas características, as quais têm-se tornado cada vez mais perceptíveis. Nos casos em que a maioria possui em mãos um voto escrito, é bastante natural que cada Ministro acabe preferindo fazer a exposição completa dos fundamentos de seu voto, que podem ser fruto de demoradas reflexões. A votação pode então se transformar em uma sequência de leituras e discursos monológicos, segundo a ordem predeterminada, que praticamente não deixam muito espaço para exercícios mais profundos de argumentação dialética. A preocupação primordial de cada Ministro pode acabar sendo a de apresentar unilateralmente as razões contidas em seu voto, em vez de se engajar em debates construtivos. O esforço de convencimento mútuo pode então ser diminuído, pois todos estariam conscientes de que a maioria trouxe para a sessão estudos prontos e posição previamente firmada, que dificilmente seriam modificados ao longo da votação. Não se cria, com isso, um clima mais favorável à mudança de posicionamento.

A maioria dos Ministros entrevistados deixou bem enfatizado que poderia modificar um voto extenso e bem estudado após ouvir, no decorrer da sessão deliberativa, um voto com argumentos contrários aos seus. Muitos, inclusive, afirmaram já terem exercitado a mudança de voto nas sessões.

CAPÍTULO 6 – A DELIBERAÇÃO NO SUPREMO TRIBUNAL FEDERAL DO BRASIL

Questão: **Vossa Excelência modificaria um voto extenso e bem estudado ao longo de meses logo após ouvir, em sessão, o voto de um colega com argumentos contrários aos seus?**	
Ministro 1	Isso já ocorreu comigo. Muitas vezes um detalhe. Você acha que está com a verdade e um colega desperta para um detalhe, para um dado que passou despercebido. Ou então a sustentação oral. Uma vez levei voto escrito, fundamentado, e o advogado foi tão feliz na sustentação oral que eu abandonei aquele voto e proferi um voto de improviso, cujo dispositivo era contrário àquele do meu voto escrito.
Ministro 2	Sim. E já aconteceu. Mas creio que, na medida em que o tempo vai passando, isso se torna bem menos frequente.
Ministro 3	Dificilmente. A menos que haja um erro factual. Após um pedido de vista, um colega detecta um erro factual absolutamente fundamental para o desfecho jurídico da questão, aí eu volto atrás; senão, meu voto tende a prevalecer.
Ministro 4	Sem dúvida nenhuma.
Ministro 5	Convencido, penso que é dever do magistrado evoluir, para adotar o entendimento inicialmente rechaçado. O que se aguarda dos componentes de um colegiado é que atuem segundo a formação possuída.
Ministro 6	Com certeza.
Ministro 7	Sim, já o fiz.
Ministro 8	Sem resposta específica.

De fato, as mudanças de posicionamento ocorrem, e os próprios Ministros demonstram estar permanentemente abertos ao convencimento mútuo. Porém, a prática deliberativa atual, especialmente em razão do crescente costume de preparação de textos prévios e exposição monológica dos votos, parece ser cada vez menos favorável ao debate e às trocas argumentativas. O que se pode afirmar, em face dessa constatação, é que os câmbios de voto ocorrem *apesar* dos obstáculos impostos pela prática deliberativa.

A preparação prévia dos votos individuais, com a possibilidade da ajuda dos assessores e as facilidades atuais de pesquisa, também favorece a redação de textos muito longos, o que caba levando a leituras em sessão que podem durar horas. Não há, atualmente, qualquer parâmetro de tempo razoável para a duração do voto de cada Ministro. Prevalece a concepção da ampla liberdade de voto, que permite a cada Ministro a utilização do tempo que for preciso para proferir toda a leitura do texto previamente elaborado. A necessidade de instituição de alguma limitação ou algum parâmetro temporal é algo que parece ser considerado pela maioria dos magistrados entrevistados, como se pode constatar nas respostas abaixo.

Questão: **Qual a sua visão sobre a liberdade de voto de um Ministro? Em sua opinião, cada Ministro tem o direito de proferir seu voto de maneira irrestrita, mesmo que para tanto tenha que gastar horas do tempo de julgamento, sempre em prol da profundidade da reflexão? Ou poderia haver um limite máximo de tempo para cada Ministro, com o objetivo de se alcançar um tempo razoável de julgamento, no qual a profundidade a ser levada em conta é a do julgamento colegiado como um todo, e não a de cada voto individualmente considerado?**	
Ministro 1	Os votos devem ser sintéticos. Sintético não quer dizer que devam ser deficientes. A sentença ou o voto não é o meio adequado do juiz fazer doutrina. Muitas vezes eu aproveitei votos para depois desenvolvê-lo num artigo de doutrina. É assim que eu acho que qualquer juiz deve proceder, de qualquer tribunal, principalmente do STF. Os grandes juízes do STF sempre foram sintéticos. Victor Nunes, Aliomar Baleeiro...sabiam sintetizar...dar as razões de seu convencimento, sem omitir nada, mas nada muito extenso. Hahnemann Guimarães...Pedro Lessa, se você for pesquisar, em seus votos não há nenhuma palavra de mais, e nenhuma de menos. Os melhores votos são aqueles que contêm as razões de convencimento do juiz, sem uma palavra de mais ou de menos. E é isso que o jurisdicionado deseja.
Ministro 2	Sou favorável à objetividade, clareza. É fundamental: objetividade, concisão, clareza. Sou contra esse votos longos, que, ao fim, ninguém presta atenção. Há uma tolerância ao ouvido humano. A partir de um certo momento, ninguém mais aguenta aquilo. Não vejo questões jurídicas tão intrincadas que não possam ser delimitadas e decididas em quarenta minutos, uma hora no máximo. Em nosso sistema, o relator precisa, sim, de um pouco mais de tempo, porque ele tem que fazer o relato, e muitas vezes o caso exige um relato longo, mas os vogais, não. Os vogais não precisam de mais do que cinco ou sete minutos. Acho que é muito mais eficaz. Quanto mais curto o voto, mais impacto e mais compreensão ele traz.

CAPÍTULO 6 – A DELIBERAÇÃO NO SUPREMO TRIBUNAL FEDERAL DO BRASIL

Ministro 3	Sou favorável... me lembro que fui juiz e desembargador em Tribunal de Justiça, e lá se distribuíam os votos com antecedência, e isso facilita muito. Durante a sessão, fazia-se apenas um resumo dos votos e os colegas já conheciam a posição antecipada do relator e uma eventual divergência de um colega era comunicada com antecipação também, nunca havia surpresa. Isso racionalizava bastante os trabalhos.
Ministro 4	Esse é um tema muito difícil de se fixar, porque muitas vezes alguns colegas decidem assumir um posicionamento, algumas vezes até vencido, mas com o intuito de marcar ou de remarcar a própria divergência, e daí a extensão dos votos. Mas, em geral, eu tenho a impressão de que, ressalvadas as situações muito excepcionais, que ocorrem, e até se repetem, nós devêssemos mesmo ter pelo menos regras indicativas para que nos posicionássemos, seja com a fundamentação concorrente ou divergente, dentro de um limite temporal, pelo menos enquanto não lograrmos superar esse quadro de excesso de processos, de atraso na própria pauta.
Ministro 5	Já diziam os antigos que a virtude está no meio-termo. Penso que nós devemos, em prol dos jurisdicionados, conciliar celeridade com conteúdo. Mas se o julgador tiver que sacrificar um desses valores, que sacrifique a celeridade, pois o conteúdo deve prevalecer. Agora, claro que um colegiado não é uma academia. Primeiro, nós não disputamos coisa alguma, muito menos a superioridade intelectual. Em segundo lugar, não estamos ali para fazer biografias, mas sim para atuar e servir como julgadores a jurisdicionados envolvidos no processo.
Ministro 6	Eu não dava esses votos grandes. Nunca me julguei um jurista que tivesse que fazer um apanhado do direito comparado e essas coisas todas. Eu ia atrás do direito brasileiro, o que já era difícil. Agora, essa demora no julgamento não acontecia. As pessoas que davam votos muitos extensos geralmente resumiam e entregavam o voto escrito. Hoje, não. A televisão causou esse mal.
Ministro 7	Sempre que a atividade-meio quer se sobrepor à atividade-fim, quem perde é a atividade-fim. Então sempre tenho por princípio que a atividade-fim é o objetivo maior da existência de uma instituição. No caso do Poder Judiciário, da Suprema Corte do Brasil, a atividade-fim é a prestação jurisdicional. Limitar essa prestação jurisdicional a um determinado tempo de voto dos Ministros, é privilegiar a atividade-meio e não a atividade-fim.
Ministro 8	Eu seria favorável à limitação. O que importa é a eficácia do Tribunal. Ou seja, o que é importante? É valorizar o indivíduo que compõe o Tribunal? Porque aí você está dizendo que aqui não há um tribunal colegiado, mas que é um tribunal de "n" votos individuais. Está-se perdendo o conceito de colegialidade.

A crescente extensão dos votos escritos e da duração de suas respectivas leituras no momento da votação tem levado à constatação de que mudanças nessa prática são cada vez mais necessárias. Há hoje entre os Ministros uma convicção prevalecente no sentido de que os votos devem ser sintéticos e primar pela concisão e pela clareza da argumentação. E tudo indica que o tema tem voltado à pauta de discussões em virtude dessa recente prática, que tem alongado em demasia o tempo das votações.

6.2.2.3.5. Voto-Vista: "Perdido de Vista"

Aspecto interessante e bastante peculiar da prática deliberativa do STF diz respeito à prerrogativa concedida a cada Ministro de efetuar *pedido de vista* do processo quando, no decorrer da votação, sinta a necessidade de analisar e refletir melhor sobre as questões jurídicas em julgamento. O pedido de vista é disciplinado pela legislação processual civil[398] e tem aplicação nas deliberações de todos os órgãos judiciais colegiados[399]. A razão de ser do instituto está primordialmente relacionada à qualidade da deliberação. O objetivo é o de permitir a cada magistrado uma pausa para reflexão, concedendo-lhe a oportunidade de, estando com os autos do processo e dispondo de maior

---

[398] O Código de Processo Civil (Lei n. 13.105/2015) trata do tema no art. 940: "Art. 940. O relator ou outro juiz que não se considerar habilitado a proferir imediatamente seu voto poderá solicitar vista pelo prazo máximo de 10 (dez) dias, após o qual o recurso será reincluído em pauta para julgamento na sessão seguinte à data da devolução. § 1º. Se os autos não forem devolvidos tempestivamente ou se não for solicitada pelo juiz prorrogação de prazo de no máximo mais 10 (dez) dias, o presidente do órgão fracionário os requisitará para julgamento do recurso na sessão ordinária subsequente, com publicação da pauta em que for incluído. § 2º. Quando requisitar os autos na forma do § 1º, se aquele que fez o pedido de vista ainda não se sentir habilitado a votar, o presidente convocará substituto para proferir voto, na forma estabelecida no regimento interno do tribunal". O artigo 555 do anterior Código disciplinava o pedido de vista nos julgamentos colegiados e dispunha o seguinte: "Não se considerando habilitado a proferir imediatamente seu voto, a qualquer juiz é facultado pedir vista do processo, devendo devolvê-lo no prazo de 10 (dez) dias, contados da data em que o recebeu; o julgamento prosseguirá na 1ª (primeira) sessão ordinária subsequente à devolução, dispensada nova publicação em pauta. (Redação dada pela Lei nº 11.280, de 2006)". O parágrafo terceiro desse artigo dizia o seguinte: "No caso do § 2º deste artigo, não devolvidos os autos no prazo, nem solicitada expressamente sua prorrogação pelo juiz, o presidente do órgão julgador requisitará o processo e reabrirá o julgamento na sessão ordinária subsequente, com publicação em pauta. (Incluído pela Lei nº 11.280, de 2006)".

[399] No âmbito do STF, o pedido de vista está previsto pelo artigo 134 do Regimento Interno, regulamentado pela Resolução 278, de 15 de dezembro de 2003.

CAPÍTULO 6 – A DELIBERAÇÃO NO SUPREMO TRIBUNAL FEDERAL DO BRASIL

tempo para analisá-lo, poder oferecer com seu voto-vista alguma contribuição para a deliberação colegiada, como um estudo mais aprofundado a respeito das questões envolvidas e que chame a atenção para pontos ainda não observados e discutidos, que dessa forma possa representar tanto uma confirmação quanto uma refutação, no todo ou em parte, da posição defendida pelo Relator ou pelos demais magistrados. O pedido de vista é, portanto, considerado como um *direito* do juiz em face do órgão colegiado. Compete a cada componente do órgão, durante a votação, realizar seu pedido ao Presidente da Corte, ao qual não cabe outra opção senão a de suspender o julgamento e conceder a vista dos autos ao membro requerente.

Apesar de ser um instituto criado para funcionar como um recurso excep-cional, apenas nas hipóteses cuja suspensão do julgamento seja realmente ne-cessária, ele tem sido utilizado de modo bastante recorrente nas deliberações. Isso decorre de uma série de fatores, entre os quais o mais evidente reside na dificuldade que todos os Ministros têm de manter estudos aprofundados e atualizados sobre a imensa quantidade de processos incluídos na pauta de jul-gamentos (como anteriormente explicado). O uso mais corriqueiro dos pedidos de vista também pode estar associado à ausência de deliberações prévias entre os Ministros e à prática prevalecente de se revelar o conteúdo dos votos, espe-cialmente o do Relator, apenas no momento da sessão deliberativa. O potencial surgimento do elemento surpresa no decorrer das deliberações acaba tornando necessária a suspensão do julgamento para que as diferentes perspectivas tra-zidas pelos votos possam ser melhor analisadas e estudadas individualmente.

O voto-vista tem suscitado uma pletora de críticas por parte da comuni-dade jurídica. O maior problema apontado diz respeito à demora que muitas vezes ocorre na devolução do processo para continuidade do julgamento, com sérios prejuízos para a deliberação. Os longos prazos das vistas concedidas tornaram-se uma prática corriqueira, que fez surgir entre os juristas o jargão segundo o qual o pedido de vista se tornou um "perdido de vista"[400]. As des-continuidades na deliberação, muitas vezes por períodos indefinidos, trazem como consequência mais óbvia a perda do *timing* das discussões e a memória

---

[400] A ADI 1.229, por exemplo, que foi objeto de pedido de vista realizado pelo Ministro Sepúlveda Pertence em 19.12.1995, apenas foi devolvida para continuidade do julgamento em 9.8.2007, portanto, 12 anos depois.

ARGUMENTAÇÃO CONSTITUCIONAL

viva dos temas discutidos, que necessitam ser reestudados e rememorados quando, muito tempo depois, retornam a julgamento[401]. Ademais, em razão dos sucessivos câmbios na composição da Corte, as constantes demoras nas devoluções das vistas podem levar a situações inusitadas em que a continuidade do julgamento ocorre em órgão colegiado de composição distinta, algumas vezes completamente diferenciada e, inclusive, com voto-vista proferido por outro Ministro que não mais o que havia em sua época realizado o pedido, nos casos de aposentadoria no ínterim da vista[402]. Para tentar resolver esse

[401] Não raro, um mesmo processo pode ser objeto de sucessivos pedidos de vista, como ocorreu no julgamento da ADI 1.842, iniciado em 12.04.2004 e apenas terminado em 6.3.2013, 9 anos depois, tendo sido suspenso por pedidos de vista do Ministro Joaquim Barbosa (em 12.04.2004), do Ministro Gilmar Mendes (em 8.3.2006), do Ministro Ricardo Lewandowski (em 3.4.2008) e do Ministro Luiz Fux (em 28.2.2013).

[402] Exemplo dessa situação peculiar pode ser encontrado no processo e julgamento da ADI 1.491. O julgamento da medida cautelar foi iniciado em 20.02.1997, quando foi suspenso para realização de diligências. Retomado em 19.3.1997, foi novamente suspenso em razão do pedido de vista do Ministro Marco Aurélio, que devolveu os autos para julgamento em 2.4.1997, quando o Ministro Maurício Corrêa também pediu vista. O julgamento foi retomado apenas no final de junho de 1998, ocasião em que o Ministro Nelson Jobim igualmente realizou pedido de vista, permanecendo com o processo até a data de sua aposentadoria, ocorrida no ano de 2006. Na época, os autos foram remetidos ao Gabinete da Presidência, para que providenciasse a retomada do julgamento. Cinco anos depois, o processo foi formalmente devolvido para a continuidade do julgamento, com voto elaborado pela Ministra Cármen Lúcia, que havia sucedido o Ministro Nelson Jobim. Em razão das dificuldades do calendário de deliberações, o ano de 2012 terminou sem o efetivo julgamento do processo. Em 11 de abril de 2012, a Secretaria do Tribunal procedeu à substituição do antigo Relator, o Ministro Carlos Velloso, e realizou a distribuição do processo ao Ministro Ricardo Lewandowski, que assumiu a relatoria do caso. Apenas em Sessão Plenária de 8 de maio de 2014, 17 anos depois, o Tribunal definitivamente terminou o julgamento da medida cautelar, com o voto da Ministra Cármen Lúcia, dos Ministros aposentados que já haviam votado em momentos anteriores (inclusive o Ministro Velloso, então Relator, o que impediu o voto do atual Relator, Ministro Ricardo Lewandowski), e demais votos dos membros contemporâneos de um colegiado completamente diferenciado, do qual apenas dois Ministros (Marco Aurélio e Celso de Mello) haviam participado da primeira deliberação em 1997. Para essas hipóteses, o Regimento Interno do Tribunal dispõe que: "Ao reencetar-se o julgamento, serão computados os votos já proferidos pelos Ministros, ainda que não compareçam ou hajam deixado o exercício do cargo". Ademais, prevê que "não participarão do julgamento os Ministros que não tenham assistido ao relatório ou aos debates, salvo quando se derem por esclarecidos" (art. 134, §§ 1º e 2º). "Se, para o efeito do quorum ou desempate na votação, for necessário o voto de Ministro nas condições do parágrafo anterior, serão renovados o relatório e a sustentação oral, computando-se os votos anteriormente proferidos" (art. 134, § 3º).

CAPÍTULO 6 – A DELIBERAÇÃO NO SUPREMO TRIBUNAL FEDERAL DO BRASIL

problema, o Tribunal chegou a realizar reformas em seu Regimento Interno[403], disciplinando de forma mais rígida o controle dos prazos de devolução a julgamento dos processos com vista[404]. As mudanças regimentais, porém, não foram suficientes e hoje são tidas como inócuas em seu intento de colocar um limite de prazo e obrigar os Ministros a respeitá-lo impreterivelmente.

O fato é que muitas vezes o pedido de vista, ao invés de cumprir o seu desiderato de promover a maior qualidade da deliberação, tem funcionado como um mecanismo, direto ou indireto, intencional ou não, de *obstrução dos julgamentos*. Mesmo que ele normalmente não seja realizado com essa finalidade, as circunstâncias problemáticas em que a prática deliberativa atualmente se desenvolve, especialmente as que decorrem das dificuldades da agenda de julgamentos anteriormente abordadas, acabam por desfigurá-lo e levá-lo a cumprir objetivos opostos aos quais está originalmente destinado. Em termos gerais e objetivos, os pedidos de vista têm resultado em interrupções das deliberações que perduram de forma indefinida no tempo. Tendo em vista que não há atualmente nenhuma garantia de que os prazos regimentais serão efetivamente cumpridos, sobretudo em virtude dos problemas da agenda de julgamentos, quando há um pedido de vista a tendência mais comum é a de que a continuidade do julgamento seja praticamente imprevisível. O Tribunal não tem nenhum controle mais efetivo sobre o retorno do processo à deliberação.

O tema, em diversos aspectos, foi objeto das entrevistas realizadas com os Ministros da Corte, na qualidade de efetivos participantes dessa prática. Apesar de em geral ressaltarem as virtudes do voto-vista, como instrumento

---

[403] Artigo 134 do Regimento Interno do Tribunal, que foi regulamentado pela Resolução 278, de 15 de dezembro de 2003: "Art. 1º O Ministro que pedir vista dos autos deverá devolvê-los no prazo de dez dias, contados da data que os receber em seu Gabinete. O julgamento prosseguirá na segunda sessão ordinária que se seguir à devolução, independentemente da publicação em nova pauta. §1º Não devolvidos os autos no termo fixado no *caput*, fica o pedido de vista prorrogado automaticamente por dez dias, findos os quais a Presidência do Tribunal ou das Turmas comunicará ao Ministro o vencimento do referido prazo".

[404] Em seu texto original, a Resolução 278, de 2003 (citada na nota acima), editada pelo então Presidente Maurício Corrêa, chegou a prescrever que "esgotado o prazo da prorrogação, o Presidente do Tribunal ou da Turma requisitará os autos e reabrirá o julgamento do feito na segunda sessão ordinária subsequente, com publicação em pauta" (art. 1º, § 2º). No entanto, esse dispositivo foi posteriormente revogado pela Resolução n. 322, de 23 de maio de 2006, na Presidência da Ministra Ellen Gracie. A atual redação da Resolução 278 está na nota anterior.

de promoção em potencial de deliberações qualificadas, os Ministros entrevistados reconhecem as desvantagens que o instituto tem trazido na prática, em especial quanto à demora injustificada das devoluções das vistas e a suspensão indefinida dos julgamentos que tem causado.

Questão: **Vossa Excelência considera o voto-vista um mecanismo de votação importante para a qualidade da deliberação no Tribunal? Ele tem trazido mais vantagens ou desvantagens para a deliberação? Vossa Excelência pede vista dos autos apenas para refletir melhor sobre o tema em discussão? Vossa Excelência pediria vista com a finalidade de suspender um julgamento que estivesse sendo conduzido no sentido contrário às suas teses?**	
Ministro 1	Ele tem mais desvantagens. O que se tem visto ultimamente, nos últimos anos, o processo com vista... "perdeu de vista". Não é possível que um julgamento possa ficar suspenso um ou dois anos, e há casos em que é muito mais que isso. É um absurdo. Uma desconsideração com as partes. Muitas vezes a questão está ali sendo debatida, todos compreendendo, entendendo, através dos debates...e surge um pedido de vista. Infelizmente, cheguei a presenciar o uso do voto vista para obstruir o julgamento. É realmente prejudicial. Atenta contra os interesses superiores da justiça.
Ministro 2	Sim. Ele tem sua razão de ser. Pode ditar o ritmo; colocar fim à dispersão do colegiado, que pode acontecer. Às vezes o colegiado está disperso e há uma questão importante, então se suspende para trazê-la em outro momento. Então ele evita decisões indesejáveis. Não pediria (vista apenas com finalidade de suspender um julgamento), a não ser que o tribunal esteja caminhando para um erro imperdoável, aí sim.
Ministro 3	O voto-vista é absolutamente fundamental, por dois motivos. Primeiro, quando se tem uma dúvida num processo complexo, uma dúvida jurídica ou uma dúvida de natureza fática. Então é um momento de a própria Corte poder ter uma segunda reflexão sobre determinada questão. Há um outro aspecto do voto-vista que me parece importante. Há determinados assuntos em que acho que tanto o tribunal como um todo, o Presidente especialmente com seu poder de pauta, mas os Ministros, sejam eles relatores ou integrantes do colegiado, têm a discricionariedade de retirar de pauta um determinado julgamento, quando consideram que o momento político, jurídico, social ou histórico não é adequado para que esse julgamento prossiga.

CAPÍTULO 6 – A DELIBERAÇÃO NO SUPREMO TRIBUNAL FEDERAL DO BRASIL

Ministro 4	Tenho a impressão de que às vezes ele é inevitável, especialmente diante desse processo deliberativo com três, quatro, às vezes cinco questões relevantes para uma mesma sessão do Tribunal. Então o ideal é que todos soubéssemos com uma antecedência – esse, inclusive, é o pensamento que embasou a pauta programada –, que pudéssemos nos preparar para todos os processos que estão em pauta e tivéssemos um posicionamento ou um voto que dispensasse logo o pedido de vista. Mas são tantos os casos relevantes, que às vezes se colocam numa mesma sessão, que isso se torna impossível. O que precisa ser feito é encontrar uma disciplina procedimental para a vista. Acredito que tenha que haver um limite temporal. O fato é que nós não conseguimos disciplinar isso, o problema do prazo para o juiz, e aí ficamos com essa dilação, e formando inclusive uma situação absurda, porque o pedido de vista e a interrupção do julgamento leva a que o tribunal só venha a decidir uma dada matéria – temos vários exemplos – depois da mudança da composição. Portanto, aquilo que vai ser decidido, e que tem que ser decidido porque o julgamento já começou, já não reflete mais a posição do tribunal. Não (sobre se pediria vista apenas com a finalidade de suspender o julgamento). Tenho a impressão de que o pedido de vista se justifica não para obstruir a decisão, até porque isso faz parte do processo: eventualmente ter uma posição jurídica derrotada, e isso compõe o próprio desenvolvimento do sistema. Só se justifica o pedido de vista em caso de necessidade de se trabalhar melhor e de se trazer uma abordagem e aprofundar determinadas perspectivas que talvez não estejam devidamente contempladas.
Ministro 5	Ele tem aspectos negativos em maior número do que positivos. Por que? Porque nós perdemos contato com a matéria. Em segundo lugar, porque o pedido de vista se torna um "perdido de vista". Isso é terrível. Nós estamos dando sequência a processos que o julgamento teve início em 2002, 2004, 2005... Agora, claro que se o integrante tem dúvidas sobre a matéria ele deve pedir vista. O pedido de vista, nesse caso, é menos ruim do que votar sem convencimento. Jamais! (utilizar voto-vista para obstruir julgamento) Eu só percebo pedido de vista como necessário ao convencimento daquele que deva prolatar voto sobre o conflito. Não se pode utilizar como um mecanismo visando projetar a solução do conflito.
Ministro 6	É importantíssimo. Às vezes você vê um voto do relator, e um outro voto, e fica assim sentindo a necessidade de aprofundar um pouco. Agora, sempre entendi que voto-vista é para voltar logo. A vista é uma coisa importante, mas para resolver o problema imediatamente.

ARGUMENTAÇÃO CONSTITUCIONAL

Ministro 7	Voto-vista é importante, inclusive para situações que precisam de um amadurecimento. O que nós temos é um problema, e o Presidente está atento a isso, da necessidade de que as vistas sejam colocadas em pauta. E aí é uma questão de gestão. Quando não se coloca a vista em pauta e só se colocam processos novos, vão se criando mais casos que ficam pendentes de julgamento e as vistas ficam sobrestadas, a "perder de vista" muitas vezes. Então é necessária uma pauta que privilegie também os processos com vista devolvida. Quando vejo necessidade eu faço o pedido de vista. É óbvio que isso depende também da posição em que se está na bancada. Quando se inicia aqui no Supremo, o mais novo é sempre o primeiro a votar, seja na turma ou no plenário, então acaba acumulando pedidos de vista em número um pouco maior do que o da média dos colegas. Quando se vai, com o tempo, indo mais adiante na bancada, e adquirindo mais vivência no tribunal, evidentemente que o número de vistas passa a ser menor. Não. Somente para reflexão. Eu tenho para mim que juiz não ganha ou perde; quem ganha ou perde é a parte.
Ministro 8	Não tem saída. O voto-vista decorre do fato de não ser permitido em tribunais a abstenção. Não tendo a possibilidade de abstenção, exige-se dele (do juiz) uma posição. E aí surge o seguinte problema: ou o sujeito se convence em relação ao debate e toma posição; ou não se convence e resolve pedir vista, porque ele tem que votar. Na minha experiência, eu vi duas hipóteses (quanto ao uso do voto-vista). Uma é essa, que é a normal, a da reflexão. Por exemplo, durante os três anos que eu fiquei como primeiro (a votar), eu pedi muita vista pedida pelos outros, porque os outros não tinham condição de votar, então diziam para pedir vista, pois dava tempo para estudar. Era uma forma instrumental de viabilizar que todo mundo pudesse examinar o assunto individualmente. O pedido de vista está muito ligado à colegialidade. Quem não pede vista leva voto escrito e não dá bola para o resultado. Esse era o primeiro fundamento: a dúvida. A vista era para reduzir o impacto da surpresa. Segundo é pedir vista porque surge uma divergência na hora. E também tinha algumas vistas... e aconteceu muito quando era Presidente. Como Presidente, eu pedia para o colega pedir vista, porque às vezes o ambiente estava... o debate começava a ... eu sentia que a coisa estava meio desajustada... então eu pedia para algum colega pedir vista, para abaixar a temperatura. Então às vezes tinha a vista para reduzir a temperatura.

Por meio das respostas, é possível verificar que, na prática, o pedido de vista pode cumprir distintas finalidades. A mais importante é a de possibilitar uma oportunidade para melhor reflexão sobre os temas em julgamento, seu objetivo primordial. Outras vezes, o pedido pode ser realizado como um

CAPÍTULO 6 – A DELIBERAÇÃO NO SUPREMO TRIBUNAL FEDERAL DO BRASIL

mecanismo legítimo para que o colegiado como um todo tenha a opção de suspender temporariamente uma deliberação que esteja seguindo um rumo indesejado por todos, seja pela incapacidade momentânea de compreensão adequada das questões jurídicas envolvidas, seja pelo desenvolvimento inesperado de discussões mais acaloradas e de baixa qualidade deliberativa. Como chegou a afirmar um dos Ministros entrevistados, nunca foi incomum, na prática deliberativa do STF, os pedidos de vista realizados em hipóteses em que o Tribunal como um todo sente que não é o momento oportuno, do ponto de vista político, econômico, social, histórico etc., para proferir qualquer decisão sobre o tema. O pedido – que nesses casos pode ser objeto de uma combinação prévia entre os magistrados no momento da votação, normalmente sob sugestão do Presidente – constitui, assim, um instrumento utilizado para que o Tribunal consiga evitar possíveis erros antecipadamente identificados no curso da deliberação. Em outras hipóteses, o pedido, também objeto de algum acerto entre magistrados e o Presidente, tem a finalidade de "reduzir a temperatura" da discussão, como afirmou um dos Ministros entrevistados.

Os Ministros alegam não pedir vista de processos com a finalidade de obstruir julgamentos que estejam caminhando para uma decisão contrária à sua posição individual. De fato, na grande maioria dos casos, e sobretudo nos julgamentos de temas mais difíceis e complexos, esse tipo de comportamento é de difícil identificação. A percepção prevalecente entre os Ministros é a de que, nos casos de maior repercussão, a vista ocorre em razão da necessidade de realizar um estudo mais aprofundado sobre o tema e oferecer uma contribuição para a deliberação.

Não se pode negar, por outro lado, que a configuração atual do instituto oferece condições bastante propícias para o exercício individual da obstrução dos julgamentos. Como o pedido de vista é amplamente encarado como um direito de cada magistrado em face do colegiado, cujo exercício não pode ser negado, ele também pode se transformar em um instrumento potencial de *veto individual da deliberação*. A inexistência de controles efetivos por parte do Tribunal em relação à limitação de prazos e prognósticos de continuidade dos julgamentos favorece ainda mais essa perspectiva de utilização estratégica do voto-vista. O Ministro que tenha a intenção de desenvolver esse tipo de ação estratégica no contexto de uma deliberação que lhe seja desfavorável poderá

ARGUMENTAÇÃO CONSTITUCIONAL

permanecer com o processo por tempo indeterminado, trazendo a si o poder de definição do tempo de julgamento, conforme seu interesse. Mesmo que esse comportamento não seja identificável com precisão na prática deliberativa do STF – mesmo porque sempre haverá a justificativa do exercício legítimo do direito como um mecanismo de promoção da maior reflexão e da qualidade deliberativa – e ainda que os Ministros entrevistados aleguem não praticá--lo, o fato é que essa é uma opção de uso do voto-vista existente conforme as configurações atuais do instituto. Em suma, não é possível afirmar contun-dentemente que de fato isso ocorra – mesmo porque isso não corresponde às convicções dos Ministros entrevistados – mas sim é plausível considerar que essa é uma opção existente e disponível a qualquer Ministro. Atualmente, portanto, há um instrumento individual de obstrução da deliberação colegiada no Supremo Tribunal Federal.

Ademais, o instituto do voto-vista sugere um tipo de prática anti-colegiada, na medida em que parte do pressuposto de que a necessidade de pausa para maior reflexão seja desenvolvida de forma solitária, criando um direito indi-vidual do magistrado em face do colegiado. Em vez de estar configurado para possibilitar a suspensão do julgamento em prol de momentos de reflexão em conjunto por parte de todo o colegiado, o instituto do voto-vista está previsto como uma prerrogativa de exercício individual. O pedido de vista, portan-to, pode ser ao mesmo tempo uma causa e uma consequência da prática de deliberação individualista, autônoma e independente dos Ministros do STF, como explicado anteriormente.

Os problemas verificados na prática do voto-vista sugerem cada vez mais reformas no instituto, no sentido de fazer com que ele cumpra sua finalidade primordial de promover a qualidade da deliberação colegiada. Essa é, como tudo indica, a posição dos próprios Ministros, assim como da maior parte da comunidade jurídica no Brasil. A maioria parece estar a favor do instituto e de sua razão de ser, mas reconhecem a necessidade de mudanças na sua conformação institucional.

6.2.2.3.6. Problemáticas da Aferição de Resultados: Voto de Qualidade e Voto Médio

A votação se encerra com o último voto, proferido pelo Presidente quando esteja em julgamento matéria constitucional, o qual também tem a prerroga-tiva do *voto de qualidade* nas hipóteses em que, ante a ausência temporária de

CAPÍTULO 6 – A DELIBERAÇÃO NO SUPREMO TRIBUNAL FEDERAL DO BRASIL

algum Ministro ou vacância no cargo, ocorra empate de votos[405]. O Regimento Interno da Corte também prevê outras regras de desempate da votação, como a que dispõe que no julgamento de matéria cuja solução dependa de maioria absoluta, verificado o empate, deve ser adotada a solução contrária à pretendida ou à proposta[406]. Essa é a hipótese, por exemplo, dos julgamentos em que esteja em causa a modulação dos efeitos da declaração de inconstitucionalidade de lei, para a qual a lei exige a maioria absoluta de oito votos[407]. No julgamento de *habeas corpus* e de recursos de *habeas corpus* prevalece a regra *in dubio pro reo*, de forma que, na hipótese do empate, deve ser proclamada a decisão mais favorável ao paciente. Por isso, o artigo 13, inciso IX, introduzido pela Emenda Regimental 35/2009, dispõe que cabe ao Presidente proferir voto de qualidade nas decisões do Plenário, "para as quais o Regimento Interno não preveja solução diversa"[408]. O voto de qualidade tem sido assim encarado pelos próprios Ministros da Corte como um mecanismo excepcional de solução de impasses na votação. Ressalte-se, ainda, que em virtude do número ímpar de componentes do órgão colegiado (onze Ministros), as hipóteses de empate tendem a ser mais raras do que em outros Tribunais, como o da Espanha, por exemplo, que contêm um número par de integrantes (doze magistrados). No Supremo Tribunal Federal, portanto, os casos de empate restringem-se às hipóteses de ausência temporária de algum integrante da Corte.

Para a declaração de inconstitucionalidade ou de constitucionalidade de lei, são necessários seis votos em um ou outro sentido, estando presentes na sessão pelo menos oito Ministros (quorum de deliberação). Se essa maioria não for alcançada, estando licenciados ou ausentes Ministros em número

---

[405] O voto de qualidade do Presidente está previsto pelo Regimento Interno do Tribunal (art. 13, inciso IX, introduzido pela Emenda Regimental 35/2009).

[406] Artigo 146 do Regimento Interno do Tribunal.

[407] Lei 9.868, de 1999.

[408] Assim dispõe o artigo 13, IX, do Regimento Interno do Tribunal: "Art. 13. São atribuições do Presidente: (...) IX– proferir voto de qualidade nas decisões do Plenário, para as quais o Regimento Interno não preveja solução diversa, quando o empate na votação decorra de ausência de Ministro em virtude de: a) impedimento ou suspeição; b) vaga ou licença médica superior a trinta dias, quando seja urgente a matéria e não se possa convocar o Ministro licenciado".

que possa influir no resultado, o julgamento será suspenso a fim de aguardar-se o comparecimento dos ausentes, até que se atinja o quorum[409].

Em um sistema de votação *seriatim*, em que cada magistrado produz individualmente seu voto com fundamentos e parte dispositiva particulares, há sempre a possibilidade de que as votações possam chegar a impasses à primeira vista de difícil solução[410]. Quando há uma pluralidade irredutível de votos com fundamentos e partes dispositivas cuja diversidade não torne possível a formação de nenhuma maioria em favor de uma ou outra posição, a Corte acaba sendo obrigada a tomar a decisão final por meio da verificação do *voto médio*, que é o voto que representa um mínimo denominador comum entre todos os outros votos, isto é, o voto cujos fundamentos e parte dispositiva estão minimamente contidos em outros votos e que, somados, possam compor uma maioria em torno de um posicionamento comum.

6.2.2.4. Papel do Presidente

O Presidente do Supremo Tribunal Federal exerce um papel fundamental na deliberação, assim como ocorre na maioria das Cortes Constitucionais. Compete ao Presidente, em suma: definir a pauta e o calendário de julgamentos; proclamar a abertura, o encerramento e as suspensões das sessões de julgamento; manter a ordem e velar pela segurança das sessões; dirigir todos os

---

[409] Assim dispõe o artigo 173 do Regimento Interno do Tribunal: "Art. 173. Efetuado o julgamento, com o quorum do art. 143, parágrafo único, proclamar-se-á a inconstitucionalidade ou a constitucionalidade do preceito ou do ato impugnados, se num ou noutro sentido se tiverem manifestado seis Ministros".

[410] Um exemplo pode ser encontrado no julgamento da Arguição de Descumprimento de Preceito Fundamental n. 46 (monopólio serviço postal), finalizado em 5 de agosto de 2009, o qual, num primeiro momento (na Sessão Plenária do dia 3 de agosto), gerou um impasse na votação: o Ministro Marco Aurélio julgava procedente a ação; os Ministros Eros Grau, Joaquim Barbosa e Cezar Peluso, Ellen Gracie e Cármen Lúcia a julgavam improcedente; os Ministros Carlos Britto e Gilmar Mendes e os Ministros Ricardo Lewandowski e Celso de Mello a julgavam parcialmente procedente de diferentes maneiras; de modo que não se formou nenhuma maioria em um sentido ou outro, levando-se em conta, ainda, a diversidade de fundamentações utilizadas por cada Ministro. Após longa discussão, que levou à postergação da proclamação do resultado final para Sessão Plenária posterior, ao final, prevaleceu a posição fixada no voto do Ministro Carlos Britto, considerado como um "meio-termo" entre os votos pela procedência parcial e pela improcedência (em verdade, se tratava de um voto que muito se aproximava da improcedência total) e que poderia compor uma maioria de seis votos em favor da improcedência da ação.

CAPÍTULO 6 – A DELIBERAÇÃO NO SUPREMO TRIBUNAL FEDERAL DO BRASIL

trabalhos deliberativos, escolhendo e chamando os processos a julgamento, concedendo e tomando a palavra, ordenando a votação, avaliando e decidindo sobre questões de ordem, controlando o tempo, aferindo e proclamando o resultado da decisão etc. A maneira pela qual tais funções são exercidas na prática e o estilo próprio adotado por quem esteja no comando do Tribunal em cada momento são normalmente decisivos em relação ao rumo e às características que assumirá a deliberação colegiada[411].

[411] O papel do Presidente e as influências que o exercício de suas funções podem exercer nas deliberações colegiadas foram bem descritas por José Carlos Barbosa Moreira, em trechos dignos de nota: "Ninguém ignora, ademais, que o desenrolar dos trabalhos de qualquer colegiado varia muitíssimo em função da maneira pela qual são eles dirigidos. Um presidente mais atento, mais enérgico ou mais habilidoso logrará normalmente imprimir-lhes ritmo mais constante e curso mais desembaraçado. Bastaria essa consideração para evidenciar a importância que o modo de exercer a função é passível de assumir para o desfecho do(s) julgamento(s). Algumas facetas de tal influência revestem-se de colorido predominantemente técnico-jurídico. Por exemplo: compete ao presidente indicar ao colegiado a matéria que, em determinado momento, se encontra em discussão ou vai ser objeto de deliberação. Inclui-se nessa competência o mister de submeter especificadamente aos votantes cada uma das preliminares acaso suscitadas (ou suscitáveis pela própria presidência) e velar para que não se misturem umas com as outras, nem, *a fortiori*, qualquer delas com o mérito. Eventuais descuidos ou equívocos do presidente a tal respeito geram mal-entendidos e confusões suscetíveis de tumultuar o julgamento e comprometer de forma irremediável a exatidão do resultado. É o que sucede, *v.g.*,se acabam por somar-se quantidades heterogêneas, para dar por não conhecido recurso em relação ao qual se tinham arguido várias preliminares, ou para dizer vitorioso pleito de anulação de ato jurídico, formulado com invocação de diversos fundamentos, quando na verdade cada uma das preliminares, ou cada um dos fundamentos, obtivera votos insuficientes para conduzir ao respectivo acolhimento, embora suficientes, caso adicionados (indevidamente!), para criar a falsa impressão da existência de maioria no sentido da inadmissibilidade do recurso, ou da invalidade do ato. Prossigamos. Incumbe ao presidente colher, um por um, os pronunciamentos dos juízes que devam participar da deliberação. Para isso, é óbvio, precisa ele saber com certeza quais, dentre os presentes, têm voto em cada julgamento. Precisa também convidá-los, no momento próprio e em voz clara, a votar, e fazer a competente anotação. Precisa, enfim, computar os votos emitidos, num sentido ou noutro, a fim de proclamar, uma vez encerrada a votação, o resultado. Nesses vários momentos, pode o presidente, como é natural, valer-se do auxílio de funcionários; não há de esquecer, contudo, que é sua, pessoal, a responsabilidade pela correção do procedimento - da qual pode depender, à evidência, o desfecho. São coisas bem diferentes um julgamento presidido com atenção constante e um julgamento presidido por juiz que só de vez em quando (ou nunca...) se interessa realmente pelo que esteja acontecendo. Outra atribuição muito relevante do presidente - inclusive na perspectiva que mais importa aqui - é a de resolver questões de ordem. Basta pensar que da solução de alguma delas decorrerá, por exemplo, a inclusão ou a exclusão de tal ou qual juiz do colégio judicante, ou a sequência em

No Supremo Tribunal Federal, o Presidente é um *primus inter pares*. A configuração institucional do cargo assim o sugere, ao prever mandatos presidenciais relativamente curtos, de apenas dois anos, vedada a reeleição, assim como o caráter elegível do cargo a partir de votação pelo órgão colegiado pleno do Tribunal. Assim, a cada dois anos os Ministros elegem seu novo Presidente, que deve ser escolhido entre os integrantes do próprio colegiado. Na prática, adota-se a já tradicional regra costumeira de se respeitar a ordem decrescente de antiguidade entre os magistrados, de modo que sempre é eleito o Ministro mais moderno em relação ao Presidente que termina seu

que se vai proceder aos diversos julgamentos, e assim por diante. Igualmente importante é o grau de tolerância do presidente na fiscalização do prazo concedido para alguma fala; se, por exemplo, o advogado se vê interrompido, sem contemplação, ao fim do 15.º minuto, não é inconcebível que a interrupção o colha justamente em ponto capital de seu arrazoado e com isso o iniba de fazer valer, ao menos com a força necessária, argumento essencial. Também compete ao presidente velar pela manutenção da ordem durante a sessão. No exercício dessa competência, pode ele advertir quem não esteja guardando o devido decoro no uso da palavra, eventualmente cassá-la, coibir manifestações a seu ver impróprias, expulsar do recinto o espectador, que se porte de modo inconveniente... É intuitiva a possibilidade de que qualquer de tais medidas repercuta na marcha e no destino de um julgamento: p. ex., a pessoa expulsa estava a ponto de influenciar, por gestos ou palavras, o voto de algum juiz, que agora, na ausência dela, talvez se pronuncie em sentido diverso. Mas há maneiras menos formalizadas e mais sutis pelas quais se mostra possível à presidência influir na sorte de um processo. Se está a exercê-la, *v.g.*, juiz de autoridade intelectual incomum, que a respeito do assunto em foco tem posição doutrinária bem conhecida, não é acadêmica a hipótese de que um (ou mais de um) votante sinta constrangimento em pronunciar-se no sentido contrário. Esse tipo de influência naturalmente comporta variadíssimos graus de intensidade, dependente, entre outras coisas, da atitude do presidente mesmo durante a deliberação: concebe-se, com efeito, que ele tome a liberdade de manifestar, direta ou indiretamente, por expressões fisionômicas, quando não por palavras, aprovação ou desaprovação; ou, ao contrário, que mantenha total impassibilidade. Certo é, porém, que às vezes sua influência se torna sensível ainda que ele nenhum esforço, ao menos consciente e voluntário, faça para exercê-la. Observe-se, *a latere*, que em alguns casos tão marcada é a ascendência do presidente sobre os outros membros do colegiado, que no funcionamento deste, e não menos que alhures no teor de suas deliberações, se torna fácil discernir traços típicos, por assim dizer, da personalidade daquele. Quando uma presidência desse calibre dura o bastante, o órgão tende a revestir-se, como um todo, de características diversas das que provavelmente apresentaria sob outra liderança: adotará, p. ex., orientação mais progressista ou mais conservadora em questões de índole política ou social. Basta lembrar, *v.g.*, o que foi a Corte Suprema norte-americana sob a presidência de Earl Warren". MOREIRA, José Carlos Barbosa. *Notas sobre alguns fatores extrajudiciais no julgamento colegiado.* In: Revista de Processo, vol. 75, jul. 1994.

CAPÍTULO 6 – A DELIBERAÇÃO NO SUPREMO TRIBUNAL FEDERAL DO BRASIL

mandato[412]. A observância rigorosa dessa norma prática no processo de eleição presidencial tem proporcionado a manutenção de uma ordem institucional no seio do colegiado e assegurado uma legitimidade muito forte do Presidente entre os colegas. Todos são bastante conscientes do fato da rotatividade periódica e da ordem pré-estabelecida de sucessão no cargo, o que na prática elimina completamente eventuais jogos políticos com objetivo de conquista do cargo. O clima institucional é de pleno respeito ao exercício presidencial de cada Ministro que esteja ocupando o cargo, o qual é reconhecido como o coordenador momentâneo das atividades administrativas e jurisdicionais do Tribunal, mas que por isso não deixa de ser considerado entre seus pares como mais um membro do órgão colegiado. Nesse aspecto, portanto, a Corte pratica um regime de autogoverno mais colegiado do que presidencialista.

O fato de o Presidente ser reconhecido como um *primus inter pares* não lhe retira certas prerrogativas que lhe são atribuídas em virtude do exercício do cargo (acima mencionadas) e que tornam sua atuação potencialmente distinta dos demais colegas, especialmente na deliberação. O exemplo mais eloquente da necessária proeminência presidencial no contexto da deliberação está nas atribuições que são designadas ao Presidente para conduzir os trabalhos das sessões de julgamento em conformidade com as prescrições do Regimento Interno da Corte e, especialmente, na prerrogativa que lhe é conferida pelo próprio Regimento de proferir *voto de qualidade* em hipóteses de empate na votação[413]. A convicção em torno dessas competências especiais do Presidente

---

[412] O Presidente do STF é eleito por voto secreto, pelos próprios Ministros, e o mandato tem a duração de dois anos, vedada a reeleição para o período seguinte. Apesar de não haver qualquer previsão regimental nesse sentido, criou-se a tradição de se eleger para ocupar o cargo o Ministro mais antigo da Corte que ainda não o tenha ocupado. O procedimento para eleição presidencial está previsto no Regimento Interno do Tribunal, artigo 12.

[413] O voto de qualidade do Presidente está previsto pelo Regimento Interno do Tribunal (art. 13, inciso IX, introduzido pela Emenda Regimental 35/2009): "Art. 13. São atribuições do Presidente: (...) IX– proferir voto de qualidade nas decisões do Plenário, para as quais o Regimento Interno não preveja solução diversa, quando o empate na votação decorra de ausência de Ministro em virtude de: a) impedimento ou suspeição; b) vaga ou licença médica superior a trinta dias, quando seja urgente a matéria e não se possa convocar o Ministro licenciado". Outras soluções são previstas pelo Regimento para hipóteses específicas de empate: "Art. 146. Havendo, por ausência ou falta de um Ministro, nos termos do art. 13, IX, empate na votação de matéria cuja solução dependa de maioria absoluta, considerar-se-á julgada a questão proclamando-se a solução contrária à pretendida ou à proposta. Parágrafo único.

ARGUMENTAÇÃO CONSTITUCIONAL

do Tribunal parece estar fixada na história da prática deliberativa do Supremo Tribunal Federal e dos tribunais brasileiros em geral[414], e corresponde também à noção prevalecente no contexto de outras Cortes Constitucionais, como demonstrado no capítulo anterior em relação ao Tribunal Constitucional da Espanha.

A ideia muito forte em torno da figura do Presidente como *primus inter pares* tem levado, algumas vezes, a uma relativa dificuldade no exercício presidencial pleno dessas prerrogativas especiais. A noção prevalecente no Tribunal de que o Presidente é mais um Ministro, com valor igual de voto, e que deve dirigir a deliberação da forma mais democrática possível, tem tornado cada vez mais firme a convicção de que o voto de qualidade deve ser evitado ao máximo, valendo apenas para ocasiões de empate muito excepcionais[415],

No julgamento de *habeas corpus* e de recursos de *habeas corpus* proclamar-se-á, na hipótese de empate, a decisão mais favorável ao paciente".

[414] Na história dos tribunais brasileiros, parece ser bastante antiga essa noção a respeito das prerrogativas especiais atribuídas ao Presidente do Tribunal na direção dos trabalhos administrativos e jurisdicionais, como sugere a discussão legislativa (Debates legislativos nas casas que compunham a Assembleia Geral do Império do Brasil, entre agosto 1826 e agosto de 1828) sobre a proposição de emenda ao texto do art. 4º do projeto de lei de criação e organização do Supremo Tribunal de Justiça do Império (art. 4º da Lei de 18 de setembro de 1828: "Ao presidente compete: 1º. Dirigir os trabalhos dentro do Tribunal, manter a ordem, e fazer executar este regimento"). A emenda: "Que se entenda que o presidente deve ouvir primeiro ao Tribunal em todas as atribuições que lhe dão os parágrafos do art. 4º das emendas do Sr. Vergueiro". Considerações do Sr. Vergueiro: "Este emprego de presidente não tem outras funções mais do que dirigir os trabalhos: se todos os membros do Tribunal pudessem exercitar coletivamente esta direção, escusado seria presidente; porém, como isto não pode ser, torna-se necessário que obre em nome de todos, e que todos escolham este que há de dirigi-los, fazendo escolha anualmente, para acertarem com aquele que para isso tenha mais idoneidade, o que não é fácil conhecer sem a experiência, não bastando muitas vezes para o bom desempenho as luzes ou as boas qualidades, que parecem afiançá-lo". BRASIL. CÂMARA DOS DEPUTADOS. *O Legislativo e a organização do Supremo Tribunal no Brasil*. Brasília; Rio de Janeiro: Fundação Casa de Rui Barbosa, 1978.

[415] Uma dessas ocasiões excpecionais ocorreu no famoso julgamento dos Recursos Extraordinários (631.102 e 630.147, este tendo ficado prejudicado em razão da renúncia à candidatura do recorrente) que tinham por objeto a questão quanto à aplicabilidade da denominada Lei da Ficha Limpa (Lei Complementar n. 135/2010) às eleições gerais de 2010. No RE 631.102, o Tribunal, verificando o empate na votação, primeiro decidiu aplicar, por analogia, o artigo 205, parágrafo único, inciso II, do Regimento Interno, mantendo a decisão impugnada no recurso; num segundo momento, porém, por ocasião do julgamento dos embargos de declaração (com efeitos infringentes), quando houve novo empate no julgamento, a Corte decidiu

e que as eventuais dúvidas a respeito da aplicação de normas do Regimento Interno quanto ao procedimento deliberativo devem ser objeto de questão de ordem e assim postas à votação de todo o colegiado, sem espaço para a decisão presidencial impositiva.

Essas são as impressões que transpareceram a partir das entrevistas realizadas aos Ministros da Corte, que demonstraram ter essa visão mais colegiada e democrática a respeito da função institucional do Presidente no contexto da deliberação, o que acaba relativizando muitas das prerrogativas presidenciais, como o voto de qualidade e o poder de decisão sobre a aplicação das regras regimentais.

Questão: **Vossa Excelência considera que o Presidente é apenas mais um Ministro, com direito a voto de valor igual, e que deve sempre submeter (em questão de ordem) as dúvidas sobre a aplicação do regimento à votação dos demais ministros? Ou entende que o Presidente tem o poder-dever de fazer cumprir o regimento interno, interpretando-o e fazendo cumpri-lo, sempre com a finalidade de organizar e fazer fluir a deliberação colegiada?**	
Ministro 1	Ele (o Presidente) coordena os trabalhos e faz cumprir o regimento interno. Faz com que os trabalhos sejam orientados e conduzidos na forma em que esteja disposto no regimento interno. Ele nada mais é do que o coordenador dos trabalhos do tribunal. Não se tem o sistema presidencial, o presidencialismo nos tribunais. O que se tem é o colegiado. Penso que o Presidente deve decidir (nas sessões), fazendo aplicar o regimento interno. Agora, ele pode se equivocar. Isto não impede que algum Ministro peça a palavra e levante a questão. Então o Plenário decide. Isso é normal num colegiado em que não se adota o sistema presidencialista.
Ministro 2	Sou terminantemente contra o voto de qualidade. Acho, inclusive, que é inconstitucional, porque a Constituição fala em onze Ministros e não em doze ou onze e meio. O voto (do Presidente) tem que ter um valor igual. O Presidente tem um papel de orientação dos trabalhos, de dar um rumo à Corte. Ele tem um papel extraordinário, que é o de escolher os processos que vão entrar em julgamento. Isso requer uma certa sensibilidade. Tem uma outra coisa, que é a condução dos trabalhos. O Presidente pode ser a causa de um ritmo mais acelerado ou mais lento.

a nova questão posta por voto de qualidade do Presidente, com base no artigo 13, IX, "b", do Regimento Interno, reformando a decisão impugnada (do Tribunal Superior Eleitoral) para deferir o registro da candidatura do recorrente.

ARGUMENTAÇÃO CONSTITUCIONAL

Ministro 3	São questões de estilo. Fui Presidente de Turmas, de Câmaras e de outros Tribunais. Conduzo os trabalhos sempre de forma a mais democrática possível. Acho que nesse aspecto o Presidente é um maestro, o coordenador. As deliberações têm muito mais força sendo deliberações colegiadas. Daí a importância de um acerto prévio antes de se ingressar nos debates. O Presidente tem um papel fundamental. O Presidente que quer impor dificilmente tem sucesso. As Cortes funcionam mais como um sistema parlamentarista do que presidencialista.
Ministro 4	O Presidente é um coordenador das atividades do Tribunal. Mas não tem uma posição meramente de coordenador. Ele tem também uma função substantiva de liderar o Tribunal em diversas circunstâncias. Ele é o porta-voz da Corte; de alguma forma o porta-voz do próprio Judiciário, com uma posição institucional hoje forte em razão do Conselho Nacional de Justiça, que o coloca institucionalmente nesse papel. E ele tem também uma função importante no que diz respeito, por exemplo, à definição da pauta. A definição da pauta é importante, embora o Presidente não tenha uma posição de arbítrio, mas é claro que ele tem um poder de eleger os temas que serão discutidos, e isso é que de certa forma vai marcar e definir em parte a sua gestão: os temas que terão sido objeto de deliberação naquele período. Então acho que o Presidente tem que ter habilidade de coordenar os trabalhos. Obviamente que ele não tem poder de coerção sobre os colegas; ele não tem como fazer com que uma matéria seja submetida ao colegiado; mas dentro das matérias que já estão liberadas para a pauta, obviamente que ele dispõe de um poder que é significativo, que é imenso, que inclusive pode caracterizar uma dada gestão.
Ministro 5	O Presidente é um igual. O voto dele deve ter o mesmo peso do voto do relator, do vogal ou do revisor. Agora, ele também é o coordenador, e como coordenador ele pode empreender um ritmo às votações, sem tentar, evidentemente, fazer a cabeça de quem quer que seja. E deve perceber que a discordância no colegiado é a tônica.
Ministro 6	Com certeza (tem valor igual de voto). Ele deve consultar os colegas. Quem decide é o Tribunal. Muitas vezes o Presidente nem conhece muito bem o regimento e há outros Ministros, muito mais antigos.

Ministro 7	O nosso modelo não prevê um Presidente permanente, vitalício. A nossa Presidência é rotativa. Todos que estão na Corte ou foram Presidentes, ou estão na Presidência, ou serão Presidentes. O que ocorre em razão disso? Um respeito muito grande a quem está na Presidência no momento, seja por parte daqueles que já exerceram, seja por parte daqueles que têm a perspectiva de exercê-la, dentro da regra da rotatividade. Então o Presidente é aquele que fala e reproduz aquilo que foi a soberania do decidido pelo Plenário. Obviamente que, colocando na sua manifestação suas idiossincrasias, as suas visões, os seus modos de ver. Em relação ao Presidente ter um valor diferenciado, penso que o voto do Presidente é igual ao de todos. Apenas naquela hipótese do artigo 13 (do Regimento), que se produziu recentemente, de um eventual desempate na medida em que haja um impasse, em razão de algum Ministro estar impedido ou de haver uma cadeira vaga. De qualquer sorte, mesmo nessa hipótese, apenas uma vez foi utilizada essa prerrogativa por parte do Presidente do STF. É uma prerrogativa que, não tenho dúvida, será usada com muita parcimônia. Havendo uma questão de ordem, isso vai para o colegiado.
Ministro 8	A função do Presidente dentro do Plenário é conduzir o processo decisório; ou seja, conduzir a sessão se envolvendo o mínimo possível no conteúdo de mérito, mas viabilizando que aquilo alcance o resultado.

A convicção sobre o valor igual de voto do Presidente é tão forte que algumas vezes leva à conclusão a respeito da ilegitimidade ou até mesmo da inconstitucionalidade do voto de qualidade, como alegado por um dos Ministros entrevistados. Na prática, essa atmosfera de máxima igualdade no interior do colegiado que tem prevalecido nas sessões plenárias faz com que o Presidente algumas vezes tergiverse no momento de tomar qualquer tipo decisão que possa ser encarada por seus pares como exercício unilateral ou até mesmo autoritário de suas prerrogativas.

O fato de o Regimento Interno do Tribunal ser inespecífico e algumas vezes lacunoso em relação a muitos aspectos da deliberação pode representar em determinadas hipóteses um fator problemático em razão do comportamento eventualmente mais recatado do Presidente quanto ao dever de definir e fazer cumprir as normas regimentais[416]. A característica inespecífica e lacunosa do tratamento regimental da deliberação é reconhecida por alguns Ministros que chegaram a responder especificamente sobre essa questão.

---

[416] O Regimento Interno do Tribunal define como atribuição do Presidente a de "presidir as sessões plenárias, cumprindo e fazendo cumprir este regimento" (art. 13, III).

ARGUMENTAÇÃO CONSTITUCIONAL

Questão: **Na sua opinião, o regimento interno trata de forma adequada a deliberação no Tribunal (organização, realização e dinâmica da sessão plenária de julgamento)? Não precisaria ser mais específico quanto a determinados temas?**	
Ministro 1	Sem resposta específica.
Ministro 2	Acredito que é a própria natureza incandescente de muitas questões que leva às dúvidas regimentais (no decorrer da deliberação). Nos últimos anos, em razão da mudança frequente na composição do tribunal, não raras vezes houve situação de empate no julgamento, e isso não era comum. Quando se tem um tribunal com uma composição estável, isso não ocorre. Mas tornou-se frequente aqui no STF em razão da gigantesca mudança na composição que houve nos últimos onze ou doze anos. Quase que duas Cortes passaram por este Tribunal. Então eu acredito que esse é um fator que pesa.
Ministro 3	São lacunosas e são interpretadas *ad hoc*. O Presidente tem que ter a habilidade de conduzir os debates. Essas normas procedimentais estão mais dentro da discricionariedade do Presidente. E, nesse aspecto, as normas procedimentais são mais uma trilha do que um trilho.
Ministro 4	Tenho impressão de que é necessário que algumas regras sejam estabelecidas. Em função, inclusive, dessa colegialidade, e das manifestações plurais, é necessário que de fato se defina qual é o fundamento que preside aquela decisão, quais são as posições vencidas – elas devem ser explicitadas. Então me parece que o acórdão deveria refletir isso na sua própria ementa. Talvez isso devesse ser objeto de uma regra específica.
Ministro 5	Sem resposta específica.
Ministro 6	Sem resposta específica.
Ministro 7	Sem resposta específica.
Ministro 8	Sem resposta específica.

Ante a indefinição regimental de alguns temas, não é incomum o surgimento de dúvidas a respeito de regras e procedimentos a serem seguidos na deliberação, as quais acabam sendo submetidas, por meio de questões de ordem, à avaliação e decisão de todo o colegiado, em vez de serem diretamente decididas pelo Presidente no exercício de suas prerrogativas[417].

---

[417] O Regimento Interno do Tribunal estabelece como atribuição do Presidente a de "decidir questões de ordem ou submetê-las ao Tribunal quando entender necessário" (art. 13, VII).

CAPÍTULO 6 – A DELIBERAÇÃO NO SUPREMO TRIBUNAL FEDERAL DO BRASIL

A consequência mais comum é que, em razão do comportamento mais acanhado do Presidente, a resolução das questões regimentais acaba se transformando, em alguns casos, em acirrados debates no interior do colegiado, que tomam bastante tempo da sessão deliberativa e acabam atrasando em demasia a finalização dos julgamentos. A ausência de uma direção presidencial mais incisiva pode causar impasses na deliberação.

Além disso, o fato de as normas regimentais sobre a deliberação serem, em sua maioria, de caráter procedimental, e, portanto, poderem ser modificadas pelo próprio Tribunal em decisão tomada em sessão administrativa[418], pode acabar criando a sensação entre os magistrados de que elas estariam constantemente submetidas a novo crivo do órgão colegiado no momento de sua aplicação nas sessões de julgamento. Anteriormente à Constituição de 1988, o Regimento Interno do Tribunal tinha valor normativo de lei formal, apesar de poder ser editado e alterado pelos próprios Ministros. Com o advento da Constituição, as normas de caráter processual foram recepcionadas com o status de legislação processual, a depender de lei formal para sua modificação[419]. Por outro lado, as normas procedimentais, entre as quais se incluem a maioria das normas que regem a deliberação no Tribunal, permaneceram sob o poder de decisão interno do colegiado de Ministros, e desde então vêm sendo periodicamente modificadas. Ademais, muitas das diretrizes seguidas nos procedimentos deliberativos têm origem costumeira, são normas desenvolvidas e

---

Portanto, cabe ao próprio Presidente decidir as questões de ordem, e apenas se "entender necessário" é que poderá submetê-las à decisão do colegiado.

[418] O Regimento Interno prevê o procedimento para a edição e modificação de atos normativos internos da Corte. "Art. 362. Ao Presidente, aos Ministros e às Comissões é facultada a apresentação de propostas de atos normativos da competência do Tribunal. § 1º As propostas considerar-se-ão aprovadas se obtiverem o voto favorável da maioria absoluta do Tribunal. § 2º A Comissão de Regimento opinará previamente, por escrito, sobre as propostas em matéria regimental, salvo quando subscritas por seus membros ou pela maioria do Tribunal, ou em caso de urgência".

[419] A questão sobre a recepção das normas do Regimento Interno pela Constituição de 1988 foi decidida pelo Tribunal em 30 de agosto de 1990, nos seguintes termos: "As normas processuais contidas no Regimento Interno do Supremo Tribunal Federal foram recepcionadas pela atual Carta, no que com ela se revelam compatíveis. O fato de não se ter mais a outorga constitucional para edição das citadas normas mediante ato regimental apenas obstaculiza novas inserções no Regimento Interno, ficando aquém da derrogação quanto às existentes à época da promulgação da Carta". Ação Originária 32–7 (AgR) - DF, Tribunal Pleno, Relator Ministro Marco Aurélio, julgado em 30.8.1990 e publicado no DJ de 28-9-1990, RTJ 133/3.

ARGUMENTAÇÃO CONSTITUCIONAL

consolidadas na própria prática deliberativa, que dessa forma também podem ser paulatinamente modificadas. Assim, a percepção de que essas normas estão permanentemente sujeitas a contestações e reavaliações pode levar a uma "baixa" normatividade ou a um poder vinculante relativamente fraco do Regimento em relação ao colegiado de magistrados, especialmente em julgamentos de forte teor político em que o Tribunal se divide e, por isso, tem dificuldades para lidar de forma inequívoca com certas dúvidas regimentais.

Essas questões foram levantadas aos Ministros entrevistados, que opinaram de modo bastante didático sobre o papel do Regimento Interno da Corte no tocante as normas que disciplinam a deliberação e a possibilidade de que na prática elas estejam sendo constantemente sendo questionadas e reanalisadas pelo próprio órgão colegiado no momento das sessões de julgamento.

Questão: **O fato de o regimento interno poder ser modificado a qualquer momento, em sessão administrativa interna do próprio tribunal, ou seja, pela vontade de Vossas Excelências, não lhe traz a sensação de que o regimento tem uma "baixa" normatividade e/ou um poder vinculante fraco em relação à atividade deliberativa do Tribunal?**	
Ministro 1	O regimento é para ser cumprido. Agora, a forma de reforma, de alteração do regimento, durante o julgamento, não se pode pretender. É o tipo do exemplo comum: mudar a regra do jogo no decorrer do jogo. O regimento pode sim ser alterado pelo tribunal, mas isso tem uma forma. Assim deve ser em um tribunal cônscio de sua responsabilidade.
Ministro 2	O Supremo, por ser um tribunal antigo, já passou por várias fases. Durante muito tempo ele foi o legislador do seu próprio procedimento. Todas as suas causas eram disciplinadas por normas que ele mesmo baixava. O Supremo passava décadas sem qualquer mudança no regimento. Essas mudanças que foram feitas nos últimos anos, vieram, em sua maioria, no sentido de otimizar o julgamento, porque, com o advento dos processos de massa, o tribunal entrou em uma outra realidade. Então foi necessário mudar.
Ministro 3	Nosso regimento tem duas características. Existem algumas normas de caráter procedimental (como se procede nas reuniões, nas discussões, o tempo de manifestação de cada Ministro), e quanto a isso creio que há uma certa flexibilidade; existem regras regimentais acerca desses temas, mas nem sempre são respeitadas. De outra parte, existem regras de natureza processual e que se submetem a regras processuais mais amplas, que são da própria Constituição, que envolvem direitos e garantias das partes. Essas têm valor de lei e são imutáveis.

CAPÍTULO 6 – A DELIBERAÇÃO NO SUPREMO TRIBUNAL FEDERAL DO BRASIL

Ministro 4	Veja, o mesmo argumento vale para a lei, porque, se houvesse uma lei orgânica, como existe em vários países, essa lei teria que ser aplicada exclusivamente por quem é o intérprete da própria Constituição. Logo, não é isso que deslegitima o processo. E também nós não temos casos de mudança de regimento casuística. É muito difícil. Por outro lado, se se desenvolve um tipo de prática, e isso é válido tanto para a lei processual como para o regimento, a norma procedimental, ela às vezes passa a ser até derrogatória daquilo que estava inicialmente positivado. Agora, eu defendo que nós possamos atualizar o regimento e que evitemos esses casos de flagrante descumprimento.
Ministro 5	O desejável é ter-se, quanto às regras normativas em geral, estabilidade. Admito que o regimento interno possa ser modificado, mas não ao sabor das circunstâncias. Sempre gera insegurança a alteração de uma norma.
Ministro 6	Não sabia que de vez em quando surgia uma questão como essa. No meu tempo, nunca enfrentamos um problema assim... não me lembro.
Ministro 7	Aqui se tem mais uma vez aquela questão das virtudes e dos defeitos de um modelo. Um modelo mais rígido, em que o tribunal não possa ter a flexibilidade de a maioria momentânea definir uma regra procedimental, tem a virtude de se dizer que aquela regra é mais estável, que vai ser aplicada a todos os casos. Mas, por outro lado, tem o defeito funcional de muitas vezes implicar numa disjuntiva em que o resultado de um processo não pode, às vezes, ter uma aplicabilidade consentânea com o desejo da maioria que está formada no seu julgamento. Uma posição mais flexível, em que se resolve a maneira de interpretar o regimento através de questões de ordem e com o pressuposto de que aquela autoridade que pode fazer o regimento pode alterá-la e, portanto, tem soberania para interpretá-lo *ad hoc*, para a circunstância conjuntural que está enfrentando, tem a virtude de destravar as possibilidades de se ficar numa disjuntiva num julgamento. Mas tem esse defeito de às vezes aplicar a regra para um caso e não aplicar para outro. Qual o modelo ideal? Não existe um modelo ideal.
Ministro 8	Antes de 1988, por força da Constituição de 1967/69, o regimento interno tinha força de lei. Então há no regimento normas de natureza processual, que foram criadas pelos Ministros da época. É por isso que não se faz um novo regimento no Supremo. Porque essas normas, a parte de direito, a parte normativa do regimento, externas às questões administrativas internas, são normas abstratas com valor de lei. Não se faz regimento novo porque no momento em que se fizer tudo aquilo vai desaparecer, e aí precisaria de lei para remontar aquilo, então não se faz. Então as alterações regimentais que podem ser feitas são meramente de política interna.

Todo esse conjunto de fatores pode ser uma das causas para que o Presidente não costume atuar de modo impositivo quanto a seu poder-dever de aplicar e fazer cumprir as normas regimentais que disciplinam a deliberação e normalmente submeta as dúvidas à decisão de todo o colegiado de magistrados. Na prática, o modo de atuação em cada caso fica a depender muito do estilo próprio de cada Presidente, mas a convicção bastante consolidada em torno do caráter mais democrático e igualitário do colegiado tende a impor limites até mesmo às figuras presidenciais caracterizadas pela força da liderança.

No Supremo Tribunal Federal, portanto, as regras e os procedimentos que disciplinam as deliberações não apenas são definidos (criados, modificados, revogados) pelos próprios Ministros, como também o dever de aplicá-los e fazer com que sejam respeitados e cumpridos é exercido de modo colegiado. O Presidente termina sendo um *primus inter pares* em um sentido mais amplo, que vale inclusive para as hipóteses em que deve exercer algumas de suas prerrogativas especiais no contexto da deliberação.

6.3. Resultado e Efeitos da Deliberação

Após a proclamação da decisão do colegiado pelo Presidente do Tribunal[420], ordena-se a confecção e a publicação da *ata de julgamentos da sessão plenária*[421], a qual contém a descrição do processo e o resultado da votação, com os nomes dos Ministros votantes e as respectivas posições adotadas. Esse ato do Presidente faz encerrar o momento da deliberação plenária e abre a fase de preparação do texto da decisão para publicação oficial nos diários da Imprensa Nacional do Brasil. Nessa fase, alguns aspectos importantes devem ser analisados. O primeiro diz respeito à apresentação do resultado da deliberação ao público externo, em que assumem relevância as atividades de redação, formatação e publicação da decisão. O segundo está relacionado aos efeitos da deliberação, o que pressupõe toda uma análise da deliberação em seu aspecto

---

[420] Regimento Interno do Tribunal, artigo 135, § 2º: "Encerrada a votação, o Presidente proclamará a decisão".

[421] O Regimento Interno do Tribunal prevê normas para a publicação das atas dos julgamentos (artigos 88 a 92).

CAPÍTULO 6 – A DELIBERAÇÃO NO SUPREMO TRIBUNAL FEDERAL DO BRASIL

"externo", especialmente das relações políticas e institucionais do Supremo Tribunal Federal com os demais Poderes do Estado e com a opinião pública, e o impacto dessas relações nos momentos deliberativos do tribunal.

6.3.1. A Apresentação do Resultado da Deliberação ao Público Externo (Redação, Formatação e Publicação da Decisão)

Terminada a sessão plenária, o processo julgado é encaminhado ao gabinete do Ministro Redator, isto é, aquele que ficará incumbido da tarefa de confeccionar o *acórdão* do julgamento para posterior publicação[422]. O Ministro Redator normalmente é o Ministro Relator, cujo voto tenha se sagrado vencedor na votação colegiada. Nas hipóteses em que o Relator reste vencido na deliberação, deve assumir a atividade de redação e formatação o Ministro que tenha proferido o primeiro voto divergente[423].

A atividade de redação, formatação e publicação da decisão final é submetida a um procedimento delimitado por prazos definidos pelo Regimento Interno – no total, sessenta dias, a partir da sessão em que tenha sido proclamado o resultado do julgamento[424]–, os quais muitas vezes acabam não sendo cumpridos, principalmente em razão das dificuldades práticas de se fazer com que todos os onze Ministros efetivamente terminem e liberem seus votos – dentro do prazo de vinte dias contados da sessão de julgamento[425] – , que algumas vezes podem ser longos e bem fundamentados textos que naturalmente cobram demasiado tempo de revisão. Não obstante, o aspecto mais problemático dessa fase diz respeito à aprovação e liberação, por cada um dos Ministros, de todas as notas e transcrições do áudio do julgamento, as quais reproduzem integralmente todo o teor dos debates ocorridos

---

[422] As regras para a formatação e publicação das decisões do Tribunal estão previstas no Regimento Interno, artigo 93 e seguintes.

[423] Assim define o Regimento Interno do Tribunal: "Art. 135. (...) § 3º Se o Relator for vencido, ficará designado o Revisor para redigir o acórdão; § 4º Se não houver Revisor, ou se este também tiver sido vencido, será designado para redigir o acórdão o Ministro que houver proferido o primeiro voto prevalecente".

[424] Assim define o Regimento Interno do Tribunal: "Art. 95. A publicação do acórdão, por suas conclusões e ementa, far-se-á, para todos os efeitos, no Diário da Justiça. Parágrafo único. Salvo motivo justificado, a publicação no Diário da Justiça far-se-á dentro do prazo de sessenta dias, a partir da sessão em que tenha sido proclamado o resultado do julgamento".

[425] Vide nota 426.

ARGUMENTAÇÃO CONSTITUCIONAL

na sessão plenária[426]. O tradicional serviço especializado de taquigrafia do Tribunal, que atualmente se restringe à atividade de reprodução dos áudios da sessão, tem essa função de produzir as atas e notas dos debates ocorridos nas sessões públicas de julgamento, as quais devem ser submetidas à aprovação de cada magistrado[427]. Nas hipóteses de julgamentos mais demorados e repletos de debates, o tempo que pode transcorrer entre o fornecimento do material audiovisual à taquigrafia e a efetiva aprovação por todos os Ministros pode ser longo o bastante para superar os prazos regimentais e retardar a publicação da decisão. Aspecto instigante nesse procedimento diz respeito à possibilidade conferida a cada magistrado de simplesmente excluir a sua fala das notas taquigráficas[428], o que muitas vezes pode resultar na publicação de um debate sem sentido, na hipótese em que o(s) Ministro(s) interlocutor(es) não exclua(m) sua fala. Assim, para evitar esse inconveniente, toda vez que um Ministro determina a exclusão de seu aparte no debate, confere-se aos demais a possibilidade de fazerem a mesma coisa, o que nem sempre ocorre, resultando na referida discussão sem nexo.

O fato é que entre o término da sessão deliberativa e a efetiva liberação do texto final da decisão para publicação pode transcorrer um lapso temporal

---

[426] O Regimento Interno do Tribunal estabelece que: "Art. 93. As conclusões do Plenário e das Turmas, em suas decisões, constarão de acórdão, do qual fará parte a transcrição do áudio do julgamento". O Regimento prevê, ainda, que "em cada julgamento a transcrição do áudio registrará o relatório, a discussão, os votos fundamentados, bem como as perguntas feitas aos advogados e suas respostas, e será juntada aos autos com o acórdão, depois de revista e rubricada" (art. 96).

[427] O art. 96 do Regimento Interno do Tribunal (reproduzido na nota anterior) prescreve que as transcrições dos áudios das sessões devem ser submetidas à aprovação de cada Ministro, o qual deve revisá-las e rubricá-las para poderem ser publicadas junto com o acórdão. Há todo um procedimento e prazos definidos pelo Regimento Interno para a elaboração e aprovação dessas transcrições e para a redação e formatação do acórdão (§§ 1º a 6º do art. 96). Em suma, o procedimento é o seguinte: 1) Após a sessão de julgamento, a Secretaria das Sessões procede à transcrição da discussão, dos votos orais, bem como das perguntas feitas aos advogados e suas respostas; 2) Os Gabinetes dos Ministros liberam o relatório, os votos escritos e a transcrição da discussão, no prazo de vinte dias contados da sessão de julgamento; 3) A Secretaria das Sessões procede à transcrição do áudio do relatório e dos votos lidos que não tenham sido liberados no prazo de vinte dias, com a ressalva de que não foram revistos; 4) A Secretaria das Sessões encaminha os autos ao Relator sorteado ou ao Relator para o acórdão, para elaboração deste e da ementa no prazo de dez dias.

[428] Regimento Interno do Tribunal (artigo 133, parágrafo único): "Os apartes constarão do acórdão, salvo se cancelados pelo Ministro aparteante, caso em que será anotado o cancelamento".

CAPÍTULO 6 – A DELIBERAÇÃO NO SUPREMO TRIBUNAL FEDERAL DO BRASIL

bastante longo, de meses e até anos, a depender das dificuldades e complexidades desse procedimento, que se acentuam nas hipóteses em que o conjunto formado pelo relatório, os votos e as notas taquigráficas cheguem a resultar em textos de algumas centenas de páginas. Nesse ínterim, não é incomum que cada Ministro, ao analisar novamente seu voto com o intuito de liberá-lo para publicação, retome as atividades de redação e proceda à alteração de textos, inclusão de parágrafos e citações de doutrina, reforço de argumentos e refutação de alegações contrárias lançadas no curso dos debates por outros magistrados ou pelos advogados etc.

Após a sessão plenária, portanto, pode ser reaberta toda uma nova fase de redação da decisão, complementar à fase redacional anterior à deliberação plenária, com a produção, algumas vezes originária, dos textos dos votos, e a necessária correção e lapidação das notas taquigráficas. Todo esse trabalho de redação é igualmente realizado de forma isolada por cada gabinete, sem qualquer tipo de intercomunicação. Assim, se antes da sessão de julgamento não há práticas desenvolvidas de deliberação prévia entre os Ministros, na fase posterior à reunião plenária tampouco há contatos ou intercâmbios entre as equipes dos gabinetes, de trabalham em seus respectivos textos de forma individual e autônoma.

Os aspectos mais interessantes e distintos observados nessa prática de redação, formatação e publicação da decisão estão na estrutura do acórdão, a qual corresponde a um peculiar modelo *seriatim* ou de texto composto, no aspecto problemático das ementas, na citação de doutrina, amplamente adotada pelos Ministros, e inclusive no uso do direito estrangeiro, que tem se tornado cada vez mais recorrente na fundamentação dos textos. Os tópicos seguintes tratarão desses assuntos.

6.3.1.1. O Acórdão e sua Estrutura: um Peculiar Modelo Seriatim

O texto que apresenta publicamente o resultado da deliberação colegiada é tradicionalmente denominado de *acórdão*, substantivo derivado do verbo acordar, na terceira pessoa do plural, para retratar o fato de a decisão do tribunal ser tomada pela convergência das distintas opiniões expressadas individualmente por cada membro do órgão colegiado[429]. O termo assim

---

[429] A figura do acórdão é prevista pela legislação processual civil brasileira. Em comentário ao anterior Código de Processo Civil, Egas Dirceu Moniz de Aragão teceu as seguintes

ARGUMENTAÇÃO CONSTITUCIONAL

traduz a ideia de um acordo intersubjetivamente adotado como resultado da deliberação do tribunal.

Não obstante, na prática, ao invés de consubstanciar uma unidade textual que apresenta de modo unívoco e inequívoco as razões de decidir (*ratio decidendi*) do órgão colegiado considerado em sua totalidade, o acórdão possui uma formatação peculiar, que apenas faz uma junção de todas as manifestações de cada membro do colegiado (todos os votos individuais e a transcrição dos debates). Sua estrutura reúne basicamente: 1) a *Ementa*, que tem a função de apresentar de modo bastante sintético e resumido o fundamento e a parte dispositiva da decisão, e que é acompanhada da descrição do acórdão, isto é, do resultado da votação, com os nomes dos Ministros e seus respectivos votos em um sentido ou outro; 2) o *Relatório*, que faz o relato dos fatos e atos processuais e das circunstâncias fáticas e jurídicas envolvidas no caso julgado; 3) a íntegra de *todos os votos* dos Ministros que participaram da deliberação, na ordem de votação, começando pelo voto do Relator e depois seguindo a ordem crescente

considerações: "A regra desse artigo (163 do CPC: "Recebe a denominação de acórdão o julgamento proferido pelos tribunais") consagra a tradicional denominação dos pronunciamentos colegiais. Derivado do verbo acordar, na terceira pessoa do plural, o substantivo retrata a convergência de opiniões em que se consubstanciam as decisões dos tribunais. Qualquer pronunciamento de tribunal – em processo regulado pelo Código – terá essa denominação; não importa que seja despacho, decisão interlocutória ou sentença, que haja ou não solucionado o mérito da causa. Todavia não se pode perder de vista que *julgamento* é um ato, acórdão, outro. Embora o texto fale que este dá o nome a esse, não se pode esquecer que a denominação, no caso, é menor que o objeto nominado. O julgamento corresponde ao pronunciamento dos tribunais, depois retratado, por escrito, no acórdão. O Código refere indistintamente as duas ideias. (...) Embora substancialmente idênticos, acórdão e sentença diversificam-se, e muito, em sua elaboração e forma. A sentença é ato de uma só pessoa – o juiz. Este a concebe e exterioriza como um todo único. O acórdão, porém, é ato de distintas pessoas – os integrantes do órgão julgador. Cada qual concebe e exterioriza uma opinião, que se denomina voto, a respeito da causa, assim contribuindo para a formação, por partes, do julgamento, que será depois, reduzido a escrito, recebendo, então, o nome de acórdão. Se, em alguns casos, a decisão resulta da adesão de todos os participantes do colégio ao voto proferido por um de seus membros, o relator, em outros, a formação do resultado se alcança por etapas, através da soma dessas opiniões, que podem ser parcialmente diversas entre si. Competirá ao presidente do órgão julgador, conduzindo os trabalhos e recolhendo os votos, apurar a decisão e proclamá-la, acomodando as eventuais disparidades, de modo a extrair o resultado final. Os regimentos dos tribunais expõem os métodos a serem empregados para esse fim, prevendo os meios de reduzir a um denominador comum todos os votos emitidos". Egas Dirceu Moniz de Aragão. *Comentários ao Código de Processo Civil*, Vol. II. 9ª Ed. Rio de Janeiro: Forense; 1998.

CAPÍTULO 6 – A DELIBERAÇÃO NO SUPREMO TRIBUNAL FEDERAL DO BRASIL

de antiguidade (do Ministro mais moderno até o Ministro mais antigo na Corte), terminando com o voto do Presidente, se houver; 3) as *transcrições dos áudios* dos debates orais ocorridos na sessão pública de julgamento.

O acórdão, portanto, designa um *texto composto* por todos os atos da sessão deliberativa, apresentados em sequência, desde o relatório até os votos (individualmente considerados) e os debates orais, o que conforma um peculiar modelo de decisão *seriatim*. Esse formato *seriatim* privilegia a apresentação pública de cada opinião individual pronunciada pelos Ministros, com suas próprias razões de decidir, o que por um lado favorece a demonstração da pluralidade que caracteriza as diversas posições que compõem o órgão colegiado, revelando de modo mais aberto a realidade da deliberação, mas que, por outro lado, torna bastante difícil e complexa a tarefa de identificar de forma unívoca e inequívoca a *ratio decidendi* do tribunal como unidade institucional.

Outra característica desse modelo *seriatim* é que ele pode transformar o texto da decisão em um aglomerado de votos com diversas posições e argumentos diferenciados, de modo que não é nada incomum que votos convergentes quanto à decisão tomada divirjam nitidamente nos fundamentos adotados e que outros votos que são muito semelhantes em técnicas argumentativas cheguem a conclusões opostas[430]. Não há, portanto, uma distinção precisa entre *votos vencedores* e *votos vencidos*, nem entre *votos divergentes* (quanto à parte dispositiva da decisão) e *votos concorrentes* (que divergem apenas quanto à fundamentação da decisão). Mesmo a leitura atenta de um acórdão pode ser insuficiente para identificar com precisão as diversas posições e argumentos lançados em variados sentidos por cada Ministro.

---

[430] O exemplo mais claro ocorreu no denominado "caso Ellwanger" (Habeas Corpus n. 82.424, Relator para o acórdão Ministro Presidente Maurício Correa, julgado pelo Plenário do Tribunal em 17 de setembro de 2003). Os votos dos Ministros Gilmar Mendes e Marco Aurélio utilizaram, de modo bastante semelhante, o método da aferição de proporcionalidade das medidas restritivas de direitos fundamentais e de solução da colisão de princípios constitucionais, e chegaram a resultados completamente opostos. O Ministro Gilmar Mendes concluiu pela idoneidade, necessidade e proporcionalidade da decisão judicial condenatória que tipificou a conduta do paciente (Siegfried Ellwanger) como sendo de crime de racismo, imprescritível conforme a Constituição. O Ministro Marco Aurélio, por outro lado, verificou no caso a violação às três máximas da proporcionalidade (adequação, necessidade e proporcionalidade em sentido estrito) e votou pela concessão do *habeas corpus*, após concluir pela inexistência do crime de racismo.

Assim, os acórdãos acabam resultando em textos muito longos e com conteúdo extremamente diversificado e fragmentado, na medida em que nele estão contidas todas as posições e argumentos lançados na deliberação pública, separados e dispostos na sequência da formatação prevista, e não conforme uma narrativa unitária. Nos casos de maior repercussão, que normalmente são objeto de sessões deliberativas mais duradouras, os textos dos acórdãos comumente contêm algumas centenas de páginas[431], tornando complicada não apenas a leitura de sua íntegra, mas também a compreensão global dos fundamentos que justificam a decisão tomada pelo tribunal.

O fato é que os textos das decisões do Supremo Tribunal Federal hoje têm-se caracterizado por serem longos, prolixos e fragmentados, o que nem sempre foi a prática desenvolvida na Corte. Em sua origem histórica, o Tribunal herdou a prática de redação desenvolvida por seu antecessor, o Superior Tribunal de Justiça do Império, que por sua vez assimilara a tradicional cultura francesa das decisões sintéticas que visavam apresentar um raciocínio jurídico mais lógico e definido, sem margem para doutrina[432]. Ao longo de seu primeiro centenário, o STF praticou um estilo redacional que sempre abriu espaço para doutrina, mas que não por isso deixou de manter as características

---

[431] Citem-se apenas alguns casos exemplares de acórdão com mais de duas centenas de páginas: Acórdão do *Habeas Corpus* n. 82.424 ("caso Ellwanger", racismo e antissemitismo), 488 páginas; Acórdão da Ação Direta de Inconstitucionalidade n. 3.510 (pesquisa com células-tronco), 526 páginas; Acórdão da Petição n. 3.388 ("caso Raposa Serra do Sol"), 652 páginas; Acórdão da ADPF n. 130 (Lei de Imprensa), 334 páginas; Acórdão da ADPF n. 153 (Lei de Anistia), 266 páginas; Acórdão do Mandado de Injunção n. 670 (direito de greve dos servidores públicos), 206 páginas; Acórdão na Ação Direta de Inconstitucionalidade n. 4.277 (relações homoafetivas), 270 páginas; Acórdão do Recurso Extraordinário n. 633.703 (Lei da Ficha-Limpa), 306 páginas; Acórdão no Recurso Extraordinário n. 349.703 (prisão civil por dívida), 202 páginas.

[432] Sobre a característica da redação dos acórdãos do Supremo Tribunal de Justiça do Império, José Reinaldo de Lima Lopes tece as seguintes considerações: "O traço mais evidente de diferença consiste na objetividade e síntese dos acórdãos. Isso não reflete apenas um estilo, ou gênero literário, mas deve ser tributado a uma convicção de que o direito de corte constitucional e liberal é primeiramente o direito legislado. Assim, dando continuidade à tradição ilustrada do século XVIII, na qual tantos juristas da primeira geração brasileira haviam sido formados, recusa-se o apelo à tradição e à doutrina, isto é, à tradição ou costume dos doutores. O Supremo não deve decidir segundo a doutrina, não deve valer-se do que dizem os intérpretes professorais da lei, mas de acordo com a própria lei, cuja aplicação lhe compete". LOPES, José Reinaldo de Lima (org.). *O Supremo Tribunal de Justiça do Império (1828-1889)*. São Paulo: Saraiva; 2010, p. 16.

CAPÍTULO 6 – A DELIBERAÇÃO NO SUPREMO TRIBUNAL FEDERAL DO BRASIL

das decisões mais sintéticas, que muitas vezes eram escritas de próprio punho pelo Ministro Relator, sendo que os demais Ministros comumente se limitavam a acompanhá-lo ou, se divergiam, a produzir votos mais elaborados, eventualmente com alguma doutrina, que seriam juntados ao acórdão[433].

O acórdão, com sua estrutura e formatação peculiares e típicas de um modelo de decisão *seriatim*, parece assim conter um déficit de racionalidade em relação aos modelos *per curiam* quanto à forma de apresentação pública do resultado da deliberação do tribunal. Na medida em que não enseja a formação de um texto único que, como nos modelos *per curiam*, contenha um corpo unitário com a *ratio decidendi* da decisão do órgão colegiado considerado em sua totalidade, o acórdão não oferece um modelo de formatação textual que permita ao tribunal demonstrar de forma clara e racional os fundamentos determinantes de sua decisão.

O modelo *seriatim* de publicação das decisões pode assim se transformar em um obstáculo ao pleno desenvolvimento de uma cultura de precedentes do Tribunal. A tendência mais comum é que, ante a dificuldade de formação e de delimitação de uma única *ratio decidendi*, os diversos fundamentos contidos nos votos individuais de cada magistrado passem a servir como referências distintas e difusas para as futuras decisões e, inclusive, para as críticas e estudos acadêmicos especializados sobre os trabalhos da Corte[434]. O resultado mais comum dessa tendência pode ser o desenvolvimento de uma cultura individualista de precedentes, em que os magistrados acabam seguindo apenas

---

[433] A respeito de algumas características da primeira prática redacional do STF, Aliomar Baleeiro escreveu o seguinte: "No Brasil da primeira década republicana, que não contava com a quinta parte sequer da população de 1972, os Ministros do Supremo Tribunal não tinham a esmagadora carga de trabalho dos últimos anos. (...) Escreviam do próprio punho as decisões com longa série de consideranda logicamente deduzidos. Todos as assinavam e, por vezes, acrescentavam alguns caprichados votos vencidos ou com acréscimos aos argumentos do relator". BALEEIRO, Aliomar. *O Supremo Tribunal Federal*. In: Revista Forense, Rio de Janeiro, abril-maio-junho de 1973, p. 7.

[434] Atualmente, não são raros os trabalhos acadêmicos no Brasil (teses de doutorado, dissertações de mestrado etc.) que, com o intuito de estabelecer um pensamento crítico sobre a jurisprudência do Supremo Tribunal Federal em algum tema específico, acabam analisando apenas a posição de um único Ministro, normalmente a do Ministro Relator e/ou do Ministro cujo voto se sagrou vencedor e se sobressaiu entre os demais votos, apesar de muitas vezes estes não representarem o posicionamento do órgão colegiado considerado em sua totalidade.

seus próprios argumentos, isto é, os posicionamentos pessoais estabelecidos em votos individuais, de modo que também as técnicas do *distinguishing* e do *overruling* são aplicadas de forma individual, quando um determinado Ministro resolve distinguir ou revisar/superar suas posições pessoais fixadas em decisões anteriores (um *overruling* pessoal). Ademais, a dificuldade de identificação dos fundamentos determinantes das decisões gera problemas para o julgamento das reclamações, que são as ações constitucionais que podem ser ajuizadas na Corte com a finalidade de impugnar atos e decisões de instâncias judiciais e administrativas que violem a jurisprudência do STF[435]. Analisar e averiguar se os atos e decisões atacados numa reclamação de fato contrariam determinada decisão do STF pode se tornar uma tarefa bastante complicada ante a dificuldade de se precisar o que realmente consta como *ratio decidendi* nessa decisão[436].

Os Ministros entrevistados foram questionados sobre a adequação do acórdão como modelo de apresentação pública do resultado da deliberação do tribunal. A maioria atualmente reconhece que esse modelo precisaria ser reformado e alguns, inclusive, demonstram ter posições firmes no sentido da maior racionalidade dos modelos de texto único, apesar das opiniões daqueles que sempre consideraram uma vantagem o acórdão poder transmitir a diversidade de opiniões presentes na deliberação. Porém, há a alegação recorrente da dificuldade de se implementar mudanças nesse formato devido à quantidade exacerbada de trabalho atualmente existente no tribunal, cuja quantidade de processos e julgamentos não ofereceria condições para a implementação de um novo sistema que exigisse a redação e formatação de texto único.

---

[435] A Reclamação está prevista no art. 102, inciso "l", da Constituição, no rol de competências de julgamento do Supremo Tribunal Federal. A reclamação é uma ação constitucional que visa impedir a usurpação da competência e a violação às decisões do Supremo Tribunal por parte dos órgãos judiciais inferiores e por órgãos da administração pública.

[436] A questão foi bastante discutida no julgamento da Reclamação n. 9.428, Relator Ministro Cezar Peluso, julgada pelo Plenário em 10 de dezembro de 2009.

CAPÍTULO 6 – A DELIBERAÇÃO NO SUPREMO TRIBUNAL FEDERAL DO BRASIL

Questão: O modelo de formatação e publicação das decisões do STF consegue representar de forma fidedigna o resultado da deliberação do Tribunal? Ele não necessitaria ser revisado? Vossa Excelência teria alguma proposta?

Ministro 1	Acho o modelo do direito comparado mais adequado. Agora, você tem que considerar a realidade brasileira, a realidade processual, do judiciário brasileiro. A Suprema Corte norte-americana adota esse sistema. Geralmente, o Presidente avoca e redige a decisão, que é submetida, em reunião privada, ao tribunal, para que concorde ou não, e vem as sugestões de um ou outro. Esse sistema é, indubitavelmente, o melhor. Mas a realidade brasileira não comportaria, tendo em vista o grande número de processos, de julgamentos, do tribunal. Penso que se adotássemos essa orientação do direito comparado, então a lentidão processual se acentuaria de uma forma realmente exagerada, muito grande. Então é preferível esse sistema da juntada, em que cada um junta seu voto; ou se não junta consta da ata que ele acompanhou o relator, ou divergiu. Agora, eu já vi muitas ementas divorciadas da efetiva decisão. Talvez o ideal seria que o relator, em casos importantes, submetesse a ementa a consideração de seus colegas, o que deveria ocorrer em sessão reservada, sessão administrativa, porque não comportaria uma decisão plenária.
Ministro 2	Sem dúvida, o ideal seria que houvesse uma racionalidade maior, mas de novo voltamos ao mesmo problema sobre o qual já falamos: é possível imprimir essa racionalidade com um tribunal com toda essa carga de trabalho? Como implementar isso? Com essa diversidade e instabilidade na composição. Porque isso tem muito a ver com o modo de proceder de cada Ministro. Tem Ministro que acha que o bom acórdão é aquele que faz a doutrina, outro que pensa que dar a mensagem em poucas linhas já é o suficiente. Eu sou dessa segunda linha.
Ministro 3	Acho que esse é um problema a ser superado, realmente. Lembro que quando ingressei no Tribunal de Alçada, os acórdãos eram assinados por todos os integrantes do julgamento; então, na hora da publicação, certos pontos do acórdão eram discutidos por todos. Mas isso é inviável com o volume de julgamento que nós temos aqui. Talvez nós tenhamos que caminhar para uma ementa, tal como se faz com as súmulas vinculantes, que seja objeto de uma segunda deliberação.
Ministro 4	Nós falamos há pouco sobre a norma regimental, que poderia, de *lege ferenda*, ser objeto de concepção a propósito da formulação do acórdão. Talvez, aqui, o papel do relator devesse ser menos passivo e ele pudesse traduzir essas posições e inclusive submeter a proposta de ementa aos colegas. Tudo isso, obviamente, às vezes é impedido por razões de ordem prática, todas as dificuldades que nós temos de deliberar novamente, de nos pronunciarmos novamente, uma vez que nos encontramos apenas nas sessões (plenárias), ou nas (sessões) administrativas; e não temos outras formas de reunião; e temos também toda uma história de atraso na publicação dos acórdãos em função da liberação dos próprios votos, situação que já superamos agora com a nova disciplina regimental e com a possibilidade de até não publicar o voto que não restou pronto no tempo estabelecido. Em suma, acho que aqui também o relator pode ter, e deve ter, um papel mais ativo. Eu me lembro, por exemplo, de muitas ementas que revelavam essa preocupação: não só a posição vencedora, mas também a posição vencida, de modo que, todos aqueles que buscassem se informar sobre aquele caso saberiam, pelo menos já numa síntese, sobre o que ocorrera naquele julgamento.

Ministro 5	Os enfoques diferenciados proporcionam, e o proporcionam numa gradação maior, o exercício do direito de defesa. E creio que, muito embora se diga que a decisão depois de tomada passa a ser do colegiado, é conveniente que se saiba como cada integrante do colegiado pensa sobre a matéria. Não optaria por outro sistema que não o existente. A ementa é algo importante porque deve sintetizar a visão da maioria.
Ministro 6	Sem resposta específica.
Ministro 7	Penso, inicialmente em relação à ementa, que ela é a síntese da conclusão tomada pelo colegiado. Por isso, eu procuro evitar ementas longas, pois as ementas longas são as que geralmente dão ensejo a um debate sobre o relator ter colocado ali fundamentos do seu voto que, embora acompanhado por colegas, não formou uma maioria quanto ao fundamento. Como o que faz coisa julgada é a conclusão, penso que a ementa tem que ter o objetivo de externar a conclusão e não os debates. É evidente que elementos dos debates estarão na ementa, que é a síntese do deliberado, mas essa deve ser a síntese da síntese, e não algo que traga uma visão do relator. Como relatores, temos que ter todo o cuidado de que a ementa reproduza o conjunto dos votos e não a posição do relator que é o responsável por elaborar a ementa. Penso também que a colocação dos argumentos vencidos, não é o objetivo de uma ementa. A ementa deve reproduzir a conclusão do voto, e a conclusão do voto é o que a maioria deliberou, e o que a maioria deliberou não contempla os votos vencidos.
Ministro 8	Acho que sim (que precisaria ser reformado o modelo de acórdão). Não tem como fazer, principalmente em tribunais, em que os juízes membros são irresponsáveis – irresponsáveis no sentido de não terem responsabilidade política, e então o índice de individualismo cresce muito –, reformas radicais. Então o que eu propunha, na época em que eu conduzia (como Presidente), era ter a conclusão efetiva da decisão na ementa. Porque hoje, se não tiver uma ementa que represente o conteúdo da decisão, aí fica difícil. Então eu propus na época que fizéssemos ementas institucionais.

É crescente a convicção da maioria dos magistrados de que o Tribunal precisaria adotar algum novo formato de texto que pudesse transmitir com maior precisão e clareza a decisão e seus fundamentos determinantes. Não por outro motivo, muitos hoje propugnam por um modelo que atribua à ementa essa função de traduzir a posição unitária do colegiado (o que será objeto do tópico posterior). É cada vez mais reconhecido que o acórdão, que representa um peculiar modelo de decisão *seriatim*, não contém uma estrutura e uma formatação que permitam ao Tribunal falar com *uma só voz*, que possam definir e distinguir de modo mais preciso as posições vencidas da minoria e os argumentos divergentes ou concorrentes e que criem condições para a apresentação de textos mais claros e mais sintéticos.

CAPÍTULO 6 – A DELIBERAÇÃO NO SUPREMO TRIBUNAL FEDERAL DO BRASIL

As reformas são necessárias – e a maioria parece concordar com isso –, mas de difícil implementação, em razão dos obstáculos – hoje praticamente intransponíveis – impostos pela quantidade exorbitante de processos e pela própria organização dos trabalhos na Corte, que necessitariam ser primeiro amplamente modificados – com as complicações inerentes à mudança de toda uma prática e uma cultura de trabalho consolidadas – para então se poder pensar em possíveis vias de reforma do formato das decisões.

6.3.1.2. O Problema das Ementas

Um dos pontos do acórdão que tem sido objeto de maiores críticas é a ementa. Como se pode constatar nas respostas do quadro apresentado no tópico anterior, é recorrente a menção à ementa como o espaço mais propício do acórdão para representar de forma unitária e sintética a decisão do tribunal e seus fundamentos, o que não estaria sendo realizado a contento na prática.

O principal fator apontado como sendo atualmente o problema das ementas diz respeito à sua insuficiência para traduzir e resumir de forma precisa a posição tomada pelo órgão colegiado como um todo, independente das diversas posições individuais de cada um de seus membros. As críticas recaem, na maioria das vezes, sobre o fato de que há uma tendência hodierna de o Ministro Redator do acórdão inserir na ementa apenas os fundamentos de seu próprio voto. O exemplo mais evidente ocorreu no acórdão do Tribunal sobre a inconstitucionalidade da antiga Lei de Imprensa (declaração de não recepção pela Constituição de 1988)[437], cuja ementa continha trechos inteiros dos argumentos contidos apenas no voto do Ministro Relator, o qual havia obtido o apoio da maioria vencedora quanto à sua parte dispositiva, mas não em relação aos fundamentos determinantes. Por não representar de forma fidedigna a *ratio decidendi* do órgão colegiado integralmente considerado, a ementa foi objeto de contestação em sede de uma reclamação[438], oportunidade na qual o Tribunal (por maioria) confirmou que essa ementa não traduzia uma

---

[437] Arguição de Descumprimento de Preceito Fundamental n. 130, Relator Ministro Carlos Britto, julgado pelo Plenário em 30 de abril de 2009.
[438] Reclamação 9.428, Relator Ministro Cezar Peluso, julgada pelo Plenário em 10 de dezembro de 2009.

ARGUMENTAÇÃO CONSTITUCIONAL

posição unívoca do colegiado[439]. Existem ainda outros casos bastante expressivos desse problema, em que a ementa não apenas reproduz literalmente o voto do Ministro Redator, como também incorpora as citações de doutrina por ele utilizadas de modo pessoal e isolado[440].

As causas para que esse comportamento do Ministro Redator tenha se tornado comum na prática de redação dos acórdãos podem ser variadas, mas tudo indica que as principais residem em dois fatores. O primeiro é a extrema dificuldade que muitas vezes o redator pode encontrar na tarefa de identificar precisamente a *ratio decidendi* de cada voto individualmente considerado, separando-a dos *obiter dicta*, para em seguida extrair um mínimo denominador comum entre todos os votos que possa representar os fundamentos determinantes da decisão de todo o colegiado. Como analisado no tópico anterior, o peculiar modelo *seriatim* adotado para a redação e formatação dos acórdãos

---

[439] Na ocasião, o Ministro Relator, Cezar Peluso, deixou consignado em seu voto o seguinte trecho: "(...) Daquele acórdão nada consta a respeito desse conflito. Salvas as ementas, que ao propósito refletem apenas a posição pessoal do eminete Min. Relator, não a opinião majoritária da Corte, o conteúdo semântico geral do acórdão traduz, na inteligência sistemática dos votos, o mero juízo comum de ser a lei de imprensa incompatível com a nova ordem constitucional, não chegando sequer a propor uma interpretação uníssona da cláusula do art. 220, § 1º, da Constituição da República, quanto à extensão da literal ressalva a legislação restritiva, que alguns votos tomaram como reserva legal qualificada". Assim, após analisar os fundamentos diversos dos votos de cada Ministro, o Relator concluiu o seguinte: "É, em suma, patente que ao acórdão da ADPF n. 130 não se lhe pode inferir, sequer a título de motivo determinante, uma posição vigorosa e unívoca da Corte que implique, em algum sentido, juízo decisório de impossibilidade absoluta de proteção de direitos da personalidade – tais como intimidade, honra e imagem – por parte do Poder Judiciário, em caso de contraste teórico com a liberdade de imprensa". E mais a frente assevera o Relator: "De todo modo, não me escuso, na oportunidade, de enfatizar a parcimônia, senão o rigor e precisão, com que deve acolhida, entre nós, da chamada transcendência dos motivos determinantes, à vista do singular modelo deliberativo historicamente consolidado neste Supremo Tribunal Federal. É que aqui, diferentemente do que sucede em outros sistemas constitucionais, não há, de regra, tácita e concordância necessária entre os argumentos adotados pelos Ministros, que, em essência, quando acordes, assentimos aos termos do capítulo decisório ou parte dispositiva da sentença, mas já nem sempre sobre os fundamentos que lhe subjazem. Não raro, e é coisa notória, colhem-se ainda em casos de unanimidade quanto à decisão em si, públicas e irredutíveis divergências entre os fundamentos dos votos que a compõem, os quais não refletem, nem podem refletir, sobretudo para caracterização de paradigmas de controle, a verdadeira *opinion of the Court*".

[440] A ementa do Acórdão da Reclamação 11.243 (caso Cesare Battisti), Relator para o acórdão Ministro Luiz Fux, contém seis páginas que literalmente reproduzem trechos inteiros do voto do Ministro Relator, inclusive com as citações de doutrina por ele utilizadas.

CAPÍTULO 6 – A DELIBERAÇÃO NO SUPREMO TRIBUNAL FEDERAL DO BRASIL

torna essa tarefa muito complexa. O segundo fator está relacionado à sempre mencionada carga elevada de trabalho, a qual impõe a cada magistrado a elaboração de ementas para uma quantidade muito grande de decisões que são proferidas pelos órgãos colegiados do tribunal (o Plenário e as Turmas) todas as semanas. Ante um quadro de trabalho em que sempre é escasso o tempo disponível para realizar toda essa tarefa de extração da *ratio decidendi* de um aglomerado de diversos votos, é natural que os redatores dos acórdãos busquem alternativas que facilitem e agilizem seu trabalho, como o de simplesmente copiar trechos de seu próprio voto para a ementa. Além desses dois fatores principais, não se pode também descartar a possibilidade, sempre presente, de que o redator tenha a clara intensão de fazer com que seus argumentos sejam os representativos da decisão do tribunal, o que pode ser também o reflexo do comportamento individualista assumido pelos Ministros e que atualmente caracteriza a prática deliberativa no STF, como tratado em tópicos anteriores.

Na impossibilidade de se realizar reformas mais radicais no modelo *seriatim* que caracteriza os acórdãos, as críticas às práticas de redação e as respectivas propostas de solução tendem a se concentrar no tópico das ementas, como pode ser constatado nas opiniões dos Ministros apresentadas no último quadro de respostas analisado. Existe hoje uma crescente convicção, por parte dos próprios Ministros, quanto à necessidade de introdução de mudanças estruturais nas ementas, para que possam de fato representar a decisão do colegiado, por meio de um texto mais conciso, claro e que extraia com a máxima fidelidade possível a *ratio decidendi* adotada pelo tribunal.

O reconhecimento quanto à problemática das ementas e à carência de reformas em seu formato textual demonstram uma tendência de necessária aproximação, ainda que mínima, dos modelos *per curiam* de apresentação pública do resultado da deliberação. No Supremo Tribunal Federal, a manutenção do modelo *seriatim* ou de texto composto, em virtude das dificuldades práticas de uma ampla e profunda reforma na estrutura do acórdão, tende a ser complementada e assim mitigada com a introdução de um modelo de redação e formatação das ementas, que permita a construção de um texto unitário e sintético, o qual possa representar a decisão do colegiado como uma unidade institucional. Essa é, ao menos, a perspectiva de médio ou curto prazo que se pode hoje vislumbrar na prática. As reformas na estrutura e formatação das ementas são hoje necessárias para a construção de uma cultura de precedentes do Tribunal, o que, como afirmado anteriormente, tem encontrado um sério obstáculo nesse modelo *seriatim* de apresentação pública das decisões.

6.3.1.3. A Citação de Doutrina e o uso do Direito Estrangeiro

Os Ministros do Supremo Tribunal Federal sempre praticaram a citação de doutrina em seus votos. A prática remonta à própria origem histórica da Corte, na primeira década republicana, quando se mostrava indispensável o recurso ao pensamento jurídico que na época se desenvolvia em torno do novo ordenamento constitucional de 1891, com sua estrutura e suas instituições recém-criadas. As inovações constitucionais que fizeram uma ruptura com o ordenamento jurídico do Império, muitas delas buscadas no direito comparado – especialmente da experiência constitucional norte-americana –, também acabaram incentivando, além do embasamento doutrinário, o uso do direito estrangeiro para sua interpretação e aplicação. A possibilidade de se basear num amplo leque de fontes jurídicas, tanto as nacionais quanto as estrangeiras, foi aberta não apenas pela própria legislação que instituía e disciplinava o processo decisório no STF, mas também incentivada pela prática da interpretação jurídica fundada nos costumes jurídicos e na equidade[441].

Assim, já nos primórdios do Tribunal, a citação da doutrina e a busca pelas fontes jurídicas de outros países foram utilizadas para o desenvolvimento da sua prática decisória, que cobrava a interpretação dos novos institutos e instituições jurídicas da República Federativa. Foi o começo de um costume de fundamentação das decisões que na época rompia com o estilo mais sintético (muito próximo do modelo francês de redação) do antecessor Supremo Tribunal de Justiça do Império e que ao longo do século XX se consolidaria como uma marca da prática argumentativa dos Ministros do STF.

Apesar de ser uma prática sempre presente no STF, é possível observar que na última década houve um relevante crescimento da quantidade de citações de doutrina e de fontes jurídicas estrangeiras nos votos dos Ministros, um fenômeno que passou a chamar a atenção da comunidade jurídica.

---

[441] O artigo 386 do Decreto 848, de 11 de outubro de 1890, que instituiu o Supremo Tribunal Federal, dispunha o seguinte: "Os estatutos dos povos cultos e especialmente os que regem as relações juridicas na Republica dos Estados Unidos da America do Norte, os casos de *common law* e *equity*, serão tambem subsidiarios da jurisprudencia e processo federal".

CAPÍTULO 6 – A DELIBERAÇÃO NO SUPREMO TRIBUNAL FEDERAL DO BRASIL

Atualmente, as citações são praticadas com ampla desenvoltura por todos os Ministros, especialmente em casos mais complexos que envolvem questões nunca apreciadas e/ou decididas pela Corte[442].

A intensificação dessa prática na última década pode estar relacionada a alguns fatores principais. Em primeiro lugar, a formação de equipes qualificadas de assessores nos gabinetes dos Ministros e as facilidades atuais de pesquisa das fontes jurídicas (informatização completa dos instrumentos de trabalho e conexão global via internet) e de intercâmbio de informações com instituições jurídicas nacionais e estrangeiras (tribunais, parlamentos, bibliotecas etc.), antes praticamente inexistentes, têm ensejado condições muito propícias à produção de peças com considerável profundidade analítico-teórica das questões jurídicas discutidas nos processos, que em alguns casos mais se parecem a textos de doutrina do que decisões de um tribunal. Ademais, a cultura do trabalho autônomo e individualista de cada Ministro e de seu respectivo gabinete na construção de seu próprio pensamento, de suas posições pessoais e dos fundamentos jurídicos que devem embasar suas decisões e votos, cria uma ampla margem de livre desenvolvimento de textos jurídicos com estrutura e argumentação bastante particulares e completamente independentes em relação aos outros Ministros e gabinetes. Assim, num ambiente institucional em que convivem onze distintos núcleos de produção independente de textos jurídicos, a tendência é cada um faça uso livre e autônomo de doutrinas e/ou de fontes jurídicas estrangeiras específicas e diferenciadas em relação aos demais.

O tema foi objeto de uma das questões realizadas aos Ministros entrevistados. A maioria admite citar doutrina e fazer uso de fontes jurídicas estrangeiras em seus votos. Alguns, por uma questão de estilo próprio, alegam fazê-lo de modo

---

[442] A jurisprudência recente está repleta de casos emblemáticos, tais como, por exemplo, o acórdão da Ação Direta de Inconstitucionalidade n. 3.510 (constitucionalidade da Lei de Biossegurança, na parte em que trata das pesquisas com células-tronco embrionárias), que conta com citações de mais de cem obras jurídicas, filosóficas e científicas, assim como referências a fontes jurídicas de diversos países, tais como Reino Unido, França, Portugal, Canadá, Espanha, Suíça, Alemanha, México, entre outras. Também o acórdão da Arguição de Descumprimento de Preceito Fundamental n. 54 (aborto de fetos anencéfalos) conta com várias citações de diversas decisões de outras Cortes Constitucionais (Tribunais Constitucionais da Alemanha, da Itália, da Espanha e do Peru, assim como a Suprema Corte norte-americana) e também a referência a mais de cento e cinquenta obras bibliográficas em diferentes ramos do conhecimento.

ARGUMENTAÇÃO CONSTITUCIONAL

menos recorrente, apenas em alguns casos. Os que reconheceram a prática deixaram transparecer que ela se desenvolve, naturalmente, de forma individual, e se há algum cotejo em relação a outros votos, isso não é feito de forma expressa. Em suma, existe essa prática e ela é normalmente desenvolvida no bojo da construção individual dos votos por cada Ministro e seu respectivo gabinete.

Questão: **Vossa Excelência costuma citar doutrina em seus votos? Quanto à doutrina e à jurisprudência estrangeiras, Vossa Excelência faz uso em seus votos? Se o faz, costuma levar em conta a doutrina e jurisprudência que estão sendo citadas pelos colegas, de modo a torná-las compatíveis, ou simplesmente desconsidera o que está sendo citado por outros colegas?**	
Ministro 1	Sem resposta específica.
Ministro 2	Muito pouco. Quanto à doutrina e jurisprudência estrangeiras, acho que elas esclarecem situações, porque, afinal, o trabalho das Cortes Constitucionais é quase o mesmo, não varia, e os temas são muito parecidos. Saber como se decidiu neste ou naquele país ilumina, de certa forma, o julgamento. Acho isso importante. Quando cito eu faço o cotejo: se, eventualmente, algum Ministro cita alguma coisa, eu fico alerta, atento, e vou processando meu entendimento sobre aquilo. Isso é natural, mas nem sempre expresso.
Ministro 3	Sim, nos casos complexos, sim. Doutrina nacional, estrangeira e jurisprudência. Tenho uma orientação em meu gabinete de que citação só fazemos de pessoas do mais alto gabarito. Mas trago isso apenas para melhor fundamentar o voto. Oriento minha assessoria no sentido de sempre fazer o estudo de direito intertemporal, do direito comparado, depois do direito positivo, a doutrina e a jurisprudência.
Ministro 4	Sim. Doutrina estrangeira também. E tentando estabelecer também... fazendo não só a análise passiva, mas uma tentativa de análise crítica, ativa, dos sistemas. Depende do momento (se costuma levar em conta as citações de outros colegas). Se surge uma questão nova no debate, obviamente que lança-se mão do conhecimento que se tem, a partir da necessidade, inclusive, de improvisar argumentos no debate. Mas, em princípio, para o voto que é (previamente) elaborado, obviamente, lança-se mão de algo previamente preparado.
Ministro 5	Sem resposta específica.
Ministro 6	Não. A não ser, assim, por exemplo, no caso do direito adquirido, lembro que fiz um voto citando uns autores italianos e outros. Mas não achava muito importante para a decisão.
Ministro 7	Sim. Mas dou preferência à jurisprudência. Faço mais em razão da coerência interna do próprio voto e das minhas preferências intelectuais.
Ministro 8	Não.

No peculiar modelo *seriatim* ou de texto composto, a citação de doutrina e de fontes jurídicas estrangeiras pode trazer um *problema de coerência argumentativa*, na medida em que o livre desenvolvimento dessa prática por cada Ministro pode resultar em diversos textos compostos por fundamentações doutrinárias incompatíveis entre si e com recursos a fontes jurídicas de distintos países. Nessas hipóteses, saber qual a doutrina ou qual ordenamento jurídico estrangeiro serviu de base para a comparação realizada pela Corte pode se transformar numa tarefa impossível. Em outros temos, não se torna possível identificar com precisão o *argumento de autoridade* (os autores ou as teorias utilizadas) e/ou o *argumento comparativo* (o uso do direito estrangeiro) que compõem a *ratio decidendi* da decisão do Tribunal.

6.3.2. A Deliberação em sua "Dimensão Externa"

Como a maioria das Cortes Constitucionais, o Supremo Tribunal Federal se relaciona institucionalmente com seu entorno político e constantemente avalia o impacto de suas decisões, de modo que o colegiado de Ministros, na qualidade de órgão máximo da Corte que se relaciona com os demais Poderes e com a opinião pública em geral, não se restringe à deliberação "interna", mas também atua como órgão político em face de seu exterior.

Em um modelo de deliberações públicas, essa dimensão "externa" da atuação do colegiado de magistrados assume grande relevo. A repercussão política, econômica e social dos pronunciamentos da Corte, e especialmente as respostas político-institucionais que receberão, é um tema que integra os momentos deliberativos entre os Ministros, especialmente nos julgamentos que envolvem os casos objeto de maior atenção da opinião pública.

Nesse contexto, três aspectos parecem exercer maior influência na deliberação entre os Ministros do STF: 1) a relação entre o Tribunal, como órgão de cúpula do Poder Judiciário e os demais Poderes da República (Executivo e Legislativo), âmbito em que se levanta a complexa questão quanto ao detentor da "última palavra" na interpretação da Constituição; 2) a relação do Tribunal com a imprensa, em virtude das peculiares configurações do modelo de deliberação aberta; 3) as relações entre o STF e a opinião pública, contexto em que surge a pergunta de se o Tribunal, ao deliberar, deve ou não escutar a "vontade popular" ou os ditos "anseios sociais".

ARGUMENTAÇÃO CONSTITUCIONAL

6.3.2.1. O STF e os Demais Poderes: quem de Fato tem a "Última Palavra"?

Desde sua origem, o Supremo Tribunal Federal constitui um dos pilares da estrutura tripartite dos Poderes da República do Brasil. Como órgão de cúpula do Poder Judiciário, o Tribunal atua como Poder independente em face dos demais Poderes. As relações político-institucionais do Tribunal com os Poderes Executivo e Legislativo sempre foram marcadas por episódios problemáticos, que invariavelmente repercutiram na prática deliberativa da Corte.

Os conflitos com o Poder Executivo foram recorrentes nos primeiros anos de funcionamento do Tribunal – marcado pelas medidas de retaliação do governo do Presidente Floriano Peixoto, que não preenchia as vagas resultantes das aposentadorias de Ministros, deixando o Tribunal desfalcado e sem possibilidade de realizar julgamentos[443] – e tornaram-se mais agudos nos períodos de governos autoritários – com destaque para as intervenções políticas do governo do Presidente Getúlio Vargas na organização e funcionamento interno dos órgãos deliberativos do Tribunal e as aposentadorias

---

[443] Conflitos políticos entre o Supremo Tribunal e o Poder Executivo foram recorrentes na Primeira República: "Os confrontos entre o Tribunal e o governo multiplicaram-se durante todo o período de Floriano Peixoto. O conflito era caracterizado pelos inimigos do presidente como uma luta entre a lei e a ditadura, e, pelos que o apoiavam, como um embate entre um imaginário constitucionalismo, mal pensado, na opinião do senador governista Aristides Lobo, e o Executivo, representante das garantias de todos os direitos e fiel intérprete da ordem e da segurança social, de cujo fortalecimento dependia a permanência da República. Desgostoso com o desempenho do Tribunal, Floriano tomou medidas retaliatórias, deixando de preencher as vagas que resultavam das aposentadorias. Ao findar o ano de 93, o Supremo encontrava-se desfalcado de vários membros. Floriano nomeou o médico Barata Ribeiro e dois generais para preenchimento dos cargos, o que provocou a desaprovação da magistratura e do Congresso, que se negou a ratificar o ato por faltar aos indicados o preparo jurídico necessário para o desempenho do cargo. Durante muito tempo o Supremo, sem quórum, não pôde realizar sessões". "O outro problema com que o Tribunal se defrontou durante o período de Floriano Peixoto foi causado pela exigência de prestar juramento perante o chefe do Executivo, a que estavam submetidos o presidente e o vice-presidente do órgão. A demora em marcar a data para a cerimônia colocava o Tribunal à mercê do governo. Também o procurador-geral dependia do presidente da república para sua nomeação. Diante do impasse criado por Floriano Peixoto, os ministros resolveram reformar o regimento. Em novembro de 1894, ficou estabelecido que o presidente e o vice-presidente passariam a prestar compromisso perante o próprio tribunal e que ao primeiro caberia designar o procurador-geral da república. O Supremo ganhava, assim, uma relativa independência em relação ao Executivo". COSTA, Emilia Viotti da. *O Supremo Tribunal Federal e a construção da cidadania.* 2ª Ed. São Paulo: Ieje; 2007, p. 40.

CAPÍTULO 6 – A DELIBERAÇÃO NO SUPREMO TRIBUNAL FEDERAL DO BRASIL

compulsórias de Ministros[444]. A partir da Constituição de 1988, que dotou o Tribunal de maiores garantias de independência político-institucional e de autogoverno (autonomia organizativa e financeira), esses conflitos tornaram-se menos recorrentes e menos intensos, mas ainda é possível observar momentos de tensão e de embate, especialmente quando há retardamento, pelo Presidente da República, nas nomeações de novos Ministros para preenchimento das vagas decorrentes de aposentadorias[445], e nos casos, mais recentes, de desrespeito governamental à autonomia orçamentária do Poder Judiciário,

[444] "De fato, nem bem chegara ao poder, Vargas deixou clara sua intenção de intervir no Supremo. No decreto que instituía o governo provisório, alguns artigos eram alusivos ao judiciário. Foi criado o Tribunal Especial para processo e julgamento dos crimes políticos e outros que seriam discriminados na lei de sua organização. Dois meses após, em 3 de fevereiro de 1931, outro decreto reduzia o número de ministros do Supremo Tribunal Federal de quinze para onze e estabelecia regras para abreviar os julgamentos. O Tribunal foi dividido em duas turmas de cinco juízes cada uma. Foi determinado ainda que os relatórios, discussões e votos seriam taquigrafados. Pelo mesmo decreto, proibiu-se aos magistrados o exercício de qualquer cargo por eleição, nomeação ou comissão, mesmo que gratuito, ou qualquer outra função pública, salvo o magistério. Dias depois, Vargas aposentou compulsoriamente seis membros do Supremo Tribunal Federal". COSTA, Emilia Viotti da. *O Supremo Tribunal Federal e a construção da cidadania*. 2ª Ed. São Paulo: Ieje; 2007, p. 80. "Nos primeiros meses que se seguiram à tomada do poder, a investida de Vargas contra o Tribunal não se limitou às aposentadorias. A 13 de junho de 1931, foi reorganizado o Supremo Tribunal Federal nas bases estipuladas pela Constituição de 1891, com os adendos feitos até então pelo governo provisório. O decreto dispunha ainda que a irredutibilidade de vencimentos de membros da magistratura não os eximia de impostos, taxas e contribuições de caráter geral, o que iria provocar grande polêmica. Os ministros viam assim diminuírem seus privilégios. A partir da Constituição de 1934, os ministros, que eram vitalícios, podendo exercer o cargo durante o tempo que lhes aprouvesse, ficaram obrigados à aposentadoria compulsória aos 75 anos. A Carta Constitucional de 1937 reduziu o limite de idade para 68 anos". COSTA, Emilia Viotti da. *O Supremo Tribunal Federal e a construção da cidadania*. 2ª Ed. São Paulo: Ieje; 2007, p. 81-82.
[445] Um exemplo recente de retardamento exacerbado na nomeação de novo Ministro para preenchimento de vaga deixada por aposentadoria no STF está na sucessão do Ministro Eros Grau, que demorou sete meses para se concretizar, deixando a Corte desfalcada durante todo o segundo semestre de 2010, o que causou sérios problemas para o quórum dos julgamentos e suscitou reiteradas manifestações públicas do Presidente do Tribunal em relação à necessidade de o então Presidente da República, Luis Inácio Lula da Silva, proceder à urgente nomeação de novo integrante do colegiado de magistrados. O Ministro Eros Grau se aposentou por decreto de 30 de julho de 2010, publicado no Diário Oficial da União, Seção 2, de 2 de agosto de 2010, e a nomeação de seu sucessor, o Ministro Luiz Fux, somente ocorreu pelo decreto da Presidente da República Dilma Rousseff de 10 de fevereiro de 2011 (Diário Oficial de 11 fevereiro de 2011. Seção 2, p. 1), tendo esse tomado posse em 3 março de 2011.

ARGUMENTAÇÃO CONSTITUCIONAL

que em alguns casos obriga o Tribunal a deliberar e emitir posição institucional mais contundente sobre o tema[446].

Em relação ao Poder Legislativo, o cenário não é diferente. Já em seus primeiros anos de funcionamento, o Supremo Tribunal se defrontou com atos legislativos que substancialmente contrariavam algumas de suas decisões iniciais[447] e nos tempos da ditadura de 1937, por exemplo, conviveu com um regime constitucional que expressamente previa o reexame legislativo de suas decisões sobre a inconstitucionalidade de leis[448]. A Constituição de 1988 reforçou o controle abstrato de normas e acabou criando um robusto sistema de fiscalização da constitucionalidade, inclusive prevendo mecanismos de combate da omissão legislativa inconstitucional, que dotou o Supremo

---

[446] Em Sessão Administrativa realizada em 3 de agosto de 2011, os Ministros do Supremo Tribunal Federal decidiram proferir uma resposta institucional inequívoca e contundente em relação à recusa do Poder Executivo em enviar ao Poder Legislativo a proposta orçamentária do Poder Judiciário, tal como elaborada pelo Tribunal. A decisão foi então tomada nos seguintes termos: "Processo nº 345.322 – aprovar, por unanimidade, a proposta orçamentária para o exercício de 2012, no montante de R$ 614.073.346,00, a ser encaminhada ao Poder Executivo para inclusão no Projeto de Lei Orçamentária Anual. A Corte reiterou o decidido na Sessão Administrativa de 2 de agosto de 1989 e reafirmado na Sessão Administrativa de 4 de agosto de 1999, nas quais, interpretando o disposto nos artigos 99 e parágrafos, 84, inciso XXIII, 165, inciso III, e parágrafos 5º, inciso I, e 6º, 166 e parágrafos, todos da Constituição Federal de 1988, referentes à autonomia administrativa e financeira do Poder Judiciário, assentou que as propostas orçamentárias dos Tribunais devem, nos mesmos termos de sua formulação, ser integralmente incorporadas pelo Poder Executivo ao Projeto de Lei Orçamentária Anual, que será enviado ao Congresso Nacional".

[447] "A luta do tribunal em defesa da Constituição levou-o também a se confrontar várias vezes com o Legislativo, tanto em nível federal quanto estadual. Algumas de suas decisões iniciais foram mais tarde revistas. Em novembro de 1894, por exemplo, o Supremo Tribunal Federal declarou inconstitucional a lei de 25 de agosto de 1892, do Estado da Bahia, que criara um imposto de importação estadual sobre mercadorias estrangeiras já tributadas pela União. Um ano e meio mais tarde, voltou a declarar inconstitucionais as leis orçamentárias que estabeleciam imposto de exportação sobre as mercadorias nacionais saídas daquele Estado para outros. Em 1986, no entanto, o Congresso, pela Lei 410, reconheceu aos Estados o poder de tributar as exportações, o que levou o Tribunal a alterar sua jurisprudência". COSTA, Emilia Viotti da. *O Supremo Tribunal Federal e a construção da cidadania*. 2ª Ed. São Paulo: Ieje; 2007, p. 43.

[448] O parágrafo único do artigo 96 da Constituição de 1937 dispunha o seguinte: "No caso de ser declarada a inconstitucionalidade de uma lei que, a juizo do Presidente da Republica, seja necessaria ao bem estar do povo, à promoção ou defesa de interesse nacional de alta monta, poderá o Presidente da Republica submete-la novamente ao exame do Parlamento: si este a confirmar por dois terços de votos em cada uma das Camaras, ficará sem efeito a decisão do Tribunal".

CAPÍTULO 6 – A DELIBERAÇÃO NO SUPREMO TRIBUNAL FEDERAL DO BRASIL

Tribunal Federal de relevante poder em face do Legislativo. Esse reforço do papel de guardião da Constituição contra os atos legislativos ensejou as condições favoráveis para o desenvolvimento da noção de *intérprete final*, que passou a permear o imaginário institucional do Tribunal perante parte considerável da comunidade jurídica. Em uma das decisões mais importantes do ano de 2005, que declarava a inconstitucionalidade de lei que revisara entendimento jurisprudencial consolidado[449], a Corte chegou a alegar "razões de alta política institucional para repelir a usurpação pelo legislador de sua missão de intérprete final da Lei Fundamental"[450]. É bem provável que essa afirmação tenha sido pontual e não tenha representado a opinião de todos os Ministros que compunham o órgão colegiado naquele momento – uma possível hipótese de ementa do acórdão que contém apenas os fundamentos do voto do Relator, problema que foi abordado em tópicos anteriores. Não obstante, ela demonstrou a força que a ideia do "intérprete final" ganhou na cultura institucional que se formou em torno do Supremo Tribunal Federal no período pós-1988.

Com o Legislativo, portanto, as relações político-institucionais do Tribunal têm sido marcadas por essa peculiaridade, *prima facie* inexistente quando se trata do Poder Executivo. As relações com o parlamento brasileiro estão

---

[449] O objeto da Ação Direta de Inconstitucionalidade n. 2.797, Relator Ministro Sepúlveda Pertence, julgada pelo Plenário em 15 de setembro de 2005, consistia na Lei 10.628, de 2002, que acrescentava os §§ 1º e 2º ao artigo 84 do Código de Processo Penal, e que foi considerada pela Corte como "evidente reação legislativa ao cancelamento da Súmula 394 por decisão tomada pelo Supremo Tribunal no Inq 687-QO, 25.8.97, Rel. o em. Ministro Sydney Sanches (RTJ 179/912)".

[450] Trechos da ementa do acórdão do STF na Ação Direta de Inconstitucionalidade n. 2.797 contêm o entendimento segundo o qual o Tribunal é o 'intérprete final" da Constituição e que, por isso, não pode a lei ordinária contrariar esse entendimento: "Quando, ao vício de inconstitucionalidade formal, a lei interpretativa da Constituição acresça o de opor-se ao entendimento da jurisprudência constitucional do Supremo Tribunal – guarda da Constituição -, às razões dogmáticas acentuadas se impõem ao Tribunal razões de alta política institucional para repelir a usurpação pelo legislador de sua missão de intérprete final da Lei Fundamental: admitir pudesse a lei ordinária inverter a leitura pelo Supremo Tribunal da Constituição seria dizer que a interpretação constitucional da Corte estaria sujeita ao referendo do legislador, ou seja, que a Constituição – como entendida pelo órgão que ela própria erigiu em guarda da sua supremacia -, só constituiria o correto entendimento da Lei Suprema na medida da inteligência que lhe desse outro órgão constituído, o legislador ordinário, ao contrário, submetido aos seus ditames". Supremo Tribunal Federal. Ação Direta de Inconstitucionalidade n. 2.797, Relator Ministro Sepúlveda Pertence, julgada em 19.5.2005.

ARGUMENTAÇÃO CONSTITUCIONAL

permeadas pela questão a respeito de quem deve ter a "última palavra" quanto à interpretação da Constituição de 1988.

A Constituição estabelece que as decisões finais do STF sobre a inconstitucionalidade das leis têm eficácia *erga omnes* e efeitos vinculantes em relação aos demais órgãos do Poder Judiciário e ao Poder Executivo (administração pública)[451]. Excluiu o Poder Legislativo da abrangência desses efeitos decisórios do controle abstrato da constitucionalidade e, nesse aspecto, tudo indica que manteve amplas margens para a atividade legislativa, permitindo, inclusive, a edição de leis revisoras das decisões do Supremo Tribunal. Não obstante, a recente atuação mais incisiva – por muitos qualificada de "ativista" – do Tribunal no exercício da fiscalização da constitucionalidade das leis, em especial do controle da omissão legislativa inconstitucional – que tem levado a Corte a proferir decisões mais contundentes e críticas em relação à inatividade do Poder Legislativo[452] –, tem favorecido a ampla percepção, inclusive por parte do Poder Legislativo, de que o Supremo Tribunal Federal é, ou pelo menos tem atuado como se fosse, o último intérprete da Constituição na ordem jurídica brasileira.

A questão tem assim repercutido na postura institucional do órgão colegiado, como representante do Tribunal em face dos demais Poderes, o que tem inegável influência na prática deliberativa em seu interior. O tema não poderia deixar de fazer parte das entrevistas realizadas com alguns Ministros do Supremo Tribunal, apesar de se ter que reconhecer a complexidade e a

---

[451] Artigo 102, § 2º, da Constituição de 1988: "As decisões definitivas de mérito, proferidas pelo Supremo Tribunal Federal, nas ações diretas de inconstitucionalidade e nas ações declaratórias de constitucionalidade produzirão eficácia contra todos e efeito vinculante, relativamente aos demais órgãos do Poder Judiciário e à administração pública direta e indireta, nas esferas federal, estadual e municipal".

[452] Um exemplo claro pode ser encontrado na decisão na Ação Direta de Inconstitucionalidade por Omissão n. 3.682, Relator Ministro Gilmar Mendes, julgada em 9 de maio de 2007, quando o Tribunal decidiu "declarar o estado de mora em que se encontra o Congresso Nacional, a fim de que, em prazo razoável de 18 (dezoito) meses, adote ele todas as providências legislativas necessárias ao cumprimento do dever constitucional imposto pelo art. 18, § 4º, da Constituição, devendo ser contempladas as situações imperfeitas decorrentes do estado de inconstitucionalidade gerado pela omissão". Outros exemplos podem ser encontrados na Ação Direta de Inconstitucionalidade n. 875, 1987, 2.727 e 3.243, Relator Ministro Gilmar Mendes, e nos Mandados de Injunção n. 670, 708 e 712, das Relatorias dos Ministros Gilmar Mendes e Eros Grau, respectivamente.

CAPÍTULO 6 – A DELIBERAÇÃO NO SUPREMO TRIBUNAL FEDERAL DO BRASIL

multiplicidade de questões que ele pode suscitar, e a diversidade de perspectivas que se pode adotar nas respostas. É hoje crucial saber qual a posição dos próprios Ministros, como efetivos membros do colegiado e participantes dessa prática deliberativa (interna e externa), a respeito de seu papel como intérpretes constitucionais no contexto de convivência político-institucional com os demais Poderes, especialmente com o Poder Legislativo. A questão formulada buscou saber se os Ministros do STF enxergam a si mesmos como os máximos intérpretes constitucionais, detentores da "última palavra" sobre a Constituição, ou se encaram sua atividade interpretativa como mais um passo ou mais uma etapa num processo interpretativo mais amplo, no qual igualmente participam os demais Poderes da República.

Questão: **Vossa Excelência considera que o STF tem a última palavra sobre a interpretação da Constituição e que os demais Poderes (Executivo e Legislativo) devem a ela se submeter? Ou entende que as decisões do Tribunal são apenas mais uma interpretação possível da Constituição, que compete com outras interpretações igualmente possíveis que podem ser realizadas pelos demais Poderes?**	
Ministro 1	Acho que o Supremo, na nossa ordem jurídico-constitucional, dá a última palavra sobre a Constituição. Ele é o guardião da Constituição. A possibilidade de o Congresso revisar uma decisão do STF...acho impossível, incabível. O que pode ocorrer é o Congresso, diante da norma declarada inconstitucional, resolver legislar corrigindo a inconstitucionalidade. Agora, se ele legislar repetindo a inconstitucionalidade...é um absurdo. O Parlamento alemão, o Parlamento espanhol, não fariam isso diante de uma decisão do tribunal constitucional. Em suma, digo que não admitiria jamais que pudesse o Congresso, num sistema presidencial, que é o nosso, descumprir ou efetivar uma lei tornando inócua uma decisão do Poder Judiciário brasileiro que declarou inconstitucional uma determinada lei.
Ministro 2	Acho que o debate com a sociedade não é contraditório com o fato de que a palavra final é do Tribunal em matéria de interpretação constitucional. É muito saudável que haja esse debate com a sociedade, das mais diversas formas.
Ministro 3	Respeito muito o Congresso Nacional enquanto representante da soberania popular. Penso que nós temos a última palavra num determinado momento histórico, dentro da condição *rebus sic stantibus*, ou seja, enquanto as coisas permanecerem como estão. É claro que uma decisão nossa pode ser eventualmente revista pelo Congresso Nacional.

ARGUMENTAÇÃO CONSTITUCIONAL

Ministro 4	Essa é uma pergunta bastante complexa. Se nós olharmos a questão de forma isolada, evidentemente que o Tribunal acaba por ter a última palavra naquela situação, ou como um findar de um procedimento. Mas é óbvio que, em termos históricos, esse diálogo prossegue. Muitas vezes – nós temos vários exemplos – o Legislativo reage, se não de forma tópica a uma dada decisão, a um entendimento ou a uma compreensão e acaba por promulgar uma emenda constitucional, por exemplo, ou faz uma reelaboração legislativa que recompreende a decisão. Em outros casos, o diálogo institucional é quase que compulsório, por exemplo nos casos da omissão (legislativa); são casos em que a decisão judicial, ainda que com certo caráter aditivo ou normativo, é sempre insuficiente. Aqui acho até que há um certo déficit de institucionalidade. Nós deveríamos trabalhar algum modelo que solenizasse mais essa relação entre o Supremo e o Congresso Nacional, por exemplo, em matéria de omissão legislativa, porque ficamos um pouco em um diálogo de surdos, em que supostamente apelamos ao Congresso, mas ao mesmo tempo o Congresso não foi comunicado oficialmente ou com alguma solenidade de que há uma omissão grave que demanda resposta. Em suma, a mim me parece que formalmente se pode usar esse discurso da última palavra, mas na sociedade, uma sociedade complexa, e na organização complexa do Estado que hoje temos, isso talvez seja só uma metáfora.
Ministro 5	Em um Estado Democrático de Direito, alguém tem que ter a última palavra. E pela nossa Lei Maior, quem tem a última palavra sobre o direito posto é o Supremo. Agora, claro que a compenetração tem que ser maior, a fidelidade ao que está na Constituição e a busca da concretude dessa mesma Constituição. Toda vez que tergiversamos, inclusive com esse instituto que está em moda, que é o instituto da modulação que surgiu para atender-se a questões sociais graves, mas que hoje em dia passou a ser a regra, nós não avançamos culturalmente; nós retrocedemos, porque estimulamos práticas à margem da ordem jurídica e constitucional. Quanto mais escassa a possibilidade de reversão do quadro decisório, maior deve ser o cuidado do julgador. O juiz de primeira instância sabe que tem o órgão revisor ordinário, que exercerá crivo quanto ao seu pronunciamento; mas nós não temos, e daí a nossa responsabilidade.
Ministro 6	É legítimo (que o Congresso modifique as decisões do STF). Eu discuti muito sobre isso. O Supremo decidia e interpretava a Constituição de uma determinada maneira. Vinha o Congresso e mudava. Alguns colegas tomavam isso como uma afronta. Eu dizia que não. Essa é a única maneira de se modificar a decisão do Supremo.

CAPÍTULO 6 – A DELIBERAÇÃO NO SUPREMO TRIBUNAL FEDERAL DO BRASIL

| Ministro 7 | A ideia de que a Constituição é o que o Supremo diz que ela é, para mim é absolutamente equivocada. Quantas pessoas seguem a Constituição e as leis, sem a necessidade de o judiciário dizer o que é a Constituição ou o que são as leis. As pessoas já cumprem as leis. O que chega para o Judiciário é o residual, aquilo que se tornou um conflito, um debate, uma disjuntiva. E nessa situação é que o Judiciário, o Supremo, diz o que é a Constituição para o caso específico, ou quando há repercussão geral ou o controle abstrato das normas com efeito para toda a sociedade, inclusive para a administração pública. É uma interpretação final dos processos judiciais. Isso não implica dizer que o direito é única e exclusivamente o que a Justiça diz que ele é, porque o Direito é muito mais amplo do que isso, é muito mais respeitado do que desrespeitado, e os limites dos debates ficam por conta do residual. Em relação ao Congresso Nacional alterar eventualmente normas em razão das decisões do Judiciário, esse limite dessa competência há de ser analisado caso a caso. Há casos em que isso será um desrespeito à decisão do STF e há casos em que isso estará dentro da autonomia e do direito do parlamento em fazê-lo, e já ocorreu isso na história, as duas hipóteses já ocorreram. |
| Ministro 8 | A nossa tradição, e isso não tem como alterar, é a de que o Tribunal dá a última palavra. Mas a última palavra não significa que o Congresso não vá alterar. |

É interessante observar que, apesar de algumas posições (isoladas) no sentido de ser o Supremo Tribunal o detentor privilegiado da "última palavra", a maioria dos Ministros demonstrou estar bastante ciente de que a interpretação constitucional definida nos processos julgados pela Corte não necessariamente deve ser finalizadora, no sentido de terminar e por um ponto final no debate sobre as questões discutidas, mas pode (e deve) ter continuidade no âmbito dos demais Poderes e, inclusive, de modo difuso na sociedade. Com isso, os Ministros se mostram abertos ao desenvolvimento de um *diálogo institucional* com os Poderes, principalmente com o Congresso Nacional, tido como um interlocutor privilegiado nesse debate mais amplo sobre a interpretação constitucional, na medida em que reconhecidamente poderá revisar e dar nova conformação legislativa à posição definida pelo Tribunal.

Não se nega que as decisões finais da Corte Constitucional possuem um genuíno *caráter autoritativo* em relação aos demais Poderes. A autoridade judicial é garantida por um plexo de normas e procedimentos que asseguram a produção de efeitos *erga omnes* e vinculantes pelos atos e decisões emanados do Tribunal, que devem ser impreterivelmente respeitados. Por outro lado,

ARGUMENTAÇÃO CONSTITUCIONAL

admite-se – de modo bastante tranquilo e prudente – que os órgãos legislativos podem produzir sua própria interpretação da Constituição, que muitas vezes é paralela e distinta daquela que é realizada pelo Tribunal. Assim, a ideia de "última palavra" parece ter esse significado mais restrito à dimensão autoritativa das posições interpretativas fixadas pelo Tribunal, a qual não fecha outras vias de interpretação constitucional, especialmente as que podem ser (re)abertas pelo Congresso Nacional.

Com esse significado em mente, os Ministros parecem estar conscientes de que a deliberação que realizam no interior do Tribunal também se relaciona institucionalmente com as múltiplas vias deliberativas que acontecem simultaneamente em outros âmbitos institucionais, principalmente na seara parlamentar. O órgão colegiado delibera internamente, mas também participa como um importante ator numa deliberação mais ampla em torno da interpretação da Constituição, em que sua posição institucional dialoga com outras posições emanadas de atores igualmente legítimos. E, como foi mencionado nas entrevistas, o Tribunal dispõe hoje de mecanismos processuais e procedimentais – técnicas diferenciadas de julgamento, como, por exemplo, a possibilidade de *modulação dos efeitos* das decisões – para saber lidar com as diversas alternativas interpretativas realizadas em âmbitos institucionais diversos e compatibilizar ou amenizar os impactos dos resultados de suas deliberações com as demais decisões tomadas em outras instâncias de poder.

Essas constatações são importantes, na medida em que parecem revelar que os Ministros do Supremo Tribunal Federal, pelo menos a maioria dentre os que foram entrevistados, possuem uma noção menos ambiciosa do que seja possuir a "última palavra", diferenciada daquela que foi paulatinamente construída por parte da comunidade jurídica em torno de sua atividade e de sua posição institucional no contexto dos Poderes da República. Sua interpretação é final num determinado momento e em relação a uma questão específica, dotada que é de uma dimensão autoritativa própria dos pronunciamentos judiciais definitivos. Mas num contexto histórico indefinido, ela se insere no processo de interpretação constitucional compartilhado com diversas instâncias deliberativas, que conformam uma deliberação pública mais ampla, característica de uma democracia (deliberativa).

No entanto, a prevalência da perspectiva do diálogo institucional e da deliberação pública sobre a noção mais forte quanto à "última palavra" ainda não

CAPÍTULO 6 – A DELIBERAÇÃO NO SUPREMO TRIBUNAL FEDERAL DO BRASIL

está totalmente refletida na comunidade jurídica, que mantém a ideia de que a prática deliberativa do colegiado de Ministros é atualmente caracterizada por ser mais combativa e "ativista" em relação à (in)atividade do Legislador. A difusão dessa ideia tem resultado, inclusive, em projetos de emendas à Constituição com o propósito de impor maiores restrições aos poderes de controle da constitucionalidade das leis pelo Supremo Tribunal e submeter suas decisões ao crivo posterior do Congresso Nacional[453]. Esse é um dos maiores desafios que a Corte Constitucional hoje enfrenta em suas relações político-institucionais com os demais Poderes. A tramitação regular desses projetos legislativos tem propiciado uma atmosfera de tensão inter-institucional entre o Tribunal e as Casas Legislativas, que de certa forma pode estar influenciando a postura deliberativa do colegiado. O tema certamente estará na pauta das mais delicadas questões a serem enfrentadas pela Corte em suas relações político-institucionais com os demais Poderes.

6.3.2.2. O STF e a Imprensa: o Tribunal Fragmentado

As relações institucionais mantidas com a imprensa são fundamentais para o regular desenvolvimento da deliberação no Supremo Tribunal Federal. A configuração do modelo deliberativo, com a ampla publicidade que o caracteriza, especialmente a transmissão televisiva dos julgamentos, requerem do Tribunal o desenvolvimento articulado e bem organizado da atividade de comunicação com a imprensa e, nesse sentido, com a opinião pública em geral. Os meios de comunicação atuam perante o Tribunal não apenas na divulgação do resultado das deliberações, mas igualmente em momentos anteriores e no próprio transcurso das sessões deliberativas, transmitindo as questões envolvidas nos casos e apresentando os argumentos objeto do debate. A organização de toda uma política de comunicação e de relação institucional com a imprensa torna-se assim crucial para a apresentação pública correta dos casos objeto de

---

[453] Um exemplo está na polêmica Proposta de Emenda Constitucional n. 33, a qual prevê que as decisões do STF que declarem a inconstitucionalidade de emendas constitucionais devam ser posteriormente analisadas e aprovadas pelo Congresso Nacional, o qual poderá enviar o caso a consulta popular. A proposta também amplia de seis para nove o número mínimo de ministros do STF necessários para declarar a inconstitucionalidade das leis. Referida PEC 33 chegou a ser aprovada pela Comissão de Constituição e Justiça e de Cidadania (CCJ) da Câmara dos Deputados, em abril de 2013.

ARGUMENTAÇÃO CONSTITUCIONAL

deliberação e, em momento posterior, dos resultados do julgamento, com a exposição fidedigna das razões de decidir e da própria decisão do Tribunal. São fatores que repercutem na própria imagem pública que o Tribunal transmite à sociedade e que, por isso, são essenciais para a preservação de seu prestígio institucional e, portanto, para a manutenção de sua autoridade jurídica.

A instalação da TV Justiça, no ano de 2002, e posteriormente da Rádio Justiça, em 2004, representou um grande avanço na política de relações institucionais com a imprensa, pois o Tribunal passou a contar com seus próprios veículos de comunicação com a sociedade, que desse modo acabam auxiliando no trabalho de seleção, edição e transmissão de suas atividades para a imprensa especializada. Por outro lado, a maior visibilidade da Corte perante a opinião pública intensificou drasticamente a demanda dos meios de comunicação por notícias relacionadas a todos os aspectos dos julgamentos, desde as circunstâncias fáticas e jurídicas envolvidas nos casos objeto de deliberação até os comportamentos e posturas pessoais de cada Ministro.

Assim, na última década, os contatos com a imprensa tiveram um vertiginoso crescimento, o que atualmente exige do Tribunal o constante aperfeiçoamento de sua política institucional de comunicação. Compete à Presidência, como figura de representação institucional de todo o Tribunal, estruturar e organizar os serviços de comunicação da Corte de forma centralizada. Na estrutura atual, cabe à Secretaria de Comunicação da Presidência desenvolver o trabalho de comunicação de todas as atividades (jurisdicionais, administrativas, etc.) do Tribunal, fornecendo as informações institucionais, unívocas e impessoais, para a posterior divulgação da imprensa especializada[454].

---

[454] O artigo 9º do Regulamento da Secretaria do Tribunal estabelece as competências da Assessoria de Imprensa, atualmente Secretaria de Comunicação Social, que está integrada na estrutura da Secretaria-Geral da Presidência e é composta também pelas Coordenadorias de TV e Rádio e de Imprensa: "Art. 9º À Secretaria de Comunicação Social (SCO) compete realizar os serviços de comunicação social, gerir os serviços da Rádio e TV Justiça e prestar assessoramento aos Ministros e às autoridades do Tribunal junto à mídia, assegurando a boa imagem institucional do STF perante a sociedade. Art. 9º-A À Coordenadoria de TV e Rádio (COTR) compete administrar o conteúdo e a produção da TV e da Rádio Justiça, acompanhar suas linhas editoriais, bem como tratar de assuntos correlatos.Art. 9º-B À Coordenadoria de Imprensa (CIMP) compete realizar a cobertura jornalística do STF, junto aos órgãos de imprensa e aos sites mantidos pelo Tribunal, monitorar a montagem do clipping, gerenciar a elaboração e distribuição de informações de caráter institucional dirigidas aos servidores, bem como tratar de assuntos correlatos".

CAPÍTULO 6 – A DELIBERAÇÃO NO SUPREMO TRIBUNAL FEDERAL DO BRASIL

Na prática, porém, a Presidência não tem conseguido manter um canal único de produção de informações institucionais para a imprensa. Na organização atualmente "feudalizada" que caracteriza o conjunto dos gabinetes dos Ministros (como explicado em tópico anterior), os quais constituem onze distintos organismos de produção jurídica autônomos e independentes, é praticamente muito difícil que a Corte se comunique com seu exterior por meio de uma única voz institucional. Os gabinetes dos Ministros, de modo individualizado, acabam organizando seus próprios contatos com a imprensa.

Questionados sobre esse tema, a maioria dos Ministros confirmou que, nos moldes atuais dos serviços de comunicação da Corte, o relacionamento com a imprensa ocorre muitas vezes através de seu próprio gabinete, sem a necessária intermediação da assessoria de imprensa da Presidência.

Questão: **Vossa Excelência se relaciona com a imprensa por intermédio da assessoria de comunicação da Presidência do Tribunal? Ou o contato com jornalistas e órgãos de comunicação é feito diretamente pelo próprio gabinete?**	
Ministro 1	Quando entrei no antigo TFR, e depois no STJ... No TFR, o juiz não falava com a imprensa. No STJ, a coisa começou a se abrir mais, mas também com muita discrição. Essa era a regra. No Supremo também, nos anos 90. Mas depois a questão começou a abrir-se. Os repórteres que cobriam o Supremo procuravam os Ministros. Havia alguns repórteres, homens e mulheres, de responsabilidade, sérios, que muitas vezes nos procuravam para que déssemos uma explicação, para que eles pudessem noticiar bem. O certo é que com o tempo as coisas foram se abrindo e foi se entendendo que o juiz devia conversar com a imprensa. Eu sempre opus muitas restrições a isso. Muitas vezes o contato se dava através do gabinete ou do serviço de imprensa do tribunal.
Ministro 2	As duas coisas. Muitas vezes a imprensa me procura através da assessoria de imprensa do tribunal.
Ministro 3	Infelizmente, a minha experiência indica que os assessores de imprensa são, praticamente, assessores da Presidência. Dificilmente se disponibiliza, de forma tempestiva, esses assessores para os demais colegas. O relacionamento de cada um de nós (com a imprensa)... que somos, segundo a expressão que é comum, "onze ilhas"... cada uma dessas ilhas faz o seu relacionamento. É uma falha do sistema, porque o Tribunal não tem uma voz única com relação aos grandes temas, sobretudo institucionais, e acaba se expressando para o público de uma forma fragmentada.

ARGUMENTAÇÃO CONSTITUCIONAL

Ministro 4	Muito raramente nós utilizamos a assessoria de imprensa do Tribunal, a não ser em casos muito determinados ou em que o pedido vem pela própria assessoria de imprensa. Em geral, recebemos demandas diretamente dos jornalistas e a elas respondemos.
Ministro 5	O contato direto não é nem do gabinete, é do próprio Ministro com a imprensa. Aprendi desde cedo uma coisa. Primeiro reconheço o papel da imprensa, em termos de informar os cidadãos. Em segundo lugar, eu lido com a imprensa sem reserva mental. Sou absolutamente sincero. Quando você perceber em noticiário que Ministro do Supremo disso isso ou aquilo, mas não quis se identificar, não fui eu, porque eu coloco minhas digitais. Penso que o homem público é um livro aberto. Ele está na vitrine e tem o dever de prestar contas aos concidadãos e a forma de ele prestar contas é nesse contato com a imprensa, inclusive esclarecendo, já que a maioria dos jornalistas que cobre o Judiciário não domina o direito.
Ministro 6	Eu não dava entrevistas. Muito menos sobre processos.
Ministro 7	Depende de como a demanda vem. Se a demanda vem via assessoria (da Presidência), eu respondo via assessoria. Se vem diretamente ao gabinete, eu respondo pelo gabinete. Vem mais direto para o gabinete.
Ministro 8	Eu evitava. Normalmente, era o assessor de imprensa (do Tribunal) que cuidava disso. Era tudo via assessoria de imprensa.

O resultado tem sido um Tribunal fragmentado, que se comunica com a imprensa por meio de uma multiplicidade de canais institucionais, igualmente legítimos, representados pelos distintos gabinetes dos magistrados. As consequências dessa fragmentação institucional são variadas. A existência de múltiplas vias de comunicação pode levar à produção de informações distintas, o que potencializa equívocos e contradições. A Corte passa a ter dificuldades de emitir posições institucionais unívocas, claras e precisas a respeito de suas atividades, pois a imprensa sempre terá acesso a uma variedade de informações emanadas dos distintos núcleos de comunicação dentro do próprio Tribunal. Ademais, a manutenção por cada gabinete de uma rotina de contatos com determinados jornalistas ou veículos de imprensa pode ensejar condições favoráveis à criação de relações de confiança que podem acabar gerando vazamentos de informações, sob a proteção do sigilo da fonte. Assim, a possível antecipação à imprensa de posicionamentos e impressões sobre o julgamento, que somente deveriam ser revelados no momento da sessão de deliberação pública, pode levantar sérios obstáculos ao desenvolvimento de deliberações

CAPÍTULO 6 – A DELIBERAÇÃO NO SUPREMO TRIBUNAL FEDERAL DO BRASIL

colegiadas prévias no interior do Tribunal. A cultura do trabalho individual e solitário por parte de cada Ministro, e a manutenção pelos gabinetes de canais diretos de contato com a imprensa, pode resultar em uma anomalia institucional bastante prejudicial à deliberação colegiada, na qual os Ministros pouco se comunicam entre si no interior do Tribunal, mas autonomamente cultivam vias de aproximação com determinados jornalistas e/ou veículos de imprensa. Em suma, um Tribunal fragmentado incentiva a comunicação individualizada com seu exterior e inibe a comunicação colegiada em seu interior.

Os contatos individualizados com a imprensa não podem ser controlados pela Presidência da Corte (e sua assessoria de comunicação), nem pelos próprios Ministros numa espécie de controle interno, pois se inserem no âmbito da ampla autonomia que é concedida para a estrutura organizativa e de trabalho de cada gabinete. Assim, eventuais modificações nesse estado da arte da comunicação fragmentada do Tribunal com a imprensa ficam a depender de mudanças na própria cultura do individualismo e no incentivo de práticas de deliberação colegiada interna, que possam resultar em maior unidade institucional e, dessa forma, em emanações de posicionamentos únicos e unívocos.

6.3.2.3. O STF e a Opinião Pública: o Tribunal deve Escutar a "Vontade Popular"?

No modelo de deliberação aberta adotado pelo Supremo Tribunal Federal, em que os julgamentos são realizados em ambientes institucionais amplamente públicos e inclusive transmitidos pelo rádio e pela televisão, o fato de os Ministros proferirem seus "discursos" para as múltiplas audiências que podem existir numa sociedade plural suscita uma diversidade de questões importantes em torno da possibilidade de que as práticas deliberativas na Corte estejam recebendo demasiada pressão de forças sociais centrípetas. Entre as variadas questões, talvez a que tenha (res)surgido com maior frequência e intensidade nos últimos anos seja a que diz respeito às relações entre o STF e a opinião pública e que, nesse contexto, pergunta se o Tribunal ao deliberar deve ou não escutar a "vontade popular" ou os ditos "anseios sociais".

O tema foi explicitamente discutido em julgamentos recentes, especialmente nas deliberações sobre a constitucionalidade de uma lei do ano de 2010 – conhecida como "lei da ficha limpa" – que instituía um rol de novas causas de inelegibilidade que visavam impedir a candidatura em eleições de cidadãos em cuja vida pregressa pudessem ser identificados fatos desabonadores

ARGUMENTAÇÃO CONSTITUCIONAL

de sua conduta ética, como a condenação criminal ou por improbidade administrativa[455]. A lei foi originada de iniciativa popular e sua aprovação pelo parlamento foi considerada como uma vitória da sociedade brasileira a favor da moralização das eleições e da ética na política, de modo que nos julgamentos o Tribunal teve que enfrentar fortes pressões da opinião pública em prol de sua constitucionalidade. Se em um dos julgamentos o voto condutor da decisão do Tribunal afirmou que "esta é a missão desta Corte: aplicar a Constituição, ainda que contra a opinião majoritária"[456], em outro a posição emanada também do voto do Relator enfatizou que "a própria legitimidade democrática da Constituição e da jurisdição constitucional depende, em alguma medida, de sua responsividade à opinião popular"[457].

Há uma viva polêmica em torno dessa questão e os próprios Ministros se dividem quanto ao assunto. O tema é evidentemente complexo e suscita um amplo leque de questionamentos, os quais envolvem, inclusive, a própria função do Tribunal e de sua jurisdição constitucional na democracia. Apesar de ser bastante ampla e sugerir diversas perspectivas de resposta, essa questão foi objeto das entrevistas com alguns dos Ministros do STF. Apresentada com o devido cuidado tendo em vista o contexto da prática deliberativa desenvolvida na Corte, a questão foi elaborada no sentido de saber as opiniões dos Ministros entrevistados sobre a necessidade de o Tribunal levar em conta em suas deliberações a "vontade popular" ou os "anseios sociais" manifestados majoritariamente no momento dos julgamentos. As respostas assumem diversos pontos de vista sobre o assunto, mas em seu conjunto parecem revelar que os

---

[455] Em um dos processos (Recurso Extraordinário n. 633.703, Relator Ministro Gilmar Mendes, julgado em 23 de março de 2011), o Tribunal teve que decidir se, ante o princípio constitucional da anterioridade ou da anualidade eleitoral – que exige que a lei modificadora das regras do processo eleitoral somente tenha aplicabilidade um ano após a sua publicação –, essa "lei da ficha limpa" poderia ser aplicada nas eleições gerais do mesmo ano de 2010. Em outras ações, a Corte apreciou a constitucionalidade de todos os dispositivos dessa lei, averiguando todas as causas de inelegibilidade por ela instituídas (Ações Declaratórias de Constitucionalidade n. 29 e 30 e Ação Direta de Inconstitucionalidade n. 4.578, julgadas em conjunto em 16 de fevereiro de 2012.).

[456] Trecho do voto do Ministro Gilmar Mendes, Relator do Recurso Extraordinário n. 633.703, julgado em 23 de março de 2011.

[457] Trecho do voto do Ministro Luiz Fux, Relator das Ações Declaratórias de Constitucionalidade n. 29 e 30 e da Ação Direta de Inconstitucionalidade n. 4.578, julgadas em conjunto em 16 de fevereiro de 2012.

CAPÍTULO 6 – A DELIBERAÇÃO NO SUPREMO TRIBUNAL FEDERAL DO BRASIL

magistrados estão bastante conscientes a respeito da missão essencialmente contramajoritária da jurisdição constitucional exercida pelo Supremo Tribunal Federal, a qual não diz respeito apenas ao fato de a Corte poder controlar e anular os atos legislativos emanados dos órgãos parlamentares dotados de representação popular, mas também à circunstância de atuar na defesa intransigente da Constituição, ainda que isso signifique contrariar manifestações amplamente dominantes da opinião pública no momento do julgamento.

Questão: **Vossa Excelência entende que o Tribunal deve "ouvir" ou levar em conta a "vontade popular" ou os ditos "anseios sociais"?**	
Ministro 1	Essa é uma questão muito delicada. O que é a realidade de um determinado Estado... o que representa a opinião pública de um determinado Estado...porque muitas vezes a opinião pública não passa de opinião publicada. Vamos às primeiras lições do direito constitucional, quando formulamos o conceito de Constituição. Há uma Constituição real e uma Constituição formal. Uma Constituição real que se assenta nas realidades nacionais, econômica, política, religiosa, sociológica. É a Constituição viva. E a Constituição formal, que existe para regular essa Constituição substancial. A Corte Constitucional, que dá a última palavra sobre a Constituição, tem que conhecer essa Constituição material, real, substancial, para efetivar sempre o ajuste entre a Constituição formal, escrita, a essa Constituição real. Se não há esse ajuste, a Constituição formal passa a ser uma folha de papel, nada mais do que isso. Então veja a delicadeza do termo. Agora, fazer esse ajuste entre a Constituição formal e a Constituição real é uma coisa; ouvir clamores populares, estar a Corte ajustada a clamores populares, estar a Corte pautada pela opinião publicada, é o fim.
Ministro 2	Todo juiz constitucional deve ter, pelo menos, uma consciência mínima sobre os anseios da sociedade. Ele não pode ser totalmente dissociado, alheio... Ele pode, claro, decidir contra a opinião geral, mas é bom que ele saiba como anda a pulsação da sociedade. O juiz constitucional, num sistema como o nosso, em que os votos e as tomadas de posição são individualizadas, jamais terá sucesso ou será um bom juiz se ele decidir viver numa torre de marfim, fechado aos outros setores da sociedade.
Ministro 3	Penso que o juiz não pode ser um nefelibata, não pode viver numa torre de marfim. Ele é um homem de seu tempo. Ele tem que estar sintonizado com o *Zeitgeist*, como dizem os alemães "o espírito do tempo". Mas isso não quer dizer, absolutamente, que ele deve ouvir a voz das ruas. Nós temos que ter certo isolamento em relação a clamor popular, a chamada opinião pública que na verdade muitas vezes é mais a opinião publicada do que a verdadeira opinião pública. Não dou a menor importância a essa opinião publicada.

ARGUMENTAÇÃO CONSTITUCIONAL

Ministro 4	Essas questões têm que ser colocadas com o devido cuidado e matizadas. Obviamente que a função do Tribunal é extremamente complexa. Ele não pode simplesmente passar a atender àquilo que se chama "o clamor das ruas", até porque isso seria violar a própria missão: a de aplicar a Constituição a despeito de eventuais insurgências que ocorram no meio da sociedade. Democracia é também um processo decisório complexo, que respeita regras e procedimentos. É o modelo do chamado Estado constitucional, de modo que se o sistema demanda modificações, ele precisa seguir as regras estabelecidas. Isso então seria descumprir a própria missão: decidir de uma dada forma, por exemplo, em processo criminal, para atender a um clamor que às vezes é legítimo, de cobrança, de manifestações contra a impunidade. Por outro lado, nós temos que também levar em conta que muitas vezes essa própria formação da opinião se dá de maneira apressada, a partir de informes que a própria mídia subsidia e disponibiliza para as pessoas, que podem ser também informações tendenciosas. Nós não podemos esquecer também que em algumas situações, e não são raras, a sociedade passa a reivindicar, muito justamente, recompreensões do próprio modelo jurídico positivo, tendo em vista a ampliação da proteção ou a insuficiência da proteção que se oferece. Vamos pegar como exemplo o caso da fidelidade partidária, em que se apontava um grande problema no modelo democrático com o transfuguismo, o troca-troca partidário. Veja que aqui há um caso interessante, em que havia uma crítica acentuada ao modelo jurídico positivo estabelecido e o Tribunal fez uma reanálise tendo em vista esse diálogo; ou o caso das chamadas uniões homoafetivas, em que o próprio déficit no processo decisório, que obviamente cabe ao Congresso, fez com que o Tribunal dissesse que haveria de cessar aquele quadro de discriminação que incidia sobre essas pessoas que faziam essa opção e que ficavam ao relento, sem uma proteção institucional devida. Então me parece que o Tribunal tem que ser sensível àquilo que o Häberle chama de "sociedade aberta dos intérpretes da Constituição". Mas tem que ter muito cuidado para não transformar esse diálogo num tipo de "decalque", em que o Tribunal simplesmente referenda aquilo que uma opinião pública ansiosa está por reivindicar.
Ministro 5	O Supremo é, quase sempre, contra-majoritário. Porque o dever maior, conforme está pedagogicamente na Carta Suprema, é guardar a Constituição Federal. Toda vez que há coincidência entre os anseios populares e o nosso convencimento sobre a matéria, é muito bom, porque não só temos aplausos, como também subimos em termos de apreciação da sociedade. Mas se tivermos que contrariar a maioria, para tornar prevalecente a Constituição, nós devemos contrariar essa mesma maioria.

CAPÍTULO 6 – A DELIBERAÇÃO NO SUPREMO TRIBUNAL FEDERAL DO BRASIL

Ministro 6	Nós somos humanos. A gente vive discutindo esses assuntos em casa, com os amigos, lemos o jornal... Não há dúvida nenhuma que isso acaba influenciando. Essa afirmação de que o juiz tem que ir contra a opinião geral... Não. Pode até ir, em certas circunstâncias, achando que essa opinião geral não está bem correta, mas dizer que não é influenciado... ele é. E isso não é um mal. Não acho que deva ser assim: o juiz isolado, sem sofrer influência nenhuma do meio em que vive.
Ministro 7	Quando se pergunta se se deve levar em conta, dá a impressão de que isso é elemento de formação de convicção, e não é. Agora, importa saber, sim, a repercussão de uma decisão, em nível hierárquico de Supremo Tribunal Federal, em relação a toda a sociedade. Não há dúvida de que isso é algo que é levado em consideração. Isso deve ser analisado não sob o ponto de vista de grupo de pressão, ou de torcidas. Esses grupos são os que vão formar a convicção dos julgadores? É evidente que não. No que eles são úteis à decisão do Supremo? Trazem elementos, subsídios, e aí se tem o instrumental técnico-processual adequado para tanto, que são os *amici curiae*, os memoriais, os argumentos trazidos por escrito até nós, para que possamos avaliar a discussão. Aquilo que ocorre na imprensa, nas praças, não passa de torcida. O que importa são os subsídios técnicos que nos chegam.
Ministro 8	O Tribunal não é representante. Quem é representante da população são os outros Poderes. O Tribunal não tem capacidade de formação disso. Embora surja um problema, curiosamente decorrente do voto universal. No momento em que se criou o voto universal, no sistema eleitoral brasileiro, que é disfuncional, observou-se uma regra empírica que diz o seguinte: quanto mais representativo for o órgão, menos capacidade deliberativa ele tem. O voto universal assegura a representação. Quanto mais representativo for o órgão, mais incapacidade ele tem de formação de maiorias. A formação de maioria é condição para se fazer a deliberação. Então, quanto mais representativo for, mais difuso ele é, a composição majoritária é menor; logo, a capacidade deliberativa é menor. O fato é que o Congresso é cada vez menos consolidadamente majoritário, no sentido de se ter uma posição ideológica majoritária. A legislação produzida por um órgão parlamentar que não tem uma maioria ideologicamente consistente, acaba tendo que ser ambíguo para poder produzir decisões. A ambiguidade do texto legal é condição para sua aprovação, e no momento em que se tem um texto ambíguo, amplia-se a capacidade do intérprete, que é o Tribunal. Acaba-se transferindo uma espécie de poder legislativo supletivo aos tribunais. Daí a responsabilidade dos tribunais sobre os efeitos de suas decisões, porque de uma forma ou de outra eles participam do processo de complementação do sentido da norma. E isso, os juízes não enxergam. E aí se observa o seguinte. Quando a imprensa acusa um determinado juiz que decidiu de forma "x", e que essa decisão não foi bem aceita pela maioria da imprensa, e esse juiz vai ser ouvido, qual é a resposta que ele dá? A resposta que ele.

ARGUMENTAÇÃO CONSTITUCIONAL

> dá é a seguinte: "estou em paz com minha consciência". O que significa essa frase? Essa frase significa o seguinte: "eu não tenho nenhuma responsabilidade sobre as consequências, mas tenho um compromisso com premissas, e a minha decisão é consistente com as premissas com as quais estou comprometido; por isso estou em paz com a minha consciência, porque não tenho nada a ver com as consequências da minha decisão"

Como se pode constatar na maioria das respostas, parece haver uma consciência bastante inequívoca no sentido de que os magistrados da Corte Constitucional, apesar de não poderem nunca se olvidar de seu dever de guarda da Constituição e de sua função contramajoritária, não podem também deixar de prestar atenção à vontade popular expressada de modo legítimo através de múltiplos canais político-sociais (imprensa, manifestações populares, posições de partidos políticos e organismos da sociedade civil, opiniões especializadas que gozam de ampla aceitação na sociedade, etc.). O Tribunal não deve tomar decisões baseando-se em um difuso "clamor das ruas", mas também não deve fechar os olhos para a opinião pública.

Há também os que reconhecem que as práticas decisórias do STF de fato recebem a influência da opinião pública, apesar de que ela não seja decisiva para a tomada de posição em um ou outro sentido. Nesse aspecto, é plausível afirmar que a prática deliberativa observada na Corte, especialmente nos julgamentos dos casos mais polêmicos, realmente demonstra sofrer o impacto da verdadeira avalanche de opiniões públicas que cobre o colegiado de magistrados e que certamente os influencia, de modo direto ou indireto. O Supremo Tribunal Federal é hoje uma caixa de ressonância da opinião pública expressada por diversos canais legítimos. Como já constatado, a própria conformação institucional do modelo deliberativo, de publicidade extrema, fornece as condições favoráveis para essa ampla abertura à recepção dos mais diversos discursos sociais[458]. A influência ocorre não apenas pela via

---

[458] Nesse aspecto, um dos Ministros da Corte (à época Presidente do Tribunal) chegou a afirmar, em um julgamento marcado pelo debate público que causou em amplos espectros da sociedade, que o STF poderia ser também representativo dos diversos discursos sociais: "Senhores Ministros. Cabe a mim, na qualidade de Presidente desta Corte, a difícil tarefa de votar por último, num julgamento que ficou marcado, desde seu início, pelas profundas reflexões de todos que intervieram no debate. Os pronunciamentos dos senhores advogados, do Ministério Público, dos *amici curiae* e dos diversos cientistas e expertos, assim com os votos magistrais de Vossas Excelências, fizeram desta Corte um foro de argumentação e de

CAPÍTULO 6 – A DELIBERAÇÃO NO SUPREMO TRIBUNAL FEDERAL DO BRASIL

das relações político-institucionais da Corte com os meios de comunicação, ou de modo informal pela própria inserção social e vivência política de cada Ministro, mas também através dos canais formais de abertura do processo constitucional, como os *amici curiae* e as audiências públicas, que permitem ao Tribunal absorver e apreciar, por meio de mecanismos procedimentais pré-estabelecidos, as opiniões expressadas por esses discursos presentes na sociedade a respeito dos temas objeto de julgamento.

Essas são características atualmente marcantes da deliberação no Supremo Tribunal Federal. O desenvolvimento e o constante aperfeiçoamento de um modelo de deliberação pública, tal como o que é hoje adotado no STF, dependem de um tratamento adequado dessas questões, que dizem respeito à relação entre a Corte Constitucional e a opinião pública, mas que também interferem na própria concepção a respeito de suas funções na democracia. Os Ministros demonstram estar conscientes de que sua prática deliberativa envolve o difícil ônus de lidar cotidianamente com a exposição pública e a absorção formal ou informal de uma diversidade e de uma pluralidade de discursos que emanam da sociedade. Como se trata de um fator que fundamentalmente integra a prática decisória, o colegiado de magistrados deve sempre estar atento para que as manifestações da opinião pública sejam canalizadas de forma adequada e não interfiram excessivamente em aspectos cruciais dessa prática, como a formação da convicção, a construção das razões de decidir, a definição da pauta de julgamentos etc. Assim, parece haver uma percepção de que os Ministros podem levar em conta a opinião pública – mesmo porque ela

---

reflexão com eco na coletividade e nas instituições democráticas. (...) O Supremo Tribunal Federal demonstra, com este julgamento, que pode, sim, ser uma Casa do povo, tal qual o parlamento. Um lugar onde os diversos anseios sociais e o pluralismo político, ético e religioso encontram guarida nos debates procedimental e argumentativamente organizados em normas previamente estabelecidas. As audiências públicas, nas quais são ouvidos os expertos sobre a matéria em debate, a intervenção dos *amici curiae*, com suas contribuições jurídica e socialmente relevantes, assim como a intervenção do Ministério Público, como representante de toda a sociedade perante o Tribunal, e das advocacias pública e privada, na defesa de seus interesses, fazem desta Corte também um *espaço democrático*. Um espaço aberto à reflexão e à argumentação jurídica e moral, com ampla repercussão na coletividade e nas instituições democráticas. Ressalto, neste ponto, que, tal como nos ensina Robert Alexy, *'o parlamento representa o cidadão politicamente, o tribunal constitucional argumentativamente'"*. Supremo Tribunal Federal. Ação Direta de Inconstitucionlidade n. 3.510, Relator Ministro Carlos Britto, julgada em 29 de maio de 2008.

ARGUMENTAÇÃO CONSTITUCIONAL

invariavelmente sempre exercerá algum tipo de influência –, mas não podem permitir que ela passe a pautar as atividades do Tribunal e de alguma forma possa ser decisiva em determinados julgamentos. Esse é um cuidado que, como demonstra a prática de decisão no STF, requer o desenvolvimento de um modelo de deliberação pública.

PARTE 3
A Deliberação nos Tribunais Constitucionais: Limites e Possibilidades de Uma Teoria da Argumentação Constitucional

Após apresentar os resultados da pesquisa empírica em dois tribunais representativos de modelos completamente diferenciados de deliberação (Parte 2), esta Parte 3 será destinada à reflexão sobre os limites e possibilidades da teoria da argumentação constitucional para oferecer parâmetros normativos de *aperfeiçoamento das práticas deliberativas* nos tribunais analisados. Como explicado em diferentes tópicos da Parte 1, o programa de investigação da teoria da argumentação constitucional deve envolver não apenas uma dimensão empírica, mas também uma *dimensão pragmática* que leve a sério as características institucionais da prática argumentativa e trabalhe com propostas para seu melhoramento. Assim, para não se distanciar em demasia da realidade que pretende descrever e analisar, o campo teórico-analítico da argumentação constitucional não pode prescindir dessas outras duas dimensões, a empírica e a pragmática.

As análises dos capítulos anteriores foram importantes não apenas para estabelecer um *diagnóstico* mais preciso sobre as *capacidades deliberativas* de cada tribunal em distintos modelos institucionais – o que por si só constitui um avanço em termos de conhecimento empírico sobre uma realidade até então pouco esclarecida –, mas também para indicar os variados pontos entre os diversos aspectos institucionais da prática deliberativa analisada que podem ser alvo de maiores reflexões teóricas. No atual estágio da pesquisa, tais reflexões são primordiais para possibilitar um melhor conhecimento a respeito dos limites que deve enfrentar a teoria ao tentar abarcar e compreender a realidade da deliberação nos tribunais constitucionais. Nesse contexto, o capítulo 7 demonstra que as características institucionais da deliberação nos tribunais analisados impõem diversos e importantes desafios para a construção teórica em torno da argumentação constitucional.

A consciência sobre os limites impostos à teoria da argumentação (normativa) sobre a deliberação nos tribunais constitucionais abre espaço para que, na dimensão mais pragmática, se possa trabalhar com parâmetros indicativos de melhoramentos nas práticas de argumentação e de deliberação nesses tribunais. Nesse sentido, o capítulo 8 se destina a tecer reflexões sobre algumas diretrizes para o aperfeiçoamento institucional da capacidade deliberativa dos tribunais constitucionais. Levando-se em conta a realidade das práticas deliberativas descrita na Parte 2 e os limites que elas impõem à sua teorização, essas diretrizes não têm a pretensão de serem normativas e universais; elas são empíricas e contextuais, na medida em que pressupõem as características histórico-político-institucionais de cada tribunal analisado e se limitam a fornecer indicadores específicos para o aperfeiçoamento das práticas investigadas.

CAPÍTULO 7
Entre a Racionalidade Discursiva e o Pragmatismo Institucional: os Desafios de uma Teoria da Argumentação Constitucional

Na Parte 2, a descrição de como os Tribunais Constitucionais (analisados) de fato deliberam leva a uma constatação que agora parece ficar bastante evidente: as teorias da interpretação e da argumentação jurídica e seus respectivos modelos ideais não oferecem instrumentos teóricos adequados e suficientes para compreender e analisar essas práticas deliberativas.

De fato, existe toda uma realidade da interpretação e da argumentação jurídica nos Tribunais Constitucionais que não apenas havia sido pouco observada empiricamente pela teoria do direito ou pela teoria política, mas que também dificilmente pode ser apreendida e reconstruída analiticamente pelos modelos construídos pelas principais e mais conhecidas teorias da interpretação e da argumentação jurídica.

A deliberação nos Tribunais Constitucionais está guiada por uma série de limitações institucionais que desafiam a racionalidade discursiva pressuposta pelos modelos teóricos ideais. A teoria da argumentação constitucional deve levar a sério as características institucionais que condicionam a construção idealizadora de regras do discurso racional pretensamente válidas para a prática deliberativa de um Tribunal Constitucional. Em termos mais específicos, a teoria da argumentação constitucional que queira dar conta dessas práticas deliberativas deve ser especialmente *pragmática* e, dessa forma,

ARGUMENTAÇÃO CONSTITUCIONAL

deve dar especial atenção aos aspectos institucionais dos tribunais, que *condicionam* e *limitam a pretensão de racionalidade* do processo argumentativo, de forma a entendê-lo como um processo destinado a certas *finalidades práticas*, no qual jogam um importante papel os elementos de caráter *retórico*. Como bem observa o Professor Manuel Atienza, a argumentação desenvolvida na jurisdição constitucional deve ser guiada por uma combinação de *coerência* e *pragmatismo, consenso ideal* e *consenso fático, teoria moral* e *teoria política*[459].

O certo é que a realidade das práticas deliberativas descrita na Parte 2 está a impor uma série de desafios importantes para a construção de uma teoria da argumentação constitucional que siga nesse caminho entre a racionalidade discursiva e o pragmatismo institucional. O presente capítulo pretende fazer uma reflexão, ainda que de modo preliminar e não exaustivo, sobre diversas questões relevantes que podem surgir do confronto entre o quadro fático apresentado na Parte 2 e as principais teorias da interpretação e da argumentação jurídica.

7.1. A Inadequação dos Modelos Ideais do Discurso Racional

Atualmente, um dos principais desafios de uma teoria da argumentação constitucional advém da inadequação dos modelos ideais do discurso racional para a necessária tarefa teórica de reconstrução analítica e crítica das práticas argumentativas (tal como ocorrem de fato) dos Tribunais Constitucionais.

Algumas noções estão bastante difundidas sobre a argumentação constitucional a partir de modelos ideais do discurso racional. Entre essas noções, as que parecem ter recebido maior atenção estão conectadas a conceitos conhecidos no âmbito da filosofia e da teoria da argumentação, como os de *auditório universal* de Perelman, de *comunidade ideal de diálogo* de Habermas e de *razão pública* de Rawls. Nenhuma delas, no entanto, parece oferecer parâmetros suficientemente adequados para uma teoria da argumentação constitucional.

---

[459] ATIENZA, Manuel. Argumentación y Constitución. In: AGUILÓ REGLA, Josep; ATIENZA, Manuel; RUIZ MANERO, Juan. *Fragmentos para una Teoría de la Constitución*. Madrid: Iustel; 2007, p. 180.

CAPÍTULO 7 – ENTRE A RACIONALIDADE DISCURSIVA E O PRAGMATISMO INSTITUCIONAL: ...

Sem qualquer pretensão de explicar e aprofundar esses conceitos, o presente tópico tem o objetivo de colocar em questão algumas ideias que os relacionam com a argumentação dos tribunais constitucionais. A intenção é a de suscitar algumas reflexões em torno do tema, sugerindo de alguma forma a inadequação de modelos ideais do discurso racional para o exercício teórico de avaliação crítica da argumentação desenvolvida na prática por esses tribunais.

7.1.1. Tribunais Constitucionais Argumentam para o Auditório Universal?

O conceito de auditório universal é central na teoria da argumentação de Perelman[460]. Sem embargo, como diversos teóricos já trataram de criticar, a noção de um auditório universal, tal qual concebido por Perelman, além de suscitar um amplo leque de questões e de problemas[461], padece de um excesso de idealização que a torna muito afastada da realidade para a qual deveria servir como um ideal regulativo. Com efeito, o auditório universal de Perelman é um conceito ideal e não um fato que possa ser constatado empiricamente. Trata-se de uma universalidade e de uma unanimidade construídas pelo orador na formulação de seu discurso. O orador não pretende que seu

---

[460] A natureza do auditório, ao qual alguns argumentos podem ser submetidos com sucesso, determina as características e a eficácia das argumentações; ou seja, o valor de uma argumentação está estreitamente relacionado ao valor do auditório ao qual se dirige. Assim, na teoria normativa da argumentação – como, no caso, a de Perelman –, é preciso identificar os auditórios aos quais pode ser atribuído o papel normativo que permite definir o caráter racional de uma argumentação, isto é, a sua pretensão de validade a todo ser racional. O auditório universal adquire caráter central numa teoria normativa da argumentação que pretende ser objetiva e racional, na medida em que apenas a argumentação produzida perante um auditório desse tipo (formado por todos os homens de razão) pode ser considerada racional. Na conceituação de Perelman, o auditório universal seria "norma de argumentação objetiva". PERELMAN, Chaïm; OLBRECHTS-TYTECA, Lucie. *Tratado da Argumentação. A Nova Retórica*. Trad. Maria Ermentina Galvão. São Paulo: Martins Fontes; 1996, p. 34. ALEXY, Robert. *Teoría de la argumentación jurídica*. Trad. Manuel Atienza e Isabel Espejo. 2ª Ed. Madrid: Centro de Estudios Políticos y Constitucionales; 2008, p. 161.

[461] Manuel Atienza analisa os principais problemas de ambiguidade do conceito de auditório universal apontados por diversos teóricos da argumentação jurídica. Aarnio ressalta que o auditório universal tem um caráter ideal, mas, ao mesmo tempo, está histórica e culturalmente situado. Alexy também trata da ambiguidade do conceito de auditório universal, que segundo Perelman seria uma construção do orador e que, nesse sentido, não deixa de depender das concepções de indivíduos particulares em diversas culturas. ATIENZA, Manuel. *Las razones del derecho. Teorías de la Argumentación Jurídica*. Lima: Palestra; 2006, pp. 118-120.

ARGUMENTAÇÃO CONSTITUCIONAL

discurso receba, de fato, o consentimento efetivo de todos os homens (mesmo porque seus argumentos dificilmente chegarão a ser conhecidos por todos); ele acredita que todas as pessoas que compreenderem suas razões terão de aderir às suas conclusões. Segundo Perelman, portanto, *o acordo de um auditório universal não é uma questão de fato, mas de direito*[462]. Assim, ao invés de um fato objetivo, o auditório universal é o resultado de uma construção idealizada que recebe de seu orador.

Para poder ter alguma utilidade no âmbito de uma teoria da argumentação constitucional, a noção de auditório deve ser reconstruída em termos mais pragmáticos que possam retratar de alguma forma a necessidade de consensos fáticos na deliberação dos Tribunais Constitucionais. Como abordado no capítulo 2, a análise teórica dos diversos auditórios para os quais são dirigidos os discursos de um Tribunal Constitucional pode ter extrema importância para um adequado entendimento da função discursiva que cumprem esses tribunais numa democracia (deliberativa). E, como ficou constatado a partir das análises empíricas da Parte 2, os Tribunais Constitucionais analisados argumentam primordialmente para auditórios particulares – como as partes processuais, os Poderes Executivo e Legislativo e os órgãos do Poder Judicial, assim como a opinião pública em geral – os quais estão inseridos em comunidades específicas, caracterizadas por suas idiossincrasias políticas, sociais, culturais, etc.

É certo também, por outro lado, que as argumentações que se produzem no âmbito dos Tribunais Constitucionais muitas vezes são dirigidas a auditórios ideais[463]. Pensem-se, por exemplo, nas argumentações veiculadas pelas opiniões minoritárias dissidentes, as quais, na impossibilidade de serem de fato persuasivas e assim obterem o apoio de uma maioria do colegiado (seu auditório particular imediato), mantêm sua pretensão de correção e de racionalidade (e assim se direcionam a um auditório ideal) com a convicção de que no futuro possam gozar da aceitabilidade de algum auditório particular (outras composições do colegiado de magistrados ou parcelas consideráveis da comunidade jurídica). Pensem-se, ainda, na argumentação construída

---

[462] PERELMAN, Chaïm; OLBRECHTS-TYTECA, Lucie. *Tratado da Argumentação. A Nova Retórica*. Trad. Maria Ermentina Galvão. São Paulo: Martins Fontes; 1996, p. 35.
[463] CHRISTIE, George C. *The notion of an ideal audience in legal argument*. Dordrecht: Kluwer Academic Publishers; 2000.

CAPÍTULO 7 – ENTRE A RACIONALIDADE DISCURSIVA E O PRAGMATISMO INSTITUCIONAL: ...

para fundamentar decisões que claramente contrariam a opinião pública majoritária, isto é, que não gozam imediatamente da aceitação (consenso fático) de amplos espectros da comunidade e que, dessa forma, apelam às exigências de correção e de racionalidade jurídicas como fundamento de sua autoridade e legitimidade.

A noção de auditório deve ser reconsiderada teoricamente de modo a levar em conta todos esses aspectos que oscilam entre a facticidade e a idealidade das argumentações. Talvez o conceito de um *auditório ideal particular* – um auditório ideal que não é universal no sentido perelmaniano e está cultural e socialmente determinado – tal como delimitado por Aulis Aarnio[464], possa oferecer algum norte para essa tarefa de reconstrução do conceito de auditório. Porém, é preciso levar em conta que esse conceito, inserido que está na concepção mais ampla da teoria do discurso racional de Aarnio, pode acabar levando a uma concepção filosófica que se caracteriza por seu ceticismo em relação à necessidade de algum objetivismo moral na argumentação jurídica, a qual parece ser imprescindível para uma teoria da argumentação constitucional que leve a sério a pretensão de correção dos discursos desenvolvidos pelos Tribunais Constitucionais e, nesse sentido, acredite no ideal regulativo da resposta correta (ainda que em um sentido menos idealizado do que o de Dworkin). De toda forma, a principal preocupação de Aarnio – construir uma noção de auditório menos idealizada que a de Perelman, a qual esteja mais ligada a uma forma de vida em particular, a uma comunidade de valores específica, mas que ao mesmo tempo mantenha alguma pretensão de correção e de racionalidade do discurso jurídico – permanece bastante válida e pode oferecer parâmetros teóricos interessantes para essa reconstrução da noção de auditório que seja útil a uma teoria da argumentação constitucional.

---

[464] AARNIO, Aulis. *Lo racional como razonable. Un tratado sobre la justificación jurídica*. Madrid: Centro de Estudios Constitucionales; 1991, p. 284.

ARGUMENTAÇÃO CONSTITUCIONAL

7.1.2. Tribunais Constitucionais podem Reproduzir Situações Ideais de Diálogo?

Os problemas relativos à concepção excessivamente idealizada do auditório universal de Perelman também parecem estar presentes na situação ideal de diálogo habermasiana. E aqui não se pode deixar de partir do fato de que, tal como já constatado por diversos teóricos, existe uma significativa semelhança entre a "nova retórica" de Perelman e a "ação comunicativa" de Habermas[465]. Assim como ocorre com o auditório perelmaniano, o caráter extremamente idealizado do modelo de discurso racional habermasiano parece não servir aos propósitos mais pragmáticos de uma teoria que pretenda compreender as práticas argumentativas dos Tribunais Constitucionais.

Como se sabe, Habermas caracteriza como ideal uma situação discursiva na qual a comunicação não possa ser impedida por causas contingentes externas ou internas ao próprio discurso. Assim, uma comunicação apenas pode estar dessa forma imune a influências externas e internas se existe uma distribuição simétrica entre todos os participantes das oportunidades argumentativas. Para tanto, devem estar presentes algumas exigências básicas para o desenvolvimento do discurso racional[466]. As principais críticas formuladas a esse modelo de discurso estão relacionadas a seu caráter irrealizável, ou mesmo à impossibilidade de se determinar com certa precisão quando se está diante de uma situação ideal de diálogo por ele regulada[467]. De fato, como o próprio Habermas admite, as limitações espaço-temporais de todo processo

---

[465] HAARSCHER, Guy. *Perelman and Habermas*. In: AARNIO, Aulis; MACCORMICK, Neil (eds.). *Legal Reasoning. Volume I*. Aldershot: Darmouth; 1992, pp. 221-232.

[466] Todos os potenciais participantes em um discurso devem ter a mesma possibilidade de utilizar atos de fala comunicativos, de modo que possam iniciar um discurso em qualquer momento, assim como efetuar réplicas e contrarréplicas, perguntas e respostas; 2. Todos os participantes em um discurso devem ter a mesma possibilidade de realizar interpretações, asserções, recomendações, explicações e justificações, e de problematizar, fundamentar ou contradizer sua pretensão de validez, de maneira que toda opinião possa estar continuamente submetida à tematização e crítica; 3. No discurso apenas são admitidos os participantes que tenham as mesmas possibilidades de utilizar atos de fala representativos, isto é, de expressar suas opiniões, sentimentos e intenções; 4. No discurso apenas são admitidos participantes que tenham as mesmas possibilidades de usar atos de fala regulativos, ou seja, de ordenar e se opor, de permitir e proibir, prometer e retirar promessas, etc.

[467] ALEXY, Robert. *Teoría de la argumentación jurídica*. Trad. Manuel Atienza e Isabel Espejo. 2ª Ed. Madrid: Centro de Estudios Políticos y Constitucionales; 2008, pp. 126-129. ATIENZA,

CAPÍTULO 7 – ENTRE A RACIONALIDADE DISCURSIVA E O PRAGMATISMO INSTITUCIONAL: ...

de comunicação, assim como as limitações psicológicas dos participantes, faz com que essa situação discursiva não seja um fenômeno empírico, mas um modelo de caráter contrafático, uma pretensão de consenso racional que se adota para o desenvolvimento de um discurso real (os participantes de um discurso devem crer que é possível alcançar aproximadamente essa situação ideal) e que, portanto, serve como critério de avaliação crítica desse mesmo discurso. O problema é que esse modelo ideal não tem caráter contrafático em relação às deliberações dos Tribunais Constitucionais, que devem responder a outros critérios de análise crítica.

Tribunais Constitucionais não podem aspirar a ser comunidades ideais de diálogo pela simples razão de que um modelo como esse não lhes serve de parâmetro ou de ideal regulativo. Como será analisado mais a frente, as deliberações dos Tribunais Constitucionais devem ser compreendidas por modelos teóricos que traduzam os diversos tipos de debate que podem ocorrer de fato nos julgamentos colegiados, entre os quais o discurso racional (ou o discurso crítico) constitui apenas uma entre as diversas possibilidades discursivas. Como se constatou por meio da análise empírica apresentada na Parte 2, as *práticas de negociação* muitas vezes prevalecem na deliberação entre os magistrados dos tribunais investigados, as quais respondem, nesses casos, não mais a parâmetros de racionalidade de um discurso crítico, mas a racionalidades mais estratégicas que pouco tem a ver com situações ideais de diálogo como a habermasiana. Mais uma vez, aqui se enfatiza a preocupação que deve ter uma teoria da argumentação em oferecer modelos que permitam uma reconstrução analítica mais realista e fidedigna da realidade das práticas argumentativas.

Manuel. *Las razones del derecho. Teorías de la Argumentación Jurídica.* Lima: Palestra; 2006, pp. 229-234.

7.1.3. *Tribunais Constitucionais podem ser Foros da Razão Pública?*

Outra concepção idealista do discurso racional pode ser encontrada na ideia de razão pública de John Rawls, a qual tem sido muito utilizada para fazer referência a um modelo de deliberação racional por parte dos tribunais constitucionais, que assim se converteriam em foros da razão pública. Ao conceber a noção de razão pública, Rawls faz uma reflexão sobre os tipos de argumentos que podem ser admitidos em uma democracia constitucional (deliberativa) para justificar as decisões públicas[468]. Em democracias caracterizadas pelo "fato do pluralismo razoável" (*the fact of reasonable pluralism*), isto é, nas quais prevalece a diversidade e a divergência de visões filosóficas, morais e religiosas sobre os diversos temas que afetam a condição humana, os participantes de um debate em foro público (*public political forum*) que envolva questões básicas de justiça e os elementos fundamentais da Constituição (*essências constitucionais*) não podem invocar sua concepção particular sobre o que é correto (ou sobre a verdade), mas sim devem utilizar razões que possam ser consideradas razoáveis e assim ser aceitas por todos os participantes[469]. As deliberações públicas (em processos institucionais de tomada de decisão) devem girar em torno de razões públicas que expressem "concepções políticas de justiça", as quais possam ser objeto de um "consenso por sobreposição" (*overlapping consensus*) – que, em suma, são os acordos a que idealmente poderiam chegar pessoas com diferentes concepções sobre a justiça. Razão pública, nesse sentido, corresponde

---

[468] RAWLS, John. *El liberalismo político*. Trad. Antoni Domènech. Barcelona: Crítica; 2006, p. 266. Para a análise sobre a concepção de razão pública, vide: RODILLA, Miguel Ángel. *Leyendo a Rawls*. Salamanca: Ediciones Universidad de Salamanca, 2006, p. 300.

[469] Segundo Rawls: "Razonables y racionales como son, y sabiendo que sostienen una diversidad de doctrinas religiosas y filosóficas razonables, los ciudadanos deberían ser capaces de explicarse unos a otros el fundamento de sus acciones en términos tales que cada uno pudiera razonablemente esperar que los demás aceptaran como consistentes con sus propias libertad e igualdad. Intentar satisfacer esa condición es una de las tareas que el ideal de la política democrática nos plantea. Entender cómo conducirse uno mismo en tanto que ciudadano democrático incluye la comprensión de un ideal de razón pública". RAWLS, John. *El liberalismo político*. Trad. Antoni Domènech. Barcelona: Crítica; 2006, p. 252. Rawls trata assim de um "criterio de reciprocidade" entre cidadãos razoáveis que no discurso público expõem e alegam entre si, de modo cooperativo, razões públicas fundadas em concepções políticas de justiça que possam ser razoavelmente aceitas por todos. RAWLS, John. *The idea of public reason revisited*. In: The University of Chicago Law Review, vol. 64, n. 3, 1997, p. 770.

CAPÍTULO 7 – ENTRE A RACIONALIDADE DISCURSIVA E O PRAGMATISMO INSTITUCIONAL: ...

ao termo utilizado por Rawls para fazer alusão às restrições quanto ao uso de razões que podem ser alegadas pelos participantes da deliberação pública em uma democracia constitucional.

O melhor exemplo de um discurso público disciplinado argumentativamente, isto é, limitado institucionalmente quanto às razões que podem dele fazer parte, pode ser encontrado na deliberação dos tribunais, especialmente dos tribunais constitucionais. Para Rawls, em um Estado constitucional dotado de jurisdição constitucional, "a razão pública é a razão do tribunal constitucional"[470]. Tribunais constitucionais convertem-se assim em "paradigmas" ou "modelos da razão pública", as "criaturas da razão"[471]. E isso significa, em última análise, que os magistrados que compõem o colegiado de um tribunal constitucional não devem utilizar, como fundamento de seus votos, razões baseadas em suas concepções particulares (filosóficas, religiosas, éticas) sobre a verdade, o correto, o justo. Seus argumentos devem respeitar as restrições argumentativas da razão pública, partindo de uma compreensão razoável da Constituição que possa gozar de aceitabilidade racional perante os participantes da deliberação[472]. E se cumprem esse ideal da argumentação razoável e racional, o tribunal pode se converter em *foro da razão p*ública, onde a deliberação sobre questões constitucionais fundamentais pode estimular um debate público mais amplo que envolva os demais ramos do poder e os cidadãos em geral[473].

---

[470] *Id., ibid.,*p. 266.

[471] *Id., ibid.,* pp. 266/270.

[472] Para Rawls, os juízes "no pueden tener otra razón que la pública, ni otros valores que los políticos". Assim, como afirma Rawls, "decir que el tribunal es el modelo de la razón pública significa también que es tarea de los jueces intentar desarrollar y expresar, en sus opiniones razonadas, la mejor interpretación de la constitución que puedan usando su conocimiento de lo que exigen la constitución y los precedentes constitucionales". E mais a frente continua: "Lo que deben hacer es apelar a los valores políticos que, a su entender, pertenezcan a la interpretación más razonable de la concepción pública y de sus valores políticos de justicia y razón pública. Y esos son valores respecto de los cuales ellos creen de buena fe que, como exige el deber de civilidad, puede esperarse razonablemente que todos los ciudadanos, en tanto que individuos razonables y racionales, aceptarán".*Id., ibid.,*p. 271.

[473] Nas palavras de Rawls: "el papel del tribunal como modelo de razón pública tiene un tercer aspecto: dar a la razón pública vivacidad y vitalidad en el foro público (...). El tribunal cumple ese papel cuando interpreta clara y efectivamente la constitución de una manera razonable; y cuando no consigue hacerlo, como le ocurre al norteamericano con frecuencia, sitúa en el centro de una controversia política los términos en los que debería establecerse cuáles son

ARGUMENTAÇÃO CONSTITUCIONAL

A ideia de razão pública defendida por Rawls também é uma concepção ideal do discurso público racional, que serve como modelo de referência crítica para as deliberações públicas, especialmente as que se desenvolvem em tribunais constitucionais, de uma democracia constitucional[474]. O ideal de uma argumentação constitucional baseada na ideia de razão pública pode ter a vantagem de servir de alguma maneira como guia para a atividade deliberativa dos tribunais constitucionais, na medida em que exige dos juízes o desenvolvimento da melhor interpretação possível da constituição, uma atitude interpretativa e argumentativa que muito se identifica com a adequada concepção interpretativa do direito defendida por Dworkin, como afirma o próprio Rawls. Sem embargo, a ideia de um tribunal como foro de princípios não deve ser levada às últimas consequências, como parece sugerir a ideia de razão pública (pelo menos na concepção original defendida por Rawls em Political Liberalism) quando exige que a deliberação entre os juízes se restrinja absolutamente a razões públicas, no estrito conceito rawlsiano que delimita seu conteúdo à noção de concepções políticas da justiça, numa espécie de "visão exclusiva" das razões que podem operar na argumentação constitucional[475]. Tribunais Constitucionais devem poder manejar um leque mais amplo de razões em suas práticas deliberativas, e isso deve compor um

---

los valores políticos. La constitución no es lo que el tribunal supremo dice que es. Es, antes bien, lo que el pueblo, actuando constitucionalmente a través de las otras ramas, permite eventualmente al tribunal supremo decir que es". E mais a frente continua Rawls: "Así, a mitad de camino de cualquier cambio constitucional, legítimo o no, el tribunal supremo está llamado a ser el centro de la controversia. A menudo, su papel fuerza a la discusión política a adoptar una forma de principio para poder encarar la cuestión constitucional de un modo acorde con los valores políticos de la justicia y de la razón pública. La discusión pública se convierte entonces en algo más que una mera lucha por el poder y la posición. Eso educa a los ciudadanos en el uso de la razón pública y en su valor de justicia política, dirigiendo su atención a asuntos constitucionales básicos". Id., ibid., p. 272-275.

[474] Como afirma Rawls: "Trata-se de uma concepção ideal da cidadania para um regime constitucional democrático que se limita a apresentar como poderiam ser as coisas se as pessoas fossem como tal e como uma sociedade justa e bem ordenada as incitaria a ser. Descreve o que é possível, o que pode ocorrer, ainda que quiçá nunca ocorra, o que não a torna, sem embargo, menos fundamental". Id., ibid., p. 248.

[475] Para uma análise das visões "exclusiva" e "inclusiva" das razões públicas, vide: RODILLA, Miguel Ángel. Leyendo a Rawls. Salamanca: Ediciones Universidad de Salamanca, 2006, p. 319-321.

CAPÍTULO 7 – ENTRE A RACIONALIDADE DISCURSIVA E O PRAGMATISMO INSTITUCIONAL: ...

modelo de referência da deliberação constitucional, como sugerem, a toda evidência, as análises empíricas da Parte 2.

Em escrito posterior (*The idea of Public Reason Revisited*)[476], Rawls revisou esse primeiro conceito de razão pública e, flexibilizando suas exigências, agora com base numa "visão ampla da cultura política pública" (*the wide view of public political culture*), passou a admitir que outras razões (não públicas) possam operar a qualquer momento na deliberação pública, desde que em momento oportuno sejam levantadas as pertinentes razões públicas que justificarão a decisão (o que ele denomina de condição *proviso*). Com isso, admitiu que mesmo nas deliberações dos tribunais constitucionais (que assim permanecem como foros da razão pública), outros tipos de razões – as razões não públicas (as várias razões – religiosas, culturais, etc. – presentes na cultura política pública) – podem fazer parte das argumentações entre os magistrados, mantendo-se, de todo modo, a exigência de que, ao fim e ao cabo, as decisões sejam justificadas apenas por razões públicas.

Essa visão mais flexível da ideia de razão pública parece se aproximar mais da prática deliberativa dos Tribunais Constitucionais, mas ainda assim é insuficiente como modelo regulativo dessa prática, pois mantém as exigências restritivas sobre as razões que podem operar nas argumentações constitucionais, as quais se distanciam em demasia da realidade. A pretensão de neutralizar a dimensão ética e moral dos discursos produzidos no tribunal, tornando-o imune a razões que não correspondam à ideia rawlsiana de razão pública, acaba por levar a um modelo de consenso ideal insuficiente para fazer frente à pluralidade de argumentos que normalmente aportam em um tribunal constitucional e que servem de base para suas deliberações. Em tribunais que admitem o instituto do *amicus curiae* e dessa forma deixam abertas as vias procedimentais para que uma pluralidade de razões, advindas de diferentes segmentos sociais, possam ser levadas à deliberação dos magistrados, as concepções teóricas que restringem as possibilidades argumentativas a um conjunto limitado de razões tornam-se muito afastadas da prática que pretendem reconstruir.

---

[476] RAWLS, John. *The idea of public reason revisited*. In: The University of Chicago Law Review, vol. 64, n. 3, 1997.

Partindo-se de uma visão mais pragmática sobre a realidade das práticas argumentativas entre os magistrados, com base nos resultados da investigação empírica da Parte 2, parece sensato acreditar que as deliberações dos Tribunais Constitucionais devem estar abertas, na maior medida possível, às múltiplas razões que podem circular na esfera pública. Nesse aspecto, não se deve deixar de ter em conta que os discursos do tribunal devem ser representativos (partindo-se da noção de uma representação argumentativa, como tratado no capítulo 2) dos discursos proferidos nos diversos auditórios para os quais ele argumenta, de modo que as razões que fundamentam as posições desses auditórios (sejam seculares ou religiosos) devem de alguma maneira poder reverberar nas deliberações do tribunal. A ideia de uma "comunidade aberta de intérpretes constitucionais"[477] tem aqui sua importância, na medida em que sugere que as diversas concepções interpretativas da Constituição (levando-se em conta o pluralismo de visões que ela comporta) presentes na esfera pública devam ter ressonância nas argumentações do tribunal. Assim, as possíveis limitações impostas à argumentação constitucional devem ser apenas de caráter procedimental, dentro de uma concepção procedimental da racionalidade discursiva.

Portanto, a ideia regulativa de um tribunal constitucional como foro da razão pública deve ser entendida em um sentido mais pragmático, que o entenda como um espaço qualificado de deliberação pública sobre questões fundamentais (questões constitucionais) numa comunidade caracterizada pelo fato do pluralismo, mas que, ao invés de limitar seu discurso a determinados tipos de razões, permanece aberto aos diversos argumentos fundados em diferentes concepções do mundo que podem razoavelmente expressar os distintos indivíduos e grupos sociais.

7.2. A Insuficiência das Regras do Discurso Racional

O estudo das práticas deliberativas dos tribunais constitucionais, desde a perspectiva de uma teoria da argumentação jurídica que leve em conta o

---

[477] HÄBERLE, Peter. *Pluralismo y Constitución. Estudios de Teoría Constitucional de la sociedad abierta*. Madrid: Tecnos; 2002. Idem. *El Estado Constitucional*. Buenos Aires: Astrea; 2007.

CAPÍTULO 7 – ENTRE A RACIONALIDADE DISCURSIVA E O PRAGMATISMO INSTITUCIONAL: ...

aspecto pragmático (dialético) dessas práticas, inevitavelmente acaba levando à questão de se saber se a interação argumentativa entre os magistrados, tal como ocorre de fato, cumpre ou não – ou até que ponto – as regras do discurso racional[478].

A construção de regras ideais de um discurso racional está presente nas teorias da argumentação jurídica e também, no aspecto que aqui interessa, nas teorias da argumentação em geral e nas teorias sobre a deliberação pública, seja na perspectiva da teoria política ou na teoria do discurso. Na teoria da argumentação jurídica, é bastante conhecido o catálogo de regras do discurso racional construídas por Alexy[479], entre as quais as mais importantes são as denominadas *regras fundamentais*[480] e as *regras de razão*[481]. Na teoria da argumentação em geral, é importante mencionar o *decálogo* de regras da discussão

---

[478] Nesse sentido, vide: ATIENZA, Manuel. Argumentación y Constitución. In: AGUILÓ REGLA, Josep; ATIENZA, Manuel; RUIZ MANERO, Juan. *Fragmentos para una Teoría de la Constitución*. Madrid: Iustel; 2007, p. 173.

[479] ALEXY, Robert. *Teoría de la argumentación jurídica*. Trad. Manuel Atienza e Isabel Espejo. 2ª Ed. Madrid: Centro de Estudios Políticos y Constitucionales; 2008. Para a descrição e análise das regras dos discurso racional de Alexy, vide: ATIENZA, Manuel. *Las razones del derecho. Teorías de la Argumentación Jurídica*. Lima: Palestra; 2006. FETERIS, Eveline T. *Fundamentos de la Argumentación Jurídica. Revisión de las Teorías sobre la Justificación de las Decisiones Judiciales*. Trad. de Alberto Supelano. Bogotá: Universidad Externado de Colombia; 2007, pp. 293 e ss.

[480] Regras fundamentais (Alexy):
1.1. Nenhum participante pode se contradizer;
1.2. Todo participante somente pode afirmar o que ele mesmo crê.
1.3. Todo participante que aplique um predicdo F a um objeto *a* deve estar disposto a aplicar F a qualquer outro objeto igual a *a* em todos os aspectos relevantes.
1.3'. Todo participante somente pode afirmar os juízos de valor que afirmaria em todas as situações que são iguais em todos os aspectos relevantes.
1.4. Distintos participantes não podem usar a mesma expressão com distintos significados.

[481] Regras de razão (Alexy):
1. Todo participante deve, quando lhe seja requerido, fundamentar o que afirma, a não ser que possa dar razões que justifiquem o rechaço de uma fundamentação.
2.1.Quem pode falar pode tomar parte em um discurso.
2.2.a) Todos podem problematizar qualquer asserção no discurso.
b) Todos podem introduzir qualquer asserção no discurso.
c) Todos podem expressar suas opiniões, desejos e necessidades.
2.3. Nenhum participante pode se impedido de exercer seus direitos fixados em 2.1 e 2.2 mediante coerção interna ou externa ao discurso.

crítica[482] na concepção *pragma-dialética* de Van Eemeren e Grootendorst[483]. Na teoria política, Joshua Cohen, por exemplo, construiu uma série de regras, posteriormente utilizadas por Habermas[484], que em seu conjunto conformam um procedimento ideal (um ideal regulativo) de deliberação e tomada de decisões que deveria servir de modelo e ser incorporado, na maior medida possível, pelas instituições políticas[485]. Os processos de deliberação pública também têm sido estudados desde a perspectiva da teoria do discurso ou da

[482] Decálogo do discurso crítico racional na concepção pragma-dialética de Van Eemeren e Grootendorst:
1. Nenhum participante deve impedir a outro de tomar sua própria posição, positiva ou negativa, com respeito aos pontos ou teses em discussão.
2. Quem sustente uma tese está obrigado a defendê-la e respondê-la quando seu interlocutor o requeira.
3. A crítica de uma tese deve versar sobre a tese realmente sustentada pelo interlocutor.
4. Uma tese somente pode ser defendida com argumentos referidos justamente a ela.
5. Todo interlocutor pode ver-se obrigado a reconhecer seus pressupostos ou premissas tácitas e as implicações implícitas em sua posição, devidamente explicadas, assim como ver-se obrigado a respondê-las.
6. Deve-se considerar que uma tese ou uma posição foi defendida de modo conclusivo se sua defesa consistiu em argumentos derivados de um ponto de partida comum.
7. Deve-se considerar que uma tese ou uma posição foi defendida de modo conclusivo se sua defesa consistiu em argumentos corretos resultantes da oportuna aplicação de esquemas ou pautas de argumentação comumente admitidas.
8. Os argumentos (dedutivos) utilizados no curso da discussão devem ser válidos ou convalidáveis mediante a explicitação de todas as premissas tácitas co-determinantes da conclusão.
9. O fracasso na defesa de uma tese deve levar o proponente a dela se retratar e, em sentido contrário, o êxito em sua defesa deve levar o opoente a retirar suas dúvidas acerca da tese em questão.
10. As proposições não devem ser vagas e incompreensíveis, nem os enunciados devem ser confusos ou ambíguos, mas sim ser objeto da interpretação mais precisa possível.
[483] VAN EEMEREN, Frans H.; GROOTENDORST, Rob. *A Systematic Theory of Argumentation: the pragma-dialectical approach.* Cambridge: Cambridge University Press; 2004.
[484] COHEN, Joshua. *Deliberation and Democratic Legitimacy"*, in: HAMLIN, A., PETTIT, P. (eds.), *The Good Polity: normative analysis of the State*, Oxford: Blackwell, 1989. HABERMAS, Jürgen. *Facticidad y validez. Sobre el derecho y el Estado democrático de derecho en términos de teoría del discurso.* 2ª Ed. Madrid: Editorial Trotta; 2000, p. 381.
[485] Regras da deliberação pública ideal de Joshua Cohen:
1. As deliberações devem ser produzidas em forma argumentativa, pelo regulado intercâmbio de informações e razões entre as partes, que realizam as propostas e as submetem a críticas;
2. As deliberações devem ser "inclusivas" e públicas, de modo que, em princípio, ninguém seja excluído e todos que possam ser afetados pelas decisões tenham as mesmas oportunidades de acesso e participação;

CAPÍTULO 7 – ENTRE A RACIONALIDADE DISCURSIVA E O PRAGMATISMO INSTITUCIONAL: ...

argumentação. O professor espanhol Luis Vega, um dos maiores especialistas sobre a teoria da argumentação, nos últimos anos tem focado seus estudos na deliberação pública, cujos resultados até o momento têm propiciado a formulação de algumas *condições ou normas regulativas* dos processos deliberativos públicos[486], as quais tem o objetivo de facilitar o fluxo de informação e a participação ampla, assim como o de neutralizar os fatores de distorção, como as estratégias falaciosas[487].

Cada um desses grupos de regras, construídos por diferentes teorias e com distintos enfoques, oferece sugestões, em diversas perspectivas e medidas, para um modelo ideal de deliberação, inclusive a de um tribunal constitucional. Em suma – sem a necessidade de analisá-las cada uma de forma pormenorizada –, as regras do discurso racional impõem exigências para o desenvolvimento das argumentações dialéticas (debate racional, discussão crítica, etc.) conforme alguns parâmetros ideais como, entre outros, os de

3. As deliberações devem estar imunes a coerções externas, de forma que os participantes sejam soberanos, na medida em que somente estejam vinculados aos pressupostos comunicativos e regras procedimentais da argumentação;
4. As deliberações devem ser isentas de coerções internas que possam restringir a igual posição dos participantes, o que pressupõe que todos tenham as mesmas oportunidades de ser escutados, de introduzir temas, de fazer contribuições e propostas e de criticá-las;
5. As deliberações devem ser dirigidas a alcançar um acordo racionalmente motivado e devem poder, em princípio, prosseguir ilimitadamente e ser retomadas em qualquer momento. De todo modo, as deliberações devem ser terminadas, mediante acordo majoritário (aplicando-se a regra da maioria), quando as circunstâncias obrigam a tomar uma decisão.

[486] Essas normas correspondem às seguintes exigências:
1. Publicidade: não mera transparência *vs.* opacidade da fonte de informação, mas também acessibilidade a, e inteligibilidade das razões em jogo.
2. Reciprocidade *ou igualdade das oportnuidades* de todos os participantes para intervir no debate, que é um fator não apenas de equidade ou de jogo limpo, mas de possibilidade informativa e cognitiva.
3. Respeito *e autonomia*, tanto dos agentes discursivos como do processo discursivo, e não apenas *negativa*, como exclusão de coações externas, mas também *positiva*, no sentido de se manter aberta a possibilidade de que qualquer participante se veja refletido no curso da discussão ou no resultado.

[487] VEGA REÑÓN, Luis. Vindicación y elogio de la retórica. Conferencia inaugural, II Simposio Internacional de Investigación en Argumentación, México-DF, UNAM, 2012. Idem. *La deliberación en la perspectiva del discurso público.* Material elaborado en el marco del proyecto HUM 2005-00365, cedido diretamente pelo autor. VEGA REÑÓN, Luis; OLMOS, Paula. *Deliberation: a paradigm in the arena of public argument.* OSSA Conference, Windsor University, Ontario, 2007.

universalidade e de participação inclusiva (todos devem ter a oportunidade de entrar no debate), isonomia ou igualdade de oportunidades entre os participantes (todos devem ter o direito de formular, problematizar e contrapor argumentos), responsabilidade e compromisso argumentativos dos participantes (todos devem formular argumentos em que realmente creem, de forma consistente e coerente, com premissas claras e que estejam abertas ao conhecimento de todos, e estar compromissados com um jogo argumentativo limpo), autonomia do processo argumentativo (ausência de coerções internas e externas ao discurso), amplo acesso à informação sobre os assuntos discutidos (que envolve também a possbilidade de entender os temas debatidos), ausência de limitações temporais (as deliberações devem poder prosseguir o tanto quanto seja necessário para se obter o consenso ou, ante circunstâncias que o tornem impossível, tomar o resultado por votação majoritária).

É fácil constatar, porém, que muitas dessas exigências normativas são de difícil aplicação prática. As deliberações nos tribunais constitucionais não podem obedecer, por exemplo, à regra de universalidade do debate, o qual não está aberto a todo e qualquer participante, nem podem se desenvolver sem limitações temporais. Deve-se considerar, ademais, que algumas dessas exigências normativas – pelo menos as de caráter mais fundamental, como as que asseguram a igualdade de oportunidades, a ausência de coerções internas e externas ao discurso e o jogo argumentativo limpo –, já estao previstas, de certa forma e de modo menos idealizado, pelas regras e práticas procedimentais que regulam e organizam as deliberações nos tribunais, assim como por aquelas que funcionam como garantias da função judicial e da posição institucional dos magistrados.

Assim, não é difícil perceber que as regras do discurso racional ainda permanecem muito distantes das práticas de deliberação dos tribunais constitucionais, as quais estão submetidas a limites e contingências institucionais (como descrito na Parte 2) que são um claro obstáculo à aplicação prática dessas regras e que, portanto, as tornam insuficientes como modelo teórico. As regras do discurso podem fornecer algumas ideias importantes, mas não podem funcionar elas próprias como parâmetro de análise e crítica das práticas deliberativas dos tribunais constitucionais.

7.3. Hércules em um Tribunal Constitucional: em Busca de um Modelo Mais Pragmático de Juiz Constitucional

Um dos aspectos mais evidentes da prática argumentativa dos Tribunais Constitucionais, tal como ficou revelado na Parte 2, é o seu caráter *intersubjetivo*. O processo deliberativo de tomada de decisão é uma *empresa coletiva* caracterizada pela constante *interação* argumentativa entre os magistrados participantes e na qual prevalecem, portanto, as características *dialéticas* de todo o discurso nela produzido.

Apesar desse fato bastante evidente, as teorias da interpretação e da argumentação constitucional permanecem muito concentradas na figura do juiz singular[488]. Entre as mais conhecidas e impactantes, certamente está a teoria do direito como interpretação de Ronald Dworkin, que concebe o modelo de Hércules, um juiz ideal, com características sobre-humanas. Hércules, porém, é um juiz solitário e toda sua construção interpretativa é monológica, o que a torna muito distante do caráter *dialógico* da prática argumentativa de um colegiado de juízes[489] e do contexto político-institucional do mundo real onde essas práticas se desenvolvem[490].

---

[488] Lewis Kornhauser e Lawrence Sager já haviam constatado a deficiência das principais teorias da interpretação em se concentrar nas decisões de um juiz singular e não abordar o caráter coletivo ou grupal do processo de tomada de decisão nos tribunais. KORNHAUSER, Lewis A.; SAGER, Lawrence G. *Unpacking the Court.* In: The Yale Law Journal, vol. 96, 1986, p. 82. Idem. *The one and the many: adjudication in collegial Courts.* In: California Law Review, vol. 81, n. 1, 1993, p. 2.

[489] A crítica ao caráter monológico de Hércules já havia sido realizada por Frank Michelman, nos seguintes termos: "This bring us, finally, to what is lacking in Ronald Dworkin's conception of law as (judicial) integrity, even on my most optimistic reconstruction. What is lacking is dialogue. Hercules, Dworkin's mythic judge, is a loner. He is much too heroic. His narrative constructions are monologues. He converses with no one, except through books. He has no encounters. He meets no otherness. Nothing shakes him up. No interlocutor violates the inevitable insularity of his experience and outlook. Hercules is just a man, after all. He is not the whole community. No one man or woman could be that. Dworkin has produced an apotheosis of appellate judging without attention to what seems the most universal and striking institutional characteristic of the appellate bench, its plurality. We ought to consider what that plurality is 'for'. My suggestion is that it is for dialogue, in support of judicial practical reason, as an aspect of judicial self-government, in the interest of our freedom. There is a message there for the politics of judicial appointments, not to mention for the politics of law". MICHELMAN, Frank. *The Supreme Court, 1985 term. Foreword: Traces of Self-Government.* In: Harvard Law Review, vol. 100, 1986, pp. 76-77.

ARGUMENTAÇÃO CONSTITUCIONAL

Como Hércules deveria se comportar em um Tribunal Constitucional? Como ele deveria desenvolver sua complexa tarefa interpretativa e argumentativa como integrante de um colegiado de juízes que não necessariamente possuem suas mesmas capacidades de julgamento e que podem desenvolver teorias rivais à sua? Estaria ele disposto a ajustar suas teorias sobre a interpretação mais correta do direito para poder conquistar as posições de outros juízes e construir uma maioria vencedora em torno de uma decisão que possa ser aceitável pela comunidade? Dworkin certamente não desconsiderou essas questões impostas pela realidade das deliberações colegiadas ao desenvolver seu modelo de juiz[491]; mas de fato afastou-as deliberadamente para que esse

---

[490] A insuficiência do modelo ideal e normativo do juiz Hércules para fazer frente aos aspectos políticos da jurisdição constitucional foi destacada por Barry Friedman: "That Hercules is a judge and not just any other political actor is a fact of enormous significance; still, Hercules must do his judging in a political world. Although he enjoys life tenure, he was appointed through a political process, and his confirmation did not scrub him of the ideology he possessed before he ascended to the bench. Further, Hercules cannot act alone. He requires the consent of his colleagues, who may not always agree with him, making compromise of his views a necessity. Even when his colleagues agree, Hercules'court was not given the means to enforce its own decrees. That court must obtain compliance from political actors, as well as from the lower courts that are subservient to it, again necessitating some calculation by Hercules about how those institutions will respond. Ultimately, Hercules' power rests on the willingness of the public, and the political actors accountable to it, to respect his independence and the decrees of his court. Any account of Hercules' proper role falls short if it does not take account of these hard-wired constraints". FRIEDMAN, Barry. *The politics of judicial review*. In: Texas Law Review, vol. 84, n. 2, 2005, p. 260-261.

[491] Os seguintes trechos da obra *"Law's Empire"* comprovam que Dworkin não despreza essas circunstâncias que estão presentes na prática: "Hercules serves our purpose because he is free to concentrate on the issues of principle that, according to law as integrity, constitute the constitutional law he administers. He need not worry about the press of time and docket, and he has no trouble, as any mortal judge inevitably does, in finding language and argument sufficiently discriminating to bring whatever qualifications he senses are necessary into even his initial characterizations of the law. Nor, we may now add, is he worried about a further practical problem that is particularly serious in constitutional cases. *An actual justice must sometimes adjust what he believes to be right as a matter of principle, and therefore as a matter of law, in order to gain the votes of other justices and to make their joint decision sufficiently acceptable to the community so that it can continue to act in the spirit of a community of principle at the constitutional level*. We use Hercules to abstract from these practical issues, as any sound analysis must, so that we can see the compromises actual justices think necessary as compromises with the law". DWORKIN, Ronald. *Law's Empire*. Cambridge: Belknap-Harvard; 1986, p. 380.

modelo pudesse satisfazer suas exigências ideais, o que o colocou num plano muito abstrato, demasiado distante da prática.

A teoria da argumentação constitucional pode ter em consideração algumas das exigências normativas da complexa tarefa interpretativa de Hércules, mas deve, sobretudo, levar a sério o caráter essencialmente dialógico da prática argumentativa dos colegiados de juízes onde a interpretação constitucional de fato é realizada. Adotando assim um sentido mais pragmático, também deve ter em conta todos os aspectos político-institucionais da prática deliberativa dos tribunais constitucionais descritos na Parte 2, especialmente os que influenciam e condicionam as práticas de deliberação interna entre os juízes e também os que conformam a deliberação "externa" dos tribunais.

No que concerne à deliberação interna, é preciso considerar, entre outros aspectos importantes, o fato de que nos tribunais a prática de interpretação e de argumentação é sempre intersubjetiva e que, na maioria das vezes, os juízes interagem constantemente de modo *estratégico*, fazendo depender a tomada de decisão de *negociações* internas que exigem *concessões mútuas* entre as diversas teses interpretativas. A necessária construção de maiorias em torno de um posiciomento final do tribunal exige que cada juiz encare sua tarefa interpretativa e argumentativa como uma empresa coletiva cujo objetivo primordial é obtenção de consensos colegiados em torno de uma decisão, isto é, não de consensos ideais (como normalmente considerados pelos modelos ideais do discurso racional), mas de *consensos possíveis*, levando-se em conta todas as circunstâncias jurídicas e políticas que podem estar envolvidas na deliberação. A teoria deve, portanto, incorporar esses aspectos da política interna de um colegiado de juízes constitucionais em que as decisões mais importantes são resultado de práticas de negociação e de *acomodação de posicionamentos* (e, obviamente, dos interesses estratégicos e ideologias neles pressupostos). Não pode desconsiderar o fato de que um juiz que faz parte de um tribunal constitucional muitas vezes terá que moderar e flexibilizar suas próprias convicções sobre o que lhe parece a interpretação mais correta para conseguir convencer uma maioria de colegas a acompanhar seu posicionamento; e que em outros casos essa necessidade de se obter consensos possíveis exigirá que o juiz se afaste completamente de sua opção interpretativa inicial com vistas a obter, no curso da deliberação com os demais colegas, uma tese que seja o menos distante possível do que ele consideraria como uma decisão

ARGUMENTAÇÃO CONSTITUCIONAL

minimamente razoável. É certo, assim, que esse tipo de construção teórica pode implicar algum estudo sobre *judicial behavior*, tal como vem realizando de modo bastante profícuo a academia norte-americana[492].

Quanto aos aspectos mais políticos da deliberação "externa", a teoria da argumentação constitucional não pode desconsiderar as relações institucionais que o tribunal mantém com os demais Poderes (Executivo, Legislativo e Judicial) e com a opinião pública, os quais, como sugerido nas investigações empíricas descritas na Parte 2, influenciam a deliberação entre os magistrados. O exercício interpretativo e argumentativo realizado de modo coletivo no interior do tribunal está condicionado não apenas pela necessidade de construção de consensos possíveis entre as diversas posições manifestadas internamente ao colegiado, mas igualmente pela perspectiva que todos os magistrados vislumbram a respeito do impacto político de sua decisão e a recepção que ela terá perante atores institucionais externos. Assim, não somente os posicionamentos individuais de cada magistrado podem ter que ser acomodados e moderados com o intuito coletivo de obtenção de acordos em torno de uma posição, mas também a decisão do tribunal poderá ser submetida a mecanismos de ajustes e de modulação de efeitos com vistas a evitar, atenuar ou dosificar o seu impacto concreto em outras esferas institucionais.

7.4. Problemas e Paradoxos da Construção Coletiva de Decisões

A análise dos processos de tomada de decisão nos tribunais constitucionais em seu aspecto essencialmente dialógico, como empresa coletiva ou decisão

---

[492] Entre os principais estudos sobre o comportamento judicial (*judicial behavior*), muitos deles fundados em investigações empíricas, citem-se os seguintes: MAVEETY, Nancy (ed.). *The pioneers of judicial behaviour*. Michigan: University of Michigan; 2003. BAUM, Laurence. *The puzzle of judicial behaviour*. Michigan: University of Michigan; 1997. EPSTEIN, Lee; KNIGHT, Jack. *The choices Justices make*. Washington: Congressional Quarterly; 1998. SEGAL, Jeffrey A.; SPAETH, Harold J. *The Supreme Court and the attitudinal model revisited*. Cambridge: Cambridge University Press; 2002. CLAYTON, Cornell W.; GILLMAN, Howard (ed.). *Supreme Court decision-making: new institutionalist approaches*. Chicago: University of Chicago; 1999. EPSTEIN, Lee; LANDES, William M.; POSNER, Richard. *The behavior of the Federal Judges. A theoretical and Empirical Study of Rational Choice*. Cambridge: Harvard University Press, 2013.

CAPÍTULO 7 – ENTRE A RACIONALIDADE DISCURSIVA E O PRAGMATISMO INSTITUCIONAL: ...

de grupo, envolve uma variedade de questões que não são suscitadas na perspectiva monológica do juiz e de sua decisão individual.

Diversas pessoas raciocinando e decidindo em conjunto podem produzir melhores resultados que apenas uma. Essa é uma constatação não apenas intuitiva, mas que está comprovada por diversos estudos e teorias conhecidas, dentre as quais a mais famosa é certamente a de Jean-Antoine Condorcet e seu *teorema do júri* ou simplesmente *teorema de Condorcet,* defendido em estudo de 1785 (*Essai sur l'application de l'analyse à la probabilité des décisions rendues à la pluralité des voix*). O teorema de Condocet revela, em simples termos, que existe uma maior probabilidade de que uma decisão seja correta se tomada por um grupo de indivíduos do que por apenas um indivíduo e que essa probabilidade aumenta à medida que aumenta o número de componentes do grupo ou do colégio decisor. Outras teorias mais recentes[493] também atestam que a decisão em grupo tende a ser mais correta e racional que a decisão individual, o que pode decorrer, entre outros fatores, do fato de que: (1) o grupo manifesta uma maior capacidade criativa do que o indivíduo; (2) o grupo pode capitalizar mais informações do que cada indivíduo isoladamente considerado; (3) cada membro do grupo pode intervir para corrigir erros cometidos por outros membros. Enfim, o raciocínio em grupo combina uma maior quantidade de juízos diferentes e independentes, o que tende a aumentar a qualidade do processo decisório.

O fato de que a decisão em grupo possa ser mais racional e eficiente que a decisão individual não significa que esteja imune a problemas que podem ocorrer em diversos contextos institucionais nos quais se desenvolve. Quando se tem em conta a prática decisória dos órgãos judiciais colegiados – como é o caso dos colegiados dos tribunais constitucionais aqui analisados –, é preciso considerar uma série de fatores reais que se derivam dos condicionamentos e limitações próprios desses contextos institucionais e que podem acabar levando à ocorrência de alguns possíveis problemas e paradoxos no processo de construção coletiva das decisões.

---

[493] Para uma análise de todas essas teorias, vide: BONA, Carlo; RUMIATI, Rino. *Psicologia cognitiva per Il diritto: ricordare, pensare, decidere nell'esperienza forense.* Bologna: Il Mulino; 2013, p. 247-249. Vide, também: LANDEMORE, Helene E. *Why the many are smarter than the few and why it matters.* In: www.publicdeliberation.net/jpd/vol.8/iss1/art7, 2012.

ARGUMENTAÇÃO CONSTITUCIONAL

Kornhauser e Sager, por exemplo, identificam com bastante precisão e clareza o que pode ser denominado de "paradoxo doutrinário" (*doctrinal paradox*) da decisão judicial colegiada[494]. Esse paradoxo pode ocorrer em casos nos quais uma ou mais questões estão presentes e devem ser apreciadas e decididas por todos os membros do órgão colegiado de um tribunal. Nesses casos, o colegiado pode tomar a decisão a partir de dois métodos diferentes: (1) somando os votos individuais de cada magistrado a respeito do resultado final do caso (parte dispositiva da decisão); ou (2) somando os votos individuais de cada magistrado sobre cada uma das questões envolvidas no caso e depois combinar os diferentes resultados. Como observam Kornhauser e Sager, os dois métodos podem levar a diferentes resultados, de modo que a escolha de qual método deve ser adotado no processo decisório será crucial para a tomada de decisão em um ou outro sentido. Esse paradoxo da decisão colegiada, explicam os autores, é algo que em princípio deve ser indesejado, pois os casos deveriam ser decididos com base em todos os fatores e razões nele envolvidos e não exatamente conforme a escolha de um ou outro método de decisão ou de votação colegiada. Porém, como o paradoxo é inevitável em decisões colegiadas com essas características, o mais recomendável, segundo os referidos autores, seria confrontá-lo por meio da deliberação sobre o método de tomada de decisão; ou seja, antes da deliberação sobre o caso e as questões nele envolvidas, o colegiado deveria deliberar, numa espécie de "meta-deliberação" ou de "metavotação", sobre o método de decisão a ser adotado no caso.

Outras questões envolvem aspectos psicológicos e sociológicos dos indivíduos e do grupo (e de suas interrelações) em sua prática deliberativa, os quais já estão bem identificados por importantes estudos de psicologia jurídica[495]. Conforme descrevem esses estudos, os principais mecanismos psicológicos

---

[494] KORNHAUSER, Lewis A.; SAGER, Lawrence G. *The one and the many: adjudication in collegial Courts.* In: California Law Review, vol. 81, n. 1, 1993, pp. 10-11. O "paradoxo doutrinário" no processo decisório de um grupo de juízes também é trabalhado pelos mesmos autores em outros artigos: KORNHAUSER, Lewis A.; SAGER, Lawrence G. *The many as one: integrity and group choice in paradoxical cases.* In: Philosophy & Public Affairs, vol. 32, n. 3, 2004, pp. 249-276. KORNHAUSER, Lewis A. *Modeling Collegial Courts.* In: The Journal of Law, Economics & Organization, vol. 8, n. 3, 1992, pp. 441-470.

[495] BONA, Carlo; RUMIATI, Rino. *Psicologia cognitiva per Il diritto: ricordare, pensare, decidere nell'esperienza forense.* Bologna: Il Mulino; 2013, pp. 247-262.

CAPÍTULO 7 – ENTRE A RACIONALIDADE DISCURSIVA E O PRAGMATISMO INSTITUCIONAL: ...

que condicionam e limitam o raciocínio e o processo decisório do grupo ou do colégio podem ser distinguidos entre: (1) os mecanismos que caracterizam e limitam o raciocínio e a decisão de cada membro do colegiado; (2) os mecanismos que incidem sobre o raciocínio e a decisão de cada membro quando se relaciona com o grupo; (3) os mecanismos que repercutem no raciocínio e na decisão do colegiado considerado em sua totalidade.

No primeiro caso, considera-se que o indivíduo (ou o juiz), quando entra a fazer parte de um grupo (o colegiado de um tribunal), permanece adotando os mesmos raciocínios e juízos decisórios que caracterizavam sua atuação individual, e nesse aspecto está sujeito a todos os erros que estão envolvidos nessa ação singular, o que pode acabar comprometendo o raciocínio do colégio como um todo. Ocorre, porém, que estando imerso no contexto essencialmente inersubjetivo de um colegiado, o indivíduo tende a distribuir e compartilhar seus raciocínios, e os possíveis equívocos nele contidos, de modo que o processo de raciocínio dialógico tende a fazer aparecer os erros individuais e a permitir em maior grau a sua correção. Assim, apesar da subsistência dos problemas que envolvem os raciocínios de tipo individual, a convivência colegiada permite que todos e cada um dos membros do grupo possa refletir coletivamente e descobrir eventuais equívocos que de modo individual não apareceriam no processo decisório.

Quando se trata das relações de cada membro com o colegiado, comumente faz-se menção ao problema da *"propensão ao conformismo"* que cada indivíduo pode desenvolver no processo de decisão em grupo[496]. Esse problema normalmente pode ocorrer, por exemplo, quando se formam maiorias e minorias no interior do órgão colegiado, de modo que as posições majoritárias e minoritárias tendem a invariavelmente orientar as condutas, os raciocínios e as decisões de cada membro do grupo. A influência majoritária tem como efeito favorecer em cada indivíduo que a compõe uma atitude de conformismo ou de complacência com as posições adotadas pelo grupo majoritário. E da mesma forma ocorre na influência minoritária, especialmente quando dois ou mais indivíduos compõem a minoria em questão.

---

[496] BONA, Carlo; RUMIATI, Rino. *Psicologia cognitiva per Il diritto: ricordare, pensare, decidere nell'esperienza forense.* Bologna: Il Mulino; 2013, p. 256.

O grupo em si ou o próprio colegiado também estão sujeitos a fenômenos psicológicos que podem afetar o processo decisório. Os principais, e talvez os mais estudados, se derivam dos fenômenos do "grupo-pensador" (*groupthink*) e da "polarização de grupo" (*group polarization*).

O fenômeno do "groupthink" está relacionado ao fato de que, em determinadas ocasiões, a forte coesão que se produz no interior de um colégio decisor pode trazer como consequência uma espécie de ineficiência mental do grupo para avaliar todas as circunstâncias envolvidas no caso e assim levar a alguns problemas para a qualidade da decisão. Assim ocorre, por exemplo, quando a constante busca pela unanimidade entre os membros do grupo tem o efeito de praticamente anular a motivação individual para avaliar toda a situação em questão e buscar soluções alternativas àquela adotada pelo colegiado. Esse fenômeno pode ocasionar no grupo, entre outros fatores: uma espécie de "ilusão de invulnerabilidade" em relação a ataques provenientes de seu exterior; uma forma de "autocensura" que faz com que cada membro tenda a minimizar qualquer dúvida que se levante a respeito da existência do consenso aparente do grupo; uma certa "ilusão de unanimidade", que pressupõe que todos os membros estão de acordo sobre as questões discutidas; a "construção artificiosa das justificações" de todos os atos e decisões do grupo, impedindo o surgimento de dúvidas em seu interior[497].

A polarização do grupo (*group polarization*) é um fenômeno que pode afetar a racionalidade da deliberação colegiada e assim desconstruir a ideia de que uma maior quantidade e qualidade do debate tende a produzir uma maior probabilidade de consensos no interior do grupo. Esse fenômeno está relacionado com o fato de que, quando a maioria de membros do grupo propende para a adoção de uma determinada solução, a discussão colegiada tende a extremar as posições inicialmente adotadas por cada membro. Existem estudos empíricos importantes, como o de Cass Sustein[498], que demontram que indivíduos que entram em uma deliberação de grupo empenhados em defender uma determinada posição acabam desenvolvendo, ao longo dos debates, versões ainda mais fortes de sua posição inicial. Isso pode oferecer

---

[497] BONA, Carlo; RUMIATI, Rino. *Psicologia cognitiva per Il diritto: ricordare, pensare, decidere nell'esperienza forense.* Bologna: Il Mulino; 2013, p. 259.

[498] SUSTEIN, Cass R. *Going to Extremes: How Like Minds Unite an Divide.* New York: Oxford University Press; 2009.

CAPÍTULO 7 – ENTRE A RACIONALIDADE DISCURSIVA E O PRAGMATISMO INSTITUCIONAL: ...

uma explicação bastante plausível para o fato de que, em muitas ocasiões, nas deliberações colegiadas (como nos colegiados de juízes) a divergências entre maioria e minoria tendem a se exacebar ao invés de serem minimizadas ao longo dos debates. Pode explicar, inclusive, o fato de que não raro os impasses ocorridos nas deliberações entre juízes sejam resolvidas por mecanismos de negociação que respondem a racionalidades mais estratégicas do que as racionalidades de um discurso ideal.

7.5. Da Racionalidade Discursiva à Racionalidade Estratégica: Argumentação, Deliberação e Negociação nos Tribunais Constitucionais

A deliberação nos tribunais constitucionais analisados na Parte 2 envolve processos intersubjetivos e intercâmbios argumentativos que não necessariamente são guiados por uma racionalidade discursiva. Como visto, a deliberação nos tribunais constitucionais comumente se caracteriza por ser uma espécie de negociação, em que os participantes (no caso, os magistrados que compõem o colegiado) atuam de modo estratégico visando conciliar posições e construir maiorias em torno de um posicionamento que se sagre vencedor na deliberação colegiada. É uma característica do comportamento deliberativo dos magistrados de um tribunal constitucional a disposição para a formação de consensos fáticos, os quais dependem de escolhas estratégicas e concessões mútuas entre os diversos atores. A argumentação constitucional, portanto, tem também um inegável viés de negociação, que não pode ser menosprezado do ponto de vista teórico.

Parece ser um equívoco dissociar e antagonizar a argumentação e a negociação, como se aquela fosse o único modo idealmente racional (racionalidade discursiva) de debater adequadamente no âmbito jurídico (especialmente nos órgãos judicias) e esta se caracterizasse por atos de barganha pouco propícios para a fundamentação racional de discursos jurídicos. É conhecida a distinção que Jon Elster realiza entre argumentação, negociação e votação como modos distintos de tomada de decisões coletivas[499]. A distinção é normativa e corres-

---

[499] ELSTER, Jon. *Argumenter et* négocier dans deux assemblées constituantes. In: Revue Française de Science Politique, Vol. 44, n. 2, avril 1994, pp. 187-256.

ponde a modelos ideais que não têm correspondência empírica, pois a prática da tomada de decisões (também as judiciais) combina dois ou mais desses tipos ideais. Há um erro na identificação da argumentação jurídica apenas com o discurso racional, com o diálogo crítico, separando-a e afastando-a da negociação, a qual seria um intercâmbio estratégico caracterizado por ameaças e promessas com o intuito de obter vantagens concretas e parciais, desse modo inidôneo como modelo de discurso jurídico[500]. A argumentação jurídica e, portanto, também a argumentação constitucional levada a cabo no âmbito dos Tribunais Constitucionais, pressupõe idealmente o discurso pretensamente racional, mas também incorpora os atos negociativos que respondem a uma racionalidade de tipo estratégico. A argumentação constitucional, como espécie de argumentação jurídica, não deve responder apenas à racionalidade discursiva própria de um diálogo crítico, mas também à racionalidade estratégica que leva em conta os interesses e escolhas de cada participante e sua percepção interativa sobre a conduta esperada dos outros.

A teoria da argumentação jurídica e, nesse sentido, também a teoria da argumentação constitucional, devem exercer seu trabalho analítico em torno de uma diversidade de tipos de debates que se desenvolvem na prática, dentre os quais o discurso ou diálogo crítico constitui apenas um tipo específico. Essa diversidade típica de diálogos práticos já está bem identificada e analisada pelas teorias da argumentação em geral, como a de Douglas Walton, por exemplo, a qual tipifica uma série de diálogos e os parâmetros de correção ou de racionalidade pelos quais devem ser avaliados[501]. Nesse contexto, além do diálogo crítico (como modelo de discurso racional), Walton tipifica ainda, por exemplo, a negociação, os discursos informativo (cujo objetivo é transmitir informação de uma parte à outra, como a entrevista) e investigativo (que tem a finalidade de provar alguma proposição particular, como na investigação científica), assim como os tipos mais extremos de diálogo verbal, como o diálogo erístico, cujo melhor exemplo é a rixa ou briga (*quarrel*), em que o objetivo

---

[500] Para uma análise semelhante, que sugere uma crítica a um estudo de Juan Ramón de Páramo, vide: ATIENZA, Manuel. *Curso de Argumentación Jurídica*. Madrid: Trotta; 2013, p. 396--397.

[501] Uma tipología completa pode ser encontrada em: WALTON, Douglas. *Lógica Informal*. Trad. de Ana Lucia Franco e Carlos Salum. São Paulo: Martins Fontes; 2006, pp. 4-12.

CAPÍTULO 7 – ENTRE A RACIONALIDADE DISCURSIVA E O PRAGMATISMO INSTITUCIONAL: ...

de cada participante é derrotar ou atingir, humilhando, o interlocutor[502]. A distinção e tipificação de uma pluralidade de diálogos também está presente em outros autores que são referência em tema de análise dos discursos, como, por exemplo, o italiano Adelino Cattani, que distingue cinco formas de debater: a polêmica (debate erístico, enfrentamento político etc.); trato (negociação); enfrentamento (discussão crítica, diálogo persuasivo); indagação (investigação científica, intercâmbio cooperativo); colóquio (consulta, diálogo educativo)[503]. Entre os teóricos da argumentação jurídica, o Professor Josep Aguiló Regla também parte desses estudos da teoria da argumentação geral para tipificar quatro modos de argumentar dialogando: a disputa (debate conflitivo e autoral); a controvérsia (debate conflitivo e temático), diálogo racional (debate cooperativo e temático); consenso (debate cooperativo e autoral)[504].

Não é o objetivo deste tópico analisar pormenorizadamente cada um desses tipos de discurso e os diferentes tratamentos teóricos em torno deles. Mas é importante ressaltar que a prática argumentativa em diversos âmbitos institucionais – inclusive no âmbito dos órgãos judiciais e, especificamente, nos Tribunais Constitucionais – pode estar permeada por uma pluralidade de modos de debater que podem acontecer num mesmo contexto e momento argumentativo, dentre os quais, como verificado na Parte 2, assume inegável relevância prática a deliberação (como espécie de discussão crítica) e a negociação (como tipo de argumentação estratégica). Como destacam os autores acima citados em seus estudos sobre as distintas formas de argumentar, a realidade de um debate pode revelar o acontecimento simultâneo de mais de um tipo de debate. As *transições* entre diferentes tipos de debates (*dialectical shifts*) num mesmo contexto e momento argumentativos caracterizam a realidade do fenômeno argumentativo.

Na argumentação desenvolvida nos Tribunais Constitucionais não é diferente. As práticas argumentativas entre os magistrados podem conter elementos tanto de diálogo crítico como de negociação, e não pode ser descartada

---

[502] WALTON, Douglas. *Types of Dialogue, Dialectical Shifts and Fallacies.* In: VAN EEMEREN, Franz; GROOTENDORST, Rob; BLAIR, J. Anthony; WILLARD, Charles A. (eds). *Argumentation Illuminated.* Amsterdam: SICSAT; 1992, pp. 133-147.

[503] CATTANI, Adelino. *Los usos de la retórica.* Madrid: Alianza; 2003.

[504] AGUILÓ REGLA, Josep. *Cuatro modos de debatir.* In: Doxa Cuadernos de Filosofía del Derecho n. 36, Alicante, 2013, pp. 211-227.

ARGUMENTAÇÃO CONSTITUCIONAL

a presença, ainda que indesejada, da rixa ou da desavença momentânea. A visibilidade das práticas argumentativas desenvolvidas nos tribunais que adotam o modelo de deliberação em público, como é o caso do Supremo Tribunal Federal do Brasil (analisado no capítulo 6), permite a constatação de que numa mesma sessão deliberativa os juízes, que aspiram dialogar sempre em termos de discurso crítico, podem momentaneamente descambar para debates mais acirrados e contundentes, inclusive com episódios de discussões mais acaloradas, o que não impede que logo em seguida o debate se harmonize e retorne às suas características de diálogo crítico, em que todos os integrantes do colegiado estão engajados no debate racional e assim se empenham cooperativamente e dialogicamente na construção de uma decisão para os casos em julgamento.

De toda forma, como se trata de episódios muito esporádicos e que não correspondem à normalidade dos comportamentos e das posturas deliberativas dos integrantes de um colegiado de juízes, as espécies de debates que mais se aproximam do combate e da disputa adversarial – que assim respondem à lógica do ganhar-perder e que são menos racionais e mais emotivos – não necessariamente suscitam interesse teórico-analítico. A teoria da argumentação constitucional deve se ocupar do fenômeno das transições que na prática ocorrem para esses tipos de debates – que se distanciam mais da discussão crítica – apenas na medida em que eles podem ser importantes para a identificar, compreender e analisar teoricamente as possíveis *falácias argumentativas* que podem ocorrer no curso das deliberações do colegiado de magistrados.

Maior interesse teórico-analítico é suscitado pela deliberação e pela negociação, que são os tipos predominantes de debates na prática argumentativa dos Tribunais Constitucionais, como constatado e analisado ao longo dos capítulos anteriores. A teoria da argumentação constitucional deve então exercer seu trabalho analítico em torno da distinção e da tipificação do que seja a *argumentação*, a *deliberação* e a *negociação* nos Tribunais Constitucionais.

A *argumentação* corresponde ao tipo geral, que abrange as diversas espécies de justificação das decisões dos Tribunais Constitucionais, entre os quais estão tanto os juízos monocráticos como os colegiados, em forma escrita ou oral. Os tipos específicos ou subtipos são a deliberação e a negociação. A *deliberação* é o tipo de debate crítico que se desenvolve de modo coletivo no âmbito do órgão colegiado, caracterizado pelo desenvolvimento intersubjetivo e interativo

CAPÍTULO 7 – ENTRE A RACIONALIDADE DISCURSIVA E O PRAGMATISMO INSTITUCIONAL: ...

do discurso argumentativo entre os magistrados, com base em razões de ordem jurídica ou extrajurídica envolvidas na discussão de determinado caso, nos quais sobressaem os aspectos discursivos dialéticos e retóricos, o que ocorre com maior ênfase nas sessões de julgamento, mas que também pode acontecer em outras diversas ocasiões em que se produza essa interação argumentativa no interior da Corte.

Em determinados momentos argumentativos pode haver transições de discurso, e a deliberação pode assumir características de *negociação*. Ambas, deliberação e negociação, podem ser passíveis de distinção ou estarem combinadas ou sobrepostas num mesmo discurso. Assim, como analisado anteriormente, a negociação pode ser caracterizada como um tipo específico ou um subtipo da deliberação entre os magistrados. Pode ser ela uma fase ou um aspecto de um ou vários momentos deliberativos no interior do tribunal, que se caracteriza por apresentar um aspecto mais intersubjetivo e estratégico. De todo modo, a deliberação e a negociação são subtipos de argumentação constitucional. O aspecto que distingue a negociação da deliberação é o *agir estratégico* dos agentes que interagem em uma negociação no sentido de atingir um fim ou objetivo que não necessariamente é o fim ou objetivo do grupo como um todo (no caso, do colegiado em sua totalidade).

A negociação que se desenvolve como uma das fases ou um dos aspectos da deliberação no interior do Tribunal Constitucional tem como objetivo a *conquista da maioria de votos*. Ademais, por serem estratégicos, os atos intersubjetivos que identificam as negociações dificilmente se desenvolvem entre todos os magistrados do tribunal; eles visam indivíduos ou grupos de indivíduos específicos, estrategicamente escolhidos por possuírem ou desenvolverem certas características – que podem ser de personalidade, de doutrina, de ideologia, de amizade, de simpatia etc. – que os fazem mais propensos a serem conquistados (convencidos ou persuadidos) no sentido de agir conforme a finalidade buscada pela negociação (unir-se ao grupo que poderá representar a maioria em torno de uma decisão). Assim, enquanto a deliberação está mais associada à discussão crítica que envolve um grupo de pessoas considerado em sua totalidade (todos os magistrados que compõem o órgão colegiado), a negociação pode ser considerada como a deliberação de caráter estratégico no interior de grupos parciais de magistrados. Nesse aspecto, ela pode assumir a forma de *coalizões*, que são os fenômenos de formação de grupos parciais

417

ARGUMENTAÇÃO CONSTITUCIONAL

de magistrados no interior do tribunal por ocasião das negociações com a finalidade de conquistar a maioria de votos.

Esses são os principais aspectos que singularizam os diferentes tipos de discurso argumentativo produzidos nos Tribunais Constitucionais e que puderam ser identificados e analisados ao longo dos capítulos anteriores. É tarefa primordial de uma teoria da argumentação constitucional aprofundar os estudos teórico-analíticos em torno das características normativas dessas tipologias da argumentação constitucional.

7.6. O Papel da Retórica na Deliberação dos Tribunais Constitucionais

Um dos aspectos mais salientes das análises empíricas da Parte 2 está na *dimensão retórica* de muitos discursos produzidos pelos tribunais constitucionais. Tanto os magistrados individualmente considerados, quando formulam seus votos, ou o tribunal como um todo, quando profere suas decisões, muitas vezes assumem a condição de oradores que constroem cuidadosamente seu discurso com a finalidade de persuadir a diferentes auditórios (a opinião pública, os juízes e tribunais ordinários, o parlamento, o governo, etc.). Nos tribunais que adotam o modelo de deliberação aberta e *seriatim*, a presença dos elementos retóricos nos discursos de cada magistrado perante o público (presente ou telespectador) é ainda mais patente.

Assim, não apenas os aspectos dialéticos, mas também os retóricos devem ser objeto da concepção pragmática da teoria da argumentação constitucional. Se na dimensão dialética adquirem importância os aspectos intersubjetivos da interação argumentativa entre os magistrados, em que o discurso se caracteriza pelo intercâmbio de razões entre participantes que assumem distintas e antagônicas posições (defensor e contraditor, proponente e oponente, etc.), na dimensão retórica o que assume relevo é a posição de cada magistrado ou do colegiado como unidade institucional, na condição de orador, em face de seus diversos auditórios.

Na argumentação retórica, portanto, tem-se apenas uma parte, o orador (cada juiz individualmente considerado ou o próprio tribunal), que formula o discurso com vistas à persuasão de algum auditório. Ademais, as regras que regem a argumentação retórica não são exatamente normas de comportamento,

CAPÍTULO 7 – ENTRE A RACIONALIDADE DISCURSIVA E O PRAGMATISMO INSTITUCIONAL: ...

como o são as que guiam a conduta dos participantes da argumentação dialética (as regras do discurso racional, por exemplo), e que no caso da argumentação constitucional podem ser representadas pelas regras processuais e procedimentais que conduzem as deliberações colegiadas nos tribunais. As regras da retórica são de tipo técnico – a retórica é uma técnica, uma *tékhne*, como afirmava Aristóteles[505] –, que demonstram e assim ensinam os melhores meios para se produzir ou para apresentar um discurso que seja efetivamente persuasivo. Mas não são regras que se submetem a algum tipo de controle externo quanto ao seu cumprimento, pois dependem apenas do êxito concreto ou não do discurso; isto é, não são regras que se devem cumprir ou não, mas apenas usar ou não de modo a se produzir a persuasão do auditório[506].

A teoria da argumentação constitucional não precisa se empenhar em construir regras de técnica retórica para os discursos dos tribunais constitucionais, mas deve investigar e estudar os aspectos retóricos desses discursos tal como ocorrem na prática. Entre os principais objetos dessa tarefa teórica devem estar a identificação e a distinção dos oradores e de seus respectivos auditórios no contexto das argumentações constitucionais.

---

[505] A retórica, portanto, é a arte de teorizar sobre as causas e os meios adequados de persuasão. Como técnica do saber discursivo (*tékhne rhetoriké*), tal como a dialética, sua finalidade precípua não consiste exatamente em persuadir, mas em buscar os melhores meios para lograr a persuasão em cada situação específica. Segundo Aristóteles, ao seu tempo, esse tipo de técnica retórica ainda não havia sido devidamente levada em consideração pelos pensadores anteriores a ele que estudaram a arte do discurso. Aristóteles assim criava um novo campo teórico em torno da arte de discursar, que tinha por tarefa principal conhecer e teorizar a respeito dos métodos de persuasão, e que estava desvinculada de qualquer outro ramo do conhecimento (medicina, geometria, aritmética, etc.), podendo ser utilizada em qualquer deles. A retórica, como arte do discurso retórico, passava a ter seu próprio estatuto epistemológico, dotada de estratégias discursivas e métodos lógicos de argumentação. Aristóteles assim esclarece a respeito da retórica: "su tarea no consiste en persuadir, sino en reconocer los médios de convicción más pertinentes para cada caso". Em outro trecho da Retórica, assim afirma: "entendamos por retórica la facultad de teorizar lo que es adecuado en cada caso para convencer". ARISTÓTELES. *Retórica*. Introd., trad. y notas por Quintín Racionero. Madrid: Editorial Gredos; 1990, p. 172.

[506] Sobre as diferenças entre os aspectos dialético e retórico da argumentação conforme a concepção pragmática, vide: ATIENZA, Manuel. *El Derecho como Argumentación*. Barcelona: Ariel; 2006, p. 259-263.

ARGUMENTAÇÃO CONSTITUCIONAL

Os *oradores* dos discursos produzidos nos tribunais constitucionais podem ser distinguidos conforme as seguintes categorias:

1. Cada magistrado individualmente considerado, quando profere seus votos (também os votos dissidentes ou concorrentes) visando à persuasão tanto de colegas específicos (quando intenta construir alguma maioria) quanto do colegiado como um todo, ou conquistar o apoio de atores externos ao tribunal (opinião pública etc.);
2. Grupos de magistrados, como as minorias que argumentam tentando persuadir alguns colegas na tentativa de obter a maioria;
3. O colegiado de magistrados, que constrói argumentativamente suas decisões para persuadir a auditórios determinados (partes processuais, juízes e tribunais, poderes executivo e legislativo, opinião pública).

Os possíveis *auditórios* dos discursos produzidos por esses oradores são variados e diversos, mas os principais, que já ficaram indicados acima, podem ser distinguidos da seguinte maneira:

1. As partes do processo, que são os destinatários formais dos argumentos que fundamentam as decisões, que a eles ficam diretamente vinculados;
2. Os Poderes do Estado (Executivo, Legislativo e Judicial), que mantêm com os tribunais constitucionais relações políticas que podem assumir características de típicos jogos de poder e de política e onde o instrumento do discurso retórico persuasivo pode ser um instrumento tático importante;
3. A opinião pública, cujo apoio o tribunal busca constantemente em razão de sua permanente necessidade de obter a legitimidade para suas decisões.

A identificação e distinção de oradores e auditórios e o estudo sobre as características dos discursos produzidos pela via de votos e decisões e os efeitos concretos de persuasão podem sugerir diversas e interessantes perspectivas de análise teórica, que assim se transformam em tarefas fundamentais de uma teoria da argumentação constitucional de caráter pragmático.

7.7. Repensando Alguns Conceitos: a Distinção "Contexto de Descobrimento v. Contexto de Justificação"

A análise teórica das práticas de deliberação dos tribunais constitucionais impõe modificações importantes nos pressupostos analíticos das teorias da argumentação jurídica. Uma importante distinção conceitual utilizada pela teoria da argumentação jurídica diz respeito àquela que se estabelece entre *contexto de descobrimento* e *contexto de justificação*. Como explica o Professor Manuel Atienza[507], esta é uma distinção que procede do âmbito da teoria da ciência (da epistemologia neopositivista) e é aplicada ao campo da argumentação jurídica, em particular, da decisão judicial. Na teoria da ciência, essa distinção – que, ressalte-se, não é unanimemente aceita, nem entendida da mesma maneira – se dá entre o processo científico por meio do qual se chega a formular ou descobrir uma determinada teoria (contexto de descobrimento) e os critérios de validação ou justificação de uma teoria científica (contexto de justificação). Assim, se delimita e se diferencia, por um lado, o contexto em que ocorrem as investigações científicas, isto é, os processos em que se geram e se desenvolvem os conhecimentos científicos, processos estes que não são definíveis em termos lógicos, mas se submetem à descrição do sociólogo ou do historiador; e, por outro lado, o contexto em que se dá a avaliação ou a justificação, por meio de um método científico (análise lógica das premissas e sua relação com as conclusões), quanto à aceitabilidade científica dessa teoria (seu confronto com os fatos).

Essa distinção tem uma importante aplicação teórica no âmbito da argumentação em geral, pois ela permite demonstrar que uma coisa é o procedimento mediante o qual se estabelece uma premissa ou conclusão, e outra coisa é o procedimento que avalia ou justifica essa premissa ou conclusão. Na argumentação jurídica, a distinção permite tornar mais nítido que uma coisa é o processo psicológico, sociológico, político etc. por meio do qual o juiz ou um tribunal toma a decisão, e outra é a fundamentação dessa decisão. Uma das principais características da denominada teoria standard da

---

[507] ATIENZA, Manuel. *Las razones del derecho. Teorías de la argumentación jurídica*. 2ª Ed. Lima: Palestra; 2006; p. 31-32. ATIENZA, Manuel. *Derecho y argumentación*. Bogotá: Universidad Externado de Colombia; 1997, p. 50.

argumentação jurídica – originada das teorias de MacCormick, Alexy, Aarnio e Peczenik – é que ela reduz o estudo da argumentação jurídica ao *contexto de justificação*.

A distinção também tem sido utilizada para contrapor as críticas de certos teóricos do direito (principalmente aquelas provenientes dos denominados *realistas*)[508] que entendem que as decisões jurídicas não podem ser justificadas, pois elas são tomadas de forma irracional, isto é, são resultado de processos psicológicos no interior da mente do julgador e que, dessa forma, não se submetem a avaliações em termos lógicos. A distinção é então utilizada para comprovar e afirmar que tais teóricos confundem o contexto de descobrimento e o contexto de justificação, pois é plenamente possível que as decisões sejam tomadas dessa forma irracional – ou seja, que o processo mental do juiz seja logicamente inverso, isto é, que vá da conclusão às premissas, ou que a decisão seja fruto de preconceitos –, o que ocorreria no contexto de descobrimento, e ainda assim possam ser justificadas, no contexto de justificação[509]. Portanto, o que essa distinção deixa assentado é que o processo de tomada de decisão (descritível empiricamente, mas não definível em termos lógicos)

[508] Como explica Atienza, "el primero que trasladó la distinción al terreno judicial fue Wasserstrom, en un libro de 1961, con el propósito de combatir la tesis de los realistas (que luego harían suya los autores 'críticos') a la que se hizo referencia en el anterior capítulo. Los realistas ponían en cuestión que la teoría deductivista fuese una descripción correcta de la decisión judicial; para ellos, el factor crucial para entender el proceso de decisión se encontraría más bien en la intuición (Hutcheson), en la personalidad del juez (Frank) o en sus deseos y preferencias (Stoljar). Wasserstrom acusa a todos estos autores (incluyendo a Holmes) de cometer la falacia irracionalista, o sea, de pasar de constatar la utilidad limitada de la lógica formal a afirmar que la decisión judicial es inherentemente arbitraria; y de no haber distinguido entre el proceso del descubrimiento, en el que los realistas pueden tener razón, y el proceso de la justificación. Wasserstrom, por cierto, no niega que existan conexiones entre ambos contextos y otorga cierta prioridad lógica al contexto de la justificación, porque la lógica de la justificación da los criterios para evaluar los procesos de descubrimiento, mientras que no podría darse una relación en sentido inverso. Precisamente, el centro de la crítica que dirige a Frank consiste en poner de manifiesto la existencia de una ambigüedad en este último: por un lado, Frank reconoce que hay criterios que llevan al juez o a cualquier decisor a modificar sus primeras conclusiones (lo que parece implicar reconocer que existen criterios de justificación) pero, por otro lado, afirma que los jueces no tratan de justificar sus decisiones, sino que simplemente las racionalizan". ATIENZA, Manuel. *El derecho como argumentación*. Barcelona: Ariel; 2006, p. 101.

[509] ATIENZA, Manuel. *Las razones del derecho. Teorías de la argumentación jurídica*. 2ª Ed. Lima: Palestra; 2006; p. 36.

CAPÍTULO 7 – ENTRE A RACIONALIDADE DISCURSIVA E O PRAGMATISMO INSTITUCIONAL: ...

não pode ser confundido com a validação ou justificação (avaliação em termos lógicos) dessa decisão.

Ressalte-se que tal distinção não coincide exatamente com outra que pode ser traçada entre discurso *descritivo* e *prescritivo*, pois é possível tanto descrever como os juízes tomam uma decisão (os fatores sociais, psicológicos, etc. para tanto), como também prescrever como deveriam fazê-lo; e, no plano justificativo, é possível descrever as razões justificativas que os juízes utilizaram em uma decisão, assim como prescrever quais deveriam ter sido essas razões.

A distinção não está livre de críticas. A principal delas é que ela é questionável inclusive no âmbito da teoria científica. Outra crítica se refere ao fato de que entre uma teoria científica e uma decisão prática existem diferenças notáveis que tornariam sem sentido essa distinção. Nesse sentido, descobrir e justificar não teriam o mesmo significado no contexto das teorias científicas e no das decisões judiciais. Atienza ressalta, não obstante, que o caráter problemático da distinção não deve significar necessariamente o seu abandono. Ela continuaria servindo ao seu propósito inicial de contrapor as teses realistas e de todos os teóricos do direito que defendem uma concepção cética a respeito da possibilidade de se justificar as decisões judiciais. Ademais, o que se deveria reconhecer, continua Atienza, é que a distinção entre contexto de descobrimento e contexto de justificação pode ter graus variados de importância ou de utilização dependendo do tipo de enfoque (formal, material ou pragmático) que se adote em relação à argumentação jurídica. Se a argumentação é tratada desde a perspectiva da concepção formal ou lógica, a distinção torna-se claramente pertinente, pois foca-se não no processo, mas no resultado da argumentação; isto é, a lógica formal (dedutiva) não se interessa em descrever como de fato se argumenta (o processo psicológico, sociológico, político, etc. de tomada de decisão), mas, ao contrário, se preocupa em oferecer um modelo de como se deve argumentar, um modelo de avaliação da qualidade dos argumentos. Dessa forma, a lógica formal tem um valor simplesmente avaliativo ou justificativo do processo decisório (da argumentação desenvolvida), ainda que ela seja muitas vezes insuficiente (uma decisão não estará justificada apenas por apresentar-se sob uma forma dedutivamente válida, a denominada justificação interna). Portanto, se a atividade de reconstrução do esquema lógico-formal da fundamentação de uma decisão judicial é desenvolvida exclusivamente em um contexto de justificação, então a distinção adquire plena validade e utilidade prática. Se, por outro lado, se considera a argumentação como raciocínio prático, uma das versões da concepção material da argumentação, a distinção perde bastante sua nitidez. Isso porque, nessa concepção material, a argumentação pressupõe a aceitação da correção das premissas e isso pressupõe uma combinação entre contexto de descobrimento e contexto de justificação. E, ao final, a distinção praticamente desaparece se a argumentação é contemplada desde uma concepção pragmática ou dialética, na qual o centro passa a constituir o próprio processo argumentativo e todos os fatores (psicológicos, emocionais, sociológicos, políticos, dialógicos etc.) nele envolvidos. No contexto pragmático da argumentação, descobrimento e justificação se mesclam; é a aceitação (descobrimento) de pontos em comum entre o defensor e o opositor de uma tese (e todos os fatores retóricos aí envolvidos) que oferece os critérios de justificação da argumentação[510].

É preciso reconhecer que as dificuldades que muitas vezes têm os juristas para traçar essa distinção entre contexto de descobrimento e contexto de justificação se deve em boa parte ao fato de que não se costuma conceber a justificação das decisões judiciais em termos puramente lógico-formais. Para a maioria dos juristas, as razões que explicam (razões explicativas) o processo de tomada de decisão (contexto de descobrimento) são também razões justificativas (contexto de justificação). No processo argumentativo próprio das decisões judiciais, razões explicativas e justificativas acabam coincidindo. Portanto, adotada uma concepção da argumentação que é tanto material como pragmática, a distinção perde parte de sua relevância.

No âmbito da teoria da argumentação constitucional, que adota uma concepção material e um forte acento na concepção pragmática, a distinção entre contexto de descobrimento e contexto de justificação acaba não sendo muito nítida e tende a ser relativizada em prol da análise teórica das práticas de deliberação nos tribunais constitucionais. Atienza admite a relativa impropriedade da distinção quando se tem em conta a deliberação entre os juízes de um órgão colegiado:

---

[510] ATIENZA, Manuel. *Derecho y argumentación*. Bogotá: Universidad Externado de Colombia; 1997, p. 54-56.

CAPÍTULO 7 – ENTRE A RACIONALIDADE DISCURSIVA E O PRAGMATISMO INSTITUCIONAL: ...

"Por otro lado, establecer uma distinción tajante entre el contexto del descubrimiento y el de la justificación (para dejar fuera del análisis el contexto del descumbrimiento) cumple, sin duda, una función ideológica, esto es, contribuye a ofrecer una visión distorsionada de la realidad. Pensemos en la deliberación que efectúan los jueces en el contexto de un órgano colegiado. La deliberación (el proceso de la deliberación) resulta suprimida en la fundamentación explícita (que es lo único que se tiene en cuenta cuando se considera el contexto de justificación). Pero sin ello no siempre puede entenderse – y, llegado el caso, criticarse – la fundamentación, la motivación en cuestión. Imaginemos que, por ejemplo, se tratara de un caso que ha dado lugar a una decisión adoptada por la mayoría del tribunal, con algunos votos disidentes. A la hora de evaluar la fuerza justificativa de ambas motivaciones (la de la mayoría y de la minoría), no debería dejarse de lado – pongamos por caso – la circunstancia de que los magistrados discrepantes habían trabajado, dentro del proceso de la deliberación, para que la fundamentación mayoritaria resultara 'debilitada' (de cara a alcanzar un acuerdo unánime que finalmente no se logró)"[511].

O estudo da deliberação nos tribunais constitucionais prescinde da distinção teórica entre contexto de descobrimento e contexto de justificação justamente pelo fato de que abarca toda uma série de momentos deliberativos no interior do tribunal nos quais, tal como visto na Parte 2, se mesclam os processos de debate, justificação, fundamentação, decisão e redação da decisão, que dessa forma necessitam ser analisados teoricamente de modo conjunto. Na realidade bastante complexa da prática deliberativa dos tribunais, a tentativa de separar o contexto de descobrimento (todo o processo de deliberação entre os magistrados) do contexto de justificação (a fundamentação tal como exposta no texto da decisão final), além de ser muitas vezes impraticável, pode levar a um diagnóstico teórico completamente distante da prática que pretende explicar.

---

[511] ATIENZA, Manuel. *El derecho como argumentación*. Barcelona: Ariel; 2006, p. 106.

ARGUMENTAÇÃO CONSTITUCIONAL

A revisão da distinção entre contexto de descobrimento e contexto de justificação é assim mais um aspecto da teoria da argumentação constitucional que supera e se afasta das teorias standard da argumentação jurídica.

CAPÍTULO 8
Um Decálogo de Diretrizes para o Aperfeiçoamento Institucional da Capacidade Deliberativa dos Tribunais Constitucionais

No capítulo anterior foram analisados alguns desafios importantes à teoria da argumentação constitucional. Como ficou constatado, as características institucionais de cada tribunal constitucional investigado, as quais respondem a condições históricas e culturais peculiares de cada contexto político-institucional, impõem limites à pretensão de racionalidade, de normatividade e de universalidade da teoria. A construção de uma teoria sobre as práticas de argumentação e de deliberação nos tribunais constitucionais deve ter um sentido mais modesto, sem maiores ambições de normatividade. Deve levar em conta suas próprias limitações e se desenvolver como uma teoria mais empírica e contextual, com foco na realidade das práticas argumentativas e nas circunstâncias histórico-político-institucionais nas quais elas se desenvolvem.

No decorrer de todo o livro foi ressaltado que a teoria da argumentação constitucional deve ter uma *dimensão pragmática* bem definida no sentido de oferecer *propostas de aperfeiçoamento institucional das práticas argumentativas* analisadas, a partir do diagnóstico empírico da realidade dessas práticas, tal como elas de fato se desenvolvem em cada tribunal constitucional. Seguindo essa linha de raciocínio, este capítulo final tem o objetivo de refletir

ARGUMENTAÇÃO CONSTITUCIONAL

sobre dez *princípios* ou *diretrizes*[512] que podem funcionar como um *decálogo para o aperfeiçoamento institucional da capacidade deliberativa dos tribunais constitucionais.*

As diretrizes não são o resultado de construções teóricas normativas, ou seja, não constituem deduções abstratas de outros princípios ou axiomas do que poderia ser considerado o modelo ideal de deliberação válido para todo e qualquer tribunal constitucional. Elas foram construídas a partir das práticas deliberativas diagnosticadas concretamente e analisadas na Parte 2 e levam em conta as limitações de racionalidade discursiva verificadas no capítulo anterior.

Por isso, essas dez diretrizes foram formuladas com a intenção de serem válidas e aplicáveis somente de modo particular, no âmbito institucional específico dos tribunais investigados: o Tribunal Constitucional da Espanha e o Supremo Tribunal Federal do Brasil. Elas serão generalizáveis – isto é, aplicáveis analogicamente a outros tribunais – apenas na medida em que também possam fornecer idênticos parâmetros de aperfeiçoamento institucional para outras realidades cujas características institucionais sejam semelhantes. Assim, por exemplo, as diretrizes válidas para o Tribunal Constitucional da Espanha podem eventualmente ser aplicáveis em relação a alguns tribunais europeus, como o italiano e o português, que praticam modelos semelhantes de deliberação fechada, assim como os tribunais constitucionais de alguns países latino-americanos, como Colômbia, Peru, Chile e Argentina, que também desenvolvem as deliberações de forma secreta. E, da mesma forma, os princípios da deliberação voltados para o aperfeiçoamento das práticas deliberativas do Supremo Tribunal do Brasil podem, em determinadas circunstâncias concretas, fornecer parâmetros indicativos para o melhoramento de

---

[512] Será utilizado o termo princípio ou diretriz com o mesmo significado semântico. Isso porque o termo princípio tem aqui o significado de diretriz, cujo comando normativo *não impõe cumprimento absoluto*, mas apenas *na medida das possibilidades fáticas e jurídicas*. São normas de fim ou de caráter teleológico que funcionam como *mandados de otimização*, condicionadas às *circunstâncias concretas (históricas, culturais, políticas, institucionais)* de aplicação. Sobre esse significado dos princípios como diretrizes, vide: VALE, André Rufino do. *Estrutura das normas de direitos fundamentais: repensando a distinção entre regras, princípios e valores.* São Paulo: Saraiva; 2009. O conceito de diretriz (política) parte, fundamentalmente, da obra de Manuel Atienza e Juan Ruiz Manero: ATIENZA, Manuel; RUIZ MANERO, Juan. *Las piezas del derecho. Teoría de los enunciados jurídicos.* Barcelona: Ariel; 2004.

CAPÍTULO 8 – UM DECÁLOGO DE DIRETRIZES PARA O APERFEIÇOAMENTO INSTITUCIONAL...

práticas institucionais em modelos de deliberação pública semelhantes, como é o caso da Suprema Corte do México.

Como se verificará, as diretrizes formuladas podem conter exigências diferenciadas: institucionais, éticas, epistêmicas, etc. De toda forma, todas sugerem e implicam, em alguma medida, a criação ou a reforma de normas, procedimentos e práticas que incentivem ou facilitem o aperfeiçoamento institucional da capacidade deliberativa dos tribunais constitucionais envolvidos.

8.1. Publicidade *vs.* Segredo

A publicidade e o segredo são os aspectos mais expressivos dos ambientes institucionais das práticas deliberativas nos tribunais constitucionais, tanto que caracterizam os distintos modelos de deliberação como *modelos de deliberação aberta ou pública* e *modelos de deliberação fechada ou secreta*, tal como analisado no capítulo 4.

Na Parte 2, verificou-se que o fechamento ou a abertura dos momentos deliberativos – o primeiro predominante no Tribunal Constitucional da Espanha e o segundo característico no Supremo Tribunal Federal do Brasil – condicionam todo o processo de interação argumentativa colegiada, influenciam de diferentes maneiras e intensidades as posturas e as condutas dos deliberadores e inclusive podem ter impacto na definição ou na adoção de procedimentos e formas de decisão.

Não obstante, talvez a constatação mais importante tenha sido a de que a publicidade e o segredo das deliberações são aspectos institucionais dos modelos de deliberação que respondem a desenvolvimentos históricos específicos de cada contexto político e institucional dos diversos sistemas de jurisdição constitucional. Assim sendo, nos diferentes modelos adotados por cada tribunal, a abertura ou o fechamento das deliberações não é algo que está sujeito a reformas institucionais drásticas; ou seja, a determinação da abertura dos modelos fechados ou do fechamento dos modelos abertos não é hoje uma alternativa plausível de mudança institucional à disposição de legisladores e tribunais. São aspectos essenciais de cada modelo que paulatinamente se consolidaram na história institucional de cada tribunal e que dificilmente podem ser alterados sem causar um impacto extremamente negativo na

ARGUMENTAÇÃO CONSTITUCIONAL

qualidade das práticas deliberativas. Para comprovar como reformas desse tipo são praticamente impensáveis no estágio atual do desenvolvimento institucional dos tribunais analisados, basta imaginar o que representaria para o Tribunal Constitucional da Espanha a atual abertura e publicidade de suas sessões deliberativas e, da mesma forma, tentar vislumbrar – ainda que isso seja atualmente proibido pela própria Constituição de 1988 (artigo 93, IX) – a realização de sessões secretas pelo plenário do Supremo Tribunal Federal do Brasil.

Em verdade, a publicidade e o segredo não são exatamente índices de avaliação da qualidade da deliberação de um tribunal constitucional. As práticas deliberativas podem se desenvolver adequadamente conforme parâmetros qualitativos (como os que serão abordados nos próximos tópicos: colegialidade, cooperação, integridade, etc.) tanto a portas fechadas como em ambientes institucionais abertos ao público. Os resultados da investigação apresentada na Parte 2 não levam necessariamente à constatação de que, como à primeira vista pode parecer mais plausível acreditar, a deliberação a portas fechadas pode se desenvolver de forma mais aproximada ao que poderia ser um modelo de deliberação racional ou ao discurso racional tal como trabalhado pelas teorias da argumentação jurídica.

Antes de tudo, é preciso relembrar que, como analisado no capítulo anterior, as práticas argumentativas nos tribunais constitucionais, na medida em que estão condicionadas e limitadas pelas variadas características institucionais de cada modelo, não devem necessariamente responder integralmente a parâmetros e regras do discurso racional. Ademais, parece ter ficado bastante evidente que ambos os modelos, públicos e secretos, apresentam vantagens e desvantagens institucionais relacionadas à deliberação, isto é, em ambos existem aspectos institucionais facilitadores ou dificultadores do regular desenvolvimento das práticas deliberativas.

Assim, não é difícil perceber que quando os próprios magistrados são indagados sobre o tema, tendem a contestar enfocando os aspectos de sua prática deliberativa que são facilitadores da deliberação no tribunal em que está inserido. Por exemplo, os magistrados do Tribunal Constitucional da Espanha tendem a considerar seu modelo de deliberação mais adequado porque nele existem aspectos que propiciam em maior medida a livre expressão, a sinceridade da argumentação e a mudança de posicionamento no curso do

CAPÍTULO 8 – UM DECÁLOGO DE DIRETRIZES PARA O APERFEIÇOAMENTO INSTITUCIONAL...

processo decisório. Nesse sentido, é plausível considerar que em modelos de deliberação fechada como o adotado no tribunal espanhol, os magistrados igualmente farão as mesmas reflexões sobre sua própria prática deliberativa a portas fechadas, ressaltando o segredo como um aspecto favorecedor da independência e da liberdade de manifestação individuais e do caráter mais fidedigno das trocas argumentativas. Por outro lado, os magistrados do Supremo Tribunal Federal do Brasil, apesar de se dividirem quanto ao tema, também acabam ressaltando as vantagens do modelo de deliberação pública, como a maior transparência do processo decisório e a *accountability* que pode gerar nas relações entre o tribunal e a sociedade. Em geral, todos demonstram uma convicção bastante forte em torno de seu próprio modelo público ou secreto de deliberação e se mostram conscientes de que a abertura ou o fechamento não são opções de reforma institucional a curto, médio ou longo prazo.

Portanto, a publicidade e o segredo devem ser encarados mais como *variáveis institucionais* do que como *princípios da deliberação*. São aspectos institucionais historicamente consolidados e incrustrados na tradição judicial de cada sistema jurídico, os quais não podem ser indicadores de qualidade das práticas deliberativas dos órgãos colegiados dos tribunais. Isso significa que, no que toca ao aspecto do ambiente institucional (aberto ou fechado), o aperfeiçoamento institucional da capacidade deliberativa dos tribunais constitucionais não pressupõe soluções de tudo ou nada, como a abertura dos modelos fechados ou o fechamento dos modelos abertos.

Em tema de publicidade e segredo das deliberações, as diretrizes de aperfeiçoamento institucional devem focar nas vantagens e desvantagens propiciadas por cada modelo, estabelecendo como objetivo de cada tribunal a criação ou a modificação de práticas que favoreçam, na maior medida possível, a verificação das vantagens e a diminuição ou eliminação das desvantagens. Assim, os tribunais constitucionais que adotam o modelo de deliberação secreta não precisam pensar nas soluções de tudo ou nada acima mencionadas; devem, isto sim, procurar realizar reformas em suas práticas que tenham como objetivo manter ou melhorar os atuais aspectos positivos desse modelo e tentar diminuir ou eliminar os seus componentes negativos. Da mesma forma, os tribunais que praticam a deliberação em público não precisam cogitar do fechamento de suas sessões, mas desenvolver e renovar práticas deliberativas que propiciem as vantagens do modelo e criem barreiras para o florescimento de seus

ARGUMENTAÇÃO CONSTITUCIONAL

aspectos negativos. Como publicidade e segredo são muitas vezes os dois lados de uma mesma moeda, impedir o desenvolvimento das desvantagens de um modelo público poderá significar buscar no modelo secreto suas vantagens e vice-versa. Em outros termos, ambos os modelos, público e secreto, podem se retroalimentar de suas experiências comparadas e fornecer mutuamente parâmetros para o aperfeiçoamento institucional de suas deliberações.

As análises empreendidas no Capítulo 5 demonstraram que a prática da deliberação a portas fechadas tem a vantagem de favorecer um ambiente institucional bastante propício à liberdade de manifestação dos magistrados, o que pode resultar em trocas argumentativas mais reais e sinceras e, desse modo, incentivar câmbios de posição. Por outro lado, a deliberação secreta também pode ter a desvantagem de criar ambientes institucionais muito herméticos, pouco transparentes em relação a certos aspectos de interesse público das deliberações (contornos precisos das questões constitucionais debatidas, importância dos temas e possíveis reflexos sociais de distintas vias de solução, fases do processo deliberativo, etc.), o que pode trazer como consequência a dificuldade de manutenção de adequadas relações institucionais com todos os atores externos que buscam informações mais específicas sobre o desenvolvimento das deliberações, principalmente os meios de comunicação, os quais podem acabar se utilizando de mecanismos diversos – não necessariamente legítimos, como os vazamentos de dados secretos dos processos e práticas internas – para obter a todo custo as informações de que necessitam para seu trabalho de notícia e divulgação dos julgamentos.

No capítulo 6, também foi possível verificar que o desenvolvimento da deliberação em ambiente aberto ao público tem a vantagem de tornar mais transparente todo o processo deliberativo no interior do tribunal, o que pode resultar em maior *accountability* das atividades de sua jurisdição constitucional. Porém, também se constatou que a prática deliberativa exclusivamente pública pode ter como consequência a diminuição dos momentos deliberativos internos exclusivos entre magistrados, a dificuldade de realização de encontros e trocas argumentativas prévias à sessão colegiada pública, o cultivo de posturas individualistas por parte dos deliberadores e, sobretudo, o desenvolvimento de sessões de julgamento em que predominem os discursos retóricos mais voltados para a persuasão de audiências externas do que o convencimento interno do colegiado.

As vantagens e desvantagens de ambos os modelos podem servir de parâmetro para algumas diretrizes de aperfeiçoamento da deliberação nos tribunais constitucionais. Em termos específicos, isso significa que o Tribunal Constitucional da Espanha deve focar nos aspectos institucionais que fazem com que seu modelo seja hoje considerado excessivamente fechado e adotar medidas que contribuam para tornar mais transparentes certos aspectos de sua prática deliberativa. Em especial, é importante a definição rigorosa de políticas adequadas de relacionamento institucional com os meios de comunicação para a ampla divulgação dos casos e o esclarecimento das circunstâncias fáticas e jurídicas que estão sendo objeto de apreciação pelo tribunal, assim como a notícia atual e fidedigna de todos os atos e fatos processuais (isto é, dos trâmites e aspectos formais e não dos conteúdos das atividades) dos momentos deliberativos que se desenvolvem no interior do tribunal. Por seu turno, o Supremo Tribunal Federal do Brasil deve se preocupar com o caráter extremamente público de sua deliberação, tentando criar e cultivar práticas deliberativas internas que favoreçam a colegialidade (em detrimento da individualidade) entre os magistrados e possam resultar em maior quantidade e qualidade das trocas argumentativas que antecedem a reunião pública. Em suma, cada tribunal deve se ocupar de medidas de ajuste que impeçam que seus respectivos modelos de deliberação secreta e pública se tornem excessivos e com aspectos institucionais exacerbados de fechamento e de abertura. Esses fatores serão aprofundados no decorrer dos próximos tópicos.

8.2. Autonomia do Processo Deliberativo

A experiência dos tribunais constitucionais investigados demonstra que o regular desenvolvimento da deliberação entre os magistrados depende da garantia de um processo deliberativo autônomo. A *autonomia* é a qualidade de momentos deliberativos que se desenvolvem *livre de coerções externas*, o que significa que os membros do colégio deliberativo devem ser soberanos no interior do órgão do qual fazem parte e nele ter plena liberdade para argumentar, tendo que obedecer apenas às regras, procedimentos e práticas internas de deliberação.

ARGUMENTAÇÃO CONSTITUCIONAL

Nesse aspecto, não se pode negar que ela coincide com a exigência de autonomia formulada pelas principais teorias jurídicas do discurso racional[513], em sentido semelhante pelas teorias da deliberação política racional[514] e igualmente pelas teorias da argumentação em geral aplicadas à deliberação pública[515]. O desenvolvimento de argumentações e deliberações imunes a coerções externas é assim comumente considerado como um requisito fundamental de idoneidade do discurso. Considera-se que os participantes da argumentação e da deliberação devem ser livres para formular atos de fala e estar vinculados somente aos procedimentos que guiam a sua prática argumentativa.

Nos tribunais constitucionais, assegurar a autonomia do processo deliberativo depende de uma série de garantias institucionais de proteção do órgão colegiado contra pressões político-institucionais externas, sejam as advindas dos demais Poderes (Executivo e Legislativo), de grupos e organismos de poder (partidos políticos, sindicatos, associações profissionais e entidades

---

[513] Confira-se, por exemplo, a regra 2.3 formulada por Alexy em sua teoria do discurso racional: "2.3. Nenhum participante pode se impedido de exercer seus direitos fixados em 2.1 e 2.2 mediante coerção interna ou externa ao discurso". ALEXY, Robert. *Teoría de la argumentación jurídica*. Trad. Manuel Atienza e Isabel Espejo. 2ª Ed. Madrid: Centro de Estudios Políticos y Constitucionales; 2008. Para a descrição e análise das regras dos discurso racional de Alexy, vide: ATIENZA, Manuel. *Las razones del derecho. Teorías de la Argumentación Jurídica*. Lima: Palestra; 2006. FETERIS, Eveline T. *Fundamentos de la Argumentación Jurídica. Revisión de las Teorías sobre la Justificación de las Decisiones Judiciales*. Trad. de Alberto Supelano. Bogotá: Universidad Externado de Colombia; 2007, pp. 293 e ss.

[514] Uma das regras de racionalidade da deliberação pública é assim formulada por Joshua Cohen: "As deliberações devem estar imunes a coerções externas, de forma que os participantes sejam soberanos, na medida em que somente estejam vinculados aos pressupostos comunicativos e regras procedimentais da argumentação"; COHEN, Joshua. *Deliberation and Democratic Legitimacy*", in: HAMLIN, A., PETTIT, P. (eds.), *The Good Polity: normative analysis of the State*, Oxford: Blackwell, 1989. HABERMAS, Jürgen. *Facticidad y validez. Sobre el derecho y el Estado democrático de derecho en términos de teoría del discurso*. 2ª Ed. Madrid: Editorial Trotta; 2000, p. 381.

[515] Luis Vega Reñón trata da regra de *respeito e autonomia* da deliberação pública, tanto dos agentes discursivos como do processo discursivo, e não apenas *negativa*, como exclusão de coações externas, mas também *positiva*, no sentido de se manter aberta a possibilidade de que qualquer participante se veja refletido no curso da discussão ou no resultado. VEGA REÑÓN, Luis. Vindicación y elogio de la retórica. Conferencia inaugural, II Simposio Internacional de Investigación en Argumentación, México-DF, UNAM, 2012. Idem. *La deliberación en la perspectiva del discurso público*. Material elaborado en el marco del proyecto HUM 2005-00365, cedido diretamente pelo autor. VEGA REÑÓN, Luis; OLMOS, Paula. *Deliberation: a paradigm in the arena of public argument*. OSSA Conference, Windsor University, Ontario, 2007.

CAPÍTULO 8 – UM DECÁLOGO DE DIRETRIZES PARA O APERFEIÇOAMENTO INSTITUCIONAL...

da sociedade civil, organismos internacionais e não-governamentais etc.), da imprensa e da opinião pública em geral. Como constatado na Parte 2, na prática as forças político-institucionais centrífugas aos tribunais acabam exercendo algum impacto na deliberação interna do órgão colegiado, o que não significa que dessa forma elas possam exercer influência determinante sobre decisões, votos e resultados da deliberação. A autonomia não significa imunidade absoluta a qualquer tipo de influência, que na prática pode ocorrer – como, por exemplo, o impacto das notícias veiculadas pela imprensa no conteúdo dos argumentos lançados em debates entre os magistrados –, mas proteção institucional contra forças externas atuantes sobre as tomadas de posição e os resultados dos julgamentos – como seria o caso das pressões políticas diversas no sentido de influenciar um placar de votação em favor de uma decisão específica de interesse particular.

Neste ponto, é preciso fazer um parêntese para ressaltar que o segredo das deliberações, tal como concebido historicamente na prática da maioria dos tribunais europeus, pode representar um importante elemento de garantia da autonomia do processo deliberativo interno nos tribunais constitucionais, na medida em que propicia o acontecimento das práticas deliberativas exclusivamente em ambientes institucionais internos e fechados, os quais criam condições bastante favoráveis para a liberdade das trocas argumentativas, como afirmado no tópico anterior. Não obstante, o segredo não pode ser considerado como um requisito fundamental e indispensável da autonomia do processo deliberativo. Modelos de deliberação pública também podem manter elevados graus de proteção da autonomia deliberativa assegurando uma série de garantias institucionais não necessariamente ligadas ao maior fechamento das práticas de julgamento.

A garantias constitucionais da autonomia institucional dos tribunais – autonomia orçamentária e financeira, autonomia de organização e gestão internas, autonomia regulamentar dos processos e procedimentos, etc. – cumprem um papel fundamental quanto a esse aspecto. Não obstante, elas devem ser complementadas com uma série de regras, procedimentos e práticas de relacionamento político-institucional do tribunal com seu exterior, especialmente com os demais Poderes, com a imprensa e a opinião pública. Os magistrados reunidos em colegiado e seu presidente devem atuar cautelosamente e estrategicamente no âmbito dos jogos de poder em que natural-

ARGUMENTAÇÃO CONSTITUCIONAL

mente o tribunal se encontra inserido nas relações com esses entes políticos e sociais.

O Tribunal Constitucional da Espanha sempre teve que lidar com o sério problema das *filtraciones*, que são os vazamentos de informações sigilosas sobre o processo deliberativo interno. Como verificado no capítulo 5, parte das causas desse problema se relacionam com o caráter excessivamente fechado do tribunal em relação à sociedade e à má concebida e administrada política de relações político-institucionais do tribunal, especialmente com os meios de comunicação. Nesse âmbito, o tribunal espanhol deve criar, modificar e renovar procedimentos e práticas que intentem por fim aos episódios de vazamento de informações internas, que sempre constituíram um atentado contra a autonomia do processo deliberativo do colegiado de magistrados.

O Supremo Tribunal Federal do Brasil, por outro lado, sofre com o excesso de publicidade de seus julgamentos, que o torna vulnerável às pressões político-institucionais externas. Mesmo que seja difícil afirmar com ênfase a existência de casos específicos de influências externas impactantes sobre o próprio resultado das deliberações – a pesquisa empírica realizada não trouxe evidências nesse sentido –, não se pode negar que a ampla abertura dos julgamentos colegiados do STF é hoje uma marca de seu perfil institucional e um dos aspectos mais contestados de sua prática decisória, justamente pela forte e constante exposição pública a que é submetido o colegiado e o incentivo que isso pode implicar para a atuação dos grupos de pressão em torno da Corte. Para fazer frente a esse sempre iminente risco de ver a autonomia de seu processo deliberativo debilitada em razão do excesso de exposição pública, o tribunal deve trabalhar constantemente para manter sempre fortes as garantias institucionais de sua autonomia e independência e, sobretudo, criar regras, procedimentos e práticas que favoreçam mais deliberação interna entre os magistrados. Nesse contexto, é fundamental o desenvolvimento de práticas de deliberação prévia, atualmente inexistentes no tribunal, como constatado no capítulo 6, o que inclusive pode suscitar a tentativa de renovação da antiga prática das sessões do conselho. É preciso recriar espaços alternativos de comunicação e de debate interno entre os magistrados, o que pode ser hoje facilitado pela existência de meios informatizados para o desenvolvimento de trocas argumentativas virtuais (via *internet* ou *intranet* do tribunal) não abertas ao público.

CAPÍTULO 8 – UM DECÁLOGO DE DIRETRIZES PARA O APERFEIÇOAMENTO INSTITUCIONAL...

8.3. Independência dos Deliberadores

Conectado com o princípio de autonomia do processo deliberativo está a necessária independência dos deliberadores. Aqui não se trata mais apenas de assegurar a imunidade do processo deliberativo em si frente às pressões político-institucionais externas, mas de garantir uma esfera de proteção individual de cada magistrado em face de coerções tanto externas quanto internas. Os integrantes do colegiado de magistrados devem possuir um espaço de livre manifestação protegido não somente em relação às influências exteriores ao tribunal, mas igualmente tendo em vista a proteção de sua condição institucional e de suas opiniões em face dos demais membros do órgão colegiado.

Desse modo, a independência dos magistrados envolve todas as garantias institucionais e funcionais dos juízes comumente protegidas nos textos constitucionais, as quais atuam como condições essenciais da plena atuação profissional e como escudos institucionais em face das sempre ameaçadoras ingerências político-institucionais externas. Sem embargo, ela também pressupõe uma série de regras, procedimentos e práticas que, no plano interno, assegurem a cada deliberador um âmbito de livre argumentação imune a coerções internas.

A ausência de coerções internas é assim um pressuposto para a garantia da isonomia de posição e da igualdade de oportunidades entre os deliberadores, propiciando o direito de todos de formular, problematizar e contrapor argumentos. Ela também realça a responsabilidade e o compromisso argumentativo de cada membro do colegiado, exigindo que todos formulem apenas argumentos em que realmente creem, de forma consistente e coerente, com premissas claras e que estejam abertas ao conhecimento de todos, e fazendo com que todos se sintam compromissados com um jogo argumentativo limpo.

Como se pode perceber, essa diretriz também coincide em certos aspectos com algumas regras do discurso racional elaboradas pelas teorias da argumentação jurídica[516], da argumentação em geral[517] e por teorias políticas sobre a

---

[516] Confira-se, nesse sentido, o conjunto das regras 2.1, 2.2 e 2.3 formuladas pela teoria da argumentação jurídica de Robert Alexy: "2.1.Quem pode falar pode tomar parte em um discurso. 2.2.a) Todos podem problematizar qualquer asserção no discurso. b) Todos podem introduzir qualquer asserção no discurso. c) Todos podem expressar suas opiniões, desejos e necessidades. 2.3. Nenhum participante pode se impedido de exercer seus direitos fixados

ARGUMENTAÇÃO CONSTITUCIONAL

deliberação pública[518]. Todas têm em comum a preocupação com a necessidade de que as trocas argumentativas entre os participantes e/ou interlocutores de um debate ocorra segundo exigências de liberdade e igualdade de condições discursivas.

Nos tribunais constitucionais, essas exigências envolvem regras, procedimentos e práticas de interação argumentativa interna entre os magistrados, especialmente em tema de debates e votação nas sessões plenárias. Nesse aspecto, assume extrema importância a figura das *opiniões dissidentes*. A independência dos deliberadores, como princípio da deliberação nos tribunais constitucionais, impõe que as regras e procedimentos de deliberação no interior do órgão colegiado assegurem vias institucionais e formais que garantam a cada magistrado individualmente considerado a oportunidade de livremente se manifestar e de se posicionar contrariamente à decisão da maioria, seja na parte dispositiva (*opinião divergente*) ou nos argumentos que a justificam (*opinião concorrente*). Os institutos dos votos dissidentes ou concorrentes são assim um corolário da independência dos deliberadores dos órgãos colegiados dos tribunais constitucionais.

O Tribunal Constitucional da Espanha conta com um completo sistema normativo de garantia do voto particular (divergente e concorrente) que permite a cada magistrado tornar explícitas e públicas suas opiniões dissidentes em relação à maioria, reforçando sua independência no interior do colegiado.

---

em 2.1 e 2.2 mediante coerção interna ou externa ao discurso". ALEXY, Robert. *Teoría de la argumentación jurídica*. Trad. Manuel Atienza e Isabel Espejo. 2ª Ed. Madrid: Centro de Estudios Políticos y Constitucionales; 2008.

[517] Assim dispõe a primeira regra do decálogo do discurso crítico racional na concepção pragma-dialética de Van Eemeren e Grootendorst: "Nenhum participante deve impedir o outro de tomar sua própria posição, positiva ou negativa, com respeito aos pontos ou teses em discussão". VAN EEMEREN, Frans H.; GROOTENDORST, Rob. *A Systematic Theory of Argumentation: the pragma-dialectical approach*. Cambridge: Cambridge University Press; 2004.

[518] Este é o caso, por exemplo, de uma das regras da deliberação pública racional formuladas por Joshua Cohen: "As deliberações devem ser isentas de coerções internas que possam restringir a igual posição dos participantes, o que pressupõe que todos tenham as mesmas oportunidades de ser escutados, de introduzir temas, de fazer contribuições e propostas e de criticá-las". COHEN, Joshua. *Deliberation and Democratic Legitimacy*", in: HAMLIN, A., PETTIT, P. (eds.), *The Good Polity: normative analysis of the State*, Oxford: Blackwell, 1989. HABERMAS, Jürgen. *Facticidad y validez. Sobre el derecho y el Estado democrático de derecho en términos de teoría del discurso*. 2ª Ed. Madrid: Editorial Trotta; 2000, p. 381.

CAPÍTULO 8 – UM DECÁLOGO DE DIRETRIZES PARA O APERFEIÇOAMENTO INSTITUCIONAL...

Por outro lado, o Tribunal é obrigado a conviver com o atualmente problemático sistema de nomeação dos magistrados, que submete o processo ao jogo político próprio dos órgãos constitucionais (Senado, Congreso de los Diputados, Gobierno e Consejo General del Poder Judicial) incumbidos da tarefa de escolha dos nomes. Entre os resultados mais comuns desse sistema estão: (1) o retardamento exacerbado das nomeações, que afeta o regular funcionamento do colegiado e de suas deliberações e obriga o tribunal a se utilizar do instituto da *prorrogatio* para manter em atividade magistrados com tempo de mandato expirado; e (2) a desconfiança pública muito forte em torno da real independência política dos indicados, que muitas vezes são tachados (mesmo que de modo equivocado, como visto no capítulo 5) pelos meios de comunicação e por amplos setores da sociedade de conservadores ou progressistas, conforme a origem de sua escolha, se de partidos de direita ou de esquerda, o que acaba impondo ao órgão colegiado uma polarização ideológica que deturpa sua função deliberativa e corrói sua credibilidade perante a sociedade. Essa construção pública de um imaginário de possível vulnerabilidade de cada magistrado à pressão política de seus órgãos indicadores é hoje uma questão a ser enfrentada pelo tribunal nessa perspectiva de aperfeiçoamento de seu processo deliberativo.

No Supremo Tribunal Federal, um dos problemas pode ser encontrado especialmente na percepção equivocada do significado da independência no interior do órgão colegiado, que muitas vezes ainda é confundida com um direito absoluto de manifestação individual e intransigente dos próprios posicionamentos, sem preocupação com o caráter colegiado da deliberação, o que leva ao desenvolvimento do individualismo exacerbado identificado na prática decisória descrita no capítulo 6. O caráter excessivo da noção de independência dos deliberadores tem levado, por exemplo, à manutenção de uma convicção muito forte a respeito do instituto do pedido de vista, que atribui o direito a cada juiz de realizar uma pausa no processo deliberativo para que ele possa individualmente refletir melhor sobre as questões jurídicas envolvidas no caso, o que, como analisado no capítulo 6, pode ser utilizado como um mecanismo de sobrestamento ou de veto individual (muitas vezes indefinido no tempo) da deliberação colegiada. Redimensionar e requalificar essa noção da independência dos deliberadores e proceder a reformas em institutos como o pedido de vista, tendo em vista o desenvolvimento mais colegiado da deliberação, é uma das tarefas primordiais que deve enfrentar o STF para o aperfeiçoamento de sua prática deliberativa.

8.4. Unidade Institucional

Nos capítulos que compõem a Parte 2 e que analisam as práticas deliberativas do Tribunal Constitucional da Espanha e do Supremo Tribunal Federal do Brasil, foi possível verificar que entre os magistrados há uma convicção muito forte no sentido da necessidade de que o órgão colegiado atue de modo a cultivar e a preservar constantemente a sua unidade institucional. Aqui se trata, especialmente, da unidade institucional do tribunal constitucional em relação ao seu exterior, que exige que o órgão colegiado que o representa se dirija ao público externo com uma única e *unívoca voz institucional*. As deliberações colegiadas devem sempre se desenvolver tendo como norte a produção dessa manifestação institucional una e inequívoca.

A unidade institucional é encarada na prática como um requisito fundamental para a *autoridade* e a *credibilidade* do tribunal e de suas decisões. Os magistrados são conscientes desse fato e, portanto, entendem que a pretensão de eficácia e de efetividade de seus atos e decisões depende diuturnamente da percepção do mundo exterior quanto à unidade institucional do tribunal.

Não obstante, essa unidade não pressupõe nem se confunde com consenso ou unanimidade no interior do órgão colegiado. Divisões marcantes entre maiorias e minorias, que são características naturais e intrínsecas dos julgamentos colegiados, não têm o poder de degenerar a unidade institucional se o tribunal dispõe de mecanismos para ao final afirmar e demonstrar de modo contundente e inequívoco sua posição, ainda que fruto de dissensos parciais e adotada por votação majoritária interna. Assim, mesmo ante a existência de vias formais de manifestação pública das divergências internas – sejam elas de que tipo for, mais ou menos intensas, inclusive nos casos drásticos de empate e decisão por voto de qualidade –, como a previsão legal ou jurisprudencial da publicação das opiniões dissidentes, não é possível concluir que a unidade institucional do tribunal seja necessariamente afetada de modo sério e preocupante para o desempenho de sua autoridade e de sua credibilidade.

CAPÍTULO 8 – UM DECÁLOGO DE DIRETRIZES PARA O APERFEIÇOAMENTO INSTITUCIONAL...

A prática do voto particular pelo Tribunal Constitucional da Espanha tem demonstrado que não há maiores problemas quanto a esse aspecto autoritativo se o órgão colegiado mantém as formas tradicionais de exposição e de imposição de sua voz institucional.

Portanto, ante a importância (verificada na prática) da manutenção de canais formais de publicização das divergências internas, o que os tribunais constitucionais devem fazer é criar ou manter mecanismos judiciais adequados para exteriorizar sua posição institucional de forma unívoca. Nesse contexto, a redação, a formatação e a estruturação dos textos das decisões são aspectos essenciais. Eles devem proporcionar ao público externo, por um lado, a verificação clara e inequívoca da opinião do tribunal e de seu caráter oficial, autoritativo e legítimo; e, por outro lado, a distinção marcante das eventuais posições divergentes da minoria e/ou de seus representantes vencidos na votação colegiada e o seu respectivo caráter não vinculante.

Os modelos *per curiam* de apresentação pública dos resultados da deliberação levam uma evidente vantagem quanto a esse aspecto, na medida em que viabilizam um canal textual único para condensar as opiniões dos magistrados na forma de opinião da Corte[519]. Os modelos *seriatim* ou de texto composto, por outro lado, ao permitirem que todos os votos sejam integralmente publicados, juntos e em sequência predeterminada, com a possível e não rara diversidade de fundamentos e de partes dispositivas, necessitam de formatos e estruturas textuais adicionais que de alguma maneira possibilitem a demonstração pública, de modo claro e bem delimitado, da decisão

---

[519] Apesar de o modelo *per curiam* ser vantajoso no tocante a essa diretriz da unidade institucional, é importante enfatizar que os modelos *seriatim* também podem favorecer outros aspectos da prática argumentativa dos tribunais. Neste ponto, vale a pena lembrar a defesa do modelo *seriatim* britânico realizada por Neil MacCormick na introdução de sua conhecida obra *"Legal Reasoning and Legal Theory"*, na qual ele ressalta que o estilo britânico de julgamento *seriatim* torna visível, de modo mais franco e aberto do que o estilo *per curiam* ou europeu-continental, o fato de que sobre uma mesma questão jurídica pode haver mais de um ponto de vista, mais de uma resposta fundada no "direito". Segundo MacCormick, a prática de conceder a cada juiz a oportunidade de proferir publicamente seu discurso sobre as questões jurídicas em julgamento tem como consequência o fato de os magistrados realmente se engajarem na deliberação pública. Para ele, uma consequência do ambiente dialético dos julgamentos *seriatim* britânicos é que neles ocorre uma investigação muito mais meticulosa dos argumentos por parte de cada magistrado. MACCORMICK, Neil. *Argumentação jurídica e teoria do direito*. São Paulo: Martins Fontes; 2006, pp. 11-13.

ARGUMENTAÇÃO CONSTITUCIONAL

adotada pelo órgão colegiado, na qualidade de uma unidade institucional, e dos fundamentos determinantes que a embasam e a justificam. Ou seja, os modelos *seriatim*, para cumprirem esse desiderato de unidade institucional, dependem de formas que permitam apresentar de modo unívoco a decisão do tribunal e sua *ratio decidendi*.

Como abordado no capítulo 6, a prática do Supremo Tribunal Federal do Brasil tem demonstrado sérios déficits quanto a esse aspecto da apresentação pública dos resultados de suas deliberações. Ao adotar o acórdão como formato textual de publicação de suas decisões, cujas características estruturais, como visto, configuram um peculiar modelo *seriatim* de apresentação pública do resultado da deliberação, o Supremo Tribunal não tem conseguido demonstrar de modo convincente sua unidade institucional. As ementas dos acórdãos, que poderiam cumprir o papel de sintetizar e esclarecer a posição do órgão colegiado, na prática têm apresentado problemas decorrentes da ausência de regras e procedimentos de uniformização da redação e da formatação em relação a todos os magistrados. Enfrentar esse problema, tendo em vista esse princípio de unidade institucional, é uma tarefa atualmente primordial para o aperfeiçoamento da capacidade deliberativa do tribunal. A curto prazo, o caminho mais plausível é a reforma das ementas dos acórdãos; a médio prazo, a reestruturação textual dos próprios acórdãos e a configuração de um formato de publicação das decisões mais sintético, claro e uniforme, e que permita distinguir as posições vencidas e divergentes.

8.5. Colegialidade

Relacionado intimamente com a diretriz de unidade institucional está o princípio de colegialidade, o qual, sem dúvida, se sobressai como o aspecto mais central quando se trata do tema da deliberação em órgãos judiciais colegiados. O termo colegialidade possui uma ambiguidade intrínseca, que o torna plurissignificativo em relação ao fenômeno da deliberação no seio de um órgão colegiado. Desse modo, ele pode fazer alusão a distintos matizes e nuances de uma mesma prática deliberativa – as posturas argumentativas de cada membro em relação ao colegiado e suas respectivas interações; as posições institucionais e os comportamentos sociais e psicológicos individuais e

CAPÍTULO 8 – UM DECÁLOGO DE DIRETRIZES PARA O APERFEIÇOAMENTO INSTITUCIONAL...

do grupo; os atos e as formas de atuação deliberativa e de tomada de decisão coletiva; etc. – dependendo da perspectiva de análise que se queira adotar.

O aspecto mais saliente das práticas analisadas na Parte 2 diz respeito à noção que os magistrados cultivam em torno da colegialidade como uma exigência de *imparcialidade* e de *impessoalidade* do órgão judicial, independente das figuras individuais de seus membros. Levando esse aspecto em conta, a colegialidade deve fazer do tribunal constitucional, no plano interno, um *corpo decisório unitário* que impede o desenvolvimento do individualismo e, com isso, contribui à *despersonalização dos magistrados* e à *impessoalidade do órgão judicial.*

Nesse sentido, como se pode perceber, a unidade institucional (tratada no tópico anterior) e a colegialidade correspondem, respectivamente, aos aspectos externo e interno da ideia de coesão do órgão judicial. Quanto mais conscientes estiverem os membros do colegiado de que constituem apenas uma parte do todo, e quanto maior for a convicção de todos em torno da totalidade de seu conjunto, maior será o grau de colegialidade desse órgão.

Apesar de depender em grande parte das posturas deliberativas individuais (que podem estar vinculadas ao caráter, à personalidade e às virtudes de cada indivíduo), é possível trabalhar com regras, procedimentos e práticas que favoreçam a colegialidade. Exemplo claro está nas normas e procedimentos que asseguram a isonomia das posições institucionais de cada membro do órgão colegiado – ainda que isso não impeça estabelecer certas prerrogativas próprias da figura distinta de seu presidente –, como a que atribui valor igual de voto a todos – excetuado o voto de qualidade do presidente na hipótese de empate na votação.

Nesse contexto, é crucial o grau de abertura que cada sistema atribui à atuação monocrática dos magistrados. Quanto maiores forem as possibilidades previstas pelo ordenamento de solução de casos por meio de decisões monocráticas, menor será o papel do órgão colegiado e, portanto, menor será o grau de colegialidade do tribunal constitucional em questão. No capítulo 5, foi constatado que o Tribunal Constitucional da Espanha mantém uma colegialidade muito forte no seio de seu órgão pleno e uma das razões para tanto é a de que naquele tribunal não há nenhuma abertura processual e procedimental para a atuação jurisdicional individual por meio de decisões monocráticas.

ARGUMENTAÇÃO CONSTITUCIONAL

De todo modo, a colegialidade é um princípio que deve ser cultivado e preservado na prática deliberativa. Além da previsão e do respeito a certas normas e procedimentos de deliberação, ela exige o empenho e a participação efetiva de todos os integrantes nos momentos deliberativos do tribunal[520]. Pressupõe, igualmente, a consideração por parte de cada membro de que as decisões são tomadas por todo o colegiado e não por suas frações ou unidades[521].

A colegialidade, dessa forma, é contrária às posturas individualistas de magistrados e, portanto, pressupõe normas e procedimentos que inibam comportamentos que visem fazer sobressair sua figura ou seus atos individuais em relação ao grupo.

O Supremo Tribunal Federal possui atualmente um sistema de normas, procedimentos e práticas de deliberação que pouco favorecem essa noção de colegialidade. Como se constatou no capítulo 6, cultiva-se abertamente naquele tribunal uma cultura de individualismo e de atuação monocrática por parte de cada magistrado. Essa característica está presente em diversos aspectos da conformação institucional do tribunal e de sua prática deliberativa, tais como: a ausência de deliberações prévias que impliquem contatos e trocas internas entre os magistrados; a estrutura organizativa e administrativa muito autônoma e independente dos gabinetes dos juízes, que não favorece a prática da intercomunicação; a previsão de amplos poderes concedidos aos magistrados para solucionar definitivamente os processos e recursos por meio de

---

[520] Importante mencionar aqui que, na realidade italiana, Giuseppe Branca, então Presidente da *Corte Costituzionale* (em 1970), fez um estudo descritivo e sintético de todo o processo decisório na Corte italiana para concluir que a colegialidade está presente quando existe a participação ativa e efetiva de todos os magistrados (*partecipazione attiva, efetiva di tutti i giudici*) em todos os momentos deliberativos no interior do tribunal. Ao final, também atribui à colegialidade um significado muito semelhante ao esboçado neste tópico, no sentido de que ela constitui uma exigência de que as diversas posições individuais componham uma linha comum que seja ou aparente ser objetiva: *"La collegialità, soltanto la collegialità effettiva, del resto, consente alle diverse posizioni individuali di comporsi in una linea comune che finisce per essere o apparire obiettiva"*. BRANCA, Giuseppe. *Collegialità nei giudizi della Corte Costituzionale*. Padova: Cedam; 1970.

[521] Essa noção de totalidade do grupo também corresponde à ideia de colegialidade esboçada por Harry T. Edwards com base em sua experiência de juiz de circuito nos Estados Unidos (United States Court of Appeals for the D.C. Circuit), em que ele deixa enfatizado que "the fundamental principle of collegiality is the recognition that judging on the appellate bench is a *group* process". EDWARDS, Harry T. *The effects of collegiality on judicial decision making*. In: University of Pennsylvania Law Review, vol. 151,n. 5, may 2003, p. 1656.

CAPÍTULO 8 – UM DECÁLOGO DE DIRETRIZES PARA O APERFEIÇOAMENTO INSTITUCIONAL...

decisões monocráticas; a sistemática de votos individuais em série nas sessões deliberativas, os quais posteriormente são todos individualmente publicados em sua íntegra e também em formato *seriatim* nos acórdãos; a manutenção, por parte de cada magistrado, de contatos diretos com os meios de comunicação, conformando um tribunal institucionalmente fragmentado em suas relações político-institucionais com a imprensa; etc. A diretriz de colegialidade, com todas as características aqui ressaltadas, deve servir como norte para reformas institucionais em todos esses aspectos da prática deliberativa do STF.

8.6. Cooperação

Conectado à colegialidade está o princípio de cooperação, que qualifica a deliberação colegiada como um *debate cooperativo* e *não uma disputa adversarial*, isto é, no qual os participantes se compreendem não como oponentes, mas como partes de um grupo integrado que compartilha o mesmo objetivo de buscar interativamente soluções fundamentadas para as questões discutidas. Nos tribunais constitucionais, a cooperação é uma diretriz para que cada magistrado encare a deliberação como uma *empresa comum*, um processo decisório igualmente compartilhado com os demais magistrados, em que cada qual é dotado das mesmas capacidades e oportunidades argumentativas e atua cooperativamente para a construção em conjunto da melhor justificativa possível para a decisão.

A cooperação assim se caracteriza por ser uma das principais virtudes do deliberador e um valor ético inerente à colegialidade, que se opõe à individualidade e prega a consciência de grupo. Nesse aspecto, ela deve ser desenvolvida e cultivada nas práticas deliberativas, em que os deliberadores devem aceitar as diferenças de estilo pessoal no interior do colegiado e, com isso, primar pela conversa, pelas trocas argumentativas, pelo debate amigável, pela construção coletiva de entendimentos comuns, pela opção consensuada por terceiras vias etc.; e rejeitar os comportamentos egocêntricos, as posturas isolacionistas, os posicionamentos intransigentes, a adoção de soluções extremadas e polarizadas etc.

Não obstante constituir uma norma de ética deliberativa, a cooperação entre os magistrados pode ser incentivada por regras e procedimentos que na

ARGUMENTAÇÃO CONSTITUCIONAL

prática impliquem convivência em grupo, obriguem a realização de contatos diuturnos e encontros presenciais constantes, exijam a construção em conjunto das decisões etc. Um bom exemplo pode ser encontrado na prática dos tribunais que adotam o modelo de decisão *per curiam*, o qual impõe a redação coletiva do texto único que conformará a decisão do tribunal. Como visto no capítulo 5, uma das características marcantes da prática deliberativa no Tribunal Constitucional da Espanha está no fato de que os momentos de deliberação giram em torno do texto da decisão, que é encarado pelos magistrados como uma empresa coletiva, na qual todos participam ativa e efetivamente.

A presença da cooperação entre os magistrados pode ter um impacto muito positivo no desenvolvimento das práticas deliberativas. O cooperativismo pode intensificar as trocas argumentativas no interior do tribunal, de modo a *incentivar a negociação* em torno de *soluções consensuadas* e, com isso, *evitar impasses* na deliberação. Ele também pode *desestimular a dissidência* individualista e intransigente, na medida em que estimula em cada magistrado a virtude de um prévio esforço reflexivo sobre a real necessidade, oportunidade, conveniência e relevância de sua opinião dissidente. E, mais importante, a cooperação pode incutir no magistrado o *espírito de grupo* e a forte convicção de que está envolvido num projeto comum que em algum momento exigirá que ele relativize ou renuncie momentaneamente suas convicções pessoais e posicionamentos particulares e se engaje na construção de entendimentos capazes de agregar e reunir seus colegas em torno do que será a decisão do tribunal. Nesse sentido, como certa vez afirmou Zagrebelsky a partir de sua própria experiência na Corte italiana, "o 'bom juiz' não é aquele que se limita a afirmar o próprio convencimento(...); é o juiz que se engaja em ato estratégico capaz de agregar o consenso dos outros juízes. A participação na vida de uma Corte não é o testemunho das próprias convicções, mas sim a ação de transformá-las em convicções da própria Corte"[522].

---

[522] Vale transcrever o trecho em sua íntegra: "Il 'buon giudice' no è quelo che si limita ad affermare i propri convincimenti, e poi accada quel che deve accadere; è il giudice che sa mettere in atto strategie capaci di aggregare il consenso degli altri giudici. La partecipazione alla vita di una Corte non è la testimonia delle proprie convinzioni, ma è l'azione per trasformare in convinzioni della Corte medesima. Ocorre sempre ciò che Vilfredo Pareto denominava *l'espirit de combinaison*, che, in pratica, si traduce in capacità di convincimento, arte nel prescegliere l'argomento oportuno e nel lasciar cadere quello che, pur giuridicamente ineccepibile dal próprio punto di vista, potrebbe suscitare reazioni negative. Tutto questo è diplomazia e arte

CAPÍTULO 8 – UM DECÁLOGO DE DIRETRIZES PARA O APERFEIÇOAMENTO INSTITUCIONAL...

Portanto, os tribunais cujas características institucionais e práticas deliberativas favoreçam os comportamentos individualistas de seus juízes – que, como já constatado, é o caso do Supremo Tribunal Federal do Brasil – necessitam implementar reformas tendo em vista essa diretriz de cooperação.

8.7. Integridade

Uma das características mais relevantes da atuação dos tribunais constitucionais é a constante dependência de normas e práticas que preservem sua autoridade e credibilidade perante a sociedade, fazendo com que suas decisões sejam de fato compreendidas, observadas e respeitadas por todos. A prática revela que a consecução desses resultados institucionais está intimamente relacionada com a capacidade dos tribunais de transmitir de modo adequado suas razões de decidir (*ratio decidendi*), o que impõe o dever de produzir decisões justificadas por argumentações consistentes e coerentes, apresentadas ao público externo em formatos textuais que sejam, na maior medida possível, simples, sintéticos, claros e uniformes. A prática deliberativa deve assim estar constantemente preocupada com a *integridade* de seus resultados, a qual funciona como uma diretriz de deliberação nos tribunais constitucionais.

A integridade impõe ao órgão colegiado dos tribunais constitucionais a construção deliberativa de uma *fundamentação íntegra* para a decisão, a qual deve ser composta de um único corpo argumentativo internamente consistente e baseado em premissas *coerentes* e *racionalmente justificadas*.

Dessa forma, essa diretriz implica, quanto ao aspecto da justificação das decisões, normas e práticas aplicáveis (1) à deliberação segundo parâmetros de *consistência dos argumentos utilizados pelo colegiado* e (2) à deliberação em torno das *premissas do raciocínio colegiado*, que diz respeito especialmente ao *uso das fontes do direito* (normas, precedentes e doutrina; nacionais e/ou estrangeiras)

---

dei rapporti nei gruppi ristretti, qualcosa che il professore, normalmente un egocentrico, di solito ignora. Ma, soprattutto, lo spirito delle combinazioni può comportare la necessità di rinunciare a fin di bene a qualche propia posizione. Si tratta per così dire, dell'etica dela 'seconda scelta'". ZAGREBELSKY, Gustavo. *Sul detto comune*. In: Diritto Pubblico Comparato ed Europeo, vol. I, Torino, G. Giappichelli, 2008, p. 522.

ARGUMENTAÇÃO CONSTITUCIONAL

e das eventuais fontes extrajurídicas (práticas, costumes, dados obtidos de outros campos do conhecimento) que embasarão a decisão.

Quanto ao primeiro aspecto, que coincide com a *justificação interna* comumente trabalhada pelas teorias da argumentação jurídica, as práticas deliberativas devem se empenhar em produzir raciocínios consistentes, o que quer dizer que suas conclusões devem estar adequadamente ou logicamente inferidas de suas premissas.

O segundo aspecto envolve exigências importantes relacionadas à *justificação externa*, tal como desenvolvida pelas teorias da argumentação jurídica, entre as quais se sobressai a necessidade de a deliberação colegiada se autovincular seriamente aos seus próprios *precedentes*, intentando sempre construir uma linha jurisprudencial íntegra, conforme a metáfora do "romance em cadeia" dworkiniano[523]. Neste ponto, é preciso ter em mente que a deliberação colegiada, ao contrário da atuação monocrática, torna muito mais complexa essa exigência de integridade no tratamento da cadeia jurisprudencial, na medida em que envolve a construção coletiva de decisões, com todos os problemas e paradoxos que esse tema suscita, tal como abordado em um dos tópicos do capítulo anterior.

Ainda nesse âmbito da justificação externa, surge a controversa questão sobre o uso das fontes jurídicas estrangeiras, especialmente a doutrina, na fundamentação das decisões. A integridade implica um requisito essencial de coerência das argumentações, a qual dificilmente pode ser realizada adequadamente se os argumentos estão baseados, por exemplo, em uma diversidade e pluralidade de premissas doutrinárias, nacionais e estrangeiras, que se contradizem entre si. A análise empírica das práticas deliberativas realizada na Parte 2 foi capaz de revelar que os tribunais constitucionais que, tal como o Tribunal Constitucional da Espanha, adotam o formato de texto único (*per curiam*) para fundamentar suas decisões e se recusam a argumentar baseados em doutrina (nacional ou estrangeira) podem produzir *ratio decidendi* mais coerentes, portanto, mais conformes à diretriz de integridade. Por outro lado, a experiência do Supremo Tribunal Federal analisada no capítulo 6 pode

---

[523] Nesse aspecto, a integridade como diretriz da deliberação nos tribunais constitucionais coincide com o princípio de integridade desenvolvido na obra de Dworkin. DWORKIN, Ronald. *Law's Empire*. Cambridge: Belknap-Harvard; 1986, p. 164 e ss.

CAPÍTULO 8 – UM DECÁLOGO DE DIRETRIZES PARA O APERFEIÇOAMENTO INSTITUCIONAL...

demonstrar que o intenso e desenfreado uso de múltiplas e contraditórias fontes jurídicas estrangeiras, principalmente as doutrinárias, inseridas nos diversos votos de cada magistrado que em conjunto compõem a decisão *seriatim* do tribunal, se distancia em demasia das exigências de coerência da argumentação.

Além desses aspectos da justificação das decisões, a integridade também impõe normas, procedimentos e práticas vinculantes para a atividade deliberativa em torno da construção dos textos das decisões e de sua apresentação pública. Em suma, isso envolve as *práticas de redação, formatação e publicação das decisões*, as quais devem ser obedientes a certas exigências de integridade variáveis conforme os modelos *per curiam* e *seriatim* de decisão. O modelo *per curiam* possui a vantagem de propiciar a decisão em texto único, o que favorece a construção de uma justificação unitária. Não obstante, nos modelos *per curiam* as práticas de redação devem primar pela clareza e concisão dos fundamentos da decisão, e essa parece ser uma tarefa atualmente primordial para o tribunal espanhol, como verificado no capítulo 6. Por outro lado, os modelos *seriatim* possuem a desvantagem de produzir textos compostos por todos os votos e manifestações deliberativas, com suas próprias linhas argumentativas, o que cria sérios obstáculos para a justificação íntegra das decisões, na medida em que impossibilitam a formação de uma fundamentação unitária. Para contornar esse problema, os modelos *seriatim*, como o brasileiro, devem adotar em alguma medida aspectos dos modelos *per curiam*, de modo a tentar produzir algum documento unitário e explicativo das razões de decidir do tribunal. Isso pode ser realizado por um texto introdutório unitário – como as *ementas* na prática do Supremo Tribunal brasileiro –, que sintetize, simplifique e condense adequadamente os fundamentos determinantes da posição do colegiado de juízes.

8.8. Representatividade Discursiva

As medidas reivindicadas pela diretriz de integridade para a justificação das decisões (mencionadas no tópico anterior) são também importantes para a *representatividade discursiva ou argumentativa* dos tribunais constitucionais, cujas noções centrais foram trabalhadas no capítulo 2. A representatividade

ARGUMENTAÇÃO CONSTITUCIONAL

discursiva ocorre quando as deliberações do colegiado de magistrados de alguma maneira absorvem os argumentos que circulam na esfera pública e seus resultados são apresentados ao público com uma fundamentação íntegra e inteligível, a qual possa ser compreendida, discutida e *aceita como uma decisão razoável* pelos múltiplos *auditórios* do tribunal.

Essa diretriz assim exige que a prática deliberativa no interior do tribunal reverbere as *razões p*úblicas que giram em torno das questões constitucionais discutidas e, desse modo, possa ser também o reflexo de uma *deliberação pública* mais ampla, a qual envolve outros poderes, instituições e segmentos sociais. Dessa forma, ela insere a deliberação dos magistrados no contexto da *democracia deliberativa*, fazendo como que o tribunal possa ser também uma *caixa de ressonância dos discursos presentes na comunidade política*, e que suas decisões estejam justificadas por argumentações que possam ser amplamente consideradas como *razões plausíveis*. Nesse sentido, ela traz duas consequências importantes para o perfil institucional do tribunal.

O primeiro diz respeito à exigência de que os magistrados considerem como objetivo de sua deliberação produzir a "última palavra" sobre a interpretação constitucional somente em termos judiciais autoritativos, com efeitos jurídicos vinculantes em relação aos processos nos âmbitos judicial e administrativo, mas deixando aberta, por outro lado, a possibilidade de que as razões que embasam suas decisões sejam novamente submetidas à deliberação na esfera pública. O tribunal deve ser assim encarado como o "intérprete supremo" da Constituição em termos relativos, na medida em que seu perfil institucional mais acentuado passa a ser o de participante de uma deliberação pública mais ampla, na qual suas decisões, e especialmente as razões que as justificam, têm valor importante e peso decisivo, mas estão sempre sujeitas a serem reavaliadas e rediscutidas.

A segunda consequência diz respeito à compreensão do que seja o dever do colegiado de magistrados de escutar a "vontade popular" em suas deliberações. A exigência de que as deliberações reflitam de alguma forma as razões que circulam na comunidade não significa o dever de incorporar os argumentos da opinião pública e utilizá-los como razões justificadoras das decisões, tentando conseguir com isso a aceitação popular. As análises dos capítulos 5 e 6 demonstraram que os magistrados estão bastante conscientes de que, nesse sentido, responder aos ditos anseios populares não faz parte de

CAPÍTULO 8 – UM DECÁLOGO DE DIRETRIZES PARA O APERFEIÇOAMENTO INSTITUCIONAL...

suas funções institucionais como deliberadores. Existe, porém, um dever de *responsabilidade* e/ou de *responsividade* por parte do colegiado quanto ao debate público em torno das questões constitucionais discutidas, o que significa levar a sério e ter em conta os seus contornos argumentativos e as razões públicas que nele se sobressaem. Em outros termos, os magistrados, principalmente aqueles que deliberam a portas fechadas, não podem fechar os olhos para as razões surgidas na opinião pública sobre os temas debatidos em sua deliberação. Não têm obrigação de aceitá-las acriticamente e de usá-las impreterivelmente como *ratio decidendi*, mas devem ser conscientes de sua existência e devem de algum modo incluí-las no contexto deliberativo, colocando-as em jogo com as demais razões nele presentes.

Além das medidas para a justificação e a apresentação pública das decisões, essa diretriz também exige que os tribunais primem pela qualidade e pela eficiência de seus serviços de comunicação social, os quais possibilitem que eles mantenham uma adequada política de relações político-institucionais com as demais instituições, a opinião pública em geral e especialmente a imprensa. Como analisado na Parte 2, entre os problemas verificados na prática deliberativa dos tribunais investigados está a deficitária política de relacionamento com os meios de comunicação, que gera o fenômeno das "filtraciones" no Tribunal Constitucional da Espanha e, no Supremo Tribunal Federal, é consequência da ausência de um mecanismo institucional que permita ao tribunal comunicar-se com seu exterior de forma centralizada e unitária, resultando no atual contato fragmentado por parte de cada magistrado com a imprensa.

A política institucional de comunicação com o público deve ser uma das principais preocupações dos tribunais constitucionais, na medida em que é ela que estabelece os marcos informativos dentro dos quais ocorre toda a cobertura jornalística e midiática sobre os processos deliberativos no interior do tribunal e que, dessa forma, pode proporcionar as informações adequadas sobre os casos em julgamento e especialmente sobre as razões de decidir do tribunal que circularão na esfera pública. A manutenção de serviços de comunicação de qualidade é assim essencial para que o tribunal possa transmitir de forma correta, fidedigna e explicativa as informações sobre seu labor deliberativo, fazendo com que suas decisões e principalmente suas argumentações possam ser adequadamente conhecidas e compreendidas por amplos espectros

ARGUMENTAÇÃO CONSTITUCIONAL

da comunidade. O especial cuidado com essa *função institucional informativa* dos tribunais constitucionais é, portanto, uma exigência dessa diretriz de representatividade discursiva, na medida em que é condição fundamental para a manutenção de canais de comunicação que proporcionem as conexões e os influxos entre os discursos nas deliberações internas e na deliberação pública.

8.9. Amplitude Informativa e Cognitiva

O processo deliberativo também deve se desenvolver conforme certas diretrizes epistêmicas, e uma das mais importantes é a amplitude informativa e cognitiva, a qual impõe a ampla distribuição e circulação entre os deliberadores das informações disponíveis sobre o tema em debate e ordena que, na maior medida possível, sejam ampliadas as vias de acesso e de conhecimento a todas as questões envolvidas e nuances dos problemas enfrentados.

A amplitude informativa e cognitiva é diretamente proporcional à qualidade do processo deliberativo, pois quanto mais ampla for a oferta de informação no seio do colegiado e quanto mais extenso e profundo for o conhecimento de cada deliberador sobre as questões em discussão, maior será a probabilidade de que a deliberação atinja níveis elevados de qualidade epistêmica. Uma maior quantidade de informações e um elevado conhecimento dos temas enfrentados implicam maior probabilidade de que os participantes da deliberação possam trabalhar dentro de um quadro mais amplo de possibilidades de decisão e vislumbrar soluções alternativas para os casos. Tem-se aqui, portanto, uma diretriz crucial para a negociação e a formação de acordos racionalmente justificados em torno de terceiras vias de decisão.

Nos tribunais constitucionais, algumas normas, procedimentos e práticas podem incentivar e favorecer o cumprimento dessa diretriz, como as que possibilitam a *requisição de estudos de especialistas* na matéria objeto de discussão, a *oitiva de peritos* e, inclusive, a realização de *audiências* públicas para escutar pessoas representativas das diversas opiniões envolvidas no caso em julgamento. Também quanto a esse aspecto, os tribunais devem manter *canais de bom relacionamento com os advogados*, permitindo a eles apresentar da melhor forma possível todas as suas razões e teses de defesa, inclusive por meio de

CAPÍTULO 8 – UM DECÁLOGO DE DIRETRIZES PARA O APERFEIÇOAMENTO INSTITUCIONAL...

sessões realizadas para sustentações orais. Ademais, os tribunais também devem manter procedimentos que viabilizem a *distribuição e a circulação de textos e de propostas de decisão* entre os membros do órgão colegiado e suas equipes, permitindo que todos possam ampliar suas bases de informação e aprofundar seus conhecimentos sobre as posições e argumentos que entrarão em jogo na deliberação, o que evita desentendimentos e impasses na discussão. Como constatado na Parte 2, as práticas de deliberação prévia são importantes para as trocas argumentativas que estimulam negociações e possibilitam acordos. No aspecto da estrutura e organização dos trabalhos no tribunal, é sempre necessária a *manutenção de adequados mecanismos de pesquisa e de estudo* (informatização de sistemas, disponibilização de novas tecnologias para investigação, bibliotecas bem equipadas, etc.) e a *qualificação constante das equipes de assessores* e demais funcionários.

A experiência do Tribunal Constitucional da Espanha tem sido bastante profícua quanto às práticas de deliberação prévia, mas necessita aperfeiçoamentos quanto à capacidade de colher a maior quantidade possível de informações sobre os casos em julgamento, o que poderia ser implementado por meio da reforma de normas e procedimentos que regulem a realização de audiências públicas para sustentações orais de advogados e a oitiva de especialistas na matéria em deliberação. O Supremo Tribunal Federal, por outro lado, tem obtido resultados positivos quanto à amplitude informativa por meio da realização de audiências públicas, além de contar com normas e procedimentos adequados que permitem a oitiva de peritos e a requisição de estudos de especialistas. Não obstante, necessita criar procedimentos e cultivar práticas de deliberação prévia que possibilitem maiores intercâmbios de informações entre os magistrados e suas respectivas equipes. Além disso, precisa reformar procedimentos que dizem respeito à relação com os advogados, que, como visto no capítulo 6, enfrenta déficits quanto à capacidade informativa de sustentações orais que se realizam no decorrer das próprias sessões deliberativas do órgão colegiado. Para alcançar melhores resultados quanto à amplitude informativa e cognitiva, as sustentações orais dos advogados deveriam acontecer em momento distinto e anterior à sessão plenária do tribunal, de modo a possibilitar que os magistrados possam delas ter conhecimento antes de iniciar a preparação de seus votos.

ARGUMENTAÇÃO CONSTITUCIONAL

8.10. Inclusividade e Diversidade das Razões

De modo complementar à amplitude informativa e cognitiva, as normas e procedimentos que regulam a deliberação devem primar pela maior diversidade possível de razões que entram no debate. Assim, essa diretriz exige um *processo deliberativo inclusivo*, o qual incorpore, dentro das possibilidades institucionais de cada tribunal, não apenas as razões das partes processuais, mas também aquelas provindas de diversos setores sociais interessados ou afetados direta ou indiretamente pela decisão.

A abertura para a maior diversidade das razões em jogo nos momentos deliberativos possibilita ao colegiado trabalhar com uma maior quantidade de visões e perspectivas diferenciadas sobre o caso em julgamento. Nesse sentido, ela leva ao interior do colegiado o pluralismo existente na sociedade e, desse modo, torna a deliberação mais real e fidedigna em relação às múltiplas nuances que um mesmo problema pode conter. Essa diretriz assim determina que a deliberação possa também estar guiada pelo ideal da "sociedade aberta dos intérpretes constitucionais"[524].

Essa diretriz de inclusividade exige dos tribunais constitucionais normas e procedimentos de *abertura do processo constitucional* às razões que podem ser trazidas pelos diversos segmentos políticos e sociais, representados por órgãos, entidades e associações, públicas e privadas. O instituto do *amicus curiae*, praticado em muitos tribunais constitucionais, é o exemplo de um importante mecanismo procedimental que abre espaço para a entrada nos processos constitucionais de uma diversidade de razões e perspectivas diferenciadas sobre os temas objeto de deliberação. Assim sendo, deve ele ser implementado pelos tribunais, na medida de suas possibilidades institucionais.

O Supremo Tribunal Federal do Brasil conta com uma legislação adequada quanto ao tema dos *amici curiae*, que tem sido praticada de modo satisfatório (apesar da existência de alguns déficits e de críticas por parte da doutrina), como ressaltado no capítulo 6. O Tribunal Constitucional da Espanha, porém, não dispõe atualmente de normas e procedimentos para o desenvolvimento desse instituto na prática. Apesar de alguns magistrados entrevistados serem

---

[524] HÄBERLE, Peter. *Pluralismo y Constitución. Estudios de Teoría Constitucional de la sociedad abierta*. Madrid: Tecnos; 2002. Idem. *El Estado Constitucional*. Buenos Aires: Astrea; 2007.

CAPÍTULO 8 – UM DECÁLOGO DE DIRETRIZES PARA O APERFEIÇOAMENTO INSTITUCIONAL...

contrários a sua eventual implementação, como verificado no capítulo 5, é possível vislumbrar que a prática deliberativa daquele tribunal poderia ganhar em qualidade se pudesse levar em conta perspectivas diferenciadas originadas de outros atores que não os que tradicionalmente participam dos processos constitucionais. Em processos de grande repercussão política e social – como, por exemplo, os recentes casos envolvendo o Estatuto e a Declaração da Cataluña, mencionados no capítulo 5 –, dar a oportunidade para que visões diferenciadas sobre o mesmo problema possam ser levadas ao tribunal pode trazer maior qualidade para a deliberação.

8.11. O Decálogo Esquematizado

Por fim, apresenta-se a seguir um quadro esquemático com a síntese do decálogo de diretrizes e algumas notas sobre as normas, procedimentos e práticas que podem ser adotadas pelos tribunais constitucionais:

Decálogo	Diretrizes	Normas, procedimentos e práticas
1. Publicidade *vs.* segredo	As deliberações secretas devem ser conjugadas com normas e procedimentos que contribuam para tornar mais transparentes certos aspectos da prática deliberativa interna. As deliberações públicas devem conviver com práticas deliberativas internas que favoreçam a colegialidade entre os magistrados e possam resultar em maior quantidade e qualidade das trocas argumentativas que antecedem a reunião pública.	Políticas de comunicação e divulgação das atividades do tribunal. Práticas internas de deliberação colegiada.
2. Autonomia do processo deliberativo	As deliberações devem se desenvolver livres de coerções externas, o que significa que os membros do colégio deliberativo devem ser soberanos no interior do órgão do qual fazem parte e nele ter plena liberdade para argumentar, tendo que obedecer apenas às regras, procedimentos e práticas internas de deliberação.	Relações político-institucionais. Práticas de deliberação interna.

ARGUMENTAÇÃO CONSTITUCIONAL

3. Independência dos deliberadores	As deliberações devem ser isentas de coerções internas, de modo que os deliberadores possuam um espaço de livre manifestação protegido não somente em relação às influências exteriores ao tribunal, mas igualmente tendo em vista a proteção de sua condição institucional e de suas opiniões em face dos demais membros do órgão colegiado.	Organização e desenvolvimento das sessões plenárias, especialmente debates e votação. Manifestação e publicação de opiniões dissidentes (concorrentes e divergentes).
4. Unidade institucional	As deliberações devem ter como objetivo a produção de manifestação institucional una e inequívoca, fazendo com que o órgão colegiado do tribunal se dirija ao público externo com uma única e unívoca voz institucional.	Redação, formatação e publicação das decisões. Decisões *per curiam*. Decisões *seriatim* que apresentem de modo unívoco a *ratio decidendi*.
5. Colegialidade	As deliberações devem fomentar o colegiado como um corpo decisório unitário que impede o desenvolvimento do individualismo e, com isso, contribui à despersonalização dos magistrados e à impessoalidade do órgão judicial.	Isonomia das posições institucionais de cada membro do órgão colegiado, valor igual de voto. Evitar atuações monocráticas. Práticas de interação entre magistrados.
6. Cooperação	As deliberações devem se qualificar como um debate cooperativo e não uma disputa adversarial, no qual os participantes se compreendem não como oponentes, mas como partes de um grupo integrado que compartilha o mesmo objetivo de buscar soluções fundamentadas para as questões discutidas.	Trocas argumentativas. Conversa, debate, negociação, consenso. Dissenso reflexivo.
7. Integridade	As deliberações devem estar constantemente preocupadas com a integridade de seus resultados, o que pressupõe uma fundamentação íntegra para a decisão, a qual deve ser composta de um único corpo argumentativo internamente consistente e baseado em premissas coerentes e racionalmente justificadas.	Consistência e coerência argumentativas, especialmente quanto ao uso de precedentes e de fontes do direito estrangeiro. Redação e formatação das decisões (*per curiam* e *seriatim*).

CAPÍTULO 8 – UM DECÁLOGO DE DIRETRIZES PARA O APERFEIÇOAMENTO INSTITUCIONAL...

8. Representatividade discursiva	As deliberações devem poder reverberar os discursos que circulam na esfera pública, como reflexo de uma deliberação pública mais ampla, de modo que seus resultados possam ao final ser apresentados ao público como uma justificação pública que possa ser compreendida, discutida e aceita como uma decisão razoável pelos múltiplos auditórios do tribunal.	Justificação e apresentação pública das decisões. Desenvolvimento da função institucional informativa. Política institucional de comunicação.
9. Amplitude informativa e cognitiva	As deliberações devem se desenvolver com ampla distribuição e circulação entre os participantes das informações disponíveis sobre o tema em debate e propiciar a ampliação das vias de acesso e de conhecimento a todas as questões envolvidas e nuances dos problemas enfrentados.	Requisição de estudos de especialistas e peritos. Audiências públicas. Distribuição e circulação de textos. Relacionamento com os advogados. Mecanismos de pesquisa e de estudo. Qualificação de assessores.
10. Inclusividade e diversidade das razões	As deliberações devem ser inclusivas, incorporando não apenas as razões das partes processuais, mas também aquelas provindas de diversos setores sociais interessados ou afetados direta ou indiretamente pela decisão.	Abertura do processo constitucional. *Amicus curiae.*

CONCLUSÃO

No decorrer de todo o livro, diversas conclusões foram formuladas, as quais convergiram para o Capítulo 8, que representa o ponto culminante de muitos dos raciocínios desenvolvidos ao longo da obra. Esse último capítulo acabou assumindo a função de trazer os principais resultados da pesquisa, restando a esta conclusão o papel menos pretensioso, mas não menos importante, de apresentar algumas *considerações finais*, especialmente para deixar consignadas as perspectivas inovadoras e os novos campos de investigação que ficaram abertos.

Chegando-se a este ponto conclusivo, portanto, é preciso fazer uma pausa para tecer as reflexões necessárias sobre as contribuições que o estudo deixará para futuras pesquisas nessa área. Restrito que ficou ao seu espaço de delimitação temática e de recorte investigativo, este livro sugere diversos caminhos que ainda podem ser seguidos e que complementarão e aprofundarão seus resultados.

A percepção de que as tradicionais teorias da argumentação jurídica, com sua ênfase nos aspectos normativos e analíticos, não oferecem parâmetros adequados e suficientes para a compreensão das práticas argumentativas dos tribunais constitucionais, levou o presente estudo à construção das bases de uma teoria da argumentação constitucional com viés mais pragmático e que possa desenvolver métodos de investigação empírica da realidade da argumentação que pretende descrever e analisar. A abertura desse caminho deve incentivar os teóricos da argumentação jurídica a trabalhar com foco nos aspectos mais práticos dos fenômenos discursivos, objetivando a formulação de diretrizes para seu aperfeiçoamento. Essa é uma tendência que já vem sendo realçada por teóricos importantes nessa área, como o Professor Manuel Atienza, que tem aprofundado estudos na concepção pragmática da argumentação jurídica, com ênfase nos aspectos *dialéticos* e *retóricos* das práticas argumentativas[525].

Uma teoria da argumentação constitucional que adote essa roupagem mais pragmática e empírica tem um mundo de possibilidades de investigação e de análise das práticas de argumentação nos tribunais constitucionais. Fenômenos da interpretação e da aplicação do direito no âmbito dos órgãos colegiados desses tribunais podem ser estudados nessa perspectiva intersubjetiva e discursiva (dialética e retórica), como interação argumentativa entre os magistrados, além dos aspectos institucionais que condicionam seu desenvolvimento. Como enfatizado no capítulo 3, algumas práticas importantes, como a fundamentação das sentenças aditivas, a realização de ponderações de direitos, os argumentos baseados na distinção entre regras e princípios etc., podem ser trabalhados por uma teoria da argumentação constitucional com essas características.

A análise empírica e a descrição minuciosa das práticas de deliberação dos tribunais constitucionais é, como ficou demonstrado, um dos campos mais férteis e atuais para estudos nessa área. Este livro analisou os aspectos práticos da interação argumentativa entre os magistrados nos diversos momentos deliberativos dos órgãos colegiados desses tribunais e acabou revelando toda uma realidade até então pouco descrita e estudada, a qual sugere um amplo leque de possibilidades para a teoria da argumentação constitucional. Ficaram traçadas as principais linhas de desenvolvimento de investigações desse tipo, as quais devem estar baseadas, como já destacado, numa concepção mais pragmática da teoria da argumentação jurídica, dotada de métodos de colheita de dados empíricos, especialmente os que consigam apurar de modo fidedigno as percepções dos próprios participantes do fenômeno investigado, e de descrição analítica das práticas observadas.

Futuros estudos podem partir dos modelos e das distinções conceituais aqui formulados para a investigação das práticas de deliberação de diversos tribunais constitucionais. Como ficou consignado, a deliberação nesses

---

[525] ATIENZA, Manuel. *Curso de argumentación jurídica.* Madrid: Trotta; 2013. Idem. *El Derecho como Argumentación.* Barcelona: Ariel; 2006.

CONCLUSÃO

tribunais se desenvolve de acordo com determinados modelos qualificados por diferentes aspectos institucionais, os quais podem fornecer as principais linhas de investigação empírica. A primeira linha adota um ponto de vista que enxerga o lugar (*locus*) da deliberação, dando ênfase para o *ambiente institucional* onde se desenvolvem as práticas deliberativas, que podem ser secretos (tribunais que seguem o modelo de deliberação *fechada* ou *secreta*) ou públicos (tribunais que seguem o modelo de deliberação *aberta* ou *pública*). A segunda leva em conta os distintos formatos de redação, formatação e publicação das decisões, e nesse sentido adota um enfoque sobre a *apresentação institucional dos resultados da deliberação*. Nessa perspectiva, existem dois tipos básicos e distintos: os modelos de texto único ou de decisão *per curiam* e os modelos de texto composto ou de decisão *seriatim*. Uma terceira linha de abordagem privilegia o perfil institucional do órgão deliberativo em relação a seu exterior e, desse modo, estabelece um de seus focos nas relações públicas e político-institucionais dos tribunais com os demais Poderes (Poder Executivo, Poder Legislativo e Poder Judicial), assim como em relação à opinião pública (especialmente a imprensa) e a sociedade. Esse enfoque pode partir da distinção entre a *deliberação interna* e a *deliberação externa* que podem ser desenvolvidas nesses tribunais, apesar das ambiguidades que essa distinção pode sugerir.

O diagnóstico a respeito das práticas de deliberação no Tribunal Constitucional da Espanha e no Supremo Tribunal do Brasil (Capítulos 5 e 6) representa um considerável avanço dentro desse panorama de estudo da teoria da argumentação constitucional. Uma das principais contribuições oferecidas pelo presente livro é a apresentação descritiva, de acordo com os parâmetros de investigação fixados, de toda uma realidade do fenômeno argumentativo nesses tribunais, que até o momento tinha sido pouco revelada e estudada. Foram identificadas diversas características institucionais da deliberação nesses tribunais, que seguem modelos completamente diferenciados conforme as distinções aqui estabelecidas: um modelo de deliberação secreta com decisão *per curiam* no Tribunal espanhol; um modelo de deliberação pública com decisão *seriatim* no Supremo Tribunal brasileiro. Entre as nuances institucionais apreciadas, foram analisados os comportamentos e as interações entre os magistrados nos momentos que antecedem as reuniões formais do órgão colegiado, as dinâmicas das sessões de julgamento, com o desenvolvimento dos debates e das votações, assim como a manifestação das divergências em seu interior e a eventual forma de sua exteriorização ao público. Neste último aspecto, como visto ao longo do livro, é de fundamental importância a investigação aprofundada das diversas expressões de dissidência nas argumentações colegiadas, em sua conformação institucional, em modo de voto particular divergente ou concorrente, nas diferentes possibilidades formais de apresentação pública.

Todos os aspectos institucionais identificados, descritos e estudados com relação aos tribunais espanhol e brasileiro podem ainda ser objeto de maior aprofundamento, na medida em que revelam outros horizontes de análise. No Tribunal Constitucional da Espanha, outros campos de estudo ficam abertos, por exemplo, no tocante ao efetivo impacto, nas práticas de deliberação, do modelo de escolha e nomeação dos magistrados e da consequente composição do órgão colegiado plenário, em seus aspectos jurídicos e políticos, reconhecidamente problemáticos. Também no tribunal espanhol, a prática do voto particular ainda permanece sendo um fértil campo de pesquisas, de acordo com as vias aqui delineadas. No Supremo Tribunal brasileiro, entre outros aspectos importantes, as consequências da adoção de um peculiar modelo de decisão *seriatim* para a necessária construção de uma cultura de precedentes, com base em exigências de coerência e integridade, constituirão um profícuo campo de investigação e de estudo.

A análise das práticas de deliberação de um órgão colegiado também deve encarar desafios, como os que foram sucintamente apresentados, mas não aprofundados, no Capítulo 7. Eles dizem respeito, entre outras questões, aos problemas e paradoxos que podem ser observados na construção coletiva de decisões, como os fenômenos da propensão ao conformismo, da polarização de grupo e da forte coesão que pode existir no interior de um colegiado. São fatores mais psicológicos e sociais que se desenvolvem no interior de grupos de decisão e que merecem ser levados em conta em estudos que pretendam entender o processo real de tomada de decisão em tribunais, muito distinto do raciocínio individual empreendido pelo juiz singular. Eles criam tarefas complexas para a investigação empírica a respeito das nuances mais psicológicas da deliberação, muitas vezes difíceis de identificar, comprovar e descrever.

A partir de todas essas propostas, há um inegável incentivo para o desenvolvimento de novos estudos na teoria da argumentação constitucional com foco na investigação empírica das práticas argumentativas de diferentes

CONCLUSÃO

tribunais constitucionais. E, como enfatizado logo no Capítulo 1, as práticas de argumentação (e, portanto, de deliberação) dos tribunais constitucionais ibero e latino-americanos podem constituir um fértil campo de estudos e assim representar um verdadeiro laboratório de pesquisas de uma teoria desse tipo, também na perspectiva da construção de uma filosofia e de uma teoria do direito para o mundo latino[526].

A deliberação na Suprema Corte de Justicia de la Nación de México, por exemplo, representa um interessante objeto de pesquisa para a teoria da argumentação constitucional. Com sua peculiar prática de *sessões deliberativas prévias*, internas e fechadas, seguidas de deliberações amplamente públicas, inclusive televisionadas, assim como por sua configuração institucional diferenciada em variados aspectos, a Corte mexicana pode se tornar um campo de análises empíricas de relevo. A Corte Constitucional da Colômbia, o Tribunal Constitucional do Peru, o Tribunal Constitucional do Chile e a Corte Suprema Argentina, com suas práticas de deliberação a portas fechadas e modelos de jurisdição constitucional diferenciados, igualmente proporcionam objetos de estudos empíricos e parâmetros interessantes de direito comparado. Ainda na realidade do mundo latino, mas em âmbito geográfico europeu, as práticas de decisão e de argumentação do Tribunal Constitucional de Portugal e da Corte Constitucional da Itália, ambos com modelos de deliberação secreta ou fechada e de decisão *per curiam*, também podem constituir ambientes de investigação, especialmente quanto à prática do *voto de vencido* no tribunal português e a (ainda vigente) proibição da exteriorização pública das *opiniões dissidentes* no colegiado italiano.

Enfim, este livro atinge seus objetivos primordiais ao fixar todas essas bases de investigação, estudo e análise teórica da argumentação jurídica nos tribunais constitucionais. Ao abrir as perspectivas aqui apresentadas para a produção de conhecimento a respeito dessa realidade, ele cumpre uma de suas principais finalidades: oferecer parâmetros teóricos e propostas concretas para o aperfeiçoamento institucional das práticas argumentativas na jurisdição constitucional.

---

[526] ATIENZA, Manuel. *Una propuesta de filosofía del derecho para el mundo latino*. In: Doxa, Cuadernos de Filosofía del Derecho, 30, 2007, pp. 661-663.

BIBLIOGRAFIA

AARNIO, Aulis. *Lo racional como razonable. Un tratado sobre la justificación jurídica*. Madrid: Centro de Estudios Constitucionales; 1991.

_____. *On the legitimacy of law: a conceptual point of view*. In: Ratio Juris, Vol. 2, n° 2, july 1989.

AARNIO, Aulis; GARZÓN VALDÉS, Ernesto; Uusitalo, Jyrki. *La normatividad del derecho*. Barcelona: Gedisa; 1997.

AARNIO, Aulis; MACCORMICK, Neil (eds.). *Legal Reasoning. Volume I*. Aldershot: Darmouth; 1992.

AGUIAR DE LUQUE, Luis; PÉREZ TREMPS, Pablo. *Veinte años de Jurisdicción Constitucional en España*. Valencia: Tirant to Blanch; 2002.

AGUILÓ REGLA, Josep. *Sobre Derecho y Argumentación*. Palma de Mallorca: Lleonard Muntaner Editor; 2008.

_____. *El constitucionalismo imposible de Luigi Ferrajoli*. In: Doxa Cuadernos de Filosofía del Derecho, n. 34, Alicante, 2011, pp. 55-71.

_____. *Cuatro modos de debatir*. In: Doxa Cuadernos de Filosofía del Derecho n. 36, Alicante, 2013, pp. 211-227.

AHUMADA RUIZ, Maria Ángeles. *La regla de la mayoría y la formulación de doctrina constitucional: rationes decidendi en la STC 136/1999*. Revista Española de Derecho Constitucional, año 20, n. 58, enero-abril 2000, pp. 155-188.

AHUMADA RUIZ, María Ángeles; FERRERES COMELLA, Víctor; LOPEZ GUERRA, Luis; VIVER PI-SUNYER, Carles. *Com vinculen les sentències constitucionals el legislador?* Barcelona: Institut d'Estudis Autonòmics; 2012.

ALARCÓN CABRERA, Carlos; VIGO, Rodolfo Luis (coords.). *Interpretación y argumentación jurídica. Problemas y perspectivas actuales*. Madrid: Marcial Pons; 2011, p. 87.

ALEXANDER, Larry (ed.). *Constitucionalism. Philosophical Foundations*. Cambridge: Cambridge University Press; 1998.

ALEXY, Robert. *Teoría de la argumentación jurídica*. Trad. Manuel Atienza e Isabel Espejo. 2ª Ed. Madrid: Centro de Estudios Políticos y Constitucionales; 2008.

_____. *Teoría de los Derechos Fundamentales*. Madrid: Centro de Estudios Políticos y Constitucionales; 2001.

ARGUMENTAÇÃO CONSTITUCIONAL

_____. *Epílogo a la Teoría de los Derechos Fundamentales*. Madrid: Fundación Beneficentia et peritia iuris; 2004.

_____. *El concepto y la validez del derecho*. Barcelona: Gedisa; 2004.

_____. *La institucionalización de la justicia*. Granada: Comares; 2005.

_____. *Balancing, constitutional review, and representation*. In: Oxford University Press, I CON, Vol. 3, n° 4, 2005, p. 572-581.

_____. *Basic rights and democracy in Jürgen Habermas's procedural paradigm of the law*. In: Ratio Juris, Vol. 7, n° 2, july, 1994, p. 227-238.

_____. *Derechos, razonamiento jurídico y discurso racional*. In: Isonomía, n° 1, octubre, 1994.

_____. *Justification and application of norms*. In: Ratio Juris, Vol. 6, n° 2, july, 1993, p. 157-170.

_____. *Jürgen Habermas's theory of legal discourse*. In: Habermas on Law and Democracy: critical exchanges. Cardozo Law Review, Vol. 17, n° 4-5, march, 1996, p. 1027-1034.

_____. *On balancing and subsumption. A structural comparision*. In: Ratio Juris, vol. 16, n° 4, december, 2003, p. 433-449.

_____. *Sistema jurídico, principios jurídicos y razón práctica*. In: Doxa n° 5, 1988, p. 139-151.

_____. *Constitutional rights, balancing and rationality*. In: Ratio Juris, Vol. 16, n° 2, june, 2003, p. 131-140.

_____. *The special case thesis*. In: Ratio Juris, Vol. 12, n° 4, december 1999, p. 374-384.

_____. *A discourse-theoretical conception of practical reason*. In: Ratio Juris, Vol. 5, n° 3, december, 1992, p. 231-251.

_____. *Derecho y Razón Práctica*. México, D.F.: Distribuiciones Fontamara; 2002.

_____. *Teoría del discurso y derechos humanos*. Bogotá: Universidad Externado de Colombia; 2001.

_____. *Rights, legal reasoning and rational discourse*. In: Ratio Juris, Vol. 5, n° 2, July, 1992, p. 143-152.

_____. *Justicia como corrección*. In: Doxa n° 26, Alicante, 2004.

_____. *Legal argumentation as rational discourse*. In: Rivista Internationale di Filosofia del Diritto, n° 23, vol. 1, 1982, p. 165-178.

_____. *Discourse theory and human rights*. In: Ratio Juris, Vol. 9, september 1996, p. 209-235.

ALEXY, Robert; PECZENIK, Alexander. *The concept of coherence and its significance for discourse rationality*. In: Ratio Juris, Vol. 3, march, 1990, p. 130-147.

ALMAGRO NOSETE, José. *Constitución y proceso*. Barcelona: Bosch; 1984.

_____. *Justicia Constitucional. Comentarios a la Ley Orgánica del Tribunal Constitucional*. 2ª Ed. Valencia: Tirant to Blanch; 1989.

ANNINO, Antonio; TERNAVASIO, Marcela (coords.). *El laboratorio constitucional iberoamericano: 1807/1808-1830*. Madrid: Asociación de Historiadores Latinoamericanos Europeos; Iberoamericana; Vervuert; 2012.

ANZON, Adele. *Per l'introduzione dell'opinione dissenziente dei giudici costituzionali*. In: Politica del Diritto, vol. XXIII, n. 2, giugno 1992.

ARAGÓN REYES, Manuel (dir.). *Temas Básicos de Derecho Constitucional. Tomo II. Organización general y territorial del Estado*. 2ª Ed. Pamplona: Editorial Civitas, Thomson Reuters; 2011.

ARAGÓN REYES, Manuel (coord.). *Temas Básicos de Derecho Constitucional. Tomo III. Tribunal Constitucional y Derechos Fundamentales*. Madrid: Editorial Civitas; 2001.

BIBLIOGRAFIA

ARANGO, Rodolfo. *Hay respuestas correctas en el derecho?* Bogotá: Siglo del Hombre Editores; 1999.

ARAÚJO, António de. *O Tribunal Constitucional (1989-1996). Um estudo de comportamento judicial.* Coimbra: Coimbra Ed.; 1997.

ATIENZA, Manuel. *Curso de argumentación jurídica.* Madrid: Trotta; 2013.

_____. *Las razones del derecho. Teorías de la Argumentación Jurídica.* Lima: Palestra; 2006.

_____. *El sentido del Derecho.* Barcelona: Ariel; 2003.

_____. *Tras la Justicia.* Barcelona: Ariel; 2003.

_____. Argumentación y Constitución. In: AGUILÓ REGLA, Josep; ATIENZA, Manuel; RUIZ MANERO, Juan. *Fragmentos para una Teoría de la Constitución.* Madrid: Iustel; 2007, p. 113-181.

_____. *El Derecho como Argumentación.* Barcelona: Ariel; 2006.

_____. *Dos versiones del constitucionalismo.* In: Doxa Cuadernos de Filosofía del Derecho, n. 34, Alicante, 2011, pp. 73-88.

_____.*Una propuesta de filosofía del derecho para el mundo latino.* In: Doxa Cuadernos de Filosofía del Derecho, n. 30, 2007, pp. 661-663.

ATIENZA, Manuel; RUIZ MANERO, Juan. *Las piezas del derecho. Teoría de los enunciados jurídicos.* Barcelona: Ariel; 2004.

AVRITZER, Leonardo. *Sociedade civil, instituições participativas e representação: da autorização à legitimidade da ação.* Dados Revista de Ciências Sociais, Rio de Janeiro, ano/vol. 50, n. 3, 2007.

BALAGUER CALLEJÓN, Francisco (coord.). *Manual de Derecho Constitucional. Volumen I.* 7ª Ed. Madrid: Editorial Tecnos; 2012.

_____. *La nueva Ley Orgánica del Tribunal Constitucional.* Madrid: Tecnos; 2008.

BALEEIRO, Aliomar. *O Supremo Tribunal Federal, esse outro desconhecido.* Rio de Janeiro: Forense; 1968.

BARBERIS, Mauro. *Esiste il neocostituzionalismo?* In: Analisi e Diritto, Madrid, Marcial Pons, 2011 pp. 11-30.

_____. *Ferrajoli, o el neoconstitucionalismo no tomado en serio.* In: Doxa Cuadernos de Filosofía del Derecho, n. 34, Alicante, 2011, pp. 89-93.

BARBOSA, Rui. *Atos inconstitucionais.* Campinas: Russel; 2003.

BAUM, Lawrence. *Judges and their audiences: a perspective on judicial behavior.* Princeton: Princeton University Press; 2006.

_____. *The puzzle of judicial behaviour.* Michigan: University of Michigan; 1997.

BAYÓN, Juan Carlos. Derechos, democracia y Constitución. In: LAPORTA, Francisco. *Constitución: problemas filosóficos.* Madrid: Centro de Estudios Políticos y Constitucionales; 2003, pp. 399-422.

BECHILLON, Denys (*et al*). *La question prioritaire de constitutionnalité.* Paris: Pouvoirs, 137, 2011.

BENTELE, Ursula. *Mining for gold: the Constitutional Court of South Africa's Experience with Comparative Constitutional Law.* In: Georgia Journal of International and Comparative Law, vol. 37, n. 2, 2009, pp. 219-265.

BENVENISTI, Eyal. *Reclaiming Democracy: the strategic uses of foreign and international Law by national Courts.* In: The American Journal of International Law, vol. 102, 2008, pp. 241-274.

ARGUMENTAÇÃO CONSTITUCIONAL

BICKEL, Alexander. *The Least Dangerous Branch. The Supreme Court at the Bar of Politics.* New Haven: Yale university Press; 1962.

BOBEK, Michal. *Comparative Reasoning in European Supreme Courts.* Oxford: Oxford University Press; 2013.

BÖCKENFÖRDE, Ernst-Wolfgang. *Escritos sobre derechos fundamentales.* Baden-Baden: Nomos Verlagsgesellschaft; 1993.

_____. *Estudios sobre el Estado de Derecho y la democracia.* Madrid: Trotta; 2000.

BOHMAN, James; REHG, William (ed.). *Deliberative Democracy. Essays on Reason and Politics.* Cambridge: MIT Press; 1997.

BRANCA, Giuseppe. *Collegialità nei giudizi della Corte Costituzionale.* Padova: Cedam; 1970.

BRASIL. CÂMARA DOS DEPUTADOS. *O Legislativo e a organização do Supremo Tribunal no Brasil.* Brasília; Rio de Janeiro: Fundação Casa de Rui Barbosa, 1978.

BRASIL. MINISTÉRIO DA EDUCAÇÃO E CULTURA. *Obras Completas de Rui Barbosa.* Vol. XXIX, Tomo V, Discursos Parlamentares, 1902. Rio de Janeiro, 1956.

BRASIL. SUPREMO TRIBUNAL FEDERAL. *Casa da Suplicação do Brasil, Supremo Tribunal de Justiça, Supremo Tribunal Federal: legislação e documentos referentes a esses Tribunais, em ordem cronológica.* Brasília: Secretaria de Documentação (STF); 1998.

BRASIL. SUPREMO TRIBUNAL FEDERAL. *O Poder Judiciário no Brasil: estudos históricos publicados em revistas especializadas.* Brasília: Secretaria de Documentação (STF); 1998.

BRASIL. SUPREMO TRIBUNAL FEDERAL. *O Supremo Tribunal Federal: coletânea de textos históricos publicados em periódicos.* Brasília: Secretaria de Documentação (STF); 1998.

BRASIL. Universidade de Brasília. *Sesquicentenário do Supremo Tribunal Federal: conferências e estudos (11 a 14 de setembro de 1978).* Brasília: Ed. UnB; 1982.

BRENNER, Saul; WHITMEYER, Joseph M. *Strategy on the United States Supreme Court.* New York: Cambrigde University Press; 2009.

CAAMAÑO DOMÍNGUEZ, Francisco; GÓMEZ MONTORO, Angel J.; MEDINA GUERRERO, Manuel; REQUEJO PAGÉS, Juan Luis. *Jurisdicción y procesos constitucionales.* Madrid: MacGraw-Hill; 1997.

CÁMARA VILLAR, Gregorio. *Votos particulares y derechos fundamentales en la práctica del Tribunal Constitucional español (1981-1991).* Madrid: Ministerio de Justicia; 1993.

CANOTILHO, J. J. Gomes. *Direito Constitucional e Teoria da Constituição.* 3ª Ed. Coimbra: Almedida; 1999.

CARBONELL, Miguel (editor). *Teoría del neoconstitucionalismo: ensayos escogidos.* Madrid: Trotta; 2007.

CARBONELL, Miguel; GARCÍA JARAMILLO, Leonardo (ed.). *El canon neoconstitucional.* Madrid: Trotta-UNAM; 2010.

CARBONELL, Miguel. *Democracia y Representación: un debate contemporáneo.* México: Tribunal Electoral del Poder Judicial de la Federación, 2005.

CARRETERO PEREZ, Adolfo. El Tribunal Constitucional, el Tribunal Supremo y los Tribunales Superiores de las Comunidades Autónomas. In: *El Tribunal Constitucional. Vol. I.* Madrid: Instituto de Estudios Fiscales, Dirección General de lo Contencioso del Estado; 1981, pp. 607-627.

BIBLIOGRAFIA

CASCAJO CASTRO, José Luis. *La figura del voto particular en la jurisdicción constitucional española*. In: Revista Española de Derecho Constitucional, año 6, n. 17, mayo-agosto 1986, pp. 171-185.

_____. Aproximación al tema de las funciones del Tribunal Constitucional. In: *El Tribunal Constitucional. Vol. I.* Madrid: Instituto de Estudios Fiscales, Dirección General de lo Contencioso del Estado; 1981, pp. 633-642.

_____. *El Estado Democrático: materiales para un léxico constitucional español*. In: Revista Española de Derecho Constitucional, año 23, n. 69, septiembre-diciembre 2003, pp. 115-138.

CASTIGLIONE, Dario; WARREN, Mark E. *Rethinking democratic representation: eight theoretical issues*. Paper prepared for delivery to Rethinking Democratic Representation, Centre for the Study of Democratic Institutions, University of British Columbia, may 18-19, 2006.

CASTILLO VERA, Pilar del. *Notas para el estudio del comportamiento judicial. El caso del Tribunal Constitucional*. In: Revista Española de Derecho Constitucional, año 7, n. 20, mayo-agosto 1987, pp. 177-191.

CATTANI, Adelino. *Los usos de la retórica*. Madrid: Alianza; 2003.

CAVALCANTI, João Barbalho Uchôa. *Constituição Federal Brasileira, 1891: comentada*. Brasília: Senado Federal; 2002.

CHASE, Oscar. *Compreendendo o cerimonial judicial em uma perspectiva comparatista*. In: Revista de Direito vol. 81, out./dez. 2009, pp. 90-98.

CHIASSONI, Pierluigi. *Un baluarte de la modernidad. Notas defensivas sobre el constitucionalismo garantista*. In: Doxa Cuadernos de Filosofía del Derecho, n. 34, Alicante, 2011, pp. 101-120.

CHOPER, Jesse H. *The Supreme Court and the Political Branches: democratic theory and practice*. In: University of Pensilvania Law Review, vol. 122, 1974, pp. 810-858.

_____. *On the Warren Court and Judicial Review*. In: Catholic University Law Review, vol. 17, 1968, pp. 20-43.

CHOUDRY, Sujit. *Globalization in search of justification: toward a theory of comparative constitutional interpretation*. In: Indiana Law Journal, vl. 74, 1999, pp. 819-892.

CHRISTIE, George C. *The notion of an ideal audience in legal argument*. Dordrecht: Kluwer Academic Publishers; 2000.

CLAYTON, Cornell W.; GILLMAN, Howard (ed.). *Supreme Court Decision Making: New Institutionalist Approaches*. Chicago: University of Chicago Press; 1999.

COHEN, Joshua; SABEL, Charles F. *Global Democracy?* In: NYU International Law and Politics, vol. 37, 2004-2005, pp. 763-797.

COLLIER, Helen V. *Collegiality among judges: no more high noons*. In: The Judges Journal, vol. 31, n. 4, 1992, pp. 4-7/37-38.

COMANDUCCI, Paolo. *Hacia una teoría analítica del Derecho. Ensayos escogidos*. Madrid: Centro de Estudios Políticos y Constitucionales; 2010.

_____. *Constitucionalismo: problemas de definición y tipología*. In: Doxa Cuadernos de Filosofía del Derecho, n. 34, Alicante, 2011, pp. 95-100.

COSTA, Edgard. *Os grandes julgamentos do Supremo Tribunal Federal. Volumes I-V*. Rio de Janeiro: Ed. Civilização Brasileira; 1964.

COSTA, Emilia Viotti da. *O Supremo Tribunal Federal e a construção da cidadania*. 2ª Ed. São Paulo: Ieje; 2007.

COSTANZO, Pasquale (*a cura di*). *L'organizzazione e il funzionamento della Corte Costituzionale*. Torino: Giappichelli; 1995.

CRUZ VILLALÓN, Pedro. *La formación del sistema europeo de control de constitucionalidad (1918-1939)*. Madrid: Centro de Estudios Constitucionales; 1987.

DAHL, Robert A. *La democracia y sus críticos*. Trad. Leandro Wolfson. Barcelona: Paidós; 1992.

_____. *Decision-making in a democracy: the Supreme Court as a national policy-maker*. In: Journal of Public Law, vol. 6, 1957, pp. 279-295.

DÍEZ-PICAZO, Luis María. *El Poder Judicial*. In: Revista Española de Derecho Constitucional, año 24, n. 71, mayo-agosto 2004, pp. 35-45.

DOUGLAS, William O. *The dissent: a safeguard of democracy*. In: Journal of the American Judicature Society, vol. 32, 1948-1949, p. 105.

DRAGO, Guillaume. *Contentieux constitutionnel français*. 3 Ed. Paris: Thémis; 2011.

DRYZEK, John S. *Deliberative Democracy and Beyond: liberals critics, contestations*. Oxford: Oxford University Press; 2002.

_____. *Rhetoric in Democracy: a systematic appreciation*. Political Theory 38 (3), 2010, pp. 319-339.

DRYZEK, John; NIEMEYER, Simon. *Discursive representation*. American Political Science Review, November 2008.

DWORKIN, Ronald. *The model of rules*. 35 University of Chicago Law Review, 14, 1967, p. 14-46.

_____. *Hard Cases*. Harvard Law Review, vol. 88, 1974-1975, p. 1057-1109.

_____. *Taking rights seriously*. Cambridge, Massachusetts: Harvard University Press; 1978.

_____. *No right answer?* New York University Law Review, vol. 53, 1978, p. 1-32.

_____. *Law as interpretation*. Texas Law Review, vol. 60, 1982, p. 527-550.

_____. *A matter of principle*. Cambridge: Harvard University; 1985.

_____. *Law's Empire*. Cambridge: Belknap-Harvard; 1986.

_____. *Freedom's Law. The moral reading of the American Constitution*. Cambridge, Massachusetts: Harvard University Press; 1996.

_____. *Objectivity and Truth: you'd better believe it*. Philosophy and Public Affairs, vol. 25, 1996, p. 87-139.

_____. *Do values conflict? A hedgehog's approach*. Arizona Law Review, vol. 43, p. 251-259.

_____. *La Justicia con toga*. Trad. de Marisa Iglesias Vila e Íñigo Ortiz de Urbina Gimeno. Madrid: Marcial Pons; 2007.

_____. *Justice for hedgehogs*. Cambridge: Belknap-Harvard; 2011.

EDWARDS, Harry T. *Collegiality and decision making on the D.C. Circuit*. In: Virginia Law Review, vol. 84, 1998, pp. 1335-1370.

_____. *The effects of collegiality on judicial decision making*. In: University of Pennsylvania Law Review, vol. 151, n. 5, may 2003, p. 1656.

ELSTER, Jon. *Argumenter et* négocier dans deux assemblées *constituantes*. In: Revue Française de Science Politique, Vol. 44, n. 2, avril 1994, pp. 187-256.

_____ (comp.). *La democracia deliberativa*. Trad. José María Lebrón. Barcelona: Gedisa; 2001.

ELSTER, Jon; SLAGTAD, Rune. *Constitucionalismo y Democracia.* Trad. Mónica Utrilla. México: Colegio Nacional de Ciencias Políticas y Administración Pública; Fondo de Cultura Económica; 1999.

ELY, John Hart. *Democracy and Distrust. A Theory of Judicial Review.* Cambridge: Harvard University Press; 1980.

_____. *Another such victory: constitutional theory and practice in a world where courts are no different from legislatures.* In: Virginia Law Review, vol. 77, 1991, pp. 833-879.

_____. *Toward a representation-reinforcing mode of judicial review.* In: Mariland Law Review, vol. 37, n. 3, 1978, pp. 451-487.

EPSTEIN, Lee; KNIGHT, Jack. *The Choices Justices Make.* Washington: Congressional Quarterly; 1998.

EPSTEIN, Lee; LANDES, William M.; POSNER, Richard. *The behavior of the Federal Judges. A theoretical and Empirical Study of Rational Choice.* Cambridge: Harvard University Press, 2013.

EZQUIAGA GANUZAS, Francisco Javier. *El voto particular.* Madrid: Centro de Estudios Constitucionales; 1990.

FEARON, James D. La deliberación como discusión. ELSTER, Jon (comp.). *La democracia deliberativa.* Trad. José María Lebrón. Barcelona: Gedisa; 2001.

FEREJOHN, John. *Positive Theory and the Internal View of Law.* Journal of Constitutional Law, Vol. 10, jan. 2008, p. 273-303.

FEREJOHN, John; PASQUINO, Pasquale. *Constitutional adjudication: lessons from europe.* In: Texas Law Review, 82, 2003-2004, p. 1680.

_____. *Constitutional Courts as Deliberative Institutions: Towards an Institutional Theory of Constitutional Justice.* In: SADURSKI, Wojciech (ed.). *Constitutional Justice, East and West. Democratic Legitimacy and Constitutional Courts in Post-Communist Europe in a comparative perspective.* New York: Kluwer Law International; 2002, p. 21-36.

FEREJOHN, John; ESKRIDGE, William N. *Constitutional Horticulture: Deliberation-Respecting Judicial Review.* Texas Law Review, 87, 2008-2009, p. 1273-1302.

FERNÁNDEZ FARRERES, Germán. Reflexiones sobre el futuro de la justicia constitucional española. In: Actas de las XII Jornadas de la Asociación de Letrados del Tribunal Constitucional. *El futuro de la justicia constitucional.* Madrid: Tribunal Constitucional; Centro de Estudios Políticos y Constitucionales; 2007.

FERNÁNDEZ SEGADO, Francisco. *Del control político al control jurisdiccional. Evolución y aportes a la Justicia Constitucional en América Latina.* Bologna: Center for Constitutional Studies and Democratic Development, Libreria Bonomo; 2005.

_____. *La Justicia Constitucional: una visión de derecho comparado.* Tomos I, II, III. Madrid: Dykinson; 2009.

_____. *Las dissenting opinions.* In: Idem. *La Justicia constitucional: una visión de derecho comparado.* Tomo I. Madrid: Dykinson; 2009.

FERRAJOLI, Luigi. *Principia Iuris. Teoría del Derecho y de la Democracia.* Madrid: Trotta; 2011.

_____. *Democracia y garantismo.* Edición de Miguel Carbonell. Madrid: Trotta; 2008.

_____. *Constitucionalismo principialista y constitucionalismo garantista.* In: Doxa Cuadernos de Filosofía del Derecho, n. 34, Alicante, 2011, pp. 15-53.

ARGUMENTAÇÃO CONSTITUCIONAL

_____. *El constitucionalismo garantista. Entre paleo-iuspositivismo y neo-jusnaturalismo*. In: Doxa Cuadernos de Filosofía del Derecho, n. 34, Alicante, 2011, pp. 311-360.

FERRAJOLI, Luigi; MORESO, José Juan; ATIENZA, Manuel. *La teoría del derecho en el paradigma constitucional*. Madrid: Fundación Coloquio Jurídico Europeo; 2009.

FERRAJOLI, Luigi; RUIZ MANERO, Juan. *Dos modelos de constitucionalismo. Una conversación*. Madrid: Trotta; 2012.

FERRERES COMELLA, Víctor. *Justicia Constitucional y Democracia*. Madrid: Centro de Estudios Políticos y Constitucionales; 1997.

_____. *The Spanish Constitutional Court: time for reforms*. In: Journal of Comparative Law, vol. 3, 2008, pp. 22-38.

FETERIS, Eveline T. *Fundamentos de la Argumentación Jurídica. Revisión de las Teorías sobre la Justificación de las Decisiones Judiciales*. Trad. de Alberto Supelano. Bogotá: Universidad Externado de Colombia; 2007, pp. 293 e ss.

FRIEDMAN, Barry. *The Will of the People: How Public Opinion has influenced the Supreme Court and Shaped the Meaning of the Constitution*. New York: Farrar, Straus and Giroux; 2009.

GAMBETTA, Diego. ¡Claro!: ensayo sobre el machismo discursivo. In: ELSTER, Jon (comp.). *La democracia deliberativa*. Trad. José María Lebrón. Barcelona: Gedisa; 2001.

GARCÍA BELAUNDE, Domingo; FERNÁNDEZ SEGADO, Francisco (coord.). *La jurisdicción constitucional en Iberoamérica*. Madrid: Dykinson; 1997.

GARCÍA DE ENTERRÍA, Eduardo. *La Constitución como norma y el Tribunal Constitucional*. 4ª Ed. Madrid: Civitas; Thomson Reuters, 2006.

GARCÍA FIGUEROA, Alfonso. *Criaturas de la moralidad: una aproximación neoconstitucionalista al Derecho a través de los derechos*. Madrid: Trotta; 2009.

_____. *Neoconstitucionalismo: dos (o tres) perros para un solo collar. Notas a propósito del constitucionalismo juspositivista de Luigi Ferrajoli*. In: Doxa Cuadernos de Filosofía del Derecho, n. 34, Alicante, 2011, pp. 121-137.

GARCÍA GUITIÁN, Elena. *El significado de la representación política*. In: Anuario de la Facultad de Derecho de la Universidad Autónoma de Madrid, 8, 2004, pp. 109-120.

GARCÍA-PELAYO, Manuel. *El "status" del Tribunal Constitucional*. In: Revista Española de Derecho Constitucional, vol. 1, n. 1, enero-abril, 1981, pp. 11-34.

GARGARELLA, Roberto; DOMINGO, Pilar; ROUX, Theunis. *Courts and Social Transformation in New Democracies*. Burlington: Ashgate; 2006.

GARGARELLA, Roberto; OVEREJO LUCAS, Félix. Democracia representativa y virtud cívica. In: CARBONELL, Miguel. *Democracia y Representación: un debate contemporáneo*. México: Tribunal Electoral del Poder Judicial de la Federación, 2005.

GARZÓN VALDÉS, Ernesto. Optimismo y pesimismo en la democracia. In: CARBONELL, Miguel. *Democracia y Representación: un debate contemporáneo*. México: Tribunal Electoral del Poder Judicial de la Federación, 2005.

_____. *Representación y democracia*. Doxa Cuadernos de Filosofía del Derecho, Alicante, vol. 6, 1989, pp. 143-163.

GAVARA DE CARA, Juan Carlos. *Los efectos de la STC 31/2001 del Estatuto de Autonomía de Cataluña: las implicaciones para su normativa de desarrollo y los Estatutos de otras comunidades autónomas*. In: UNED, Teoría y Realidad Constitucional, n. 27, 2011, pp. 249.

BIBLIOGRAFIA

GINSBURG, Ruth Bader. *Remarks on writing separately*. In: Washington Law Review, vol. 65, 1990, pp. 133-150.

_____. *Speaking in a judicial voice*. In: New York University Law Review, vol. 67, 1992, pp. 1185-1209.

_____. *The role of dissenting opinions*. In: Minnesota Law Review, vol. 95, 2010-2011, pp. 1-8.

_____. *Looking beyond our borders: the value of a comparative perspective in constitutional adjudication*. In: Yale Law and Policy Review, vol. 22, 2004, pp. 329-337.

_____. *The value of a comparative perspective in judicial decisionmaking: imparting experiences to, and learning from, other adherents to the Rule of Law*. In: Revista Jurídica Universidad de Puerto Rico, vol. 74, 2005, pp. 213-230.

GINSBURG, Tom. *Judicial Review in New Democracies. Constitutional Courts in Asian Cases*. Cambridge: Cambridge University Press; 2003.

GONZÁLEZ, Antonio G. *Latinoamérica, laboratorio mundial*. Madrid: Seminario Atlántico de Pensamiento; La Oficina Editores; 2011.

GONZÁLEZ-TREVIJANO SÁNCHES, Pedro José. *El Tribunal Constitucional*. Elcano (Navarra): Ed. Aranzadi; 2000.

GREPPI, Andrea. *Semántica, pragmática y democracia*. In: Doxa Cuadernos de Filosofía del Derecho, n. 34, Alicante, 2011, pp. 139-152.

GRIMM, Dieter. *Jurisdição Constitucional e Democracia*. In: Revista de Direito do Estado, ano 1, n. 4, out./dez. 2006, pp. 3-22.

GROPPI, Tania; PONTHOREAU, Marie-Claire. *The use of foreign precedents by constitutional judges*. Oxford: Hart Publishing; 2013.

GUAITA, Aurelio. Los actos administrativos del Tribunal Constitucional. In: *El Tribunal Constitucional. Vol. II*. Madrid: Instituto de Estudios Fiscales, Dirección General de lo Contencioso del Estado; 1981, pp. 1291-1308.

GUASTINI, Riccardo. *Distinguiendo. Estudios de Teoría y Metateoría del Derecho*. Barcelona: Gedisa; 1999.

_____. *Teoría e ideología de la interpretación constitucional*. Madrid: Trotta; 2010.

_____. La interpretación: objetos, conceptos y teorías. In: VÁZQUEZ, Rodolfo (comp.). *Interpretación jurídica y decisión judicial*. México/DF: Fontamara; 2003, p. 21.

_____. *Estudios de teoría constitucional*. México DF: Fontamara; 2003.

_____. La constitucionalización del ordenamiento jurídico: el caso italiano. In: CARBONELL, Miguel (coord.). *Neoconstitucionalismo(s)*. Madrid: Trotta; 2003.

_____. *La Constitución como límite a la actividad legislativa*. In: Derechos y Libertades. Madrid: Universidad Carlos III de Madrid, Año V, n° 8, enero/junio, 2000.

GÜNTHER, Klaus. *The sense of appropriateness: application discourses in morality and law*. New York: State University of New York; 1993.

_____. *A normative conception of coherence for a discursive theory of legal justification*. In: Ratio Juris, Vol. 2, july, 1989, p. 155-166.

GUTMANN, Amy; THOMPSON, Dennis. *Democracy and Disagreement*. New York: Harvard College; 1996.

_____. *Why Deliberative Democracy?* Princeton: Princeton University Press; 2004.

HAARSCHER, Guy. *Perelman and Habermas*. In: AARNIO, Aulis; MACCORMICK, Neil (eds.). *Legal Reasoning. Volume I*. Aldershot: Darmouth; 1992, pp. 221-232.

ARGUMENTAÇÃO CONSTITUCIONAL

HÄBERLE, Peter. *Pluralismo y Constitución. Estudios de Teoría Constitucional de la sociedad abierta.* Madrid: Tecnos; 2002.

_____. *El Estado Constitucional.* Buenos Aires: Astrea; 2007.

HABERMAS, Jürgen. *Facticidad y validez. Sobre el derecho y el Estado democrático de derecho en términos de teoría del discurso.* 2ª Ed. Madrid: Editorial Trotta; 2000.

_____. *Teoría de la acción comunicativa.* Trad. Manuel Jiménez Redondo. Madrid: Editorial Trotta; 2010.

HAND, Learned. *The Bill of Rights. The Oliver Wendell Holmes Lectures.* Cambridge: Harvard University Press; 1958.

HARDING, Sarah K. *Comparative Reasoning and Judicial Review.* In: The Yale Journal of International Law, vol. 28, pp. 409-464.

HASKINS, George L. *Law versus politics in the early years of the Marshall Court.* In: University of Pennsylvania Law Review, vol. 130, 1981-1982, pp. 1-27.

HESSE, Konrad. *Escritos de Derecho Constitucional.* Madrid: Centro de Estudios Políticos y Constitucionales; 1992.

_____. Significado de los derechos fundamentales. In: BENDA, Ernst (*et al.*). *Manual de Derecho Constitucional.* Madrid: Marcial Pons; 1996.

HIERRO, Liborio L. *Sobre la odisea constitucionalista de Luigi Ferrajoli.* In: Doxa Cuadernos de Filosofía del Derecho, n. 34, Alicante, 2011, pp. 153-166.

HIRSCHL, Ran. *Towards Juristocracy. The origins and consequences of the new constitutionalism.* Cambridge, Massachusetts: Harvard University Press; 2004.

HOEKSTRA, Valerie J. *Public Reaction to Supreme Court Decisions.* Cambridge: Cambridge University Press; 2003.

KELSEN, Hans. *Jurisdição Constitucional.* São Paulo: Martins Fontes; 2003.

KIIKERI, Markku. *Comparative legal reasoning and European Law.* Dordrech: Kluwer Academic Publishers; 2001.

KOH, Harold Hongju; SLYE, Ronald C. (comp.). *Democracia deliberativa y derechos humanos.* Trad. Paola Bergallo y Marcelo Alegre. Barcelona: Gedisa; 2004.

KORNHAUSER, Lewis A. *Modeling Collegial Courts.* In: The Journal of Law, Economics & Organization, vol. 8, n. 3, 1992, pp. 441-470.

KORNHAUSER, Lewis A.; SAGER, Lawrence G. *Unpacking the Court.* In: The Yale Law Journal, vol. 96, 1986, p. 82.

_____. *The one and the many: adjudication in collegial Courts.* In: California Law Review, vol. 81, n. 1, 1993.

_____. *The many as one: integrity and group choice in paradoxical cases.* In: Philosophy & Public Affairs, vol. 32, n. 3, 2004, pp. 249-276.

LA FOREST, Gérard V. *The use of American precedents in Canadian Courts.* In: Maine Law Review, vol. 46, 1994, pp. 211-220.

LANDA, Dimitri; LAX, Jeffrey R. *Disagreements on collegial Courts: a case-space approach.* Journal of Constitutional Law, vol. 10, jan. 2008, p. 305-329.

LAPORTA, Francisco. *Sobre Luigi Ferrajoli y el Constitucionalismo.* In: Doxa Cuadernos de Filosofía del Derecho, n. 34, Alicante, 2011, pp. 167-181.

_____. *Sobre la Teoría de la Democracia y el concepto de representación política: algunas propuestas para debate.* In: *Doxa* Cuadernos de Filosofía del Derecho, n. 6, 1989, pp. 121-140.

_____. El cansancio de la democracia. In: CARBONELL, Miguel. *Democracia y Representación: un debate contemporáneo*. México: Tribunal Electoral del Poder Judicial de la Federación, 2005.

_____. Los problemas de la democracia deliberativa: una réplica. In: CARBONELL, Miguel. *Democracia y Representación: un debate contemporáneo*. México: Tribunal Electoral del Poder Judicial de la Federación, 2005.

LASSER, Mitchel. *Judicial Deliberations. A comparative analysis of judicial transparency and legitimacy*. Oxford: Oxford University Press; 2004.

LAW, David S.; CHANG, Wen-Chen. *The limits of global judicial dialogue*. In: Washington Law Review, vol. 86, 2011, pp. 523-577.

LÈCUYER, Yannick. *Le secret du délibéré, les opinions séparées et la transparence*. In: Revue Trimestrielle des Droits de L'Homme, Nemesis-Bruylant, n. 57, janvier 2004, pp. 197-223.

L'HEUREUX-DUBÉ, Claire. *The importance of dialogue: globalization and the international impact of the Rehnquist Court*. In: Tulsa Law Journal, vol. 34, 1998, pp. 15-40.

LIFANTE, Isabel. *Sobre el concepto de representación. Doxa* Cuadernos de Filosofía del Derecho, Alicante, vol. 32, 2009, pp. 497-524.

LINARES, Sebastián. *La (i)legitimidad democrática del control judicial de las leyes*. Madrid: Marcial Pons; 2008.

LOLLINI, Andrea. *Legal argumentation based on foreign law. An example from case law of the South African Constitutional Court*. In: Utrecht Law Review, vol. 3, issue 1, june 2007.

LOMBARDI, Giorgio. *Pubblicità e segretezza nelle deliberazioni della Corte costituzionale*. In: Revista Trimestrale di Diritto e Procedura Civile, Anno XIX, Milano, Giuffrè, 1965, PP. 1.146-1.158.

LOPES, José Reinaldo de Lima (org.). *O Supremo Tribunal de Justiça do Império (1828-1889)*. São Paulo: Saraiva; 2010.

LOPEZ GUERRA, Luis. El Tribunal Constitucional y el principio "stare decisis". In: *El Tribunal Constitucional. Vol. II*. Madrid: Instituto de Estudios Fiscales, Dirección General de lo Contencioso del Estado; 1981, pp. 1437-1455.

LÓPEZ GUERRA, Luis (*et al*). *Derecho Constitucional. Volumen II. Los poderes del Estado. La organización territorial del Estado*. 8ª Ed. Valencia: Editorial Tirant to Blanch; 2010.

LÓPEZ ULLA, Juan Manuel (dir.). *La justicia constitucional en Iberoamérica*. Cádiz: Servicio de Publicaciones de la Universidad de Cádiz; 2011.

LÓPEZ ULLA, Juan Manuel (dir.). *Derechos Humanos y Orden Constitucional en Iberoamérica*. Pamplona: Civitas; Thomson Reuters; 2011.

LÖSING, Norbert. *La jurisdiccionalidad constitucional en Latinoamérica*. Trad. Marcela Anzola Gil. Madrid: Dykinson; Konrad Adenauer Stiftung; 2002.

LOZANO MIRALLES, Jorge; SACCOMANNO, Albino. *El Tribunal Constitucional. Composición y principios jurídico-organizativos (el aspecto funcional)*. Valencia: Tirant to Blanch; 2000.

LUATTI, Lorenzo. *Profili costituzionali del voto particolare. L'esperienza del Tribunale costituzionale spagnolo*. Milano: Giuffrè Editore; 1995.

LUCAS VERDÚ, Pablo. Política y Justicia Constitucionales. Consideraciones sobre la naturaleza y funciones del Tribunal Constitucional. In: *El Tribunal Constitucional. Vol. II*. Madrid: Instituto de Estudios Fiscales, Dirección General de lo Contencioso del Estado; 1981, pp. 1487-1550.

LUTHER, Jörg. *L'Esperienza del voto dissenziente nei paesi di lingua tedesca.* In: Politica del Diritto, anno XXV, n. 2, giugno 1994, p. 246.

MACCORMICK, Neil. *Argumentação jurídica e teoria do direito.* São Paulo: Martins Fontes; 2006.

_____. *Rhetoric and the Rule of Law. A Theory of the Legal Reasoning.* Oxford: Oxford University Press; 2005.

_____. *Institutions of Law. An Essay in Legal Theory.* Oxford: Oxford University Press; 2007.

_____. *Practical Reason in Law and Morality.* Oxford: Oxford University Press; 2008.

_____. *Derecho legal y socialdemocracia. Ensayos sobre filosofía jurídica y política.* Madrid: Tecnos; 1990.

_____. *Argumentation and interpretation in law.* In: Ratio Juris, Vol. 6 n° 1, march 1993. pp. 16-29.

MANIN, Bernard. *The principles of representative government.* Cambridge: Cambridge University Press; 1997.

MANSBRIDGE, Jane. *Rethinking Representation.* American Political Science Review, vol. 97, n. 4, November 2003, pp. 515-528.

MARKESINIS, Basil; FEDTKE, Jörg. *The judge as comparatist.* In: Tulane Law Review, vol. 80, 2005, pp. 11-167.

MARTÍ, José Luis. *La República Deliberativa: una teoría de la democracia.* Madrid: Marcial Pons; 2006.

MARTÍNEZ SOSPEDRA, Manuel. El Tribunal Constitucional como órgano político. In: *El Tribunal Constitucional. Vol. II.* Madrid: Instituto de Estudios Fiscales, Dirección General de lo Contencioso del Estado; 1981, pp1789-1821.

MAUS, Ingeborg. *O judiciário como superego da sociedade.* Trad. Geraldo de Carvalho; Gercélia Batista. Rio de Janeiro: Lumen Juris; 2010.

MAVEETY, Nancy (ed.). *The pioneers of judicial behaviour.* Michigan: University of Michigan; 2003.

MBORANTSUO, Marie-Madeleine. *La contribution des Cours constitutionnelles à l'État de droit en Afrique.* Paris: Econômica, 2007.

McCRUDDEN, Christopher. *A common law of human rights? Transnational judicial conversations on constitutional rigths.* In: Oxford Journal of Legal Studies, vol. 20, n. 4, 2000, pp. 499-532.

McCUBBINS, Mathew; RODRÍGUEZ, Daniel B. *When Does Deliberating Improve Decision-making?* Journal of Contemporary Legal Issues, vol. 15, 2006, p. 9-50.

MENDES, Conrado Hübner. *Constitutional Courts and Deliberative Democracy.* Oxford: Oxford University Press; 2014.

MENDIZÁBAL ALLENDE, Rafael de. *La guerra de los jueces. Tribunal Supremo vs. Tribunal Constitucional.* Madrid: Dyckinson; 2012.

MICHELMAN, Frank. *The Supreme Court, 1985 term. Foreword: Traces of Self-Government.* In: Harvard Law Review, vol. 100, 1986, pp. 4-77.

MIERES, Luis Javier. *Votos particulares y derechos fundamentales en la práctica del Tribunal Constitucional español (1981-1991).* In: Revista Española de Derecho Constitucional, año 15, n. 43, enero-abril 1995, pp. 349-359.

BIBLIOGRAFIA

MOREIRA, José Carlos Barbosa. *Notas sobre alguns fatores extrajudiciais no julgamento colegiado*. In: Revista de Processo, vol. 75, jul. 1994.

MORESO, José Juan. *La Constitución: modelo para armar*. Madrid: Marcial Pons; 2009.

_____. *In defense of inclusive legal positivism*. In: Diritto&questioni pubbliche, 1/2001, p. 99-120.

_____. *Antígona como "defeater". Sobre el constitucionalismo garantista de Ferrajoli*. In: Doxa Cuadernos de Filosofía del Derecho, n. 34, Alicante, 2011, pp. 183-199.

NADELMANN, Kurt. H. *The judicial dissent: publication vs. secrecy*. In: The American Journal of Comparative Law, vol. 8, 1959.

NINO, Carlos Santiago. *La Constitución de la democracia deliberativa*. Barcelona: Gedisa; 2003.

NOGUEIRA ALCALÁ, Humberto. *Justicia y Tribunales Constitucionales en América del Sur*. Lima: Palestra; 2006.

_____. *El uso de las comunicaciones transjudiciales por parte de las jurisdicciones constitucionales en el derecho comparado chileno*. In: Estudios Constitucionales, Centro de Estudios Constitucionales de Chile, Universidad de Talca, año 9, n. 2, 2011, pp. 17-76.

O'DONNELL, Guilhermo. *Accountability Horizontal: la institucionalización legal de la desconfianza política*. Isonomía n. 14, abril 2001.

_____. *Horizontal Accountability in New Democracies*. Journal of Democracy 9 (3), 1998, pp. 112-126.

_____. *Horizontal Accountability and New Polyarchies*. Paper prepared for the conference on "Institutionalizing Horizontal Accountability", Institute for Advanced Studies of Vienna and The International Forum for Democratic Studies, Vienna, june 1997.

_____. *Democracia Delegativa?* Revista Novos Estudos, n. 31, outubro de 1991, pp. 25-40.

_____. *Notas para el estudio de procesos de democratización política a partir del Estado burocrático-autoritario*. In: Desarrollo Económico Revista de Ciencias Sociales, v. 22, n. 86, jul./sep., 1982, pp. 231-248.

_____. *Another institutionalization: Latin America and elsewhere*. Paper presented to the conference on "Consolidating Third Wave Democracies: Trends and Challenges", organized by the National Policy Research Institute and the International Forum for Democratic Studies, Taipei, 26-30 August, 1995.

_____. *Polyarchies and the (Un)Rule of Law in Latin America*. Working Paper, The Helen Kellogg Institute for International Studies, 1998.

O'DONNELL, Guillermo; SCHMITTER, Philippe C.; WHITEHEAD, Laurence (ed.). *Transições do Regime Autoritário. América Latina*. Trad. Adail Sobral e Rolando Lazarte. São Paulo: Ed. RT; Vértice; 1988.

O'DONNELL, Guillermo; SCHMITTER, Philippe. *Transições do regime autoritário: primeiras conclusões*. Trad. Adail Sobral. São Paulo: Ed. RT; Vértice; 1988.

OLIVER-LALANA, A. Daniel. Representación argumentativa y legitimidade democrática en las decisiones judiciales. In: CLÉRICO, Laura; SIECKMANN, Jan-R; OLIVER-LALANA, Daniel (coord.). *Derechos fundamentales, principios y argumentación: estudios sobre la teoría jurídica de Robert Alexy*. Granada: Comares; 2011, pp. 147-175.

OLIVETTI, Marco; GROPPI, Tania. *La Giustizia Costituzionale in Europa*. Milano: Giuffrè Ed.; 2003.

ARGUMENTAÇÃO CONSTITUCIONAL

OTTO PARDO, Ignacio de. La posición del Tribunal Constitucional a partir de la doctrina de la interpretación constitucional. In: *El Tribunal Constitucional. Vol. III.* Madrid: Instituto de Estudios Fiscales, Dirección General de lo Contencioso del Estado; 1981, pp. 1939-1950.

OUBIÑA BARBOLLA, Sabela. *El Tribunal Constitucional: pasado, presente y futuro.* Valencia: Tirant to Blanch; 2012.

PANIZZA, Saulle. *L'eventuale introduzione dell'opinione dissenziente nel sistema italiano di giustizia costituzionale e le possibili conseguenze sui giudici e sul Presidente della Corte Costituzionale.* In: COSTANZO, Pasquale (a cura di). *L'organizzazione e il funzionamento della Corte Costituzionale.* Torino: Giappichelli; 1995, pp. 301-323.

PARRISH, Austen L. *Storm in a teacup: the U.S. Supreme Court's use of Foreign Law.* In: University of Illinois Law Review, n. 2, 2007, pp. 637-680.

PASQUINO, Pasquale; BILLI, Francesca (eds.). *The political origins of Constitutional Courts. Italy, Germany, France, Poland, Canada, United Kingdom.* Roma: Fondazione Adriano Olivetti; 2009.

PECES-BARBA, Gregorio; PRIETO SANCHÍS, Luis (colaborador). *La Constitución española de 1978. Un estudio de Derecho y Política.* Valencia: Fernando Torres Editor; 1981.

PECES-BARBA, Gregorio. El Tribunal Constitucional. In: *El Tribunal Constitucional. Vol. III.* Madrid: Instituto de Estudios Fiscales, Dirección General de lo Contencioso del Estado; 1981, pp. 2037-2093.

PECZENIK, Aleksander. *On Law and Reason.* Springer, Law and Philosophy Library 8; 2009.

_____. *Derecho y razón.* México D.F: Fontamara; 2003.

_____. *Law, morality, coherence and truth.* In: Ratio Juris, Vol. 7, n° 2, july 1994, p. 146-176.

_____. *Legal reasoning as a special case of moral reasoning.* In: Ratio Juris, Vol. 1, n° 2, july 1988, p. 123-136.

PECZENIK, Aleksander; HAGE, Jaap. *Law, morals and defeasibility.* In: Ratio Juris, Vol. 13, n° 3, september 2000, p. 305-325.

PECZENIK, Aleksander; AARNIO, Aulis. *On values. Universal or relative?* In: Ratio Juris, Vol. 9, n° 4, 1996.

PEGORARO, Lucio. *La utilización del derecho comparado por parte de las Cortes Constitucionales: un análisis comparado.* In: Estudios en homenaje a Hector Fix-Zamudio. México: UNAM, pp. 385-436.

PERELMAN, Chaïm; OLBRECHTS-TYTECA, Lucie. *Tratado da argumentação.* Trad. Maria Galvão. São Paulo: Martins Fontes; 2002.

PÉREZ-ROYO, Javier. *Curso de Derecho Constitucional.* 11ª Ed. Madrid: Marcial Pons; 2007.

_____. *Tribunal Constitucional y división de poderes.* Madrid: Tecnos; 1988.

PÉREZ TREMPS, Pablo. *Tribunal Constitucional y Poder Judicial.* Madrid: Centro de Estudios Constitucionales; 1985.

PERRY, Michael J. *The Constitution in the Courts: Law or Politics?* New York: Oxford University Press; 1994.

PICKERILL, J. Mitchell. *Constitutional Deliberation in Congress. The Impact of Judicial Review in a Separated System.* Duke University Press; 2004.

BIBLIOGRAFIA

PINO, Giorgio. *Principios, ponderación, y la separación entre Derecho y Moral. Sobre el neoconstitucionalismo y sus críticos.* In: Doxa Cuadernos de Filosofía del Derecho, n. 34, Alicante, 2011, pp. 201-228.

PITKIN, Hanna F. *Hobbe's concept of representation.* American Political Science Review, Vol. LVIII, n. 4, December 1964, pp. 328-918.

_____. *Representação: palavras, instituições e ideias.* In: Revista Lua Nova, São Paulo, 67, 2006, pp. 15-47. Originalmente "Representation", publicado em BALL, Terence, FARR, James; HANSON, Russell (orgs.). *Political innovation and conceptual change.* Cambridge: Cambridge University Press, 1989.

_____. *Representation and Democracy: an uneasy alliance.* In: Scandinavian Political Studies, vol. 27, n. 3, 2004.

PIZZORUSSO, Alessandro. *Osservazioni sullo strumento normativo richiesto per l'introduzione del dissenso nelle motivazioni delle decisioni della Corte Costituzionale.* In: Politica del Diritto, vol. XXV, n. 2, giugno 1994, pp. 277-280.

POGREBINSCHI, Thamy. *Judicialização ou representação? Política, Direito e Democracia no Brasil.* Rio de Janeiro: Campus Elsevier, Konrad Adenauer Stiftung, 2011.

POZZOLO, Susanna. *Neoconstitucionalismo y positivismo jurídico.* Lima: Palestra; 2011.

_____. *Neoconstitucionalismo y especificidad de la interpretación constitucional.* In: Doxa Cuadernos de Filosofía del Derecho, n° 21-II, Alicante, 1998, p. 342.

PRIETO SANCHÍS, Luis. *Justicia Constitucional y Derechos Fundamentales.* Madrid: Trotta; 2003.

_____. *Constitucionalismo y positivismo.* México/DF: Fontamara; 1997.

_____. *Ferrajoli y el neoconstitucionalismo principialista. Ensayo de interpretación de algunas divergencias.* In: Doxa Cuadernos de Filosofía del Derecho, n. 34, Alicante, 2011, pp. 229-244.

PRZEWORSKI, Adam. *A escolha de instituições na transição para a democracia: uma abordagem da teoria dos jogos.* In: Dados Revista de Ciências Sociais, Rio de Janeiro, vol. 35, n. 1, 1992, pp. 5-48.

_____. Como e onde se bloqueiam as transições para a democracia? In: MOISÉS, José Alvaro; ALBUQUERQUE, J. A. Guilhon. *Dilemas da consolidação da democracia.* São Paulo: Paz e Terra; 1988.

PRZEWORSKI, Adam; STOKES, Susan; MANIN, Bernard (ed.). *Democracy, Accountability and Representation.* Cambridge: Cambridge University Press; 1999.

PULIDO QUECEDO, Manuel. *La Ley Orgánica del Tribunal Constitucional anotada con jurisprudencia.* Madrid: Civitas; 1995.

RAWLS, John. *El liberalismo político.* Trad. Antoni Domènech. Barcelona: Crítica; 2006.

_____. *The idea of public reason revisited.* In: The University of Chicago Law Review, vol. 64, n. 3, 1997, pp. 765-807. .

RAY, Laura Krungman. *The road to Bush v. Gore: the history of the Supreme Court's use of the per curiam opinion.* In: Nebraska Law Review, 79, 2000, pp. 517-576.

REDONDO, Maria Cristina. *El paradigma constitucionalista de la autoridad jurídica.* In: Doxa Cuadernos de Filosofía del Derecho, n. 34, Alicante, 2011, pp. 245-264.

REHFELD, Andrew. *Towards a General Theory of Political Representation.* Paper prepared for discussion at the Legal Theory Workshop, Columbia University, September 19, 2005.

ARGUMENTAÇÃO CONSTITUCIONAL

REQUEJO PAGÉS, Juan Luis (coord.). *Comentarios a la Ley Orgánica del Tribunal Constitucional*. Madrid: Tribunal Constitucional; Boletín Oficial del Estado (BOE); 2001.

RIDAURA MARTÍNEZ, María Josefa. La regulación de los votos particulares en la Constitución española de 1978. In: ALVAREZ CONDE, Enrique. *Diez años de régimen constitucional*. Valencia: Departamento de Derecho Constitucional de la Universidad de Valencia, Editorial Tecnos; 1989, pp. 377-398.

RITTERSPACH, Theodor. *Gedanken zum Sondervotum*. In: FÜRST, Walther; HERZOG, Roman; UMBACH, Dieter C. Festschrift für Wolfgang Zeidler. Berlin: Walter de Gruyter; 1987.

ROBLOT-TROIZIER, Agnès. *Contrôle de constitutionnalité et normes visées par la Constitution française*. Paris: Dalloz, 2007.

RÓDENAS, Ángeles. *Validez material e constitucionalismo garantista*. In: Doxa Cuadernos de Filosofía del Derecho, n. 34, Alicante, 2011, pp. 265-273.

RODRIGUES, Lêda Boechat. *História do Supremo Tribunal Federal. Volumes I (Defesa das Liberdades Vivis – 1891-1898), II (Defesa do Federalismo – 1899-1910) e III (Doutrina Brasileira do Habeas Corpus – 1910-1926)*. 2ª Ed. Rio de Janeiro: Civilização Brasileira; 1991.

RODRÍGUEZ ALCALÁ, Diego. *Control judicial de la ley y derechos fundamentales: una perspectiva crítica*. Madrid: Centro de Estudios Políticos y Constitucionales; 2011.

RODRÍGUEZ-PATRÓN, Patricia. *La potestad reglamentaria del Tribunal Constitucional*. Madrid: Iustel; 2005.

_____. *La autonomía procesal del Tribunal Constitucional*. Madrid: Civitas; Thomson, 2003.

RODRÍGUEZ-PIÑERO, Miguel; AROZAMENA SIERRA, Jerónimo; JIMÉNEZ CAMPO, Javier (*et al.*). *La jurisdicción constitucional en España. La Ley Orgánica del Tribunal Constitucional: 1979-1994*. Madrid: Centro de Estudios Constitucionales; Tribunal Constitucional; 1995.

ROELLECKE, Gerd. *Sondervoten*. In: BADURA, Peter; DREIER, Horst. Festschrift 50 Jahre Bundesverfassungsgericht. Tübingen: Mohr Siebeck; 2001.

ROMANO, Serena. *Comparative legal argumentation: three doctrines*. In: Diritto e questioni pubbliche, n. 12, Palermo, 2012, pp. 469-492.

ROMBOLI, Roberto. *L'introduzione dell'opinione dissenziente nei giudizi costituzionali: strumento normativo, aspetti procedurali e ragioni di opportunità*. In: Politica del Diritto, vol. XXV, n. 2, giugno 1994, pp. 281-298.

RUBIO CARRACEDO, José. ¿Cansancio de la democracia o acomodo de los políticos? In: CARBONELL, Miguel. *Democracia y Representación: un debate contemporáneo*. México: Tribunal Electoral del Poder Judicial de la Federación, 2005.

RUBIO LLORENTE, Francisco. *El Tribunal Constitucional*. In: Revista Española de Derecho Constitucional, año 24, n. 71, mayo-agosto 2004, pp. 11-33.

_____. *Sobre la relación entre Tribunal Constitucional y Poder Judicial en el ejercicio de la jurisdicción constitucional*. In: Revista Española de Derecho Constitucional, año 2, n. 4, enero-abril 1982, pp. 35-67.

_____. *La jurisdicción constitucional como forma de creación del derecho*. In: Revista Española de Derecho Constitucional, año 8, n. 22, enero-abril 1988, pp. 9-51.

_____. *Seis tesis sobre la jurisdicción constitucional en Europa*. In: Revista Española de Derecho Constitucional, año 12, n. 35, mayo-agosto 1992, pp. 9-39.

BIBLIOGRAFIA

RUBIO LLORENTE, Francisco; ARAGÓN-REYES, Manuel. La Jurisdicción Constitucional. In: PREDIERI, Alberto; GARCÍA DE ENTERRÍA, Eduardo. *La Constitución Española de 1978. Estudio sistemático*. Madrid: Civitas; 1980.

RUBIO LLORENTE, Francisco; JIMÉNEZ CAMPO, Javier. *Estudios sobre jurisdicción constitucional*. Madrid: MacGraw-Hill; 1998.

RUGGERI, Antonio. *Per la introduzione del dissent nei giudizi di costituzionalità: problemi di tecnica della normazione*. In: Politica del Diritto, vol. XXV, n. 2, giugno 1994, pp. 299-316.

RUIZ MIGUEL, Alfonso. *Las cuentas que no cuadran en el constitucionalismo de Ferrajoli*. In: Doxa Cuadernos de Filosofía del Derecho, n. 34, Alicante, 2011, pp. 275-288.

SALAZAR UGARTE, Pedro. *Garantismo y neoconstitucionalismo frente a frente: algunas claves para su distinción*. In: Doxa Cuadernos de Filosofía del Derecho, n. 34, Alicante, 2011, pp. 289-310.

SÁNCHEZ AGESTA, Luis. *Sistema Político de la Constitución Española de 1978*. 3ª Ed. Madrid: Editora Nacional; 1984.

SANTOS, Ana Catarina. *Papel político do Tribunal Constitucional: o Tribunal Constitucional (1983-2008): contributos para o estudo do TC, seu papel político e politização do comportamento judicial em Portugal*. Coimbra: Coimbra Ed; 2011.

SANTOS, Boaventura de Sousa (*et al*). *Os Tribunais nas sociedades contemporâneas: o caso português*. Porto: Edições Afrontamento; 1996.

SARTORI, Giovanni. *Teoría de la democracia. 2. Los problemas clásicos*. Madrid: Alianza Editorial; 2005.

_____. *Videopolítica. Medios, información y democracia de sondeo*. Madrid: Instituto Tecnológico y de Estudios Superiores de Monterrey, Cátedra Alfonso Reyes, Fondo de Cultura Económica de España, 2003.

_____. *En defensa de la representación política*. In: CARBONELL, Miguel. *Democracia y Representación: un debate contemporáneo*. México: Tribunal Electoral del Poder Judicial de la Federación, 2005.

SAWARD, Michael. *Representation*. In: DOBSON, Andrew; ECKERSLEY, Robyn (eds.). *Political Theory and the Ecological Challenge*. Cambridge: Cambridge University Press, pp. 183-199.

_____. *Reconstructing Democracy: current thinking and new directions*. In: Government and Opposition International Journal of Comparative Politics, vol. 36, n. 4, 2001, pp. 559-581.

SCAFFARDI, Lucia. *L'introduzione dell'opinione dissenziente nei giudizi costituzionali*. In: Studi parlamentari e di politica costituzionale, anno 32, n. 124, 2º trimestre 1999, pp. 55-73.

SCHAUER, Frederick. *Authority and Authorities*. In: Virginia Law Review, vol. 94, 2008, pp. 1931-1961.

SEGAL, Jeffrey Alian; SPAETH, Harold G. *The Supreme Court and the Attitudinal Model Revisited*. Cambridge: Cambridge University Press; 2002.

SILVA, Virgílio Afonso da. *Deciding without deliberating*. In: International Journal of Constitutional Law, vol. 11, n. 3, 2013, pp. 557-584.

_____. *O STF e o controle de constitucionalidade: deliberação, diálogo e razão pública*. In: Revista de Direito Administrativo, vol. 250, 2009, pp. 197-227.

SLAUGHTER, Anne-Marie. *A Global Community of Courts*. In: Harvard International Law Review, vol. 44, n. 1, 2003.

ARGUMENTAÇÃO CONSTITUCIONAL

_____. *Judicial Globalization*. In: Virginia Journal of International Law, vol. 40, 2000, pp. 1103-1124.

_____. *The New World Order*. In: Foreign Affairs, vol. 76, n. 5, 1997, pp. 183-197.

_____. *A typology of transjudicial communication*. In: University of Richmond Law Review, vol. 29, 1995, pp. 99-137.

STRECK, Lenio; FERRAJOLI, Luigi; TRINDADE, André Karam (org.). *Garantismo, hermenêutica e (neo)constitucionalismo*. Porto Alegre: Livraria do Advogado; 2012.

SUSTEIN, Cass R. *Going to Extremes: How Like Minds Unite an Divide*. New York: Oxford University Press; 2009.

_____ (et al.). *Are Judges Political? An empirical analysis of the federal judiciary*. Washington D. C.: Brookings Institution Press; 2006.

THURMON, Mark Alan. *When the Court divides: reconsidering the precedential value of Supreme Court plurality decisions*. In: Duke Law Journal, 42, 1992-1993, pp. 419-468.

TOMÁS Y VALIENTE, Francisco. *Escritos sobre y desde el Tribunal Constitucional*. Madrid: Centro de Estudios Constitucionales; 1993.

TOULMIN, Stephen. *Los usos de la argumentación*. Trad. María Morrás y Victoria Pineda. Barcelona: Peninsula; 2007.

TRIBUNAL CONSTITUCIONAL DE ESPAÑA. *Tribunal Constitucional: discursos de sus Presidentes (1980-2005)*. Madrid: Tribunal Constitucional; Boletín Oficial del Estado, 2006.

TRIPATHI, Pradyumna K. *Foreign Precedents and Constitutional Law*. In: Columbia Law Review, vol. 57, n. 3, march 1957.

TUR AUSINA, Rosario; ÁLVAREZ CONDE, Enrique. *Las consecuencias jurídicas de la Sentencia 31/2010, de 28 de junio, del Tribunal Constitucional sobre el Estatuto de Cataluña. La Sentencia de la perfecta libertad*. Pamplona: Aranzadi, Thomson Reuters; 2010.

TUSHNET, Mark. *Taking the Constitution away from the Courts*. Princeton: Princeton University Press; 1999.

_____. *Alternative forms of judicial review*. In: Michigan Law Review, vol. 101, 2003, pp. 2781-2802.

_____. *New forms of judicial review and the persistence of rights- and democracy-based worries*. In: Wake Forest Law Review, vol. 38, 2003, pp. 813-838.

URBINATI, Nadia. *Representação como advocacy: um estudo sobre deliberação democrática*. Política & Sociedade, Vol. 9, n. 16, abril de 2010. Publicado originalmente em Political Theory, vol. 28, n. 6, 2000, pp. 758-786 (*Representation as advocacy: a study of democratic deliberation*).

_____. *O que torna a representação democrática?* In: Revista Lua Nova, São Paulo, 67, 2006, pp. 191-228. Artigo originalmente apresentado no Encontro anual da American Political Science Association, Washington (EUA), setembro de 2005.

_____. *Unpolitical Democracy*. Political Theory 38 (1), 2010, pp. 65-92.

URBINATI, Nadia; WARREN, Mark E. *The concept of representation in contemporary democratic theory*. Annual Review of Political Science, vol. 11, 2008, pp. 387-412.

VALE, André Rufino do. *Estrutura das normas de direitos fundamentais: repensando a distinção entre regras, princípios e valores*. São Paulo: Saraiva; 2009.

VAN EEMEREN, Frans H.; GROOTENDORST, Rob. *A Systematic Theory of Argumentation: the pragma-dialectical approach*. Cambridge: Cambridge University Press; 2004.

VAN HOECKE, Mark. *Judicial Review and Deliberative Democracy: a circular model of law creation and legitimation.* Ratio Juris, Vol. 14, n° 4, dec. 2001.

VÁZQUEZ, Rodolfo (comp.). *Interpretación jurídica y decisión judicial.* México/DF: Fontamara; 2003.

VERGOTTINI, Giuseppe de. *Más allá del diálogo entre tribunales. Comparación y relación entre jurisdicciones.* Madrid: Civitas, Thomson Reuters; 2011.

_____. *Diritto Costituzionale Comparato.* Padova: Cedam; 1993.

VIEIRA, Oscar Vilhena. *Supremo Tribunal Federal: jurisprudência política.* 2ª Ed. São Paulo: Malheiros; 2002.

VIGO, Rodolfo Luis. *Argumentación Constitucional.* In: Revista Iberoamericana de Derecho Procesal Constitucional n. 12, México, Instituto Iberoamericano de Derecho Procesal Constitucional, Editorial Porrúa, julio-diciembre 2009, p. 215 e ss.

VIGORITI, Vicenzo. *Corte costituzionale e dissenting opinions.* In: Il Foro Italiano,Vol. CXVII, Roma, 1994, p. 2060-2062.

VIVER PI-SUNYER, Carlos. *Los efectos vinculantes de las sentencias del Tribunal Constitucional sobre el Legislador: ¿Puede éste reiterar preceptos legales que previamente han sido declarados inconstitucionales?* In: Revista Española de Derecho Constitucional n. 97, enero-abril de 2013, pp. 13-44.

VOSS, Edward C. *Dissent: sign of a healthy Court.* In: Arizona State Law Journal, 24, 1992, pp. 643-686.

WALDRON, Jeremy. *Law and disagreement.* New York: Oxford University Press; 1999.

_____. *A right-based critique of constitutional rights.* In: Oxford Journal of Legal Studies, vol. 13, n. 1, 1993, pp. 18-51.

_____. *The core of the case against judicial review.* In: Yale Law Journal, 115, 2006, pp. 1348-1406.

_____. *Precommitment and Disagreement.* In: ALEXANDER, Larry (ed.). *Constitucionalism. Philosophical Foundations.* Cambridge: Cambridge University Press; 1998.

_____. *Moral Truth and Judicial Review.* In: The American Law Journal of Jurisprudence, vol. 43, 1998, pp. 75-97.

_____. *Deliberación, Democracia y Voto.* In: KOH, Harold Hongju; SLYE, Ronald C. (comp.). *Democracia deliberativa y derechos humanos.* Trad. Paola Bergallo y Marcelo Alegre. Barcelona: Gedisa; 2004.

_____. *Representative Lawmaking.* In: Boston University Law Review. Vol. 89, 2009, pp. 335-355.

WALTON, Douglas. *Lógica Informal.* Trad. de Ana Lucia Franco e Carlos Salum. São Paulo: Martins Fontes; 2006, pp. 4-12.

_____. *Types of Dialogue, Dialectical Shifts and Fallacies.* In: VAN EEMEREN, Franz; GROOTENDORST, Rob; BLAIR, J. Anthony; WILLARD, Charles A. (eds). *Argumentation Illuminated.* Amsterdam: SICSAT; 1992, pp. 133-147.

WASBY, Stephen L.; PETERSON, Steven; SCHUBERT, James; SCHUBERT, Glendon. *The per curiam opinion: its nature and functions.* In: Judicature, vol. 76, 1992-1993, pp. 29-38.

WHITTINGTON, Keith; KELEMAN, Daniel; CALDEIRA, Gregory (eds.). The Oxford Handbook of Law and Politics, 2008.

ZAGREBELSKY, Gustavo. *Il diritto mite.* Torino: Einaudi; 1992.

ARGUMENTAÇÃO CONSTITUCIONAL

_____. *Principios y votos. El Tribunal Constitucional y la Política*. Madrid: Trotts; 2008.

_____. *Principi e voti. La Corte costituzionale e la politica*. Torino: Einaudi; 2005.

_____. *Sul detto comune*. In: Diritto Pubblico Comparato ed Europeo, vol. I, Torino, G. Giappichelli, 2008, p. 522.

ZOBELL, Karl M. *Division of Opinion in the Supreme Court: a history of judicial desintegration*. In: Cornell Law Quaterly Review, vol. 44, 1958-1959, PP. 186-214.

ZURN, Christopher F. *Deliberative Democracy and the Institutions of Judicial Review*. New York: Cambridge University Press; 2007.

ÍNDICE

INTRODUÇÃO.   25

PARTE 1 – Jurisdição Constitucional, Democracia
       e Argumentação Jurídica.   35

CAPÍTULO 1 – Legitimação Através da Argumentação.   37

CAPÍTULO 2 – Representação Argumentativa.   65

CAPÍTULO 3 – Argumentação Constitucional.   85

CAPÍTULO 4 – Tribunais Constitucionais como Instituições
       Deliberativas   119

PARTE 2 – A Deliberação nos Tribunais Constitucionais:
       um Estudo Empírico e Comparativo entre Brasil e Espanha. . . .   175

CAPÍTULO 5 – A Deliberação no Tribunal Constitucional da Espanha   179

ARGUMENTAÇÃO CONSTITUCIONAL

CAPÍTULO 6 – A Deliberação no Supremo Tribunal Federal
do Brasil 257

PARTE 3 – A Deliberação nos Tribunais Constitucionais:
Limites e Possibilidades de Uma Teoria
da Argumentação Constitucional 373

CAPÍTULO 7 – Entre a Racionalidade Discursiva e o Pragmatismo
Institucional: os Desafios de uma Teoria
da Argumentação Constitucional 375

CAPÍTULO 8 – Um Decálogo de Diretrizes para o Aperfeiçoamento
Institucional da Capacidade Deliberativa
dos Tribunais Constitucionais 413

CONCLUSÃO. 445

BIBLIOGRAFIA 451